한나 아렌트·카를 야스퍼스 서간집 1
1926-1969년

Hannah Arendt Karl Jaspers: Briefwechsel 1926-1969

로테 쾰러·한스 자너 엮음
Lotte Köhler und Hans Saner

홍원표 옮김

옮긴이 홍원표 (洪元杓; Hong, Won Pyo)

한국외국어대학교 정치외교학과를 졸업하고 동 대학원에서 「고전적 합리주의의 현대적 해석: 레오 스트라우스, 에릭 보에글린, 한나 아렌트를 중심으로」라는 주제로 정치학 박사학위(1992년)를 받았다. 이후 현재까지 한나 아렌트 정치철학 연구에 전념하고 있다. 한국외국어대학교 LD학부 교수로 재직 중에 교무처장과 미네르바교양대학 학장을 역임했고, 한국정치학회 총무이사와 부회장을 역임했으며, 한나아렌트학회 회장(2009~2012, 2015~2016)을 역임했다. 현재는 한국외국어대학교 명예교수로 있다.

저서로는 『현대 정치철학의 지형: 언저리에서의 사유』, 『아렌트: 정치의 존재이유는 자유다』, 『한나 아렌트 정치철학: 행위, 전통, 인물』, 『비극의 서사: 근현대 한국 지성의 삶과 사상』이 있고, 공저로는 『정치의 대전환』, 『한나 아렌트와 세계사랑』, 『국가건설 사상』, 『언어와 정치』 등이 있다. 역서로는 『혁명론』, 『정신의 삶: 사유와 의지』, 『어두운 시대의 사람들』, 『한나 아렌트, 정치와 법』, 『유대인 문제와 정치적 사유』, 『한나 아렌트 철학 전기: 세계사랑의 여정』, 『어두운 시대의 한나 아렌트: [열다섯 저작 속의] 소통윤리와 수사학』, 『비상사태의 정치: 역설, 법, 민주주의』 등이 있다.

한나 아렌트·카를 야스퍼스 서간집 1 : 1926-1969년
Hannah Arendt Karl Jaspers: Briefwechsel 1926-1969

2024년 6월 21일 초판 1쇄 인쇄
2024년 6월 28일 초판 1쇄 발행

엮은이 ■ 로테 퀼러·한스 자너
옮긴이 ■ 홍원표
펴낸이 ■ 정용국
펴낸곳 ■ (주)신서원
주소 : 서울시 노원구 동일로 207길 23 4층 413호
전화 : (02)739-0222 팩스 : (02)739-0224
등록 : 제300-2011-123호(2011.7.4)
ISBN 978-89-7940-660-3 93340
값 36,000원

신서원은 부모의 서가에서 자녀의 책꽂이로
'대물림'할 수 있기를 바라며 책을 만들고 있습니다.
잘못된 책이 있으면 연락주세요.

Hannah Arendt Karl Jaspers: Briefwechsel 1926-1969
by Hannah Arendt, Karl Jaspers
Copyright © 1985 by Hannah Arendt Literary Trust
All rights reserved.
This Korean edition was published by SINSEOWON in 2024 by arrangement with Hannah Arendt Literary Trust c/o Georges Borchardt, Inc. through KCC(Korea Copyright Center Inc.), Seoul.

이 책은 (주)한국저작권센터(KCC)를 통한
저작권자와의 독점계약으로 ㈜신서원에서 출간되었습니다.
저작권법에 의해 한국 내에서 보호를 받는 저작물이므로
무단 전재와 복제를 금합니다.

감사의 글

아렌트와 야스퍼스의 왕래 서신은 아렌트가 마르부르크대학교에서 하이델베르크대학교로 옮겨 야스퍼스의 세미나에 참여한 1926년에 시작하여 야스퍼스가 서거한 1969년까지 지속했다. 독일이 전체주의 국가로 완전히 '결정화되던' 1938년에서 패망한 1945년까지 8년을 제외하면 35년 동안 두 위대한 정신이 주고받은 편지는 433편이며, 마지막 편지는 게르트루트가 아렌트에게 보낸 조전이고, 아렌트의 추도사가 수록됐다. 이 서간집은 43년이란 오랜 세월에 걸쳐 이루어진 스승과 제자의 '우정 어린' 대화를 담고 있다.

아렌트의 오랜 친구인 로테 퀼러와 만년의 야스퍼스 제자이며 아렌트와 인연이 있는 한스 자너는 독일 마르바흐문서보관소에 소장된 편지들을 연대순으로 정리하고 자세한 주석을 붙이는 편집 과정을 거쳐 독일 피페르출판사에서 1985년 출간했다. 860쪽 분량의 방대한 서간집이다. 이 저본은 로버트와 리타 킴버 부부의 영역을 거쳐 7년 후인 1992년 하코트브레이스출판사에서 출간되었다. 두 번역자는 한때 월즐리대학교 독일어과 교수로 재직했으며 독일어 번역가로 활동했다.

편집자 서론에서 밝혔듯이, "이 서간집은 양성의 두 철학자가 광범위하게 주고받은 첫 번째 서간집이다." 이후 여러 편의 아렌트 서간집(해제 참조)이 출간되었다. 서간집은 아렌트가 생전에 출간한 저작 및 유고집을 포함하여 아렌트의 정신세계를 이해하는 데 없어서는 안 될 기초자료이다. 우리는 각기 두 편집자와 번역자의 노력으로 아렌트와 야스퍼스의 삶의 단면을 자세히 이해할 수 있게 되었다.

아렌트는 1945년 야스퍼스와 서신을 재개한 이후 스위스로 이주한 야스퍼스를 13차례 방문하면서 야스퍼스의 저작을 영미권 연구자와 독자들에게 소개하고자 영역본 출간을 지원하였다. 물론 아렌트는 한때 자유기고가 또는 정치평론가로 활동했으며, 여러 대학에서 자신의 표현대로 "돌아다니는 학자"(편지 391), 즉 객원 강사 또는 교수로서 강의하고 많은 저작을 집필하며 공적인 일을 수행하였기에 극히 일부의 경우를 제외하고 번역에 직접 참여하지 않았다. 야스퍼스 역시 아렌트의 상황을 고려하여 번역에 직접 참여하지 말 것을 그녀에게 권유했다. 물론 아렌트는 영어로 집필한 자신의 저작들, 『전체주의의 기원』・『인간의 조건』・『혁명론』의 독일어판을 출판했는데, 한때 "번역은 고역이다"(편지 261)라고 밝힌 적이 있다. 번역은 상당한 정신 활동과 시간이 소요되기 때문일 것이다. 오늘날 번역기를 통한 기계적인 번역이 제한적이나마 가능하더라도, 전문 번역은 여전히 엄청난 시간과 노력을 기울일 때 비로소 성공할 수 있을 것이다.

나는 한나 아렌트 정치이론을 연구하면서 번역을 계속해야 하는가?를 스스로 자문하기도 했다. 번역은 이제 그만하고 우리 현실 문제를 조명하는 글을 쓰라는 주위의 권고를 들을 때면 잠시 고민에 빠지지 않을 수 없다. '현실에 대처하라'는 아렌트의 현상학적 좌우명이나 "철학은 정신 행위로서 삶의 행로와 뗄 수 없다"는 야스퍼스의 철학적 태도를 고려할 때, 이런 요청은 귀중한 조언이다. 번역에 필요한 엄청난 시간과 노력을 포기하고, 저서를 통해 또 다른 세계와 우리 현실을 조명하는 집필 노력은 아무리 강조하더라도 무리는 아니다. 그러나 번역은 말 그대로 번역으로 끝나는 게 아니라 새로운 성찰과 해석의 기회를 제공한다. 나는 이 서간집을 번역하는 동안에도 여러 편의 논문을 집필하려고 노력했다. 주위의 조언은 나에 대한 배려로 고맙게 받아들인다. 그분들의 조언에 감사할 따름이다.

이제 이 서간집을 번역하게 된 일련의 과정을 간단히 밝힌다. 나는 이 서간집을 우리말로 옮기는 과정에서 독일어 원본과 영역본을 함께 대조하며 검토하였다. 이 과정을 거치지 않았다면 오역이나 '거친' 번역으로 야기되는 불편함을 해결하지 못했을 것이다. 이런 불편함은 문화권의 차이로 인해 우리말로 옮기는 데 나타나는 어려움에서 비롯되었기 때문이다. 한편 독어 원문을 그대로 번역하는 것이 편할 때도 있었지만, 다른 한편 영역본을 통해 독어 원문을 수월하게 이해할 수 있기도 했다. 이로 인해 번역을 진행하면서 어느 정도 안도감을 가질 수 있었다.

이때마다 나는 두 분에게 감사하는 마음을 잊지 않았다. 박사학위 논문을 집필하기 시작하던 1989년 당시에 아렌트의 저작 전체를 여러 도서관에서 열람할 수 없었기에 해외주문으로 확보했지만, 독일어본을 확보하지는 못했다. 이런 어려움을 옆에서 지켜보았던, 현재 대진대학교에 재직하는 박영민 교수님이 도움을 주었다. 기쁘게도, 박 교수님이 나에게 독일어 연구 저서 몇 권과 서간집을 선물했다. 물론 그때는 아렌트의 저작을 읽고 정리하는 일에 몰두하였기에, 서간집의 내용을 학위논문에 반영하지 못했다.

상당한 시간이 지난 후 나는 영-브륄의 『아렌트 철학 전기』를 번역하면서(우리말 초판 2007년, 재판 2022년) 서간집이 기초자료임을 다시 한번 실감하게 되었다. 이때는 서간집 영역본이 이미 출간되었고, 다른 서간집도 여러 권 출간되었다. 그런데 이번에도 뜻밖에 서간집 영역본을 귀중한 선물로 받았다. 사정은 이러하다. 1996년 아렌트 탄생 100주년을 기념하는 한나 아렌트 학술회의를 계기로 한나아렌트학회가 창립되었다. 이후 아렌트학회는 아렌트의 저작을 심도 있게 이해하는 아렌트 강독을 진행하였다. 학회 창립 회원 가운데 한 분인 가산불교문화연구원의 고옥 스님은 나의 번역에 지대한 관심을 가졌고, 고맙게도 어느 날 영역본을 선물로 제공했다. 서간집 출간에 즈음하여 다시 한번 고옥 스님에게 감사함을 표시한다. 이를 계기로 다른 서간집도 몇 권 구입했다.

물론 아렌트의 다른 저작을 번역하고, 연구 논문을 집필하느라고 한동안 서간집을 부분적으로만 검토할 수밖에 없었다. 현재 아렌트 저작은 대부분 나를 포함해 한나아렌트학회의 다른 동료들의 노력으로 거의 출간되었고, 학회회원이 아닌 다른 연구자들도 여러 권의 아렌트 연구 저서를 출간했다. 나는 오랫동안 서간집의 출간을 염두에 두었지만, 이를 우리말로 옮기는 데 주저했다. 출판시장의 열악한 상황을 고려할 때 방대한 분량의 서간집을 출판하기란 쉽지 않았기 때문이다. 나는 한국외대에서 퇴임한 이후에도 아렌트 연구를 계속하고자 했는데, 이때 신서원의 정용국 대표님이 사정을 알고 「한나 아렌트 시리즈」를 기획하며 서간집도 출간하자고 제안했다. 지금도 정용국 대표의 호의적인 배려를 잊을 수 없다.

그동안 한나 아렌트 시리즈 가운데 4권을 출간하는 데 우선순위를 두다 보니 서간집 출간은 뒤로 미루어졌다. 저작권 계약을 체결한 지 상당한 시간이 지났다. 출판사는 저작권 계약 등 여러 가지로 상황을 고려해야만 하는데, 번역을 마치기까지 인내하며 기다려준 정용국 대표님께 감사의 말씀을 전한다. 아울러 정용국 대표님은 출판을 준비하면서 출판인으로서 독자들에게 도움을 줄 수 있도록 책의 구성에 관한 좋은 의견을 제시했다. 편집 과정에 이를 반영하였기에, 더없이 고마울 따름이다. 정서주 편집장님은 이런 사항들을 고려하여 힘든 편집 업무를 담당했다. 이 기회를 통해 감사함을 표시한다. 일반 저서들과 다른 방식으로 책을 구성하고, 방대한 분량의 책을 두 권으로 나누어 편집하는 노고를 아끼지 않았다. 물론 편집 과정에서 정서주 편집장님의 많은 도움을 받았지만, 번역상의 결점은 전적으로 옮긴이의 책임이다.

나는 서간집을 번역하면서 많은 교훈을 늦게나마 되새길 수 있게 되었다. 이 서간집은 스승과 제자의 만남이란 '인연'이 도타운 '우정'으로 발전한 범례일 뿐만 아니라 두 '거목'의 학자다운 참모습을 잘 보여주고 있기 때문이다. 스승과 제자의 '전통적 관계'가 붕괴된 우리 사회를 생각해보지 않을 수 없다. 아렌트의 주장대로 학교 영역은 사적·사회적·공적 요소가 공존하는 영역이지만, 사적 가치가 공적 가치를 압도할 때, 스승과 제자의 귀중한 인연은 한낱 지나가는 일상사로만 존재할 뿐이다. 이는 우리 사회가 직면하고 있는 난제다. 해결책이 있으나 본질에 주목하지 않는다.

마지막으로, 그동안 다양한 방식으로 배려하고 도움을 주었던 분들에게 감사한 마음을 행동으로 드러내지 못한 적이 많았다. 그저 마음속에 담아둘 뿐이다. 이 기회를 통해 그분들에게도 감사함을 표시한다. 퇴임 이후 번역 작업이 하루의 일과가 된 오랜 기간 활동의 자유를 스스로 제약하며 집안일에는 소홀할 수밖에 없었다. 그런데도 격려를 아끼지 않은 아내와 집안 식구들에게 감사함을 표시할 뿐이다.

2024년 3월
인헌동 서재에서

목차

1권

감사의 글 _5
옮긴이 해제: 두 거목의 '대화'에서 삶과 사상의 단면을 보다 _13

편집자 서론 _51

제1부 편지 1-29: 1926~1938년   78
한나 아렌트의 하이델베르크 시절 ~ 프랑스 망명 시절

스승과 제자의 운명적 만남(1926): 세미나 참여와 역사 해석의 이견 / 야스퍼스의 논문 지도와 『성인 아우구스티누스의 사랑 개념』 출간 / 『라헬 파른하겐』 집필과 야스퍼스의 지원 / 아렌트와 스턴의 결혼(1929) / 아렌트의 「라헬 파른하겐」 강의 / 「현대의 정신적 상황」·『막스 베버』 출간 / 「계몽주의와 유대인 문제」(1930) / 『철학』 출간(1931) / 독일인성과 유대인성; 막스 베버 논쟁 / 아렌트의 망명(1933년) / 구스트로프 재판 참관(1936) / 야스퍼스의 마지막 편지(1938)

제2부 편지 30-139: 1945~1952년   112
종전 이후 서신 재개 ~ 아렌트의 시민권 획득 직후

전후 서신 재개(1945)와 아렌트의 생필품 지원 / 야스퍼스의 공개 강의와 바젤 이주(1948) / 야스퍼스의 「솔론」 연구: 최초의 정치적 저작 / 아렌트의 유럽 방문과 스승과의 재회(1950) / 『전체주의의 기원』 집필(1945~1950)과 미국 시민권 획득(1951) / 『대학의 이념』(개정판) · 『책임 문제』 · 『철학적 논리학』 · 『철학적 신앙』의 출간(1946)과 아렌트의 논평 / 『진리에 대하여』에 대한 관심 / 야스퍼스 저작의 영어판 출간을 위한 아렌트의 적극적인 지원 / 한국전쟁과 미래 전쟁에 대한 견해(1950~1953) / 독일 저항운동에 대한 의견 / 막스 베버와 독일인의 특성 문제 / 마르크스 사상의 해석 논쟁 / 라헬 파른하겐 논쟁(1952)

제3부 편지 140-219: 1953~1957년   410
야스퍼스의 칠순 ~ 인공위성 최초 발사

야스퍼스의 칠순(1953) 기념논문집 『야스퍼스의 철학』 출간(1957년); 철학적 자서전, 기고문(22편), 야스퍼스 답변 / 스승과 제자의 우정; 「세계시민으로서 야스퍼스」 / 노트르담대학교 강의 「철학과 정치」(1954) / 매카시즘과 그 여파 / 시카고대학교 강의와 『인간의 조건』 집필 / 네덜란드 방문 / 헝가리 혁명과 소련군 진압, 평의회 체계의 와해 / 수에즈운하 사건(1956) / 『위대한 철학자들』 제1권 출간 / 『원자폭탄과 인류의 미래』 집필 / 『라헬 파른하겐: 한 유대인 여성의 삶』 출간 / 화이트헤드의 『자연 개념』에 대한 아렌트의 관심 / 독일 물리학자들의 괴팅겐 선언 / 수소폭탄과 약소국의 관계 / 『판단력비판』 세미나 / 인공위성 스푸트니크호 발사(1957)

2권

감사의 글 _5

제4부   편지 220-319: 1958~1962년   12
                    야스퍼스 평화상 수상 ~ 스승-제자의 참된 우정

『인간의 조건』의 출간 / 『원자폭탄과 인류의 미래』· 『세계와 철학』 출간 / 야스퍼스 독일서적 상출판협회 평화상 수상과 아렌트의 연설 「찬사」(1958) / 프린스턴대학교 「미국 혁명」 강의 및 연구, 정치적 사유의 중요성 부각(1959) / 아렌트 함부르크시 레싱상 수상 / 『위대한 철학자들』 집필(1960) / 케네디 대통령 당선(1961) / 아이히만 재판 취재차 예루살렘 방문 / 피그만 사건과 쿠바위기 / 알제리 사태 / 아렌트와 블뤼허의 야스퍼스 방문; 'Sie(당신)'에서 'Du(자네)'의 관계로 발전 / 아렌트의 교통사고 / '떠도는(wandering)' 객원 교수에서 시카고대학교 교수로 자리잡음(1962)

제5부   편지 320-433: 1963~1969년   254
                    '예루살렘의 아이히만' 논쟁 ~ 야스퍼스의 서거

『혁명론』· 『예루살렘의 아이히만』 출간과 아이히만 논쟁 / 그리스 방문 / 케네디 암살 / 흑백 갈등의 심연 / 시카고대학교(1963-1966)와 뉴스쿨(1967-1975) 교수 재직 / 아렌트와 가우스 대담 / 흐루쇼프 실각과 집단지도체제(1964) / 아데나워와 벤구리온 협상, 소멸시효 논쟁 / 『작은 철학 학교』 / 「진리와 정치」(1965) / 베트남전쟁과 반전운동 및 청문회 / 『연방공화국은 어디로 나아가는가?』(1966) / 『어두운 시대의 사람들』(1968) / 야스퍼스 서거(1969년 2월 26일) / 아렌트 추도사(1969)

옮긴이 후기 _555

한나 아렌트 저서 찾아보기 _561
카를 야스퍼스 저서 찾아보기 _564

[일러두기]

- 본문의 표기 방식에 따라 인용문장 또는 인용문구는 큰따옴표(" ")로, 강조하는 문구는 작은따옴표(' ')로 표기한다. 아울러, 문장이나 문구 다음의 ( ) 안의 내용은 작은 호수로, 원문에서 [ ] 안의 내용은 같은 글자의 크기로 표기한다.
- 굵게 표시한 것은 원문과 옮긴이의 강조 표기이다.
- 옮긴이 각주는 기존 각주의 보충일 경우 각주 내에 '옮긴이'로 표기하였고, 단독적인 옮긴이 각주일 경우 개별 기호로 표시하였다.
- 본문에서 외국인 인명은 우리말로 표기하고, 각주에서 외국어 원명을 병기하였다.
- 맨 처음 나타나는 특정한 문구 또는 용어의 의미를 명확하게 드러내기 위해서 외국어를 병기하였다.
- 원문에서 논문(에세이) 또는 강의 및 대담 주제는 낫표(「 」)로 표기하고, 저서는 겹낫표(『 』)로 표기한다. 처음 나타날 때 외국어를 병기한다. 각주에서는 원어 표기 방식을 따랐다.
- 호칭, 서두, 끝인사 등의 표기 방식 등은 편지마다 다른 경우가 있다. 이를 고려하여 원문의 표기 방식을 따르는 것을 원칙으로 하였다.

옮긴이 해제

두 거목의 '대화'에서
삶과 사상의 단면을 보다

프롤로그: 무엇에 주목할 것인가?

한나 아렌트(1906~1975)는 생전에 자신의 저작을 상당 부분 출간했다. 1975년 이후『정신의 삶』을 비롯하여『이해의 에세이』,『책임과 판단』등 많은 모음집이 출간됐다. 아렌트의 저작은 우리말로 대부분 출간됐다. 야스퍼스(1883~1969)의 저작도 상당 부분 출간됐다.[1]『한나 아렌트 카를 야스퍼스 서간집 1926~1969』[2]는 국내에 처음 소개된다. 아렌트가 뉴스쿨 교수로 재직하던 시기 제자였던 엘리자베스 영-브륄은 아렌트의 저서 및 서간집을 많

---

[1] 우리말 번역본 가운데 일부는 다음과 같다. 전양범 옮김,『철학학교/비극론/철학입문/위대한 철학자들』(서울: 동서문화사, 1975[2016]); 황문수 옮김,『이성과 실존』(서울: 서문문고, 1999); 이수동 옮김,『대학의 이념』(서울: 학지사, 2008); 송지영·김린·송하석·홍성광·이재황·윤순식 옮김,『정신병리학 총론』(파주: 아카넷, 2014); 이재승 옮김,『죄의 문제: 시민의 정치적 책임』(서울: 도서출판 엘피, 2014); 이진오·최양석·신옥희·홍경자·정영도 옮김,『철학 Ⅰ~Ⅲ』(파주: 아카넷, 2016, 2017, 2019).

[2] *Hannah Arendt/Karl Jaspers Briefwechsel 1926~1969*, Hrsg., Lotte Köhler und Hans Saner(München/Zürich: Piper, 1985); *Hannah Arendt/Karl Jaspers Correspondence 1926~1969*, trans., Robert and Rita Kimber(San Diego, New York, London: Harcourt Brace & Company, 1992).

이 활용하여 1982년 『한나 아렌트 철학 전기: 세계사랑의 여정』을 출간했고, 특히 30년 만에 다시 출간한 제2판 서문에서 아렌트의 서간집 여러 편의 출간에 관한 내용을 비교적 상세하게 밝혔다.[3]

아렌트와 야스퍼스의 서간집 출간 이후 아렌트와 하이데거의 왕래 서신이 1998년 『편지 1925~1975』로 출간되었다.[4] 아렌트와 메리 매카시의 우정을 드러내는 왕래 서신은 1995년 『친구 사이의 대화』로, 아렌트와 남편인 블뤼허가 30년 동안 주고받은 왕래 서신은 2000년 『사방의 벽 안에서』로 출간됐다.[5] 아렌트와 블루멘펠트가 주고받은 편지는 1995년 『서간집 1933~1963』으로, 아렌트와 숄렘의 왕래 서신은 2017년 『한나 아렌트와 게르숌 숄렘의 서간집』으로 출간됐다.[6] 이외에도 서간집으로 구성하기에는 많은 분량은 아니지만, 아렌트와 카진의 왕래 서신 또는 아렌트와 푸코의 서신 등이 있다. 이렇듯, 아렌트는 평생 수많은 친구 또는 지인과 편지를 주고받았다. 이와 별도로, 야스퍼스가 하이데거 및 바우어와 주고받은 서간집 역시 출간되었다.

아렌트의 오랜 친구인 로테 쾰러(1919~2011)와 야스퍼스의 제자인 한스 자너(1934~2017)는 메리 매카시와 야스퍼스 재단 등의 도움을 받아 이 서간집을 1985년에 출간했다. 영어판은 킴버 부부의 번역으로 1992년에 출간되었

---

[3] Elisabeth Young-Bruehl, *Hannah Arendt: For Love of the World*(New Haven and London: Yale University Press, 2004[1982]; preface; 홍원표 옮김, 『한나 아렌트 철학 전기: 세계사랑의 여정』(서울: 신서원, 2022), 제2판 서문.

[4] *Hannah Arendt and Martin Heidegger, Letters 1925~1975*, ed. Ursula Lutz(Orlando Austin, New York, San Diego, Toronto, London: Harcourt, INC.; 2004[1998]).

[5] Hannah Arendt and Mary MaCarthy, *Between Friends*, ed., Carol Brightman(San Diego, New York, London: Harcourt Brace & Company, 1992); Hannah Arendt and Heinrich Blücher, *Within Four Walls*, ed., Lotte Köhler(San Diego, New York, London: Harcourt Brace & Company, 1992).

[6] Hannah Arendt and Kurt Bulmenfeld, *Correspondence 1933~1963*, eds., Ingeborg Nordmann and Iris Pilling(Hamburg: Rotbuch, 1995); Hannah Arendt and Gershom Scholem, *The Correspondence of Hannah Arendt and Gershom Scholem*, ed., Marie Luise Knott(Chicago: The University of Chicago Press, 2017).

다. 두 편집자는 독자의 이해를 돕고자 편지에서 언급한 많은 사항, 즉 당시 사건·등장인물·저작에 관한 내용을 각주에 담았다. 원본 860쪽 가운데 각주는 110쪽 분량이다. 두 편집자의 탁월한 서문은 편집 과정에 자신들의 학문적 열정과 노력을 잘 드러내고 있다. 강조하자면, 아렌트와 야스퍼스의 삶·사유·연구 궤적을 확연히 보여주고 있다.

이 해제에서는 편지에 산발적으로 드러나는 두 거목의 삶·사유·연구 궤적을 몇 부분으로 나누어 간략히 소개한다. 독자들이 이 서간집을 읽으면서 주목하면 좋겠다는 일부 사항만을 중심으로 상당 부분 '편지 내용을 인용하는' 기술방식을 취한다. 우선, 두 사람의 개인적 관계와 삶을 압축적으로 소개한다. 둘째, 서신의 내용 가운데 상당 부분을 차지하는 저작과 관련한 사항을 살펴본다. 물론 여기서는 주요 저작을 중심으로 소개하였다. 셋째, 두 거목의 대화에 드러나는 논쟁, 즉 학문적 견해의 차이를 몇 가지 측면에서 부각한다. 마지막으로, 두 거목의 삶을 세계시민과 세계사랑으로 부각한다.

1. 사신私信에 드러난 삶의 단면: 정신세계와 공적인 얼굴

> 공적인 장소에서 사적인 얼굴은
> 사적인 장소에서 공적인 얼굴보다
> 더 현명하고 훌륭하다.
>
> 오든, 『연설가들』 제사

아렌트는 1975년 4월 18일 유럽 문명에 이바지한 공로로 덴마크 정부의 소닝상을 수상하도록 코펜하겐에 초대 받았다. "아렌트는 처칠·슈바이처·러셀·카를 바르트·아서 쾨슬러·닐스 보어·로렌스 올리버에게 수여된 명예를 누리게 된 첫 번째 미국 시민이며 첫 번째 여성이었다."⁷ 아렌트는 공공영역에서 말과 행위의 중요성을 강조하면서도 공공영역에 직접 나타나는 것에 상당히 소극적이었다. 아렌트는 수상식 연설에서 오든의 시구를 인용하며 다음과 같이 발언했다. "저는 개인적인 기질과 성향 — 반드시 우리의 최종적인 판단이 아니라 확실히 우리의 편견과 본능적인 충동을 형성하는 선천적인 영적 특성들 — 으로 인해 공공영역을 회피하는 경향이 있습니다."⁸ 그런데도 아렌트는 이 상황을 다음과 같이 인정했다. 즉 누구도 자신의 문제를 판단할 수 없지만 판단 능력을 유지해야 하며, 소닝상 수상을 결정하는 주체는 자신이 아니라 덴마크 측이다. 아렌트는 여기서 자신의 겸손함을 드러냈다.

아렌트는 자서전을 집필하라는 주위 친구들의 권유를 다음과 같은 말로 완곡하게 고사하였다. 즉 "사건이 종결된 이후 비로소 진행되는 판단은 행위자의 몫이 아니라 관찰자 또는 역사가의 몫이기 때문에, 제가 저에 관한 이야기를 기록으로 남긴다면 제 말을 들으려고 누가 모일 것인가요?" 이런 입장 때문에, 아렌트는 생전에 자서전을 남기지 않았다. 아렌트 전기 작가인 영-브륄은 이후 아렌트의 행적을 파악할 수 있는 수많은 자료를 검토하고 다음과 같이 밝혔다. "그러나 아렌트는 친구인 오든과 달리 편지 수령자들에게 자신의 편지를 파기하라고 요청하지도 않고 … 미래 사람들을 위해 공공영역, 즉 도서관 서고에 자신의 이야기를 위한 자료를 보관했다."⁹ 아렌트는 1975년 5월 20일 미국 건국 200주년을 기념하는 행사에 보스턴시의 초청을 받아「자업자득」이란 주제로 연설을 한 직후 프라이부르크 인근에 있는 독일 마르바흐문서관소를 방문했다. 그녀는 "야스퍼스와 블루멘펠

---

7   Elisabeth Young-Bruehl, *Hannah Arendt: For Love of the World*, p. 461;『한나 아렌트 철학 전기』, 838쪽.
8   Hannah Arendt, "Sonning Prize Acceptance Speech, 1975."
9   Young-Bruehl, *Hannah Arendt: For Love of the World*, p. xlvi;『한나 아렌트 철학 전기』, 123쪽.

트 … 에르윈 뢰벤슨과 주고받은 편지 꾸러미를 이곳에 보관하기로 약속하고 … 4주간 마르바흐에 체류하며 편지들을 대부분 분류하고 정리하였다."[10]

'공공영역'인 도서관 서고에 보관되어 있던 아렌트-야스퍼스 서신은 로테 쾰러와 한스 자너의 세심한 편집을 거쳐 피페르출판사에서 1985년 출간되었다. 즉 두 사람의 사신은 한동안 비공개 상태로 보관되었다가 연구자들을 통해 비로소 독자들에게 '공개'되었다. 야스퍼스는 1969년 게르트루트가 태어난 날(1879년 2월 26일)에 서거했고, 아렌트는 1975년 12월 4일 서거했다. 아렌트의 말대로, "인간은 어딘지 모르는 곳에서 세상에 왔다가 어딘지 모르는 곳으로 간다." 이는 야스퍼스의 "한계상황"(즉 죽음, 고통, 죄악), 아렌트의 "인간의 조건"(탄생성과 사멸성)을 함축하고 있다. 서간집은 아렌트가 서거한 지 10년 동안 도서관 서고에 '보관되었고', 메리 매카시와 야스퍼스 재단의 적극적인 지원으로 비로소 빛을 보게 되었다.

"'공공(公共; public)'이란 용어는 서로 밀접하게 관련되어 있으나 완전히 일치하지 않는 두 현상을 의미한다."[11] 첫째, 공중 앞에 나타나는 것은 누구나 보고 들을 수 있다는 '공개'를 의미한다. 둘째, "'공공'이란 용어는 세계가 모두 우리 공동의 것이고 우리의 사적인 소유지와 구별되는 세계 그 자체를 의미한다."[12] 한마디로, 우리에게 드러나며 공유하는 것은 현상으로서 실재를 구성한다. 반면에, '사적'이란 용어는 '은폐됨' 또는 '어둠'이란 의미를 지닌다. 달리 표현하면, 공공영역은 다원성 원리를 통해서, 사적 영역은 친근성 원리를 통해서 자체의 존재를 유지할 수 있다.

공개되기 이전에 사적 영역에서 진행되는 개인의 활동과 관계는 "언제나

---

[10] Young-Bruehl, *Hannah Arendt: For Love of the World*, p. 465; 『한나 아렌트 철학 전기』, 843-844쪽.
[11] Hannah Arendt, *The Human Condition*(Chicago: The University of Chicago Press, 1958[1998]), p. 50; 이진우·태정호 옮김, 『인간의 조건』(파주: 한길사, 1996), 102쪽.
[12] Arendt, *The Human Condition*, p. 52; 『인간의 조건』, 105쪽.

주관적 감정과 사적 느낌을 더욱 강화하고 풍부하게 할 수 있다."[13] 인간의 내면에서 이루어지거나 다른 사람들의 시선에 노출되지 않는 '비가시적인 활동'은 다른 수단을 통해서만 자신을 드러낼 수 있다. 전자는 감정의 작용이나 정신 활동에 해당하고, 후자는 친근한 사람 사이 사적인 활동에 해당한다. "두 사람은 자신들의 저작에서 드러냈던 것보다 훨씬 더 개인적이고 자발적이며 따뜻하고 동시에 더 무정한 방식으로 정체성을 드러냈다."[14] 아렌트가 자신의 사적인 삶을 드러내는 데 대단히 예민했기에, 연구자들은 『라헬 파른하겐』이 자전적 성격을 띠고 있는 전기라고 평가하기도 하였다.

야스퍼스는 쉴프가 70회 생일을 기념하여 기획한 『카를 야스퍼스의 철학』 전반부에 「철학적 자서전」을 수록하였다. 야스퍼스는 「자서전」 서두에서 편집자인 쉴프 교수의 요청, 즉 삶의 경험이 철학하기와 어떻게 연계되었는가에 맞추어 "자신의 저작에 직접 중요한 사실들에 관한 보고서를 제시하겠으며 … 자신의 저작에 직접 영향을 준 사람들만을 논의하겠다"[15]라고 밝혔다. 제8절 「정치 이념」에서 야스퍼스는 "나는 그녀에게서 정치적 자유에 대한 가장 위대한 시도로서 세계를 보는 법을 배웠다"[16]라고 밝혔다. 야스퍼스는 자신을 "북독일의 얼음덩어리"로 규정했듯이 공식적인 예의를 지키는 인간관계를 유지했다(편지 159). 서신에 드러나듯이, 야스퍼스는 서로를 이해할 수 있다고 생각한 사람들과 소통 관계를 유지했지만, 아렌트에게 보낸 서신에서는 아버지다운 모습으로 "친근감, 부드러움, 온정적 분위기"[17]를 유지했다.

지금까지 언급한 내용을 중심으로 '공적인 장소에서 사적인 얼굴'과 '사

---

13 Arendt, *The Human Condition*, p. 50; 『인간의 조건』, 103쪽.
14 「편집자 서론」, 52쪽.
15 Karl Jaspers, "Philosophical Autobiography," in Paul Arthur Schillp, ed., *The Philosophy of Karl Jaspers* (New York: Tuder Publishing Company, 1957), p. 5.
16 Karl Jaspers, "Philosophical Autobiography," p. 67.
17 「편집자 서론」, 52쪽.

적인 장소에서 공적인 얼굴'이 담고 있는 의미를 살펴본다. 이 문구는 행위자와 관찰자의 관계뿐만 아니라 개인의 삶을 판단하는 문제에 어떻게 대응할 것인가라는 고뇌를 담고 있다. 야스퍼스와 아렌트는 주고받은 서신에서 한편 개인적인 친근감, 즉 사적 차원의 '우정'을 표현하면서도, 다른 한편 저작 또는 정치 세계에 대한 논쟁을 뚜렷하게 드러냈다. 한마디로, 두 사람은 세계와 소통하는 모습을 분명히 드러냈다. 그런데 이들의 소통행위에 드러난 공적 얼굴은 여전히 두 사람의 시선에만 드러났기에 다른 사람들의 판단을 허용하지 않았다. "진정한 기독교 신자들이 말하듯이, '내가 누구를 심판하겠느냐?'"[18] 그러나 "전적으로 주관적 상태에 있는 인물은 완전한 결실을 이루기 위해 공중에 모습을 드러내야 한다."[19]

그런데 두 사람의 서신은 공공기관인 도서관의 서고에 온전히 간직되었다가 『서간집』으로 공개되었다. 과거의 행적을 검토하고 논의하는 공공영역에서 야스퍼스와 아렌트의 삶의 단면은 드러났다. 연구자들은 이미 출간된 저작에서 이들의 정신세계를 경험했고 이에 대해 사유하며 이해하는 기회를 가졌을 것이다. 그러나 연구자들이나 독자들은 정신세계의 내적 경험을 드러냈던 사적 얼굴에서 무엇을 발견할 수 있을까?

독자는 서간집을 통해 부분적이지만 아렌트와 야스퍼스의 삶의 단면을 충분히 이해할 수 있을 것이다. 이는 마치 한 개인이 사유의 결실을 일반 독자에게 공개할 때, 독자들이 그의 삶을 이해하는 것과 같다. 따라서 여기서는 아렌트와 야스퍼스의 '우정'이라는 구체적인 역사적 사실에 대한 관심을 촉구하고자 몇 가지 주제로 이 단면들을 소개한다. 세부적인 부분에 대한 이해는 독자의 몫으로 남겨둔다.

---

[18] Hannah Arendt, "Sonning Prize Acceptance Speech, 1975."
[19] Hannah Arendt, *Men in the Dark Times* (San Diego, New York, London: Harcourt Brace Jovanovich, Publisher, 1968), p. 73; 홍원표 옮김, 『어두운 시대의 사람들』(파주: 한길사, 2019), 159쪽.

2. '당신Sie'과 '자네Du'의 관계: 평생의 도타운 우정

> 무한한 소통으로의 모험은
> 다시 한번 인간이 됨의 비밀이다.
> 야스퍼스, 『역사의 기원과 목표』
>
> 아리스토텔레스가 말하길, 친구란 다른 자기다. …
> 소크라테스는 자기가 일종의 친구라고 한다.
> 아렌트, 『정신의 삶: 사유』

서문에서도 밝혔듯이, "아렌트와 블뤼허 부부가 처음으로 바젤을 방문한 1961년 이후, 네 사람은 '너 또는 자네Du'란 친숙한 호칭을 사용하기 시작했다. 우정은 야스퍼스가 1969년 서거할 때까지 지속하였다." 독일어에서 2인칭 단수 대명사의 경칭은 '당신Sie'으로, 비경칭은 '너du'로 표기한다. 그러나 영어 번역본에서는 이를 구분하지 않고 2인칭 대명사를 모두 'you'로 표기하고 있다. 바젤 방문 이후 아렌트와 블뤼허가 야스퍼스에게 보낸 편지에서 경칭은 사라진다. 물론 블뤼허가 야스퍼스에게 보낸 편지는 몇 통에 불과하다. 아렌트는 1961년 8월 6일자 편지에서 이를 다음과 같이 밝히고 있다.

> 그렇게 오랫동안 저에게는 유럽 고향과 같았던 바젤과 당신의 집이 이곳의 우리 두 사람에게 속하며 … 그리고 '너라고 표현하라'는 당신의 제안 — 저를 겁주지 않고 거의 놀라게 하지 않았던 제안(하인리히는 어쨌든 쉽게 당혹스러워하지 않습니다) — 은 신뢰가 아무리 위대해도 친근감으로 한 단계 더 높아질 수 있다는 사실에 도장을 찍는 것 같습니다.
> (편지 293)

2인칭 대명사 표기의 변화에 대한 자세한 설명이 필요할 것이다. 아렌트는 'du'를 어떻게 표현했는가? 독일어본과 영역본을 함께 대조하면서 내용을 우리말로 옮기는 작업을 더디게 했던 부분이다. 이미 밝혔듯이, 아렌트는 1926년 야스퍼스의 세미나에 참여하며 역사에 대한 이해의 차이를 질문하는 편지를 보냈다. 두 사람의 서신 교환은 이 편지로 시작하여 1969년까지 지속한다. 아렌트는 야스퍼스를 지칭할 때 'Sie' 또는 '교수님'이라는 표현을 사용했다. 야스퍼스 교수는 첫 번째 답장(편지 6)에서 아렌트를 지칭할 때 역시 'Sie'라는 표현을 사용했고, 편지 296(1961년 9월 13일자)에서 비로소 대문자 'Du'라는 표현을 사용하기 시작했다.

　특이하게도, 야스퍼스는 이때도 편지에서 '너'를 소문자 'du'로 표기하지 않고 대문자 'Du(주격), Dein(소유격)'으로 표기한다. 남편인 블뤼허도 모두 대문자 'Du, Dein, Dir'로 표기하였다. 옮긴이로서는 이런 표기가 두 편집자의 수정인지 여부는 확인할 수 없다. 어쨌든 이런 표기는 일반적인 용례를 벗어나기에, 우리말로 번역하는데 다시 한번 이를 고려하지 않을 수 없었다. 우리말 번역본에서는 야스퍼스의 편지에 표기된 'du'를 '너'가 아니고 '자네'로 표기하였다. 즉 '당신'을 '자네'로 바꾸었다. 우리 어법에서 '자네'는 듣는 이가 친구나 아랫사람인 경우 그 사람을 대우하여 이르는 2인칭 대명사이기 때문이다. '그대'나 '군'으로 표기할 수 있지만, 번역본에서는 '자네'(편지 293 이후)로 통일하였다.

　이 서간집은 아렌트의 저작에서 『사유 일기』(부분적으로, 그리스어, 라틴어, 영어 병용)와 함께 원문 전체가 독일어로 쓰인 유일한 모음집이다. 아렌트는 1958년 출간한 저작 『인간의 조건』 독일어본을 출간하고자 번역을 하면서 "번역은 고역이었습니다"(편지 261)라고 야스퍼스에게 밝혔다. 서간집 번역에도 어려움이 따랐다. 많은 부분에서 독일어 원본과 영역본 사이의 표현 차이를 고려해야만 했기 때문이다. 아렌트는 이런 어려움을 고려하여 야스퍼스의 많은 저작을 미국 독자들에게 소개할 때 적절한 역자를 물색하느라고 중재적 역할을 맡았다. 아렌트는 자신의 저작을 집필하고 각 대학교에서 심도 있는 강의와 세미나를 진행하는 중에도 스승의 저작에 지대한 관심을 가졌다. 이렇듯, "충실성은 진리의 징표다"는 야스퍼스에 대한 아렌트의 존경과 우정을 잘 드러내는 좌우명일 것이다.

이 서간집을 차분하게 읽다 보면, 아렌트와 야스퍼스의 우정이 어떻게 평생 도탑게 유지되었는가를 확인할 수 있을 것이다. 서간집에 두드러지게 나타나는 요인들을 나열한다. 개별 사항들이 모두 이야기를 구성하기에 여기서는 읽으면서 확인할 수 있는 사항들을 일부만 제시한다.

(1) 박사학위 논문 지도와 이후 연구비 신청에 필요한 추천서 작성(하이데거와 디벨리우스에게 추천서 요청), (2) 전쟁 직후 궁핍한 독일인의 삶을 고려하여 매달 보내는 3개의 소포 꾸러미(생필품 및 의약품 등), (3) 야스퍼스가 스위스로 이주한 1948년 이후 13차례 방문한 사실, (4) 방문할 때마다 며칠 또는 몇 주 동안 체류하면서 삶의 문제뿐만 아니라 학문적 쟁점을 중심으로 나누었던 대화와 논쟁, (5) 야스퍼스 부부의 생일에 즈음하여 생일 선물로 축하 편지나 히아신스 꽃다발(야스퍼스: 2월 23일, 게르트루트: 2월 26일)을 보냈던 아렌트의 배려와 관심, (6) 실패하기는 했지만, 하이데거와 야스퍼스를 화해시키려는 여러 차례의 노력, (7) 아렌트 저작에 대한 첫 번째 서평자로 야스퍼스의 역할과 야스퍼스 저작의 미국 내 출판을 위해 중개자로서 아렌트의 역할, (8) 야스퍼스의 70회 생일(1953) 기념논문집 『카를 야스퍼스의 철학』에 게재한 「세계시민으로서 야스퍼스」, (9) 야스퍼스의 평화상 수상식을 기리는 축하 연설(「찬사」), (10) 『혁명론』을 야스퍼스 부부에게 헌정함, (11) 추도사 등이다.

앞에서 언급한 사항들은 두 사람의 우정을 도탑게 하는 일부이다. 쾰러와 자너는 서론 끝부분 두 단락에서 야스퍼스와 아렌트의 우정을 도탑게 한 사항들을 압축적으로 소개하고 있다. 여러 편지에서 언급된 부분을 압축하여 간명하게 관련 사항을 밝히고 있다. 야스퍼스는 아렌트와 우정을 유지하는 데 있어서 중요한 기본 원칙을 보여주고 있다. 야스퍼스의 아버지다운 태도, 소크라테스다운 요구, 직접적인 소통이 한 축을 형성하고, 아렌트의 열정과 경이로운 진취적 기상, 세계와 삶에 대한 사랑이 다른 한 축을 형성한다. 야스퍼스는 자신의 저서 『진리에 대하여』를 받은 이후 "아직 읽지 못했다"고 미안함을 표시하는 아렌트에게 다음과 같이 답장했다. "우리가 책들에 노력을 많이 기울이고 이것들이 때때로 누군가에 중요할 수 있다는 흔들리지 않는 믿음으로 산다고 하더라도, 우리는 자신의 저서들을 매우 부차적인 산물로 간주해야 하오."(편지 85) 아렌트의 눈에도 드러났듯이, 야스퍼스의 품성도 우정을 유지하는 데 중요한 요소였을 것이다. 야스퍼스의 '불굴 정신'은 독립성과 인간애에서 비롯되었다. 이 가운데 야스퍼스의 후마니타스에 관한 내용을 소개한다.

> 후마니타스(humanitas; 인간애)란 객관적이지 않은 채 정당한 것이기 때문에, 로마인들은 그것을 인간다움의 극치라고 생각했습니다. 칸트와 야스퍼스는 이것을 후마니테트humanität라고 생각했습니다. … 사람들은 자신의 삶과 인격을 공공영역으로의 모험에 바침으로써 후마니타스를 획득할 수 있습니다. … 저는 야스퍼스와 함께 공공영역에 나타나는 인격적 요소가 후마니타스라고 제안할 때 다음과 같은 의미를 포함시켰습니다.[20]

스승인 야스퍼스는 평생 아버지와 같은 위치에 있었으며, 지적인 친구로서 삶에서 중요한 동행이 되었다. 두 사람은 우정을 유지했으나 양상은 달랐다. 야스퍼스는 좁은 의미의 소통에 역점을 두었지만, 아렌트는 스승과 달리 수많은 친구와 교제했다. 그런데도 야스퍼스와 아렌트의 인간관계는 모범적인 우정의 징표이다. 아렌트는 우정의 천재였다. 마찬가지로, 아렌트는 야스퍼스가 함께 소통할 수 있고 하려는 친구였다. 어두운 시대 대홍

---

[20] Arendt, *Men in the Dark Times*, p. 73; 『어두운 시대의 사람들』, 164쪽.

수에서 살아남은 사람들, 경험을 공유한 사람들이 가질 수 있는 감정은 다음과 같이 표현될 수 있을 것이다. "세계의 바다를 헤엄치며 방주를 가능한 한 서로 가깝게 조종하려고 노력하는 비교적 많은 수의 노아가 있다."[21]

3. 아렌트의 국외 망명과 이주, 야스퍼스의 정신적 망명과 스위스 이주

> 이것은 다일 뿐이며 충분하지 않다.
> 그것은 아마도 너희에게 말한다.
> 나는 단지 거기 있다고.
>
> 브레히트, 「Spruch」(1940)

아렌트는 1933년 프랑스로 망명하여 파리에서 생활하다가 프랑스가 독일에 점령된 직후 미국으로 이주하였다. 야스퍼스는 1937년 교수직에서 추방당한 이후 오랜 기간 침묵하며 살았다. 이 기간에 서신 왕래는 거의 없었다. 독일 패망 이후 아렌트와 야스퍼스가 편지 왕래를 통해 대화를 재개하는 데 이바지한 사람은 멜빈 라스키다. 그는 『파르티잔 리뷰』의 특파원으로 미국 점령군과 함께 독일에 주재하면서 야스퍼스를 만나 대화를 나누는 동안 한나 아렌트의 이름을 언급하였다. 야스퍼스는 이에 놀랐으며, 라스키의 도움을 받아 미군 군사우편으로 아렌트에게 편지를 보냈다. 서신 왕래가 재개되었다. 야스퍼스는 편지에서 다음과 같이 밝혔다. "우리는 이 기간에 종종 슬픈 마음으로 당신의 운명에 대해 생각해 왔으며, 오랫동안 당신이 생존해 있으리라는 희망을 품지 못했다오."(편지 30) 야스퍼스는 이 편

---

[21] Arendt, "Aneignung an Jaspers,"(1947). 이와 관련한 내용은 편지 54의 각주 200을 참조할 것.

지에 한스 요나스도 살아있다는 소식도 함께 전했다.

아렌트는 답장에서 "저는 두 분 모두 지옥 같은 난장판을 무사히 헤쳐나왔다는 것을 확인한 이후로 이 세상에서 다시 상당히 편안함을 느꼈습니다"(편지 31)라고 밝혔다. 미국에 이주한 아렌트는 무국적자로 생계를 유지하고자 한동안 정치평론가로서 활동하고 있었다. 이때 기고한 글들은 주로 유대인 문제, 즉 유대인 정치와 관련되는 기사들이다. 아렌트는 자신의 근황을 알리고 한스 요나스에 관한 전언을 언급했다. 이때 아렌트가 보낸 편지에는 브레히트의 이민송移民頌의 문구, 즉 "이것이 다는 아니고"라고 덧붙이며, 궁핍한 독일 생활에 도움이 되는 생필품과 의약품을 보내려는 내용으로 마무리하고 있다. 야스퍼스의 입장을 배려하는 마음이 여기에 잘 드러나고 있다. 전후 서신 왕래는 이런 내용으로 시작되었다.

두 대륙을 오가는 왕래 서신의 내용을 언급하기에 앞서 아렌트의 망명 이전 왕래 서신에 담긴 내용을 간략하게 소개한다. 아렌트는 학위논문을 마친 후 유대인성과 연관되는 주제인 '라헬 파른하겐'을 연구하기 시작했으며, 야스퍼스는 『현대의 정신적 상황』·『철학』·『막스 베버』를 출간했다. 아렌트는 야스퍼스가 보낸『막스 베버』에서 "독일의 본질"에 관한 내용에 불편함을 표시하며 다음과 같이 밝혔다. "저의 경우 독일어는 모국어 · 철학 · 문학을 의미합니다."(편지 22) 유대인성과 독일인성 문제는 전후 왕래 서신에서 반복해 언급된다. 이때 아렌트의 「계몽주의와 유대인 문제」라는 논문을 받은 야스퍼스는 "우리는 그저 부정 · 문제제기 · 모호성만으로 살 수는 없다오"(편지 25)라고 밝혔다. 아렌트는 프랑스에 망명하는 기간인 1936년 그라우뷘덴주 쿠어 법정에서 열리는 구스트로프 재판을 참관할 목적으로 스위스를 방문했을 때 편지를 보냈다(편지 28). 이 편지는 아렌트가 전후 서신 왕래를 재개하기 전에 보낸 마지막 편지였다.

그러나 아렌트는 편지에서 프랑스에서의 망명 생활에 관한 이야기를 별로 언급하고 있지 않다. 이에 관한 내용은 긴 이야기가 되기에『한나 아렌트 철학 전기』를 참조하면 좋을 것이다. 편지에 언급된 몇 부분을 소개한다. 아렌트는 프랑스 망명지에서 '한나-스턴' 올림으로 1936년 "남편이 몇 주 전에 미국으로 갔습니다"(편지 28)라고 밝혔고, 두 번째 남편인 하인리히 블뤼허를 소개하는 편지에서 "11월 대박해 이후 얼마 있다가 어머니를 프랑스로 데려올 수 있었고, 그 이후 어머니를 이곳으로 오실 수 있게 했습니다"(편지 55)라고 밝혔다. 이런 내용을 제외하면, 편지에서 프랑스 망명 생활에 관한 내용은 별로 없다. 아렌트는 프랑스에서 미국으로 이주한 것도 그저 "저는 여기 해안으로 밀려와"(편지 113) '유령 같은 존재Papierexistenz'인 무국적자로서 삶을 영위하고 있다고 밝혔다. 아렌트는 이주한 미국에서 새로운 것을 경험했다. 즉 사회적 순응과 정치적 자유가 공존하는 모순, 국민국가가 아닌 연방국가, 달리 표현하여 "국적과 국가가 같지 않은 미국과 같은 탈민족적a-national 공화국"이며, 인종 문제는 있으나 인종 이데올로기가 없는 나라라는 점을 경험했다.

아렌트는 1941년 미국으로 이주한 이후『전체주의의 기원』을 출간한 1951년 미국 시민권을 받았다. 그녀가 1951년 9월 28일자 편지에서 "이제 저는 짐작건대 12월 시민권을 획득할 것이라는 사실을 보고할 수 있으며"라고 하자, 야스퍼스는 답장에서 이 사실을 축하했다. "당신과 남편이 이제 미국 시민이라는 것을 알게 되어 기쁘구려. 그것은 신나는 일이오."(편지 114) 이때 야스퍼스는 이미 스위스로 이주하여 바젤대학교 교수로 재직하고 있었다. 야스퍼스는 왜 하이델베르크에서 바젤로 이주했는가?

야스퍼스는 한 편지에서 "나는 나치 아래 침묵을 지켰다"(편지 58)라고 밝혔다. 이는 야스퍼스의 정신적 망명을 의미한다. 아렌트는「어두운 시대의 인간성: 레싱에 관한 사유」에서 정신적 망명을 이렇게 언급하였다. "한편, 정신적 망명은 독일 국내에 있으면서 마치 더 이상 조국에 속해 있지 않아서 망명자처럼 생각하는 사람이 있다는 것을 의미했습니다. 다른 한편, 정신적 망명은 그들이 실제로 망명하지 않으면서도 내면의 영역, 사유와 감정의 비가시적 영역으로 이탈했다는 것을 의미했습니다."[22] 그러나 이런 정신적 망명은 제3제국의 멸망과 함께 끝나지는 않았다.

야스퍼스는 독일 패망 이후 비로소 공개적으로 활동할 수 있었다. 그는 「독일 대학의 재생」과 「죄(즉 형사 책임) 문제」를 공개적으로 밝히는 공적 행위에 참여했다. 그러나 야스퍼스는 독일인들의 표현하기 어려운 "비현실적인 삶"에 직면하여 이렇게 말하였다. "인내하자, 다시 인내하자, 어떤 일이 있더라도 낙담하지 말자."(편지 35) 불행하게도, 그는 독일 내에서 자신에 대해 적대적인 모습을 보이는 것에 예민해졌다. "나는 공개적으로 평화롭소. 하지만 사람들은 등 뒤에서 나를 비방하오. 공산주의자들은 나를 국가사회주의의 전위, 뼈친 패배자, 조국 반역자라고 부른다오."(편지 44) 야스퍼스는 증대되는 혼돈 속에서 학생들의 호의적인 반응에도 불구하고 불편함을 느꼈다. "나는 여전히 거리감을 느낀다오. 우리는 현재 어디서든 편안함을 느끼지 못했다오."(편지 46)

야스퍼스는 1947년 7월 학기 말에 바젤대학교에서 객원 강의를 요청받고, 「철학적 신앙」이란 주제로 강의를 진행했다(편지 56과 편지 58). 아렌트는 야스퍼스의 바젤 강의에 대해 상당히 기뻐했고, 야스퍼스는 객원 강의의 성공을 아렌트에게 알렸다(편지 59와 60). 강의에 500명의 학생이 참여했다. 야스퍼스는 이해 12월 바젤대학교에서 교수직을 제안 받았다. 일찍이 1940년 첫 번째 초청이 있었지만, 이때는 독일 교육부와 정보기관의 거부로 성사되지 못했다. 그는 1948년 2월 말에 제안을 수락했고 3월 바젤로 이주했다. 야스퍼스는 이때의 심정을 다음과 같이 밝혔다.

> 하이델베르크에 대한 나의 사랑은 유럽적인 바젤에 대한 나의 욕구와 언제나 나를 방문할 수 있는 친구들과 그곳에서 함께하는 삶의 평

---

22 Arendt, *Men in the Dark Times*, p. 19; 『어두운 시대의 사람들』, 89쪽.

화로움과 마찬가지로 크다오. 나의 떠남은 판단이나 고백을 의미하지 않네요. 떠나지 않는다면, 나는 민족주의적 마음이 갑자기 나타나고 국가적 영웅주의 행위로 갈채를 받기에 난처한 상황에 놓일 것이오. 그 때문에 하이델베르크에서 나의 지위는 확실히 심각한 손상을 입을 것이오. (편지 63)

야스퍼스는 3월 바젤에 도착했다는 소식을 아렌트에게 알렸다. 아렌트는 야스퍼스가 바젤로 이주한 이후 평생 13차례 바젤을 방문하며 많은 이야기를 나누었을 것이다. 편지에는 그 일면들만이 드러날 뿐이다. 바젤과 야스퍼스의 집은 아렌트에게는 "다시 한번 유럽의 제 고향"(편지 169), 즉 제2의 고향이었다. "오늘 저는 고향을 생각하듯이 바젤에 있는 당신의 집에 대해 생각합니다."(편지 216)

4. 주요 저작과 관련한 이야기: 비판과 찬사

> 두 사람은 철학에 각기 다르게 접근하면서 비슷한 시각을 발전시켰다. … 그들은 어떤 의미에서 서로에게 현대 철학이었다.
>
> 「편집자 서론」

앞에서도 밝혔듯이, 서간집은 아렌트와 야스퍼스의 정신세계를 이해하는 기초자료이다. 독자들은 두 사람이 공동으로 직면한 시대 상황에 맞서 무엇을 집필 과정에 반영하려고 했는가를 파악할 수 있을 것이다. 즉 특정한 시기 출간된 저작의 내용과 편지의 내용을 대조한다면, 저작을 더욱 심도 있게 이해할 수 있을 것이다. 이런 시도 자체는 세부적이고 개별적인 차원에서 접근해야 하겠지만, 여기서는 개략적인 연결고리를 연대기적으로 제시하고, 주요 쟁점이 되는 몇 가지 사항은 이후의 절들에서 살펴보기로 한다.

- 1926~1938년 주요 저작

야스퍼스는 아렌트의 학위논문 「성인 아우구스티누스의 사랑 개념」을 지도했고, 아렌트는 야스퍼스의 조언에 따라 두 차례의 수정을 거쳐 학위논문을 마쳤다. 이후 아렌트는 오랜 친구인 안네 멘델스존 바일의 제안으로 「라헬 파른하겐」을 연구하였다. 아렌트는 독일학술비상대책재단의 지원을 받아 이 연구를 시작했다. 야스퍼스는 이와 관련한 아렌트의 강의에 관심을 표시했다. 야스퍼스는 전후 편지에서도 아렌트에게 「라헬 파른하겐」 원고를 저서로 출간하도록 여러 차례 권고했다.

이때 야스퍼스는 『현대의 정신적 상황』과 『철학』(1931), 『막스 베버』(1932)를 출간했고 이 저작을 아렌트에게 제공했다. 아렌트는 『막스 베버』를 읽고 이에 대해 당혹스러운 입장을 드러냈다. "당신이 막스 베버를 위대한 독일인이라고 묘사한 게 저를 괴롭히는 게 아니라 당신이 그에게서 독일의 본질을 '열정에서 발원하는 합리성 및 인간성'과 동일시하는 게 저를 괴롭게 합니다."(편지 22) 막스 베버에 관한 이해에서 양자 사이 의견 차이는 이후 편지에서도 계속 드러난다.

아렌트는 1933년 1월 1일자 편지에서 "라헬 파른하겐에 관한 연구가 거의 완결되었습니다"(편지 22)라고 밝혔다. 아렌트는 망명할 때 이 원고를 지참하였다. 망명 직전 그녀는 「계몽주의와 유대인 문제」라는 제목의 논문을 야스퍼스에게 보냈다.[23] 야스퍼스는 이 논문에 대해 "논문의 강렬한 사유

---

[23] 「계몽주의와 유대인 문제」를 수록한 저작은 다음과 같다. Hannah Arendt, *The Jewish Writings*, ed. Jerome Kohn(New York: Schocken Books, 2007); 홍원표 옮김, 『유대인 문제와 정치적 사유』(파주: 한길사, 2022).

흐름과 주제의 중요성 때문에 탁월하다"(편지 25)라고 밝혔다. 이 편지는 아렌트의 망명 이전 두 사람이 저작에 관해 나눈 마지막 대화였다.

■ 1945~1952년 주요 저작

독일 패망 직후 미국 점령군과 함께 독일에 온 라스키는 아렌트의 에세이 여러 편을 야스퍼스에게 제공함으로써 아렌트의 생존 소식과 학술 활동을 알렸다. 1945년 야스퍼스는 대학에 복귀하여 의학부에서 「대학의 재생」을, 철학부에서 「책임 문제」를 주제로 하여 강의했다. 이듬해 『대학의 이념』·『책임 문제』·『정신병리학 총론』(개정판 제4판)이 출간되었다. 아렌트는 『대학의 이념』에 대해 좋아했지만, 『책임 문제』의 일부 내용에 대해서는 다음과 같이 밝혔다. 아렌트는 남편과 함께 『책임 문제』를 읽으면서 "우리는 모든 주요 주제에서 당신의 의견에 동의하고 … 함축적인 설명에도 매우 감사합니다. 동의하지만 제한과 추가사항이 있습니다."(편지 43)라고 밝혔다. 이와 관련한 내용은 이후 다시 소개한다.

아렌트는 1945년경부터 『전체주의의 기원』을 연구하기 시작했다. 이 저작에 포함되거나 관련되는 에세이, 즉 「독일 문제에 대한 접근법」·「인종주의 이전의 인종 사유」·「독일의 책임 문제」는 이때 출간되었다. 야스퍼스는 이 에세이들을 읽으면서 아렌트를 "문학적 존재"(편지 32)라고 표현했고, 아렌트는 답장에서 다음과 같이 밝혔다. "저의 문학적 존재는 … 두 가지 뿌리를 두고 있습니다. 첫째, 저는 남편 덕분에 정치적으로 사유하고 역사적으로 보는 법을 배웠습니다. 둘째, 저는 역사적·정치적 사유의 결절점으로서 유대인 문제를 포기하기를 거부합니다."(편지 34) 야스퍼스는 1951년 출간된 『전체주의의 기원』을 기증받고 서문을 읽은 이후 다음과 같이 호평했다. "나는 서문을 즉시 읽었다오. 대작답다오. 나는 우리 시대의 상황과 임무가 그렇게 명료하고 단순하며 생생하게 묘사된 점을 지금까지 본 적이 없다오."(편지 108) 아렌트는 『전체주의의 기원』의 제사를 야스퍼스의

『논리학』에서 가져왔다. 즉 "과거와 미래에 귀속되지 마라. 전적으로 현재에 있다는 것이 중요하다"(편지 103). 야스퍼스는 이에 대해 매우 기뻐했고 아렌트에게 고마움을 표시했다. 야스퍼스는 1949년에 출간된 『역사의 기원과 목표』에서 다음과 같이 밝혔다. "내가 과거 전체를 볼 때, 현재를 경험한다. 내가 과거에서 획득한 기반이 더 깊으면 깊을수록, 현재 사건 과정에 대한 나의 참여는 더욱 두드러진다."[24]

아렌트는 『진리에 대하여』를 읽고 "이 책은 당신의 저서들 가운데 가장 훌륭한 저서이며 실제로 매우 위대한 저서"(편지 105)라고 밝혔다. 즉 "멀리 떨어져 있는 것에 가까이 있음"이란 사유 운동을 강조하고 있기에, "이 책은 서양 철학의 마지막 저서, 즉 마지막 말이며 동시에 세계 철학의 첫 번째 저서, 즉 말하자면 첫 번째 말입니다"(편지 105). 야스퍼스는 아렌트의 찬사에 대해 기뻐하면서도 "자비롭고 관대한 눈으로 내가 그 목적에 이르지 못한 것을 간과하고 있다오. … 제발 결점들을 무시하지 마시오."(편지 107)라고 밝혔다. 그는 아렌트에게 세심할 것을 권유하였다.

■ 1953~1957년 주요 저작

야스퍼스는 1953년 70회 생일을 맞이하였다. 아렌트는 축하 편지에서 하이델베르크 시절 야스퍼스가 "유일한 스승이며 … 당신의 우정에 감사합니다"(편지 140)라고 밝혔다. 아렌트와 블뤼허는 각기 '넥타이'와 '수채화'를 선물로 보냈다. 쉴프는 70회 생일 기념논문집을 준비하면서 아렌트의 「세계시민으로서 야스퍼스」를 기념논문집에 수록했다. 이 기념논문집에는 야스퍼스의 「철학적 자서전」과 「답변」, 그리고 22편의 기고문이 수록되어 있다.

---

[24] Karl Jaspers, *The Origins and Goal of History*, trans., Michael Bullock(London: Routledge & Kegan Paul Ltd., 1953), p. 271.

아렌트는 1954년 노트르담대학교에서「철학과 정치」라는 주제로 강의했고,「근대 역사 개념」(철학학회)과「최근 유럽 철학사상에서 정치에 대한 관심」(정치학회)을 발표하였다. 이때 그녀는『전체주의의 기원』으로 국립문화예술연구소로부터 올해의 문학상을 받았다. 그녀는 1년 전에 버클리캠퍼스에서 교수직을 제안 받았으나 일개 '교수'가 되는 것을 원하지 않았기에 1년 동안 강의를 담당했다. 시카고대학교와 뉴스쿨에서 일정 기간 교수로 재직한 것을 제외하면, 아렌트는 평생 대략 20개 이상의 대학에서 '객원 강의'를 했다. 그녀는 자신의 표현대로 "돌아다니는 학자wandering scholar"였다.

아렌트는 1955년에는 시카고대학교 강의를 준비했다. "저는 실제로 최근 몇 년 동안 너무 늦게 세계를 진정으로 사랑하기 시작했으며, 이제 그렇게 할 수 있어야 합니다. 저는 보답으로 정치이론에 관한 저서의 제목을 '세계 사랑'이라고 붙이고 싶습니다."(편지 169) 1956년 아렌트는 시카고대학교에서 6차례 강의를 통해『인간의 조건』과 관련한 원고를 마련하였다.

■ 1958~1962년 주요 저작

야스퍼스는 1957년 바젤방송국에서「불멸성」이란 주제로 강의했고, 이듬해 6월『원자폭탄과 인류의 미래』를 출간했다. 야스퍼스는 독일서적상 출판협회가 수여하는 평화상 시상식에서「진리, 자유, 그리고 평화」[25]라는 주제로 수락 연설을 했고, 아렌트는「찬사」라는 주제로 연설했다. 야스퍼스는 수상식을 마치고 바젤로 돌아온 이후 아렌트에게 보낸 편지에서 다음과 같이 밝혔다. "남는 것은 당신의 찬사라오. … 당신과 나의 연대 선언은 … 내가 상상할 수 있었던 가장 의미 있는 그런 선언이었다오. … 우리는

---

[25] 이 연설문 영역본은 다음과 같다. Karl Jaspers, "Truth, Freedom, and Peace", *Existenz: An International Journal in Philosphy, Religion, Politics, and the Arts*, Vol. 9, No. 2(Fall 2014), pp. 1-12. 기본 내용은 다음과 같다. "1. 내적 평화 없이 외적 평화는 없다. 2. 평화는 오로지 자유를 통해서 실현된다. 3. 자유는 오로지 진리를 통해서 실현된다."

공적으로 말하기 꺼리는 것을 공적으로 말할 수 있는가?"(편지 232) 야스퍼스는 하이데거와 아렌트를 의식했을 것이다. 아렌트는 이에 대해 "저는 공적 상황에서 중요한 것이 모습을 드러낼 수 있으며 감지할 수 있다는 당신의 견해에 동의합니다"(편지 233)라고 분명히 밝혔다.

『인간의 조건』은 1958년 7월경에 출판되었다. 4개월 만에 재판된 소식을 들은 야스퍼스는 "그것(『인간의 조건』)은 특히 미국에서 이론적 저서로는 참으로 대단한 성공이오"(편지 234)라고 호평했다. 야스퍼스는 1960년 출간된 독일어판을 받은 이후 자신의 소감을 다음과 같이 밝혔다.

> 당신의 경우 중요하고 구체적인 논의는 모두 다른 차원을 통해서 실현되오. 그러므로 논의는 대단히 진지한데도 불구하고 현실에서 '빛'이 될 것이오. 당신의 많은 적절한 통찰력과 조명 그리고 설명의 역사적 심오함은 구체성과 견고성을 제공하오.(편지 270)

이듬해 9월 28일 아렌트는 함부르크시로부터 레싱상을 수상했다. 그녀는 시상식에서「어두운 시대의 인간성: 레싱의 사유」란 주제로 수락 연설을 하였다. 주요 내용은 '수상에 대한 감사', '어두운 시대와의 투쟁과 화해', '어두운 시대 인간성의 발현', '어두운 과거의 이해와 극복', 그리고 '레싱의 우정'으로 구성되어 있다. 야스퍼스는 이 소식에 기쁨을 표시하며 다음과 같이 밝혔다. "레싱보다 더 훌륭한 사람은 없다오! 소년 시절부터 꾸준히 자신이 내면에 '이성'을 배양했고 자신의 본성에 언제나 인간적이었던 항구적인 혁명가라오. 그런 인간성은 최근의 인간애보다 훨씬 더 위대하고 훨씬 더 참되오."(편지 246)

야스퍼스는 1959년『위대한 철학자들』일부를 집필하여 출간하면서 아렌트에게 제2권과 제3권의 구성에 대해 밝혔다(편지 259). 야스퍼스는 제1권을 출간하는 과정에서 도와준 아렌트에게 고마움을 표시하였다. "즉 나는 요약, 참고문헌, 물론 내가 알 수 없는 것, 자네의 번역 점검에 대단히 감사하오. 그 일은 작은 업무가 아니오."(편지 304) 아울러, 야스퍼스는 『계시에 직면한 철학적 신앙』이 곧 출판될 것이라고 밝혔다.

■ 1963~1969년 주요 저작

아렌트는 1963년 새해 초에 『혁명론』과 『예루살렘의 아이히만』 교정쇄를 검토하느라고 분주했다. 아렌트는 게르트루르트에게 보낸 편지에서 다음과 같이 밝혔다. "『혁명론』은 좋은 평가를 받았습니다. 저는 신문이 출판을 재가한 첫날에 아주 묘하게도 게재된 『뉴욕 타임스』의 서평을 동봉합니다."(편지 324) 야스퍼스는 영어로 출간된 『혁명론』을 읽는 데 어려움이 있지만, 아렌트 의도를 파악하였다. "내 생각에 『혁명론』은 아마도 정치적 견해의 탁월함과 구성의 대가다운 특성에서 『전체주의의 기원』보다 우월하지는 않지만 동등한 저서라오."(편지 327) 아렌트는 『혁명론』을 야스퍼스 부부에게 헌정했다. "자네는 이 책을 우리 두 사람에게 헌정했다오! 대단히 감사하오."(편지 327) 『예루살렘의 아이히만』이 출간된 이후 아렌트와 야스퍼스의 왕래 서신에는 한동안 이에 관한 내용이 담겨있다. 야스퍼스는 이 책을 읽으면서 몇 가지 견해를 밝혔고 "자네가 몇 가지 바람직한 증보 사항을 추가할 독일어판의 출판이 아마도 적절할"(편지 340) 것이라고 밝혔다. 이와 관련한 내용은 마지막 절에서 살펴보기로 한다.

『작은 철학 학교』는 13차례의 텔레비전 강의록으로 구성한 책이다. 아렌트는 1965년 헬렌 볼프를 통해 이 책을 받았다. 아렌트는 다음과 같은 내용으로 편지를 보냈다. 『작은 철학 학교』를 읽고 "대단히 생생하며 다른 어느 것보다도 훨씬 더 구체적이고 … 사람들에게 대단한 감명을 줄 것입니다. … 당신의 책은 믿을 수 없는 순수성을 가지고 있습니다."(편지 373) 이때 아렌트는 하퍼출판사로부터 야스퍼스의 저작 가운데 아직 번역·출간되지 않은 책, 3부작 『철학』과 『계시에 직면한 철학적 신앙』을 추천했다. 아렌트는 출판사 측의 한 직원으로부터 "하이데거가 『계시에 직면한 철학적 신앙』의 번역본을 출간하라고 촉구했다"(편지 377)는 전언을 야스퍼스에게 알렸다.

야스퍼스는 1965년 독일 정치와 관련한 소책자 『희망과 우려』를 마치고 연방공화국에서의 삶의 경향과 양상에 관한 글을 집필하고 피페르출판사에 보냈다. 이때 야스퍼스는 "독일 정치에 대한 나의 마지막 말을 쓰고 싶은 열망은 나를 제지하지 못하게 했소"라고 밝히며 "사유의 독립성에 관련한 자네의 책을 집필하는 일에 관심을 가질 것이오"(편지 388)라고 밝혔다. 이때가 1966년이다. 물론 아렌트에 관한 야스퍼스의 저작은 출간되지 못했다. 아렌트는 『연방공화국은 어디로 나아가는가?』를 읽고 "저는 연방공화국에 대한 당신의 '가혹함'과 관련하여 기쁩니다"(편지 389)라고 밝혔다. 이 책은 시카고대학교에서 아쉬톤의 번역으로 『독일의 미래 The Future of Germany』로 출간되었다.

아렌트와 야스퍼스는 편지 왕래를 통해 각기 상대방의 저작을 읽고 대화를 나누었다. 여기서는 일부만을 소개하였다. 더 세부적인 검토는 연구자들의 몫이다. 아렌트의 추도사 일부로 이 부분을 마무리한다. "야스퍼스는 사실상 단일한 방식으로 자유·이성·소통의 결합을 스스로 보여주었습니다. 그분은 일생을 통해 그 결합을 모범적인 형태로 표현했습니다."(편지 433 이후 추도사) 야스퍼스는 학문적 대화의 중요성을 『원자폭탄과 인류의 미래』에서 다음과 같이 언급했다. "철학자는 행동하지 않고, 정치인은 일정한 공간에 자신의 사유를 제한한다. 그러나 철학과 정치는 협력해야 한다."[26] 철학자와 정치인은 각기 약점을 지니고 있기 때문이다. 우리는 야스퍼스의 이런 입장을 서간집에서 찾을 수 있을 것이다.

---

26 Karl Jaspers, *The Future of Mankind*, trans. E. B. Ashton(Chicago: The University of Chicago Press, 1958[1961]), p. ix.

5. 마르크스와 막스 베버 사상에 대한 이해

> 노동이 인간을 창조했다. 폭력은 역사의 산파다.
>
> 아렌트, 『과거와 미래 사이』
>
> 막스 베버는 마지막 민족적인 독일인이었다.
> 그러나 동시에 그 자신은 그것을 넘었다.
>
> 야스퍼스, 「편지 272」

지금까지는 서신에서 두 사람이 보인 친근감, 부드러움, 온정의 분위기를 느낄 수 있는 내용을 주로 언급했다. 그러나 두 사람은 이러한 "목가적인 대화"와 별도로 특정 문제에 대해 논쟁하면서 "독립적인 사유"의 중요성을 강조했다. 무엇보다도 야스퍼스는 아렌트의 저작에서 독립적인 사유에 주목했다. 여기서는 마르크스와 막스 베버에 대한 견해를 둘러싼 지적 긴장을 주로 살펴본다.

아렌트는 적색공포가 사회에 확산된 1949년 야스퍼스에게 보낸 편지에서 마르크스를 처음 언급했다. 당시 젊은이들은 마르크스에 대해 진보적인 견해를 취했지만, 대학 구성원들이나 공무원들은 '마르크스'라는 이름에 대한 언급 자체도 회피하려고 했다(편지 90). 야스퍼스는 마르크스를 우호적으로 이해하는 지적 분위기에 대해 부정적인 견해를 드러냈다(편지 100). 아렌트는 야스퍼스의 「마르크스와 프로이트」라는 제목의 논문을 읽은 이후 "당신의 시야에서 마르크스의 명예를 구하려고 노력하고 싶습니다"라고 밝히고, 진리를 발견하려는 "철학자들의 편향성"을 인정하고 싶었다(편지 106).

야스퍼스는 "마르크스와 칸트를 연결하는 정의에 대한 마르크스의 열정"(편지 107)에 우호적인 견해를 보이는 아렌트와 함께 이 문제에 대해 심도 있게 논의하고 싶었다. 야스퍼스는 마르크스의 저작에서 칸트 정신의 흔적을 찾지 못했다고 밝혔지만, 아렌트는 우호적인 견해를 부각했다. 그러나 얼마 후에 아렌트는 마르크스에 대한 자신의 견해를 다음과 같이 밝혔다.

> 저는 조언을 얻고자 남편에게 즉시 전화했고, 그는 당신의 의견에 전적으로 동의했습니다. 남편은 마르크스가 정의감이 없었지만, 자유의 감각은 있다고 생각합니다. … 저는 마르크스를 학자로 옹호하려는 의도를 안 갖고 있으며(그가 비록 위대한 학자였지만, 학문은 그가 자신의 이데올로기적 덮개로 파괴한 바로 그런 것입니다), 확실히 철학자가 아니라 저항자와 혁명가로 옹호하려는 의도를 가지고 있습니다. (편지 109)

야스퍼스는 『전체주의의 기원』이 출간된 이후인 1952년 블뤼허에게 보낸 편지에서 "근대 역사에서 높은 도로와 낮은 도로라는 아렌트의 구별에 감명받았다며 … 마르크스의 독특하고 예리한 통찰력을" 신랄하게 비판했다(편지 129). 야스퍼스는 당시 지식인들과 비교하여 "떳떳한 인간"으로 평가하면서 이를 긍정적으로 수용하는 아렌트의 견해와 다른 점을 다시 확인했다. 야스퍼스는 마르크스에서 다른 무엇인가를 드러내려는 아렌트의 의향에 비판적 견해를 보였다. "나로서는 당신이 결국에 마르크스가 전체주의를 향한 길을 대비한 것의 지적 책임이 있는 창시자라는 것을 발견하리라는 희망을 품는다오."(편지 138)

아렌트는 1953년 프린스턴대학교에서 「카를 마르크스와 정치사상의 전통」이란 주제로 강의하면서 야스퍼스의 견해를 정확히 이해할 수 있었다. "저는 마르크스의 저작을 읽으면 읽을수록 당신이 옳았다는 것을 더 많이 알게 됩니다. 마르크스는 자유나 정의에 관심이 없습니다."(편지 142) 아렌트는 1954년 캘리포니아대학교에서 봄학기에 "마키아벨리에서 마르크스까지 정치이론사를 강의했다"(편지 158). 1966년 야스퍼스는 다른 편지에서 이와 관련하여 다음과 같이 밝혔다. "자네는 내가 생각했던 것이 아니라 마키아벨리에서 마르크스에 이르기까지 강의하고 있지요. 그리고 이 강의는 철학이 아니라 정치철학이며, 확실히 훌륭할 것이오."(편지 390)

마르크스에 대한 아렌트의 독특한 해석은 여러 저작, 즉『인간의 조건』·『과거와 미래 사이』·『혁명론』등에 나타나고 있다. 아렌트는 사유의 전환을 통해 서양의 전통을 조명하면서 마르크스와 니체가 전통의 종말에 있지만, 형이상학적 전통에서 벗어나지 못했다고 밝혔다. 따라서 서간집에 나타난 야스퍼스와 아렌트의 '논쟁'은 아렌트의 저작을 심도 있게 이해하는 기초자료로서 중요한 가치를 지닌다.

이제 야스퍼스와 아렌트 사이에 이론적 긴장이 역시 강하게 드러나는 막스 베버에 관한 내용을 살펴보기로 한다. 야스퍼스는 1933년 자신의 저서『막스 베버: 정치사상·연구·철학에서 독일의 본질』을 아렌트에게 보내면서 "독일의 본질" 문제에 대해 언급했다. 앞에서도 이미 밝혔듯이, 아렌트는 이에 대응하여 "… 오히려 당신이 그에게서 독일의 본질을 발견하고 그 본질을 열정에서 발원하는 합리성 및 인간성과 동일시하는 것이 저를 괴롭힙니다"(편지 22)라고 밝혔다. 전후 재개한 편지에서도 막스 베버에 관한 입장은 편지에 계속 나타난다.

야스퍼스는 "막스 베버에게 독일의 정치적 위대성이란 이념을 확인했고"(편지 58), 막스 베버를 꿈꾼 이야기를 편지에 담았다. "나는 자신의 대작을 위해 현재 교정하고 있는 당신을 상상하오. 당신은 이념형과 관련하여 … 다시 읽어야 하지 않겠는지?"(편지 100) 야스퍼스는『전체주의의 기원』과 관련하여 이념형을 언급했다. 아렌트는 답장에서 "저는 당신의 꿈에 고무되어 막스 베버를 많이 읽었습니다"(편지 101)라고 밝히며 "베버의 지적 냉철함"을 수용하기 어렵다고 밝혔다. 아렌트에 따르면, "보에글린의『신정치학』은 막스 베버에 관한 확장된 연구를 포함하고 있다."(편지 137)

야스퍼스는 아렌트의『인간의 조건』독일어판을 받고 책의 전반적인 구도를 파악하게 되자 "당신의 많은 적절한 통찰력과 조명 그리고 설명의 역사적 심오함은 구체성과 견고성을 제공하오"(편지 270)라고 밝혔다. 이 편지에서 야스퍼스는 "막스 베버가 이룬 학문적 성과의 본질"을 이해하지 못한 비판자들을 지적했다. "막스 베버는 최소한의 결과를 성찰하기 위해 그렇게 섬세하며 이질적인 출처를 토대로 연구를 수행한다오. … 태산이 울리고, 웃기는 생쥐 한 마리가 겨우 태어났네太山鳴動鼠一匹. 이것이 바로 학문의 모든 것이오. 이것은 방식은 다르더라도 당신에게도 타당하오."(편지 270) 야스퍼스는 『막스 베버』 수정본을 보내면서 다음과 같이 밝혔다.

> 그에게 나타나는 지속적인 자기모순을 지적하기란 쉽다오. 그는 자네와 같다는 점에서 그 자기모순은 결국 합당하오. 그 모든 것에도 불구하고, 나는 기본적인 철학적 입장에서 막스 베버와 하나가 아니지만, 우리를 분리하는 것이 실제로 무엇인지 말할 수 없다오. 나는 항상 상세한 특성에 관한 대화에서 그와 합의에 도달할 수 있었지만, 그의 좌절의 심연은 내가 감지한 그런 형태의 심연이오? (편지 350)

이후 야스퍼스의 편지에도 막스 베버와 관련한 내용이 많이 언급된다. 그런데 아렌트는? 여기서는 질문으로 끝을 맺는다. 아렌트 정치사상에서 막스 베버는 어떤 위치를 차지하는가? 독일의 본질 문제는 아렌트에게는 유대인성에 대한 관심과 밀접하게 연계되어 있다. 유대인 문제에 대한 현실적 고뇌를 담은 모음집은 『유대인 문제와 정치적 사유』이다. 따라서 여기서는 아렌트에 관한 연구와 '독일인성과 유대인성' 논쟁은 미완의 문제로 남겨둔다. 아렌트의 유대인성과 유럽인성에 관한 견해는 『유대인 문제와 정치적 사유』에 게재된 론 H. 펠드만의 「파리아로서 유대인: 한나 아렌트(1906~1975)의 사례」에 잘 드러나고 있다.

6. 한국전쟁, 그리고 핵무기 개발과 국제 정세

> 사람들은 전쟁을 찬성할 수 있지만,
> 전쟁이 원자폭탄으로 해결될 수 있다고 생각합니다.
>
> 아렌트, 「편지 106」

아렌트와 야스퍼스의 저작에서 한국에 관한 언급이 있는가? 야스퍼스의 저작에서는 중국과 일본에 관한 언급은 여러 군데 나타나지만, 한국에 관한 언급은 없다. 그런데 왜 아렌트인가? 오늘날 우리 독자들뿐만 아니라 서양의 학계에서 아렌트 정치이론에 주목하는 데는 이유가 있다. 아렌트는 냉전 시대의 이데올로기 정치를 넘어 인간다운 삶을 조명하는 데 필요한 정치적 통찰력을 제공하고 있기 때문이다. 일부 독자는 아렌트의 저작에는 '유럽인성'이 중심을 이루고 있다고 지적한다. 그런데 우리는 아렌트의 정치적 사유에 기저를 이루는 것이 시공간을 넘어 정치적 삶의 본질과 관련된다는 점을 고려해야 한다.

이런 판단은 한국에 관한 언급이 없다는 것과 무관하게 아렌트 연구에 주목할 필요가 있다는 '변호'가 될 수 있다. 이제 아렌트와 야스퍼스의 왕래 서신에는 한국전쟁과 관련한 언급이 여러 차례 등장한다는 점에 눈을 돌릴 필요가 있다. 이렇듯, 한국전쟁과 국제정치에 관한 두 사람의 입장을 개략적으로 살펴본다.

아렌트는 1950년 6월 25일 편지에서 한국전쟁에 대해서 처음 언급했다. "이곳 도시 사람들은 어제 이후 전쟁에 관해서 이야기하고 있습니다."(편지 101) 아렌트는 스탈린의 개입 가능성이 없다고 반복해 언급하는 사람들을 부정적으로 이해하며 전쟁에 대한 두려움을 표시하였다. 아렌트가 한국 문제에 대한 유럽인들의 생각을 야스퍼스에게 물었을 때, 야스퍼스는 "세계 역사는 현재 크렘린에 있는 몇 사람에 좌우된다"(편지 104)라고 밝혔다. 이들은 특정한 전쟁이 세계전쟁으로 확대될 수 있다는 불안한 감정을 가졌다. 야스퍼스는 다음과 같이 밝혔다. "한국의 상황은 좋다오. 그 때문에 한국의 상황이 세계전쟁을 촉발한다면, 세계전쟁은 어쨌든 한국 없이도 곧 일어날 것이오."(편지 104)

아렌트는 1950년 12월 25일 편지에서 핵무기 사용과 관련하여 대단히 비판적인 입장을 취했다. "이런 전쟁의 분위기는 말도 안 되고 위험합니다."(편지 106) 이 주장은 1950년 12월 21일 중공군의 공세로 유엔군이 고전하고 있을 때, 미국 육군부의 작전참모부장 볼트Charles L. Bolte 장군이 맥아더사령부에 핵무기 선제 타격과 관련한 전문을 보낸 사건과 연관될 것이다. 물론 아렌트는 이와 관련한 내용을 편지에서 밝히고 있지 않다. 이후 아렌트는 다른 저작에서 재래식 전쟁과 핵전쟁의 차이를 언급하며 핵전쟁의 위험성을 다음과 같이 밝혔다. "전쟁이 적대적인 상대편을 주어진 것으로 간주하여 그와 공존하려 하지 않을 때, … 바로 이 지점에서 전쟁이 처음 정치수단이 되기를 중단하고 정치가 규정한 한계를 넘어 정치 자체를 섬멸하기 시작한다."[27] 아렌트는 현대의 핵전쟁이 고대 섬멸전과 달리 인류 전체의 절멸을 초래한다고 생각했다.

야스퍼스는 미국이 러시아의 함정에 빠지지 않고 무기 통제 협상을 통해 장기간 평화를 유지하는 인내심을 유지해야 한다고 주장했다. 이런 입장은 다음의 주장에 잘 나타나 있다. "미국인들은 한국에 너무 깊이 파고들면 아테네인들이 시러큐스에서 했던 것과 같은 식으로 출혈로 죽을 것이오. 중국인들은 수백만 명을 죽일 수 있을 것이오. … 중국과의 전쟁은 미친 짓이오."(편지 107) 1951년 1월 7일 편지에서 야스퍼스는 미국의 한국전쟁 참전을

---

27   Hannah Arendt, *The Promise of Politics*(New York: Schocken Books, 2005), p. 159; 김선욱 옮김, 『정치의 약속』(파주: 푸른숲, 2007), 201쪽.

펠로폰네소스 전쟁과 연계시키는 듯하게 언급했다. 아테네는 시칠리 원정에서 스파르타와 그 동맹도시에 패배하고 쇠퇴의 길을 걸었다.

한국전쟁 이후 '원자폭탄'에 관한 언급은 냉전 시대를 반영하고 있다. 야스퍼스는 1955년 독일의 재통일과 관련한 제네바 정상회담과 관련하여 핵무기 사용 가능성 문제에 주시하였다. "그러나 약 6개월 전에 몽고메리는 서독 국경에 대한 러시아의 공격이 **곧바로 자동으로** 핵전쟁을 촉발할 수 있다고 언급했다오. 어리석게도, 미국인들은 고성능 기술로 안보를 확보할 수 있다고 생각하오."(편지 201) 야스퍼스는 1956년 「원자폭탄과 불멸성」이란 주제로 세 차례 라디오 강의를 통해서 원자폭탄에 대해 다시 언급했고, 이를 계기로 『원자폭탄과 인류의 미래』를 집필하기 시작했다. 두 사람은 왕래 편지에서 이와 관련하여 국제 정세를 논의했다.

이때 왕래 서신에서 핵무기와 관련한 내용이 많이 소개된다. "약소국이 수소폭탄을 보유할 때까지 현실적인 위험이 나타나지 않겠지만"(편지 204), 아렌트는 이를 우려하였다. "당신은 독일 물리학자들의 선언에 대해 어떻게 생각하는지요?"(편지 206) 이들은 1957년 4월 괴팅겐 선언을 통해 독일이 핵무장을 하지 않아야 한다고 권고했다. 아렌트가 야스퍼스의 저서 출간을 기대하자, 야스퍼스는 이에 대한 답변으로 물리학자들의 선언과 연구 상황에 대해 언급하였다.

아렌트는 당시 러시아의 사태에 대해 밝혔다. "말렌코프는 원자폭탄을 전 세계의 위험으로 생각했지만, 흐루쇼프는 이게 자본주의의 위협이라고 생각했기 때문이다."(편지 209) 물론 야스퍼스도 이런 러시아의 상황에 대해 명백히 파악하지 못하였다. 당시 미국과 소련은 핵무기 개발뿐만 아니라 우주 정복을 둘러싸고 경쟁했다. 아렌트가 근대와 현대 세계를 구별하는 주요 사건으로 우주과학의 발전으로 실현된 원자폭탄 개발과 우주 정복을 들고 있다. 인공위성 스푸트니크의 발사는 현대 세계의 또 다른 사건이었다. 아렌트는 이에 대한 야스퍼스의 관심을 촉구하였다. "당신은 우리의 두 새로운 인공위성에 대해 어떻게 생각하세요? 당신은 달여행으로 평화를 이룰 수 있나요?"(편지 214) 아렌트는 『인간의 조건』에서도 언급했듯이 '지구소외earth-alienation' 문제를 심각하게 고려했다.

아렌트는 이미 1953년 야스퍼스 70회 생일 기념논문집에 기고한 「카를 야스퍼스: 세계시민」에서 핵무기의 위험성을 다음과 같이 경고하였다. "한 나라가 몇몇 사람들의 정치적 지혜로 발사한 핵무기가 결국 지구에 살고 있는 모든 인간 생명을 절멸시킬 수 있는 만일의 가능성이 현재의 시점에서 인류를 통합시키는 가장 중요한 상징이라는 점을 부정하기란 어렵다."[28] 이런 문제의식은 1957년 『정치 입문』을 기획하고 집필한 원고에 반영되어 있다. 아렌트는 유고로 출간된 이 에세이에서 '정치와 전쟁'의 관계를 언급했다.

핵 문제를 둘러싼 진영 사이의 냉전적 대립에 대응한 현실적인 정치적 사유는 『원자폭탄과 인류의 미래』 그리고 「카를 야스퍼스: 찬사」에 잘 드러나고 있다. 앞에서 밝혔듯이, 야스퍼스는 시상식에 참여하여 「진리, 자유 그리고 평화」라는 주제로 평화상 수상식 수락연설을 했고, 아렌트는 이 자리에서 「찬사」라는 주제로 연설했다. 두 저작은 야스퍼스의 세계시민 이념과 아렌트의 세계사랑 이념을 기저로 하고 있다.

오늘날에도 핵무기 개발과 관련한 문제가 여전히 국제정치의 주요 쟁점으로 등장하고 있다. 아렌트는 약소국이 핵무기를 보유하는 데 시간이 많이 소요된다고 했지만, 오늘날은 이런 생각이 현실이 되었다. 북한은 핵무기를 보유한 국가로서 위상을 유지하고자 하며, 러시아는 우크라이나전쟁 및 EU와 갈등 속에서 핵무기 사용을 정치적 수사로 여전히 사용하고 있다.

---

[28] Arendt, *Men in the Dark Times*, p. 82; 『어두운 시대의 사람들』, 176쪽.

7. 책임 문제와 악의 평범성

> 정치에서 정권에 대한 복종과 지지는 같은 것입니다.
>
> 아렌트, 「편지 314」

편지 왕래가 재개된 1945년 아렌트는 『전체주의의 기원』을 집필하기 시작했다. 앞에서도 밝혔듯이, 이때 아렌트는 「독일 문제에 대한 접근법」· 「인종주의 이전의 인종 사유」·「제국주의·민족주의·국수주의」·「독일의 책임」(즉 「조직화된 범죄와 보편적 책임」)을 기고했다. 야스퍼스는 철학부에서 「책임 문제」라는 주제로 강의를 진행했다. 이렇듯, 두 사람은 독일의 책임 문제에 관심을 가졌다. 야스퍼스는 강의록을 수록한 『책임 문제』를 1946년 6월경 출간하면서 이를 아렌트에게 보내며 미국판 출간을 희망했다.

야스퍼스는 소책자인 『책임 문제』에서 'Schuld(범죄 또는 책임)'를 형사 범죄, 정치적 범죄, 도덕적 죄책, 형이상학적 죄책으로 구분하였다. 아렌트는 『책임 문제』를 받은 후 블뤼허와 함께 읽으면서 이에 대한 자신들의 견해를 밝혔다. 첫째, 블뤼허는 정치적 책임의 중요성을 강조했다. "독일 국민의 지속적 존재를 위한 조건인 그런 책임 부담이 희생자들에게 밝힌 적극적인 정치적 의도의 진술을 동반해야 한다."(편지 34) 아렌트는 여기서 '정치적 범죄 또는 죄'가 아니라 "정치적 책임"에 관한 독특한 입장을 제시한다. 둘째, 아렌트는 나치 정책을 형사 책임의 범주에 포함하는 것에 이의를 제기했다. "나치 범죄는 법의 한계를 벗어납니다. 즉 나치 범죄는 바로 나치의 괴물성을 이루고 있습니다. … 이런 책임은 온갖 형사 책임과 달리 모든 법체계를 뒤엎고 산산조각냅니다."(편지 43) 셋째, 아렌트는 또한 야스퍼스의 입장을 일부 동의하였으나 형이상학적 죄책이나 정치적 책임에서 견해를 달리하였다.

야스퍼스는 아렌트의 비판적 논평에 주목했다. 아렌트가 밝혔듯이, "제가 보기에 당신이 말하는 형이상학적 책임은 지구의 판관이 실제로 전혀 인정할 수 없는 절대자뿐만 아니라 공화국의 정치적 기초인 연대(그리고 클레망소가 '개인적인 문제가 전체의 문제'라는 말에서 표현했습니다)도 포괄하고 있습니다."(편지 43) 야스퍼스는 이런 논평에 대해 이의를 제기했다. 두 사람 사이 충돌되는 문제는 바로 "교만에서 비롯되는 나치 소행, 즉 형사 책임"과 형이상학적 죄책감이었다(편지 46). 이 문제는 별도의 논의가 필요할 것이다.

지금까지 책임 문제에 대한 논의는 종전 직후 논의에 초점을 두고 있다. 이제 전체주의의 잔재인 아이히만 재판과 관련한 내용을 검토한다. 강조하자면, 『예루살렘의 아이히만』에 관한 많은 연구가 있었다. 아렌트의 책은 여전히 논쟁의 주제가 되었다. 이런 점을 고려할 때, 이 문제를 둘러싼 아렌트와 야스퍼스의 편지 대화에 주목할 필요가 있다.

아이히만 재판에 관한 사항은 1960년 10월 4일 편지에 비로소 나타난다. "저는 아이히만 재판을 취재하러 이스라엘에 가고 싶습니다. 이곳의 잘 알려진 잡지인 『뉴요커』측은 저를 보내겠다고 밝혔습니다."(편지 265) 야스퍼스는 편지로 이 사실을 확인했다. 두 사람은 아이히만 재판 일정과 관련하여 여러 차례 편지를 주고받았다. 아이히만 재판은 1961년 4월 11일부터 8월 14일까지 진행되었다. 아이히만은 대법원의 최종 판결 이후 1962년 5월 31일 사형당했다.

야스퍼스는 아이히만 재판의 법률적 오류를 지적했다. "아르헨티나에서의 납치 자체가 불법적이오. … 납치 자체는 정치 행위요. 이 재판에 당혹스러운 측면이 많구려!"(편지 272) 이 편지에서 야스퍼스는 아이히만 재판과 관련하여 비판적 견해를 밝히며 아렌트의 입장을 배려하였다. "이것이 당신을 자극할 것이지만, … 나는 할 수 있다면 당신과 같이 되고 싶네요."(편지 272) 야스퍼스는 다음 편지에서 재판 관할권 문제를 제기했다. 아렌트는 이에 대한 답장에서 (1) '인류에 반하는 범죄 재판인 뉘른베르크 재판에 기소된 사람', (2) '범죄인 인도에 최악의 기록을 가지고 있는 아르헨티나', 그리고 (3) '특별재판을 승계할 재판이 없음'을 들었다(편지 274). 아렌트는 이 편지에서 자신을 보도자로 견해를 밝혔다. "저는 보도자로서 그들의 논리를 비판할 권리를 가지고 있지만, 그들에게 제안할 권리를 갖고 있지 않습니다."(편지 272) 이렇듯, 아렌트는 아이히만 재판을 참관하기 이전 야스퍼스와 편지 대화를 통해 『예루살렘의 아이히만』에서 제시한 핵심 요소들을 밝혔다.

두 사람은 1961년 새해 편지부터 아이히만 재판과 관련하여 많은 의견을 주고받았다. 이 기간 왕래 편지에 소개된 내용은 생략한다. 다만 1961년 4월 13일 재판 분위기, 1963년 악의 평범성에 관한 야스퍼스의 언급, 그리고 아이히만 논쟁을 간단히 소개한다.

첫째, 아렌트는 재판에 참관하여 재판정의 분위기, 즉 판사와 검사에 관한 사항, 변호인과 방청객의 상황 등을 야스퍼스에게 보고하였다(편지 285). 이 내용은 『예루살렘의 아이히만』 제1장 「정의의 집」에서 상세하게 기술되어 있다. 아렌트는 이스라엘을 방문했을 때 란다우 판사, 법무부 장관 로젠과 외교부 장관 골다 메이어뿐만 아니라 가족을 만났다(편지 287). 이러한 내용이 아이히만 재판 보고서 작성에 중요한 자료가 되었다. 아렌트가 편지 끝부분에서 가끔 쓰듯이, '이만 줄이겠습니다.'라는 말로 생략한다.

아렌트는 아이히만 판결이 내려진 후 집필을 시작하여(편지 301) 1962년 9월 집필을 완료했다. 『예루살렘의 아이히만』이 출판되었을 때 아렌트는 수많은 사람의 비난과 협박에 직면했다. 야스퍼스는 알코플리와 나눈 편지 대화에서 다음과 같이 밝혔다. "하인리히는 '악의 평범성이란 문구를 제안했으며 … 자네는 남편의 생각으로 인해 비난을 감수해야 하오. 아마도 이 전언은 잘못되었거나 나의 기억에서 왜곡되었을 것이오. 나는 악의 평범성이란 문구가 훌륭한 영감이고 책의 부제로서 적격이라고 생각하오."(편지 345) 아렌트는 아이히만 논쟁이 지속되는 과정에서 자신의 저작을 비판하는 로빈슨 책에 대한 라케르의 서평을 야스퍼스에게 보냈다(편지 386). 아렌트는 이후 아이히만 논쟁에 대한 최후의 답변으로 미국 정치학회에서 「진리와 정치」라는 주제의 논문을 발표했다. 아렌트는 이 사항을 야스퍼스 부부에게 편지로 알렸다(편지 401).

아렌트와 야스퍼스는 수많은 왕래 서신에서 아이히만 재판이란 사건에 대해 의견을 주고받았다. 왜 그랬을까? 여러 가지 근거를 제시할 수 있을 것이다. '평범한' 지적으로 마무리한다. 이들은 나치 전체주의를 경험한 유대인이고 독일인이다. 아이히만 재판은 부부로서 유대인 아렌트와 독일인 블뤼허, 그리고 독일인 야스퍼스와 유대인 게르트루트라는 구체적 사실과 특별한 인연인가, 아니면 우연인가?

마무리하며: 세계시민과 세계사랑

앞에서 개략적으로 밝힌 몇 가지 주제는 현실에 대한 독특하고 특이한 문제의식과 사유에 기반을 두고 있다. 이를 부각하기 위해 어떤 방식으로 내용을 구성하는 게 좋을지 고민하였다. 어색한 이야기하기 방식이다. 즉 기존의 기술방식과 달리 '편지 내용'을 주로 인용하는 기술방식을 이용하였다. 두 사람의 서신을 우리가 일상적으로 이해하는 편지 정도로 생각하고 읽다 보면, 편지 '대화'에 담긴 귀중한 부분이나 깊은 사유의 결실을 찾아내기 어려울 것이다.

이 해제는 크게 세 부분으로 구성되어 있다. 우선, 사신이란 표현에서도 나타나듯이 두 거목의 개인적 인간관계, 즉 스승과 제자의 관계인 우정을 소개했다. 공공도서관에 보관된 서신은 일차적으로 사적 소유물이지만, 공개되는 순간 공유물로 바뀐다. 특정한 시대 특정한 인물의 행적과 그 결과는 개인적 차원을 띠지만, 다른 사람들에게 귀감이 되는 내용을 담았다면,

그것은 공적 차원을 지니기 때문이다. 이 서간집은 스승과 제자의 모범적인 상을 제공한다는 점에서도 그렇다.

둘째, 편지 속의 주요 저작에 관한 이야기는 두 거목이 어두운 시대의 세계에 용감하게 맞서 근본적인 문제를 드러내고 그 해답을 찾으려는 노력을 잘 드러내고 있다. 야스퍼스는 나치의 억압에 순응하지 않고 정신적으로 망명하면서도 세계와 끊임없는 대화를 나누었다. 야스퍼스는 「자서전」에서 "사랑하는 아내와 함께 사랑하는 투쟁의 길을 찾았다"라고 하지만 공공 영역으로의 모험을 통해 세계시민의 모범적인 상을 보여주었다. 반면에 아렌트는 인간다운 삶을 영위하기 위해 자신을 둘러싸고 있는 공동 세계에 관심을 갖는 태도, 즉 '세계사랑amor mundi'을 강조했다. 이들은 특정 국가의 시민이면서도 이를 넘어 인류의 공존과 평화를 실현하는 길을 탐구하는 데 전념했다. 제4절에서는 현실 문제에 맞서 고뇌한 결실인 주요 저작을 개략적으로 소개했다. 물론 심도 있는 이해를 위해서는 주요 저작에 주목해야 할 것이다.

셋째, 몇 가지 주제를 통해서 두 거목의 "독립적인 사유"의 중요성을 드러내고자 했다. 야스퍼스는 제자의 "독립적인 사유에 대하여"라는 주제로 집필하고자 했으나 실현하지 못했다(편지 396과 편지 416). 학문 세계에 공동으로 참여하면서도 현실 문제를 둘러싼 이론적 긴장은 단순히 대립을 넘어서 인간적 공존의 가능성을 모색하는 원동력이다. 스승과 제자 사이에 특정한 문제를 둘러싼 논쟁은 학문 영역의 진정한 우정을 가능케 할 것이다. 여기서는 마르크스와 막스 베버, 한국전쟁과 핵무기 문제, 그리고 책임 문제를 중심으로 두 거목의 이론적 긴장을 검토했다. 이외에도 이 서간집에는 함께 주목해야 할 문제들이 많지만, '이만 줄입니다.'

Hannah Arendt
Karl Jaspers

Briefwechsel 1926-1969

편집자 서론

히틀러 치하 독일 난민으로 미국에 온 한나 아렌트는 정치학자이며 철학자로 잘 알려졌다. 『전체주의의 기원』(1951), 『예루살렘의 아이히만』(1963), 그리고 『정신의 삶』(1978)은 그의 저작에 포함된다. 야스퍼스는 1920년대 실존철학의 두 대표자 가운데 한 사람이다. (다른 사람은 마르틴 하이데거다.) 한나 아렌트와 카를 야스퍼스 왕래 서신Korrespondenz은 사상사에서 양성兩性의 두 철학자가 광범위하게 주고받은 첫 번째 서간집Briefwechsel 이다.

서신 왕래는 20세의 아렌트가 하이델베르크대학교에서 야스퍼스의 지도로 연구하고 있던 1926년 시작되었다. 서신 왕래는 아렌트의 이민과 야스퍼스의 "내적(정신적) 망명"으로 중단되었다가 미국 점령군 요원들이 두 사람의 관계를 복원하도록 도와준 1945년 가을에 재개되었다. 이후에 스승과 제자의 관계는 도타운 우정으로 발전하였다. 야스퍼스의 부인 게르트루트는 곧 이런 우정에 함께 했고, 아렌트의 남편인 하인리히 블뤼허는 서서히 이 우정에 참여하게 되었다. 아렌트와 블뤼허가 함께 바젤을 처음으로 방문한 1961년 이후, 네 사람은 '자네Du'*란 친숙한 호칭을 사용하기 시작했다. 우정은 야스퍼스가 1969년 서거할 때까지 지속하였다.

1933년 이전 주고받은 일부 편지를 제외하고, 대부분의 서신 왕래는 전후에 있었다. 서신 왕래는 두 사람의 삶·사유·연구 여정을 반영할 뿐만 아니라 전후 세월의 역사를 경험한 여정을 반영하기도 한다. 이들은 아마도 왕래 서신이 출판되리라고 생각하지 않았고 서로를 전적으로 신뢰했기에, 이 왕래 서신에는 자기검열의 흔적은 거의 나타나지 않는다. 두 사람은 자신들의 저작에서 드러냈던 것보다 훨씬 더 개인적이고 자발적이며 따뜻하고 동시에 더 냉정한 방식으로 정체성을 드러낸다. 아렌트의 경우 이 왕래 서신은 자신의 사적인 삶을 드러낸 첫 번째 문서이다. 야스퍼스의 경우 이 왕래 서신은 확실히 흔치 않은 것이다. 야스퍼스는 한때 자신을 "북독일의 얼음덩어리"(편지 159)라고 불렀다. 이 왕래 서신은 친근감·부드러움·온정의 분위기를 보여준다. 일부 독자들은 그의 자전적 저작에는 이런 분위기가 없다고 생각한다.

두 사람의 관계는 1949년 이후 아렌트가 바젤을 열세 차례 방문한 결과로 다른 차원을 띠게 되었다. 방문 기간에는 며칠 그리고 몇 주에 걸쳐 집중적으로 토론하는 기회가 있었다. 그러나 이런 대화는 완전히 목가적으로 묘사되지 않아야 한다. 두 사람은 논쟁하기 좋아했고 가끔 자유분방하게 논쟁했기 때문이다. 그들은 자신들의 생각을 은폐하거나 다듬어지지 않은 점을 채우지 않은 채 서로에게 무엇이든지 말할 수 있었고, 세부 사항들과 관련한 의견 차이에도 불구하고 자신들의 사유 양태에서 친근감을 항상 느꼈다. 이것들은 신뢰의 기초를 형성하였다. 이 대화에는 다른 목격자가 없지만, 대화의 지적인 분위기는 편지의 자연스러움에서 분명히 감지할 수 있다.

그들은 1945년 접촉을 재개했을 때 홍수에도 살아남았다는 느낌을 받았

---

* 옮긴이_ 존칭은 '당신(Sie)'.

다. 아렌트는 1951년까지 "무국적자들의 무한히 복잡한 유령 같은 존재를 유지했다"(편지 34). 아렌트는 작가로서 이름을 알렸지만 "어쨌든 존경할 만한 사람이 되지 못했다"(편지 4). 그녀는 "잦은 이민과 이른바 세계 역사에 노출되었다는 자신의 시각에서"(편지 154) 사회로의 어떠한 통합도 거부했다. "'저'는 품위 있는 인간적 실존이 오늘날 사회의 언저리에서만 가능하다는 점을 어느 때보다도 더 믿고 있습니다"(편지 34). 그러나 언저리에서도 중심은 여전히 있었다. 즉 "그의 남편인 'Monsieur'* — '우리'는 같은 언어를 사용하는 유일한 사람들입니다"(편지 43). 그 외에는 생경하고 고향이 없으며 외롭다는 감정은 그녀의 존재를 특징짓는 요소였다. 야스퍼스는 이 감정을 완전히 공유하였지만, 아렌트가 그랬듯이 이 감정에서 새로운 시작의 가능성을 보았다. 야스퍼스는 공식적인 추방으로 몇 년을 지낸 후 갑자기 다시 "존경받게" 되었고 실제로 거의 국가에 대한 존경의 본보기가 되었다. 야스퍼스는 이 "진부한 명성"(편지 32)을 심각하게 불신하였다. 그는 이 명성으로 "성급함이 지배하는 … 비현실적인 삶을 영위하게 되었다"(편지 35). 그에게도 절대적 신뢰를 느꼈던 유일한 하나의 장소가 있었다. 가까운 과거에 유대인으로서 헤아릴 수 없을 정도로 고통을 겪었던 자신의 아내였다. 야스퍼스는 편지에서 다음과 같이 밝혔다. 그러나 "지옥의 문은 활짝 열려 있으며"(편지 35), 홍수가 "여전히 우리의 귀감이 되어야 한다"(편지 60)라는 의식 속에서 사는 것이 중요했고, "우리의 세계를 구성하는 모든 게 한 달 만에 소멸할 수 있다"(편지 107)를 기억하는 것도 중요했다.

따라서 이 서간집을 통해서 알지 못하는 사이에 나타나는 문제는 다음과 같았다. 즉 누구든 위협적인 폭우, 즉 한때 생존했지만 언제나 다시 우리에게 닥칠 위험이 있는 폭우의 이런 시기에 어떤 것 — 어떤 민족·이념·사람

---

* 옮긴이_ 아렌트는 편지에서 남편을 'Monsieur'로 표기하고 있다. 'Monsieur'를 다양한 용어로 옮길 수 있지만, 우리말 번역에서는 '남편'으로 표기한다.

― 에 의존할 수 있는가? 그것은 정치와 철학 문제이고 인간 본성의 지속 문제이다.

이 서간집은 특히 세 나라, 즉 독일·이스라엘·미국에 초점을 맞추고 있다. 아렌트는 결코 이들 가운데 어떤 나라에 대해서도 비판적인 견해를 갖지 않은 적이 없다. 야스퍼스는 크게 동요하였다. 그는 나치 집권 이전의 독일을 "독일의 본질"로 신비화하였다. 이후 그는 이런 견해를 근본적으로 거부했다. 그는 1950년대 이스라엘을 거의 정당화시켰으나, 이후 심각한 의혹을 품게 되었다. 그는 독일이 해방된 이후 미국을 이상화했지만, 이후에는 초기의 그런 상을 완전히 포기하지는 않았다고 하더라도 이에 회의감을 가졌다. 아렌트와 블뤼허는 이런 모든 변화를 불러일으키는 데 주요한 역할을 했다. 야스퍼스가 더 큰 차원에서 상상력을 풀어놓은 데 열중할 때마다, 그들은 다르고, 훨씬 구체적인 견해에 필요한 사실들을 제시했다.

"독일의 본질"을 둘러싼 의견 차이는 나치 시대 이전에 시작되었고 전후 몇 년 동안 계속되었다. 1932년 야스퍼스는 자기 고향(출생 도시)의 민족주의적인 출판업자와 함께 막스 베버에 관한 저서를 출간했다. 이 저서의 부제는 「정치사상·연구·철학에 나타난 독일의 본질Deutsches Wesen im politischen Denken, im Forschen und Philosophieren」이다. 당시 그가 언급했듯이, 이 저서는 "막스 베버라는 인물을 통해 그것('독일'이라는 말)에 윤리적 내용을 부여하려는 아마도 가망이 없는 시도"였다. 야스퍼스는 책 한 권을 아렌트에게 보냈다. 아렌트는 한동안 야스퍼스에게 감사함을 표시하지 않았다. 아렌트는 감사함을 표시했을 때 대단히 솔직하게 자신의 견해를 표시했다. 아렌트는 막스 베버식의 "독일의 본질"을 "열정에서 유래하는 합리성 및 인간성"(편지 22)과 등식화하는 야스퍼스의 입장에 이의를 제기했다. 아렌트는 유대인으로서 이에 대해서 긍정이나 부정을 표현할 수 없었다. "독일은 저에게 모국어·철학·문학을 의미합니다"(편지 22). 야스퍼스는 이것에 부분적으로 동의했지만, 이것은 야스퍼스에게 충분히 구체적이지도 역사적으로 충분하지도 않았다. 야스퍼스는 답장에서 다음과 같이 밝혔다. "당신이 첨가할 필요가 있는 것은 모두 역사적-정치적 운명이며, 남는 차이는 전혀 없소"(편지 24). 아렌트는 다음과 같이 덧붙였다. "옛 영광의 독일은 당신의 과거입니다"(편지 24). 아렌트는 더 심각한 영향을 지닌 다른 우매한 진술을 비판하지 않았다. 아렌트는 반유대주의에 대한 경험으로 야스퍼스보다 정치적으로 더욱 수용적이게 되었다. 전쟁의 대재앙 이후 "내가 독일이라는 것이 의미하는바"(편지 60)에 괴로움을 겪은 야스퍼스가 아렌트에게 유대인인지 독일인인지에 대해 질문했을 때, 아렌트는 오히려 즉흥적으로 응답했다. "아주 솔직히 말하자면, 사적이고 개인적인 수준에서 그것은 저에게 결코 문제가 되지 않습니다"(편지 50). 그러나 "상황이 저에게 국적을 제시하라고 요구할 때마다, 저는 정치적으로 유대인의 이름으로만 항상 말할 것입니다"(편지 50). 이것은 물론 아렌트가 결코 독일인으로서 말하지 않겠다는 것을 의미했다. 야스퍼스는 독일의 성격 가운데 "오직 언어만"(편지 52)이 남았으며, 국가가 거의 중요하지 않은 문제가 되었고 민족주의가 재앙이 되었다는 아렌트의 견해에 동의하였다. 그러나 야스퍼스는 "언젠가 독일에 대한 나의 꿈"을 출판하려는 희망을 여전히 유지하였다.

15년이 지난 후에야, 야스퍼스는 그 꿈을 깨달았다. 실망이 증대되는 시기였다. 하이델베르크 시절 "여전히 순박했던" 야스퍼스는 정치적 전환을 희망했다. 독일 연방공화국이 수립되었을 때, 그는 지도자인 콘라트 아데나워를 신뢰하였고 상당 기간 그의 외교정책을 훌륭하다고 생각했다. 야스퍼스는 『슈피겔 *Der Spiegel*』이 "부패하고"(편지 316) "니힐리즘적인"(편지 319) 출판물이라는 것을 알고서 이를 싫어했으며, 베를린을 구하기 위해 모든 것을 기꺼이 감수했다. 그러나 동시에 그는 내부적으로 자신을 연방공화국과 거의 완전히 분리하려고 하였다. 그는 일찍이 1949년 자신이 "**그런** 독일인들"(편지 83)에 속하지 않는다고 글을 썼으며, 1952년 정치적 의미에서 자신이 "비록 여권에 따라 독일인이라고 하더라도 그게 나에게 기쁨을 주지 않는다오"(편지 138)라고 밝혔다. 이후 그는 "자유의 겉치레"(편지 300)와 재통일의 환상에 맞서 단호하게 싸웠다. 그리고 1961년 그는 다음과 같이 고백했다. "나는 독일 사회민주당을 지지하겠지만 … 그렇게 할 수 없소"(편지 296). 아데나워는 (그의 눈에는) "실체에 관한 한 오히려 중요하지 않은 인물"(편지 316)로 보였다. 그는 베를린을 포기하는 것과 같은 상당히 자신만만한 제안과 마찬가지로 "연방공화국이 기반을 두고 있는 독일에 대한 기본 견해를 명확하고 철저하게 거부하는 것"(편지 376)으로 끝을 맺었다. 이때는 그가 자신의 "독일에 대한 꿈," 즉 『연방공화국은 어디로 나아가는가?*Wohin treibt die Bundesrepublik?*』를 출간한 시기였다. 이때쯤 꿈은 백일몽이 되었다.

유별난 반민족주의자인 아렌트와 블뤼허의 영향이 이런 변화를 초래하는 데 얼마나 컸는지는 추측할 수밖에 없다. 아렌트가 일찍이 왕래 서신에서 밝혔듯이, 전쟁 중에 그녀가 독일에 대해 기억하고 싶었던 것은 야스퍼스와 함께한 학생 시절뿐이었다. 그러나 독일 땅에 다시 발을 들여놓는 것을 꺼리면서도, "국가로서 멸망한 첫 번째 국가"가 유럽 정치에서 새로운 차원을 열 수 있다는 희망 같은 것이 어쩌면 있었을 것이다. 1950년대 아렌트의 독일 방문은 분명히 그런 희망을 깨뜨렸다. 아렌트는 야스퍼스에게 다음과 같이 알렸다. 즉 사람들은 "매우 불행하고 … 악의적이며, 모든 것이 허물어지기를 은밀하게 희망하고 … 모든 사람과 모든 것에 대한 분노로 가득 차 있습니다"(편지 254). 야스퍼스는 일찍이 1952년 블뤼허에게 다음과 같이 불평했다. 즉 아렌트는 "독일에 대한 무관심을 더 많이 보였습니다. 저는 그 정도까지 무관심하지는 않습니다"(편지 129). 1959년까지만 해도 야스퍼스는 아렌트의 무관심 때문에 "다소간"(편지 253) 괴로웠다. 1960년대 초반 아렌트는 모든 희망을 포기했다. "이른바 이 공화국은 실제로 마지막 공화국과 같습니다"(편지 318). 아데나워는 "무조건 예라고 하는 사람만을 인정할 수 있군요"(편지 318). 아렌트는 "서독의 중립"(편지 263)을 지지했으며 베를린을 상실할 것으로 생각했고(편지 243, 297), 연방공화국의 "쇠퇴는 얼굴에 온통 쓰여 있다"(편지 377)고 느꼈다. "사태는 그곳에서 관심도 없이 자동으로 작동됩니다 ― 바라건대!"(편지 408). 아렌트가 보기에 자동적인 쇠퇴는 정치인들의 부패하고 교묘한 술책으로 초래된 붕괴보다 덜 위험한 것 같았다. 따라서 아렌트와 야스퍼스는 같은 최종 결론에 도달하였다. 즉 독일의 정치에서 완전히 벗어나자.

두 사람은 이런 결론에 도달하기 전에 독일의 명예를 복원하는 것에 대해 어쩌면 언급할 수 있는 유일한 것, 즉 독일의 저항운동에 주목하였다. 아이히만에 관한 저서에서 저항운동 투사들의 원칙과 동기에 대한 아렌트의 간략한 기술과 현실적인 판단은 이런 논의를 일으켰다. 야스퍼스는 편지에서 가끔 이 문제에 대해 언급했다. 그는 당시 출처를 완전히 연구했고 독일 저항운동에 관한 간략한 역사를 저술했다. 아렌트와 야스퍼스는 기본적인 쟁점과 관련하여 동의했다. 야스퍼스가 편지로 밝혔듯이, 저항운동 투사로 인정돼야 하는 유일한 사람들은 "히틀러 정권의 몰락을 초래하는 데 **적극적으로** 활동하고"(편지 332), 정권 자체에 대한 저항이 원칙이 된 그런 방식으로 활동한 사람들이었다. 아렌트는 이 운동에서 어떤 개인도 이런 묘사에 적합하지 않다고 느꼈다. 그들은 모두 "말과 행위에서 전염병에 걸렸습니다"(편지 333). 예컨대, "이른바 지적인 지도자"(편지 369)인 카를 괴르델러는 쿠데타 이후 시기를 대비한 계획에서 "우매하고 우스꽝스럽습니다." "그러나 우매하고 우스꽝스러운 계획 이외에 어느 다른 계획도 존재하지 않았으며, 그것은 저에게 중요한 것 같습니다"(편지 369). 야스퍼스의 판단은 그렇게 포괄적이지 못했다. 그는 율리우스 레버, 한스와 조피 숄 형제를 존경했고, 한계 내에서 다른 소수의 진정성을 인정했다. 아렌트는 운동 전체의 신화적 요소를 구별하려는 데 열중했고, 야스퍼스는 위대하고 순수한 소수 인물을 선정하는 데 열중했다. 그러나 그들은 점차 독일 전역으로 퍼지고 있던 운동의 칭송에 대해서도 비슷한 판단을 내렸다. 야스퍼스의 말에 따르면, 이 운동은 "독일인이 지금까지 그리워하지 않았던 삶에 대한 환상"(편지 334)과 "민족주의적 전통을 대신하며 이것을 영구화한다는 숭배"(편지 376)에서 발생했다. 물론 군대를 통해서나 지도자의 유전적 비정상에 책임을 전가함으로써도 독일의 명예를 구원하는 것은 도저히 불가능했다. 야스퍼스는 한 스위스 정신과 의사의 결론을 인용하며 다음과 같이 썼다. 즉 "'죄가 있는' 사람은 히틀러가 아니라 그를 추종한 독일 국민이었소"(편지 384).

야스퍼스의 경우 유대인임이 무엇을 의미하는지에 대한 질문은 독일인임이 무엇을 의미하는지에 대한 질문과 마찬가지로 무시하기 거의 힘들었다. 이 질문에 대한 야스퍼스의 관심은 아렌트와 자기 아내의 유대인 유산뿐만 아니라 나치 체제 아래 유대인의 운명, 그리고 더 중요하지만 "추축 시대" 이후 유대교가 서양 문화에서 차지하는 의미를 통해서 형성되었다. 그는 세 가지 사항에서 이 의미를 찾았다. 즉 구약과 신약의 종교, 일신교적 형상 없는 신 개념, 한 민족과 무한히 먼 초월자 사이 맺은 언약 사상이 그것이다. 유대교의 위대성은 국적도 없이 수많은 나라에 흩어져 사는 유대 민족이 온갖 고통에 단호히 맞섰다는 사실과 연계되었다. 야스퍼스의 생각에, 유대인은 자신들이 사는 어떤 국가에서도 정치적으로 동화되면서도, 종교적-형이상학적 의미로 여전히 유대인으로 남을 수 있고 그래야 했다.

야스퍼스는 아렌트가 자신의 유산을 어떻게 습득했는가를 알려고 했고, 이 문제에 대해 가끔 아렌트에게 질문했다. 아렌트는 다음과 같이 답변했다. 이 점에서 저는 "제 출신 때문에 … 정말로 순진했습니다. 저는 이른바 유대인 문제가 재미없다는 것을 알았습니다"(편지 135). 아렌트는 자신의 순진한 동화同化의 관점에서 유대인 경험을 "별 어려움 없이 받아들였다"(편지 135). 아렌트의 유산 습득은 역사적·정치적 차원에 국한되었다. 아렌트는 "동화에 대한 시온주의 비판"(편지 135)과 유대교로부터의 완전한 종교적 독립을 통해 자기 입장을 정립했다. 유대교는 다른 모든 종교와 마찬가지로 그녀에게 더는 "아무것도"(편지 109) 주지 않았다. 아렌트는 우선 라헬 파른하겐에 관한 저서를 통해 문학 형식으로, 그리고 이후에는 망명 시기 다양한 시온주의 단체에서 활동하면서 이러한 비판의 장을 마련했다. 그런 경험에서 발전한 것은 야스퍼스의 견해와 정반대 입장이었다. 야스퍼스의 경우 유대 민족의 종교는 모든 것을 의미했다. 아렌트의 경우 그것은 아무것도 의미하지 않았다. 야스퍼스는 디아스포라 국가Diaspora에서 유대인의 정치적 동화가 바람직하다고 생각했다. 아렌트는 그것이 "정치적으로나 사회적으로 불가능하다"(편지 160)라고 생각했다. 야스퍼스는 팔레스타인과 이스라엘에서 유대 민족의 자동적인 정치화가 국민을 형성하는 평준화 과정에서 "유대인 존재의 본질에 중대한 잠재적 위험"(편지 60)을 의미할 수 있다고 우려했다. 아렌트는 유대 국가의 건국이 어떻게 일어났는가는 인정하지 않았지만, 유대 국가의 건국은 인정했다.

국가가 일단 존재하자, 야스퍼스는 자신이 삶에서 가끔 했듯이 대응했다. 그는 자신의 의구심을 제쳐두고 현실을 더 훌륭한 가능성과 같게 보았다. 이스라엘은 '유대인' 국가였지 이스라엘인들만의 국가가 아니었다. 야스퍼스는 수에즈 위기 동안에 이스라엘의 신중함과 용기를 훌륭하게 생각했고, "내용과 항구성을 지닌 국가들의 건국 시기에 나타나는 도덕적·정치적 위력"(편지 205)을 보았다. 이스라엘은 "서양 세계의 시금석이 되고"(편지 205) 있었다. 서양 세계가 신생 국가를 소멸하게 내버려 둔다면 히틀러 독일과 같은 운명을 겪을 것이다. 야스퍼스는 "이스라엘의 파멸이 인류의 종말을 의미할 것"(편지 205)이라는 감정을 가졌다.

아렌트는 자신의 정치적 예리함으로 그런 견해가 대단히 과장되었다고 생각했다. "그것은 감정으로서도 … 정당화되지 않습니다"(편지 206). 이스라엘은 인류나 서양 세계 또는 유대 민족이 아니라, 단지 국가들 가운데 한 국가, 만약 그러한 전술이 그들의 목적에 부합한다면 거짓말과 정치적 대량학살로부터 위축되지 않을 미심쩍은 정치 인사들을 많이 보유한 국가다. 아렌트는 몇 년에 걸쳐 이런 견해에 필요한 증거를 계속 제공했고, 1958년 한 대화에서 야스퍼스에게 다음과 같이 말했음이 틀림없다. 즉 야스퍼스는

"이스라엘과 관련하여 까막눈"(편지 234)이었다. 아이히만 재판은 야스퍼스의 안목을 처음으로 효과적으로 교정해 주었다. 이 재판은 야스퍼스의 경우 이스라엘의 현실적 성격에 대한 시금석이 되었고, 아렌트의 경우 최악의 두려움을 확인시켜 주었다.

아렌트는 1961년 4월 『뉴요커 The New Yorker』를 위해 아이히만 재판을 취재하고자 예루살렘으로 여행했다. 재판이 시작되기 이전에, 아렌트는 재판의 정치적·법률적 전제와 결과에 관한 견해를 야스퍼스에게 편지로 보냈다. 아렌트는 예루살렘에서 상세한 보도 내용을 담은 편지를 야스퍼스에게 보냈다. 야스퍼스는 이스라엘이 어떻게 이 재판에서 "유대인 전통에 충실함을 입증할"(편지 278) 수 있는가에 대한 견해를 밝혔다. 그는 다음과 같이 생각했다. 즉 이 재판은 단지 "심문과 결정 과정"(편지 278)을 담당하고, 세계에 나치 집단학살을 밝히며, 이런 사실을 인류에 반하는 범죄라는 주제 아래 평가해야 하지만, 국내 법정은 이런 범죄를 담당하는 적절한 권위를 갖지 않기에 판결을 내리지 않아야 한다. 아마도 이런 사안 가운데 아렌트의 관심을 끌었던 유일한 사안은 "인류에 반하는 범죄"라는 범주였다. 이와 별도로 아렌트는 다른 쟁점인 "악의 평범성"에 관심을 집중했다. 아이히만에 나타나는 악을 악마적이거나 신비스러운 힘의 결과로 간주함으로써 이것을 결코 중요한 것처럼 보이게 해서는 안 된다. 야스퍼스나 아렌트는 재판의 공정성을 의심하지 않았다. 그러나 야스퍼스의 생각에 이 재판은 판결로 옮겨가는 국가적인 재판인 한에서 "근원에서 부당하게 고려되었다"(편지 273). 아렌트의 생각에 아이히만의 악마화는 재판을 너무 연극조로 만들고, 유대인들의 부역 문제에 대한 무시는 재판을 너무 불성실하게 만들었다. 이 사건은 "이 국가가 얼마나 형편없는가"(편지 277)를 보여주었다.

아렌트의 『예루살렘의 아이히만』 출판은 분노의 폭풍을 불러일으켰다. 이 저서의 논조가 일부 독자의 감정을 상하게 하였지만, "치명타를 입었다는 뿌리 깊은 감정"(편지 338)을 자아낸 것은 다른 데 있었다. 누구도 유대인

평의회가 어떻게 나치에 동조했는가를 어느 때고 선명하게 지적하지 않았고 문서화를 진행하지 않았다. 아렌트는 야스퍼스에게 편지를 보냈다. "저는 아직 잊히지 않은 유대인의 과거 일부를 끄집어냈습니다"(편지 331). 아렌트가 편지에서 밝혔듯이, 국가의 거짓말에 대한 이런 폭로는 미국·이스라엘·독일에서 거의 2년 동안 "가장 낮은 수준"(편지 331)에서 진행된 명예훼손 항의 집회로 이어졌고, "인격 살인의 고전적 사례"(편지 336)가 되었다. (독일 저항운동에 대한 아렌트의 해석이 독일에서는 주로 관심의 초점이 되었다.) 아렌트는 야스퍼스를 위해 이 운동에서 자신에게 사용된 전술을 상세하게 기술하였다. 이 운동은 그녀의 생애에서 가장 충격적인 경험이었다.

야스퍼스는 아렌트와 완전한 연대를 선언하고 저서가 독일에서 출판된 이후 공개적으로 아렌트를 지지하고 싶었다. 야스퍼스는 그 저서를 읽은 후에 다음과 같은 내용을 담은 편지를 아렌트에게 보냈다. "저서의 주제는 신기하오. 이 저서는 의도에서 진실에 대한 자네의 비타협적인 욕구를 증명하오. 나는 이 저서가 사고방식에서 심오하고 좌절로 가득하다는 것을 확인하였소"(편지 341). 야스퍼스의 생각에 그림자는 아렌트에 대한 항의운동에 참여한 모든 사람에게 떨어졌으며, 그들 가운데 일부는 야스퍼스의 친구들이었다. 그러나 가장 어두운 그림자는 아마도 이스라엘에 떨어졌다. 그림자는 이 시점에서 오로지 "유대인이 근대 민족주의에 완전히 동화되었음"(편지 272), 즉 정치적 또는 형이상학적 이념을 담고 있지 않은 이질적인 요소들의 집합을 나타냈다. 야스퍼스는 이 국가를 어떻게 생각해야 할지 더는 몰랐고, 아렌트는 몇 년 지난 이후 이 국가와 화해하는 길을 찾았다.

야스퍼스는 세계가 점점 더 국가주의로 복귀하는 데 실망하면서 "미국이 정치질서와 자유를 위한 유일한 희망"(편지 83)이라고 느꼈다. 여생 동안 야스퍼스는 유럽을 해방시킨 것에 대해 미국과 처칠에서 구현된 영국에 감사했다. 야스퍼스는 일찍이 이 왕래 서신에서 자신이 독일인이 아니라면 되고 싶었던 유일한 사람(편지 35)이 미국인이라고 언급했다. 그리고 그는

1950년대 후반에도 여전히 다음과 같이 편지를 쓸 수 있었다. "우리는 모두 미국으로부터 멀리 있다고 하더라도 어떤 면에서 미국의 잠재적인 동료 시민과 같이 느낀다오"(편지 205). 그는 이렇게 감사와 감탄이 뒤섞인 감정과 전체주의의 확산에 대한 두려움으로 오랫동안 거의 비판 없이 미국의 정책에 갈채를 보냈다. 그는 많은 저명한 유럽인들처럼 '문화자유회의Congress for Cultural Freedom'의 회원들이 미국 중앙정보국에 의해 악용되고 기만당했다는 것을 조지프 매카시 시대에 알았다. 이때 그는 이 단체로부터 탈퇴하였다. 그러나 미국을 신뢰했던 그의 입장은 국제정치에 관한 판단의 기초로 남아있었다.

아렌트는 자신이 미국의 "해안으로 밀려온" 것에 대해 "평생 감사함"(편지 113)을 느꼈다. 미국에서는 "국적과 국가는 같지 않으며"(편지 59), "공화국은 적어도 아직 기회가 있습니다"(편지 428). 남편 ─ 첫 남편 귄터 스턴(안더스) ─ 의 좌파적 영향뿐만 아니라 "어떤 '운동'이나 '명백한 이데올로기'를 지니지 않은 사회, 즉 대중사회 자체의 내부로부터 일어나는 전체주의적 요소"(편지 160)를 인식하려는 중심적인 철학적 관심 때문에, 아렌트는 미국에서 발생한 이런 종류의 모든 것에 지진계로 감지되듯이 예민하였다. 그 결과, 아렌트는 가끔 이 나라에 대해 걱정했다. "우리는 다른 공화국이 엉망이 되는 것을 보고 싶지 않습니다"(편지 423).

아렌트는 25년 동안 다음과 같은 사항을 설명하고자 나라의 온갖 병폐에 대해 야스퍼스에게 알려 주었다. 아렌트는 이를 설명하고자 다음과 같은 내용을 1953년 편지에 담았다. "우리 두 사람이 했듯이, 어떠한 유보도 없이 미국을 옹호하는 것은 … 더는 가능하지 않습니다"(편지 142, 415). 아렌트는 매카시 시대의 "정보원 체계"(편지 142)를 분석했다. 즉 그 대상은 좌파 지식인에 대한 박해, "공무원 사회"에 기반을 둔 "거대 기업"(편지 142)의 통제를 받는 아이젠하워 행정부, (아렌트의 견해로 케네디 대통령 암살의 배후에 깔린) 인종 문제의 배경, 주요 도시의 해체와 "기이한 상황"(편지 369), 공익사업 및 공립학교의 붕괴, 청소년 비행의 "국가적 재난"(편지 369), 그리고 "비정상적이고 추잡하며 무의미한" 베트남전(편지 389)이었다. 아렌트는 최고위직에 있는 거의 모든 정치인을 거부했다. 그녀는 아이젠하워가 "태생적인 우매함"(편지 268)으로 어려움을 겪었고, 닉슨이 "위선자이고 거짓말쟁이"(편지 268)라고 생각했다. 아렌트는 "실제로 중병"(편지 289)인 케네디를 불신할까 봐 두려워했다. 존슨은 고루하고, "아무것도 이해하지 못하는"(편지 343) 명민한 정치 전술가였다. 아렌트는 1953년 "나는 모든 폭도를 향해 총을 쏘았습니다"(편지 142)라고 밝혔다. 그녀는 그런 정도의 흉포한 행위로 항상 그들을 추적하지 않았지만, 자유 공화국을 항상 지지하되 정부 계획을 전혀 지지하지 않는 원칙에 계속 충실하였다. 지배적인 인상은 이러했다. 즉 "사람들이 단지 자체의 기준들에 따라 나라를 평가한다면 이 나라는 어떻게 몰락했는지"(편지 235). 아렌트는 미국 혁명에 관한 저서, 『혁명론』에서 이 기준들을 다시 상기시키려고 했다.

매카시즘의 극복, 골드워터 및 닉슨의 선거 패배에서 드러나는 공화국의 부흥을 반영하는 일부 잠정적인 국면 외에도, 아렌트는 1960년대 버클리캠퍼스에서 발생한 학생 소요가 큰 흥미와 희망적인 징조라는 점을 알았다. 그녀는 학생들을 대중사회의 폭민으로 본 적이 없었다. 그들은 민주적 원칙에 따라 자체적으로 구성한 세력이었다. 그녀는 학생운동을 계기로 「폭력에 대한 성찰」이란 제목의 에세이를 출간했다. 그녀는 프랑스 학생들 가운데 데니 "빨갱이le rouge" 콘-벤디트, 즉 가까운 친구들의 아들을 좋아했으며, 일시적으로 독일 학생들의 반란에 희망을 걸고 다음과 같이 말했다. 즉 "독일 교수들은 이 시점에서 실제로 거의 극심한 공포 상태에 있는 게 틀림없습니다"(편지 369). "다음 세기의 어린이들은 우리가 1848년에 대해 배웠던 것과 같은 방식으로 1968년에 대해서도 배울 것 같습니다"(편지 428). 이것은 아마도 개인적인 경험으로 배양된 아렌트의 환상들 가운데 하나일 것이다. 그녀는 유대인 사회의 기득권층으로부터 박해를 받은 이후에 대학 — 일차적으로 학생들 — 이 자신의 구원이었다고 느꼈다. 야스퍼스는 아렌트의 견해에 공감하였다. 야스퍼스는 복종적인 무리보다 반항자를 항상 선호하였다.

이 편지들이 제공하는 정치 세계에 대한 시각에 관해 말하자면, 거의 모든 중요한 사건이 논의된다. 즉 동독 봉기*, 헝가리 혁명, 한국전쟁과 베트남전쟁, 북아프리카 일부와 유럽의 분리, 피그만 사건, 쿠바 미사일 위기, 베를린 장벽 설치, 흐루쇼프의 몰락, 케네디 암살, 중국의 점진적인 부상, 수소폭탄이 "국수주의적" 국가에 이용될 수 있다는 위협의 관점에서 신뢰할 수 없는 '팍스 러시아-아메리카나'** 등이다(편지 204). 야스퍼스와 아렌트는 이 모든 사건에 대해 가설을 제시하려고 하지 않았다. 이런 가설들 가운데 일부는 오늘날 이상하게 보일 수 있다. 그들은 예언하는 게 아니라 세계에서 무엇이 일어나고 있는지 이해하려고 했고, 다른 사람의 생각을 교정하고자 자신들의 해석을 제시하려고 했다. 야스퍼스는 이를 통해 세계를 이성의 영역으로 끌어들였고, 아렌트는 이를 통해 이성을 세계로 끌어들였다.

누구든지 무엇이 정치에서 끊임없이 위협적인 대홍수에 용감히 맞서느냐는 중심적인 질문을 다시 상기시키지만, 아무것도 시대의 실제적 존립에 거의 남아있지 않다. 국가, 이데올로기, 표면상의 확고한 사회구조, 자체 내에 묵시록을 담고 있는 군사 안보도 아니다. 야스퍼스의 생각에, 반전의 **개연성**이 남아있었다. 아렌트의 생각에, 혁명과 평의회 민주주의의 가능성이 남아있었다. 혁명과 평의회 민주주의는 역사에서 실현되었으며, 그래서 백일몽이 아니고 다시 찾아야 할 실체였다. 그러나 이것들을 되찾는 일에 앞서 사유의 확장이 선행되어야 할 것이다. 야스퍼스는 소통에 뿌리를 두고 있는 철학의 가장 넓은 영역에서 사유를 확장해야 했고, 아렌트는 역사에 완전히 기반을 둔 정치이론에서 사유를 확장해야 했다.

---

* 옮긴이_ 1953년 동베를린에서 일어난 시위.
** 옮긴이_ 미·소 양대 세력의 균형으로 유지되는 세계 평화.

아렌트는 하이데거 및 야스퍼스와 함께 연구하면서 생성 단계의 독일 실존철학을 경험했다. 그리고 그녀는 실존적으로 구체적인 것을 선호하는 실존사상에 이끌렸다. 이런 선호는 동화된 유대인 라헬 파른하겐에 대한 연구로 자연스럽게 확장되었다. 아렌트는 이 연구계획으로 자신이 정치적으로 적응하지 못했다는 사실을 깨달았다. 그녀는 귄터 안더스, 주로 하인리히 블뤼허를 통해서 혁명적이고 헤겔적인 전통을 유지한 사회철학자들을 잘 알게 되었다. 이 철학자들은 아렌트에게 구체적인 것의 다른 장, 즉 역사와 정치를 연구하는 장을 열어주었다. 이렇듯, 그녀는 전쟁 직후 자신을 "역사가와 정치평론가 사이의 어떤 인물"(편지 31)로 보았다. 아렌트는 자신의 이해에서 점차 정치이론가로 발전했을 것이다. 그녀는 비록 항상 철학사상에 긴밀한 친화성을 유지했지만, 엄격한 의미로 철학을 두 번이나 떠났다. 첫 번째는 실천적인 시온주의 사회 활동을 했던 초기 이민 시절이고, 두 번째는 의식적으로 '정치이론'의 장으로 들어가기 시작했을 때이다.

야스퍼스는 정신과 의사였던 생애 초기에 저작을 출간했다. 이 저작은 엄격한 과학적 함의에 대한 의지를 특징으로 하였다. 아렌트가 야스퍼스를 처음 알게 되었을 때, 야스퍼스는 실존을 조명하는 심리학 의도를 통해서 "실존조명"의 철학자가 되었다. 철학이 결코 엄격한 학문이 될 수 없으며, 이런 이유로 특별히 순수성에 이르는 길을 발견해야 한다는 점은 그의 신념이었다. 그가 생각했듯이, 이를 수행하는 본질적 도구는 무엇을 사유할 수 있는지, 그리고 각각의 개인이 사유 과정에서 사유했던 것을 어떻게 인식할 수 있었는가를 철학자에게 명료하게 해준 방법론적 의식이었다. 이것은 그의 사유에서 완전히 다른 엄격성을 형성했다. 그는 이것에 항상 충실했다. 그러나 나치 지배가 그를 흔들어 깨웠다. 전후 그는 다음과 같은 내용을 담은 편지를 썼다. "현재 상황의 관점에서 … 내가 언급했던 대로 이야기하는 게 무의미해졌소"(편지 52). "철학은 잠시도 그 기원을 망각하지 않은 채 구체적이고 실천적이어야 한다오"(편지 44). 철학의 기원은 모든 것에 개방적이었고 모든 것을 결합한 이성과 실존의 상호 침투였다. 철학의 구체적이며 실천적인 장은 세계에 대한 걱정이었다. 이런 걱정은 "국제적 관례로서 철학"(편지 92)과 "심원한 문제"(편지 352)를 허용하지 않는다. 야스퍼스가 결코 명료하게 밝히지 않은 철학의 임무는 "세계 철학"이었다. 그는 이 국면에서 두 번이나 정치에 작별을 고했다. 그는 젊은 시절에 지적이며 정치적인 상황 전체를 논의하려고 하였지만, 구체적인 정치 쟁점과 사건에 대해서는 논평하지 않으려고 했다. 그는 자신이 인정한 "정치 작가"로서 상당한 경험을 겪은 이후인 노년에 아마도 너무 많은 것을 떠맡았고 꽤 의식적으로 철학자로서 명성을 위태롭게 하였으며, "이것을 정치와의 항구적인 관계 단절"(편지 398)이라고 말하였다. 야스퍼스는 정치에 관한 글쓰기가 "철학보다 훨씬 쉽다"는 것을 알았으며, 이것이 "자신의 내적 존재의 수준을 낮춘다"(편지 398)고 생각했다. 그는 그런 판단으로 아렌트의 정치이론을 포함하지 않고 자신의 정치적 저작만을 포함할 의도를 가졌다.

두 사람은 철학에 각기 다르게 접근하면서도 비슷한 시각을 발전시켰다. 그들이 동의했듯이, 모든 철학은 정치적 결과를 낳으며, 그만큼 정치가 기반을 두고 있는 전제들 가운데 하나이다. 두 사람은 또한 철학이 정치적 삶의 현실에 뿌리를 두고 있다는 점에 동의하였다. 그들은 이런 시각에서 상징 세계를 정화하고, 이렇게 함으로써 본성이 어떻든 합리적 정치를 수행하는 기회를 줄이는 모든 이데올로기와 마법을 파괴하는 것을 철학의 사회적 임무라고 보았다. 동시에 현실 정치의 세계에서 사유의 자유로운 발전에 개입하는 모든 조건에 투쟁하는 것 역시 철학의 임무이다. 정의에 대한 꿈과 연계된 "정치적 자유에 대한 꿈"(편지 328)은 그들의 의제를 설정한다. 핵심이 철학이든 정치이론이든, 두 학문은 사유의 독립성에서 이러한 필요 조건을 충족시키고, 그런 의제의 관점에서 현재를 비판의 대상으로 삼는 역사와 전통을 이해하고 미래의 기반을 제시해야 한다.

구체적 판단의 기초가 되는 개인적 경험은 달랐다. 야스퍼스의 통절한 정치적 경험은 오직 제3제국의 전체주의적 지배였다. 아렌트는 "정치적 자유와 사회적 억압이 공존하는"(편지 34) 미국에서 "근본적 모순"을 자기 앞에 꾸준히 내세웠다. 이것은 가끔 그들의 역사적·정치적 판단에서 중대한 차이로 이어졌다. 이 점은 특별히 마르크스에 대해 논의한 그들의 편지에 명백히 드러난다. 아렌트는 마르크스를 한동안 높이 평가했다. "정의에 대한 열정이 마르크스의 목덜미를 움켜잡았었기"(편지 106) 때문이다. 반면에, 야스퍼스는 평생 마르크스를 철학적·정치적 재앙으로 생각했고, 그 이상도 이하도 아니었다. 아렌트는 이런 종류의 역사적 의견 차이에서 거의 언제나 최종적으로 야스퍼스의 견해로 생각을 바꾸었다. 이것은 평화 자체를 위해서가 아니라 야스퍼스가 더 정확하고 동시에 폭넓은 식견을 가졌기 때문이다. 야스퍼스의 경우 엥겔스에 대한 정확한 판단과 로자 룩셈부르크에 대한 이후의 사랑은 마르크스에 대한 그의 비판이 단순히 반대의 이데올로기 진영에 있는 누군가에 대한 비판이 아니었다는 점을 우연히 보여주었다.

야스퍼스와 아렌트는 현대 철학자들 사이에서 몇 명의 주요 인물을 발견했다. 아렌트는 파리 시절 이후 카뮈를 높이 평가했지만, 사르트르를 그렇게 평가하지 않았다. 사르트르는 너무 문학적이었기 때문이다. 아렌트는 아도르노를 멸시했다. 아렌트는 나치에 환심을 사려고 했지만 실패한 아도르노를 비판했지만, 평생 발터 베냐민에게는 우호적인 감정을 가졌다. 야스퍼스는 당시 철학계의 주요 인사들과 관계를 단절했다. 그들도 야스퍼스와 관계를 단절했다. 이후에 야스퍼스는 이들의 저서를 읽었지만, 하이데거를 제외하고 이들을 전혀 연구하지 않았다. 두 서신 교환자들에게 있어서 하이데거는 고통스러운 기억을 환기시켰다. 이것은 편지에서 언급된 일부 지극히 거친 판단에 반영된다. 전쟁 직후 야스퍼스는 이러한 판단을 절제하려고 했다. 이후 아렌트도 그랬다. 아렌트는 화해의 방법을 찾았지만, 야스퍼스는 결코 찾지 못했다.

그들은 어떤 의미에서 서로에게 현대 철학이었다. 두 사람은 각기 상대방의 저작을 연구하고 칭찬하며 비판하는 과정에서 이것을 간접적으로 증명했다.

야스퍼스는 아렌트가 집필한 저작을 거의 모두 읽었다. 야스퍼스는 작가로서 아렌트의 힘이 "레싱의 힘"(편지 322)과 같다고, 즉 아렌트 이념의 대담성을 가끔 환상적이라고 생각했고, 꾸밈없는 진실을 추구하는 아렌트의 용기를 모범적이라고 생각했다. 야스퍼스는 『전체주의의 기원』이 그 시대를 가리키는 진정 위대한 저작이라고 생각했다. 야스퍼스의 견해로 볼 때, 아렌트의 저작 『혁명론』은 아마도 "정치적 관점의 심원함과 그 솜씨의 대가다운 자질에서 그것, 즉 『전체주의의 기원』을 오로지 능가했소. ⋯ 정치적 자유의 본질에 대한 자네의 통찰력과 이 영역에 있는 인간의 존엄성을 사랑하는 자네의 용기는 훌륭하오"(편지 327). 그러나 야스퍼스는 아렌트의 어느 저작보다 그녀의 독립성, 즉 어떤 이데올로기나 정치권력으로부터의 자유를 사랑했다. 야스퍼스는 철학자로서 아렌트의 자질을 독립성에서 보았다. 그러므로 야스퍼스는 아렌트가 철학자이기를 원하지 않은 것을 "농담"(편지 363)으로 간주했지만, 이 농담은 아렌트 저작의 몇 가지 특징과 관련해 야스퍼스를 잠시 멈추게 했다.

일찍이 아렌트가 학위논문을 제출할 당시에, 야스퍼스는 가끔 아렌트가 학문적 세부 사항에 관심이 없다고 다소간 현학적인 학교 교장같이 비판했다. 전후 야스퍼스는 사물을 "역사적으로 더 정확하고 덜 환상적인 방식으로" 나타내고, 자신의 안목을 "더 논증 가능한 용어"(편지 41)로 바꾸라고 아렌트에게 촉구했다. 야스퍼스는 편지에서 "당신은 헤겔식의 사유로 기울어지고 있소"라고 썼다. 옛날의 "총체적인" 근본적 역사관과 같은 무엇인가가 당신의 원본에 남아있다면, 그것은 항상 역사에 "거짓된 장엄함"을 부여하는 것이오(편지 100). 야스퍼스는 『전체주의의 기원』과 관련하여 다음과 같이 관심을 표명했다. "당신은 어쩌면 여기저기서 독단에 가깝다오"(편지 217). 방법을 성찰하는 잔재가 이 이면에 존재했다. 그러므로 막스 베버를 연구하라는 조언이 거듭되었다. 야스퍼스는 아렌트에게 기쁨을 주는 온갖 찬사에도 불구하고 아렌트가 "최상의 기준이란 관점에서 그림자가 당신에게 떨어질"(편지 134) 위험으로부터 완전히 자유로울 것이라고 전혀 생각하지 않았다. 그것은 아렌트와 눈이 맞아 달아난 말의 그림자이다. 야스퍼스는 자신이 기획하고 있는 아렌트에 관한 저서에서 자신의 특징인 확고한 집념으로 그 그림자를 분명히 추적했을 것이다. 아렌트는 그것을 알았으며, 야스퍼스가 이 계획을 포기했을 때 여기서 해방되었다고 느꼈다. 아렌트는 이 계획을 생각하며 "그 영광으로 얼굴이 붉어졌고 두려움으로 창백해졌다"(편지 356).

"독일의 본질"의 윤리적 성취에 관한 아렌트의 유보를 제외하고, 아렌트가 "다원성이란 사실을 약간 스칠 정도로"(편지 109) 다루면서 서양 철학의 책임에 관해 썼을 때 야스퍼스가 포함되지 않았다면, 이러한 편지들은 야스퍼스 철학에 대한 근본적 비판을 담고 있지 않는다. 그러나 가끔 개인적인 비판은 있다. 『책임 문제 *Schuldfrage*』에 대한 비판은 주목할 만하다. 하여튼 아렌트는 야스퍼스의 저작과 관련하여 이후에 의식적으로 다른 역할을 하였다. 아렌트는 야스퍼스의 『논리학 *Logik*; 진리에 대하여 *Vom der Wahrheit*』 제1권에서 이런 "서양 철학의 편협성에서 탈피한 모습"을 파악했다. 이때 아렌트는 "서양 철학의 마지막 저서, 즉 마지막 말이며 동시에 세계 철학의 첫 번째 저서, 즉 첫 번째 말"(편지 105)이 아닌가에 대한 사유에 빠졌다. 그 당시와 이후 몇 십 년 동안 누구도 그것이 야스퍼스의 의도였다고 하더라도 그것을 실제로 보지 않았다. 거의 20년 지난 이후 야스퍼스는 자신의 기본적인 통찰력, "열쇠"(편지 374), 자신이 이후에 여전히 모든 곳에서 적용하고 있는 것에 대한 이해를 일반적으로 결여하고 있다는 점을 여전히 불평했다. 아렌트만이 이것을 이해했다. 즉 "이것은 당신의 저서들 가운데 가장 위대한 책이며, 실제로 매우, 매우 위대한 책입니다"(편지 105). 아렌트는 "추축 시대" 철학에서 "조화의 요소"와 "다시 세계시민이 되는" 새로운 기회를 계속 인정하였다. 아렌트는 『위대한 철학자들 The Great Philosophers』의 "전반적인 분위기가 경이로운 자유의 분위기"라고 느꼈으며, "거짓된 알렉상드랭식의 존경과 비교해 보면 경이롭게도 참신한"(편지 209) 판단을 내리는 야스퍼스의 용기를 좋아했다. 아렌트는 『자유와 재통일 Freiheit und Wiedervereinigung』에서 "독일 민족주의에 아직도 가해졌던 가장 육중한 충격"(편지 263)을 보았다. 아렌트는 연방공화국에 관한 야스퍼스의 저서에서 문제의 핵심을 꿰뚫어 보았다. "당신이 구체적으로 사유하는 것은 독일인들에게 어울리지 않습니다. … 그리고 그런 의미에서 그것(당신의 책)은 매우 '비독일적인' 책입니다"(편지 397). 아렌트는 일찍이 야스퍼스의 저술에 드러난 명료성을 칭찬했다. "이것은 마법이 없는 책입니다 … 그리고 당신이 여기에서 저술한 것과 비교할 때 모든 개념어는 일종의 마법입니다"(편지 373).

야스퍼스는 자신의 저서를 제대로 읽는 아렌트의 능력, 즉 자신들의 오랜 대화에서 비롯된 능력에 우쭐했다. 그러나 그것은 야스퍼스에게 아렌트와 관련하여 가장 중요한 것이 아니었다. 아렌트의 저작도 아니었다. 야스퍼스는 궁극적으로 "이런 저술"이 인간관계의 맥락에서 "매우 부차적인"(편지 85) "즐거운 일"(편지 163)에 지나지 않는다고 생각했다. 야스퍼스에게는 책보다 사람이 더 중요했다. 아렌트도 야스퍼스의 이 입장에 완전히 동의했다.

두 사람은 소통이 강력히 필요했다. 그러나 체질이 달랐기에(야스퍼스는 평생 아팠다), 그런 필요성을 충족시킬 그들의 기회는 달랐다. 기질도 달랐기에, 그 필요성을 충족시키는 그들의 능력 역시 달랐다.

야스퍼스는 오랫동안 개인적인 관계에서 가끔 거리를 두었다. 그는 매우 소극적이었고 본질적인 토론에만 관심을 가졌다. 이것이 또한 독립성을 고무시키는 기술이라고 이해하지 못한 사람은 누구나 그가 냉담하다고 생각할 수 있었다. 그러나 그는 한 사람의 독립성을 확인하면, 개방적이고 기뻐하며 개인적인 문제에 관심을 가졌다. 그는 소수의 사람과 그런 관계를 유지했고, 그들에게서 나오는 충동에 의존해야만 하였다. 그는 자신이 블뤼허와의 우정, 즉 "두드러지게 친절한 정신"(편지 178)을 유지했던 만큼 자발적으로 다른 사람의 우정을 전혀 모색하지 않았다. 아렌트는 야스퍼스가 조건 없이 완전히 좋아한 유일한 사람이었다. 아렌트는 야스퍼스와 비교할 때 일종의 화려한 사람과 같았고, 매우 개방적이고 쉽게 상처를 입더라도 경박함과 성찰의 가벼움을 보이지 않았지만 따뜻하고 심원한 인간성을 지녔다. 야스퍼스는 분명히 아렌트와 자신의 관계를 형이상학적 사랑의 상징으로 생각하였다.

반면에, 아렌트는 친구들이 많았다. 친구 무리는 젊은 시절에 늘어나기 시작하여 만년에도 계속 늘어났다. 수많은 주요 작가와 학자들이 친구 무리에 속하지만, 지성계의 공공영역에 거의 또는 전혀 나타나지 않았던 많은 사람도 친구 무리에 속했다. 아렌트는 이데올로기와 감상벽으로부터 자유로우나 사려 깊고 인간적인 사람들을 만났을 때, 대단한 기질의 '정서성'에서 거부적인 거리감을 재빠르게 포기했다. 이 서간집은 아렌트와 블뤼허가 자신들의 친구들과 얼마나 가까운가 또는 친구들과 관계를 단절한 이후 재개된 관계를 포함하여 때로는 험악했던 관계가 어떤 성격을 띠고 있는가를 드러내지 않는다. 아렌트는 가우스 대담에서 다음과 같이 언급했다. "나는 생애 중에 어떤 국가나 집단을 사랑하지 않았습니다. … 친구들만을 사랑했습니다." 그러나 아렌트는 몇 십 년 동안 지속했고 구체적이며 실천적인 지원의 모습으로 나타낸 충실성과 신뢰성을 갖고 그들을 사랑했다. 블뤼허는 이 풍부한 관계의 장에서 신뢰할 수 있는 지주였고, 배경에 자신감이 있는 지식인이었다. 독학자인 블뤼허는 바드대학의 교수로 임용됐으며, 명문대학인 뉴스쿨에서 여러 해 동안 강의했다. 블뤼허의 친구들은 그의 예리함과 독창성, 어느 것도 출판하지 않겠다는 단호한 마음 때문에 그를 "소크라테스와 일란성 쌍생아"(편지 340)라고 불렀다.

아렌트가 여러 해에 걸쳐 야스퍼스를 위해 모든 일을 스스로 명백하게 수행하지 않았다면, 그 일은 분명히 블뤼허에게 부담이 되었을 것이다. 야스퍼스 부부가 바젤로 이사할 때까지, 아렌트는 전후 초기에 매달 보낸 세 개의 식료품 꾸러미로 그들을 부양했다. 야스퍼스는 "우리가 평화 시기와 같이 살아가는 그런 웅장한 방식으로"(편지 46)라고 말했다. 아렌트는 이것을 멀리서 온 환대라고 해석했으며, 그 일을 (야스퍼스 혼자만을 위해서는 아니며) 했다. 아렌트는 난민으로 지낸 오랫동안 "약간의 연대를 유지하는데" 익숙해 졌으며, "우리 한 사람 한 사람은 연대 없이는 언젠가 무너졌을 것입니다"(편지 154)라고 말했다. 아렌트는 역시 미국의 유명 잡지에 야스퍼스의 전후 에세이를 게재했고, 이곳에서 그의 명성을 알렸다. 아렌트는 야스퍼스 저작의 번역본을 모두 계속 지켜보았고, 계약할 때마다 그에게 자문했으며, 개인적으로 『위대한 철학자들』을 번역했다. 그러나 "내가 쉽게 처리할 수 있는 이런 모든 성공"보다 야스퍼스에게 더 의미 있던 점은 아렌트가 야스퍼스와 "마음이 맞다"(편지 60)고 공개적으로 거듭해 인정한 사실이었다. 아렌트는 사실 전후 독일에서 출간한 첫 번째 저서를 야스퍼스에게, 한 노아에서 다른 노아에게 헌정했다. 이후 아렌트는 『혁명론』을 야스퍼스 부부에게 헌정했고, 1958년 야스퍼스가 독일 출판서적상협회의 평화상을 받았을 때 찬사 *Laudatio* 연설을 하였다. 독일에서는 평화상 수상에 대해 격렬한 논쟁이 있었다. 그리고 아렌트는 전후 여러 차례 야스퍼스를 방문했다.

반면에, 야스퍼스는 아렌트를 위해 한 게 별로 없었다. 야스퍼스는 젊은 시절 아렌트에게 연구비를 얻도록 힘썼고, 교수자격 논문을 위해 아렌트가 연방공화국으로부터 기금을 얻도록 지원했다. 그는 기금을 받을 자격이 있었으나 나치의 집권으로 기금을 완전히 받지 못했다(그는 야스퍼스 사후 여러 해 지나서 마침내 배상금을 받았다). 야스퍼스는 『전체주의의 기원』 독일어판의 서문을 썼으나 아렌트에게 책 한 권도 헌정하지 못했다. 야스퍼스가 그렇게 하겠다고 생각한 징후는 없다. 그는 항상 새로운 기획을 시도하였기에, 여러 해 동안 그 작업을 했다고 하더라도 결코 아렌트에 대한 자신의 문학적 기념비를 완성하지 못했다. 야스퍼스는 자신이 아렌트에게 빚지고 있음을 알았다. 그러나 아렌트는 그게 그렇다고 전혀 느끼지 않았다. 야스퍼스가 그녀를 위해 한 일은 그녀를 위해 한 일보다 그녀에게 더 큰 의미가 있었다.

아렌트는 일찍 아버지를 여의었다. 아렌트는 야스퍼스에게 가끔 편지를 썼을 때, 젊은 시절 야스퍼스에게서 발견했고, 평생 "제가 여전히 인정할 수 있었던 유일한 선생님"(편지 140)을 발견했다. 야스퍼스의 침착함은 아렌트와 다른 사람들을 "평생 이른바 이성에서 황홀케 할 가능성을"(편지 64) 유지했다. 심리학자들은 특히 아렌트가 자신의 "당신에 대한 여학생의 두려움"(편지 36)과 "당신을 실망시키지 않겠다는 어린이의 소망"(편지 69)을 가끔 언급했다는 사실의 관점에서 야스퍼스를 대리 아버지로 생각할 수 있다. 이런 소망은 틀림없이 어떤 때에도 "학생"이 아니고 자신 앞에서 그녀의 독립성을 정직하게 보여주라는 야스퍼스의 소크라테스다운 요구에서 나왔다. 아렌트는 추도사에서 다음과 같이 말했다. 야스퍼스는 자신의 개인적 진실성을 통해서 "자유·이성·소통"을 결합하는 전형적인 예가 되었고, 여전히 아렌트의 본보기로 존재했다. 전후 우정이 그들의 교류로 발전했을 때, 이것은 아렌트의 "독일 복귀"(편지 173)를 가능하게 했다. 아렌트는 바젤에서 "유럽의 고향"(편지 169)을 발견했다. 야스퍼스와 아렌트의 우정은 아렌트에게 자신의 생애에서 "연속성의 보증서"(편지 216)를 제공했다. 야스퍼스를 방문하는 "항상 신선한 기쁨"은 "솔직히 말할 수 있는 것"(편지 99)이었다. 이것도 "'밝은 방'에서의 직접적인 소통", "공기의 확실한 순도"(편지 182)였다. 아렌트는 가우스에게 "그런 대화가 존재했다는 사실의 발견이 전후 여러 해 동안에 자신에게 가장 강력한 경험"이었다고 말했다.

아렌트는 자신의 저작이나 품성을 통해서 야스퍼스를 위해 하나의 기준을 세우지 않았다. 아렌트는 야스퍼스 삶에서 "위대한 선물"(편지 198) 가운데 하나였다. 아렌트는 전후 야스퍼스에게 가까웠던 사람들 가운데 가장 중요한 사람이고, "잃은 과거를 공유한 기억"(편지 168)을 가져온 유일한 사람이었다. 아렌트가 가져온 더 위대한 선물은 세계에 대한 구체적인 지식이었다. 야스퍼스는 단지 작은 정도로만 이 지식을 스스로 획득할 수 있었다. 야스퍼스가 아렌트를 통해서 지각한 "인간적 현실"(편지 54)은 첫째로 의심할 여지 없는 진지함에 뿌리를 둔 아렌트의 "열정"(편지 54)과 "경이로운 진취적 기상"(편지 153), 아렌트의 "사물의 작동 방식에 대한 통찰력"과 "기본적으로 아주 비관적인"(편지 387) 통찰력과 결부된 형이상학적 행복(편지 109), "취약한 부드러움"(편지 198)과 외국인이라는 지속적인 감정과 더불어 "용기로 가득 찬"(편지 66) 세계와 삶에 대한 그녀의 사랑이다. 이런 모든 일은 아렌트의 아름다움과 더불어 야스퍼스에게는 "대단히 귀중했고" 그녀의 "불안정한 우유부단"과 "정념을 도피시키게 하려는 성향"을 삶의 "유익한 위력"(편지 198)으로 변화시켰다. 아렌트는 사실 "모든 것이 인류와 함께 사라지지 않는다"(편지 188)는 보증자였으며, "인류에 대한 경멸의 유령"(편지 100)을 추방한 사람이었다.

야스퍼스와 아렌트는 누구나 이 홍수의 시대에 무엇에 의존할 수 있는가라는 질문에 응답하여 목록의 상위에 이성에 기반을 둔 우정과 대화를 놓으려고 했다.

로테 쾰러와 한스 자너

■ 편집과 관련한 머릿말

　한나 아렌트와 카를 야스퍼스의 보관된 편지들 ― 일부 편지는 틀림없이 소실되었다 ― 은 생존 인물에 대한 배려나 법적 조언으로 생략된 일부 논평과 순수하게 반복적인 성격을 띤 두 쪽을 제외하고 모두 이 서간집에 수록되어 있다. 이런 생략은 괄호 속의 타원으로 표시했다. 일부 편지를 삭제하고 일부를 완전히 제외하는 데 많은 고민이 있었다. 결론은 그렇게 하는 것이 전체에 손상을 주거나 불필요한 의문을 초래할 수 있다는 점이었다. 이러한 것이 주역들의 편지를 더 잘 이해하는데 이바지할 때, 편지들은 실제 게르트루트 야스퍼스와 하인리히 블뤼허의 편지 가운데 일부를 통해서 보완되었다. 편지 원본은 독일 마르바흐/네카르 문서보관소에 보관되어 있다. 아렌트의 원본은 일부를 제외하고 타자기로 정리되었다. 야스퍼스의 편지는 대부분 수기로 쓰였다.

　원본의 편차가 개인적 양식의 표현이 아니라면, 철자법과 구두점은 현대 어법에 맞게 바꾸었다. 명백히 제외된 용어들은 괄호로 표시했다. 가끔 나타나는 다른 오류, 즉 문구의 반복이나 긴 문장의 틀린 선행사의 인용은 본문에서 교정했다.

　개인의 이름은 각주에서 단 한 번 간단하게 통상 처음 나타날 때 확인한다. 색인 쪽은 색인에 볼드체 활자로 표시하였다. 대부분은 잘 알려진 인물이나 적절한 표식이 편지에 제시된 곳에서 자료는 제시하지 않는다. 인용된 역사적 사건이나 상황은 편지를 이해할 수 있도록 하기 위해서만 설명된다. 편지에서 언급된 저서와 논문의 세부적인 서지사항을 각주에서 한번 제시하며, 참조 사항을 아렌트와 야스퍼스의 저작 목록에 볼드체로 표시한다. 서지 정보가 바로 다음에 나타나지 않는다면, 완전한 서지 정보를 제시한 각주의 쪽을 밝힌다.

　오랫동안 한나 아렌트의 친구인 로테 쾰러는 아렌트 지적 재산권 집행자인 메리 매카시와 함께 아렌트 편지를 편집하는 책임을 맡았다. 한스 자너 박사는 바젤에 있는 카를 야스퍼스 재단의 의뢰를 받고 카를 야스퍼스의 편지를 편집하는 책임을 맡았다. 자너는 이 작업을 도와준 마크 헹기와 리제로테 밀러 부인에게 감사함을 표시한다. 두 편집자는 편지 출판을 허락하고 문서보관소가 이 사업을 통해 제공한 정중하고 우호적인 지원에 대해 독일 마르바흐문서보관소에 감사함을 표시하고자 하였다.

카를 야스퍼스 재단은 또한 편집 작업을 지원한 다음 기관들에 감사함을 표시하였다. 이 기관들은 프리츠 티센 재단(쾰른), 스위스 국립학문연구장려재단(베른), 막스 겔드너 재단(바젤), 교육연구재단(바젤), 내무성, 그리고 바젤에 있는 시바-가이기 회사·호프만-라로스 회사·산도스 회사다.

제1부

편지 1-29
1926~1938년
한나 아렌트의 하이델베르크 시절 ~ 프랑스 망명 시절

스승과 제자의 운명적 만남(1926): 세미나 참여와 역사 해석의 이견 / 야스퍼스의 논문 지도와 『성인 아우구스티누스의 사랑 개념』 출간 / 『라헬 파른하겐』 집필과 야스퍼스의 지원 / 아렌트와 스턴의 결혼(1929) / 아렌트의 「라헬 파르하겐」 강의 / 『현대의 정신적 상황』· 『막스 베버』 출간 / 「계몽주의와 유대인 문제」(1930) / 『철학』 출간(1931) / 독일인성과 유대인성; 막스 베버 논쟁 / 아렌트의 망명(1933년) / 구스트로프 재판 참관(1936) / 야스퍼스의 마지막 편지(1938)

편지 1 아렌트가 야스퍼스에게

하이델베르크, 1926년 7월 15일

존경하는 야스퍼스 교수님께,

 서면 질문을 수용하겠다는 교수님의 제안을 이용하도록 허락해 주시기 바랍니다. 당신은 역사의 가능한 철학적 해석에 관한 성찰을 논의한 지난 '세미나 모임'[1]에서 몇 가지 사항을 언급했습니다. 이것은 저를 계속 당혹스럽게 합니다.

 저는 지금 서 있는 관점에서만 역사를 이해할 수 있습니다. 저의 절대 의식은 사실 우리에게 전해진 저작들 이면에 놓인 절대 의식으로 소통에 참여하려고 시도합니다. 이것은 다음과 같은 점을 의미합니다. 즉 저는 경험을 통해서 얻은 시각에서 역사를 '**해석하고**',[2] 역사에서 표현된 것을 이해하

---

1   야스퍼스는 1926년 여름 학기에 「셸링, 특히 그의 신화철학과 공개」라는 주제로 세미나를 진행했다. 편지 110은 이 편지가 세미나와 연계되어 쓰였다는 것을 암시한다.
2   야스퍼스의 수기 기록: "해석하지 않고 소통한다."

려고 노력합니다. 이런 식으로 이해할 수 있는 것을 저만의 것으로 만듭니다. 그래서 이해할 수 없는 것을 거부합니다. 제가 당신의 견해를 정확히 이해했다면, 다음과 같이 질문하겠습니다.

역사 해석에 대한 이런 견해에 기초해 **역사로부터 새로운 것을 배우는** 게 어떻게 가능한지요? 그렇다면 역사는 그저 제가 말하려는 것과 이미 역사의 도움 없이 알고 있는 것을 위한 일련의 설명이 되지요? 그런 경우에는 역사에 몰두하는 것이 그저 적절한 사례들의 풍부한 근원을 찾는 것에 지나지 않을 것입니다.[3]

존경하는,
한나 아렌트 올림

편지 2 　아렌트가 야스퍼스에게

하이델베르크, 1928년 10월 10일

존경하는 야스퍼스 교수님께,

저는 어제 오후 학문적 엄격성과 객관성에서 벗어났음을 완전히 의식하지 못했다는 인상을 당신께 남기지 않았나 걱정했습니다. 그러니 시간이 얼마나 걸리더라도 저는 물론 가능한 한 신중하게 제 논문을 검토할 것임을 다시 한번 확인하게 허락해 주시기 바랍니다.[4]

존경하는
한나 아렌트 올림

---

[3] 세미나 기간에 이러한 질문에 답변하는 것은 야스퍼스의 관례였다.
[4] 야스퍼스는 대화에서 아렌트 박사학위 논문, 「성인 아우구스티누스의 사랑 개념: 철학적 해석의 시도(Der Liebesbegriff bei Augustin: Versuch einer philosophischen Interpretaion)」에 나타난 결점을 지적했다. (출판과 관련하여 편지 10의 각주 17 참조) 아렌트는 학위논문을 아직 충분하게 완성하지 않았지만, 그런데도 야스퍼스는 아렌트에게 학위논문을 받을 것을 권고했다. 구술시험은 1928년 11월 28일 진행됐다. 야스퍼스의 평가는 다음과 같다. 그는 II-I (우수 논문; cum laude)보다는 높지 않은 등급을 부여했다.

편지 3   아렌트가 야스퍼스에게

베를린, 파사넨가, 57 III
1929년 1월 28일

존경하는 야스퍼스 교수님께,

학위논문이 완결되기도 전에 당신께 평가를 요청해야만 하는 것이 매우

―

아우구스티누스에 대한 철학적 해석은 주로 수사학적이고 설교식의 원전을 해석하는 데 있어서 지적 내용이 집중되어 있고 명석함이 여기저기서 튀어나오는 보배와 지적 구조를 수용할 수 있는 능력을 요구한다. 이 어려운 원전의 독자는 원전의 실질적인 주제를 가끔 볼 수 있을 뿐이다. 이 논문의 저자는 본질을 찾는 능력을 지니고 있다. 아렌트는 아우구스티누스가 사랑에 대해 언급하는 것을 그저 모두 모으지는 않았다. 아렌트는 일부 중요한 이념 ― 예컨대, 사랑과 인식에 관한 주제와 모든 교화적인 명백한 표현 ― 을 생략하기로 했다. 그녀는 지적 구조를 상세히 기술하고 이들을 명료하게 펼치며 이들을 헤쳐나가는 임무를 스스로 맡았다. (아우구스티누스의 윤리에 관한) 마우스바흐의 연구 등은 많은 연구 자료를 모았고 그래서 환원주의적이고 표현을 부드럽게 하는 효과를 드러냈지만, 이 논문은 뚜렷한 선을 긋고 있으며, 아우구스티누스가 지적 구조 내에서 선택한 입장을 전적으로 예리하게 설정하고 있다.

세 장은 세 가지 다른 출처에서 사랑에 대한 아우구스티누스의 이해를 다루고 있다. 즉 세속적 욕구를 무의미하게 만드는 죽음의 이념, 진정한 존재의 이념, 그리고 아담 이후 인간의 역사 공동체 이념이다. 첫 번째 장은 가장 간명하고, 나의 관점에서 볼 때 전적으로 명료하며, 모든 점에서 완벽하고 결점이 없다. 두 번째 장은 이 주제에서 더욱 어렵고 흥미로우며 일부 문장에서 산만해지는 경향이 있다. 달리 말하면, 이념이 완벽하게 개발되지 않았다. 인용에서 오류가 나타난다. 일부는 교정되었고, 다른 일부는 더 많은 연구가 필요하다. 세 번째 장은 아직 완결되지 않았지만, 연구가 따르는 경로를 명료하게 제시한다.

연구 방법은 객관적 이해의 양태로서 원전의 내용을 왜곡한다. 서문과 전체의 효과는 삶의 여정에서 나타난 아우구스티누스의 사유에서 큰 변화에는 주목하지 않았다는 점을 명백히 드러낸다. 역사적 또는 철학적 관심은 여기에서 핵심적이지 않다. 이 논문의 이면에 놓여 있는 욕구는 결국 명확하게 언급되지 않은 무엇이다. 저자는 이념과 관련한 철학적 연구를 통해서 자신의 마음을 끌어들이는 기독교적 가능성으로부터 자신의 자유를 정당화하고 싶어 한다. 아렌트는 전체의 교훈적인 부분을 하나의 체계에 담으려고 하지 않고 대신에 이들이 어떻게 어울리지 않는가에 초점을 맞추며, 그래서 이러한 이념의 실존적 기원에 대한 통찰력을 얻는다.

아렌트는 아우구스티누스가 한편 사랑·하느님 사랑·이웃사랑(amor, caritas, delectio), 다른 한편 탐욕과 욕정(cupiditas, concupiscentia)과 같이 대조적인 언어군에서 상호 교환하여 사용하고 있는 단어들에 아주 엄격한 의미를 부과한다. 이것은 옹호할 수 있지만, 아렌트는 원전에는 있지 않은 것을 아우구스티누스에게 말하게 하는 위험을 항상 피하지는 않는다. 이런 오류 가운데 일부는 우리 사이 논의의 결과로 교정되었다. 그러나 여기에서 역사적 자료에 대한 객관적 철학하기의 하나인 실질적 성과라는 관점에서 볼 때, 이런 실수는 연구를 훼손하지만, 무효로 하지는 않는다. 나는 이런 실수가 최소화되기를 바란다. 그러나 이 때문에 그 긍정적인 내용에서 탁월한, 이런 달리 인상적인 연구는 유감스럽게도 최상의 등급이 부여되지 않았다. 결과적으로 등급은 II-I (우수논문)이다.

당혹스럽습니다. 저를 변호해 주신 토이블러 교수님[5]의 노력은 유감스럽게도 성공하지 못했습니다. 그러나 저는 그사이에 여기에서 한 사람을 만났습니다. 그분은 유대교과학아카데미[6]의 주요 재정 후원자들 가운데 한 분을 알고 저를 이분에게 추천하며 유대교과학아카데미에 제출할 추천 지원을 하도록 그에게 촉구할 것입니다. 유대교과학아카데미의 사람들이 이런 종류의 요청에 압도당하기 때문에, 이 지인은 제가 이전의 학문적 성과의 증거뿐만 아니라 제가 생각하는 연구계획이 학문에 상당히 이바지할 것이라는 확증도 시급히 필요하다고 느낍니다.[7] 저는 검토한 기존 관련 문헌에 따라 누구든 양심껏 그런 요구를 할 수 있다고 개인적으로 느낍니다.

야스퍼스 교수님, 다음 사항을 당신께서 이해하시길 희망합니다. 즉 상황이 그렇게 하도록 강요하지 않는다면, 저는 당신을 귀찮게 하지 않고자 합니다. 포츠담 마르크그라펜가 12번지의 사법 고문 핀크 씨에게 추천서를 보내주세요.

교수님과 사모님께 감사하며 안부를 전합니다.

친애하는
한나 아렌트 올림

---

5 젤마 스턴-토이블러(Selma Stern-Täubler, 1890~1981)는 역사가이며 하이델베르크대학교 고대사 교수인 유진 토이블러의 아내이다.
6 베를린 유대교과학아카데미(Akademie für die Wissenschaft des Judentium).
7 아렌트는 1929년 라헬 파른하겐에 관한 자신의 저서를 집필하기 시작했다. 이 저서는 제2차 세계대전 이후까지 출판되지 않았다. 초판은 영어로 *Rahel Varnhagen: The Life of a Jewess*(London, 1956)로, 독일어판은 *Rahel Varnhagen: Lebensgeschichte einer deutschen Jüden aus der Romantik* (Müchen, 1959)로 출간됐다. 라헬 파른하겐(1771~1833)은 문학계의 독일계 유대인이다. 파른하겐의 베를린 살롱은 오랫동안 낭만파의 모임 장소였고 이후 "청년 독일"학교 작가들의 모임 장소였다. 파른하겐의 서신과 회고록은 후기 낭만주의 시대의 가장 중요한 문서에 속한다.

편지 4 아렌트가 야스퍼스에게

1929년 2월 24일

존경하는 야스퍼스 교수님께,

　당신의 관대함에 고마움을 늦게 전달하더라도 양해하시기 바랍니다. 저는 신청서에 대한 반응이 어땠는가를 당신에게 즉시 말씀드릴 수 있기를 희망했습니다.

　저는 4월 초 성인 아우구스티누스에 관한 학위논문이 완결되기를 바랍니다. 이전에 읽지 않았던 수많은 관련 저작들, 특히 창세기 해석을 읽고 있습니다.[8] 이것은 기대했던 것보다 저를 느긋해지게 합니다.

감사와 존경을 담아,
한나 아렌트 올림

편지 5 아렌트가 야스퍼스에게

노이바벨스베르크, 1929년 6월 13일

존경하는 야스퍼스 교수님께,

　일찍이 예상했던 것과 달리, 이제야 학위논문 두 번째 수정본을 당신께 보내드리게 된 점을 양해하시기 바랍니다. 베노 폰 비제[9]는 분명히 지체하게 된 가장 중요한 이유를 당신께 말씀드렸습니다. 제가 스스로 일찍이 당신께 알리지 않은 이유를 이해하시길 바랍니다. 그러나 제 논문의 완결이 저를 압박합니다. 저는 학문적 의무를 실현하기 이전에 개인 소식을 당신

8　Augustine, *Der Genesi ad litteram libri duodecim* (창세기 문자적 해설).
9　베노 폰 비제(Benno von Wiese, 1903~1987)는 야스퍼스의 제자이며 젊은 시절 아렌트의 가까운 친구였고, 이후 본대학교에서 독일 문화사 연구자였다. 그의 박사학위 논문은 『프리드리히 슐레겔: 낭만적 전환의 역사에 끼친 공헌(*Friedrich Schlegel: Ein Beitrage zur Geschichte der romantischen Konversionen*)』(베를린, 1927)이다.

께 편지로 알리고 싶지 않습니다. 당신께서 만족하도록 그 의무에 대응했기를 바랍니다. 36~65, 99~110, 119~121쪽의 내용을 상당히 바꾸었습니다. 첫 번째 변경의 요점은 회상memoria을 연구하는 것이었습니다. 저는 최초의 원고에서 이를 언급했지만, 그 기본적 의미를 자세히 언급하지 않았습니다. 라틴어 'facere(하다; do, make)'에 관한 단락들과 세상에서 근본적으로 이질적인 인간의 상태를 증명하는 자료를 준비했고(52쪽 이후) 이 단락들도 더욱 분명히 설명했습니다. 제3절 — 유지했던 몇 쪽을 제외하고 — 을 다시 썼지만 원래 계획했듯이 더는 증대시키지는 않았습니다. 당신의 조언을 따랐으며 본문의 전개를 아주 많이 방해하는 역사적 외론(外論; Exkurs)을 개별 절의 부록에 포함했습니다. 지금까지 출간된, 자크 폴 미뉴의 번역본[10]과 빈Wien 출판본[11]과 대조하여 각주와 인용문을 다시 한번 점검했습니다. 의심스러운 경우에는 빈 출판본(제2부의 각주 116은 예외)을 따랐습니다. 제가 당신께 보내드릴 사본에서는 주석을 원문 다음에 배치했습니다. 이것은 주석이 책에서는 '미주(尾註; endnote)로 배치됨을 의미하지는 않습니다. 대신에 주석은 적절한 원문 아래 각 쪽에 각주로 표기될 것입니다. 출판사의 이익을 고려해 책에서는 각주로 처리했습니다.

유감스럽게도, 유대교과학아카데미는 제 신청서를 채택하지 않았습니다. 유대교과학아카데미는 (1) 연구기금이 부족하며, (2) 라헬 파른하겐 연구[12]를 위한 지원이 독일학술비상대책재단[13]에 더 적절하다고 생각했기 때문입니다. 저는 이 재단에 연구기금을 신청하려고 합니다. 이때 유대교과학아카데미에 제출한 당신의 추천서를 다시 이용할 수 있다면, 저는 당신께 매우 감사할 것입니다.

---

10   Aurelii Augustini Opera omnia, ed. J. P. Migne, Pastrologia latina 32-47.
11   Aurelii Augustini Opera omnia, Corpus Scriptorum Ecclesiasticorm Latinorum (Wien-Leipzig).
12   편지 3의 각주 7을 참조할 것.
13   독일학술비상대책재단은 현재 독일연구협회의 전신이다.

마을의 소문을 통해 정보를 얻는 위험이 다른 곳보다 하이델베르크에서는 더 크기 때문에, 저는 당신께서 베노 폰 비제로부터 제 소식을 바로 알게 된 점에 대해 매우 기쁩니다. 비제는 제가 아직도 만나고 있는 친구이기 때문에, 당신은 저와 가까운 사람으로부터 제 소식을 들었습니다. 다른 여느 사람도 그와 같이 저의 상황을 알지 못하고 이해하지 못합니다.

감사와 존경을 표시하며,

친애하는
한나 아렌트-스턴 올림

추신: 귄터 스턴[14]과 저는 현재 상황으로 인해 결혼을 아직 합법화할 수 없다는 점을 베노 폰 비제가 당신께도 알렸기를 희망합니다. 양가 부모는 잠시 이런 연애 상황의 필요성을 인정하였습니다.

편지 6 야스퍼스가 아렌트에게

하이델베르크, 1929년 6월 16일

친애하는 아렌트 부인!

보내준 편지에 대단히 고마우며, 좋은 일만 가득하기를 바라오!

당신의 논문은 아직 도착하지 않았네요. 내가 논문을 받을 때는 학기 중일 것이기에, 당신이 좀 시간을 내야 할 것이오.

독일학술비상대책재단에 신청하겠다면, 내 추천서를 이용해도 좋네요. 그러나 아직은 잠시 기다리오. 할 수 있다면, 나는 당신을 위해 하이데거[15]와 디벨리우스[16]의 추천서를 받고 싶다오. 독일학술비상대책재단은 아주

---

14 귄터 스턴(Günter Stern, 1902년 출생)은 이후 '귄터 안더스'라는 이름의 작가로 잘 알려졌다.
15 마르틴 하이데거(Martin Heidegger, 1889~1976)는 독일 철학자이며, 당시 야스퍼스의 친구였다. 아렌트는 1924~1925년 하이데거로부터 배웠다.

많은 탁월한 지원서를 각하시켰기에, 우리는 할 수 있는 한 최선을 다해야 하오.

따뜻한 마음을 담아,
카를 야스퍼스

편지 7 　아렌트가 야스퍼스에게

노이바벨스베르크, 1929년 6월 23일

존경하는 야스퍼스 교수님께,

　교수님의 격려 편지에 매우 감사합니다. 저는 박사학위 논문의 다른 **수정본**을 갖고 있지 않았기에, 그 편지는 제 마음을 가라앉혔습니다. 독일학술비상대책재단에 제출할 수 있는 신청서를 위해 당신의 추천서를 이용할 수 있도록 허용하시고 저를 위해 하이데거 교수님께 말씀해주신 것에 대해서도 감사합니다. 그 당시 저는 추천서를 제출하려고 계획하지 않았습니다. 이 재단에 제출할 박사학위 논문 한 부(견본)를 갖고 있지 않기 때문입니다.

　유대교과학아카데미와 연락하게 해주셔서 다시 한번 사모님께 감사드립니다.

따뜻한 존경심을 담아,
한나 아렌트 올림

16　마르틴 디벨리우스(Martin Dibelius, 1883~1947)는 개신교 신학자로 1915년부터 하이델베르크 대학교의 신약 주석 교수였다.

편지 8   아렌트가 야스퍼스에게

노이바벨스베르크, 1929년 7월 24일

존경하는 야스퍼스 교수님께,

또 다른 부탁을 드리고자 당신께 갈 수 있기를 바랍니다. 얼마 전에 저의 지인이 에이브러햄 링컨 재단에 대해 언급했습니다. 제가 그 재단에 대해 문의하였을 때 시몬스 박사님의 인도를 받았습니다. 그분과 오늘 대담했습니다. 그분은 재단의 목표에 대해 저에게 정보를 제공했습니다. 이 재단은 현재 학술단체와 경제단체의 권한에 속하지 않은 저작이 있는 지식인들을 지원하는 민간기관입니다. 시몬스 박사님은 링컨 재단 위원회가 저의 인적사항과 저작에 관한 윤곽을 파악할 수 있도록 추천서를 가능한 한 많이 제출하라고 저에게 제안했습니다. 당신께서 유대교과학아카데미에 제출하고자 원래 작성하였고 독일학술비상대책재단에 신청서를 제출할 수 있도록 추천서를 작성했습니다. 이 추천서를 링컨 재단에 제출해도 괜찮은지요? 당신께서 얼마 전에 하이데거 교수님으로부터 추천서를 얻겠다고 역시 친절하게 제안하셨습니다. 이제 추천서를 그분에게 요청한다면 저는 매우 고마울 것입니다.

제 문제로 아주 종종 도움을 요청한 것에 대해 나쁘게 생각하지 말아 주세요.

감사와 존경을 표시하며,

가장 헌신적인,
한나 아렌트 올림

편지 9   야스퍼스가 아렌트에게

하이델베르크, 1929년 8월 2일

친애하는 아렌트 부인!

물론 당신은 링컨 재단을 위해 내 추천서를 이용할 수 있어요. 하이데거와 디벨리우스의 추천서도 동봉하오.

나는 이미 하이데거의 추천서를 확보했소. 이 추천서는 원래 독일학술비상대책재단을 의도하였고 이 재단을 수신인으로 했소. 나는 당신이 링컨재단을 위해 그 추천서를 사용하도록 하이데거의 승낙을 요청했고 받았다오. 디벨리우스의 추천서가 당신에게 바람직해 보인다면, 당신은 그 추천서를 두 용도로 모두 사용할 수 있소. 이제 세미나가 끝나고 있는 때이니, 나는 당신의 저작을 곧 읽고 답장을 보낼 수 있을 것이오.

현재로는 당신이 링컨 재단 지원에 성공하기를 바라오.

따뜻한 마음을 담아,
카를 야스퍼스

편지 10 야스퍼스가 아렌트에게

하이델베르크, 1929년 8월 4일

친애하는 아렌트 부인!

나는 스프링어출판사에 당신의 원고를 보냈다오.[17] 그곳에서 어려움이 발생하지 않기를 희망하오. 원고는 지저분해서 출판사에 별로 좋은 상태는 아니오. 그러나 나는 원고 전체를 다시 읽지 않았소. 가조판(假組版; 임시로 만든 판)에 있을 때 확인하는 게 더 쉬울 것이오. 현재로는 당신에게 맡길 것이오. 나는 그저 몇 쪽만(102쪽 이하)을 점검했고 많은 철자 오류를 교정했다오.

저작 출판을 기다리는 동안 다음 사항을 주목하오. 당신은 천천히 늘 두 번씩 교정해야 할 것이오. 한번은 의미를, 그런 다음 시각적으로 철자와 음

---

17 베를린에 소재한 율리우스 스프링어출판사. 야스퍼스는 1925년부터 철학 연구 총서로 제자들의 박사학위 논문을 출간하였다. 총서 19번이자 마지막 논문은 한나 아렌트의 『성인 아우구스티누스의 사랑 개념: 철학적 해석의 시도(*Der Liebesbegriff bei Augustin: Versuch einer philosophischen Interpretion*)』(Berlin, 1929)이다.

절 구분의 인쇄 오류를 주시하오. 교정은 몹시 힘들 것이며, 완벽하게 해야 하오. 두덴 사전은 교정하는 데 필요한 **교정 기호**를 담고 있다오.

당신은 두 가지 형태의 교정쇄를 받을 것이오. 첫째, 가조판의 교정쇄이고, 이후에는 '쪽 조판 교정쇄'라오. 그러나 쪽 조판 교정쇄는 다시 한번 완전히 읽어야 할 것이오. 줄들이 삭제되거나 순서가 틀릴 수 있기 때문이오.

어떤 교정이라도 스프링어출판사의 비용이 많이 든다오. 당신은 그저 **오류만을** 교정할 수 있소. 원고에서 이루어져야 하는 문장 교정은 이제는 가능하지 않소.

스프링어는 이런 단행본을 출판하는 과정에서 자신이 학문에 이바지한다고 정확하게 생각한다오. 단행본들은 스프링어출판사에 수익을 가져다주기보다 오히려 비용이 든다오. 그래서 그것을 괘념하며 그분과 서신을 주고받을 때 공손하기 바라오.

출판할 때에 **서평이 어떤 학술지에 게재되고 싶은가를** 알아두는 것은 좋네요. 일부 신학 전문학술지는 역시 당신의 학위논문에 어울리는 가능한 수단이오. 생각이 떠오르면 목록을 작성하고 추가하여 준비하기 바라오. 그리고 출판사 광고부를 위해 스프링어에게 목록을 보내오.

그래, 당신은 지금쯤 자신이 아주 충분한 지침을 가지고 있다고 생각해야 하오. 그런데 내가 다시 한번 학교 선생 역할을 했구려. 어떤 의문이라도 있으면 나에게 알리오.

진심을 담아,
카를 야스퍼스

편지 11   아렌트가 야스퍼스에게

1929년 8월 9일

존경하고 친애하는 야스퍼스 교수님께,

저를 위해 추천서, 특별히 디벨리우스 교수님의 추천서를 확보해주신 데 대해 감사드리려고 합니다. 디벨리우스 교수님의 추천서는 기대하지 않았습니다. 이것을 모두 보냈습니다. 저는 10월 초에 통보서를 받을 것입니다. 결과가 어떤지 즉시 당신께 알리겠습니다.

원고가 현재 스프링어출판사에 있어서 기쁩니다. 저는 당신께서 아주 친절하게 관심을 두도록 하는 모든 교정 세부 사항에 충실할 것입니다. 저 자신과 아마도 고전학자는 원본과 모든 인용문을 다시 한번 대조할 것입니다. 제가 아는 그 고전학자는 자료에 정통합니다.

학위논문 출판이 어쨌든 외적으로 학교 교육의 종결을 나타내기에, 저는 지난 몇 년 동안 베풀어주신 온갖 도움에 다시 한번 감사함을 표시하고 싶습니다.

가장 헌신적인,
한나 아렌트 올림

편지 12   아렌트가 야스퍼스에게

하이델베르크, 1929년 10월 8일

존경하는 야스퍼스 교수님께,

남편과 저는 베를린에서 결혼식을 올린 후 현재 하이델베르크에 있습니다. 당신께 편하실 방문 시간을 알려 주시면, 저는 당신을 꼭 뵈러 들러보고 싶습니다.

가장 헌신적인,
한나 스턴-아렌트 올림

편지 13   야스퍼스가 아렌트에게

[우편물 소인] 올덴부르크, 1929년 10월 10일

친애하는 스턴 부인!

　유감스럽게도, 우리는 하이델베르크에 있지 않구려. 10월 20일 돌아올 것이오. 당신이 그때까지 하이델베르크에 있다면, 가장 편한 시간에 우리를 만나러 오길 바라오.

감사와 함께,
카를 야스퍼스

편지 14   야스퍼스가 아렌트에게

하이델베르크, 1930년 3월 30일

친애하는 스턴 부인!

　당신의 강의록에 대단히 감사하오.[18] 나는 큰 관심을 두고 이것을 읽었소. 그런데 나는 이것을 읽으면서 우리가 함께 대화를 나눌 수 있으면 좋겠소. 그래서 나는 질문할 수 있고 당신이 의미하는 것에 관한 이야기를 주고받는 과정에서 더 명료한 생각에 도달할 수 있다오. 당신의 언급에 담긴 신중한 객관성에도 불구하고, 지금 다른 일이 여기에서 일어나고 있음을 내가 알 수 있을 때 일부 견해를 당신에게 편지로 단지 밝히는 것은 부적절한 반응인 듯하오. 그러나 나는 다른 선택 방안을 갖고 있지 않기에 몇 가지 지적이 오해받을 수 있다고 하더라도 이를 편지로 밝힐 것이오.

　당신은 '유대인 존재'를 실존철학적으로 객관화하였소. 그리고 당신은 그렇게 하면서 근본에 있어서 실존철학적 사유를 중단했군요. 그것이 자체에

---

18   아마도 라헬 파른하겐에 대한 강의일 것이다. 야스퍼스의 서고에 존재하지 않는다.

뿌리를 두고 있다기보다는 유대인의 운명이란 관점에 근거하고 있다면, 자신에게 되돌아간다는 개념은 다시는 완전히 진지하게 받아들일 수 없소. 철학적으로, 자유로이 떠돎과 뿌리 있음 사이의 대조는 실제로 나를 매우 불안하게 하오.

당신은 편지에 담긴 문장들을 아주 잘 선택했구려. 이것들은 나에게는 아주 다른 무엇인가를 암시하오. '유대인성'은 역사적 상황에서는 이해할 수 없고 원래 관점에서는 부정적인 말투 또는 개성을 드러내는 표명이오. 운명은 마법의 성城에서 해방을 경험하지 않았다오.

그러나 이런 것들은 '반대 이유'는 아니오.

말할 필요도 없이, 나는 당신의 저작에 담긴 내용에 만족하며, 당신이 라헬에 관해 계속 연구하고 있어서 기쁘오.

처음 두 쪽과 일부 명확한 표현은 나중에 나를 다소간 자연스럽지 못하게 하는구려. 여기에서 당신의 철학적 주장은 독단적이오. 어쨌든 그런 것 같소. 이 주장은 나에게 불충분한 것으로 밝혀졌네요. 그러나 물론 매우 드물다오.

이 연구계획을 진행하는 데 있어서 최대의 행운이 있기를!

따뜻한 마음을 담아,
카를 야스퍼스

당신은 대부분의 다른 사람들과 같이 어쩌면 내 친필을 읽을 수 없을 것이오. 그러니 가능할 때 다시 우리를 방문해야 할 것이오.

나는 당신의 원고가 우편으로 분실되는 것을 바라지 않으니, 새 주소를 보내주오. 그래서 당신 주소를 확인할 때까지 내 친필을 보내지 않을 것이오.

편지 15 아렌트가 야스퍼스에게

프랑크푸르트/마인, 1930년 3월 24일

존경하고 친애하는 야스퍼스 교수님께,

당신의 편지에 매우 감사합니다. 저는 개인 대 개인으로 직접 당신께 답변할 수 있다면 얼마나 기쁜가를 당신께서 알고 있다고 확신합니다. 가능한 한 빨리 당신에게 좋을 때 언제든지 뵈러 갈 것입니다. 그때는 어쩌면 4월 초반이나 중순쯤 될 것입니다. 우리는 새 아파트를 꾸미기 위해 할 일이 많기 때문입니다.

그러나 저는 당분간 당신의 논평에 어느 정도 완전히 잠정적으로 대응하려고 합니다. 유대인성의 입장에서 라헬의 존재를 "근거로 삼으려고 하지" 않습니다. 즉 그렇게 하는 것을 의식하지 못했습니다. 이 강의는 유대인이라는 기초 위에서 제가 잠정적으로 당분간 운명이라고 부른 '존재의 확실한 가능성'이 일어날 수 있다는 점을 보이려는 **예비** 연구일 뿐입니다. 이 운명은 '무기반성'이라는 원인에서 생겨나며 **오로지** 유대교와 분리된 상태에서만 실현됩니다. 저는 이 운명에 대한 실제적 해석을 제공할 의도를 전혀 갖고 있지 않습니다. 이런 해석의 경우, 유대교라는 사실은 그리 중요하지 않을 것입니다.

객관화는 사실 어떤 의미에서 있지만, 유대인 존재의 객관화(예컨대, 형태로서)가 아니라 제 생각에 중요한 것(객관적 이념이나 이와 유사한 것이 아니라고 하더라도)을 의미하는 삶의 역사적 조건에 대한 객관화입니다. 마치 어떤 사람들이 자신들의 삶(개인이 아니라 오로지 그들의 삶에서만)에서 너무 많이 노출되어 사실 '삶'의 합류 지점이며 구체적 객관화가 되는 것처럼 보입니다. 자기 객관화는 반성적이거나 회고적인 것이 아니라 오히려 애초부터 그에게 적절한 '경험', 즉 학습의 양태이며, 라헬에 대한 저의 객관화에서 기저가 됩니다. 저는 이 모든 것이 첨가하는 것 — 노출된 운명, 삶이 의미하는 것 — 을 정말 추상적으로 말할 수 없습니다(그리고 저는 여기에서 삶에 대해 글을 쓰려고 하면서 그것을 깨닫습니다). 어쩌면 저는 몇 가지 사례로 그것을 분명히 보여드릴 수 있습니다. 그리고 바로 이런 이유로 저는 전기를 집필하고 싶습니다. 이 경우 해석은 반복의 경로를 취해야 합니다.

저는 처음 두 쪽은 좋아하지 않습니다. 강연을 진행했던 배경을 존중하여 두 쪽의 내용을 썼을 뿐입니다.

당신의 논평에 매우 감사드리며, 여전히 가장 따뜻한 인사를 하고 있습니다.

한나 스턴 올림

1월 4일 현재로 바뀐 새 주소는 쉬반탈러가 73번지입니다. 그때까지는 이전과 같이 외더벡 128, 2번지입니다.

2주 전에 독일학술비상대책재단에 신청서를 보냈습니다.

편지 16　**아렌트가 야스퍼스에게**

프랑크푸르트/마인, 1930년 5월 1일

존경하는 야스퍼스 교수님께,

저는 독일학술비상대책재단이 제 신청서를 승인했다는 소식을 방금 받았습니다. 5월 7일과 8일에 하이델베르크에 있기를 기대하며 실례를 무릅쓰고 즉시 전화하겠습니다.

따뜻한 마음을 담아 보냅니다.

헌신적인
한나 스턴 올림

편지 17 야스퍼스가 아렌트에게

하이델베르크, 1930년 5월 4일

친애하는 스턴 부인!

축하하오.

당신이 온다는 사실을 나에게 알린 점에 감사하오. 나는 당신을 보는 게 항상 기쁘지만, 7일이나 8일은 가능하지 않다는 점을 말해야 하니 미안하구려. 7일에는 근무 시간이고 세미나가 있으며, 8일에는 부모님이 오실 예정이오. 10일이 나에게는 가장 좋을 것이오. 그때도 한 시간만 허용되오. 그러나 내 설명으로 계획을 바꾸지는 마시오. 우리는 확실히 다른 시간에 함께 할 기회를 가질 것이오.

따뜻한 마음을 담아
카를 야스퍼스

편지 18 야스퍼스가 아렌트에게

하이델베르크, 1930년 12월 23일

친애하는 스턴 부인!

목요일이나 금요일이 나에게는 좋소. 당신이 편하다면, 12월 1일과 12월 6~7일이 나에게는 가장 좋소. 엽서를 보내오. 그래야 내가 당신을 만날 수 있는 때를 알 것이오.

이번에 당신을 식사에 초대하지 못하오. 당신의 관심을 끌지 못하는 손님이 우리 집을 방문하기 때문이오.

모든 일이 당신에게 잘 진행되길 바라오.

진심을 담아,
카를 야스퍼스

편지 19   아렌트가 야스퍼스에게

베를린 할렌제, 1931년 11월 2일

존경하고 친애하는 야스퍼스 교수님께,

저는 당신의 책을 받게 되어 기뻤습니다.[19] 그리고 책을 보내주셨는데 한참 지나서 감사의 말씀을 드리게 된 점에 대해 화내시지 않기를 바랍니다. 저는 그 책에 대해 실질적으로 할 말이 있을 것 같아서 그것에 깊이 빠져들고 싶었습니다. 이 편지에 제 논평을 동봉하고 있습니다.[20] 저는 완전히 동의하지 않은 그런 것들에 대해서만 논평하였습니다. 다른 모든 것은 저절로 이해됩니다. 특히 저는 이 책 덕택에 제가 당신에게 얼마나 깊이 도움을 받고 있는가를 다시 한번 깨달았습니다.

당신은 아마도 그사이 우리가 프랑크푸르트를 떠나 베를린으로 이사했다는 소식을 들으실 것입니다. 제 남편의 교수자격 논문은 교수진과의 문제로 인해서 어느 정도 불확실한 시간 동안 질질 끌어야 할 것입니다. 지연 자체는 불운은 아닐 것입니다. 남편의 논문 심사자들은 한 사람을 제외하고 모두 그의 논문에 대한 예비적 고찰 이후 긍정적으로 반응했기 때문입니다. 그러나 우리가 체류하고 교수자격 논문과 관련한 협의를 진행하는 과정에서 틸리히 씨[21]는 분명히 신뢰할 수 없고 지나친 영향력을 행사할 수 있는 것으로 판명되었습니다. 그래서 남편이 틸리히에게 계속 압박을 가하고 자기 약점의 흐름에 따라야 한다면, 계속적인 기다림은 전혀 의미를 갖지 못할 것입니다. 그리고 무엇보다도 그 상황은 관련된 모두에게 도저히 견딜 수 없고 굴욕스럽습니다. 틸리히와의 회의는 회한에 찬 눈빛의 모습

---

19 Karl Jasper, *Die geistige Situation der Zeit*, 잠룽 총서 1000권(베를린, 1931).
20 현재 야스퍼스의 서고에 존재하지 않는다.
21 폴 틸리히(Paul J. Tillich, 1886~1965)는 개신교 신학자로서 1929년 이후 프랑크푸르트대학교 철학 교수였다. 그는 1933년에 이주하여 1933~1935년 뉴욕 총회신학교에서 가르쳤고, 1955~1962년 하버드대학교 교수였다. 이후에는 시카고대학교의 존 루벤 신학부의 교수였다.

과 부끄럽기 그지없는 '죄의 고백voluptas contrinionis'으로 끝났습니다. 우리는 이 모든 것을 고려하며 프랑크푸르트를 떠나 당분간 학계 밖에서 삶을 영위하기로 선택했습니다.

라헬에 관한 저의 연구는 불규칙하게 진행됩니다. 저는 최근 얼마간 돈을 벌기 위해 수많은 짧은 논문을 집필하고 있기 때문입니다. 괜찮다면 호프만슈탈에 관한 에세이[22] 출간 이후 곧 당신께 보내드릴 것입니다.

제가 당신의 저서 『철학Philosophie』이 곧 출간되는 것에 얼마나 기쁜지 말씀드릴 필요는 없습니다. 열심히 기다리고 있습니다. 제가 이제나저제나 당신을 방문할 기회가 안 되어 매우 슬프군요.

여느 때처럼 따뜻한 마음과 모든 축원을 담아.

한나 스턴 올림

편지 20   야스퍼스가 아렌트에게

하이델베르크, 1931년 11월 16일

친애하는 아렌트 부인!

당신의 편지와 논평에 대단히 고맙구려. 나는 당신이 프랑크푸르트를 떠났다는 소식을 당신 편지로 처음 확인하고 괴로웠다오. 당신의 보고에서 반학문적 색조를 당연히 느끼오. 나는 당신의 남편이 어떤 다른 기회와 기획을 하기를 바라오. 유감이지만, 이 모든 것은 내가 중요한 것으로 기대하는 당신의 라헬 연구계획을 방해하였네요. 나는 당신의 호프만슈탈에 관한 논문을 즐거운 마음으로 기다리오. 우리가 거리상 멀리 있더라도 다시 대화를 나눌 수 있다면 좋을 것이오. 어쩌면 나는 이를 위해 베를린으로 가야

---

22   이를 기술한 에세이의 출처를 확인할 수 없다.

할 것이오. 그렇게 한다면, 사전에 알릴 것이오.

당신의 비판적 논평은 나에게 귀중했다오.[23] 나는 당신이 내 주장에 반대해 제기한 헤르더 역사관에 대한 이해가 정확하다고 생각하오. 이것과의 연계는 나의 솔직한 설명을 상당히 확장할 것이오. 당신이 이런 생각의 결과로 발전시킨 것, 특히 무無의 역할은 나를 놀라게 하는구려. 나는 당신이 언급하는 것을 믿기에 교조적으로 들리는 필답 형식이 아니라 당신과 의견을 교환하고 싶다오. 나는 당신이 프롤레타리아의 역사적 의미와 대중에 관해 언급하는 것을 결국 수용하지 않지만, 이런 문제에서 당신을 납득시킬 수 있기를 희망하오.

『철학』이 2~3주 이내에 출간되기를 희망하오. 내가 출판사에 요청하여 출판본을 당신에게 보내게 하더라도, 그것을 책을 읽는 의무로 간주하지 마오. 나는 그 책이 당신의 수중에 있고 당신이 원할 때 검토할 수 있다는 것으로 만족할 것이오.

진심을 담아,
카를 야스퍼스

편지 21 **아렌트가 야스퍼스에게**

베를린, 1932년 1월 26일

존경하고 친애하는 야스퍼스 교수님께,

당신이 저로부터 소식을 아주 늦게 들었기에 매우 놀라셨을 것입니다. 저는 보내주신 저서에 감사함을 표시했을 시기에 당신의 위대한 저서에 대해 상세한 내용을 말할 수 있을 지점에 도달하기에는 많은 시간이 걸리지 않기를 희망했습니다.[24] 그러나 저는 아직도 전적으로 『형이상학 Metaphisik』[25]

---

[23] 편지 19의 각주 20을 참조할 것.

에 몰두하고 있기에 이를 언급하기 위해 훨씬 더 오래 기다려야 할 것이라는 점을 이제 알 수 있습니다. 그래서 우선은 당신이 보내주신 책과 편지에 대해 그저 감사드립니다.

저는 당신을 방문할 수 없다는 것을 몇 번이고 괴롭게 생각합니다. 특별히 지금 당장 그렇습니다.

다행스럽게, 저는 유대교과학아카데미의 학술 보조금을 받았습니다. 일시적이지만 연장의 가망은 있습니다. 저는 이것을 확고하게 확보하며 덜 중요한 저작을 모두 포기할 수 있을 것입니다. 그러나 현재에도 라헬 연구 계획을 진행하는데 많은 시간을 보내고 있습니다.

저나 남편이나 학계에 대한 어떤 분노도 가지고 있지 않다는 점을 말할 때 믿어주세요. 저 자신을 표현하는 게 빈약합니다. 프랑크푸르트에서 있었던 사건은 학계에는 완전히 전형적이지는 않았습니다.

아주 따뜻한 감사와 소망, 그리고 감사와 존경을 담아서.

한나 스턴 올림

편지 22   아렌트가 야스퍼스에게

베를린, 1933년 1월 1일

존경하고 친애하는 야스퍼스 교수님께,

막스 베버에 관한 저서[26]를 보내주셔서 고맙습니다. 저는 이 저서를 갖게 되어서 기쁘지만, 현재 이 저서에 감사함을 편지로 쓰는 좋은 이유가 있습

---

24 Karl Jaspers, *Philosophie*, 3. vols.(Berlin, 1932).
25 Vol. 3 of *Philosophie*.
26 Karl Jaspers, *Max Weber: Deutsches Wesen im politischen Denken, im Forschen und Philosophieren* (Oldenburg in Oldenburg, 1932). 야스퍼스는 이후 출판을 위해 제목을 「막스 베버: 정치가-연구자-철학자(*Max Weber: Poliker—Forshcer—Philosoph*)」로 바꾸었다.

니다. 저는 제목과 서론 때문에 애초부터 이 책에 대해 논평하기 어려웠습니다. 당신이 막스 베버를 위대한 독일인으로 묘사하는 것은 저를 괴롭히지 않고 오히려 당신이 그에게서 "독일의 본질"을 발견하고 그 본질을 "열정에서 발원하는 합리성 및 인간성"[27]과 동일시하는 것이 저를 괴롭힙니다. 저는 막스 베버의 인상 깊은 애국심 자체를 연구할 때 그것에 대해 같은 어려움을 경험했습니다. 당신은 유대인인 제가 긍정하거나 부정할 수 없음을 이해하실 것이며 이것에 대한 저의 동의가 반대 논쟁만큼이나 부적절하다는 점을 이해하실 것입니다. 저는 당신이 "독일 세계 강대국"이나 "미래 문화"[28]에 대한 독일의 임무에 대해 언급하고 있는 동안 거리를 유지할 필요는 없습니다. 제가 독일의 임무에 틀림없이 같게 느끼지 않는다고 하더라도, 저는 이 독일의 임무와 동질감을 가질 수 있습니다. 독일은 저에게 모국어·철학·문학을 의미합니다. 저는 그 모든 것을 고수할 수 있고 그래야 합니다. 그러나 거리를 유지해야 하며, 막스 베버의 훌륭한 문장을 읽을 때 찬성하거나 반대할 수 없습니다. 막스 베버 자신은 이 문장에서 독일을 다시 일어서게 하려고 악마와 연합을 형성하고자 말합니다. 그리고 이 문장은 여기에서 비판적인 지점을 드러내는 것 같습니다.

제가 더 많이 읽을 때 비판적인 지점이 사라지더라도, 저는 당신께 이러한 자제를 전달하고 싶었습니다. 아직도 저서의 본문과 서론 사이에 모순이 있다고 느낍니다. 본문에서는 자유가 독일인성과 동일시되지 않는다고 강조하지만, 서론에서 당신은 "합리성과 인간성"을 독일인의 성격, 즉 기본 특성과 같은 것으로 생각합니다.

저는 이 책이 독자에게 베버 자신의 저서를 읽도록 고무시킨다고 말할 필요가 거의 없습니다. 그리고 이 책이 베버의 저작에 대한 어떤 사전적 지

---

[27] *Ibid.*, 7.
[28] *Ibid.*, 21.

식을 요구하지 않는다고 하더라도, 이 책이 그의 지적 힘을 생생하게 전달한다고 말할 필요가 거의 없습니다. 그러나 저는 당신의 설명 가운데 두 번째 절[29]이 좀 아주 짧으며, 그래서 마지막 단락들을 다소간 도식적이고 추상적으로 남겨두었다고 느낍니다.

올여름 이후 우리는 드디어 우리만의 아파트를 갖게 되었습니다. 아파트의 매력(그리고 이에 대한 제 자랑거리)은 아파트가 어떤 면에서 학생들의 숙소와 같아 보이지 않는다는 사실에서 유래합니다. 당신이 이것을 직접 볼 수 있다면, 저는 끝없이 기뻐할 것입니다. 집안일에도 불구하고 상당한 작업을 완결했습니다. 라헬에 관한 연구는 대부분 완결됐습니다. 저는 당신께서 완성된 저작에 대해 어떤 말씀을 하실까에 대해 가끔 상상하려고 합니다. 저는 실례를 무릅쓰고 편집자들이 오히려 과도하게 삭제한 에세이 「계몽주의와 유대인 문제」[30]를 동봉합니다. 그들은 보상으로 제 이름을 두 배로 길게 만들었습니다.

저는 아프라 게이거[31]를 몇 번 보았습니다. 그러나 우리는 저에게 명확하지 않은 이유로 잘 연결되지 못했습니다.

새해 모든 소망을 담아서,

존경과 감사와 함께
한나 스턴 올림

---

29 "Max Weber als Forscher."
30 Hannah Arendt, "Aufklärung und Judenfrage," in *Zeitschrift für die Geschichte der Juden in Deutschland* 4, no. 2/3(1932): 65-77.
31 아프라 게이거(Afra Geiger)는 게르트루트 야스퍼스의 유대인 친구이며, 야스퍼스와 하이데거의 제자로서 라벤스브뤼크 집단수용소에서 사망했다.

편지 23　야스퍼스가 아렌트에게

하이델베르크, 1933년 1월 3일

친애하고 존경하는 스턴 부인!

　독일인의 성격과 관련된 이 문제가 얼마나 까다로운가! 나는 당신이 유대인 여성으로서 자신과 독일인의 특성을 구별하고 싶어 하는 것을 이상하다고 생각하오. 나는 이것을 강조하는 대신에 지금은 아니더라도 이후에 어떻게든 동의를 얻으리라는 희망으로 당신을 위해 내 문장의 의미를 해석하고 싶다오.

　나는 독일인의 성격을 한 유형으로 분리하지 않기에, 이것을 다른 유형과 구별하오. 독일인의 성격은 다른 개념들을 포함하는 일반적 개념이 아니라 오히려 비확정적인 역사적 총체성 지향이라오. 내가 독일인의 성격이 합리성 등이라고 말할 때 합리성이 전적으로 독일적이라고 말하고 있지는 않다오. 그래서 나는 모순되지 않은 채 서론의 문장과 이후 문장을 아주 의식적으로 균형을 맞추었소. 후자의 문장은 합리성 등을 밝히며, 독일인성으로 해석되지 않소.[32]

　이런 다소 특이한 표현을 선택한 이유는 나의 교육학적 충동과 관련되오. 민족주의적인 젊은이들은 혼란스럽고 비뚤어진 지껄임에서 얽힌 상당한 선의와 순수한 기백을 드러내고 있기에, 나는 독일인임에 자긍심을 느낄 필요성을 인정하면서 독일인임에 내재한 요구, 즉 그들에게 자신들에 대한 요구를 알리고 싶었소. 그래서 나는 민족주의적인 출판인[33]이 이런 교육학적 충동을 필요로 하며 아마도 스스로 열망하는 독자들에게 도달하는 데 적절하다고 판단했소. 나는 단 하나의 문장도 타협을 하지 않았소. 부제는 내가 합의한 타협안이오. 출판업자는 그것을 요청했고 막스 베버가 알

32　Jaspers, *Max Weber*, 65.
33　게르하르트 쉬탈링출판사가 이 저작을 일련의 민족에 관한 저작에 있는 한 권으로 출간했다.

려지지 않았다고 주장했기 때문이라오. 그러나 타협안은 부제의 내용에 있지 않고 내가 부제를 전적으로 첨가했다는 사실에 있소. '독일'이란 단어는 아주 많이 오용되기에 누구라도 그것을 이젠 전혀 사용할 수 없소. 나는 아마 어쩔 수 없이 막스 베버라는 인물을 통해 독일에 윤리적 내용을 부여하려고 하오. 그러나 이런 시도는 당신이 역시 다음과 같이 말한다면 성공적이었을 것이오. 그게 그럴 것이오. 나는 독일인이기를 원하오. 당신이 모국어·철학·문학에 대해 언급한다면, 당신이 첨가할 필요가 있는 것은 모두 역사적-정치적 운명이며, 조금도 차이가 없네요. 이 운명은 다음과 같다오. 즉 **오늘날** 독일은 통합된 유럽에서만 존재할 수 있고, 독일의 옛 영광 속에서 부활은 유럽의 통합을 통해서 발생할 수 있으며, 우리가 불가피하게 협정을 맺어야 할 악마는 프랑스의 이기적이고 부르주아적인 속물 공포라오. 독일 제국, 즉 네덜란드에서 오스트리아까지, 스칸디나비아에서 스위스까지 확장될 제국은 불가능한 것이며, 어쨌든 오늘날 세계에서 아주 작을 것이기 때문이오. 그런데 그런 것들은 모두 막스 베버의 저서에서 자연스럽게 중대되는 것 같이 보이더라도, 막스 베버의 저서에서 자리를 차지하고 있지 않은 주제들이오. 이 저서의 핵심은 이런 사상의 흐름에 내재한 전제에 단지 관심을 가진다는 점이었다오.

따뜻함을 담아, 또한 남편에게도,
카를 야스퍼스

편지 24　아렌트가 야스퍼스에게

베를린, 1933년 1월 6일

존경하고 친애하는 야스퍼스 교수님께,

　대단히 고맙습니다! 저 역시 모임을 열렬히 기대하지만, 당분간 완전히 잠정적으로 대응하고 싶군요.

우선 저를 괴롭힌 것은 "독일인의 성격"이란 용어입니다. 당신 자신은 그 용어가 어떻게 오용되는가를 말씀하십니다. 저의 경우, 그것은 거의 오용이지만, 중요하지 않습니다. 제가 그 말을 듣기만 해도, 당신이 처음으로 그 용어에 대해 말하는 것처럼, 저는 여전히 그것을 망설일 것입니다. 아마도 저는 역사적 총체성이 무엇을 의미하는지 이해하지 못했을 것입니다. 저는 이 성격이 역사에서 가끔 나타난다는 것을 의미한다고 생각했습니다. 따라서 이것은 그 기본적인 불확정성에도 불구하고 절대적인 것, 역사와 독일의 운명에 영향을 받지 않은 것으로 남을 것입니다. 저는 그것을 확인할 수 없습니다. 말하자면, "독일인의 성격"을 증명할 수 없기 때문입니다.

그런데도 저는 이전에 편지에서 밝혔던 의미로 물론 독일인이지만, 그것에 독일의 역사적·정치적 운명을 단순히 첨가할 수 없습니다. 저는 그런 운명에 유대인의 참여가 얼마나 때늦고 불완전한지, 유대인들이 당시 외국의 역사에 얼마나 우연히 참여했는지 너무 잘 알고 있습니다. 우리가 이런 견해에 반대하는 '주요 증인'으로서 지난 150년을 소환한다고 하더라도, 우리는 여전히 이 사실을 알 것입니다. 즉 우리 유대인에 대해 말할 때, 현재 몇 세대 동안 독일에 있던 소수의 가족을 실제로 생각할 수 없고 동화 과정이 계속되고 있는 동부에서 온 이민자들의 흐름만을 생각할 수 있습니다. 옛 영광을 유지한 독일은 당신의 과거입니다. 저의 독일이 무엇인가는 한 문구로 거의 표현될 수 없습니다. 과도한 단순화 — 이것이 시온주의자들·동화주의자들·반유대주의자들의 단순화이든 — 는 상황의 진정한 문제를 호도하는 데 도움이 될 뿐입니다.

당신은 유럽 통합에 대해 말씀하십니다. 저도 그것을 기대하지만, 차이는 있습니다. 당신은 어떤 대가를 치르더라도 독일을 위해 유럽 통합을 원합니다. 저는 오늘날 가능한 것같이 보이는 유일한 형태로, 즉 비교적 안정적이고 황폐화하지 않은 나라인 프랑스의 패권 아래에서 유럽 통합을 원할 수 없습니다. 이런 형태의 통합은 상상할 수 있는 가장 끔찍한 통합일 것이며, 독일의 부활은 결코 저에게 그것을 보상해줄 수 없습니다.

언제나 따뜻한 마음과 제 남편의 소망을 담아서

한나 스턴 올림

편지 25 야스퍼스가 아렌트에게

하이델베르크, 1933년 1월 10일

친애하는 스턴 부인!

 나는 당신의 논문을 읽을 기회가 있었소.[34] 논문을 보내준 데 대해 정말 고맙구려. 논문의 강렬한 사유 흐름과 주제의 중요성 때문에, 그것을 탁월하다고 생각하오. 당신의 두 번째 편지는 '나는 찬성할 수 없다'는 당신의 해석에서 결론을 도출하였다는 점을 암시하오. 그러나 그 편지는 대화를 위한 자료라오. 나는 당신이 실제로 추구하는 게 무엇인가라는 질문으로 대화를 시작하려고 하오. 우리는 그저 부정·문제 제기·모호성만으로 살아갈 수는 없다오. 긍정적인 사유를 통해서 이 모든 것에 생명을 불어넣을 필요가 있소. 나는 이것이 악마 없이 인간 사회 전체에서 어떻게 성취될 것인지 질문하오. 즉 당신은 어떤 다른 악마와 합의하고 싶은가?

 나는 『라헬 파른하겐』에 특별히 관심을 가지며 이를 기대하오. 당신은 나에게서 더 열성적인 독자를 발견할 것이오. 그래서 나는 당신뿐만 아니라 나 자신을 위해서 당신 저서가 빠른 속도로 진행되고 곧 출간되기를 희망하오.

 나는 전혀 '요란스럽지schwabinghaft' 않은 아파트를 매우 보고 싶구려. 당신이 '자랑한다'는 것은 내가 기대하는 그런 긍정적 태도의 미묘한 징후라오.

집집마다 따뜻한 인사로,
카를 야스퍼스

---

[34] 편지 22의 각주 30을 참조할 것.

당신은 『시대, 민족과 인간: 외국인과 독일인*Zeiten, Völker und Menschen: Wälsches und Deutsches*』 제2권에 수록한 힐데브란트의 논문을 검토했는지요?[35]

편지 26   야스퍼스가 아렌트에게

하이델베르크, 1933년 4월 12일

친애하는 스턴 부인!

당신과 이야기를 나눌 수 있어서 기쁘구려. 나는 4월 말에 집에 있을 것이고 그 이전에도 항상 있을 것이오. 학기 말이 가까워지면 질수록, 압박을 더 받는다오. 그래서 형편이 좋다면, 우리의 만남은 더 일찍, 아마도 부활절 직후에 이루어지는 게 좋겠소. 아내는 베를린에 있고, 목요일 돌아올 것이오.

진심을 담아
카를 야스퍼스

편지 27   아렌트가 야스퍼스에게

파리, 1936년 3월 27일

친애하는 야스퍼스 교수님께,

저는 정말 끔찍하게 오랫동안 당신으로부터 아무 소식도 듣지 못했고 당신께 어떤 말씀도 듣지 못해서 어떻게 편지를 써야 할지 모르겠습니다.

당신께서 여행하게 되면 언제든지 저에게 알려주세요? 저는 세상을 꽤 많이 돌아다니며, 적어도 모르는 사이에 당신 곁에 있는 것을 피하고 싶습

---

[35] 카를 힐데브란트(Karl Hildebrandt, 1829~1884)는 역사가이자 언론인이었다. 그의 논문은 다음과 같다. "Rahel, Varnhagen and ihre Zeit," in *Zeit, Völker und Menschen, vol. 2, Wälsches and Deutsches*, 2nd ed. (Straßburg, 1892), 417-458.

니다.

> 늘 그렇듯,
> 한나 스턴 올림

편지 28 아렌트가 야스퍼스에게

제네바, 1936년 8월 8일

친애하는 야스퍼스 교수님께,

때늦은 제 감사의 편지에 화내지 마시길 바랍니다.**36** 저는 여기서 휴가를 보냅니다. 남편은 몇 주 전에 미국으로 갔지만, 저는 당분간 유럽에 있을 것입니다.

이 편지는 휴가 중에 도착할 것입니다. 당신이 즐거웠으면 좋겠습니다.

> 당신과 사모님께 따뜻한 인사로
> 한나 스턴 드림

편지 29 야스퍼스가 아렌트에게

1938년 9월, 콜파흐,**37** 레당주 쉬르 아테르,
룩셈부르크 대공국

친애하고 존경하는 한나 아렌트!

일이 잘 풀리지 않아 몹시 괴롭구려!**38** 이 문제들에서 확실히 자신의 방

---

36 이런 "때늦은 감사"가 지칭하는 것은 확정될 수 없었다. 야스퍼스가 보관되지 않은 편지, 즉 편지 27에 답장하였다.
37 야스퍼스는 예술가·학자·정치인들이 매년 만나는 콜파흐 성의 축제에 초청을 받았다.
38 무국적 이민으로서 파리에 살고 있던 아렌트는 콜파흐에서 야스퍼스를 만나고 싶었다. 이 만남은 "무국적 인사들의 무한히 복잡한 형식적 절차의 존재 때문에 이루어지지 못했다." 편지 34를 참조할 것.

식을 알지 못하는 피에르 비에노[39]는 현 당국이 그렇게 갑작스러운 요청으로 유효할 여권을 발급하는 것을 불가능하게 생각할 것이오. 당신은 어떠한 상황에서도 스스로 위험하게 하지 않아야 하오. 나는 오래전부터 절차를 시작했지만 모험하지 않았소. 나는 그 시점에서 마이리쉬 부인[40]을 전혀 알지 못했으며, 그래서 그녀의 제안을 단지 수용했다오. 나는 이곳에서 그녀의 친절과 상황이란 관점에서 내 소망을 마지막으로 알리오. 다른 때 함께 할 수 있기를 희망하오. 한스 폴나우[41]가 여기에서 진행된 일을 당신에게 알릴 것이오.

따뜻한 마음을 담아,
야스퍼스

---

[39] 피에르 비에노(Pierre Viénot, 1897~1944)는 레온 블룸 정부의 프랑스 외무부 차관보였다. 프랑스가 독일에 함락되자, 그는 북아프리카로 망명했다. 그는 프랑스에서 구금 기간 이후에 드골 망명 정부의 영국 주재 대사가 되었다. 그는 프랑스가 해방된 직후 사망했다.

[40] 알린 마이리쉬 드 세인트 위베르(Aline Mayrisch de Saint-Hubert, 1874~1947)는 문학계 인사, 후원자이고 주로 독일과 프랑스 저명인사들의 친구였으며, 콜파흐 성 축제의 여주인이었다.

[41] 한스 폴나우(Hans Pollnow, 1902~1943)는 야스퍼스가 콜파흐에서 만난 번역자였다. 데카르트에 관한 야스퍼스의 저서를 프랑스어로 번역한 것은 폴나우의 번역본에 포함된다. 아렌트와 폴나우의 관계를 알기 위해서는 편지 39를 참조할 것.

제2부

편지 30-139
1945~1952년
종전 이후 서신 재개 ~ 아렌트의 시민권 획득 직후

전후 서신 재개(1945)와 아렌트의 생필품 지원 / 야스퍼스의 공개 강의와 바젤 이주(1948) / 야스퍼스의 「솔론」 연구: 최초의 정치적 저작 / 아렌트의 유럽 방문과 스승과의 재회(1950) / 『전체주의의 기원』 집필(1945~1950)과 미국 시민권 획득(1951) / 『대학의 이념』(개정판)·『책임 문제』·『철학적 논리학』·『철학적 신앙』의 출간(1946)과 아렌트의 논평 / 『진리에 대하여』에 대한 관심 / 야스퍼스 저작의 영어판 출간을 위한 아렌트의 적극적인 지원 / 한국전쟁과 미래 전쟁에 대한 견해(1950~1953) / 독일 저항운동에 대한 의견 / 막스 베버와 독일인의 특성 문제 / 마르크스 사상의 해석 논쟁 / 라헬 파른하겐 논쟁(1952)

편지 30 야스퍼스가 아렌트에게

하이델베르크, 1945년 10월 28일

친애하는 아렌트!

라스키 박사[1]는 현재 이곳에 있지만 아쉽게도 곧 떠나야 하오. 그분은 방문차 현재 여기에 있다오. 그분이 당신이 보낸 것을 우리에게 가져왔소! 이미 두 번째라오. 나는 아내와 함께 당신에게 대단히 고맙소. 아내는 지금 라스키 박사와 이야기하고 있소. 우리는 친구가 되었소.

당신 소식을 들었고 당신의 글들[2]을 읽었소. 나는 글들에 전적으로 동감하오. 그게 기쁨이었소. 우리는 과거에 종종 당신의 운명에 대해 걱정했고 오랫동안 당신이 아직 살아있다는 희망을 품지 못했다오. 그런데 우리는

---

[1] 멜빈 라스키(Melvin J. Lasky, 1920년 출생)는 미국 언론인이고 1943~1945년 프랑스와 독일에서 활동한 육군 역사가였다. 그는 전후 독일을 가끔 방문했고, 이후 잡지 『모나트(Der Monat)』를 창간하고 편집했다.

[2] 1941년부터 미국에서 출간된 여러 편의 에세이다. 이들 가운데 어떤 것을 의미하는가를 여기에서 밝힐 수 없다.

당신의 재등장을 알게 됐을 뿐만 아니라 넓은 세상에서 활기차고 지적인 존재를 확인하였소! 당신은 쾨니히스베르크에 있든, 하이델베르크 또는 미국 또는 파리에 있든 자신의 내적 핵심을 부단히 유지한 것 같구려. 실제적인 인간인 누구라도 그것을 할 수 있어야 하오. 나는 **이 혹독한 시험**에서 살아남았다오. 이곳의 우리는 이제 혼돈에서 벗어나서 할 수 있는 것을 찾아야 하오. 세계 역사가 우리를 나가떨어지게 하거나 파멸시키지 않는다면 낙관적이오. 우리는 배우고자 하는 젊은이들, 그들 가운데 소수가 있지만, 대중은 항상 둔감하고 자신들 시대의 상투 수법에 얽매여 있다오.

당신 덕분에 마지막 10분 동안 내 옆에 놓여 있던 책들은 나를 유망한 시선으로 바라보는구려. 당신은 우리가 독일 외부에서 생각하였고 수행한 모든 것을 얼마나 갈망하는가를 상상할 수 있을 것이오. 요나스[3]는 영국군 유대인 여단 소속 병사로서 팔레스타인으로 가던 도중에 얼마 전에 거쳐 갔다오.

행운이 있다면, 나는 희망컨대 당시 원고 형태로 책상 서랍 안에 여전히 있는 것, 즉 출판이 허용되지 않았고 8년의 '은거' 기간 작업 결과를 당신에게 보낼 수 있을 것이오.[4]

라스키 박사는 내가 8월 이곳에서 언급한 대화에 대한 당신의 명백한 관심을 나에게 밝혔소.[5] 나는 이것을 동봉하며 물론 이것을 번역한다면 기쁠 것이오. 우리가 대학에서 다시 강의할 수 있으려면,[6] 나는 잠시 기다려야

---

3 한스 요나스(Hans Jonas, 1903년 출생)는 철학자이며 종교사가로서 1933년 영국으로 이주하였다가 1935년 팔레스타인으로 이주했다. 그는 1945년 캐나다로 이주했으며 1955년부터 뉴욕의 뉴스쿨 교수였다. 아렌트는 1968년부터 이 대학에서 강의했다. 그들은 1924년 마르부르크대학교에서 함께 연구한 이후 친구였다. 야스퍼스는 요나스의 영지(靈知; gnosis)에 관한 연구의 첫 부분을 출판한 이후 요나스를 알았다. Hans Jonas, *Die mythologische Gnosis*, pt. 1(Göttingen, 1934).
4 제국출판협회는 1938년 야스퍼스가 출판하는 것을 어렵게 하였으며 1943년 야스퍼스의 저작 출판을 전면 금지하였다.
5 카를 야스퍼스, "대학의 재생: 1945년 8월 15일 하이델베르크대학교의 의학 강좌의 개설에 담당한 강연." 이 강의록은 다음 자료에 처음 출간되었다. *Die Wandlung*, 1(1945~1946), 66-74.

할 것이오. 즉 우리는 출판하거나 말할 수 없다오. 그러나 그런 상황은 이제 곧 확실히 바뀔 것이오. 나는 독일의 지적 상황에 대해 일주일에 한 시간 정도 강의를 할 것이오.[7] 당신의 에세이에서 통찰력을 가지고 있다는 것을 알 수 있다오. 그러나 당신은 이곳의 현재 상황이 어떠한지 실제로 알 수 없을 것이오.

따뜻한 마음을 담아,
카를 야스퍼스[8]

편지 31   아렌트가 야스퍼스에게

1945년 11월 18일

친애하는 야스퍼스 교수님께,

저는 두 분 모두 지옥 같은 난장판을 무사히 헤쳐나왔다는 것을 확인한 이후로 이 세상에서 다시 상당히 편안함을 느꼈습니다. 저는 당신께서 취리히에 있다는 안락한 환상을 갖고 오랫동안 살았지만, 그 여러 해 동안 당신에 대해 염려했다는 것을 말할 필요는 없습니다.[9] 약간 어이없는 소문입

---

6   철학부는 1946년 1월 8일 다시 강의를 시작했다. 1945년 9월 1일 야스퍼스는 이미 공식적으로 복직했으며, 같은 해 4월 1일부로 소급하여 복직되었다.
7   수업 재개 이후, 첫 학기에 야스퍼스의 강좌들 가운데 하나는 「독일의 지적 상황에 대하여」였다. 그는 이 일련의 강의를 토대로 저서인 『책임 문제(Schuldfrage)』를 발전시켰다. 편지 38의 각주 77을 참조할 것.
8   게르트루트 야스퍼스는 다음과 같은 내용의 편지를 동봉했다. "친애하는 한나 아렌트, 당신에게 가장 따뜻한 인사를 전합니다. 나는 영어를 약간만 알고 있어요. 청력이 아주 약해서 문제예요. 이제 삶은 분주하네요. 방문자들이 하루 내내 있으니! 이것은 당신에게 흥미를 갖게 할 것이에요. 남편은 혹독한 겨울 이후 다시 건강해요. 이제 정권은 붕괴했어요. 그분은 행복하고 활동적이에요. 나는 당신이 훌륭한 아내라고 생각해요! 당신에게 대단히 고맙네요! 게르트루트 야스퍼스로부터."
9   1933년과 이후 야스퍼스는 취리히에서 강의를 마련하고자 노력했다. 그는 이런 노력과 연계되어 그곳에서 1936년 3월 「칸트에서 급진적인 악」이란 주제로 강의했다. 확인되지 않은 이유로, 그는 자리를 제안받지 못했다. 그러나 그가 취리히에서 강의하고 있다는 소문이 퍼졌다.

니다. 그러나 제가 12년 넘도록 편지를 보내지 못하다가 지금 하고 싶은 말은 이러합니다. 저는 당신을 불쾌하게 할 그 세월 동안 어떤 것을 사유하거나 수행할 수 있었지만, 제가 당신에게 그것에 대해 어떻게 말할지 또는 그것을 어떻게 정당화할지 생각하지 않고 하지 않은 일은 거의 없습니다. 그리고 제가 이제 당신의 저서 『철학Philosophie』이나 신문에 게재된 당신의 연설문[10] 가운데 몇몇 인용문을 다시 읽을 때, 당신은 제가 젊었을 때와 같이 저에게 나타납니다.

저는 당신이 낙관적으로 생각하는 것이 기쁩니다. 모든 것이 소수에 의존하지만, 그 소수는 극소수가 되어서는 안 됩니다. 우리는 그 소수가 어떻게 점점 더 극소수가 되는가를 그 세월 동안 알았습니다. 그것은 독일에서나 이민자들 사이에서도 기본적으로 참입니다. 그런 힘과 합의에 이르는 길은 많습니다. 유일하게 의지할 사람들은 자신을 이데올로기나 권력과 동일시하지 않으려는 사람들입니다.

여기에서 우리는 당신이 출판하기를 조급하게 기다리고 있습니다. 제가 『파르티잔 리뷰Partisan Review』[11](라스키는 이게 어떤 잡지인가를 당신께 말할 것입니다)의 편집자들에게 당신이 지적 상황에 대해 강의할 것이라고 말했을 때, 그들은 매우 열광적이었습니다.[12] 유감스럽게도, 라스키는 당신의 연설문을 동봉하는 것을 잊어버렸군요. 저는 또한 시그리드 운세트[13]에 대한 당신의 반론을 매우 게재하고 싶습니다. 『변화Die Wandlung』[14]는 언제 출간되나요?

---

10 편지 30의 각주 5를 참조할 것.
11 『파르티잔 리뷰』는 윌리엄 필립스와 필립 라브가 1937년 뉴욕에서 복간한 문학 잡지였다.
12 편지 30의 각주 7을 참조할 것.
13 시그리드 운세트(Sigrid Undset, 1882~1949)는 노르웨이 작가로서 1945년 10월 「독일인의 재교육」이란 제목의 에세이를 출간했다. 1945년 11월 4일 야스퍼스는 이 에세이에 대한 반론을 『노이에 차이퉁(Die Neue Zeitung)』("독일 주민을 위한 미국 신문")에 게재했다. 에세이와 야스퍼스의 반론은 다음 자료에 다시 수록되었다. Karl Jaspers, *Die Antwort an Sigrid Undset*… (Constance, 1947).
14 돌프 슈테른베르거는 편집부의 카를 야스퍼스·베르터 클라우스·알프레드 베버와 함께 1945~1949년 『변화: 월간지』의 편집을 담당했다.

돌프 슈테른베르거[15]가 여기에서 무엇인가를 출판하고 당신이 그게 좋다고 생각하신다면, 그 역시 라스키를 거쳐『파르티잔 리뷰』측에 그것을 전달해야 합니다.

저는 당신이 읽었다는 것을 알지 못하더라도, 제 논문에 대해 동의한 점에 대해 물론 기쁩니다. 스스로 어떤 것도 보내지 않았지만, 정기적인 우편 업무가 다시 시작될 경우 곧 보낼 것입니다. 그런 다음에 저는 당신의 관대함을 요청해야 할 것입니다. 즉 저는 외국어로 글을 쓰고 있다는 점(그리고 이것은 바로 이민 문제입니다), 12년 동안 지적 작업의 수행에 필요한 평화가 그저 전언(傳言)으로만 알았던 것임을 잊지 말아달라고 요청합니다. 저는 1941년부터 미국에 있으면서 일종의 자유기고가 겸 정치평론가가 되었습니다. 정치평론가의 자격으로 유대인 정치 문제에 일차적으로 초점을 맞추었습니다.

특히 유대인이라면 더욱 그렇겠지만 독일에 대한 증오심과 이에 대한 바보짓의 중대로 침묵을 지키는 게 불가능할 때에만, 저는 '독일 문제'[16]에 대해 글을 쓰고 있습니다. 이런 활동을 하면서 '유대인 단체'[17]를 위한 조사계획을 현재 추진하고 있습니다. 이 조사계획은 실제로 제가 이 임무에 책임을 맡고 있다는 것을 의미합니다. 그것은 이런 조사영역에서 전형적입니다. 그런 다음 저는 이번 겨울 어쩌면 독재에 관한 강의, 즉 지방 대학에서 귀환 병사들을 위한 강의를 담당할 것입니다.[18]

---

15 돌프 슈테른베르거(Dolf Sternberg, 1907~1989)는 독일 언론인이며 정치학자이다. 그는 1934~1943년『프랑크푸르트 차이퉁(*Frankfurter Zeitung*)』편집인이었으며, 1945년부터『변화』의 편집자였으며, 1960년 하이델베르크대학교 교수가 되었다. 그는 아렌트와 야스퍼스의 친구였다.
16 Hannah Arendt, "Approaches to the German Problem," *Partisan Review* 12, no. 1(Winter 1945): 93-106.
17 아렌트는 1941년부터 유럽유대인문화재건위원회를 위해 활동했다. 그녀는 유대인 저서 및 종교적 대상을 찾아내고 반환받을 목적으로 1948년에 설립된 유대인문화재건위원회에서 1949년부터 1952년까지 상임이사로 활동했다.
18 아렌트는 1945년부터 1947년까지 브루클린대학의 대학원에서 유럽 역사를 가르쳤다.

저는 한 독일인과 다시 9년 동안 결혼 생활을 해왔다는 점을 덧붙여 말씀드려야 합니다(저는 여러 해 동안 당신을 만나지 못했다는 것을 이해하기 어렵다고 생각합니다).[19] 그것은 어쩌면 1933년 직후 저의 우매함에 대한 '징벌'일 것입니다. 제가 목격했듯이 거의 모든 비유대인 친구들이 정권과 타협한 결과(유대인 친구들은 스탈린 또는 달라디에[20] 또는 이후에만 누구와도 타협했습니다), 저는 요나스가 했듯이 예외를 두기는 했지만, 비유대인에 대한 자동적인 불신 속으로 빠져들었습니다.

저는 그도 당신의 방문에 대해 저에게 말해준 몇 마디 좋은 말을 누구로부터 얻었습니다.

"이것이 다일 뿐이고 충분하지 않다.

그것은 어쩌면 내가 여전히 거기에 … 있다는 것을 보여준다."

저는 브레히트의 이민송移民頌의 시어로 말할 수 있습니다.[21]

그러나 그게 다는 아닙니다. 저는 당신이 약품과 어떤 것이 필요한지 알고 싶기 때문입니다. 페니실린? 술파제? 다른 또는 특별한 약품들? 라스키를 통해서 저에게 알려주세요. 이곳의 많은 의사를 알고 있습니다.

더욱이 친애하는 게르트루트 야스퍼스 사모님, 별로 육성되지 못한 가정주부다운 제 본능에 의존하지 마시고, 당신이 갖고자 하는 것들을 편지로 알려주세요. 저는 지난번 보낸 소포에 코셔 소시지를 넣었습니다. 선모충병 때문에 이곳의 돼지고기에 조심해야 합니다. 제가 베이컨을 보냈다면(맙소사, 저는 이에 해당하는 독일어를 잊었지요), 바로 이런 방식으로 튀기세요. 조각들

---

19 하인리히 블뤼허(Heinrich Blücher, 1899~1970)는 1919년 독일 공산당의 독학자이며 당원이었고, 1936년 파리에서 아렌트를 만났다. 그들은 1940년 결혼했다. 그는 1950년 뉴욕 뉴스쿨의 철학·예술학부에서 철학을 강의하기 시작했고, 1952~1968년 뉴욕주의 아난데일 온 허드슨에 있는 바드대학의 철학 교수였다.
20 에두아르 달라디에(Edouard Daladier, 1884~1970)는 급진사회당 당수이고 1933~1934년 프랑스 수상이었다.
21 Bertolt Brecht, *Gesammelte Werke* 8(Franfurtk, 1967): 815.

을 적당히 달구어진 냄비에 넣고 약한 불에 튀기세요. 고기 조각이 바삭바삭할 때까지 지방을 계속 빼내세요. 그러면 비계나 베이컨에는 아무 문제가 없습니다. 비타민은 어떤지요? 당신께서 과일 주스나 말린 과일은 어떤지요? 혹시 농축 레몬주스는? 커피를 드시는지요? 저는 남편께서 차와 우유를 드시기에 가볍게 커피를 드신다는 것을 기억하고 있는 듯합니다. 당신은 어느 친구분들을 위해 담배가 필요한지요? 라스키나 어느 다른 사람에게 목록을 보내세요.

따뜻한 마음을 담아
한나 아렌트 올림

편지 32 야스퍼스가 아렌트에게

1945년 12월 2일

친애하는 한나 아렌트!

당신의 첫 편지가 오늘 도착했소. 우리는 모두 당신에게 매우 고맙구려. 나는 당신의 말에서 개인적인 충실성뿐만 아니라 무한하게 안락하며 솔직한 인간성의 마음을 느끼네요. 편지를 읽으면서 눈물을 흘렸소. 그 마음씨가 얼마나 귀한지를 느꼈기 때문이오. 그리고 나는 바로 어제 함께 따라야 할 새로운 방향을 찾고 있는 다른 사람들에게 실망했기 때문이오. 물론 소수는 '극소수'이면 안 되지! 아내와 나는 오랫동안 내 여동생을 제외하고는 거의 아무도 없었소.[22] 다른 사람들도 있지. 그러나 사람들은 그들을 만나지 않소. 극소수는 하나의 희망을 주기에 충분하오. 그들은 보이지 않는 진리에 대한 인식, 우리에게 개방한 밝은 방을 우리 안에 간직하고 있소. 그

---

22 에르나 두겐트-야스퍼스(Erna Dugend-Jaspers, 1885~1974)는 야스퍼스보다 두 살 아래이다. 그들은 야스퍼스의 일생에서 밀접한 관계를 유지했다.

것은 전통이 우리에게 전해준 것에 있으며, 한 친구의 친절한 말이 우리에게 도달할 때 현존한다오.

나는 라스키가 올여름 우리에게 보낸『정치평론Review of Politics』[23]에 게재한 당신의 글, 그리고 이번 당신이 나에게 보낸『문집』[24]에 수록한 에세이 「독일의 책임」을 읽었소. 훌륭한 글이오. 그와 같은 것이 미국에서 출판될 수 있군요! 아무튼, 운 좋은 미국이오.

나는 글을 많이 쓰고 싶기에 쓸 수 없다는 것을 알게 되었소. 기다려야 할 것이오. 아마도 결국 뭔가를 출판하는 것이 가능할 것이오. 바라건대, 내가 당신에게 보내고 싶은 책들 가운데 하나, 즉『진리에 대하여Von der Wahrheit』[25] ─ 타자기로 작성한 1,400쪽 ─ 는 "획일적 통합"(당신이 모든 측면에서 나와 같이 두려움으로 느끼는 것) 없이 사람들을 연결할 수 있는 어떤 것을 표현하고 있다오. 또 나는 제4판이 될 완전히 새로운 책,『세계관 심리학Psychopatholgie』[26]을 끝냈소. 여기에서 이런 책들의 출판은 아직 기술적으로 불가능하오.

그러나 여기서 나는 근본적으로 사소한 이런 문제를 다루고 있소. 당신에 대해 더 많이 듣고 싶구려. 남편에 대하여 말해주오. 나는 당신의 성이 무엇인지 여전히 모르오. 당신은 어떠한 상황에서 살고 있는가요? 당신은 분명히 문학적 존재라오. 내가 당신을 통해서 읽은 것은 그걸 보여준다오. 그러나 당신의 개인적 삶은 어떤지요? 우리에게 전해진 당신의 마지막 모습은 한 방에서 다른 방으로 끊임없이 이동하는 파리 시절의 당신

---

[23] Hannah Arendt, "Race-Thinking before Racism," *The Review of Politics* 6, no. 1(January 1944): 36-73; "Imperialism, Nationalism, Chauvinism," *The Review of Politics* 7, no. 4(October 1945): 441-463.

[24] Hannah Arendt, "German Guilt," *Jewish Frontier Anthology 1934~45*(New York, 1945): 470-481. 이전에 출간되었을 때 서지사항은 다음과 같다. "Organized Guilt and Universal Responsibility," *Jewish Frontier* 12, no. 1(January 1945): 19-23.

[25] 『철학적 논리학 1: 진리에 대하여(*Philosophische Logik 1: Von der Wahrheit*)』는 전쟁 기간에 집필한 것이지만, 뮌헨에서 출판된 1947년까지 출판될 수 없었다.

[26] 야스퍼스는 또한 전쟁 기간 1913년에 출간된『정신병리학 총론(*Allgemeine Psychopathologie*)』(베를린/하이델베르크, 1946)을 '완전히 개정한' 제4판을 집필하였다.

모습이고 편지와 관련하여 부주의하였기에 룩셈부르크 여행은 허사가 되었소.[27]

만약 당신이 여기 우리 아파트에 들어온다면 얼마나 당황스러울까요. 아무것도 일어나지 않은 듯이 방은 똑같은 모습이오. 당신은 박사 후보생으로서 이용했던 식으로 내 책상 옆의 의자에 다시 앉을 수 있소. 그렇다 하더라도 모든 게 다르고, 외관은 과거에서 이 변화된 세계로 섬뜩하게 유지될 뿐이오. 나는 현재 신학부의 후원 아래 2주 동안 다시 강의하고 있다오.[28] 대학 자체는 아직 개강하지 않았기 때문이오. 나는 「신의 실존의 증거에 대하여」[29]라는 주제로 옛 강의실에서 (신학부와 의학부 학생들에게) 강의하고 있소.

『변화』 창간호가 어제 출간됐소. 사본 하나를 동봉할 것이오. 당신이 우리를 위해 글을 기고할 수 있는지요? 당신은 글의 분량을 약 12쪽의 인쇄로 제한해야 한다는 것을 알 수 있을 것이오. 당신은 무엇을 쓸 것인가를 결정할 수 있소. 어쩌면 당신은 우리 사이의 모든 장벽을 넘어서 우리를 진정 결합할 수 있는 것 — 그리고 우리는 미국인과 독일인을 포함한 유럽인을 의미하겠지요? — 에 대해 뭔가를 쓸 수 있을 것이오. 혹시 당신은 구체적인 주제 — 여기서 우리가 열망하는 종류의 것 — 그리고 현재 미국 철학사상에 관한 정보를 선호하는지요? 학술지 이번 호가 당신에게 말을 하도록 유도한다면, 그것은 환영할 일이오! 게재료(인쇄된 쪽 당 25마르크)는 당신에게는 전혀 도움이 되지는 않을 것이오. 당신이 필요한 경품권이나 쿠폰을 갖고 있지 않다면, 여기서 당신은 그것으로 어떤 것도 살 수 없다오. 이 지루

---

[27] 편지 29를 참조할 것.
[28] 하이델베르크대학교 신학부는 의학부와 마찬가지로 대학 전체가 강의를 시작하기 이전인 1945년 11월에 강의를 재개하였다. 야스퍼스는 신학부에서 「철학 입문」이란 주제의 강의를 매주 2시간 담당하였다.
[29] 「철학 입문」의 맥락에서.

한 이야기를 잊어주오. 이 세상의 모든 게 머릿속에서 뒤죽박죽이라오. 이 세상은 이제 막 어떤 질서로 돌아가기 시작하고 있거나 돌아갔다오. 이런 질서 속에서 인간에게 가치 있는 임무를 위해 사는 것은 가능하오.

......

12월 10일

    당신은 편지에 다음과 같이 썼구려. "저는 당신을 섬뜩하게 했을 오랜 세월 뭔가를 사유하거나 수행했을지도 모르지만…." 나를 신뢰한 당신이 고맙소. 누구든 '사람들'이 질량과 시간의 표현으로만 나타날 때 말하는 것에 그렇게도 무관심했고, 내가 겪고 있듯 누구든 이런 놀라운 반전 — 오랫동안 무시하고 기피하는 대상이었지만, 이제는 하루에 20통 이상의 편지와 진부한 명성의 쇄도에 직면하는 — 을 경험한다오. 이때 누구든 더욱 민감해지고 소수 사람으로부터 더 많은 소식을 듣고 싶소. 그래서 당신의 충실성은 나를 고무시키는군요. 나는 이렇게 "나를 불쾌하게 할 것들"을 듣게 되고, 당신과 함께 있고, 그것들에 반응하는 것이 얼마나 행복할까요. 나는 그것들이 나의 견해 — 그밖에 어떤 것이든 — 를 재검토하게 할 것이며 당신에 대한 나의 존중을 심화시키리라는 것을 사전에 알고 있소.

    나는 약간의 어려움은 있으나 영어를 읽고 때론 사전을 이용해야 하오. 한마디도 할 수 없구려. 그러나 읽기는 좋아하오. 나는 (『파르티잔 리뷰』[30]에 수록된) 에세이 「독일 문제에 대한 접근」과 「독일의 책임」에 특별히 기뻤네요.[31] 나는 그토록 열망했던 공기를 들이마시는 것 같았소. 그게 개방성과 정의 그리고 언어에서 자신을 거의 허용하지 않는 숨겨진 사랑이오. 우리

---

30   편지 31의 각주 16을 참조할 것.
31   각주 24를 참조할 것.

는 오로지 그런 방식으로 이런 것들에 대해 말할 수 있소. 라스키가 올여름 『파르티잔 리뷰』를 우리에게 빌려줬을 때, 사람들이 서로 대화하고 사안을 논의할 수 있는 세계가 열리고 있는 듯이, 우리는 마냥 신이 났고 미국 신문에 보이는 아주 따분한 그런 개념적인 상투어는 없었소. 나는 책임 문제를 밝힌 드와이트 맥도널드[32]의 논문을 특히 좋아하오.

토마스 만[33]의 윤리적·정치적 견해와 거리를 두는 게 필요한가는 나를 괴롭히는 문제라오. 나는 그를 작가와 소설가로서 아주 높이 평가하기에 그에게 불리한 어떤 말도 하고 싶지 않소. 그러나 그가 여기에서 초래하는 혼란이 해소되지 않으면, 우리는 그의 공격과 행태에 대한 어떤 대응책을 찾아야 할 것이오. 그는 독일인이고 독일인으로서 말하고 있기 때문이라오. 대응책이 유의미하려면, 그것은 완벽해야겠지요. 누구든 프레데릭 대왕[34]에 관한 1915년 에세이(그의 현재 감정이 그렇듯이 그 당시에 나를 매우 괴롭게 했던)[35]까지 거슬러 올라가야 할 것이오. 그러나 누구든 그의 라디오 연설에 익숙해야 하오.[36] 내가 여기에서 들었듯이 이런 연설을 **취합하면**, 그리고 당신이 사본을 손에 쥔다면(나는 이것들이 스웨덴에서 출간되었다고 알고 있소), 당신은 우리에게 많은 부를 안겨준 이후, 나도 이 책을 요청할 수 있을까요? 그게 결코 본질적이지 않지만, 나는 어떤 것을 써야 할지 여전히 아직도 확신할 수 없소. 그의 아들인 골로 만을 좋아하오.[37] 그를 괴롭히고 싶지 않네

---

32 드와이트 맥도널드(Dwight Macdonald, 1906~1982)는 『정치(Politics)』의 편집인이었다. 언급된 논문은 그의 논문이다. "The Responsibility of Peoples," Politics (March 1945): 82-93.
33 야스퍼스와 토마스 만(Thomas Mann, 1875~1955)의 관계는 냉담하게 거리를 유지하는 관계였다. 이 편지에서 다소간 작게 취급되었다.
34 Thomas Mann, Friedrich und die grosse Koalition(Berlin, 1915).
35 이것은 아마도 토마스 만의 연설 「독일과 독일인」을 지칭할 것이다. 이 연설문은 스톡홀름에서 『새 전망(Neue Rundschau)』(1945년 10월)에 게재됐다.
36 Thomas Mann, Deutsche Hörer! Fünfundfünfzig Radiosendungen nach Deutschland, 2nd, enlarged, ed.(Stockholm, 1945). 1918년 야스퍼스는 『비정치적인 것의 성찰(Betrachtungen eines Unpolitischen)』(베를린, 1918)을 샀고, 아마도 이후 그것을 읽었을 것이다.
37 골로 만(Golo Mann, 1909년 출생)은 야스퍼스 아래서 학위논문을 준비했고 1932년 다음과 같

요. 그런데 최근 베르펠[38]이 사망했을 때, 골로는 룩셈부르크 라디오에서 감동적으로 말했소. 그의 아버지는 곧이어서 미국에서 흥미롭지 못하고 매우 인습적이고 당혹스럽게 주관적인 이야기를 했소.

나의 손글씨에 대해서는 사과해야 하오!

따뜻한 마음을 담아,
카를 야스퍼스

편지 33 **아렌트가 야스퍼스에게**

뉴욕, 1945년 12월 6일

친애하고 존경하는 야스퍼스 교수님께,

하소 폰 제바흐[39]는 우리의 매우 가까운 친구입니다. 그는 젊은 시절 독일을 떠났습니다. 그는 나치 체제를 지지할 수 없었고 이에 대응할 효과적인 어떤 것도 할 수 없었기 때문입니다. 이제 나치 체제가 붕괴했기 때문에, 그는 독일로 복귀할 처음 기회를 포착했습니다. 당신께서 그를 만나 대화를 나누면 좋을 것입니다.

늘 그러하듯,
한나 아렌트 올림

이 헤겔에 관한 주제로 학위를 받았다. Gottfried Mann, *Zum Begriff des Einzelnen, des Ich, und des Individuellen bei Hegel*(Heidelberg, 1935).

[38] 프란츠 베르펠(Franz Werfel, 1890~194)은 시인·극작가·소설가이며 8월 28일 캘리포니아에서 사망했다.

[39] 하소 폰 제바흐(Hasso von Seebach, 1909년 출생)는 대학 시절에 아담 폰 트로트의 친구였다 (편지 50과 이 편지의 각주 186 참조).

편지 34   아렌트가 야스퍼스에게

1946년 1월 29일

친애하는 야스퍼스 교수님께,

　　온정어린 당신의 편지에 매우 감사합니다. 당신께서 신뢰를 말씀하시는군요. 당신은 1933년 베를린에서 나눈 우리의 마지막 대화를 기억하시죠? 저는 당신의 주장 가운데 일부가 설득력이 있다는 것을 발견하지 못했지만, 당신은 인간적이고 개인적인 차원에서 전적으로 설득력 있기에, 저는 말하자면 여러 해 동안 저 자신보다 당신을 더 믿었습니다. 저는 그 이후 편지를 보내지 않았습니다. 당신을 위험에 빠뜨리는 것을 두려워했기 때문입니다. 룩셈부르크 여행[40]은 바로 저의 칠칠하지 못함으로 인해 실현되지 못했습니다. 제가 전화로나 심지어 편지의 문맥에서도 무국적자들의 무한히 복잡한 '유령 같은 존재Papierexistenz'를 어떻게 당신께 설명할 수 있을까요?

　　당신은 질문하고, 그 질문은 참으로 "뻗은 손과 같습니다." 저는 당신의 생신이 2월 중 어느 날인 것을 희미하게 기억하고 있습니다. 그래서 우선 행운을 빌며 당신이 태어났다는 게 얼마나 기쁜가를 말씀드립니다. 저는 『주립신문Staatszeitung』[41]에서 시그리드 운세트[42]에 대한 당신의 반론을 읽었습니다. (저는 풍문으로만 원래 공격에 대해 알고 있습니다. 그것이 제 마음에 불러일으킨 혐오를 약간은 두려워하기에 이 '문학작품'을 별로 읽지 않았습니다.) 당신께서 글로 쓴 것은 실제로 사물이 다시 한번 제자리로 떨어지는 그 '환한 방'을 만들었습니다. 슬픈 일은 당신의 글이 지금까지 이런 방식으로 언급한 거의 유일한

40　편지 29와 32를 참조할 것.
41　『주립신문과 헤롤드(New Yorker Staats-Zeitung und Herold)』는 1835년에 뉴욕에서 창간된 독일어 신문이었다.
42　편지 31의 각주 13을 참조할 것.

것이었다는 점입니다. 저는 『변화』와 관련하여 당신께 대단히 감사합니다. 물론 이것을 전혀 포기하지 않았습니다. 그러나 현재 이곳에서 널리 전해지고 있는 『변화』의 창간은 좋은 시작입니다. 당신의 「서문」[43]은 훌륭합니다. 저는 드와이트 맥도널드가 당신의 「서문」과 함께 연설문을 게재하기를 바랍니다.[44] 『파르티잔 리뷰』측에 당신의 연설문을 전달할 수 없었습니다. 그들은 이미 1월호를 출간했으며, 저는 4월이나 5월까지 출간을 기다리고 싶지 않기 때문입니다. 저는 타자기로 친 원고를 레오 벡[45]에게 보냈습니다. 그분은 그 원고를 런던까지 휴대했습니다. 그분은 그 원고를 확보하고 싶어 했습니다. 저는 이미 인쇄본을 가지고 있기에 절대적으로 완전한 대담성과 자기 확신으로 진정 인상적이었던 그 노인에게 원고를 거절할 수 없었습니다.

저는 언제나 그 '환한 방' — 책상의 의자와 그 맞은편에 있는 안락의자가 있는데, 당신은 안락의자에 앉아 아주 멋지게 다리를 꼬았다가 다시 풀었지요 — 이었던 당신의 서재에 대해 생각합니다. 저는 당신의 아파트가 얼마나 섬뜩하게 느껴지는가를 충분히 상상할 수 있지만, 그게 아직도 거기에 있다는 것이 기쁘며, 앞서 언급한 의자에 언젠가 다시 한번 앉아보고 싶습니다.

저는 그 의자에 앉아 있다면 아마도 여기에서 할 수 있는 것 이상으로 더 많이 이야기했을 것입니다. 남편의 이름은 하인리히 블뤼허입니다. 상세한 설명은 어렵군요. 그는 군사軍史와 군정세에 대한 지식 덕택에 전쟁 기간에 이곳에서 군대와 여러 대학을 위해 근무했고, 방송인으로서 근무했습니다.

---

43   Karl Jaspers, "Geleitwort," *Die Wandlung* 1: 3-6.
44   아렌트는 맥도널드가 『변화』의 서론과 연설문 「대학의 재생」을 『정치』에 게재하기를 기대하고 있었다. 편지 30의 각주 5를 참조할 것.
45   레오 벡(Leo Baek, 1873~1956)은 독일계 유대인 신학자로서 1933년 독일계유대인제국위원회의 회장이었다. 그는 1943~1945년 테레지엔슈타트수용소에 수용되어 있었다. 그는 전후 자유주의적 유대인의 명망 있는 대표자이며 진보적 유대인을 위한 세계회의의 명예회장이었다.

전쟁이 끝났을 때, 남편은 거의 공식적인 이런 직업을 모두 포기하고, 이제는 민간기업을 위해 경제 연구를 수행하고 있습니다. 그는 베를린의 노동계급 가정의 출신이며, 베를린에서 델브뤼크[46]와 함께 역사를 연구했고, 이후 통신사의 편집자였으며, 다양한 정치 활동에 관여했습니다. 저는 옛 이름을 계속 사용합니다. 그런 관례는 여성이 직업을 가질 때 이곳 미국에서는 아주 일반적입니다. 저는 보수주의에서 벗어나 이 관습을 기꺼이 선택했습니다(아울러 저는 유대인으로서 저 자신을 확인하는 이름을 원했기 때문입니다).

이제 당신은 제가 당신이 실제로 알고 싶은 것을 말하지 않고 회피한다고 틀림없이 말씀하실 것입니다. 당신은 의심할 여지 없이 제가 이 삶에서 어떻게 지냈는지 알고 싶어 합니다. 그것은 대답하기 어렵습니다. 저는 여전히 무국적자입니다. 가구가 딸린 방에서 사는 제 모습에 대한 당신의 묘사는 어느 정도 아직도 정확합니다. 우리는 제 어머니[47]와 함께 가구가 갖춰진 아파트에서 살고 있습니다. 고맙게도, 저는 11월 대박해[48] 이후 얼마 있다가 어머니를 프랑스로 데려올 수 있었고, 그 이후 어머니를 이곳으로 오실 수 있게 했습니다. 당신께서 알고 있듯이, 저는 어떤 식으로든 존경할 만한 사람이 되지 못했습니다. 저는 품위 있는 인간적 실존이 오늘날 사회의 언저리에서만 가능하다는 점을 여느 때보다도 더 믿고 있습니다. 누구든 사회의 언저리에서 굶어 죽거나 돌에 맞아 죽을 위험이 있습니다. 이런 상황에서 유머 감각은 큰 도움이 됩니다. 저는 이곳에서 상당히 알려졌고, 여러 문제와 관련하여 일부 사람들에게 약간의 권위를 갖고 있지요. 즉 그들은 저를 신뢰합니다. 그러나 부분적으로 그 이유를 들자면, 그들은 제가

---

[46] 한스 델브뤼크(Hans Delbrück, 1848~1948)는 1896년에서 1921년까지 베를린대학교에서 가르친 역사가였다.

[47] 마르타 아렌트-콘(Martha Arendt-Cohn, 1874~1948). 편지 55를 참조할 것.

[48] 1938년 11월 9일 밤("수정의 밤")에 유대인에 대한 조직화된 박해로 독일 내의 유대교 회당이 방화되고, 수많은 유대인 상점이 파괴되었으며, 무수한 살인이 자행되었고, 30,000명 이상의 유대인이 유괴당했다.

신념이나 '재능'을 직업으로 바꾸려 하지 않는다는 것을 알기 때문입니다.

아마도 몇 가지 사례는 제가 의미하는 바를 명료하게 할 것입니다. 제가 존경받고 싶었다면, 저는 유대인 문제에 관심을 포기해야 하거나 비유대인과 결혼하지 말았어야 할 것입니다. 어떤 선택지도 비인간적이고 어떤 의미에서 정상이 아니기는 마찬가지입니다. 이것은 모두 어떻게든 아주 바보스럽고 한심하게 들립니다. 그런 뜻은 아닙니다. 당신이 "행운의 미국" — 기본적으로 건전한 정치 구조 때문에, 이른바 사회는 규칙에 대한 예외를 용인할 수 없을 정도로 강력해지지 않았습니다 — 이라고 말씀하는 것은 꽤 옳기 때문이지요.

제가 미국에 대해 말씀드릴 내용은 많습니다. 이곳에는 실제로 자유와 같은 것이 존재하며 누구든 자유 없이 살 수 없다는 강력한 감정이 사람들 사이에 존재합니다. 공화국은 활기 없는 환상이 아니며, 국민국가와 진정한 민족적 전통이 없다는 사실은 자유의 분위기 또는 적어도 광신적 행위가 스며들지 않은 환경을 창출합니다. (다양한 이민자 단체가 자신들의 정체성을 유지하기 위해 느끼는 강한 욕구 때문에, 용광로는 상당 부분 이상도 아니며, 하물며 현실도 아닙니다.) 따라서 이곳 사람들은 제가 유럽 국가들에서 전혀 보지 못했을 정도로 공적인 삶에 책임감을 느낍니다. 예컨대, 일본인 후손인 모든 미국인이 싫든 좋든 전쟁 초기에 집단수용소에 유치되었을 때, 오늘날 여전히 느낄 수 있는 순수한 저항의 폭풍은 전국을 휩쓸었습니다. 저는 당시 뉴잉글랜드에 사는 미국인 가정을 방문하고 있었습니다. 그들은 완전히 보통 사람 — 독일에서는 '쁘띠 부르주아'라고 불릴 그런 사람 — 이었으며, 확신컨대 자신들의 삶에서 결코 일본인에게 눈길도 주지 않았습니다. 제가 나중에 알았듯이, 그들과 그들의 많은 친구는 지역구 의원들에게 즉시 자발적으로 편지를 보냈고, 민족적 배경과 관계없이 모든 미국인의 입헌적 권리를 주장했으며, 그와 같은 일이 발생한다면 자신들도 이제 더는 안전하지 않음을 느낀다고 선언했습니다(이 사람들은 앵글로-색슨 배경을 가지고 있으며, 가족들은 여러 세대 이 나라에서 살고 있습니다).

 높은 수준의 실천적·정치적 이해, 사태를 해결하고 불필요한 불행을 인내하지 않으며 가끔 잔인한 경쟁의 와중에서 개개인이 공정한 기회를 보장받기를 인정하려는 열정, 이 모든 것에는 이면이 있습니다. 그러나 그 이면은 바꿀 수 없는 것에 대해 아무도 걱정하지 않는다는 점입니다. 죽음에 대한 이 나라의 태도는 우리 유럽인들에게 끊임없이 충격을 줄 것입니다. 누군가 죽었을 때나 무엇이 변경할 수 없을 정도로 잘못되었을 때 기본 반응은 '신경 쓰지 마라'는 것입니다. 이것은 물론 이 나라의 기본적인 반지성주의의 다른 표현일 뿐입니다. 반지성주의는 어떤 특별한 이유로 대학들에서는 최악입니다. (시카고대학교와 몇몇 다른 대학들은 이런 규칙에 대해 정확히 빛나는 예외는 아니지만, 이들은 그런데도 예외입니다.) 이곳의 모든 지식인은 단지 지식인이기에 반대파의 구성원입니다. 그 이유는 편만한 사회적 순응, 성공의 신에 대한 저항의 필요성 등입니다. 그러나 이러한 지식인들은 자신들 사이에서는 뚜렷한 연대를 유지하며, 토론과 논쟁에서 광적이지 않고 놀라울 정도로 개방적입니다. 당신은 라스키와 친분을 통해 이런 사람들이 어떤 사람들인지에 대한 좋은 생각을 얻게 될 것입니다.

 이 나라의 기본적인 모순은 정치적 자유와 사회적 억압의 공존입니다. 제가 이미 내비쳤듯이, 사회적 억압은 전면적이지는 않습니다. 그러나 사회는 '인종 구분'에 따라 조직되고 그 자체를 지향합니다. 그리고 이것은 부르주아지에서 노동계에 이르기까지 사회적 수준 전체에서 예외 없이 유효합니다. 이 인종 쟁점은 한 사람의 출신 국가와 관련이 있지만, 흑인 문제로 대부분 악화하고 있습니다. 즉 미국은 현실적인 '인종' 문제를 안고 있는데 인종 이데올로기는 없습니다. 당신은 사회적 반유대주의가 여기에서 완전히 당연한 것으로 여겨지며 유대인에 대한 반감이 말하자면 '자동으로 전체 여론consensus omnium'이라는 것을 분명히 알고 있습니다. 유대인은 거의 똑같이 급진적 고립을 유지하며, 물론 그런 고립을 통해 보호를 받습니다.

이 나라에서 태어난 제 친구인 젊은 유대인 여성은 우리 가정에서 제가 믿기로 비유대계 미국인들과의 첫 번째 사회적 모임이라는 것을 갖게 되었습니다. 이런 사실은 사람들이 유대인을 옹호하지 않으려는다는 것을 의미하지 않지만, 양측이 사회적으로 "남에게 알리지 않기"를 원합니다.

저의 문학적 존재는 사회의 한 구성원으로서 저의 존재와 반대로 두 가지 주요 뿌리를 지니고 있습니다. 첫째, 남편 덕분에 정치적으로 사유하고 역사적으로 보는 법을 배웠습니다. 둘째, 역사적·정치적 사유의 결절점으로서 유대인 문제를 포기하기를 거부합니다. 그리고 이것은 『변화』에 대한 당신의 질문으로 저를 이끌게 됩니다. 제가 기고해달라는 당신의 요청에 얼마나 만족했는지 말씀드려야 할까요? 그리고 제가 단지 무언가를 쓰고 보낼 수 있다면 얼마나 행복하겠습니까.

독일 학술지에 기고하는 게 저에게는 쉽지 않다고 말할 때, 저는 당신이 이 말을 오해하지 않으리라는 것을 알고 있습니다. 동시에 저는 유럽을 떠나려는 유대인의 처절한 결단에 대해서 불만입니다(당신은 아마도 독일 내외의 모든 난민수용소에 나타나는 분위기를 깨달을 것입니다). 저는 또한 다른 정부들의 행태와 정치에서 우리 자신의 몹시 위험한 경향을 전제할 때 특히 팔레스타인에서 하나 이상의 재앙이 일어날 수 있다는 무서운 가능성에 대해 말하고 싶은 것보다 더 불안합니다. 그러나 한 가지는 저에게 명료한 것 같습니다. 유대인이 유럽에 머물 수 있다면, 그들은 마치 아무것도 발생하지 않은 듯이 독일인 또는 프랑스인 등으로 머물 수 없습니다. 우리 누구라도 복귀할 수 없는 것 같습니다(그리고 글쓰기는 확실히 복귀의 한 형태입니다). 단지 사람들이 다시 유대인을 독일인이나 어떤 다른 것으로 인식할 준비가 되어 있는 것처럼 보이기 때문입니다. 우리는 유대인으로서 환영을 받는다면 복귀할 수 있습니다. 그것은 제가 유대인으로서 유대인 문제의 어떤 측면에 대해 글을 쓸 수 있다면 무언가를 기쁘게 쓸 수 있음을 의미할 것입니다. 다른 문제들 — 예컨대, 당신이 제 원문에 대해 제기할 수 있는 반론 — 을 아주 제외하고, 저는 당신이 현재의 어려운 상황에서 그런 성격의 무언가를 출판할 수 있는가를 알지 못합니다.

토마스 만의 저서 — 라디오 대담, 그리고 이 주제에 관한 다른 에세이(특히, 제가 보기에 불쾌한 에세이)를 수록한 『새 전망 Neue Rundschau』 — 는 배달 중입니다. 그가 약간 모호한 영향력을 행사하고 있다는 점을 제외하고, 그가 소설가로서 중요하기 때문에, 그를 정치적으로 진지하게 받아들이는 것은 정말 우스꽝스럽습니다. 하필이면 발터 폰 몰로[49]와 그의 서신 교환은 희극에 가깝습니다. 저는 만의 목록을 수록한 몇몇 잡지를 동봉하여 보냈으며, 당신이 관심을 가질 수 있는 일부 잡지도 곧 보낼 것입니다. 당신은 여기에 수록한 제 논문 몇 편을 발견할 것입니다. 물론 저는 당신이 이것들을 읽으며 영어와 씨름해야 한다고 느끼기 때문은 아닙니다. 저는 양심의 가책을 풀고자 이것들을 보냅니다. 즉 이것들은 당신을 섬뜩하게 할 수 있는 것들이며, 이제 물건을 부치는 게 가능하기에 이것들을 보내지 않는다면 제가 뭔가를 은폐하고 있다는 생각이 들기 때문입니다.

당신이 「조직화된 범죄」[50](원래 제목)를 좋아하니 저로서는 매우 기쁩니다. 저는 당신이 스위스에 있지 않다는 소식을 틸리히로부터 듣고 곧 편지를 썼습니다. 그리고 저는 이후 당신을 가끔 생각했습니다. 놀라운 것은 그런 것이 미국에서 출판될 수 있을 정도로 많지 않습니다. 오히려 놀라운 것은 몇 년 동안 우매한 선전 이후 유대계 신문이 그것을 기뻐하고 명백히 안도하며 수용했고, 그것을 독일에 관한 유일한 진술로 선집에 포함해서 그것에 공인을 붙일 정도로 많습니다. 저는 독일어 원문을 당신에게 보낼 것입니다. 그것은 어쨌든 당신의 것이기 때문입니다. 좋으시다면, 당신은 물론 그것을 『변화』에 게재할 수 있습니다.[51] (사실 역설적으로 말하자면, 모겐소 계획에

---

49 발터 폰 몰로(Walter von Molo, 1880~1958)는 오스트리아계 독일 소설가이며 극작가였다.
50 편지 32의 각주 24를 참조할 것.
51 Hannah Arendt, "Organisierte Schuld," *Die Wandlung* 1(1945~1946): 333-344.

대응하는 균형추로서.)⁵²

저는 조급하게 당신의 저서를 기다리고 있습니다. 당신이 살았던 지옥과 외로움에도 불구하고 그와 같은 일을 하실 수 있었다는 점은 경이롭고 기뻐할 만한 이유입니다. 당신이 다시 강의한다는 것은 뒤틀린 세상에 질서감을 가져옵니다. 제가 니체에 관한 당신의 저서가 얼마나 멋있는가를 말한 적이 있지요?⁵³

이곳에서 저는 당신이 『변화』에 게재한 미국 철학에 관한 보고서를 좋아하실 만하다고 확인했습니다. 저는 그것에 대해 충분히 알지 못하기에 그것을 할 수 없었습니다. 그러나 제가 요청할 사람, 즉 미국인이며 『파르티잔 리뷰』의 편집자 윌리엄 바레트를 알고 있습니다. 그는 지적이고 쾌활한 젊은이입니다. 저는 또한 크리스텔러⁵⁴가 자신의 관심을 당신께 전달해달라고 요청했다는 것을 방금 상기시켰습니다. 그리고 다른 사람들도 그렇습니다. (당신은 고전 문헌학자인 그를 기억하시지요 …? 그는 컬럼비아대학교에서 이탈리아어를 가르치고 있습니다.) 그는 자신의 전 스승인 호프만⁵⁵이 어떻게 되었는지 알고 싶어 합니다.

저는 이 편지가 너무 길지 않기를 바랍니다. 이제 그치지 않는다면, 끝이 없을 것입니다.

건강을 유지하시고(유대인들이 말하듯이, 좋은 이유로), 따뜻한 인사를 받아주세요.

한나 아렌트 올림

---

52 미국 재무장관 헨리 모겐소(1891~1967)의 계획안이 담고 있는 본질은 독일을 농업 국가로 위축시키는 것이었다. 이 계획안은 1944년 퀘벡회의에 제출되었지만, 루스벨트 대통령에 의해 각하되었다.
53 Karl Jaspers, *Nietzsche: Einführung in das Verständnis seines Philosopierens* (Berlin/Leipzig, 1936).
54 폴 오스카 크리스텔러(Paul Oskar Kisteller, 1905년 출생)는 철학사가이며 르네상스 연구자로서 1939년 미국으로 이주했다.
55 에른스트 호프만(Ernst Hoffmann, 1880~1952)은 철학사가로서 1922년부터 하이델베르크대학교 교수이며 야스퍼스의 친구였다.

편지 35   야스퍼스가 아렌트에게

하이델베르크, 1946년 3월 12일

친애하는 한나 아렌트!

당신의 1월 29일 편지를 받고 정말 기뻤다오! 나는 편지를 여러 번 읽으며 우리가 공유한 연대를 확인하고, 이를 의심하지 않았다오. 그게 얼마나 편안한 일인가! 당신이 보낸 선물인 원고 「조직화된 범죄」에 고맙구려.[56] 물론 독일어 원문은 나에게 이전의 영어 원문보다 더 많은 감동을 주오. 나는 이것을 손에 들고, 1월에 진행한 강연에 이용하고자 번역한 두 인용구를 수정할 수 있었소. 수정 원고는 마침 교정쇄에 들어갈 때가 되었소. 강의 원고가 출판될 때, 나는 사본 한 부를 당신에게 보낼 것이오(「대학의 살아있는 정신에 대하여」[57] ― 제목은 군돌프[58]의 명문銘文[59]에서 따온 것이며, 이것을 1933년에 삭제했다가 이제는 복구시켰소). 물론 나는 당신의 원고를 『변화』에 게재하고 싶소. 우리는 이같이 중요하고 만만찮은 원고를 흔히 얻지 못하오. 슈테른베르거는 동의한다오. 나는 제거할 더 많은 장애가 있을지 확신할 수 없소. 출판사는 모든 의뢰 원고에 대해 거부권을 가지고 있소. 그러나 나는 이를 통과시키기 위해 할 수 있는 모든 일을 할 것이오. 잡지사가 당신의 작품을 출간하는 것은 자존심의 근원일 것이오. 당신이 이 작품을 썼을 때 나를 생각하며 독일에서의 우리 상황을 생각하고 있었다는 점 때문에 나는 감명받았소.

당신은 남편에 대해 많이 밝히지 않았소 ― 그리고 당신이 어쩌면 그럴

---

56   "Organisierte Schuld." 편지 34의 각주 51을 참조할 것.
57   Karl Jaspers, "Vom lebendigen Geist der Universität," in Karl Jaspers and Fritz Ernst, *Vom lebendigen Geist und vom Studieren. Zwei Vorträge*(Heidelberg, 1946): 7-40.
58   프리드리히 군돌프(Friedrig Gundolf, 1880~1931)는 문학사가·작가이며 야스퍼스의 친구였고, 1920년부터 하이델베르크대학교 문학사가 교수였다.
59   대학교 건물의 비명은 "살아있는 정신에게(Dem lebendigen Geist)"로 쓰여 있다.

수 있는가요! 분명히 불가능하군요. 그러나 나는 그가 지적 능력을 지니고 있고 현명한 정치인이며 당신의 좋은 동료임을 예감하오. 당신은 그에 대해 충분히 말했소. 그에게 내 안부를 전해주오. 나는 애착심으로 그를 맞이할 것이오.

당신은 미국과 그곳의 자기 상황을 글로 분명하게 표현했소. 하여튼, 미국은 결국 오늘날 가장 바람직한 국가라오. 그리고 내가 독일인이 아니었다면, 나는 미국인 이외에는 아무것도 되고 싶지 않았을 것이오. 나는 당신이 유럽으로의 '복귀' 문제에 대해 무슨 말을 했는지 충분히 이해하오. 나는 아내의 경험을 통해 그 모든 것을 오래 전에 분명히 알았소.

윌리엄 바레트가 우리를 위해 미국 철학에 대한 짧은 에세이를 써준다면 우리는 기쁠 것이오. 유감스럽게, 우리는 독일 내에서만 사례금을 지급할 수 있소. 그래서 그의 에세이는 『변화』에 명백한 선물일 것이오.

당신이 니체에 관한 나의 책을 좋아한다는 것을 알고 나는 기분이 좋았소. 내가 "법의 보호를 박탈당할" 때에 이 책은 출간되었다오. 그래서 나치 언론은 이 책을 무시했소. 해외에서도 이 책에 대한 약간의 비우호적인 반응이 있었소. 이제 내 책을 더는 살 수 없다오.

이곳의 사정을 기술하는 것은 쉽지 않구려. 이곳의 삶은 비현실적인 삶이오. 나는 일상적인 집일에 지쳐 있소. 성급함이 지배하는 현실적 삶에 빠져드는 나 자신을 발견하오. 일이 이렇게 될 수는 없소. 현실적인 사유를 위한 장소는 전혀 없는 것 같구려. 그러나 우리가 알고 있듯이, 인생은 그 모든 것에도 불구하고, 심지어 아직 우리에게 전혀 영향을 미치지 않은 극심한 결핍에도 불구하고 계속될 것이오. 매일 나는 스스로 다음과 같이 말하오. 즉 인내하자, 다시 인내하자. 어떤 일이 있어도 낙담하지 말자. 우리가 할 수 있는 것을 한다면, 보상의 순간은 돌아올 것이다.

세미나[60]에 참여하는 많은 학생은 대단한 열정으로 『판단력비판』을 연구하며 사실 이를 제대로 이해한다오. 활발하고 의미 있는 토론이 있소. 둔

감한 많은 학생으로 가득 찬 나의 강의와 비교하면,[61] 세미나는 꿈과 같으며, 참여 학생이 비록 적더라도 활력이 넘치는 독일 젊은이의 증거라오.

종강하기 전인 이때, 당신의 풍부한 선물에 감사하오. 나는 잡지와 학술지가 지극히 고무적이라는 것을 알았소. 유감스럽게도, 당신의 출간된 에세이는 포함되지 않았소. 아니면 나는 전체 소포 꾸러미에서 나온 『정치』에 숨겨져 있는 것을 찾을 수 있을까? 그 밖에도 소포 꾸러미에는 『독일 학술지 Deutsche Blätter』의 세 호號가 있는데, 이것들은 우리 모두에게 놀람과 즐거움이었소 ― 그것들은 독일에 관한 토마스 만의 대화, 토마스 만의 라디오 대화(나의 이 소원을 충족시켜준 당신에게 감사하오!)가 수록된 『새 전망』이라오. … 그러나 아아, 당신의 저작은 빠져 있소. 적어도 원고가 있었다는 것에 감사해야지요. 비록 내가 이것들로 인해 많은 도움을 받은 사람이라 하더라도, 아내가 세 개의 소포와 의약품 소포를 보내준 데 대해 감사함을 표시하는구려!

크리스텔러에게 내 안부를 전해주오. 나는 그를 잘 기억하고 있소. 호프만은 나를 통해 그에 대한 소식을 듣고 기뻐했소. 호프만은 다시 강의하고 있는데 많은 시간 강의하지는 않소. 그는 지적으로 매우 기민하지만, 자신을 쇠약하게 만드는 심장병을 앓고 있소. 그는 우리와 마찬가지로 손상되지 않은 자신의 옛 아파트에서 여전히 살고 있다오. 그는 최근에 (토마스 아 켐피스, 니콜라우스 쿠자누스, 에라스무스를 배출한) '공동생활 형제단 Brethren of the Common Life'을 주제로 훌륭한 강의를 하였다오.

1946년 3월 17일

라스키는 현재 여기에 있소. 그는 이 편지를 가지고 갈 것이오. 나는 빨

---

60 1946년 1월 야스퍼스는 칸트의 『판단력비판』에 관한 세미나를 진행했다.
61 그는 「철학 입문」과 「독일의 지적 상황」이라는 제목의 두 강좌를 동시에 진행했다.

리 몇 줄을 덧붙이겠소. 정말 덜 지루한 또 다른 편지를 쓰고 싶었소.

당신의 에세이는 『변화』에 게재될 것이오. 나는 지금 무엇이 그것을 막을 수 있었는지 정말 모르겠소. 당신이 그렇게 요청할 수 있다면 그렇게 해야 하듯이, 간략한 편지는 당신의 견해가 전적으로 유대인의 견해임을 전달할 것이오. 우리는 그게 기쁘구려. 독일 독자는 자신이 어떻게 대응할지 알 것이오. 그러나 이것은 우리에게 '정치적'이거나 '전략적'인 조치는 아니오. 핵심은 전적으로 명료하고 당연하게 이루어져야 하오.

아내는 팔레스타인과 관련한 당신의 우려를 공감하고 있소. 아내는 항상 그것에 대해 생각하고 있소. 아내는 당신의 논평으로 더욱 걱정하였다오. 그러나 요즘 걱정이 없는 곳이 어디일까? 지옥의 문은 활짝 열려 있소. 우리는 다음 치명적인 폭발에 대비해서만 살 수 있다오. 팍스 로마나를 닮기 시작하는 것조차 일어날 아무것도 없소.

게다가 누구든 원고를 출판할 때와 같이 개인적으로 약간의 걱정이 있소. 그래도 나는 미지의 세상에서 벗어날 수 있을 만큼 『진리에 대하여』를 인쇄했소. 그러나 나는 출판인들의 흔쾌한 수용에도 불구하고 물질적 가능성이 좋다고 보지 않소. 우리의 모든 산업은 마비 상태에 있소. 전적으로 필요하지 않은 그러한 방대한 책에 필요한 용지는 없소. 『정신병리학 총론 Psychopathologie』은 출간 준비 중이오. 이 책은 빠르면 9월에 출간될 것이오. 몇 가지 사소한 사항은 곧 간단히 공개될 것이오. 나는 가능하다면 이것을 당신에게 보낼 것이오.

나는 그냥 잡동사니만 적고 있소. 당신과 함께 이야기하고 싶은 것은 그리 많지 않소. 그것은 기다려야 할 것이오.

따뜻한 안부를 담아
아내와 야스퍼스가 함께

편지 36 아렌트가 야스퍼스에게

1946년 4월 22일

친애하는 야스퍼스님께―

저는 당신이 답장할 의무를 느끼지 않도록 오늘 짧은 편지를 쓰고 있습니다. 저는 조셉 마이어[62]가 당신의 기관지 출혈을 알리는 편지로 약간 당혹스럽습니다. 그리고 저는 실제로 "나의 저서 『진리에 대하여』 출판을 보고 싶다"는 내용의 문장이 담긴 당신의 편지로 더욱 당혹스럽습니다. 그러한 질문으로 당신을 성가시게 하고 싶지 않습니다.

저는 오랫동안 편지를 쓰고 싶었으나 동봉한 편지[63]를 기다렸으며, 그런 다음 갑자기 여행했습니다 ― 저는 결국 마지못한 세계 여행을 싫어합니다. 이제 편지에 관한 사항입니다. 이 편지는 『파르티잔 리뷰』의 편집자들 가운데 한 사람인 윌리엄 필립스가 보낸 것입니다. 또 그는 이곳의 대형 출판사인 다이얼출판사의 자문 편집자입니다. 그는 이 출판사를 위해 편지를 보낼 것입니다. 라스키는 당신이 다시 『현대의 정신적 상황 Geistige Situation der Zeit』*을 강의했다는 편지를 저에게 보냈고, 저는 당신이 아마도 이런 일을 준비해 놓고 있을 수 있다고 생각했습니다. 정치적으로, 이것은 필립스가 설명하는 이유로 꽤 중요한 출판물이 될 것입니다. 문제의 업무적 측면은 아마도 모든 미국 작가의 경우와 마찬가지로 적용될 것입니다. 즉 출판사는 500달러에서 1,000달러의 선인세를 지급하고 그런 다음 인세를 관례

---

62 조셉 마이어는 1911년 라이프치히에서 태어나 1933년 미국으로 이주했다. 이 편지를 작성했던 당시에 그는 독일에 주둔한 미국 육군에 소속되었고, 아렌트의 친구로서 야스퍼스와 접촉했다. 그는 이후 러트거즈대학교의 사회학 교수가 되었다.

63 편지는 남아있지 않다.

* 옮긴이_ 이 책은 1931년 10월 괴셴총서 1000호 기념으로 출판되었다. 야스퍼스는 이 책에서 당시 삶과 사고에 대한 태도를 형성한 지적 경향과 운동을 분석하였다. 야스퍼스는 여기에서 '상황'에 대한 이해의 중요성을 강조한다. 영어본은 'Man in the Modern Age'라는 제목으로 출간되었다.

대로 지급해야 할 것입니다. 인세 지급이 전쟁과 평화 사이에 중단되었듯이 현재 상황에서 ─ 그리고 중단 상태가 영구적으로 진행되는 경향이 있는 듯하며 ─ 어떻게 처리되는가는 저에게 여전히 수수께끼입니다.

저의 두 번째 긴급한 관심사는 이러합니다. 당신은 아직도 토마스 만에게 대응하고자 하는지요? 그렇다면, 저는 당신이 골로 만을 통해서 이미 알고 있는 것을 당신에게 말씀드려야 한다고 생각합니다. 그것은 토마스 만이 폐종양으로 매우 아프고, 이제 언젠가 수술받아야 한다는 점입니다. 저는 가족의 친구들로부터 우연히 이 사실을 알았습니다.

당신께서 「조직화된 범죄」를 출간하고 싶다고 하니 저로서는 매우 기쁩니다. 당신의 승인은 실제로 저에게 가장 만족스러운 것이고, 과거와의 연속성을 아마도 유일하게 확인하는 것입니다. 그리고 원하신다면, 제가 당신께 다시 편지를 보낼 수 있다는 점은 우리가 시간과 공간을 극복할 수 있는 놀라운 증거입니다.

당신에 관한 두 편의 논문이 최근 몇 달 사이에 이곳에서 출판되었습니다. 하나는 제임스 D. 콜린스[64]의 논문으로 『사상*Thought*』에 게재됐고, 다른 하나는 제수이트 학술지에 게재됐습니다. 카를 뢰비트[65]는 이 논문들에 대한 저의 관심을 촉구했습니다. 저는 어떤 잡지도 거의 읽지 않습니다. 시간이 없군요. 저는 이것들을 곧 당신에게 보낼 것입니다. 당신이 필요한 다른 것을 저에게 편지로 알려주세요. 산타야나는 새 책, 『복음서에 나오는 그리스도의 이념*The Idea of Christ in the Gospels*』[66]을 출간했고, 듀이[67]의 『인간의 문제

---

[64] James D. Collins, "An Approach to Karl Jaspers," *Thought* 20(1945): 657-691. 아렌트는 "다른 하나"로 콜린스의 다음 논문을 의미했을지도 모른다. Collins, "Philosophy of Existence and Positive Religion," *The Modern Schoolman: A Quarterly Journal of Philosophy* 23, no. 2(January 1946): 82-100.

[65] 카를 뢰비트(Karl Löwith, 1897~1973)는 철학자이고 야스퍼스의 친구이며, 1934년 이탈리아와 일본을 거쳐 미국으로 이주했다. 1952년 그는 하이델베르크대학교 교수가 되었다.

[66] 미국 철학자 조지 산타야나(George A. N. Santayana, 1863~1952)가 1946년에 출간한 이 책은 1951년 독일에서 『복음서의 기독교 이념(*Die Christusidee in den Evangelien*)』으로 출간되었다.

Problem of Men』와 러셀[68]의 강의 자료인 『물리학과 경험 *Physics and Experience*』이 출간되었습니다.

제 논문에 뭔가 문제가 생긴 게 틀림없습니다. 소포 꾸러미에 이것들을 넣는 것을 잊을 수 있습니다. 4월에 저는 라스키에게 이것들을 소포 꾸러미 하나로 보낼 것입니다. 아니면 라스키가 이것들을 당신에게 전달하는 것을 잊었을지도 모릅니다. 아마도 저는 『파르티잔 리뷰』[69]에 게재한 철학 논문 때문에 당신에 대한 약간의 학교 소녀다운 두려움을 겪을 것입니다. 저는 그동안 인쇄 형태와 독일어 원고 형태로 논문을 당신께 보내드렸습니다.

당신은 이제 좀 편히 쉴 수 있겠지요? 여름학기가 시작되기 이전에? 하지만 저는 어떻게 누구나 지금 그곳에서 평화를 누릴 수 있는지 잘 상상할 수 없습니다. "지옥의 문은 아직도 활짝 열려 있습니다."[70] 독일에서 그런 게 아니라 제가 이탈리아와 프랑스에 관해 듣고 읽을 것에서 그렇다는 것입니다. 저는 당신에게 프랑스 잡지들을 기쁘게 보냅니다(아마도 당신은 이것들을 갖고 있을 것입니다). 그러나 바로 지금 여기에서 이것들을 구입하기 어렵습니다. 저는 이것들을 빌려야 했습니다.

이제 마무리합니다. 건강을 유지하시고, 제가 그것으로 당신을 도울 어떤 것을 할 수 있다면 알려주세요.

관심과 애정을 담아서
한나 아렌트 올림

---

67 존 듀이(John Dewey, 1859~1952)는 미국 철학자이고 교육자이다. 그의 저서 『인간의 문제』는 1946년에 출간되었다.
68 버틀란트 러셀(Bertrand Russell, 1872~1970)은 영국 수학자이며 철학자이다. 그의 『물리학과 경험(*Physics and Experience*)』은 1946년에 출간됐다. 독일어판(*Physik und Erfahrung*)은 1948년에 출간됐다.
69 Hannah Arendt, "What Is Existenz Philosophy?" *Partisan Review* 13, no. 1(Winter 1946): 34-56.
70 야스퍼스의 문장을 약간 변형하였다. 편지 35를 참조할 것.

편지 37 아렌트가 게르트루트에게

1946년 4월 22일

친애하는 게르트루트님께,

　당신의 친절한 편지에 고맙습니다.[71] 어제 저는 조셉 마이어로부터 장문의 편지를 받았습니다. 그는 당신을 방문한 사실에 대해 저에게 알렸습니다. 마음씨 고운 친구입니다. 저는 애초에 유대인 문제에 대한 우리의 관심을 통해 그를 알게 되었습니다. 그리고 그는 자신이 무언가를 이해할 때 그것을 역시 옹호하는 법을 알고 있다는 점을 유대인 문제에서 증명했습니다. 그것은 우리 시대와 그의 세대에 매우 중요합니다. ― 라스키는 조셉 마이어의 이름을 부르고 싶을 때 이따금 '교수님'의 강의에 관해 글을 써서 보냅니다. 저는 그것으로 늘 매우 감동합니다.

　조셉은 마리안네 베버[72]에 관해 글을 써서 보냈습니다. 다음 주에 저는 소포 꾸러미를 조셉[73]에게 보낼 것이며, 당신은 이 소포에서 발송자 한나 블뤼허를 확인할 수 있습니다. 저는 카를 뢰벤슈타인[74]을 희미하게 기억하며, 그를 어디서 만날 수 있었는지 정확히 모릅니다. 제가 보기에 최선의 해결책은 이것인 것 같습니다. 『정치』 측은 모든 유럽 국가의 지식인에게 소포를 보내지만, 저와 같이 우회적인 통로를 통한 경우를 제외하고 독일에는 어떤 것도 보낼 수 없습니다. 당신께 보낸 마지막 소포는 말하자면 교수님의 논문[75]에 대한 사례금(또는 당신이 그것을 어떻게 보든지)이었습니다. 저는

71　어떤 편지인지 확인할 수 없다.
72　마리안네 베버(Marianne Weber, 1870~1954)는 막스 베버의 부인이며 야스퍼스 부부와 절친한 친구였다.
73　아렌트가 전쟁 직후 야스퍼스 가정에 보냈고 가끔 마리안네 베버와 같은 친구에게 보낸 식품 소포는 가끔 조셉 마이어와 멜빈 라스키의 도움으로 송달됐다.
74　카를 뢰벤슈타인(Karl Löwenstein, 1891~1973)은 1934년 미국으로 이주했다. 1936년 그는 암허스트대학 정치학과 교수가 되었다.
75　Karl Jaspers, "Culture in Ruins: 3 Documents from Germany," in *Politics* (February 1946): 51-56. 이것은 『변화』에 「서문」으로 번역되어 게재됐다. 편지 34의 각주 43을 참조할 것.

슈테른베르거에게도 소포를 보낼 것입니다("하인리히 블뤼허 발송으로", 그것은 결코 우리의 가능성을 소진하지는 않습니다. 제 어머니는 역시 여기에 여전히 계십니다). 슈테른베르거나 마리안네 베버는 — 원하지 않는다면 —『정치』측과 직접 어떤 접촉도 하지 않을 것입니다. 드와이트 맥도널드와 그의 동아리는 유럽의 반파시스트들과 완전한 연대감을 느낄 것이며, 말하자면 그들의 운명에 책임감을 느낄 것입니다. 그들은 자신들에게 '감사할' 누군가를 전혀 기대하지 않을 것입니다. 반대로, 그들은 자신들에게 제공된 어떤 기회를 고마워할 것입니다. 게다가 그들은 명백히 나치가 아닌 독일인들을 위하고 연관된 많은 어려움 때문에 그들이 이용할 수 없는 기부금을 자신들의 독자들로부터 받습니다. 저는 정치적으로 이 단체에 전혀 소속되지 않습니다. 그러나 이곳 사람들이 말하듯이, 그들은 도덕적으로 옳습니다.

이제 우리의 부기簿記 때문에, 저는 속상합니다. 소포 발송이 더욱 어려워지고 일부 병사들이 누구에게도 더는 소포를 보내지 말라고 요구받는다는 소문이 이곳에 떠돌고 있기 때문입니다. 고맙게도 그동안에 그것은 허튼소리이거나 과장인 것으로 확인되었습니다. 저는 3월에 소포 하나(이미 받았습니다)를 조셉 마이어에게, 그리고 다른 하나를 라스키에게 보냈습니다. 다른 하나도 동시에 발송되었기에 그곳에 도착했어야 합니다. 저는 4월 (초에) 라스키에게 소포 두 개를 보냈습니다. 안전 문제를 고려해 일주일 간격으로, 그리고 그제 하나를 마이어에게 보냈습니다. 이제부터 저는 한 달에 소포 세 개를 보낼 것입니다. 저는 더욱 악화하는 식량 상황을 수집했기 때문입니다. **충분하시지 않으면 제발 저에게 편지를 보내주세요**. 그리고 어떤 의약품이나 다른 어떤 것이 필요하시다면 역시 편지를 보내주세요. 나중에 참고할 수 있도록 안전하게 하고자, 당신이 받는 모든 소포는 "H. A.로부터"로 적을 것입니다. 저는 또한 마리안네 베버와 슈테른베르거를 위해 한 달에 하나의 소포를 꼭 보낼 것입니다. (슈테른베르거가 자신의 처남으로부터 어떤 것을 받지 못한다면, 그것은 물론 그에게는 매우 적을 것입니다.) 마리안네 베버가 가장 갖고 싶어 하는 것을 저에게 알려주세요.

따뜻한 소원을 담아서
한나 아렌트 올림

그리고 이 '업무 용도의 편지'에 대해 양해하시기 바랍니다.

저는 이것을 우편으로 받고 싶습니다. 제대로 된 편지를 쓰는 것도 지쳤습니다.

편지 38   **야스퍼스가 아렌트에게**

1946년 5월 8일

친애하는 아렌트!

당신의 배려는 전례 없고 효과적이오. 고맙구려. 아내가 좀 자세하게 편지를 쓸 것이오. 나는 그로 인해 당신에게 부담을 지워 괴롭지만, 그 부담이 우리의 체력에 도움이 될 뿐만 아니라 우리의 마음을 따뜻하게 할 것이오. '사례금'이 그것에 포함될 수 있다는 것은 거의 환상적이라오. 나중에 사례금이 당신의 손에 쥐어진다면, 나는 기쁘오. 유감스럽게도, 당신의 친구 출판인[76]의 소원을 지금은 충족시킬 수 없소. 나는 이 소망, 아니 이 의뢰에 대단히 기쁘고 용기가 나며, 제값을 할 원고를 보낼 수 있기를 더욱 바라오. 그러나 겨울학기까지는 독일에 대해 글을 쓰지 않을 것이오. 겨울학기 개강에 앞서 내 저서 『책임 문제』[77]는 그에게 적합하지 않소(이 논문의 분량은 대략 25,000자에서 30,000자라오). 이게 출간되면, 나는 이것을 당신에게 보낼 것이오.

---

[76]   윌리엄 필립스(William Phillips). 편지 36을 참조할 것.
[77]   Karl Jaspers, *Die Schuldfrage* (Heidelberg, 1946).

당신이 내 건강에 관심이 있다니? 나는 그게 가능하다는 것에 감동했소. 그러나 당신의 걱정은 근거가 없소. 나는 지난 30년 동안 100번 훨씬 넘는 출혈을 겪었소. 출혈은 1918년 최악이었소. 목구멍에서 피가 콸콸 흘렀고, 몇 주 동안 침대에 누워있어야 했다오. 당신은 가벼운 출혈로는 그게 어떨까를 결코 알 수 없기에, 조심해야 하오. 그런 이유로 내가 조셉 마이어와 대화하는 게 불가능하오.

당신의 훌륭한 에세이「조직화된 범죄와 독일의 책임」[78]은 현재 이곳에서 출간되었소. 슈테른베르거가 당신에게 편지를 보냈다오. 나는 사본이 당신에게 도착하기를 바라오. 내가 전해 들은 반응은 색달랐다오. 대학을 담당하는 미국인 장교는 이 에세이를 "자신이 지금까지 책임 문제에 대해 읽은 것 가운데 가장 인상적이고 탁월한 에세이"라고 불렀소. 나의 탁월한 조교인 로스만 박사[79]는 깊이 감동했소. 당신의 에세이는 이 문제의 논조를 정했소. 나는 똑바로 앉아 당신의 이념을 주목하는 사람들이 여기 있다는 게 기쁘구려. 슈테른베르거는 사례금에 관한 내용을 담은 편지를 보냈소. 당신이 이것을 이용할 수 있을 때까지 이 사례금은 이곳 계정에 보관될 것이오. 독일에는 꽤 많은 돈이 있다오.

나는 토마스 만에 대응할 생각을 포기했소. 당신의 말은 나를 납득시켰소. 그것은 부적절하오. 그 사람은 작가로서 너무 실속이 있어서 쓸데없이 자신을 괴롭힐 수 없다오. 이민으로서 그의 고통은 존중받아야 하며, 그는 우리에게 어떤 해도 끼치지 않는다오. 그사이에 우리는 그가 수술이 성공적이어서 이미 퇴원했다고 이곳에서 들었소.

당신의 철학 논문이 『파르티잔 리뷰』에 게재되는 것을 고대하오.[80]

---

78   편지 34의 각주 51을 참조할 것.
79   쿠르트 로스만(Kurt Rossmann, 1909~1980)은 철학사가이며, 전후 야스퍼스가 바젤로 이주할 때까지 그의 조교였다. 1957년 그는 하이델베르크대학교 교수가 되었고, 1964년 바젤대학교에서 야스퍼스의 후임 교수가 되었다.

나는 어떤 소원도 갖고 있지 않지만, 소원을 가질 수 있다는 게 얼마나 좋은지요! 무언가를 원한다면 편지를 보낼 것이오.

아내는 상당한 관심을 갖고 『메노라*Menorah*』[81]를 읽고 있소. 나는 아직 시간이 없네요.

따뜻한 마음과 감사를 담아
카를 야스퍼스

저녁에는 내가 대단히 피곤한 것을 양해하오! 그러나 상황을 전제할 때 나는 아주 건강하오.

나는 윌리엄 필립스의 편지를 좀 더 생각할 것이오. 당분간 그에게 나의 고마움을 전달해주오. 그가 다음 겨울 나의 무엇인가에 대해 여전히 관심이 있기를 바라오.

에세이 「대학의 살아있는 정신」이 당신에게 도착하기를 바라오. 1933년 강의실에서 삭제된 군돌프 명문의 복구를 위해 이 글을 썼소. (유감스럽게, 미국인들은 자신들의 목적을 위해 건물을 여전히 점유하고 있다오.)

편지 39 **아렌트가 게르트루트에게**

1946년 5월 30일

친애하는 게르트루트님께,

우리의 편지[82]가 엇갈렸군요. 저는 독일에 갈 아주 희박한 가능성을 미리

---

80 편지 36의 각주 69를 참조할 것.
81 Hannah Arendt, "Zionism Reconsidered," *Menorah Journal* 33(August 1945): 162-196. 독일어로 출간된 서지사항은 다음과 같다. "Der Zionismus aus heutiger Sicht," Hannah Arendt, *Die verborgene Tradition: Acht Essays*(Frankfurt am Main, 1976): 127-168.
82 여기서는 편지 37을 의미한다. 게르트루트 야스퍼스가 1946년 4월 17일 아렌트에게 보낸 편지다. 이 편지에는 카를 야스퍼스의 짤막한 편지가 다음과 같이 포함되어 있다. "친애하는 아렌트

잡으려고 노력하고 있었기에, 오랫동안 편지를 보내지 못했습니다. 그리고 이런 과정으로 인해 편지를 쓸 수 없을 정도로 너무 불안하고 조급했습니다. 그동안 저의 가능성은 꼬리에 꼬리를 물고 가끔 격려만 할 뿐입니다. 그러나 저는 이제부터 이것에 흔들리지 않겠다고 결정했습니다.

저는 폴나우[83]의 죽음에 대해서는 몰랐고 그의 아버지의 죽음에 대해서만 알았습니다. 그는 쾨니히스베르크 출신이기 때문에, 저는 그를 잘 알았으며, 그가 당신을 방문하고 왔을 때 그와 길게 이야기를 나누었습니다. 그는 프랑스 여권에 의존하고 있었고 프랑스 지방 어딘가에 정착했습니다. 네, 그랬습니다. 한 번의 잘못된 행동과 한 번의 계산 착오로 당신은 길을 잃었습니다. 아니면 그는 그냥 피곤해서 다시 나아가고 싶지 않았으며, 전적으로 생소한 세계, 전적으로 생소한 언어, 그리고 불가피한 빈곤을 대면하고 싶지 않았을지도 모릅니다. 이런 빈곤은 너무 자주, 특히 처음에는 비참하게도 완전한 극빈에 가까웠습니다. 종종 큰 소란을 피우고, 단지 이 약간의 생존을 유지하고자 그렇게 많은 집중력을 끌어낼 정도로 거리낌을 동반한 피로는 확실히 우리가 모두 직면한 가장 심각한 위험이었습니다. 그리고 파리에서 가장 친했던 우리 친구 발터 베냐민[84]은 그 위험에 압도당했습니다. 그는 미국 비자를 주머니에 휴대한 채 스페인 국경에서 1940년 10월 자살했습니다. 그 당시 이런 패주 분위기는 끔찍했으며, 누구든 고귀하게 죽고 싶을 만큼 신경 썼다면, 자살은 오직 고귀한 행동이었습니다. 우리

에게! 인사말과 오늘에 감사하오. 나는 라스키를 통해 보낸 편지가 지금쯤 당신에게 도착했기를 희망하오. 곧 편지를 보낼 것이오. 우리의 미국인 친구인 라스키는 이 편지를 휴대하고 싶어 하면서 이것을 기다리고 있소. 그래서 서둘렀다오! 야스퍼스로부터."

83 게르트루트 야스퍼스는 4월 17일 편지에서 이것을 기록했다. 폴나우에 대해서는 편지 29의 각주 41을 참조할 것.

84 발터 베냐민(Walter Benjamin, 1982~1940)은 망명 기간에 아렌트의 친구였다. 아렌트는 베냐민의 이민을 돕고 싶었다. 다음 서간집에 베냐민이 게르하르트 숄렘에게 보낸 1939년 4월 8일 편지를 참조할 것. Walter Benjamin, *Briefe*, ed. G. Scholem and T. W. Adorno, 2 vols.(Frankfurt am Main, 1966): 810.

시대에 누구든 자살에 유혹되지 않기 위해서 살인을 많이 증오해야 합니다.

당신이 '우리' 문제[85]와 관련하여 쓴 편지는 저를 매우 감동시켰습니다. 물론 우리는 예의 바른 사회 — 칭찬, 영광, 하느님 찬양 — 에 적합하지 않습니다. 이곳, 특히 뉴욕에서 유대인과 관련한 소식은 모두 '제1면 기사'로 실립니다. 그러나 그 소식은 비록 사태를 좀 더 낫게 만들기는 하지만, 상황을 크게 개선하지는 않습니다. 당신이 "나는 독일이다"[86]라는 남편의 주장을 거부하시니, 저는 매우 기뻤습니다. (그분이 제 말을 오해하지 않기를 바랍니다. 그분을 제외하고 독일에서 그 어떤 것도 기억하고 싶지 않았던 저의 경우, 저는 진정으로 살아있다는 것을 의미하지 않습니다. 그를 독일처럼 보고 싶은 유혹은 매우 현실적이었고 양보하기 쉬웠으며, 현재도 그렇습니다.) 인간이 되는 게 더 중요하다는 것 이외에 다른 이유가 없다면, 그분은 저에게는 독일이 아닌 것 같습니다. 독일은 단일한 인격이 아닙니다. 독일은 그들의 자질이 어떻든 독일 국민이거나 지리적-역사적 개념입니다. 우리 뒤에 올 사람들은 그것을 위한 충분한 시간과 기회를 가질 것입니다. 그러나 저는 '우리' 문제를 말하려 하지 않는 사회에서 유대인으로서 살 수 있는지 모릅니다. 그리고 오늘날 그것은 우리의 죽음을 의미합니다. 그것을 제외하면, 저는 할 수 있다면 좋겠다는 점을 알고 있습니다.

소포를 보내는 일이 잘 되어 다행입니다. 유감스럽게도, 저는 조셉 마이어의 새 주소를 알지 못하며, 정말 주소를 알고 싶습니다. 그 주소를 알지 못하기에, 이번 달에 라스키에게 당신의 소포 꾸러미 3개를 보냈습니다. 저는 같은 주소로 너무 많이 보내고 싶지 않습니다. 아마도 당신은 가까운 지인인 군인을 알고 있을 것입니다. 그게 더 안전할 것입니다. 우리는 끊임없

---

[85] 게르트루트 야스퍼스는 4월 17일 편지에서 다름과 같이 썼다. "'우리'의 문제는 여기에서 전혀 논의되지 않았어요. 그것은 마치 적절한 주제가 아닌 것 같아요. 내가 함께 이야기할 수 있는 유일한 주제는 우리의 미국인 친구들, 특히 이민자들이에요. 독일 전역에서 헤아릴 수 없는 결핍은 확실히 변명이지만 나의 경우 이런 재화의 결핍은 균열을 넓힐 것이에요."

[86] 게르트루트는 같은 편지에서 다음과 같이 썼다. "남편은 1933년 이후 나에게 가끔 말했지요. '참으로 나는 독일이다.' 나는 말이 너무 많았다는 것을 알았지요."

이 악화하는 식량 상황에 대해 여기서 매우 화가 났습니다. 제가 올바른 것들을 보내고 있는지 또는 당신이 다른 것을 현재 필요로 하는지에 대해 저에게 편지로 쓰거나 말씀해 주시기를 바랍니다. 다음 주에는 마리안네 베버와 슈테른베르거에게 소포를 보낼 것입니다. 마이어는 자신이 하이델베르크에서 받은 편지를 모두 저에게 의무적으로 보냅니다. 아마도 당신은 마리안네 베버가 가장 갖고 싶은 품목의 명단을 역시 저에게 보내라고 그녀에게 요청할 수 있습니다. 저는 라스키와 마이어에게 세 개의 발신인 주소를 위한 요청 편지가 필요하다고 말하기 위해 같은 우편으로 편지를 쓰고 있습니다. 우체국은 우리를 힘들게 하고 있습니다.

저는 『변화』를 손에 쥘 때마다 기쁩니다. 구리안[87]이 제2호를 저에게 보냈습니다. 저는 진리에 관한 책을 더 기다리고 있지만, 현재 책임에 관한 책을 기다리고 있습니다. 브로흐의 『베르길리우스의 죽음 Tod des Vergil』에 관한 소식이 그곳의 당신에게 도착했는지요? 그 책은 카프카의 사망 이후 위대한 책, 독일에서 가장 위대한 책입니다. 브로흐는 성찰을 자신의 문학적 내용과 아주 긴밀하게 결합하는 데 성공했습니다. 성찰 자체는 줄거리, 즉 기본적으로 항상 그런 것인, 긴장감 넘치는 줄거리가 되었습니다. 저는 그 책을 매우 좋아합니다. 그 책은 다른 장점들 가운데 '교수님'의 철학과 내적 친화성을 지니고 있기 때문입니다. 그리고 그 책은 또한 독일 언어의 장엄과 활력 넘치는 성장 가능성에 대한 제 믿음을 복귀시켰기 때문입니다. 브로흐는 카프카나 프루스트와 같이 유대인입니다. 우리는 이제 현대 서양 문화의 위대하고 생산적인 발전에서 벗어날 수 없습니다 ― 학살을 통해서도 아니고 심지어 이전이나 지금이나 우리가 계속 과도하게 제작하는 악덕 신문을 통해서도 아닙니다. 브로흐[88]는 『베르길리우스의 죽음』이

---

[87] 발데마르 구리안(Waldemar Gurian, 1902~1954)은 독일 언론인으로 1937년 미국으로 이주했다. 그는 노트르담대학교의 정치학 교수가 되었으며 『정치평론(The Review of Politics)』의 편집인이었다.

스위스에서 출판될 것이라고 저에게 말했습니다. 그곳에서의 출판은 당신이 독일에서 곧 확보하게 된다는 것을 의미하지요. 『변화』에도 역시 중요하지요. 당신이 그 책을 구입할 수 없다면, 제가 보내드리겠습니다.

제가 교수님의 건강을 걱정한다고 말씀드려도 되는지요? 아울러 교수님의 건강상태에 대해 당신께 매우 감사하다고 말씀드려도 되는지요? 삶이 좀 더 평화로워지길 바랍니다. 진정 바쁜 일은 전혀 아니지만, 바쁘기만 하고 별로 쓸모없는 일은 상당히 힘들지요 ― 우리가 거의 기대하지 않을 때도, 가치 있는 무언가는 남아있습니다. 이 편지는 물론 두 분을 위한 것입니다. 저는 두 분이 대답할 의무가 있다고 느끼지 않도록 당신에게만 말씀드립니다. (세상에, 제가 얼마나 가고 싶은지. 우리는 노래로 유명해진 두 개의 작은 날개를 가지고 있습니다.[89] 우리에게 유일하게 부족한 것은 필요한 서류입니다.)

시간이 없으시다면 편지를 보내지 마세요. 아니면 단지 간단하게 적어 보내주세요.

따뜻한 마음을 담아서
한나 아렌트 올림

편지 40 **야스퍼스가 아렌트에게**

하이델베르크, 1946년 6월 9일

친애하는 한나 아렌트!

친절하고 훌륭한 조셉 마이어가 당신을 위해 편지를 가지고 갈 것이오. 나는 당신에게 소식을 빨리 전할 기회를 놓치고 싶지 않소. 이미 쓴 것을

---

[88] 헤르만 브로흐(Hermann Broch, 1886~1951)는 1938년 이후 미국에서 살았으며 이곳에서 아렌트의 친구였다. 그의 저서 『베르길리우스의 죽음(*Der Tod des Vergil*)』은 1945년 뉴욕에서 출간됐다.
[89] 민요에 암시가 있다. "내가 작은 새이고 두 개의 날개가 있다면, 당신에게로 날아갈 것이네…"

부분적으로 반복할 것이오.

1) 항상 먼저 감사하오. 당신은 자신의 호의가 우리에게 얼마나 기운을 내게 했는지 알 수 없을 것이오 ― 이제는 실존철학에 관한 명료하고 참되며 진지한 에세이에서 그렇다오.[90] 우리가 당신의 소포, 둘 가운데 첫 번째 소포를 열면서 『파르티잔 리뷰』를 발견했을 때, 나는 그것을 읽으려고 아내를 혼자 내버려두고 바로 자리를 떴네요. 내가 완전히 흥분해서 돌아왔을 때, 아내는 나에게 독일어 원본을 건네주었소.[91]

하이데거[92]에 관한 각주에 있는 사실들은 정확하지 않소. 나는 후설과 관련하여[93] 모든 총장이 당시 정부의 조치로 제명된 교수들에게 서한을 보내야 한다는 편지를 당신이 언급하고 있다고 **추정하오**. 하이데거가 자신의 교육을 수행하기 위해 자청한 것은 **아마도** "재교육"을 고려하여 직접 일어나지 않았소. 하지만 나는 그게 어떻게 된 일인지 잘 **모르겠소**. 물론 당신이 알린 것은 실질적으로 참이오. 그러나 실제의 과정에 대한 묘사는 그다지 정확하지 않다고 생각되오.

당신의 다른 저작, 즉 「특권을 누리는 유대인」,[94] 「제국주의 · 민족주의 · 국수주의」,[95] 그리고 「다른 독일」[96]과 페도토프[97]의 에세이(이것들은 모두 내 옆

---

90 편지 36의 각주 69를 참조할 것.
91 원문을 의미한다. 독일어본 서지사항은 다음과 같다. "Was ist Existenz-Philosophie?" in Hannah Arendt, *Sechs Essays*(Heidelberg, 1948): 48-80.
92 아렌트는 영어 원본의 각주에서 다음과 같이 썼다(편지 36의 각주 69를 참조할 것). 하이데거는 자신의 "스승이고 친구"인 후설이 철학부가 사용하는 건물에 들어가는 것을 금지시켰다. 그는 "유대인이었기" 때문이다. 아렌트는 "그가 독일 국민의 재교육을 지원하기 위해 프랑스 점령정부에 봉사를 했다"는 소문이 있다고 보도했다.
93 에드문트 후설(Edmund Husserl, 1859~1938)은 독일 철학자이며 현상학의 창시자다.
94 Hannah Arendt, "Privileged Jews," *Jewish Social Studies* 8, no. 1(January 1946): 3-30.
95 편지 32의 각주 23을 참조할 것.
96 Friedrich Krause, ed., *Dokumente des Anderen Deutschland*, vol. 4, *Deutsche innere Emigration: Anti-nationalsozialistische Zeugnisse aus Deutschland*(New York, 1946).
97 게오르크 페도토프(Georg P. Fedotov, 1886~1951)는 러시아 교회사가였다. 인용된 에세이의 서지사항은 아마도 다음과 같다. Fedotov, "Russia and Freedom," *New Review*, no. 10(1945): 189-213.

에 놓여있고 아직 읽지 못했소)를 보내주어 고맙구려.

2) 책 주문 — 내가 당신에게 편지를 썼듯이 — 은 나를 매우 기쁘게 하오. 나는 주문할 수 있는가를 확실하게 상상할 수 없소. 어쨌든 책 출간은 겨울까지 완결될 것이오.

『책임 문제 Die Schuldfrage』는 2주 후에 출간될 것이오. 그때 당신에게 책을 보낼 수 있기를 기대하오. 바로 이 책이 전체적이든 부분적이든 — 나는 그것을 상상할 수 없소. 이것은 독일 독자들에게 너무 집중되었소 — 번역할 가치가 있다고 생각되면, 나는 여기에서 현재 번역권을 당신에게 넘길 것이오. 더 이상의 탐색은 필요하지 않다오. 이 기획으로 생기는 수입은 물론 당신의 것이오. 이것은 "혹시 모르는 일이니 말이오."

3) 나는 다른 논문 사본 「대학의 살아있는 정신 Vom lebendigen Geist」 — 내가 보유한 모든 것이 당신의 영어본 논문 「조직화된 범죄와 독일의 책임」(나는 출판본을 위해서 그동안에 도착한 당신의 원본에 도움을 받아 거친 번역본을 마지막 순간에 교정할 수 있었소)으로 1월에 진행한 강의 주제 — 을 마이어 씨에게 제공할 것이오. 나는 이 강의를 진행하면서 당신의 이름을 밝히지 않은 채 당신을 언급했소. 이때 내 눈에는 눈물이 흘러내렸지만, 누구도 이를 알아차리지 못했다오. 이제 이것은 아주 오래전에 있었던 일이오.

마이어 씨는 또한 『대학의 이념 Die Idee der Universität』[98]을 가지고 있다오. 1945년 4월과 5월에 이 책을 집필했소. 미국인들은 여기에 있었소. 나는 활동을 재개하지 않았지만, 대학이 다시 활성화되는 것을 간절히 보고 싶었소. 그 일은 이제 거의 구식이라는 인상을 주는구려. 이것은 우리가 서 있는 과거만을 불러내오. 원고는 1년 동안 잠자고 있었고 이제야 아주 늦게 출간되었소. 공식 허가와 관료적인 문제라오! 위에서 언급했듯이, 당신은 이것으로도 한 절을 자유롭게 번역할 수 있소. 그러나 이 경우 그것은 확실

---

[98] Karl Jaspers, *Die Idee der Universität* (Berlin/Heidelberg, 1946).

히 논의할 여지가 없소.

4) 『정신병리학 총론 *Allgemeine Psychopathologie*』은 곧 출간될 예정이오(아쉽게도 약 800쪽의 많은 분량이오!) 피페르출판사는 『진리에 대하여』를 곧 출간할 것이오.

따뜻한 마음을 담아
카를 야스퍼스

편지 41   **야스퍼스가 아렌트에게**

하이델베르크, 1946년 7월 27일

친애하는 한나 아렌트!

어제 당신의 소포가 친구 라스키를 거쳐 도착했소. ― 라스키는 소포 하나(소포 하나에는 당신의 에세이가 포함된 귀중한 학술지, 그리고 아내에게 보내는 당신의 편지가 있네요)를 전하고 갔구려(다른 두 개는 분명히 도착할 것이오). 고맙소! 아내가 편지를 보낼 것이오. 나는 마음속에 있는 주요한 것으로 바로 뛰어들 것이오.

슈테른베르거가 받은 두 편의 원고는 우리에게 대단히 흥미롭구려. 「제국주의」[99]는 우리 학술지 제8호에 게재될 것이오. 다른 에세이에 약간의 문제가 있소.[100] 나는 이와 관련하여 슈테른베르거에게 언급한 내용을 편지로 알릴 것이오. 나의 첫 번째 반응은 이러하오. 우리는 이와 같은 원고를 출판해야 하오. 왜? 반유대주의의 심각성을 가능한 한 명확한 방식으로 표현해야 하오. 당신이 이렇게 느낀다는 점을 알게 되면 나는 매우 만족스럽소. 우리는 여기에서 어떤 사소한 문제를 다루고 있지 않소. 이것은 취향 문제

---

[99]   Hannah Arendt, "Über den Imperialismus," *Die Wandlung* 1(1945~1946): 650-666.
[100] 이것은 한나 아렌트의 독일어본과 연계될 수 있다. Hannah Arendt, "The Seeds of a Fascist International," *Jewish Frontier* (June 1945): 12-16. 그러나 야스퍼스 유고에 이런 기술을 담은 독일어 원본은 없다.

도 아니고, 그저 부차적인 중요성의 문제도 아니오. "유대인 문제는 제쳐놓지요. …" "유대인에 대해 항상 이야기하지 말지요…" 그 문제는 누구든 1933년에 줄곧 들었던 사안이며, 그런 다음 대화의 초점은 국가사회주의 등에 대해 정말 좋았던 것으로 옮겨갔소. 유대인들도 이후 그런 식으로 말했소. 그리고 이해할 수 없는 것처럼 보이지만, 지금도 상황은 다르지 않다오. 당신은 이 문제가 인류의 역사와 직결되고, 여기에서 명료성이 그 자체뿐만 아니라 모든 중요한 정치적 문제에 대한 정책결정에도 필수적이라는 점을 알고 강력하게 표현할 수 있소. 그러나 이제 내 의구심 때문에, 당신은 '과장하오.' 나는 이 말을 사용할 때도 틀린 것을 알고 있소. 당신은 전반적인 묘사에서는 과장하지 않지만, 예컨대 나치 정책의 근원으로서『시온 장로 의정서 Protocols of the Wise Men』[101]와 관련하여 과장하고 있는 것 같소. 이 가짜 문서의 저자들은 물론 파시스트들과 같은 유형이오. 당신의 의견에 이미 동의하지 않은 독자는 당신이 핵심을 진술한 방식, 나치 선전의 반대 방식으로 말할 것이오. 그는 곧 마음을 — 당신이 그를 위해 쉽게 하는 거짓 주장으로 — 가라앉힐 것이며, 우리의 목적, 즉 현실적인 통찰에 기반을 둔 확신을 실현하지 못하오. 당신의 에세이 — 이것에 핵심적인 정념을 완전히 제외하고 — 에는 더욱 훌륭하고 설득력 있는 주장과 관찰이 있다오. 연계성을 더욱 신중하게, 더욱 강력하게 — 즉 이것을 역사적으로 더욱 정확하고 덜 환상적인 방식으로 자세히 설명하는 — 자세히 설명하는 것이 가능할 것이오? 그 순수한 상상력은 어쩌면 더 실증적인 용어로 번역되어야 하오. 과거 2,000년의 반유대주의는 언제나 파시스트적이지는 않았다오. 나타나야 할 **새로운** 태도는 아마도 다음과 같아야 하오. 즉 우리는 오늘날 전 세계의 반유대주의자들이 역시 파시스트라고 즉각 주장하지 않아

---

[101] 『시온 장로 의정서』는 세계 지배를 성취하려는 유대인들의 의도된 목적과 계획을 기술한 19세기 모작이다. 저자들은 알려지지 않았다. 이 책은 나치 시기 이전에도 유대인 박해에 중대한 역할을 했다.

야 하오. 우리는 이런 반유대주의자들이 자신들을 이해하도록 도와야 하며, 그들이 이것을 의식할 경우 회피하고 싶어 하는 위험을 그들에게 보여야 하오. 당신은 이것을 나보다 더 잘 알고 있으며, 충분히 명료하지 않으나 이것을 언급했소. 당신은 우매한 사람과 편협한 사람에게 이해의 다리를 제공하지 않는다오. ─ 나는 반유대주의의 국제적 측면이 원래 지금의 모습이 아니었다는 것을 감히 말하오. 반유대주의는 해방전쟁에서 무엇이었나요? 반유대주의의 국제적 요소는 기독교에 호소하는 것이었다오. 나는 당신의 안목을 수용하오. 그러나 당신이 보고 있는 것들은 완전히 현대적인 현상이오. 이렇듯, 이 현상은 정확히 밝혀지고, 그 기원은 명료해져야 하오. 따라서 누구든 『시온 장로 의정서』 대신에 도스토옙스키의 『악령 Demons』[102]과 히틀러가 배운 것을 선택할 수 있었소. 누구든 아마 아무것도 **배우지** 못했을 것이오. 그러나 이런 것이 시작되면 결과가 자동으로 뒤따르는 것은 문제의 본질에 있다오. 즉 『시온 장로 의정서』의 구조, 도스토옙스키의 상상력, 히틀러의 현실에서 그렇다오. 경이로운 것은 낭만주의 정신과 허영심에서 인종이론과 유대인 비밀결사의 관점에서 생각한 첫 번째 사람인 디즈레일리,[103] 그리고 정치적 기회를 이용하지 못한 유대인들의 실패라오! ─ 그러나 이 모든 것에도 불구하고 나는 줄곧 난처하오. '유대인들' ─ **어떤** 설명도 외형적인 형식인 경우를 제외하고 그들 모두에게 적용되지 않는다오. 집단 사고에는 어떤 한계가 가해져야 하고, 그것은 역시 우리에게도 적용되오. ─ "독일이 '파시스트 인터내셔널'의 제물이오." ─ 나도 이런 안목에서 옳은 것을 보지만, 동시에 이것은 엄청난 '과장'이오. 당신은 헤겔의 사유에 기울어져 있소. 당신의 해석 원칙은 "이성의 계략" ─ 오히려 악마의 계략 ─ 이오. ─ 발레라[104]와 살라자르[105]는 나에게 새롭고 진정 놀랍소.

102 　『악령(Demons)』은 또한 'The Possessed'로 알려졌으며 1871~1872년 출간됐소.
103 　벤저민 디즈레일리(Benjamin Disraeli, 1804~1975)는 영국 보수당 당원이며 1874~1880년 수상이었다.

나는 이해하지 못하겠소. 그러나 당신은 옳은가요? 그것은 아직도 나에게 환상적이라는 인상을 주오. ― 훌륭하고 참되오. 즉 거짓이 현실로 전위되었소! 이것들은 단지 몇 가지 지적일 뿐이오. 나는 당신이 잘 안 될지도 모르는 무언가를 시도하고 싶지 않을까 걱정되오.

나는 나치 시대에 우리 둘이 공통 기반을 찾을 수 있도록 아내에게 "나는 독일이라오"라고 가끔 말했소. 이 진술은 그 맥락 속에서만 의미가 있다오. 이 진술은 맥락에서 벗어나거나 심지어 다른 사람에게 전달될 때에 견디기 어려울 정도로 도발적으로 보이오. 당신은 물론 전적으로 옳소. 그것은 정치적으로 의미가 있소. 아내가 그 진술을 거부할 때에도, 아내와 나는 의견이 일치했소. 나는 아내가 독일인인 것과 결정적으로 다른 방식으로 독일인이 아니오. 우리는 히틀러가 우리에게 아무것도 제안하지 못하게 해야 하오. 이제 독일은 파멸되었기에 ― 어떤 의미에서, 어느 정도 그리고 최종적으로 여기에 있는 누구도 거의 진정으로 이해하지 못한다오 ― 나는 처음으로 독일인으로서 편하게 느끼오(막스 베버에 관한 저서 부제를 "독일의 인물로 … 붙였을 때", [106] 나는 내부 저항을 극복해야 했으며, 그 당시 상황에서 그렇게 했다오). 어떤 의미에서 우리가 독일인인지 ― 절대적인 의미가 아니라 ― 분명히 말하고 싶구려. 내가 이 책을 쓸 수 있다면, 그것은 내가 당신에게 미국으로 보낼 책이오.[107]

『책임 문제』는 다음 주에 출간될 것이오. 나는 당신에게 보내는 방법을 곧 찾을 수 있기를 희망하오. 번역본은 영국의 드러먼드출판사나 골란츠출판사에서 출간할 예정이오. 나의 대리인인 쉬만스키 씨는 저작권이 영국에

---

[104] 에아몬 드 발레라(Eamon de Valera, 1882~1975)는 오랫동안 아일랜드의 수상이었다.
[105] 안토니오 올리비에이라 살라자르(Antonio Oliveira Salazar, 1889~1970)는 오랫동안 포르투갈의 수상이었고 실제적인 독재자였다.
[106] 편지 22와 23을 참조할 것.
[107] 이 계획은 전혀 수행되지 못했다.

서만 적용되고 미국에서 출간되는 경우에는 전혀 영향을 미치지 않는다고 말했다오. 나는 그가 옳다는 것을 많이 기대하오. 아니라면, 계약을 취소할 것이오. 계약을 아직 체결하지는 않았소. 같은 문제가 미래에도 발생할 것이오. 쉬만스키 씨는 런던의 블레스출판사(혹은 그런 출판사)가 내 철학 저서를 출간하기를 바란다오.

6월 29일 라스키는 필립스 씨의 편지를 나에게 가지고 왔소. 나는 당신 ― 한나 아렌트 ― 이 나의 모든 저작에 대한 법적 권한을 가지고 있다는 내용의 편지를 그에게 보낼 것이오. 『책임 문제』 제1판은 오늘 도착했소. 나는 이 책 몇 권을 라스키를 통해 곧 당신과 필립스 씨에게 보낼 것이오.

지루하고 종잡을 수 없는 이 편지를 양해하여 주기 바라오. 그러나 이 편지가 무소식보다는 여전히 낫소.

언제가 당신의 방문 ― 이게 동화와 같을 것이오 ― 이 있기를! 나는 그 생각으로 기쁘기도 하고 우울하기도 하오. 당신이 얼마나 낙담하겠소! "젊은 시절에…" 뤼케르트의 시[108]는 아주 참이오.

따뜻한 인사를 드리며
카를 야스퍼스

편지 42 아렌트가 야스퍼스에게

1946년 7월 9일

친애하고 존경하는 분께―

휴가를 떠나기 전날 저녁에 조셉 마이어가 우리를 방문하여 당신의 기쁜

---

[108] Friedrich Rückert, *Ausgewählte Werke in sechs Bänden*, ed., Philipp Stein, 2(Leipzig, n.d.): 338-339.

편지, 책자 두 권과 사모님의 사진 2장을 가지고 왔습니다. 사진들은 저에게 과거를 아주 강하게 상기시켰지만, 사모님의 조카딸들에게 의미 있는 것이기에, 저는 마이어에게 사진들을 돌려주었습니다. 그리고 완전히 흐릿하지만, 당신의 모습이 드러나는 작은 스냅사진 세 장이 있었습니다. 흐릿함에도 불구하고 그 사진에서 당신의 모습이 완전히 나타납니다. 그리고 마이어는 물론 순진하고 순수한 방식으로 우리에게 모든 소식을 들려주었고, 우리는 위스키와 포도주를 곁들여 축제를 제대로 벌였습니다. 이 축제에서 저는 하이델베르크에 있었던 사람이 제가 아니라 그였다는 사실에 대한 슬픔과 분노를 매우 편하게 잠재울 수 있었습니다.

우선, 당신의 편지에 관한 사항입니다. 저는 『파르티잔 리뷰』에 게재한 논문[109]에 대한 당신의 말씀에 아주 안심했습니다. 다양한 이유뿐만 아니라 학생이 없다는 증거 때문에 그렇습니다. 즉 지금도 그렇고 그 많은 세월이 흘렀어도, 학생이 되는 것에 대한 우리 학생들의 두려움은 아직도 제 뼛속에 많이 남아있고, 더 정확히 제 기억 속에 남아있기에, 저는 당신이 근본적으로 그리고 객관적인 근거로 쓴 것을 읽으라고 당신에게 드리고 싶지 않습니다. 우리는 그 당시에 당신이 어떤 '학생'에 대해서도 그가 아무것도 이해하지 못했다고 말할 것이라고 철저히 확신했습니다.

하이데거 서신과 관련하여 후설 편지에 대한 당신의 추정은 완전히 정확합니다. 저는 이 편지가 회람용 편지였다는 것을 알았고, 많은 사람이 그런 이유로 그것을 용서했다고 알고 있습니다. 저는 하이데거가 이 서류에 자기 이름을 적는 순간에 사임했어야 한다고 생각했습니다. 그는 아무리 어리석었다고 하더라도 그것을 이해할 수 있었습니다. 우리는 그 정도까지 그의 행동에 대해서 책임을 물을 수 있습니다. 하이데거는 다른 사람이 서명했다면 그 편지가 후설을 다소 무관심하게 만들었으리라는 점을 매우 잘

---

[109] 편지 36의 각주 69를 참조할 것.

알고 있었습니다. 이제 당신은 이것이 바쁜 업무 상황에서 일어났다고 말씀하실 수도 있습니다. 그리고 저는 아마도 다음과 같이 대답했을 것입니다. 즉 정말 돌이킬 수 없는 일들이 가끔 — 그리고 현혹될 정도로 — 우연한 사건처럼 일어나고, 때때로 우리는 쉽게 건너는 중요하지 않은 선에서 사람들을 정말 갈라놓는 벽이 솟아오른 것이 더는 중요하지 않다고 확신합니다. 달리 말하면, 저는 노년의 후설에 대해 어떠한 학문적 또는 개인적 애착을 갖지 않았지만, 이 한 사건에서 그분과 연대를 유지하려고 생각합니다. 그리고 저는 이 편지와 서명이 하이데거를 거의 살해했다는 것을 알기 때문에, 그분을 잠재적인 살인자로 간주하지 않을 수 없습니다. 비록 제가 믿을만한 소식통으로부터 '재교육'에 관한 사항을 전달받았다고 하더라도, 저는 이와 관련한 내용을 쓰지 않았어야 합니다. 사르트르[110]는 독일이 패망한 지 4주(또는 6주) 이후에 하이데거가 소르본대학교 교수(저는 그의 이름을 잊었습니다)에게 보낸 편지에서 독일과 프랑스 사이의 '오해'에 대해 언급하고 독일-프랑스의 화해에 손을 내밀었다고 저에게 이후 밝혔습니다. 물론 그는 답장을 받지 못했습니다. 그리고 이후 그는 사르트르에게 편지를 보냈습니다. 당신은 하이데거가 그 이후에 했던 다양한 대담에 익숙할 것입니다. 다만 제 생각에 분명히 병리적인 특징을 지닌 우둔한 거짓말입니다. 그것은 옛날이야기입니다.

 이 음울하고 속상한 이야기를 장시간 자세히 설명하는 것을 용서해 주세요. 제가 정말로 바로 언급하고 싶었던 것은 『대학의 이념』과 『대학의 살아있는 정신』이었습니다. 저는 곧바로 이것들을 모두 두 번씩 읽었으며 이것에 기뻤습니다. 『대학의 이념』 중에서 앞부분의 몇 장은 반드시 여기에서 출판돼야 합니다. 여기에 담긴 글들은 특히 아름답고 강력합니다. 게다

---

110 아렌트는 파리 망명 중에 실존주의 철학자 장폴 사르트르(Jean-Paul Sartre, 1905~1980)를 알게 되었다. 여기 인용은 전후 모임이나 편지와 연계된 것인지는 불확실하다.

가 이곳에서는 지식인들 사이에 일종의 '학문적 위기'가 있습니다. 그들은 듀이 이외에 아무것도 알지 못하기에, 다음에 어디로 가야 할지 모릅니다. 저는 손에서 내보는 것을 꺼리므로 마음이 무겁군요. 그래서 『케년 리뷰 The Kenyon Review』(훌륭한 대학출판물)의 에릭 벤틀리에게 사본을 보낼 것입니다. 그는 레이날-히치콕출판사에 연줄이 있으며 모든 것을 출판할 어떤 기회가 있는지 저에게 말할 수 있을 것입니다. 그리고 제가 이 주제에 관해 이야기하고 있는 동안, '출판권'에 대해서는 대단히 감사합니다. 그러나 이것들에 신경이 쓰이는군요. 저는 번역가로서 문제가 있습니다. 벤틀리는 적임자입니다. 그는 영국인이며 독일계 유대인과 결혼했고, 독일어를 잘 알고 번역에 익숙합니다. 그리고 무엇보다도 중요하지만, 그는 필수적인 배경과 교육(여기서는 매우 드문 경우)을 갖추었습니다. 제안해도 될까요? 당신이 출판사 측과 협의하는 과정에서 출판사 측이 누구든 일반적으로 번역 원고를 저자에게 보여주는 방식으로 그것을 저에게 보여주어야 한다는 점을 시사한다면 도움이 될 수 있습니다. 제가 스스로 번역할 수 없는 이유는 누구든 자신의 모국어만 번역할 수 있지 그것을 다른 언어로 시도하지 않아야 한다는 점입니다. 영어로 글쓰기는 언어학적으로 번역하기보다 훨씬 쉽습니다. 『책임 문제』 원고에 관심이 많은 다이얼출판사는 라스키를 거쳐 당신에게 편지를 보내야 합니다. 저는 라스키가 출발하기 이전 그에게 도착하기를 바랍니다.

『대학의 이념』에는 제가 당신에 완전히 동의하지 않는 몇 가지 실제적인 요지가 있습니다. 이것들은 중요하지 않기에, 저는 여기에 그 항목을 열거할 것입니다. 저는 자신의 의견을 표현할 자유가 오늘날 교육에서 자유의 기초라는 것을 정치적 관점에서 걱정합니다. 누구든 진리에 대한 독단적 개념을 가질 수 있다면, 그것은 그렇지 않을 수 있습니다. 진리는 의견과 정반대라고 할 수 있습니다. 그렇더라도 진리는 정치적으로 모든 민주주의에서 의견을 가장하고 퍼지게 되어 있습니다. 달리 말하면, 정치체는 진리가 무엇인가를 결정할 수 없고 그럴 필요도 없습니다. 정치체가 진리를 말할 자유를 보호하기 위해 갖는 유일한 길은 의견을 말할 자유를 보호하는 것입니다. 이것은 저를 국가와 대학 사이의 관계로 끌어들입니다. 누군가는 사업 전체의 비용을 부담해야 하기에, 국가는 분명히 최선의 재정 기여자로 남아있습니다. 독일에서는 분명히 달성하기 어렵습니다. 그런데도 교수들이 자신들을 공무원으로 보지 않는다면 좋을 것입니다. 어쨌든 독재 정권 아래에서 대학들은 국가의 재정 지원을 받든 아니든 완전히 똑같이 통제받게 될 것입니다. 그것에 보험을 들 방법은 없습니다. 정치에 대한 비정치적 보험과 같은 것은 없기 때문입니다. 지극히 정직하게 말하면, 저는 별도 기금에 대한 당신의 제안을 경계합니다. 이 나라에서의 경험이 저를 그렇게 만들었습니다. 유감스럽게도, 어쨌든 정말로 후원자(Mäzen; Maecenas)도 아닌 '이른바' 후원자는 명예만으로 만족하지 않습니다. 저는 명예박사 학위에 대해 걱정하지 않을 것입니다. 하다못해 이 나라의 대학 기부자들은 자신들의 자식과 손자와 증손자들이 자신들에게 적합하다고 생각하는 종류의 교육을 받을 수 있도록 대학을 통제하려고 합니다. 그리고 누구나 담배 제조업자의 '생각'을 이론적으로 상상하더라도, 그는 그것을 완전히 수용하고 능가합니다. 우선 보수가 형편없는 이사회와 총장의 압력에 대한 (우선 보수가 형편없는) 교수들의 (자신들 지위가 무엇인가를 의도적으로 보이려는) 저항은 온건하게 말하여 지나치지는 않습니다. 따라서 동료 의식 문제는 실제적 차원에서 현재의 독일에서 역시 중요한 문제일 것 같습니다. 저는 아주 소수의 사람만이 대학 연구에 필요한 재원을 확보할 수 있다고 생각하기 때문이 아니라 재원의 부족으로 올바른 사람들이 연구하지 못할 수 있다는 점을 두려워하기 때문입니다. 장학재단[111]은 훌륭한 제도였습니다. 저는 학생 등

---

111 독일인장학재단은 1925년 설립되고, 1934년 해체되었다. 이 재단은 1948년 우수인재육성재단으로 재설립되었다.

록금이 재정에서 얼마나 차지하는가를 잘 모릅니다. 당신은 고등사범학교(Ecole normale supérieure; ENS)[112]의 학생들이 등록금이나 기숙사의 숙식비를 **부담하지** 않는다는 점을 기억할 것입니다. 이 때문에 장학금은 자선의 성격을 지니고 있지 않습니다. 제 생각에 장학금 사례는 '객원 강사privatdozent'의 지원 문제에도 적용됩니다. 장학금 지급은 자선이란 불쾌한 뒷말 — 빈곤에 대한 증명, 가족 재정에 대한 조사 등과 연계된 모든 것과 함께 — 을 드러내는 합리적인 최저생계비(기아 임금을 의미하지 않음)를 감수하는 것보다는 훨씬 더 좋습니다. 그런 뒷말은 단지 분위기를 악화시키며 사람들을 좌절토록 할 뿐입니다. 당신이 모든 곳의 결점들에 대해 얼마나 잘 알고 있는지 정말 놀랍습니다. 그 결점들은 실제로 대단히 중요합니다.

 제가 당신의 강의에 관해 글을 쓰는 것은 거의 힘든 일입니다.[113] 당신의 사상은 저에게 강력한 영향을 미쳤으며 동시에 저에게는 어떤 일을 덧붙일 일이 없는 듯이 저를 아주 기쁘게 했습니다. 그러나 제가 비록 무슨 말을 하든지, 저는 순수한 격려와 현실적 의견 사이의 이 놀라운 균형을 존경합니다. 『대학의 이념』의 현실적이고 실제적인 영역에서 저에게 분명치 않게 보이는 모든 것은 마치 날아간 것 같습니다. 게다가 또 기술을 수용하려는 의도가 있습니다. 세상에, 당신의 말씀이 맞습니다. 결국에 우리는 처음으로 시도하고 있으며, 저는 우주universum를 세계mundus로 전환하려는 진지함에서 마치 다시 한번 옛날의 아우구스티누스로 돌아갈 수 있습니다. 이 강의록을 출판해줄 출판사를 찾을 수 있는지 모르겠습니다. 독일의 경우 기술의 수용 의도는 어쨌든 당장에 『대학의 이념』보다 확실히 더 중요합니다. 그러나 중요한 일반적 요지는 또한 『대학의 이념』에 더욱 상세하게 언급되고 있습니다. 사람들이 손상되지 않은 정치체에서 아직도 사는 이곳의

---

112   고등사범학교는 지적인 엘리트 교육을 담당하는 프랑스 기관이다.
113   편지 35의 각주 57을 참조할 것.

사람들은 다른 것을 제대로 이해하지 못합니다. 그들은 왜 모든 제도 가운데 대학이 필경 그렇게 중요한지를 이해하지 못할 것입니다. 그리고 당신은 전적으로 옳습니다. 대학은 독일이 남긴 유일한 것입니다. 대학은 오늘날 정치적 요소이기도 합니다.

바로 그런 이유로 1933년 대학들이 "품위를 상실한"[114] 상황은 대단히 좋지 못합니다. 저는 명성을 어떻게 회복해야 하는지 모릅니다. 사람들은 자신들을 우스꽝스럽게 만들기 때문입니다. 탈나치화는 중요한 것일지도 모르지만 결국 말뿐입니다. 기관 자체 — 학자의 지위는 최악임 — 가 우스꽝스러워집니다. 여기에서 핵심은 교수들이 영웅이 되지 않았다는 점은 아닙니다. 핵심은 그들이 유머가 없고 아부 성향을 가지고 있으며 호기를 놓친다는 것에 두려워한다는 점입니다. 저는 항상 호르스트 베셀[115]의 노래를 그리스어로 번역한 레겐보겐[116]에 관한 묵시론적 이야기를 생각합니다. 이제 저는 그들 가운데 많은 사람, 아마도 대다수가 결코 진심으로 나치당원이 아니었다는 것을 알고 있습니다. 그러나 사람들이 무엇인가를 볼 때, 예컨대 프라이부르크대학교의 역사가 게르하르트 리터[117]가 그 주제에 대해 말해야 할 때, 사람들은 그것에 대해서도 의심하기 시작합니다. 유감스럽게, 그는 여기에서 재인쇄되지 않은 『현재Gegenwart』에 논문을 게재했습니다.

저는 『정신병리학』 증보판을 대단히 고대하고 있습니다. 지난 몇 년이

---

114 Karl Jaspers, "Vom lebendigne Geist der Universität," in Karl Jaspers and Fritz Ernst, *Vom lebendigen Geist und vom Studieren*, 26.
115 오토 레겐보겐(Otto Regenbogen, 1891~1966)은 고전 문헌학자이며, 1959년까지 하이델베르크 대학교 교수였다.
116 호르스트 베셀(Horst Wessel, 1907~1930)은 학생이며 나치 당원이었고, "기를 높이 들어라"(호르스트 베셀 노래)의 작사가였다. 나치 정권은 애국가 "무엇보다도 독일Deutschland über alles" 다음 위치를 이 노래에 부여했다.
117 게르하르트 리터(Gerhard Ritter, 1888~1967)는 1925~1956년 프라이부르크대학교 근대사 교수였다. 아렌트는 그의 논문 「제3제국의 독일 교수」를 언급하고 있다. Die Gegenwart 1, no. 1(December 24, 1945): 23-26. 영어판 서지사항은 다음과 같다. "The German Professor in the Third Reich," *The Review of Politics* 8, no. 2(April 1946): 242-254.

당신에게 얼마나 생산적이었는지 정말 놀랍습니다.

편지가 쓸데없이 길어졌습니다. 그렇지만 제가 쇼켄출판사에서 근무하고 있다는 점을 곧 덧붙이고 싶습니다. 저는 그 일에서 벗어나 빨리 유럽을 여행하려는 희망으로만 다른 일자리를 찾았습니다. 만약 제가 매우 성급한 사장과 잘 지낼 수 있다면,[118] 이 새로운 일자리는 합당한 상황에서 결국 재미있을 수 있습니다.

저는 이 편지가 격에서 벗어나 너무 길어지지 않았기를 바랍니다. 조 마이어는 스위스 여행을 언급했습니다. 좋은 일이 가득하시길 바랍니다. 무엇보다도 푹 휴식하시기를 바랍니다. 이만 줄이겠습니다. 잘 지내세요. 언제나 따듯한 안부를 보내며.

한나 아렌트 올림

추신. 소포에 관한 사항입니다. 저는 얼마 전에 새 주소를 받았습니다. 6월에 보낸 소포는 라스키 편으로 갔습니다. 7월에 보내는 소포는 늘 그렇듯 당신에게 세 개, 그리고 마리안네 베버에게 하나입니다. 그리고 별도로 '케어CARE' 식품 소포입니다. 6월 소포에는 의약품 노르마콜Normacol이 들었습니다. 8월에는 더 많이 보낼 것입니다. 편지 내용이 너무나 길지 않았다면 게르투르트에 대해서 말씀드립니다. 제 논문으로 풀이 죽지 않도록 하고자 팔레스타인 상황에 대해 당신께 무엇인가를 쓰려고 합니다. 이 논문은 우리의 정치적 상황에서 특정한 순간을 위해 특정한 정치적 의미를 담고 있습니다. 다음 기회를 위해 아껴두겠습니다. 따뜻한 마음을 담아

H. A.

---

[118] 살만 쇼켄(Salman Schocken, 1877~1959)은 탁월한 사업가이며 출판업자로서 1931년 베를린에 쇼켄출판사를 세웠다. 그는 1933년 팔레스타인으로 이주하고 전후 뉴욕에 다시 '쇼켄북스(Schocken Books)'라는 이름으로 자신의 출판사를 설립했다.

편지 43   아렌트가 야스퍼스에게

1946년 8월 17일

친애하고 존경하는 분께—

　우선 업무 문제에 대해 말씀드립니다. 『책임 문제』두 권이 도착했으며, 필립스는 한 권을 받았습니다. 그는 이것을 다이얼출판사에 바로 보냈습니다. 휴가에서 복귀한 이후 저는 다이얼출판사를 방문하고 그곳에서 시드니 필리스와 대화를 나눴습니다. 요지는 다음과 같습니다. 즉 다이얼출판사는 대규모 출판을 기대하지 않더라도 이 책에 관심이 많습니다. 문제는 독일에서 출판된 책들이 적대적인 나라들과의 거래를 금지하는 법 아래에 있다는 점이며, 다이얼출판사는 책을 출간하려면 국무성의 승인이 필요합니다. 다이얼출판사는 출판을 신청했으나 답장을 받지 못했습니다. 이런 허가는 여전히 단일한 사례로 인정되지 않습니다(이유는 관료적 형식주의와 타성입니다. 조사를 수행하는 것보다 거절하는 게 더 쉽습니다). 그러나 다이얼출판사는 미국 등록번호로 신청할 수 있으므로 당신의 경우에 허가를 받을 것입니다. 훨씬 더 어려운 문제는 이렇습니다. 책에서 발생하는 수입은 모두 적산의 관리기관, 즉 미국 재무부에 자동으로 귀속될 것입니다. 저는 변호사에게 이 문제에 대해 언급했으며, 다이얼출판사가 또한 법률고문과 상의할 것으로 추정합니다. 저는 출판사가 1년 또는 2년 이후에만 정산하는 계약서의 작성을 제안합니다. 따라서 우리는 이런 규제가 적어도 그때쯤 풀릴 것이라고 희망할 수 있습니다. 또 다른 가능성은 당신의 권리를 포기하는 것일지도 모릅니다. 그렇다면 수취인은 선물을 받아들이기 위해 면허를 신청해야 할 것입니다. 추정컨대, 면허는 이곳에 사는 당신의 친척에게 주어질 것입니다. 저는 독일에 있는 당신에게 인세를 정산하게 하는 것이 당신에게 중요하지 않다고 추정합니다. 우리가 그런 양도 면허를 획득할 수 있다는 것은 전혀 불가능하지는 않습니다. 당신이 영국에서 이런 문제를 어떻게 해결했는지 저에게 알려주신다면, 양도 면허는 국무성이 일단 출판 허가를 인정한 이후 발생할 추후 교섭에 아마도 좋을 것입니다. 당신이 명백히 영국의 대리인에게 미국에서의 권리도 명백히 제공하지 않는다면, 영국의 대리인이 영국에서만 권리를 갖는다는 게 옳습니다. 제가 다이얼출판사와 대화하면서 명백히 파악했듯이, 이 출판사는 『정신병리학 총론』에 관심이 지극히 크지만, 곤란하게도 순수 철학에 전혀 관심이 없습니다. 저는 이 논의를 마무리하면서 정말 사업적인 머리가 없다는 점을 강조해야만 합니다(그리고 이것은 절제된 표현입니다). 당신은 아마도 그것을 충분히 아실 것입니다. 윌리엄 필립스와 클레멘트 그린버그는 모두 제 좋은 친구이며 다이얼출판사에 다소간 공식적으로 관여하고 있으며, 그런 규모의 출판사가 당신이나 저를 속일 여유가 없다는 점을 끝까지 주장합니다.

저는 마음속으로 당신의 『책임 문제』를 몇 번이고 숙고하며 남편과 함께 이에 대해 상세하게 거듭 토론했기에 오랫동안 편지를 보내지 못했습니다. 그러므로 이후의 내용은 다소간 보기 드문 일이지만 일인칭 복수로 쓰여야 합니다. 그래서 '우리'는 모든 주요 사항에 있어서 당신의 의견에 매우 동의하며, 명료한 설명뿐만 아니라 멀리서 혼자 상상하기 매우 어려운 심리적 상황에 대한 암시된 설명에도 매우 감사합니다. 당신의 의견에 동의하지만, 이를 유보하고 추가하는 사항이 있습니다. 특히, 남편은 책임 부담이 패배와 이에 수반되는 결과의 수용 그 이상을 포함해야 한다고 주장합니다. 그는 (민족이 아닌) 독일 국민의 지속적 존재를 위한 조건인 그런 책임 부담이 희생자들에게 밝힌 적극적인 정치적 의도의 진술을 동반해야 한다고 오랫동안 말해 왔습니다. 책임 부담은 누구나 좋게 만들 수 없는 것을 좋게 만들려고 시도해야 함을 의미하지 않고, 오히려 사람들은 난민들[119]에게 다

---

119 원래 '난민(DP)'이라는 용어는 연합국이 독일과 독일에 의해 점령된 지역에서 발견한, 강제노동자와 다른 국외 거주 비독일계 외국인을 의미했다.

음과 같이 말할 수 있다는 것을 의미합니다. 예컨대, 우리는 난민인 당신들이 이곳을 떠나 팔레스타인으로 가고 싶어 한다는 것을 충분히 이해하지만, 이것과 별도로 당신들이 이곳에서 시민권을 갖고 있으며, 우리의 전폭적인 지원을 기대할 수 있다는 것을 충분히 이해합니다. 우리는 독일인들이 유대 민족에 가했던 타격을 유념하며 미래 독일 공화국에서 입헌적으로 반유대주의를 포기할 것이며, 예컨대 어떠한 유대인도 태어난 곳이 어디든 이 공화국의 시민이 될 수 있으며 다만 자신의 유대인 소수민족을 근거로 유대인이 되는 것을 유지한 채 모든 시민권을 향유할 수 있다고 규정할 것입니다. (오늘날 독일에서 이런 이념을 현실로 바꾸는 것은 분명하게 거의 불가능할 것입니다.) 저는 슈투트가르트 주의회의 배상 제안서를 공포에 떨며 읽었습니다. 이 배상 제안서는 대부분의 다른 유럽 국가들이 제시한 비슷한 배상 제안서보다 상당히 덜 진보적입니다. 가난을 구실로 이 제안서를 사용할 수 없습니다. 이 문서 작성의 정신은 집단수용소에서 사망한 아버지들의 자녀들에게 국가가 마련하는 교육 지원을 언급한 조항들에서 전적으로 명백해집니다. 기본 정의를 담고 있는 이 행위는 누구든 이 어린이들이 강한 성격과 자신들 신념의 강점을 물려받을 것이라고 합리적으로 기대할 수 있다는 주장에 기반을 두고 있습니다. 달리 말하면, 초인적인 독일인과 인간 이하 유대인이라는 나치의 구분은 둘을 모두 비인간적인 괴물로 만들었습니다. 우리 독일인은 당신들이 직면한 상황을 벗어나는 데 당신들을 도우려고 노력할 때까지 이런 비인간적 상황에서 회피하지 않을 것입니다. 이 방향에서 가장 실제적인 단계는 모든 수용소를 폐쇄하는 것입니다. 저는 집단수용소(또는 구금수용소)의 폐쇄가 우리 유대인의 경우 모든 것 가운데 가장 중요한 요구라는 점을 여기에서 지적하고 싶습니다. 그렇지요. 이 요구가 기본적인 존재의 문제라는 점은 명백합니다. 독일인들이 어떤 형태의 선의를 선언한다면, 이것은 우리에게 중요하지 않은 게 아니지요. 이유는 다음과 같이 단순합니다. 지금 일어나고 있는 모든 것 — 즉 독일 난민수용소에서 팔레스타인 아틀릿 억류수용소[120]와 키프로스 집단수용소[121]로 이주함 — 은 가능합니다. 오로지 전 세계가 아우슈비츠 수용소와 비교하여 이 수용소들을 '인간적'이라고 간주하고 있기 때문입니다. 온갖 연설 및 선언 외에도, 죽음의 수용소의 한 가지 결과는 말하자면 유대인들을 선험적으로 집단수용소의 잠재적 재소자로 간주한다는 점입니다.

저는 아직도 마음속에 다른 생각이 있습니다. 나치 정책이 범죄("형사 책임"[122])라는 당신의 정의는 의심스럽습니다. 제가 보기에 나치 범죄는 법의 한계를 벗어납니다. 즉 나치 범죄는 바로 나치의 괴물성을 이루고 있습니다. 이런 범죄의 경우 어떤 처벌도 충분히 가혹하지 않습니다. 괴링을 교수형에 처하는 것이 필수적일 수 있지만, 이것은 전적으로 부적절합니다. 즉 이런 책임은 온갖 형사 책임과 달리 모든 법체계를 뒤엎고 산산조각냅니다. 그것이 뉘른베르크의 나치들이 그렇게 독선적인 이유입니다.[123] 그들은 물론 그것을 알고 있습니다. 그리고 희생자들의 결백은 그들의 책임만큼이나 비인간적입니다. 인간은 가스처형실 앞에서 그랬던 것처럼 결백할 수 없습니다(그런 처벌을 받을 만한 범죄는 없기에, 가장 혐오스러운 고리대금업자는 새로 태어난 어린이와 같이 결백했습니다). 우리는 단순히 인간적·정치적 수준에서 범죄를 넘어서는 책임과 자비나 미덕을 넘어서는 결백을 다룰 준비가 되어 있지 않습니다. 이것은 일찍이 1933년(실제로 훨씬 더 일찍 제국주의 정치의 시작과 함께) 우리 앞에 열렸으며 우리가 결국에 우연히 만난 심연입니다. 저는 우리가 어떻게 그것에서 벗어날 것인가를 알지 못합니다. 독일인들은 현재 법체계

---

[120] 이것은 팔레스타인 카르멜산 기슭에 있는 영국군 캠프였다.
[121] 영국에 의해 팔레스타인에서 체포된 불법 이민 유대인은 아틀릿 수용소에서 키프로스 수용소로 이송되었다. 이 캠프 또한 영국의 통제 아래 있었다.
[122] *Die Schuldfrage*, 10, 29ff. 램버트 슈나이더출판사가 출판한 이 책(하이델베르크, 1946년)은 이후 취리히의 아르테미스출판사에 의해 출판되었다. 이 재판에서 인용하였다.
[123] 이 편지가 쓰였던 당시에, 전범 혐의를 받은 나치 지도자들에 대한 뉘른베르크재판의 평결은 도착하지 않았다.

내에서 적절히 처벌받을 수 없는 수천, 수만 또는 수십만 명의 사람들에게 부담을 지고 있습니다. 그리고 우리 유대인은 수백만 명의 결백한 사람들에게 부담을 지고 있습니다. 오늘날 살아있는 모든 유대인은 이런 이유로 자신들을 의인화된 결백으로 생각할 수 있습니다. 다른 한편, 제가 보기에 당신이 말하는 형이상학적 책임[124]은 지구의 판관이 실제로 전혀 인정할 수 없는 '절대자'뿐만 아니라 공화국의 정치적 기초인 연대(그리고 클레망소가 "개인의 문제가 전체의 문제"라는 말에서 표현했습니다)도 포괄하고 있습니다.

말하자면, 당신은 이것들이 모두 부수적인 소견일 뿐이라는 것을 알고 있습니다. 저는 뉘른베르크 재판에 대한 당신의 견해에 특별히 끌렸습니다. 저는 그것이 기쁩니다. 제가 보기에 이것들은 특히 오늘날 독일에서 거의 이해할 수 없습니다.

저는 『변화』 제5~6호 두 권을 받았지만 제1호를 제외하고 3~4호를 받지 못했습니다. 이번 호는 훌륭하고 생동감 있습니다. 우선 당신의 논문「정치적 자유에 대한 테제Thesen über politische Freiheit」[125]는 굉장히 놀랍습니다. 저는 잡지에서 분산되고 소실되는 것을 막기 위해 『책임 문제』의 서론으로 이 논문들을 이곳에서 출판하고 싶습니다. 참으로 좋습니다. 저는 7월 20일에 관한 보도와 평가에 매우 기쁩니다.[126] 저 역시 성서 종교에 대한 당신의 짤막한 논평에 완전히 동의합니다.[127] 폴 헤르조크의 보고서[128]는 매우 유용했습니다. 제가 지금까지 이 주제에 관해 읽은 것들 가운데 최고입니다. 드와이트 맥도널드에게 이것을 출판하라고 설득하고 있습니다. 언제나 약간은 어렵습니다. 그는 독일어를 한마디도 읽지 못합니다.

124　다음 자료를 참조할 것. *Die Schuldfrage*, 11, 48ff.
125　Karl Jaspers, "Thesen über politische Freiheit," *Die Wandlung* 1(1945~1946): 460-465.
126　다음 자료를 참조할 것. *Die Wandlung* 1(1945~1946): 172-75, 527-537.
127　Karl Jaspers, "Vom der biblischen Religion," *Die Wandlung* 1(1945~1946): 406-413.
128　폴 헤르조크(Paul Herzog, 1902년 탄생)는 독일 언론인이며 출판업자이고,「홀름 — 골고다」의 저자이다. "Cholm-Schädelstätte," *Die Wandlung* 1(1945~46): 431-448.

이제 저의 과장된 이야기에 대한 당신의 편지에 대해 말씀드립니다. 이 편지는 제가 당신으로부터 지금까지 받은 편지들 가운데 가장 좋은 것이며, 저를 오로지 황홀하게 했습니다. 물론 저는 마치 가장 큰 감자를 쥔 농부처럼 느꼈습니다. 제가 당신에게 그 글을 보낸 것은 정말 어리석었기 때문입니다. 당신은 전적으로 옳습니다. 당신은 현재 상태로 그것을 출간할 수 없으며 출간하지 않아야 합니다. 어쨌든 그런 것은 더 큰 맥락에서만 출간되어야 합니다. 여기서 저는 그것을 출간할 수 있습니다. 첫째로 그것이 유대인 잡지에 출간되었고, 둘째로 말하자면 독일 패망 직후 그것을 경고로 집필했기 때문입니다. 반유대주의에 대해서는 다음 기회에 이야기하겠습니다. 반유대주의는 국민국가에서 처음 등장했습니다(독일에서 해방전쟁으로 시작되고, 프랑스에서 드레퓌스 사건[129]으로 끝났습니다). 유대인이 국가에 특별히 유용했고 국가로부터 특별 보호를 받는 집단으로 등장했기에, 반유대주의가 발생했습니다. 그 결과, 주민들 가운데 국가와 충돌하게 된 모든 집단은 반유대주의로 돌아섰습니다. 이후 (1880년대 시작된) 제국주의 시대의 반유대주의가 나타났습니다. 이 시대의 반유대주의는 애초부터 조직에서 국제적이었습니다. 2천 년 동안 지속했던 유대인 증오의 역사에 관한 한, 이것은 유대 민족이 선민이라는 주장에 일차적으로 좌우됩니다. 이 역사 — 모든 유대인 역사와 같이 — 는 불행하게도 위조되었습니다. 소수의 중대한 예외는 있지만, 유대인은 자신들을 영구적으로 박해받는 민족의 역사로, 반유대주의는 이 역사를 악마의 역사로 묘사하였기에, 우리는 어떻게든 이 역사에 있는 모든 것을 수정해야 합니다. 이 모든 것에 비추어 볼 때, 논문을 수정하는 것으로만 말이 안 됩니다. 『변화』에 기고하기 위해 이 논문을 완전히

---

[129] 알프레드 드레퓌스(Alfred Dreyfus, 1859~1935)는 이른바 반역죄 혐의로 종신형을 받은 프랑스 군 장교였다. 이후 논쟁은 1894~1906년 프랑스 전역에 확산했다. 에밀 졸라는 그의 복권을 위해 유명한 투쟁을 했다. 드레퓌스는 결국 석방되고 완전 무죄로 밝혀졌다. 그는 프랑스 참모부에서 근무한 첫 번째 장교였고, 프랑스에서 강렬한 반유대 정서의 희생자였다.

다시 작성해야 하고, 더 확장하며 개선해야 합니다. 저는 약간의 시간을 갖게 될 때 작업을 할 것입니다.

저는 당신의 편지가 왜 저에게 그렇게 큰 기쁨이었는가를 설명할 필요가 없습니다. 여기에서 지적으로 남편하고만 살고 있습니다. 즉 제가 알기로 우리는 같은 언어를 사용하는 유일한 사람들입니다. (조심하세요. 남편은 제가 논문을 보낸 것을 알지 못하며, 그런 엄청난 우매함에 몹시 화냈습니다.) 하지만 지금 당신이 말하자면 외부에서 저와 논쟁할 때, 사실 저는 제 발밑에 단단한 땅을 가지고 있었던 것 같으며, 다시 세상에 돌아온 것 같습니다.

저는 당신이 스위스로 여행하기 전에 이 편지가 도착하기를 바랍니다.[130] 휴식을 취하기 바랍니다. 좋은 시간이 되길 바랍니다. 사르트르는 독일어를 잘하고, 카뮈[131]는 유창하지요. 장 왈[132]은 자신이 제네바로 간다고 저에게 편지를 보냈습니다. 그는 또한 사람들이 생각하는 것만큼 말을 잘하고 이해하지는 못합니다. 카뮈는 아마도 사르트르만큼 재능이 없지만, 훨씬 더 중요합니다. 그는 훨씬 더 진지하고 정직하기 때문입니다. 장 왈은 좋은 사람이지만 약간은 우둔합니다. 아마도 당신은 발헨스[133]가 당신에 관한 저서를 집필하고 있다는 것을 알 것입니다. 저는 당신에 관한 발헨스의 논문[134]이 수록된 멕시코 잡지 — 프랑스어로 집필함 — 를 다음 소포에 보낼 것입니다.

저는 책임 문제와 관련한 저의 논문에 대한 대응에 전적으로 만족하지

---

130 1946년 9월 야스퍼스는 제네바 국제회의에 참석했다.
131 아렌트는 파리 망명 기간에 프랑스 작가 알베르 카뮈(1913~1960)를 알게 되었다.
132 장 왈(Jean Wahl, 1888~1974)은 프랑스 철학자이며, 1927년 소르본대학교 교수가 되었다. 그는 야스퍼스에 관한 여러 편의 논문을 집필했고, 야스퍼스와 독일 실존철학을 프랑스에 처음 소개한 사람들에 속한다.
133 알폰스 드 벨헨스(Alphonse de Waelhens, 1911년 탄생)는 벨기에 철학자이며 루뱅대학교 교수였다.
134 Alphonse de Waelhens, "Un véritable existentialisme: la philosphie de Karl Jaspers," *Orbe* 2, no. 3(1946): 11-25.

않습니다. 저는 독일에서 온 편지를 받았습니다. 이 사람들은 모두 '이해받고' 있다고 느끼며, 누구도 '속물'에 대한 저의 편견을 발견하지 못한 것 같습니다. 게다가 비열한 『헤센 신문 Hessische Nachrichten』은 제가 "최고 의미의 독일인"이라고 공표했습니다. 제가 그것에 대해 할 수 있는 말은 "그리고 운명이 당신에게 할 수 있는 것/ 모든 것은 분명해 보이지 않는다"입니다.

저는 "이제 독일이 패망했기에 처음으로 독일인으로서 편안함을 느낀다"라는 당신의 주장이 충격적이라고 생각합니다. 그 부분적인 이유를 들자면, 제 남편이 일 년 전에 거의 같은 말로 같은 사안을 언급했기 때문입니다.

이만 줄입니다. 잘 지내시고 휴식하시며, 몸을 잘 관리하십시오. 따뜻한 인사를 드립니다.

한나 아렌트 올림

편지 44 **야스퍼스가 아렌트에게**

취리히, 1946년 9월 18일

친애하고 존경하는 한나 아렌트!

당신은 이 혼돈세계에서 우리의 정향 지점들 가운데 하나로 정신에서 항구적으로 우리와 동행하고 있소 — 그러나 이것은 거짓으로 들린다오. 그런 축복은 당신 자신이고, 당신의 존재이기 때문이오. 나는 유럽인들의 모임에서 다른 사람들과 함께 대화[135]를 나누고 토론에 참여한 제네바에서 그것을 더욱 강력하게 느꼈소. 지성계와 다시 실제로 접촉하는 것은 꿈만 같았다오. 그곳에서 보낸 시간은 우리, 즉 나와 아내, 처남인 에른스트 마이

---

[135] Karl Jaspers, "Vom europäischen Geist." 1946년 9월 국제학술회의에서 수행한 강의이다. 다른 참가자들의 강의 및 토론문을 담은 이 강의는 다음 자료에 수록되어 출판되었다. *L'Esprit européen: Textes in-extenso des conférences et des entretiens organisés par les Rencontres Internationales de Genève 1946*(Neuchâtel, 1947): 291-323.

어,¹³⁶ 그리고 폴 고트샬크¹³⁷에게는 큰 기쁨이었소. 그들은 모두 우리를 다시 보러왔소. 유감스럽게 전체 상황은 지적으로 오히려 의심스럽고, 본론으로 들어가면 관례적이었소. 프랑스 저항운동 출신의 소수 젊은이는 나에게 깊은 인상을 주었소. 직접적이고 사려 깊으며 진지하고 점잖다오. 당신은 그들을 믿을 수 있소. 나는 그들이 전형적이지 않고 예외라고 들었소. 그들과 관련하여 나에게 충격을 준 것은 그들의 소박성이었소. 그들의 인간성, 이것을 위해 삶의 모험을 하겠다는 의지, 그리고 그들의 독립심이오. 스티븐 스펜더¹³⁸는 영국 출신이고, 단지 더 현실적일 뿐이고 물론 재능이나 독단이 없는 군돌프와 같은 젊은이라오.¹³⁹ 나는 그와 관계를 시작했다고 생각하오. 주제는 유럽의 정신이었소. 그리고 발표자들 가운데 일부는 유럽의 민족주의와 유사한 것을 밝혔다오. 그러나 합리적인 사람들은 세계를 염두에 두고 있소. 베르나노스¹⁴⁰는 아브라함 아 상타 클라라¹⁴¹에게 합당한 고발 소송을 제기했소. 벤다¹⁴²는 영원한 합리주의자, 즉 19세기의 명

---

136 에른스트 마이어(Ernst Mayer, 1883~1952)는 의사이고 철학자이며, 게르트루트 야스퍼스의 남동생이다. 『철학』에 집중적으로 노력을 들였으며, 자신의 저작에서 아마도 야스퍼스의 가장 중요한 "동료 철학자"였다. 다음 자료를 참조할 것. Karl Jaspers, *Philosophische Autobiographie*, revised and enlarged ed.(München, 1977): 47-53; Karl Jaspers, "Lebenslauf Ernst Mayers," *Arztliche Mitteilungen* 37, no. 24(1952): 543-544.
137 폴 고트샬크(Paul Gottschalk, 1880-1970)는 서적상이고 게르트루트 야스퍼스의 사촌이며, 평생 야스퍼스 부부와 가까웠다. 다음 자료를 참조할 것. Paul Gottschalk, "Memoireen eines Antiquars," special reprint from *Börsenblatt für den Deutschen Buchhandel*(Frankfurt am Maiana, n.d.).
138 스티븐 스펜더(Stepen Spender, 1909년 출생)는 영국 시인이며 비평가이다. 그의 강의와 관련 다음 자료를 참조할 것. *L'Esprit européen*, 215-233.
139 이것은 군돌프가 독일 시인 스테판 게오르게를 중심으로 모인 문학 주창자 동아리, 즉 게오르게 동아리에 가입한 것과 연관된다.
140 조르주 베르나노스(Georges Bernanos, 1888~1948)는 프랑스 소설가이며 정치저술가이다. 그의 강의에 관해서는 다음 자료를 참조할 것. *L'Esprit européen*, 263-290.
141 아브라함 아 상태 클라라(Abraham a Sanct Clara, 1644~1709)는 종교개혁 이후 시기 가장 탁월한 설교자들 가운데 한 사람이었다.
142 줄리앙 벤다(Julien Benda, 1867~1956)는 프랑스 작가다. 그의 강의에 관해서는 다음 자료를 참조할 것. *L'Esprit européen*, 9-36.

민하고 소박한 후예였다오. 나는 갈채를 받았지만, 어느 누가 나의 주장을 이해했는지 의심했소. 아무튼, 나는 마치 아주 이상하게도 현대 전쟁의 재앙에 대해 알면서도 이것들에 대해 말하는 50년 전의 세계로 거슬러 올라간 것 같이 느꼈다오. 아내와 나는 제네바의 아름다움, 도시와 전경을 즐기고 18세기의 시선으로 몽블랑, 항구 주변의 큰 우물, 사랑스러운 공원과 호화로운 건물을 구경하려는 유혹을 막을 수 없었소. 거대하고 죽은 국제연맹의 궁전. 장 왈은 거기 있었소. 나는 그를 처음 만났다오. 그는 거의 말이 없었다오. 호감이 가고 선의를 지닌 사람이오. 나는 독일어로만 말했소. 한 신문은 독일어가 나를 통해 세계에서 그 자리를 다시 확보했다고 지적했지만, 이 모든 것은 충분했소. 당신은 이렇게 세계에 참여하는 게 10년 이후 우리에게 무엇을 의미하는지 상상할 수 있다오. 내가 만족하지 못하는 것은 배은망덕한 일이라오.[143]

당신이 현재 쇼켄출판사에서 일하고 있으니, 출판사에 대해 나에게 말해주오. 그리고 당신은 '오만한 사장'과 어떻게 잘 지내는지요.

몇 가지 실제적인 문제에 관한 사항이오.

나는 번역권을 당신에게 부여하면서 당신이 번역하기를 기대한다고 제안할 생각은 없었소. 단지 당신이 번역을 준비하는 힘을 가져야 한다는 것뿐이오. 이유는 이러하오. 즉 나는 번역권이 귀중한 소포를 보내주는 당신에게 보상해줄 수입을 가끔 창출할 수 있기를 바라오. 어떤 계약도 스스로 할 수 없구려. 그리고 내가 한다면, 모든 수익금은 사례금으로 끝날 것이오. 이런 이유로 당신만이 현재의 번역권 소유자로서 수익을 받아야 하오.

나는 당신이 『파르티잔 리뷰』를 위해 집필한 실존철학에 관한 에세이,

---

[143] 야스퍼스가 이 편지에서 게오르그 루카치(Georg Lukás, 1885~1971)의 참석을 언급하지 않았다는 점을 지적할 만하다. 루카치가 야스퍼스의 토론에 참여했듯이, 야스퍼스는 루카치 강의의 토론에 참여하였다. 두 사람 사이의 논쟁은 전체 행사에서 대단히 주목받았던 것으로 여겨졌다. 야스퍼스 부부는 역시 루카치에게 경의를 표시하여 제네바 헝가리도서관에서 열린 연회에 참여했다.

즉 당신이 나에게 보낸 독일어 원본을 『변화』[144]에 게재하고 싶소. 편집부 직원과 사장은 그것을 반대했소. 우리 독자층에 매우 어렵다네요! (이 사실은 당신만 아는구려.) 그러나 일류 출판사인 슈나이더사[145]는 철학에 관심이 있는 독일 독서계를 위해 개별 책자로 당신의 에세이를 출판하기 원하오. 그는 이 문제와 관련하여 당신에게 편지를 보낼 것이오. 이것은 모두 몇 달 전의 일이오. 나는 더 이상 어떤 것도 듣지 못했소. 나는 이것과 관련하여 스스로 어떤 것을 더 추진하고 있지 않지만, 당신이 이것에 대하여 알기를 바라오. 제국주의에 관한 당신의 탁월한 논문은 다음 호에 출간될 것이오.[146] 슈테른베르거는 미국에 있는 당신과 우편 왕래에서 애로가 증대하는 것에 대해 당연히 안타깝게 생각한다오. 그와 우리가 받고 싶어 하는 당신의 에세이들은 당분간 우리에게 도착하지 않을 것이오. 나는 당신의 두 번째 에세이, 즉 유대민족을 연구한 에세이에 관한 장문의 편지 — 이것과 같이 읽기 어려운 — 가 당신에게 전혀 도착하지 않았는지 추측하오.[147] 이것은 오래 전에 쓰였다오.

늘 당신에게 미안하오. 그리고 내 빈약한 수기 때문만은 아니오. 나의 몸 상태가 좀 안 좋소. 내 심장은 약하고 가끔 일반적인 건강상태에 부정적인 영향을 미친다오. 그래서 나는 시간을 대부분 누워서 보내오. 그러나 강의를 해야만 하는 날에는 내 모습이 그 한 시간 동안 좋아 보이기에, 모든 사람은 내가 강건한 사람이라고 생각한다오.

9월 22일 일요일, 우리는 차편으로 하이델베르크로 돌아가려고 하오. 나

144　편지 36의 각주 69를 참조할 것.
145　램버트 슈나이더(lambert Schneider, 1900~1970)는 또한 하이델베르크에서 쇼켄출판사(1931~1938)와 카를-빈터대학출판사(하이델베르크)를 이끌었던 출판인이었다. 전후 그는 하이델베르크에 자신의 출판사 램버터 슈나이더출판사를 설립했다.
146　편지 41의 각주 99를 참조할 것.
147　(유대인 문제와 관련된) 편지 41은 아마도 아닐 것이다. 아렌트는 편지 43에서 편지 41의 내용을 논의하고 있기 때문이다. 편지는 틀림없이 소실되었거나, 아니면 여기서 야스퍼스의 기억 결함은 나타나지 않는다.

는 독일에서 강의를 계속 진행하고 싶소.[148] 나는 봄학기에 수강 학생으로부터 느낀 신뢰의 부족으로 용기를 상실했고, 여름학기에는 시대를 초월한 주제에 대한 순수한 철학 강의로 제한하였다오.[149] 그러나 나는 이것에도 만족하지 않았소. 다시 시도해야 하오. 철학은 잠시도 그 기원을 망각하지 않은 채 구체적이고 실천적이어야 하오. 그러나 나의 경우 지적 가능성은 아주 제한적이고, 지식도 아주 부족하오. 나는 아무것도 전혀 하지 않는 것보다 할 수 있는 것을 실행하는 게 항상 좋다고 나 자신에게 말하오. 나는 대중에게 더 무관심해져야 하오. 어쨌든 지금 독일에서 중요한 것은 무엇이든 개개인과 소규모 집단에서만 발생할 수 있소. 혼돈이 증대되오.

나는 적의를 품은 표정을 보았을 때 말하기 어렵소. 내가 요구하는 최소한의 전제 조건은 청중들이 불신감을 자발적으로 자제하는 것이오. 나는 1937년 이전에는 지금처럼 청중석에서 나에게 보여준 이렇게 친절한 태도를 경험한 적이 거의 없었소. 나는 공개적으로 평화롭소. 하지만 사람들은 등 뒤에서 나를 비방하오. 공산주의자들은 나를 국가사회주의의 전위, 삐친 패배자, 조국 반역자라고 부른다오. 면전에서 이런 말이 언급되었을 때, 나는 지금까지 온화하고 설득력 있는 반응으로 불을 끌 수 있었소. 이 일은 내가 신문 편집자로부터 장문의 '공개서한'을 받았을 때 일어났다오. 그는 나의 반응과 함께 이 서한을 즉시 출판하고 싶어 했소. 그는 내 답장을 받았을 때 "공동 대의를 위해" 그 게재 계획을 포기했소. 우리는 비방의 분위기 속에서 살고 있소. 약점이 사실 발견되면, 당신은 패배하는 것이오. 이것 역시 현재 상황의 일부라오. 나는 우선 중대한 것이 번창하기를 바라오. 나는 세미나에 참석할 때[150] 그 적극적인 가능성을 믿소. 우리는 전적으로 추상적인 플라톤과 헤겔에서 '이념'에 대한 대단히 훌륭한 보고를 들었고,

---

148 1945~1946년 겨울학기 야스퍼스의 강의 제목은 「오늘날 독일과 철학」이었다.
149 1946년 여름학기 강의 제목은 「진리에 대하여」였다.
150 1946년 여름학기와 겨울학기에 야스퍼스는 역사철학 문제에 대한 세미나를 진행했다.

우리가 마치 가장 최근의 문제를 다루고 있는 듯이 생생하고 긴박한 토론이 이어졌소. 이러한 소수의 젊은이는 정치에는 전혀 관심이 없고, 그저 비난과 불신만을 부추긴다오. 그러나 당신이 그들과 함께 대화할 때 발견하듯이, 그들은 대단히 해박하오. 따뜻한 안부를 표시하며 아내와 함께 안부를 전하오.

카를 야스퍼스

편지 45 | 아렌트가 게르트루트에게

뉴욕, 1946년 10월 5일

친애하는 게르트루트님께―

즐겁고 건강한 상태로 여행에서 돌아왔기를 바랍니다. 이곳에서 저는 당신의 질녀[151]를 만났으며, 그래서 그 여행이 정말 좋았다는 것을 알고 있습니다. 그 밖에도 『타임 Time』 잡지[152]는 회의 내용을 보도하고 야스퍼스의 말을 인용했습니다. 실질적인 소통은 이루어졌는지요? 저는 베르나노스가 참가한 것을 확인했습니다. 그는 중요한 인물입니다 ― 위대한 작가는 아니지만 위대한 언론인입니다. 당신은 『달빛 어린 공동묘지 Les grandes cimetières sous la lune』[153]를 아시지요? 스페인 파시즘에 관한 이야기입니다. 확실히 제가 이 주제와 관련하여 알고 있는 가장 인상적인 책입니다. 그는 가끔 입에서 나오는 대로 지껄이지만 매우 관대하고 진실한 인품을 지니고 있습니다. 그는 실제로 연설가입니다. 전쟁 중에 집필한 그의 저서 『영국인들에게 보내는 편지 Lettre aux Anglais』[154]도 중요합니다. 사물을 정확하게 파악하

---

[151] 도도 징어-마이어는 게르트루트의 동생인 아더 마이어의 딸이다.
[152] *Time* 48, no. 13(September, 23, 1946): 28-29. 편지 44의 각주 135를 참조할 것.
[153] Georges Bernanos, *Les grandes cimetières sous la lune*(Paris, 1938); 영어판, *A Diary of My Times*(1938).

지 못했지만, 정치적 직관은 풍부합니다. 당신이 좋은 책에 약간의 시간과 관심이 있다면, 저는 이것을 추천합니다. 그리고 프랑스어로 읽는 것이 당신에게는 어렵지 않습니다.

오늘 편지를 쓰는 주요 이유는 우리의 일괄 결산을 확실히 하기 위한 것입니다. 저는 당신이 8월 편지[155]에서 언급한 세 개의 소포가 7월에 보낸 소포라고 추정합니다. 8월에 소포 4개를 보냈습니다(의약품이 들어 있는 소포는 1개인데, 저는 잠시 이름을 잊었습니다). 그다음 9월에 소포 3개, 어제 10월에 소포 3개입니다. 별도로 저는 두 개의 '케어CARE' 소포를 주문했습니다. 이것들도 어느 시점에 도착해야 합니다. 저는 당신의 배려로 7월에 소포 1개, 9월에 밀가루가 들어 있는 소포 1개를 마리안네 베버에게 보냈습니다. 저는 이제 마리안네 베버가 다른 사람으로부터 소포를 받고 있다고 추정합니다. 이게 맞지 않는다면, 저에게 알려주세요.

저는 방금 당신의 편지를 다시 읽었습니다. 아무리 애를 써도 제가 "자멸적"이라고 불렀던 것을 이제는 기억할 수 없습니다. 그게 중요하지 않고 어떤 중대한 실망을 초래하지 않았기를 바랍니다.

유감스럽게도, 저는 다이얼출판사로부터 아무런 소식도 듣지 못했습니다. 국무성의 답신이 아직 없기 때문입니다. 그사이에 잡지사도 어리석게 허가 없는 출판을 두려워합니다. 우리는 언제 '정상적인' 상황을 다시 갖게 될까요? 현재 그게 심지어 더 짜증스럽습니다. 그럴만한 이유가 전혀 없기 때문입니다.

저는 『변화』를 결코 확보하지 못했습니다. 이것은 물론 다른 과장된 표현입니다. 창간호와 제5/6호는 가지고 있습니다. 조 마이어는 제8호를 가지고 있고 그것을 저에게 빌려줄 것입니다. 저는 책의 출판 직전 초록을 아

---

[154] Georges Bernanos, *Lettre aux Anglais*(Rio de Janeiro/Algiers, 1943); 영어판, *A Plea for Liberty* (1944).
[155] 1946년 8월 15일 게르트루트가 아렌트에게 보낸 편지.

직 읽지 못했지만, 조만간 그것을 받을 것입니다.

당신의 질녀는 매력적입니다. 그녀는 저에게 바닷가재의 비밀을 알려주었습니다. 당신도 아시듯이, 저는 필요한 정보를 직접 얻지 못할 때 그것을 우회적으로 얻습니다.

출판사의 일은 일손이 많이 가지만 재미도 있습니다. 지금 저는 지난 겨울에 했던 일보다는 훨씬 적게 일하며, 약간의 게으름을 즐기고 있습니다.

스위스 여행이 약간의 휴식과 기분 전환을 가져다주었기를 바랍니다. 당신의 경우 그게 필요합니다. 저는 몇 주 동안 음식에 대해 생각하지 않아도 된다는 것이 무엇을 의미하는지 상상할 수 있습니다. 당신의 동생과 일이 잘돼서 좋습니다. 그리고 세상이 어떻게 보이던가요?

두 분께 따뜻한 안부를 전하며
한나 아렌트

편지 46 야스퍼스가 아렌트에게

하이델베르크, 1946년 10월 19일

친애하고 존경하는 한나 아렌트!

나는 당신에게 쓸 내용이 너무 많구려. 당신과 몇 시간이고, 며칠이고 계속 이야기하고 싶소. 당신의 편지와 에세이는 당신이 상상할 수 없을 정도로 나를 정신 나게 하오. 우리는 모두 아주 외롭게 독백하며, '성공적이오.' 그리고 모든 것은 진흙 속에 던져진 돌과 같이 가라앉는구려. 나는 마침내 조금도 의심할 여지 없이 진지하게 말하는 소리를 당신에게 듣고 있네요. 내 생각에 그 사람은 내가 듣는 것을 같이 중요하게 여기오. 유일한 차이는 당신이 나보다도 더 용감하다는 인상을 나에게 준다는 점이오.

나는 계속 말하기 전에 실제적인 문제를 다루고 싶소. 당신이 내 아내에게 보낸 10월 5일 편지는 방금 도착했고, 8월에 보낸 4개의 소포도 도착했소. 9월에 보낸 소포는 아마도 곧 도착할 것이오(8월에 보낸 소포는 9월 말에 도착했다오). 2개의 '케어' 소포는 아직 도착하지 않았소. 그러나 신문 보도에 따르면, 이것들에 문제는 없소. 우리는 인내해야 할 것이오. 아내가 당신에게 편지를 보낼 것이오. 감사하오. 우리는 몇몇 다른 소포를 받지만, 단지 당신으로부터 정기적으로 받고 있으며, 우리가 평화롭게 생활하고 일 년 전보다 훨씬 건강하게 생활하고 있을 정도로 성대한 방식으로 소포를 받고 있다오.

나는 9월 중순 제네바에서 당신에게 편지를 보냈소.[156] 번역권이란 선물의 의미를 그 편지에서 설명했소(나는 당신이 스스로 번역해야 한다는 것을 전혀 생각하지 않네요. 그것은 물론 불가능하오). 동봉한 편지에 이를 반복해 언급했소.

10월 23일. 이 시점에 내 누이동생이 3년 반 만에 처음으로 올덴부르크에서 왔소. 나는 멈춘 곳에서 이제 다시 시작할 것이오. 그사이에 내 강의가 시작되었소. 오늘 나는 업무시간이 있었소. 그러나 비록 이것에서 합리적인 것이 나오지 않더라도, 나는 최소한 당신에게 편지를 썼으면 하오. 람베르트 슈나이더가 당신의 여러 에세이,[157] 즉 『변화』에 게재한 논문과 게재하지 않은 논문을 취합한 책을 출간하고 싶다니, 나는 기쁘오. 이것은 지적으로는 빈약하지만 이미 방대한 독일 문학작품에서 실질적인 위상을 지닌 에세이 모음집이 될 것이오. 『정신병리학 총론』[158]은 750쪽 분량으로 이미 출간되었소. 스프링어출판사와 나는 각기 번역권을 50 대 50으로 소유하오. 번역 가능성이 실제로 어렴풋이 보인다면, 출판사는 유감스럽게도 상의해야 할 것이오. 이제 나는 어떻게 당신에게 책을 보낼 수 있을지 그리고 어떻게 보낼 수 있을지 알아보아야 할 것이오. 그 책은 문체적으로 다듬어지지 않았소. 사실 나는 젊은 시절로 되돌아가서 의료인의 순진함과 억

---

156 이 인용 자료는 틀림없이 (취리히에서 보낸) 편지 44이다.
157 Hannah Arendt, *Sechs Essays* (Heidelberg, 1948).
158 Karl Jaspers, *Allgemeine Psychopathologie*, 4th, completely revised ed. (Berlin/Heidelberg, 1946).

제력 부족, 또한 따분함을 드러내며 다시 글을 썼다오 ― 요하네스 후프스(당신이 아마도 기억해 낼 이곳의 영문학자)는 오늘 나를 찾아왔고, 『대학의 이념』을 번역하고 싶다는 미국 교수에 대해 나에게 말했소. 내가 스위스에 있을 때, 그는 여기 있었소. 나는 미국 교수를 당신에게 조회해달라고 후프스[159]에게 요청했다오. 당신은 자신이 가장 좋다고 생각하는 것을 결정하오. 이것은 당신이 번역권이란 선물을 받아들일 의향이 있다고 가정하고서요. 그는 아이오와주 아이오와시 아이오와대학교 셰퍼홀 108호 얼 제임스 맥그래스 학장이오. 그가 당신에게 편지를 보낸다면, 당신은 두고 보는 것 말고는 아무것도 할 필요가 없소. 이와 같은 준비는 나에게 항상 모호하고 실질적이지 않다는 인상을 주오. 나는 당신이 『변화』 각 호를 대부분 받지 못했다고 슈테른베르거에 반복해 말했소. 우편물이 반송되었구려.

당신의 비판적 논평은 나에게 깊은 영향을 주었소. 희생자들을 향한 의도를 적극적이고 정치적으로 선언하자는 당신의 요구가 특별히 그렇소.[160] 내가 당신의 의견에 **완전히** 동의한다는 사실은 나를 더욱더 불편하게 하오. 나는 현재 독일에서 이것이 불가능하다고 느끼며, 이에 따라 우리가 이런 종류의 선언에 대한 합의를 여전히 기대할 수 없을 때 독일인들의 미래에 대해 비통함을 느끼기 때문이오. 그런 선언의 가능한 순간은 아직 완전히 지나가지는 않았소. 당신의 생각은 내 마음에 이식되었소. 나는 이것을 망각하지 않을 것이오.

나는 당신이 『책임 문제』에 대해 제기한 다른 두 비판적 논평에 대해 당신과 그렇게 강하게 동의하지는 않소. 당신은 나치의 소행이 악마적 "교만(Größe; greatness)"을 내포한 "범죄"로 이해될 수 없다고 주장하는데(나는 당신의 견해에 전적으로 만족하지 않아요. 모든 형사 책임을 넘어서는 범죄는 불가피하게 교만한 경향을

---

159 요하네스 후프스(Johannes Hoops, 1865~1949)는 1901년부터 하이델베르크대학교 영어 교수였다.
160 편지 43을 참조할 것.

띠기 때문이오), 교만은 나의 경우 히틀러 등의 '악마적' 요소에 관한 모든 이야기와 마찬가지로 나치에게도 부적절하오. 내가 보기에 우리는 형사 책임을 완전한 평범성,[161] 단순한 무가치성에서 보아야 하기 때문이며, 그것이 진정 형사 책임을 특징짓는 것이오. 박테리아는 국가를 전멸시키는 전염병을 초래할 수 있지만 단지 박테리아로만 존재하오. 나는 신화와 전설의 어떤 암시도 공포로 간주하며, 특별하지 않은 것은 모두 그런 암시일 뿐이오. 교도소 직원들의 순전한 무능만이 책임이 있었을 때, 많은 사람은 괴링이 교수대를 탈출하는 데 성공한 것을 대단하게 생각한다오. 당신의 견해는 흥미롭소. 특별히 내가 희생자들의 거짓된 비인간적 결백으로 인식한 것에 비춰볼 때 그렇다오. 그러나 이것은 모두 다르게 표현되어야 할 것이오(어떤 뜻으로, 나는 아직은 모르오). 당신은 이것을 표현하는 방식에서 거의 문학작품의 길을 걷고 있소. 그리고 셰익스피어와 같은 사람은 이런 자료에 적절한 형태를 전혀 부여할 수 없을 것이오. 그런 사람의 본능적인 미적 감각은 이것의 위조로 이어질 것이오. 그리고 그런 이유로 그는 이것을 시도할 수 없소. 여기에서 이념과 본질은 없다오. 나치 범죄는 심리학과 사회학의 주제이며, 오직 정신병리학과 법학의 주제라오.

게다가 또 '연대'가 있소. 당신이 아마도 의미하는 것은 형이상학적 죄책감이란 주제와 아무 관계가 없소. 정치적 연대의 요구는 누구나 주민 대다수의 협력에 의존할 수 있는 곳에서 오로지 정당할 수 있소. 이런 요구는 파시즘 아래 이탈리아에서 가끔 나타났으나, 독일에는 전혀 존재하지 않으며 직접 호출될 수 없소. 이런 요구는 함께 영위되는 삶의 전체에서 오로지 발전하오.

나는 『대학의 이념』에 대한 당신의 비판적 논평이 정확하다는 것을 알았

---

[161] 이 논문은 아렌트의 『예루살렘의 아이히만: 악의 평범성에 대한 보고서』 부제에 영향을 미쳤을 것이다.

소.¹⁶² 하이데거¹⁶³에 대한 당신의 판단을 물론 공유하오. 내가 이전에 밝힌 주장¹⁶⁴은 당신이 묘사한 사실들의 정확성과 오로지 관련되었다오.

내가 무언가를 잊었구려. 영국에서 『책임 문제』의 번역과 관련한 최종 합의는 아직 이루어지지 않았소. 나는 오랫동안 어떠한 소식도 듣지 못했기에 당신이 직면한 형태의 어려움을 예상하오. 그 책을 출판할 골란츠¹⁶⁵는 나를 방문할 것이오. 따라서 나는 세부 사항을 알 것이오. 현재까지 나는 줄곧 대변자로 활동했던 쉬만스키 씨와 오로지 말했소. 어떤 사항이라도 듣는 즉시 당신에게 알릴 것이오. 나는 영국에서 『책임 문제』의 출판권을 조카인 구스타프 마이어¹⁶⁶에게 넘겼소. 나는 당신이 거의 읽기 어려운 나의 필체를 읽어야 할 것이고 그것 때문에 화가 날 정도로 좌절감을 느낄 것으로 생각하오. 그래서 다소 주저하며 편지를 보내오.

남편에게도 안부를 전해주시오. 나는 당신의 비판에 동참한 역할로 그에게 감사하오.

하이네가 그러했듯이, 당신의 특징화에 따르면¹⁶⁷ 당신은 유대인이며 독일인이 아닌가요? 나의 경우 당신은 분명히 그렇지만, 당신이 원하는지 어떤지는 다른 문제라오. 내 아내와 같이, 당신이 그것을 부인하든?

나는 현재 스위스에 대해서는 어떤 것도 당신에게 말하지 않았소. 이것은 우리에게 지극히 중요했다오. 친척들을 만나는 꿈을 실현하고 말을 들음으로써 세계를 경험했소. 많은 사람은 독일인을 이해했다오. 내가 한 말을 모두 프랑스어로 아름답게 통역한 통역사인 잔느 헤르쉬가 있었다오.

---

162 편지 42를 참조할 것.
163 편지 42를 참조할 것.
164 편지 40을 참조할 것.
165 빅토르 골란츠(Victor Gollanz, 1893~1967)는 영국의 출판인이며 작가이고 인간주의자였다.
166 구스타프 마이어(Gustav Mayer, 1871~1948)는 게르트루트 야스퍼스의 동생이며, 독일 노동운동의 역사가였다.
167 다음 자료를 참조할 것. Hannah Arendt, "Die verborgene Tradition," in her *Sechs Essays*, 84ff.

나는 '성공했소.' 그곳에서 유일한 독일인이었소. 나는 강의를 마칠 때 박수갈채를 받았소. 그러나 여전히 거리감을 느꼈다오. 우리는 현재 어디서든 편안함을 느끼지 못하오.

따뜻한 마음을 담아
카를 야스퍼스

하이델베르크, 1946년 10월 25일

(동봉한 편지)

친애하고 존경하는 한나 아렌트!

당신은 20년 전에 하이델베르크대학교에서 나의 도움으로 박사학위를 받았고 이 기간 내내 여전히 충실한 친구였던 내 학생이었기 때문에, 내가 권리를 가지고 있는 범위 내에서 나와 가장 가까운 사람인 당신에게 모든 저작을 미국에서 영어로 출판할 권리를 제공하오. 나는 지적이며 실질적인 상징으로 당신에게 감사함을 표현하겠다는 희망으로 권리를 부여하오. 이 선물은 당신의 평생에 유효하오.

항상 따뜻한 안부를 담아
카를 야스퍼스

편지 47   아렌트가 야스퍼스에게

1946년 11월 11일

친애하고 존경하는 분께—

취리히에서 보낸 당신의 편지는 매우 활기차게 보였지만, 그 이후 저는 당신이 다시 편찮으시다는 소식을 들었습니다.[168] (조금 걱정하는 것을 양해하여 주세요. 어쨌든 저는 여러 해 동안 무단으로 걱정했습니다. 실제로 당신이 저에게 자신의 질병[169]

---

168   이것은 게르투르트 야스퍼스의 1946년 10월 28일 편지에 있는 보고를 지칭한다.

에 대해 말씀하신 이후 내내, 얼마나 많은 시간이 지났는지 모릅니다.) 저도 당신이 강의와 관련하여 쓴 글, 심지어 다른 방식으로 세미나에 대한 당신의 긍정적인 발언 자체 때문에 걱정합니다. 우리는 독일에서 받은 모든 편지에서 대중의 적대감을 계속해서 듣습니다. 그리고 저는 이성에 대한 이런 반감이 오로지 굶주림과 빈곤으로 설명될 수 있다고 솔직히 믿지 않습니다. 학생들이 불행한 기억을 가진 우리와 마찬가지로 정치에 무관심하기에, 저는 당신의 세미나에 참여한 흐뭇한 학생들에 관한 소식을 듣고 놀랍니다.[170] 이 관심 부족은 전체적인 그림의 부분입니다. 이것도 거짓된 엘리트주의이며, 좀 더 복잡한 형태이기는 하지만 그 이면에는 회개하지 않음(즉 완고함)이 잠복해 있습니다. 제가 이 모든 것을 고려하려 말씀드리려는 것은 그저 질문일 뿐입니다. 제가 오랫동안 이를 비밀로 간직한 질문입니다. 즉 당신이 스위스로 가는 게 더 낫지 않을까요. 라스키는 이전에 보낸 편지에서 평판에 대해 언급했습니다. 그런데 저는 당신이 걱정됩니다.

저항운동 출신의 프랑스인들에 대한 당신의 언급은 저를 매우 기쁘게 했습니다. 물론 저는 일부 순수한 인간이 주위에 아직도 있다는 사실을 알고 있습니다. 그들은 물론 보잘것없는 소수를 대표하지만, 거기에 있습니다. 그리고 그들이 아직도 투쟁하고 목숨을 걸 준비가 되어 있다는 점은 중요합니다. 유감스럽게도, 우리는 적들이 자신들의 목숨을 걸 준비가 되어 있는 것에 익숙할 뿐입니다. 그들은 영웅주의에서 그렇게 하지 않습니다. 그러나 현대의 전형적인 인간은 자신이 살인자가 될 기회를 얻는 한 기꺼이 살해당할 위험을 무릅쓸 것이기 때문에, 그는 목숨을 걸 준비가 되어 있습니다. 만약 사람이 삶을 싫어한다면, '영웅'이 되는 것은 대단한 위업이 아

---

[169] 야스퍼스는 젊은 시절부터 기관지확장증, 2차 심부전증, 만성출혈에 시달렸다. 다음 자료를 참조할 것. Krankheitsgeschichte," in *Schicksal und Wille: Autobiographische Schriften*, ed. H. Saner (München, 1967): 109-142.
[170] 편지 44의 말미를 참조할 것.

님니다.

저는 스티븐 스펜더를 알지 못하며 그의 저작을 단지 조금만 읽었습니다. 이제 이 부분을 보충하고 싶습니다. 베르나노스의 훌륭한 웅변은 우리를 더 이상 도울 수 없습니다. 그는 무엇이든 비난하듯이 말하는 훌륭한 재능을 갖고 있습니다. 저는 벤다를 전혀 모르며, 그의 '소박함'을 믿지 않습니다. 주간지『디 벨트보헤*Die Weltwoche*』[171]에서 당신에 관한 기사를 읽었습니다. 좋은 사진도 있었지만, 저는 사모님이 보내준 것을 더 좋아합니다. 『타임』잡지[172]는 당신이 얼마나 사물의 중심에 있었는지 말하는 학술회의의 짤막한 보고를 실었습니다. 그것은 다소간 웃기면서도(『타임』의 바로 그것이기 때문이라서) 좋습니다.

다이얼출판사는 독일 저서들에 대한 금지 조치가 몇 주 이내에 해제된다는 소식을 국무부로부터 알았습니다. 이제 다이얼출판사는 저나 자신들에게 권리를 제공하거나 승인하도록 당신과『책임 문제』의 독일 출판사에 요청해달라고 저에게 당부했습니다. 저는 당신으로부터 편지만을 받았고, 다이얼출판사는 자체의 조치뿐만 아니라 관계 당국에 필요한 개별 서한을 요구합니다. 그 밖에도『논평*Commentary*』측은 아마도 당신의 제네바 연설문을 요청하기 위해 편지를 이미 당신에게 보냈을 것입니다. 『논평』은 매우 신선하고 널리 읽히는 유대계 신간 잡지이며 존 듀이도 다른 사람들과 같이 여기에 기고했습니다. 모든 일이 여기서는 유럽과 꽤 다르게 진행됩니다. (소포 비용에 대해서는 괘념하지 마세요. 우리는 당분간 형편이 좋습니다.) 필요한 책이 있으면 편지로 알려주세요.

저는 당분간 쇼켄출판사에서 매우 즐겁게 근무할 것입니다. 지금까지 그 노인과 잘 지내고 있습니다.[173] 그는 뚜렷한 유머 감각이 있으며 아직은 저

---

171 "우리는 그것이 어디에서 도착하는가를 느껴야 하지만 그것을 아직 모른다." 제네바 국제 학술회의 기록. *Die Weltwoche*(September 20, 1946).
172 편지 45의 각주 152를 참조할 것.

에게 폭군같이 대하지 않습니다. 그는 지적인 사람이고, 지적이며 학문적인 성취와 지적인 사람을 열정적으로 거의 숭배하듯이 존중합니다. 우리가 모두 알듯이, 부자가 하느님 왕국으로 들어가는 것보다 낙타가 바늘구멍을 통과하는 게 더 쉽기에, 많은 것은 그가 낙타가 되려고 하는가에 달려 있습니다. 전적으로 가능하지요.

그러나 진지하게 말하면 사정은 이러합니다. 어쨌든 저는 더 이상 유대인 정치에서 설 자리가 없습니다. 그리고 저는 공식적인 조직 세계와 시온주의 운동 내에서 이제 의미 있는 일을 할 수 없다고 생각합니다. 적어도 현재로서는 그렇습니다. 그래서 적당한 문화적·정치적 기회를 가지는 것에 만족할 수밖에 없습니다. 그리고 그것은 물론 쇼켄출판사와 같은 유대인 출판사입니다. 게다가, 제 동료들은 대부분 쾌활하며, 특히 미국인들입니다. 이들 가운데 일부는 제 추천으로 채용되었습니다. 간단히 말하면, 출판사 일은 작업 세계의 거친 현실은 아니며, (누구든 돈을 벌어야 하는 때에 매우 불쾌한 활동이 될 수 있는) 글을 쓰는 일도 아니고, 재미있는 일입니다.

제가 방문 계획을 포기했다고 생각하지 마세요. 저로서는 이 문제를 어떻게 해야 할지 모르겠습니다. 그리고 제가 하이델베르크나 어느 다른 곳이 그립다고 생각하지 마세요. (그리움을 느낀다면, 그곳은 파리일 것입니다.) 저는 젊은 시절이 그리운 것은 아닙니다. 실제로 당신을 뵙고 방문하는 일 이외에 어느 다른 것도 하고 싶지 않습니다. 그리고 저는 1933년 이후 방문하고 싶었습니다. 이 생각은 조금도 바뀌지 않았습니다. "고향이 없는 사람은 행복하다"는 니체는 옳지 않았을까요?[174] 하여튼, 저는 휴대가 쉬운 고향(아무것도 대체할 수 없는 것)인 남편에 아주 만족합니다.

사르트르가 제네바에 있지 않았다는 것은 유감입니다. 당신이 카뮈를 만

---

173 편지 42의 각주 118을 참조할 것.
174 니체의 시 「고독(Vereisamt)」. 제1연은 다음과 같이 끝난다. "아직도 고향이 있는 사람은 행복하네!" 마지막 연은 다음으로 끝난다. "고향이 없는 사람에게 화가 난다."

나지 못했다니 애석하기도 합니다. 카뮈는 저항운동에 참여한 젊은이들 가운데 한 사람이며, 당신은 이들에 대해 글을 썼습니다. 카뮈는 대단히 정직하며 높은 정치적 통찰력을 갖고 있습니다. 현재 유럽의 모든 나라에는 갑자기 불쑥 나타나는 새로운 유형의 사람, 어떤 "유럽 민족주의"도 갖지 않은 채 그저 유럽적인 유형의 사람이 있습니다. 저는 그와 같은 이탈리아 사람을 알았습니다. 그리고 카뮈도 그런 유형에 속합니다. 그들은 어디서든 편안합니다. 그들은 언어를 잘 알 필요도 없습니다. 반대로 사르트르는 너무나 전형적인 프랑스인이며, 너무 문학적이고 어떤 면에서는 아주 재능있고 야심적입니다. 이것은 저에게는 새로운 것입니다. 전쟁 이전에는 이와 같은 사람을 본 적이 없습니다. 사람들이 정말로 파시즘을 공동으로 경험했을 때, 이런 경험은 마치 이전에는 현실성이 없는 이상주의적 강령이었을 뿐인 무언가를 그들 내면에 즉각 불러일으키는 것과 같습니다. 이런 사람들과 대조적으로, 이전의 "선한 유럽인들"은 일을 꾸준히 하는 고결한 사람으로 보입니다.

저는 사모님께서 말씀했듯이 파리에서 오는 도중에 있는 당신의 제네바 연설문을 열렬히 기다리고 있습니다. 여기저기서 읽은 인용문 몇 부분은 저를 기쁘게 했고 호기심을 돋우었습니다.

이만 줄입니다. 건강 조심하세요. 따듯한 마음을 받아주시기 바랍니다.

한나 올림

편지 48 **야스퍼스가 아렌트에게**

하이델베르크, 1946년 11월 17일

친애하고 존경하는 아렌트!

나는 밀봉된 편지[175]를 정보통제국[176]에 보냈고, 이 복사본을 당신에게 보내오. 베를린을 경유하여 요청서를 받았다오. 내가 이것을 다시 제공하는 게 어떤 문제를 초래하지 않기를 희망하오.

급히 이 편지를 쓴다오. 그러나 다시 한번 당신에게 고마움을 표시하오. 아내와 나는 다시 건강이 좋은 상태라오. 내 몸무게는 150파운드에 이르고, 아내는 101파운드라오. 우리 모두 영양 상태가 좋아 보이고 그에 따라 기분이 좋소.

따뜻한 마음을 담아서
카를 야스퍼스

마리안네 베버도 매우 잘 보살핌을 받고 있소. 다른 사람이 고통받지 않아도 된다면, 그것은 자신의 행운을 더욱더 잘 만들어낸다오.

우리는 또한 이번 겨울 적절한 연료를 확보했소.

당신이 우리를 방문한다면, 당신에게 아주 친숙한 옛날 거리에서 평온하고, 만족할 정도로 여유가 있는 사람들을 만날 것이오. 교육은 완전히 이루어지고 있소.

편지 49 야스퍼스가 아렌트에게

하이델베르크, 1946년 11월 30일

친애하고 존경하는 한나!

나는 목적을 실현하기 바라는 또 다른 해명서[177]를 동봉하오. 몇 주 전[178]

---

175 유고에는 없다.
176 독일 연방공화국 창립 이전에 정보통제국은 출판물에 대한 승인서를 발급했다.
177 "하이델베르크, 1946년 10월 30일"의 이 편지에는 다음 해명서가 첨부되어 있다. "친애하는 한나 아렌트! 미국에서 내 저서 『책임 문제』의 번역과 관련하여, 나는 다음과 같이 해명하오. 1. 출판인 램버트 슈나이더와 나 사이 계약의 관점에 따라 나는 번역권을 갖는다. 2. 이에 따라 나는 당신이 적당하다고 생각하는 대로 처리할 번역권을 당신에게 제공한다. 따뜻한 마음을 담아 카를 야스퍼스로부터."
178 이것은 편지 46에 언급된, "동봉한 서류"였다.

에 다른 해명서를 당신에게 보냈지만, 이것은 번역권을 유지하고 있는 나의 모든 저작에 적용되는 일반적인 설명서였소. 또한 편지 사본을 지역 정보통제국[179]에 보냈고, 여기에 편지의 다른 사본을 동봉하오.[180]

실망스럽게도, 나는 『논평』[181]의 조회서를 노이샤텔Neuchâtel[182]의 드 라 바코니에르출판사에 보내야 했소. 이 출판사는 나의 제네바 연설문에 대한 번역권을 소유하고 있으며, 또한 유감스럽게도 이것으로부터 이익을 소유할 것이기 때문이오. 나는 이 조건을 제네바위원회의 양해로 받아들여야 했소. 내가 보유하고 있는 유일한 권리는 독일어로 한번 출판하는 권리이며, 이것은 곧 피페르출판사에서 출간될 것이오.[183] 어쨌든 설명은 특별한 것이 아니오. 나는 이것이 적어도 꽤 괜찮기를 바라오. 아내와 나에게 보낸 당신의 편지는 우리 모두에게 깊은 기쁨을 주었소. 우리 마음에는 당신에 대한 따듯한 감정이 간직되어 있다오. 그러나 이제 나는 이 해명서를 신속히 처리할 수 있을 것이오. 크리스마스 연휴 기간에 우아한 답장을 당신에게 보낼 것이오. 할 일이 많구려.

당신이 쇼켄출판사에 만족하고 마땅히 받아야 할 존경을 즐기고 있다니 얼마나 좋은지요. 그곳의 당신에 대해 생각하는 것은 나에게 큰 기쁨을 주오.

내 건강은 좋은 편이오. 더 좋소. 미국 식품 덕분에 지난해 바로 이때보다 더 건강해졌네요.

나는 『정신병리학 총론』에 대한 출판권의 반만을 소유하고 있소.

따뜻한 마음을 담아
카를 야스퍼스

---

179   야스퍼스는 정보통제국의 약어 'CID'를 썼으나 확실히 정보통제국(ICD)이라고 생각했다.
180   유고에는 없다.
181   『논평』은 「유럽 정신에 대하여」에 대한 번역권을 요청했다.
182   드 라 바코니에르는 제네바 국제회의 책자를 출간했다.
183   Karl Jaspers, *Vom europäischen Geist*(München, 1947).

편지 50   아렌트가 야스퍼스에게

뉴욕, 1946년 12월 17일

친애하고 존경하는 분께—

이 편지는 '업무'와 관련한 내용만 언급하고 있기에 편지는 아닙니다. 모든 게 도착했습니다. 『정신병리학 총론』, 저에게 제공한 번역권 증서, 그리고 다이얼출판사에 제공한 『책임 문제』 저작권 증서입니다. 저는 이 마지막 편지를 다이얼출판사에 바로 보냈지만, 답장을 아직 받지 못했습니다. 이 출판사는 이제 미국의 관계 당국과 추가로 교섭해야 할 것입니다. 『정신병리학 총론』은 분석적 절제에 영감을 주는 경이로운 저서입니다. 저는 이 책을 실제로 완전히 읽기도 전에 다이얼출판사에 보냈습니다. 시간을 낭비하고 싶지 않았기 때문입니다. 저는 이 책이 『세계관 심리학 Psychologie der Weltanschauungen』[184]과 함께 진정 괄목할 만한 '심리학'에 이바지한다고 출판사 측에 밝혔습니다. 지금까지 반응은 없었지만, 관심 있는 다른 출판사들이 있습니다. 헤르만 브로흐는 제가 그에게 이 책을 즉시 빌려주지 않았다고 상당히 힐난했으며, 다이얼출판사가 이를 받아들이지 않을 경우를 고려해 프린스턴대학교출판사를 제안했습니다. (저는 다이얼출판사에 먼저 이것을 제안해야 한다고 생각했습니다.) 다른 가능성은 보스턴의 휴튼미플린출판사입니다. 이 출판사는 미국에서 가장 오래된 출판사들 가운데 하나입니다. 저는 이 출판사와 함께 제국주의에 관한 책의 계약서에 서명했습니다.

저는 제네바에서 보낸 당신의 편지를 받았으며,[185] 당신도 제 답장을 받았기를 바랍니다. —

저는 램버트 슈나이더와 관련하여 매우 기쁩니다. 그러나 바라건대 저는 당신이 당혹스러워하지 않을 요청을 합니다. 제가 이 책에 대해 언급할 필

---

[184]   Karl Jaspers, *Psychologie der Weltanschauungen* (Berlin, 1919).
[185]   편지 46의 각주 156을 참조할 것.

요도 없이, 당신은 이 책이 자신에게 귀속된다는 것을 확실히 알고 있습니다. 당신을 생각하지 않은 채 그러한 에세이 어느 것도 쓰지 않았습니다. 되도록 당신에게 보내는 편지일 수 있는 서론 형태로 이것을 공개적으로 인정하고 싶습니다. 당신이 이것을 원하지 않는다면, 저는 단지 이 책을 당신에게 헌정할 수 있습니다. 당신이 그것을 원하지 않는다면 — 그리고 믿으세요. 당신은 자유롭게 거절해야 합니다 — 저는 아무것도 하지 않을 것이며, 이것은 우리 사이에 남아있을 수 있습니다. 어쨌든 저는 서론을 써야 할 것 같으며, 이달 말이나 다음 달 초에 그것을 할 것입니다. 따라서 이것이 실제로 불법적이라는 우매한 문제는 다시 생깁니다. 에세이의 출판은 아주 합법적입니다. 이것들은 모두 재판일 것이기 때문입니다. 최초의 기고는 다시 다른 것입니다. 저는 제가 좋아하는 무엇이든 줄 권리가 있다는 말을 들었습니다. 그러나 출판사는 그것을 할 수 있을까요? 제발 이 일로 자신을 괴롭히지 마세요. 슈테른베르거는 이것을 전적으로 배려할 것입니다. 저는 기고와 관련하여 당신에게 요구할 필요가 없을 경우 이것을 언급하지도 않을 것입니다.

아이오와대학교 맥그래스 교수는 저와 접촉하지 않았습니다. 그는 여기에서 평판이 높습니다. 아마도 저는 어느 출판사에서 『대학의 이념』을 출판하고 싶은지 알아보기 위해 그에게 편지를 보낼 것입니다.

당신은 적극적인 정치적 의도 선언의 불가능성에 대해 글을 썼습니다. 그게 저를 놀라게 하지는 않았습니다. 저는 그것을 비판으로 생각하지 않았습니다. 남편은 전쟁 직후 이민으로서 할 수 있는 한 그와 같은 일을 시도했으며, 유대인이 아닌 사람들의 필요한 서명을 확보할 수 없었습니다. 이 계획의 100% 지지자인 유일한 독일인은 트로트의 전 친구인 하소 폰 제바흐입니다. 그는 이번 달 독일로 복귀할 것이며 때론 하이델베르크에 나타날 수 있습니다. 그와 트로트가 전쟁 직전이나 전쟁 기간에 정치적으로 결별했다고 하더라도, 그는 아담 폰 트로트를 연구했으며,[186] 사적으로 친한 그의 친구였습니다. 저는 다음과 같은 사실을 완전히 깨달았습니다. 즉 저는 지금까지 이것을 표현한 방식에서 당신과 제가 거부한 그 "사탄적 교만성"에 위험스럽게 다가갔습니다. 그런데도 자신의 늙은 고모를 살해하기 시작한 사람과 자기 자신의 행위의 경제적 유용성을 전혀 고려하지 않은 채(강제추방은 전쟁 노력에 매우 손해를 끼쳤습니다) 시체를 생산하는 공장을 건설한 사람들 사이에 차이가 있습니다. 한 가지는 확실합니다. 즉 우리는 무시무시한 것을 신화화하려는 온갖 충동에 맞서 투쟁해야 하며, 저는 그러한 공식화를 회피할 수 없는 정도로 실제로 진행된 것을 이해하지 못합니다. 아마도 그 이면에 있는 것은 오로지 다음과 같습니다. 개별적인 인간이 다른 개별적인 인간을 인간적인 이유로 죽이지 않았지만, 인간 개념을 박멸하려는 조직화된 시도가 이루어졌습니다.

당신의 친필(수기)에 관한 언급입니다. 저는 그것을 편하게 읽었지요! 당신이 모든 편지에서 이것에 대해 계속 언급했기에 이렇게 말합니다.

이 편지를 양해하세요. 저는 그저 피곤하며, 이 편지를 바로 지금 쓰지 않았다면 며칠 동안 편지 쓰기를 미뤄야 한다는 것을 알고 있습니다. 그러고 싶지는 않았습니다.

저는 쓸 것이 너무 많고 할 말은 훨씬 더 많습니다. 그러나 중단해야겠습니다. 1월에는 모든 게 더 좋아질 것입니다. 어쨌든 그것은 매일 저 자신에게 말하는 것입니다. 적어도 수업은 쉬게 될 것입니다.[187] 그런데도 저는 수업이 매우 즐겁다는 것을 다시 알았습니다. 그리고 우리가 일상의 과정에 의지할 수 있는 쇼켄출판사에서 일들은 충분히 조직되었습니다.

따뜻한 마음을 담아
한나 올림

---

[186] 아담 폰 트로트(Adam von Trott zu Solz, 1909~1944)는 독일 외교관으로 1944년 7월 20일 히틀러 암살 기도와 연관되어 사형선고를 받고 사형당했다.

[187] 편지 31의 각주 18을 참조할 것.

저는 방금 제가 독일인인지 유대인인지에 관한 당신의 질문을 다시 알아차렸습니다. 솔직하게 말하자면, 이 문제는 적어도 사적이고 개인적인 차원에서 저에게 중요하지 않습니다. 유감스럽게도, 하이네의 해법은 이제 유효하지 않습니다. 그러나 반대되는 모든 외적 증거에도 불구하고 이 문제는 이제 그렇게 중요한 문제는 아닙니다. 저는 이 문제를 다음과 같이 설명하겠습니다. 정치적으로, 저는 상황이 국적을 제시하라고 저에게 강요할 때마다 유대인의 이름으로만 항상 말할 것입니다. 이것은 사모님의 경우보다 저에게 더 편안합니다. 저는 이 모든 질문에서 더 멀리 떨어져 있고, 자발적으로든 제 주장대로든 '독일인임'을 결코 느끼지 못했기 때문입니다. 남아있는 것은 언어이며, 누구든 좋아하기보다 더 싫어하더라도 다른 언어를 말하고 쓸 때만 그것이 얼마나 중요한가를 알 것입니다. 그게 충분하지 않은지요?

편지 51 **야스퍼스가 아렌트에게**

하이델베르크, 1946년 12월 28일

친애하고 존경하는 분!

미군정의 한 부서(조사집행과; IES)는 내가 법령 53호에 따라 저작에 대한 번역권을 외국의 어떤 사람에게 제공하기 위해서 허가증을 확보해야 한다고 나에게 알렸소. 그러므로 유감스럽게 나는 당신에게 제공한, 『책임 문제』에 관한 번역권의 양도를 회수해야 하오.

실제로 내가 할 수 있는 일이란 거의 없소. 나에게 제공된 신청서를 채우는 데 많은 어려움이 있다오. 문제는 나의 특정 사례에 아무런 영향을 미치지 않기 때문이오. 그리고 나는 그런 신청서에 대한 대응이 6개월 소요될 것 같고 아마도 부정적이라고 이해하오.

이제 유일한 가능성은 당신이나 다이얼출판사가 내 저작의 번역본을 출간하겠다는 허가서를 신청하는 것이오. 나는 조회를 받고 결정하는 정도로 모든 것에 동의할 것이오. 출판사가 아니라 내가 전적으로 번역권을 보유하고 있기에, 나는 허용된다면 선택한 바에 따라 그것을 자유롭게 처리할 것이오. 그러나 내가 할 수 있는 일을 하려면, 출판사 측이 조치를 선행적으로 취해야 할 것이오. 유감스럽게, 문제는 내 손에서 벗어나 있다오. 곧 편지를 보낼 것이오. 크리스마스 연휴가 곧 시작됐구려.

따뜻한 마음을 전하며,
카를 야스퍼스

편지 52 　야스퍼스가 아렌트에게

하이델베르크, 1947년 1월 1일

친애하고 존경하는 한나!

　당신은 자신의 책 서문을 나에게 말하고 싶어 한다는 게 얼마나 기쁨을 주었는가를 거의 상상할 수 없을 것이오. 누구든 적극적이고 부정적인 의미로 다른 사람의 기분에 따라 장난감 상자 속으로 끌려가거나 던져지는 인형이고, 진정한 자기(즉 본모습)는 중요하지 않다는 것이 점점 더 명료해지는 이 기이한 세계에서, 세상에 관한 판단은 빌연석으로 섬차 사람들에게 무관심한 문제가 되고 있소. 나는 자만하지 않고 이 문제를 말할 것이오. 누구나 존중하는 판단을 내리는 그런 사람들 소수의 목소리는 더욱더 귀중하며, 인정을 받아 자존감을 가질 수 있는 사람들의 우정은 역시 더욱 귀중하게 된다오. 그리고 우리는 아주 소수이며 작은 모임에서 살고 있는데, 이 모임의 공중에는 알려지지 않은 잠재적 친구들도 포함되기에, 연대감의 공적 표현이 진정한 자기를 발견한 어떤 사람을 통해 이루어진다면, 나는 특별히 흐뭇하오. 그러므로 당신의 계획을 매우 기뻐하며, 감사하오. 나는 당신이 무엇을 쓰려고 하는가를 모르지만, 모든 문장에 기뻐할 것이라는 점을 확신하오.

나는 당신에게 동봉한 업무 편지를 써야 하오.[188] 나는 자신도 모르게 법규를 어겼으며 당분간 증여권을 철회해야 하오. 바라건대, 당신이 여기에서 잘 해낼 수 있기에, 나는 증여권을 당신에게 넘길 수 있소. 나의 경우 주요한 일은 바로 번역 문제라오.

"독일의 본질"은 행위와 언어에 있다오. 나는 이것에 대해 전적으로 동의하오. 그러나 그것은 작은 일이 아니오. 미래 세기에 세계 어디에선가 독일어를 여전히 말하고 쓴다면, 그것은 놀라운 일이오. 그것은 더는 확실한 일이 아니오. 그리고 그것은 자유의 원리가 결국 성공적으로 나타날 것인가 또는 우리가 세계 질서가 아니라 독재를 통해 확립된 세계제국을 가지고 있는가에 좌우될 것이오. 오늘날 '민족공동체들'은 얼마나 무의미하며, 이 공동체들의 절규는 가시적 정치 행위의 전면을 지배하오.

이번 학기에 다시 독일에 대해 강의하고 있다오. 이 강의를 마지막으로 생각하오. 다음 학기에는 아시아권의 번역본을 아주 활발하게 활용하며 고대 철학(중국·인도·그리스)을 강의하고 싶소.[189] 나는 나치 기간에 인간적 삶의 매우 기본적인 요소들을 성찰하면서 아주 큰 도움이 되었던 자료들을 이제 수업에 편입시키고 싶소. 내가 그렇게 과장되고 우매한 방식으로 말할지도 모르지만, 중국은 나에게 거의 두 번째 고향이 되었다오.

우리는 잘 지내고 있소. 그러나 이곳 상황은 거의 자연스럽지 않다오. 현재 이곳 날씨가 춥기에, 석탄 공급이 부족해 보인다오. 강물은 얼었소. 기관차들은 고장이 나고 좀처럼 수리되지 않으며, 새로운 것들은 만들어지지 않는다오. 산업은 석탄 부족으로 갑자기 정지되었다오. 지난 3일 동안 램

---

[188] 유고에는 없다.
[189] 1947년 여름학기의 강좌 제목은 「고대 세계의 철학사」이다.

버트슈나이더출판사는 작업을 진행하지 못했소. 제12호 출판물의 절반은 완성되었소.[190] 모든 것을 갑자기 중단해야 한다오. 추위가 오래 갈 것 같구려. 우리에게는 아직도 지난 몇 년 동안 비축한 석탄이 남아있소. 우리는 히틀러 시대에 그것을 아껴 담요에 싸서 숨겼다오. 현재 실내 온도는 섭씨 11도이고 실외는 영하 6도라오. 가진 게 없는 사람들은 최악으로 버텨야 하는데, 그런 상황에 있는 사람들이 많소.

우리의 문제와 노고는 많은 사람이 경험하고 있는 고난 속에서 사라진다오. 내가 지금까지 행한 대로 말하는 것은 궁극적으로는 아니지만 현재 상황에 무의미하오. 가장 기본적인 필수품이 우선일 때, 그것은 누구나 걱정하는 것이오. 사람들이 피정복자들의 상황은 심지어 더 악화될 수 있다고 말하면, 누구도 이 말에 거의 반응하지 않을 것이오. 반응은 이러하오. 즉 그것은 방법의 문제라오. 지금 이대로 가다간 인구의 절반은 죽을 것이고, 나머지는 이 땅에서 최소한의 생존을 유지할 것이오. 모스크바 협상[191]에서 러시아인들이 원하는 것과 원하지 않는 것을 드러내는 3월에, 전반적인 방향은 명백해질 것이오. 골란츠는 이곳의 많은 사람에게 특별한 인상을 남겼소.[192] 그의 여덟 가지 요구[193]는 단순하고 합리적이며 인간적이오. 그러나 그러한 행위조차도 영국 점령지역에서 실제로 행해지고 있는 것을 고려할 때 금방 잊힌다오. 전반적으로, 상황은 결코 극단적이지는 않소. 앞질러서 예상하는 우려는 고조되고 당면한 난관은 잊힐 것이오. 이 냉혹함은 몇 주 안에 끝날 것이오.

---

190 『변화』제12호.
191 외무장관 회담은 통일 독일 정부를 형성할 목적으로 1947년 3월과 4월에 모스크바에서 개최되었으나 합의에 도달하지 못했다.
192 빅토르 골란츠의 저서 『가장 어두운 독일에서(In Darkest Germany)』는 당시 전반적으로 읽혔으며, 1947년 1월 런던에서 출간되었다. 야스퍼스가 이 책을 참조하고, 골란츠가 독일에서 밝힌 대화를 참조했는가는 확실하지 않다.
193 아마도 『가장 어두운 독일에서』, 118-119쪽을 언급하고 있다.

이것은 내가 쓰려고 의도한 편지는 아니오. 나는 그것을 해낼 수 없소. 다음에 할 수 있었으면 좋겠소.

따뜻한 마음을 담아서
카를 야스퍼스

남편에게 안부를 전해주오. 나는 당신이 편지를 쓸 때 그의 현존을 느끼지만, 아직도 그에게 어떻게 편지를 써야 할지 모르오.

편지 53 **아렌트가 야스퍼스에게**

1947년 3월 1일

친애하는 존경하는 분께:

우선 '업무'에 관한 건입니다. 군정軍政이 다이얼출판사[194]에 보낸 12월 편지를 동봉합니다. 이 출판사에 따르면, 그 당시에는 모든 게 이미 최상의 상태였습니다. 『책임 문제』의 번역은 거의 완료되었고, 저는 다음 주에 검토할 원고를 갖게 될 것입니다. 적성국교역법[195]은 3월 4일 현재로 폐지될 것이기 때문에, 저는 다이얼출판사의 시드니 필립스와 접촉하여 인세 문제를 해결하기 위해 현재 무엇을 할 수 있는가를 그와 함께 논의하겠습니다.

그사이에 스위스의 아르테미스출판사가 출간한 『책임 문제』 독일어판은 이곳 서점에서 판매되고 있으며, 잡지 『노트르담 변호사Notre Dame Lawyer』는 이미 이 책의 초록을 출판했습니다.

그제 저는 『대학의 이념』과 『책임 문제』의 번역이 가능한지를 묻는 편지를 프린스턴대학교 고등연구소의 헤르만 바일[196]로부터 받았습니다. 저

---

[194] 유고에는 없다.
[195] 적성국과의 상업 거래에 대한 미군정의 규정은 독일 작가들의 출판물에 혹독한 제한을 가했고, 무엇보다도 미국에서 번역으로 얻은 수입을 미국 재무부에 지불해야 한다고 상술하였다.

는 그에게 다이얼출판사와 아이오와대학교 맥그래스(뭐, 그런 사람)에 대해 말했습니다. 말이 났으니 말이지, 저는 그런 사람으로부터 아무것도 듣지 못했습니다. 프린스턴대학교출판사는 매우 훌륭한 출판사입니다. 그리고 바일 교수가 『대학의 살아있는 정신』 및 제네바 연설문과 함께 『대학의 이념』을 출판할 수 있었다면 좋았을 것입니다. 어쨌든 저는 그에게 출판을 제안했으며, 그게 당신에게 좋기를 희망합니다. 그는 자신의 아내인 안나 딕 바일에게 번역을 맡기고 싶어 합니다. 그녀가 잘 번역할 수 있기를 바랍니다. 정말 훌륭한 번역자를 찾는 게 어렵습니다. 몇 년 동안 심지어 10년 동안 이 나라 이곳에서 살아왔던 사람들은 통상 어떤 이유 없이 자신들이 언어에 통달했다고 추정합니다. 약간의 예외가 있지만 그리 많지 않습니다.

저는 당신의 제네바 연설문에 대해 충분한 내용을 담은 편지를 보내고 싶습니다. 이 연설문을 단지 간략하게 볼 수 있었고, 1945년 이후 당신이 정치적으로 언급한 것 가운데 이 연설을 가장 좋아합니다. 당신이 전통 및 순수한 유럽적 틀의 극복과 관련하여 언급한 것에 특히 만족했습니다. 당신이 중국과 인도에 대해 강의하게 된 것은 놀랍습니다. 저는 중국과 인도에 관해 아는 것이 전혀 없습니다. 수년 동안 중국과 인도는 항상 저에게 오히려 이국적인 실체였지만, 당신은 전적으로 옳습니다. 당신이 이 일을 하게 될 것이라니 매우 기쁩니다. 저는 중국인을 좋아합니다. 파리에서 그들을 많이 알았습니다. 그들은 우리와 매우 가깝습니다. 그들은 아직까지 전통에 가까우며, 당신은 그들과 거리감이 있습니다. 중요한 것은 이렇습니다. 즉 소수의 사람은 그런 전통이 어떤 식으로든 아무런 도움이 되지 않는다고 이해했으며, 전통의 인용 — 여기에서 호프만슈탈과 같은 사람은 대가이며 대부분의 독일 잡지에서 낮은 수준으로 현재 과도하게 제공되고

---

196 헤르만 바일(Herman Weyl, 1885~1955)은 독일 수학자이고 철학자이며, 1933년 프린스턴대학교 고등연구소로 자리를 옮겼다.

있다 — 이 과거를 소환함으로써 현실을 환기하고 싶어 하는 마법적 계략과 같이 점차 보이기 시작한다고 이해했습니다. 시간이 있다면, 저는 헤르만 브로흐의 『베르길리우스의 죽음』을 당신에게 보냈을 것입니다. 브로흐는 작가로서 "문 앞에 서서 두드린다"는 이 문구를 기술했습니다. 아마도 그것은 당신에게 말할 것입니다. 브로흐는 그것을 "아직 아님과 그러나 이미"라고 부릅니다.

저는 헌정 서문의 사본 하나를 동봉합니다.[197] 원본을 슈테른베르거에게 보냈습니다. 당신이 원하는 곳에서 무엇이든 바꾸세요. 아시지요. 20년 전 당신이 저를 격려해준 적이 있습니다. 제 생에 처음으로 '야심적'이게 되었습니다. 즉 당신에게 '실망을 안겨 주지' 않으려는 야심을 가졌습니다. 이제 당신은 이 소책자를 당신에게 헌정하도록 허용했습니다. 그런 젊은 시절의 꿈이 세계의 대화재에도 불구하고 열매를 맺었다는 것은 어쩌면 다음과 같은 이유일 것입니다. 그 꿈은 새로운 의미를 지니기 때문입니다. 대체로, 그것은 기적입니다.

남편이 따뜻한 안부 인사를 보냅니다. 저는 대단한 서술자는 아니며, 남편은 작가도 아닙니다.

하소 제바흐에 대한 당신의 친절함에 감사드립니다. 그는 그것에 압도되었습니다.

여느 때와 같이
한나 올림

---

[197] Hannah Arendt's *Sechs Essays*. 이 초안 사본의 주요 절들은 인쇄본의 절들과 같지만, 마지막 쪽의 절반은 상당 부분 개작하고 상당히 확장되었다. 이것은 1976년에 출간된 다음 저작에 사용되었다. Hannah Arendt, *Die verborgene Tradition: Acht Essays*, 7-11.

편지 54   야스퍼스가 아렌트에게

하이델베르크, 1947년 3월 19일

친애하고 존경하는 한나!

나는 친절한 편지와 매우 감동적인 당신의 원고 「헌사」를 받았소. 슈테른베르거는 원고를 잠시 보유했다가 이후 그것을 출판사에 직접 넘겼기에, 나는 지금 이것을 처음 읽고 있소. 우리는 비슷한 전망을 지녔으며 두드러질 정도로 그런 것 같소. 내가 당신의 헌사에 약간 당혹했다고 하더라도, 나는 스스로 거짓 겸손함을 제쳐둘 수 있다고 생각하며, 당신이 나를 위해서 학계나 국가도 할 수 없는 것을 공개적으로 확인해 준 것에 대해 진정 기쁘오. 내가 실제로 전혀 성취하지 못했다고 하더라도, 당신이 나에게 언급한 것은 나의 삶에서 신조로 삼는 이념을 반영하오. 이 이념이 수십 년에 걸쳐 명백해지고 당신과 함께 계속 존속한다는 것은 내 직분에 얼마나 정당한 이유인지요! 물론 나는 다음과 같은 사실도 알고 있소. 여기에서 주요 요인은 당신의 관대한 지적 안목이오. 당신의 다정한 환상에 도움을 받는 이 안목은 실제로 매우 겸손한 것을 크게 보이게 한다오.

우리가 함께 앉아 있다면, 나는 아마도 당신의 「헌사」에서 문체와 구조의 작은 변화를 꾀하라고 당신에게 촉구했을 것이오. 언어는 다소간 복잡하며, 일부 독일 독자들은 그것을 이해하지 못하거나 당신의 의도와 반대로 이해할 것이오.

내가 보기에 번역은 "의심하지 않은 채"라는 문구 때문에 문체상으로 "우리 중 누구를 죽였지"[198]라는 질문과 연관되는 듯하오. 이 요지가 당신이 말

---

[198] 아렌트가 이후 수정한 문장은 헌정 서문의 초안에 있다. "나는 의심하지 않고 사람들을 언젠가 만나는 것이 얼마나 어려운가를 그 당시에는 거의 알 수 없었으며, 그렇게 할 때가 오리라는 것을 거의 알 수 없었다. 이성과 명료하고 분명한 관심으로 그렇게 공개적으로 요구된 것은 성급하고 소모적인 낙관론과 같이 보일 수 있다. 결국에 우리가 그동안 만나는 모든 독일인에게 물어보는 것보다 더 자연스럽고 명백해진 것은 무엇인가? 즉 당신은 우리 가운데 누구를 죽였는가?"

하고 있는 것에 핵심이라고 하더라도, 형식은 이것을 거의 괄호 안에 있는 것처럼 보이게 하고, 이에 따라 아마도 본의 아니게 도발적으로 보이게 한다오. 부정할 수 없는 상징적 진실을 포함하는 당신의 문장은 실제로는 이런 방식으로 답변해야 할 것이오. 대부분의 독일인, 즉 99.9%는 그런 살인을 하지 않았고, 생각에서도 그렇지 않았소. 그러나 우리가 여기서 때때로 경험하듯이, 나머지 0.1% 가운데 다수가 여전히 우리에 속해 있다는 사실은, 우리가 친숙하지 않은 사람과 실제로 대면할 때, 그 숨겨진 질문을 하도록 우리를 유도할 수 있소. 질문은 대부분 정당화되지 않지만, 개인적으로 경험하는 순간 그것은 정당화되었소. 물론, 나는 벗어났구려. 일부 독자는 이 문장으로 인해 반발감을 느끼고, 이 문장을 자신들에 대한 권리침해로 인식할 것이오. 그들은 이 문장의 상징적 의미를 이해하지 못하며, 자신들이 그 정권 아래에서 산 독일인이라는 것을 망각하면서 그런 의혹이 개인적으로 자신들에 가해진다는 것을 기이하게 생각하기 때문이오.

"사실의 기반" — "그들이 언제나 꼭 그런 식이어야 한다고 가정하지 않음"[199] — 은 훌륭하다오! 나는 이 기반이 일반 독자에게는 단순히 충분하지 않다는 점을 다시 한번 우려하오. 독자는 그런 저술에 익숙하지 않기 때문이오. 당신은 서로 엮어서 글을 쓴다오. 나에게는 복잡하지 않고 명료하오.

당신이 공감적이지 못한 공개 토론에서 자신의 출판물로 인해 스스로 '정당화하고' 있다는 것을 이곳에 있는 누가 깨달을지요! 물론, 이 출판물은 누구에게도 어떤 해를 끼치지 않을 것이오. 그러나 나는 우리의 설명에 약간 우울하오. 당신의 출판물이 미치는 영향을 상상할 때 현재 독서 대중의 현실은 나에게 매우 명료해진다오. 아마도 내가 틀렸겠지요. 그러길 바라오!

---

199 초고와 인쇄본에서 모두 같은 문장은 다음과 같다. "바라건대, 다음 에세이들 가운데 어느 것도 우리 시대의 사실에 대한 자각 없이, 우리 세기의 유대인 운명에 대한 자각 없이 쓰이지 않았다. 그러나 내가 생각하고 희망하기에, 나는 이것들 가운데 어느 것에서도 이 사실의 기반을 주어진 것으로 여기지 않았고, 이 사실들에 의해 형성된 세계를 필요하고 파괴할 수 없는 것으로 수용하지 않았다."

그런데 당신은 물론 이 순간만을 위해서 책을 쓰지 않는다오. 이것은 1947년 독자와 연계되지 않는 자료라오.

나는 노아를 좋아하오.[200] 물론 사정이 그러하지만, 이런 말은 오만하게 느껴진다오. 세상 사람들은 항상 노아와 반대편에 서 있소. 그들은 관점에 의존하는 '개인주의자'·'귀족'·'반동가'라오. 그 때문에 동서(Ost/West)가 모두 나치에 동의한다오. 그리고 일부 사람이 노아에 대한 이런 견해를 더 많이 주장하면 주장할수록, 당신의 견해는 더욱 참되게 되오. 그리고 우리는 그것에 의존해 살 것이오. 이것은 미래를 **담지할** 견해라오.

하소 폰 제바흐는 우리에게 실질적인 사건이었소. 그는 유대인이 아니면서도 그 온갖 고통을 받았다오. 신중하지만 아직 침착하지 못한 사람이오. 나는 그에 대해 걱정하는 것을 부인할 수 없다오. 우리는 헤센주와 함부르크로 떠난 이후 그로부터 어떤 소식도 듣지 못했소. 내가 이곳의 현실에 대해 그에게 공개적으로 말했을 때, 그는 어느 순간 "저는 덫에 걸린 기분이에요"라고 말했소. 그러나 이것은 결코 그의 자신감을 파괴하거나 미래와 그의 가능성을 용감하게 바라보지 못하게 하지 않았소. 물론 우리는 자연스럽게 그에게 당신에 대해 질문을 했소. 결과는 빈약했네요. 그러나 나는 여전히 가정을 꾸리고 열정과 쾌활함을 유지하는 당신과 남편을 상상할 수 있소. 나는 당신이 어떻게 미국에서 확고하게 자리를 잡았는가를 들었지만, 초기에 경제 문제의 어려움에도 불구하고 어떤 자본준비금 없이 오로지 계속 변동을 거듭하는 현재의 수입으로만 살았다는 사실을 들었소. 그

---

[200] 이것은 인쇄본에서는 약간 다른 형식으로 나타나는 초안의 한 문장을 지칭한다. "우선 모든 나라에 있는 소수는 서로 소통하려고 노력해야 한다. 그들이 소통한다면, 그들 자신의 민족적 과거, 어쨌든 어느 것도 설명할 수 없는 과거에 필사적으로 매달리지 않는 것이 중요하다(아우슈비츠는 유대인 역사를 통해 설명될 수 있는 것 이상으로 독일 역사를 통해 설명될 수 없기 때문이다). 그리고 그들은 대홍수가 우리에게 닥치고 우리가 모두 노아의 방주에 있는 노아와 같으며, 그들은 세계의 바다에 표류하면서 할 수 있는 한 서로 가까이 자신들의 방주를 조종하려고 노력하는 아주 많은 노아가 아직도 비교적 많다는 사실에 대한 보답을 불러일으킬 수 있다는 사실은 중요하다."

리고 나는 당신이 구원한 어머니에 대해서도 들었소(당신이 그 일에 성공하지 못했다면 무슨 일이 일어났을까를 생각하고 싶지 않으시!). 그리고 자세하게 지성계를 상상할 수 없지만 다양한 지성계와의 접촉에 대해서 들었소. 하소는 열거할 수 없고 주제를 차근차근 설명할 수 없소. 나는 스스로 제기한 모든 질문에 대해 모호하고 일반적인 답변만을 들었소. 그 자신의 삶도 완전히 어둠 속에 있었다오. 달리 어쩔 도리가 없소. 당신이 직접 와야겠구려!

유감스럽게, 나는 제네바 연설문의 번역권을 갖고 있지 않네요. 노이샤텔의 드라바코니에르출판사가 이것에 대한 모든 출판의 양여권을 인정해야 하오. 나는 학술회의에서 받은 고귀한 사례비를 스위스에서 모두 지출했으며, 이 사례비로 인해 다른 모든 연설자와 다르게 계약을 요구하기 어려웠소. 그리고 독일인으로서 특별 조건을 강요해서는 안 된다고 생각했소. 이제 나는 스스로 따라간 것에 짜증이 나며, 드라바코니에르출판사가 무료 또는 명목상의 수수료만으로 권리를 인정하기를 바라오. 어떤 경우에도 조금도 괴롭지 않은 돈을 벌지 않을 것이오. 나는 원하는 것보다 더 많은 돈을 벌고 그 모든 것을 되는대로(내가 도달한 가장 높은 층에) 거의 세금으로 반납해야 하기 때문이오.

그래서 이 편지는 업무 사항의 가장 하찮은 관심사로 끝을 맺는다오.

우리는 숨쉬기 훨씬 편하오. 이곳은 봄이오. 담요를 더 뒤집어쓰고 앉아 있을 필요가 없소. 우리는 여전히 아름답고 마법 같은 하이델베르크에서 돌아다니며 태양을 즐길 수 있소. 나는 아직도 젊은 시절에 하이델베르크에 도착한 것처럼 이곳을 사랑하오. 집에서 세 발짝 밖으로 나가면, 누구든 그 장소의 시각적인 즐거움으로 기분이 고양된다오.

내가 이 편지를 마무리하고 있는 지금, 환상적인 소포가 도착했다오. 아내가 이것에 대해 편지를 보낼 것이오. 우리가 당신보다 더 잘 사는 것 같구려. 수년 동안 전혀 배고프지 않았고 항상 지나치게 대접받아서 이제는 영양 섭취가 좋다오.

독일의 자기반성 기획[201]은 상당한 정도의 노력이 필요할 것이오. 우리는 모든 문장의 미묘한 차이에 대한 안목을 갖고 이것을 끝까지 숙고하고 느껴야 하오. 이 기획이 전적으로 가치를 지니려면, 독일 독자는 이 기획을 통해서 각성하고 격려 받아야 하오. 내가 당신을 출처로 인용하지 않은 채 당신의 제안(어떤 유대인도 독일에서 시민권을 신청할 수 있고 여전히 유대인으로 존재하는 동안 시민권을 즉시 인정하는 법)[202]을 이용한다면, 그것은 표절이지요? 이것은 내 추론이오. 이것은 당신의 승인에 부합하는가요?

따뜻한 마음을 담아
카를 야스퍼스

편지 55 아렌트가 야스퍼스 부부에게

1947년 3월 23일

친애하는 친구분들께―

저는 급하기도 하여 두 분에게 동시에 편지를 쓰고 있습니다. 제가 서명한 다이얼출판사 계약서[203]를 동봉합니다. 이 계약서는 이제 "적국과 거래하는" 법의 폐지로 가능해졌습니다. 또한 영국 세커-워버그출판사로부터 받은 질의서를 동봉합니다.[204] 다이얼출판사는 번역을 마치고 출판하면 번역본을 세커-워버그출판사에 기꺼이 보내겠다고 밝히는 답장을 보냈습니다. 같은 번역본이 모든 영어권 나라에서 출간된다면 좋을 것입니다.

저는 프린스턴대학교 바일 교수[205]의 편지뿐만 아니라 독일 대학에 관한

---

201 편지 41과 편지 41의 각주 107을 참조할 것.
202 편지 43을 참조할 것.
203 이것은 『책임 문제』의 번역을 위한 계약서이다.
204 『책임 문제』 영어판의 가능성에 대해 질의하는, 런던의 세커-워버그출판사의 1947년 3월 6일 편지.
205 헤르만 바일은 야스퍼스의 다양한 저작과 관련하여 아렌트에게 1947년 3월 19일 편지를 보냈다.

강의 원고를 이곳에서 보낼 것입니다. 그가 옳다고 생각하며, 서론으로서 이 강의 원고와 함께 『대학의 이념』을 출판하는 게 좋다고 생각합니다. 강의 자체와 관련하여 말하자면, 강의에서 발음의 질은 그다지 뚜렷하지 않기에 약간 수정되어야 합니다(이것은 수행하기 쉬우며 매우 중요하지는 않습니다). 그러나 저는 독일 대학의 너무 일방적인 찬사를 줄이고 우수한 묘사를 그대로 두기 위해서는 약간은 바꿀 필요가 있다고 느낍니다. 이것은 특별히 마지막 쪽들(22쪽부터)에 적용됩니다. 그렇지 않다면, 강의는 독일 대학을 지지하고 미국 대학을 반대한다는 선전이란 인상을 초래할 수 있습니다. 우리가 이 출판이 제대로 영향을 미치고 이곳 대학의 역할에 대한 지속적인 논의에 합리적으로 흡수되기를 원한다면, 일방적인 찬사는 회피해야 합니다. 그러나 바일에게 이런 의미로 편지를 보낼 것이지만, 이것이 제 개인적 의견이라는 점과 제가 당신에게 그의 강의 원고를 보내고 당신이 최종적으로 결정해야 한다는 점을 명백하게 하려고 합니다.[206]

이제 저는 당신에게 큰 부탁을 하고 싶습니다. 친구이며 동료인 헬렌 비에루조프스키는 당신의 조언을 청하라고 저에게 요청했습니다. 그녀는 대학에서 자신에게 직위를 얻을 전망이 있다면 독일로 복귀해 볼까 하는 생각을 하고 있습니다. 그녀의 연구 분야는 중세 역사입니다. 그녀는 본대학교에서 박사학위를 취득했고 1932년경에 그곳에서 교수자격 시험을 준비하고 싶었지만, 이 일은 성공하지 못했습니다. 그녀는 유대인이었고, 교수진은 유대인이 더 이상 교수자격 시험을 준비하기를 원하지 않았기 때문입니다. 그녀는 그곳에서 여러 해 동안 도서관 사서로 일했습니다. 미국에서 그의 상황은 매우 불안정합니다. 그녀는 결코 영구직을 얻을 수 없었습니다. 그녀는 브루클린대학에서 강의했지만, 항상 기간제로만 강의했습니다. 그녀는 이제 젊지 않으며(아마도 50세) 걱정이 많습니다. 그녀는 어느 다른 분

---

[206] 강의 원고는 편지에 동봉되지 않았으며(편지 56 참조), 이후 영어 번역본에 포함되어 있다.

야에서 활동하기 충분할 만큼 다재다능하지는 않습니다. 그녀는 1933년 독일을 떠났고 처음엔 스페인에 있었습니다. 그녀는 개종한 유대인이고, 법학자 에른스트 란츠베르크[207]의 질녀이며, 당신이 알고 있는 폴 란츠베르크[208]의 사촌입니다. 그녀는 다정하고 품위 있는 사람이며, 천재는 아니지만 자기 분야의 훌륭하고 확고한 지식을 갖고 있습니다. 물론 그녀는 독일, 주로 반유대주의를 두려워합니다. 덧붙여 말하자면, 그녀는 내적 방어력이 없고 매우 쉽게 상처를 받으며 안정적이지 못합니다. 전반적인 분위기를 기술하지 않은 채 그녀가 이곳에서 겪는 어려움을 드러내기는 어렵습니다. 그녀는 대체로 매우 독일적입니다. 그녀는 아주 많은 것을 알고 있거나 아마도 아주 명료하게 보일 것입니다. 그녀는 너무 정직하고 어떤 면에서 너무 편협해서 자신을 위해 강압적이지 못합니다. 그녀는 과단성 있게 행동하지 않습니다. 그것이 그녀를 그렇게 다정한 사람으로 만듭니다. 그녀가 당신에게 바라는 것은 모두 세부적이거나 특정한 것이 아닌 약간 일반적인 조언입니다. 당신께서는 그녀와 같은 귀환자를 위해 일반적으로 상황을 어떻게 판단하는지요.

친애하고 존경하는 분, 더는 읽지 마세요. 그다음에 오는 것은 소포 사항입니다. 저는 23일 편지[209]와 하소[210]에 관한 편지를 동시에 받았습니다. 제 기록에 따르면, 9월 소포들 가운데 하나만이 도착하지 않았습니다. 12월 소포 하나는 분실된 것 같습니다. 그들 가운데 하나는 당신이 수령을 확인한 의약품을 포함하였습니다. 스위스행 소포는 당신에게 직접 도착하며 다른 것들과 구별하기 쉽습니다. 저는 그 12월 소포에 대하여 인도 요구를 제기

---

[207] 에른스트 란츠베르크(Ernst Landsberg, 1860~1927)는 독일법사가이며 1899년부터 본대학교 교수였다.
[208] 폴 루드비히 란츠베르크(Paul Ludwig Landsberg, 1901~1944)는 독일 철학자였다.
[209] 게르트루트 야스퍼스가 아렌트에게 보낸 1947년 2월 23일자 편지. 다음 것은 게르트루트에게 전달되었다.
[210] 하소 폰 제바흐, 편지 33의 각주 39를 참조할 것.

할 수 있지만, 르페브르²¹¹에게 괜찮은지 우선 알아보아야 할 것입니다. 보험회사가 조회할 수도 있습니다. 어쨌든 6개월이 지나기 전에는 청구할 수 없습니다. 제가 3월에 이미 편지에 쓴 것처럼, 2개의 소포를 보냈고, 광고가 약속한 대로 실제로 더 빠른지를 알기 위해 덴마크를 거쳐 소포 하나를 보냈습니다.

3월 25일

저의 모든 서두름은 결국 도움이 되지 않았군요. 저는 방해를 받았고 이제 황급히 보내는 이 편지를 어떤 종류의 결론에 이르도록 노력할 것입니다. 저는 어머니에 대한 정보를 알려드려야 할 것이지만 이것은 매우 어려울 것입니다. 저는 당신이 매우 복잡한 배경을 알고 있다고 생각하지 않기 때문입니다. (아버지²¹²는 제가 6살 때 돌아가셨고, 그 이전에 질병으로 앓았습니다. 어머니와 저는 운 좋게 건강했습니다. 어머니는 남편을 대단히 사랑하셨기에, 그를 치료 시설로 보내고 싶지 않았습니다.) 어머니는 이후 재혼했고, 제 의붓아버지²¹³는 이전의 결혼으로 두 딸을 두었습니다. 이들 가운데 제가 친했던 딸²¹⁴은 히틀러 집권 몇 년 전에 자살했습니다. 다른 딸은 지금 영국에 살고 있습니다.²¹⁵ 저는 그녀와 전혀 접촉하고 있지 못합니다. 의붓아버지는 운 좋게 결코 박해를 받지 않고, 쾨니히스베르크에 머물다 전쟁 기간 언젠가 사망했습니다. 저는 11월 대학살 이후²¹⁶ 어머니를 프랑스로 모셨고 미국행 비자를 얻을 수 있을 정도로 충분히 운이 좋았습니다. 완전히 독립적인 지적 존재를 유지하지 못

---

211 루드비히 폰 르페브르는 그 당시 미국 점령군의 일원이었다. 그는 이후 샌프란시스코에서 심리요법 의사로서 활동했다.
212 바울 아렌트(Paul Arendt, 1873~1913)는 기술자였다.
213 마르틴 베어발트(Martin Beerwald, 1869~1942)는 사업가였다.
214 클라라 베어발트(Clara Beerwald, 1900~1931)는 약사가 되었다.
215 에바 베어발트(Eva Beerwald, 1902년 탄생)는 치과기공사이다.
216 편지 34의 각주 48을 참조할 것.

한 노인을 이주시키는 것은 어렵습니다. 할 필요가 없었다면, 저는 이런 일을 하지 않았을 것입니다. 어머니는 프랑스에서는 더 편했습니다. 어머니는 프랑스말을 잘하셨고 — 젊었을 때 파리에서 3년 동안 공부했습니다 — 그곳에 친구들이 많았기 때문입니다. 그녀는 여기서 매우 외롭습니다. 두렵습니다. 우리는 시간이 별로 없습니다. 우리가 실제로 서로를 보는 시간은 함께 하는 저녁 식사 시간입니다. 그러나 어머니는 활기 있고 건강하며 신체적으로 조금 활동할 수 있습니다(심각한 손상, 즉 몇 년 전에 겪었던 대퇴골 골절이 있었지만, 이게 — 미국적 기적 가운데 하나 — 완전히 치유되었습니다). 어머니는 우리를 위해 가사를 돌보시고 있는데 몇 개월 전까지는 직물공장에서 일하셨습니다(어머니가 일해야만 하기 때문이 아니라 원하였기 때문이고, 어머니 세대의 친구들은 모두 이와 같은 일을 하고 있습니다). 현재 어머니는 직업이 없다고 느끼며 제가 왜 그것을 우습게 여기는지 이해할 수 없습니다. 저는 어머니에게 많은 빚을 졌습니다. 무엇보다도 저를 편견 없이 모든 가능성을 열어놓고 양육했습니다. 적어도 당신의 친절한 질문에 대답하기 시작했나요?

   우리는 당신의 『논리학』을 대단히 기대하고 있습니다. 당신이 지금 집필하고 있는 소책자는 무엇인가요? 5,000명의 팔레스타인 귀환자에 대한 보고[217]는 부정확했습니다. 유대인협회[218]는 단지 50명만 있다고 주장했습니다. 아마도 약 500명 정도였을 것 같습니다.

따뜻한 마음을 담아
한나 올림

---

217 이것은 1947년 2월 23일 편지에서 게르트루트가 아렌트에게 전한 것이다.
218 팔레스타인유대인협회는 영국 위임통치 정부에서 유대인의 공식적인 대표자로서 활동하기 위해 국제연맹 위임으로 설립되었다. 이 협회는 팔레스타인에 거주하는 유대인 주민의 경제적·사회적 이익 및 기타 이익을 증진하였다.

편지 56 야스퍼스가 아렌트에게

하이델베르크, 1947년 4월 19일

친애하고 존경하는 한나!

다시 저녁이오. 학기 '중간 휴가'임에도 나는 대학 행정으로 정신없이 바쁘구려. 내가 당신에게 전적으로 편지를 보내려면 피곤함에도 편지를 써야 할 것이오. 그러니 이 편지가 따분하고 업무 문제만을 다루고 있다면 양해하오.

우선 『책임 문제』와 바일 교수에 관한 당신의 편지에 감사하오. 기쁘구려. 그러나 번역권을 부여하는 권한이 나에게는 금지되었다는 내용을 담은 편지 사본을 보내는 것이 가장 좋겠구려. 편지를 보내기 이전 시기에 해당하는 사례들은 번역권에 영향을 받지 않는다오. 그러나 허가증이 없는 한 그 이후에는 어떤 합의도 할 수 없소. 그리고 내가 며칠 전에 다시 조회했을 때 제국은행에서 받은 정보에 따르면, 나는 면허증을 얻을 수 있을 것 같지 않구려. 당신이 그것과 관련하여 내리는 어떠한 결정도 나에게는 좋을 것이오. 우리는 이미 그 문제에 대해 의견을 교환할 필요가 없소.

브로흐의 소설 『베르길리우스의 죽음』은 며칠 전에 도착했소. 대단히 고맙구려! 아내는 이것을 이미 읽고 있소. 나는 아직 그것을 읽지 못했소.

나는 많은 이유로 학기 마지막 두 주에 바젤[219]에서 일부 객원 강의를 해달라는 요청을 수락했소. 그래서 나는 새로운 것을 생각하려고 노력해야 하오. 나는 「철학적 신앙」이란 주제를 고려하고 있네요. 이 주제는 불가능하게 보이지 않는지요?

이제 비에루조프스키 부인에 관한 사항이오. 그녀가 여기에 온다면 얼마

---

[219] 일찍이 1946년 야스퍼스는 바젤대학교에서 객원 강의를 해달라는 초청을 받았다. 그는 이미 제네바 국제회의 측의 초청을 수락했기에 당시 대학의 초청을 고사했다. 자유학술재단과 바젤대학교 철학·역사학부는 1947년 다시 초청 의사를 밝혔다. 야스퍼스는 이번에는 수락했고 1947년 7월 강의를 진행했다.

나 좋을까요! 내가 중세 역사를 연구하는 동료 교수인 에른스트[220](그의 강의 원고[221]는 나의 원고「대학의 살아있는 정신」과 함께 출간되오)에게 그녀를 언급하자마자, 그는 열광적이었소. 그는 비에루조프스키를 알지 못하지만, 그녀의 출판물에 친숙하며 이것들에 대해 나에게 말했소. 나는 비에루조프스키 부인에게 보내는 그의 편지를 동봉하오. 여기에 우리의 생각이 담겨 있네요. 베에루조프스키 부인이 독일과 하이델베르크에 오겠다고 결정한다면, 그녀는 편지를 보내며 우리에게 알릴 것이오. 우리는 그때에만 교육부에 요청하고 이 요청이 승인될 것인가에 대해서는 결코 알지 못하오. 정부가 승인해야만 여행이 가능할 것이오. 비에루조프스키 부인은 여기에서 확고한 기반을 찾을 것이오. 그렇지만 이 내용도 언급되어야 하오. 즉 이 직위는 보장된 직위는 아니오. 정부는 통상 지금까지 그렇게 하지는 않았지만, 항상 누구나 해임할 수 있소. 그러나 우리는 통화개혁 이후에 현재의 재정 낭비가 끝나고 냉혹하게 삭감할 수밖에 없다면 무슨 일이 일어날지 모르오. 독일에서 안전과 같은 것은 없소.

하지만 비에루조프스키 부인은 내 조언을 좋아할 것이오. 나는 감히 조언할 수 없구려. 이곳 사정이 어떤지를 설명할 수 있을 뿐이오. 미국에 있는 당신은 우리보다 세계 상황과 독일의 미래에 대해 더 많은 정보를 가지고 있소. 주요 강대국 **사이에서** 이곳은 아무도 원하지 않는 그런 사람들을 모두 버리는 쓰레기 더미, 즉 강대국의 전쟁터라오. 이곳의 경치는 좋소. 하이델베르크는 마력적이오. 매일 봄 햇살과 언덕 사이의 거리에서 세상 사람들을 유혹하여 무한히 아름답고 멋진 삶을 찾을 수 있소. 그러나 믿을 수 없을 정도로 밀려드는 사람 무리. 방 하나에 두 사람은 정상적이오. 결

---

[220] 프리츠 에른스트(Fritz Ernst, 1905~1963)는 1937년 이후 하이델베르크대학교의 중세·근대 역사 교수였다. 그는 대학의 재생에 중요했다. 그러므로 야스퍼스는 그와 긴밀하게 접촉했다.
[221] Fritz Ernst, "Vom Studieren," in Karl Jaspers and Fritz Ernst, *Vom lebendigen Geist und vom Studieren*, 41-62.

혼한 부부는 **하나의** 방을 얻어요. 학생들은 단독으로 생활하지 못하고 둘씩 짝을 지어서만 살 수 있다오(독신 육체노동자와 정신노동자, 이른바 노동력의 경우에 사정은 다르다오). 식량 부족은 충격적이오. 외국에서 오는 소포가 없다면 (굶주림, 쇠약, 노동 능력 부족으로) 불가능할 정도로 사는 게 힘들다오. 사람들이 마침내 포기할 정도로, 관청 ― '관청의 무례함' ― 과의 상대는 피곤하고 지친다오(아내와 나는 아주 좋으며 작업 공간의 방식으로 약간의 특권을 누리오. 우리는 이미 아파트와 가구를 가지고 있고, "내 건강 상태, 학계에서 그리고 아내의 정치적 박해라는 관점에서 내 위치를 유지하기" 때문이오). 이런 상황이 얼마나 지속할지 아무도 모른다오.

아주 이상하게도, 나는 반유대주의와 관련한 질문에 어떠한 신뢰할 수 있는 대답을 제공할 수 없소. 나 자신이 반유대적인 것을 전혀 듣지 못했다는 점은 전혀 놀랄 일이 아니오. 그러나 나는 습관적인 반유대주의 ― 무분별하고 무지한 ― 가 주민들 사이에 여전히 만연하고 있다고 들었소. 나는 '국민'이 실제로 반유대주의적이라는 것을 전혀 생각하지 못했소. 나치가 아무리 대량 학살을 원했고 헛되게 도발하려고 했더라도, 자발적인 대량 학살은 전혀 일어나지 않았소. 누구든 민감하다면 행위가 아닌 말에서 다시 한번 허무맹랑함을 경험할 것이오. 아내가 비록 몇 마디 말을 나누고자 목전에서 만나는 어떤 독일인에 대해서도 그렇게 따뜻하고 기꺼이 도왔지만, "너는* 우리 가운데 어떤 사람을 살해했는가?"라는 질문에서 당신**이 포착한 분위기는 내 아내와 같은 사람들에게 지울 수 없을 정도로 남아있다오.

독일계 유대인은 '혼종 결혼'을 한 사람을 제외하고는 거의 남아있지 않소. 그러나 매우 다양한 배경을 가지고 있으며 유대인에 대한 일반적인 견해에 대체로 유리하지 않은 동유럽 유대인은 많다오. 그들은 때론 사기가

---

* 옮긴이_ 일반적 2인칭.
** 옮긴이_ 즉 아렌트.

저하되어 있고(당연히 오랜 시간이 흐른 뒤) 거의 언제나 생소하기 — 사람들이 가끔 자신들 사이에서 진귀하게 혼이 담기고 이해할 수 없게 인간적인 유대인을 마주한다는 점을 제외하고 — 때문이오. 그러나 그들은 일반적이지는 않다오.

비에루조프스키 부인이 미국으로 복귀하는 길을 열 수 있다면, 나는 그녀가 여기에서 1년 동안 그것을 시도하고 둘러보라고 망설이지 않고 추천할 것이오. 현재 상황으로서는 예측하기 어려우며 결정은 위험을 포함할 것이오. 만약 그녀가 여기 왔다면, 하소 폰 제바흐가 설명하듯이 그녀는 "덫에 걸렸다"고 느낄 수 있소. 한 가지 긍정적 요인은 소수라고 하더라도 배우고 싶어 하고, 굳건하며, 감사하고, 정신의 삶을 갈망하는 젊은이들이 있다는 것이오. 교육에 열정을 가지고 있는 사람은 누구나 약간 경이로운 경험을 할 수 있소.

대학에 관한 한, 독일에 있는 거의 모든 사람은 대학에 반대한다오. 정당·정부·노동조합·시청 등은 대학에 대해 상당한 분노를 표시한다오. 그러나 우리는 지금까지 견뎌냈네요. 하이델베르크대학교에는 책이 있소. 대학교는 4,000명 이상의 학생들로 넘친다오. 강의실은 유용하지만 비좁고 갑갑하오. 미국군이 새 강의동을 아직도 점거하고 있소. 군인들을 위한 '정훈교육실', 그리고 하이델베르크대학교 인근의 넓은 지역에서 버스로 이곳으로 수송되는 미국 어린이들을 위한 강의실도 있소.

글쎄, 난 아직 오래 얘기를 계속할 수 있었소. 비에루조프스키 부인은 원한다면 자유롭게 질문해야 한다오.

그녀가 하이델베르크에 오겠다고 결정하고 이를 우리에게 알리는 순간, 우리는 그녀를 위해 대비할 것이오. 따라서 그녀는 반응이 어떤가를 알기 위해 미국에서 기다려야 할 것이오. 좋기를 기대하오. 정부는 그 경우에 정치적 이유로 협조적인 경향이 있기 때문이오.

바일 교수에게 안부를 전해주오. 『대학의 이념』에 대한 그의 우호적인 논평에 매우 기쁘다오.

> 따뜻한 마음을 전하고 항상 감사하며!
> 카를 야스퍼스

편지 57 **아렌트가 야스퍼스에게**

1947년 5월 3일

친애하고 존경하는 분께―

당신이 확인하겠지만, 「헌사」[222] 가운데 제가 수정한 부분의 몇 면을 동봉합니다. 우리가 좋아하는 람베르트 슈나이더가 조급해하지 않았으면 좋겠습니다. 당신은 전적으로 옳았고, 저는 나중에, 그러나 실제로 나중에만 이곳의 우리가 도발적인 의사 표명을 보고 들을 수 없다는 사실에 놀랐고 짜증이 났습니다. 정확히 이 헌사가 정당화이기 때문에, 저는 주위에 있는 이곳 사람들에 대한 시선으로 헌사를 점점 더 많이 썼습니다. 어쨌든 저는 분명히 그런 압박 아래 집필했습니다. 헌사가 여전히 '정당화'로 남아있다는 것을 부정할 수 없습니다. 제가 도발적 의사 표명을 바꿀 수 없기에, 이것이 당신을 슬프게 한다는 점이 저를 슬프게 합니다. 제가 보기에 설명하지 않는 것은 오만할 것 같으며, 모든 설명은 자체에 정당화의 싹을 담고 있습니다. 그래서 '정당화'를 명료하고 공개적으로 쓰는 것이 저에게 더 좋아 보입니다. 더욱이 저는 정당화가 제 유대인 친구들이 아니라 역시 독일에 필요하다는 점을 진정 믿습니다(그리고 제가 틀렸다면 기꺼이 그렇게 말씀하세요). 제 생각에는, 독일의 유대인들은 현재까지 자신들이 반파시스트적 독일인이라는 암묵적인 가정하에서만 출판했습니다. 즉 그들은 1932년 이후 아무것도 바뀌지 않은 듯이 행동했습니다. 다른 한편 제 판단으로는, 독일에 있는

---

[222] 편지 53과 54를 참조할 것.

사람들은 유대인 문제에 대한 논의를 간절히 회피하려고 합니다. 그것에는 분명한 이유가 있습니다. 저는 다음과 같은 상황을 의심하지 않을 수 없습니다. 다른 말로 바꾸어 말하면, 한 유대인이 독일에서 그런 저작을 출판했는데, 일반 독일인들은 이것에 대해 대다수 유대인과 근본적으로 다른 태도를 보이지 않습니다. 저는 의도적으로 이런 태도를 매우 혹독하게 표현했습니다.

당신은 '살인자들'에 대한 언급에서 기껏해야 0.1%라고 말하지요. 아마도 제가 완전히 틀렸을 수도 있지만, 그것은 저에게 아주 작은 비율이라는 인상을 주며, 약 70,000명 정도에 해당할 것입니다. 저에게 더 중요해 보이는 것은 이것입니다. 즉 얼마나 많은 사람이 관련되는가와 무관하게, 어쨌든 이 작은 비율은 1942년까지 더 이상 확신에 찬 나치와 신중하게 선정된 친위대 병력에만 국한되지 않습니다. 국민의 한 단면을 차지한 정규군 부대는 이러한 목적으로 종사할 수 있었으며 그랬습니다. 그것은 세계의 반응이란 관점에서 중요하게 되었으며, 그러므로 역시 세심한 계산으로 이루어졌습니다. 따라서 전 주민이 모든 사실(그리고 이것은 신문사 특파원이나 선전원뿐만 아니라 많은 사람, 실제로 독일에서 돌아온 모든 사람이 언급한 사실)을 알고 있으며, 예를 들면 히틀러를 환호하는 사람들의 비율이 1943년 때보다 증대되고 있다는 점은 오늘날에도 반복해서 역시 언급됩니다. 제가 보기에 이것은 거의 말할 필요도 없는 것 같으며, 나치 자체의 예상치와 완전히 일치할 것입니다. 다른 한편, 이것은 에른스트 비혜르트[223]가 추정한 이런 사람들이 주민의 60~70%를 구성하며, 살인을 의식적으로 인정하려고 했다는 점을 의미할 수 있습니다. 살인은 결코 그들을 타고난 살인자로 만들지 않습니다. 그들 자신의 삶이 더는 안전하지 않더라도, 그들은 아마도 그렇게 했을 것입니다.

---

[223] 에른스트 비헤르트(Ernst Wiechert, 1887~1950)는 독일 소설가이며, 반나치 강의로 부헨발트 수용소에 수용되었다. 그는 석방 이후 비밀경찰의 감시 아래 있었고 출판 행위를 금지당했다.

이 모든 문제는 근본적으로 독일과 전혀 관련이 없거나 거의 관련이 없습니다. 독일은 민족으로서 파멸한 첫 번째 국가입니다. 이 상황은 다른 나라에서는 그렇게 노골적으로 명백하지 않습니다. 부분적으로는 외부 상황이 더 좋기 때문이며, 부분적으로는 위기 상황에서도 억제력이 되지 않는 어느 정도의 서양 전통이 아직도 약간의 억제적인 영향을 미치기 때문입니다. 오늘날 이 문제들은 유대 민족에 대한 독일인의 태도에 미치고 있는 영향에 반영되고 있습니다. 우리는 끔찍한 현실에서 이러한 성찰을 진지하게 고려해야 합니다. 제가 보기에 누구나 빠질 수 있는 온갖 함정에도 불구하고(그리고 당신은 그런 함정 가운데 하나에서 저를 바로 구했습니다) 이것들을 진지하게 고려하는 과정에서, 우리는 아마도 일반적으로 함의를 지닐 수 있는 무엇인가를 설명할 기회를 얻습니다.

이제 「헌사」 자체의 문제로 넘어가겠습니다. 공개서한의 형태를 버리고, 논문을 단지 서문으로 다시 작성하며, 이후 책을 당신에게 헌정하는 게 아마도 더 좋을 것입니다. 아니면, 당신이 가장 좋다고 생각하는 무엇이든지 좋습니다. 제가 원래 상상했던 것처럼 이것이 잘 풀리지 않는다면, 저는 물론 유감일 것입니다. 그러나 저는 이미 어려운 당신의 입지를 결코 더욱 어렵게 하고 싶지는 않습니다. 그것만은 결정적 요인이어야 합니다. 현재 형태의 원고가 당신에게 전적으로 귀찮거나 단지 부적절하다는 인상을 준다면, 형편에 따라 르페브르를 통해서 즉시 저에게 알려주세요. 그러면 저는 편지 형태가 아닌 새로운 원고를 즉시 당신에게 보낼 것입니다. 이 때문에 출판이 지연될 수 있다는 점은 실제로 중요하지 않습니다.

하소 폰 제바흐와 관련한 사항입니다. 저는 당신의 설명에 드러난 정확성에 놀랐습니다. 당신이 아마도 아시듯이, 베르너 폰 트로트[224]는 그사이

---

[224] 베르너 폰 트로트 추 졸츠(Werner von Trott zu Solz, 1902~1965)는 아담 폰 트로트의 큰 형이다. 편지 50의 각주 186을 참조할 것.

에 비스바덴에서 그에게 일자리를 마련해 주었습니다. 하소는 정직하고 예의 바른 사람입니다. 그는 행운을 누리고 있다고 생각한 순간 불운에 놓였습니다. 즉 브라운-포겔슈타인 부인을 만난 때입니다. 이 부인은 교육을 잘 받은 재능있는 예술사가로서 하소와 수년간 함께 살았으며, 자신도 모르게 하소에게 모든 책임을 덜어주고 그를 문화계로 몰아넣었습니다. 하소는 이 분야에 생산적이지 못했기에 불행할 수밖에 없었습니다. 그러자 제 남편은 그것을 고치려고 했고, 하소에게 라디오 기술을 배우도록 제안했습니다. 그 이후에 하소는 매우 잘하고 매우 열정적이었습니다. 그는 자신이 뛰어나게 잘할 수 있었던 것을 마침내 하고 있었습니다. 그 이후 그는 일자리를 찾느라고 이리저리 오가지 않았습니다. 단지 그가 돈이 필요하지 않았기 때문입니다. 길고도 복잡한 이야기지만, 저는 모든 일이 결국 잘되길 바랍니다. 그에게는 도덕적 성격을 지닌 어떤 정치적 재능이 있습니다.

독일에 가자 — 오 하느님, 물론 저도 가고 싶습니다. 누구나 (1) 정부와 관계가 없고, (2) 그곳에 남은 가족이 없으며, (3) 미국 기업을 위해 일하지 않는다면, 독일 입국 허가서를 얻기 어렵습니다. 고맙게도 비자를 얻는 데 문제는 없습니다. 예컨대, 저는 언제나 다른 모든 유럽 나라에 필요한 서류를 얻을 수 있었습니다. 그러나 그것도 시간이 오래 걸리며 또한 비용이 많이 듭니다.

독일의 자각과 관련한 사항입니다. 당신이 이것을 완료할 때, 프린스턴대학교는 관심을 가질 수 있습니다. 『논평』은 당신의 제네바 연설문의 출판권으로 150달러를 지급했습니다. 이 비용은 번역 비용과 더불어 그들이 통상적으로 분량이 더 많은 논문에 지급하는 사례비에 거의 해당합니다. 저는 프린스턴대학교로부터 어떤 말도 듣지 못했습니다. 『대학의 이념』, 『대학의 살아있는 정신과 공부』, 제네바 연설문, 『정신병리학 총론』의 출판권은 프린스턴대학교에 있습니다. 당신 생각에 독일의 유대인에 대한 제안을 어느 정도 이용할 수 있다는 점은 저를 매우 기쁘게 합니다. 물론 출처를 언급하지 않은 채(주의 요망, 출처는 남편입니다) 그것이 독일에 있는 독일인으로부터 나왔다면 의미 있습니다.

저는 우리의 '자본준비금'의 부족에 대해 많이 웃었습니다. 자랑하지 않았습니다. 우리는 미국인의 기준으로도 좋은 생활을 하고 있습니다. 돈이 많이 드는 일들이 대부분 지루하고 시간을 많이 소비하기 때문에, 우리는 거의 필요가 없습니다. 제 어머니를 독일에서 빼내고 이후 우리 모두를 프랑스에서 빼내는 일을 위해서 우리가 아직도 여기저기에 숨겨둔 약간의 자금을 활용했습니다. 우리가 여기에 도착했을 때, 제대로 기억하자면 주머니에 약 50달러가 있었습니다.

친애하고 존경하는 분과 관련한 사항입니다. 서문에 대해 한마디 더 드리겠습니다. 당신과 함께 연구한 우리는 모두 항상 제가 그곳에서 쓴 것을 표현할 수 없다고 하더라도 그것을 항상 알고 있습니다. 그것은 당신이 제자가 없다는 취지의 발언, 아마도 만하임[225]의 발언이 저를 자극할 뿐만 아니라 기쁘게 하는 이유입니다. 당신은 현실에서 다른 모든 사람을 합친 것보다 더 큰 영향력을 지녔기 때문입니다.

따뜻한 마음을 담아
한나 올림

1947년 5월 4일[226]

소포와 관련한 사항과 당신의 3월 23일 편지에 감사하고자 급히 몇 줄을 씁니다. 부언하면, 당신의 편지는 이곳에서 통상 받는 것보다 시간이 좀 더 걸렸습니다. 저는 르페브르로부터 역시 편지를 받았는데, 이 편지는 4월 28일 거의 같은 때에 도착했습니다. 이제부터 우리는 소포의 번호를 매길 것

---

[225] 카를 만하임(Karl Mannheim, 1893~1947)은 사회학자이며 1930~1933년 프랑크푸르트대학교 교수였다. 그는 영국으로 이주했다. 야스퍼스는 『현대의 정신적 상황(Geistige Situation der Zeit)』(제5판 8쇄, 155ff)에서 만하임을 전형적인 궤변가로 묘사했다.
[226] 다음 것은 게르트루트 야스퍼스에게 전달되었다.

입니다. 덴마크 발송 소포가 아주 좋다니 기쁩니다. 반대로 그것은 비용이 들지 않으며, 저는 이미 다른 것을 주문했습니다. 이제부터 당신은 매달 덴마크 발송 소포 하나를 받을 것이며, 우유와 초콜릿 등이 담긴 두 개의 정규적인 소포를 받을 것입니다. 저는 다음 주에 두 개의 5월 소포를 부칠 것입니다. 어제 통상 소포를 보내는 토요일에 시간을 내지 못했습니다.

코곤[227]과 관련한 사항입니다. 저는 여기에서 교정쇄를 읽고 영어로 출판하도록 노인인 아버지 쇼켄을 이해시킬 것입니다. 아무런 이유도 없이 아무것도 하지 않습니다. 제가 이것에 대해 생각할 때마다 이게 여전히 저를 화나게 합니다. 당신이 저를 위해 책을 마련할 수 있다면, 저는 매우 감사할 것입니다. 그 책은 저의 연구를 위해 매우 필요하기 때문입니다.[228] 제 생각에 베르만-피셔출판사가 독일에서 재출간할 것입니다.

베노 폰 비제와 관련한 사항입니다. 이것은 그런 이야기들 가운데 다른 하나입니다. 1933년 4월 또는 5월에 비제는 '분명히' 외국적인 요소들을 모두 제거하려는 독일 대학들의 행동 계획을 제안하는 논문[229]을 출간했습니다. 그것은 단순했습니다. 그 당시에 그에게 이 계획을 수행하라는 압력은 없었습니다. 그리고 온건하게 표현하자면, 그는 이 논문을 집필함으로써 유대인의 운명에 대한 자신의 무관심을 가능한 가장 명료한 방식으로 증명했습니다. 그리고 그가 플레크 거리에서[230] 희생을 각오할 만큼 그렇게 용기를 보였을 때, 독일의 긴박한 패배는 아주 명백하지 않았나요? 결국, 그

---

227 오이겐 코곤(Eugen Kogon, 1903년 출생)은 정치학자이며 언론인이다. 아렌트는 그의 저서 『비밀경찰 국가: 독일 집단수용소의 체계(*Der SS-Staat: Das System der deutschen Konzentrationslager*)』 (München, 1946)를 달라고 요구하고 있다.
228 아렌트는 『전체주의의 기원』을 집필하고 있었다. 편지 61과 62를 참조할 것. 이 편지에서 이것은 "제국주의에 관한 저서"로 언급되었다. 이것은 서신을 통해서 사용된 작업 과정의 방향이다.
229 Benno von Wiese and F. K. Scheid, "49 Thesen zur Neugestaltung deutscher Hochschulen," *Volk im Werden*, ed. Ernst Krieck, 1, no. 2(1933): 13-21.
230 야스퍼스의 하이델베르크 주소는 폴렉 66번지이다. 이것은 1943년 야스퍼스의 60번째 생일에 이루어진 베노 폰 비제의 방문을 의미한다.

는 우매하지 않고 확신에 찬 나치도 아니었습니다. 그 어떤 것도 이야기를 좋게 만들지 못합니다. 그는 좋은 어머니가 있지요. 그녀에게 무슨 일이 있었는지 궁금합니다.

다시 소포에 관해 이야기하지요. 제가 청구할 수 있고 아마도 청구할 유일한 것은 12월 소포입니다. 당신은 1월 소포와 2월 소포의 수령을 확인했습니다. 지금쯤 당신은 틀림없이 3월 소포 2개와 4월 소포 3개를 받았을 것입니다.

따뜻한 마음과 사랑을 담아
한나 올림

편지 58 야스퍼스가 아렌트에게

하이델베르크, 1947년 5월 16일

친애하고 존경하는 분!

당신이 새롭게 집필한 「헌사」는 나에게 큰 의미가 있으며, 이에 대해 전적으로 인정하오. 특별히 수고를 아끼지 않으니 감사하오.

나는 그런 정당화를 필요하게 하는 상황 때문에 당신의 설명에 슬프지 않소. 당신은 그것을 바꿀 수 없소. 나의 경우 독일인이란 의식, 그리고 어린 시절부터 독일계 유대인이 독일인이라는 것을 당연하게 여겼던 사실은 모두 정서적 수준에서 최종 해답이 있는 질문이 되었지만 몇 마디로 공식화할 수 있는 질문이 아니오. 1932년경(그 해를 확신하지 못하오) 당신과 나는 그때에도 내가 개인적 차이로 지각하지 않았던 우리 사이의 차이,[231] 즉 그 자체로 절대적이지 않지만 사소하지도 않은 차이를 알게 되었소. 차이가 존재한다는 점(이것은 나와 아내 사이의 차이와 같으며, 우리는 자주 그것에 대해 다시 논의하

---

[231] 편지 22-24와 59를 참조할 것.

오)은 그런 문제가 중요해지지 않을 세계의 상태를 향해 노력하고 있다는 징표라오. 나는 독일인의 특성(das Deutsche; Germanness)이란 개념을 전혀 동의하지 않을 것이오. 이 개념에 따르면, 내 유대인 친구들은 독일인일 수 없고 스위스인과 네덜란드인, 즉 에라스무스·스피노자·렘브란트·부르크하르트는 독일인이 아니오. 나는 막스 베버와 함께 독일의 정치적 위대성이란 이념을 확인했으며, 동시에 스위스와 네덜란드를 독일적 실체로 간주했다오. 이 실체는 다행스럽게 정치적 위험을 넘어섰고 독일제국(1914년)에서 위협을 받은 독일적 특성을 유지케 했다오. 이 독일제국이 좌초되었을 뿐만 아니라 범죄 행위로 독일에서 가장 훌륭한 것의 종말을 초래했다는 점은 우리의 숭고한 기억들(폼 슈타인[232]에서 막스 베버까지) 가운데 그 자리를 차지하는 다른 가능성을 파괴하지 않는다오. 나는 도덕적 악이 일찍이 1860년대 그 기원을 두고 있었다는 사실, 그리고 우리가 이전에 높이 존경했던 많은 인물의 참된 모습에 겁먹은 눈을 떴다는 사실을 국가사회주의 시기까지 깨닫지 못했소. 이것은 13세기와 이후 평민 폭동이 민족주의적으로 전환했던 훨씬 더 먼 옛날에도 마찬가지였소. 그러나 나는 너무 멀리 벗어나고 있구려. 우리가 땅에 발을 디딜 수 있는 어떤 방법이 열려야 할 것이라오. 지금도 그리고 영원히 우리 발밑에 있는 땅은 "노아들Noahs"이 만나는 곳이오. 그런 이유로 우리의 우정은 나에게 그런 심원한 기쁨을 준다오.

  나는 나치 체제 아래에서 침묵을 지켰기 때문에 「헌사」가 "골치 아프고 적절하지 못할" 가능성을 안고 있다는 당신의 언급을 이해할 수 있다고 받아들여야 할 것이오. 바라건대, 나는 또한 문 앞에 비밀경찰이 없고 그 위협이 멀리 떨어져 있다는 당신의 지적이 완전히 진지하지 않다고 가정할 수 있소. 내 처남(특별히 내가 비밀로 해둔 네덜란드인 에른스트 마이어)의 간청은 아마

---

[232] 카를 프라이헤르 폼 슈타인 줌 알텐슈타인(Karl Freiherr vom zum Altenstein, 1770~1840)은 프로이센 정치가였다.

도 당신의 두려움과 연관될 것이오. 이것은 모두 '의혹'의 잔재이며, 나는 확실히 이 의혹으로부터 제외될 자격이 없소.

나는 '살인자들'의 비율, 그리고 아마도 주민의 많은 숫자에 대한 당신의 언급도 옳다고 생각하오. 그런데도 '독일인들'이 오늘날 실제로 어떤지를 알지 못하오. 언제나 가시적인 모습과 언어 양태에서 드러나는 많은 사람들은 상황과 교육으로 결정된 '습관'의 상징일 뿐이오. 그들은 자기 자신을 모르고 다른 사람들이 말하는 것을 말하오.

나는 독일 대학에 관한 바일의 강의가 탁월하다는 것을 알고 있소.

나는 당신의 편지에 있는 모든 문제에 대답하지는 않을 것이오. 할 수 있는 일은 그것에 감사하는 것뿐이오.

나는 드디어 18일에 이 편지를 마치며, 바보같이 서두르고 있구려. 아마도 7월에는 바젤에서 객원 강의를 위해 그곳에 갈 것이오. 나는 이곳 하이델베르크에서 완전히 새로운 강의[233]를 준비하고 있소. 때론 내 머리가 폭발할 것 같은 느낌이 든다오. 그런데 이외에도 당신이 말하는 "허튼소리"가 역시 많구려. 상황이 이렇듯 더 계속될 수 없소. 관조와 '게으름'은 모든 좋은 사유의 근원이기 때문이오. 지금 살고 있듯이, 나는 혼란의 위험에 놓여 있소.

오늘 나는 중국인 묵자[234](기원전 5세기)의 책을 읽고 있소. 그는 열광적인 합리주의자, 공리주의자, 유일신론자, 계획경제의 신봉자(오늘날 사회주의자로 불림)라오. 겸애兼愛는 그의 기본 원리지만, 그는 겸애가 없고 강제력으로 겸애를 도입하려는 지독하게 금욕적인 정치적 조정자라오. 오래된 친숙한 이야기라오. 나는 이런 창조적인 세기에 중국의 백가쟁명에 매료되었소. 묵자가 아닌 이 시대의 진정 위대한 인물들은 1937년 이후 나에게는 큰 위안

---

[233] 편지 52의 각주 189를 참조할 것.
[234] 묵자(약 기원전 479~381)는 중국 철학자이고 사회 윤리학자이며, 일부 사람들은 그의 가르침이 고대 중국에 전반적으로 알려진 종교 설립자로 인정한다.

이었소. 인류는 **하나의** 뿌리에서 발전하오. 가장 순수하고 자연적인 인류는 중국에서 그 당시에 존재했소. 그 이후 3세기 말에 진시황제,[235] 즉 중국의 히틀러(이것이 어떤 측면에서 위대한 이 중국인에 대한 너무 지나친 모욕이 전혀 아니라면)가 등장했소. 기원후 100년경 생존했던 중국 역사가의 책이 프랑스어로 번역되었소. 이 독재자의 재상들 가운데 한 사람의 연설은 괴벨스의 연설과 같이 보인다오. 그리고 그것은 당분간 위대한 창조적 사상가들의 종말을 명시했소. 이후에 나타난 인물들은 국가의 목적에 봉사한 독창적이지 못한 학자들과 일부 회의론자들이오.[236] 이것들이 내 강의의 준비 내용이오.

내 세미나에 소개한 칸트에 관한 사항이오.[237] 두 편의 **우수한** 논문은 이미 발표했소. 젊은이들 가운데 일부는 두뇌가 대단히 명석하고 칸트를 연구하는 데 열의를 보인다오. 보고서를 제출한 두 사람은 화학자이고 수학자라오.

항상 따듯한 마음을 담아
카를 야스퍼스

당신의 박사학위 논문을 보내야 할까요?[238] 나는 우연히 두 권을 찾았고 당신이 어떤 것도 갖지 않을 수도 있다고 생각했소.

나는 하우스호퍼[239]('지정학자'의 아들인 국가사회주의자 하우스호퍼[240])의 시집을 당신에게 보낼 것이오. 나는 이 책이 감동적이라는 것을 알았다오.

---

235 진시황제(Tsin[Ch'in] Shi Huang Ti, 기원전 221~201/206)는 중국에 첫 번째 관료 중심적인 통일국가를 이루었으며, 중국 명칭은 왕조의 이름에서 유래한다.
236 야스퍼스가 여기에서 기록한 것은 마르셀 그라네의 다음 저서에 기반을 두고 있다. Marcel Granet, *La civilisation chinoise: La vie publique et la vie privée*(Paris, 1929): 55ff., 114ff.
237 야스퍼스는 1947년 여름학기에 칸트의 『판단력비판』에 대한 세미나를 진행하였다.
238 편지 10의 각주 17을 참조할 것.
239 알브레히트 하우스호퍼(Albrecht Haushofer, 1903~1945)는 시인이며 극작가이다. 감옥에서 집필한 그의 저서 『모아비트 소네트(*Moabitter Sonette*)』는 1946년 출간되었다. 그는 저항운동에 연루되었기에 1945년 체포되어 비밀경찰에 의해 총살당했다.
240 카를 하우스호퍼(Karl Haushofer, 1869~1946)는 바바리아주 육군 소장이고 1921년부터 1939년까지 뮌헨대학교 지리학 교수였다. 그는 독일 지정학의 주요 지지자였다.

편지 59   아렌트가 야스퍼스에게

1947년 7월 30일

친애하고 존경하는 분께—

얼마나 끔찍한 오해인가요. 편지 쓰기는 정말 우매하고 위험한 일입니다. (있잖아요, 제가 다시 과장하고 있습니다.) 아니, 다른 무엇보다도 더 진정 고민하고, 독일의 상황을 판단할 수 없다는 것을 제외한다면, 저는 '지금 제 불행'에 대해 아무것도 생각하지 않았습니다. 그리고 저는 연발권총으로 주장에 대응하고 싶은 사람들이 자취를 전혀 감추지 않았다는 것을 실제로 알고 있습니다. 그리고 둘째는 제가 정치에서 시의적절함과 부적절함을 많이 믿고 있으며, 그리고 당신도 역시 그렇습니다. 그것은 기회주의와 아무 상관이 없습니다.

당신의 침묵에 관한 사항입니다. 저는 오해의 몇 개월을 지내며 당신이 말하면 무엇인가를 성취할 수 있다고 여전히 생각했던 1933년에도 그것을 항상 존중했습니다. 아마도 당신은 상기할 것입니다. 당신은 1933년 4월 베를린에 있었고, 저는 당신에게 직접 질문했습니다. 당신은 즉시 답변했습니다. 제발 믿어주세요. '남은 부분'도 없고 '의혹'도 없으며, 당신의 처남에 대해서도 그렇습니다. 그들은 분명히 그저 두려워했습니다. 우리는 그저 두려운 사람들일 뿐입니다. 당신이 바지 주머니를 꿰뚫을 수 있게 총을 번개처럼 빠르게 쏠 수 있는 미국 보안관들과 같은 훌륭한 명사수라고 이제 저에게 말할 수 있다면, 모든 것은 매우 좋았을 것입니다.

보내주신 하우스호퍼의 책에 감사합니다. 저도 매우 감동적이었습니다. 당신이 제 박사학위 논문 사본을 보내주시면 정말 좋을 것입니다. 저에게는 사본 하나만이 남아있습니다. 사본 하나는 더 멀리 바다 여행이란 불길한 징조를 기다리며 파리에서 욕조에 빠졌고 여전히 물에 잠긴 것처럼 보입니다. 게다가, 여러 대학 도서관은 저에게 사본을 요청합니다.

그러나 유대인 문제로 다시 돌아오겠습니다. 저는 우리의 의견 차이를 매우 잘 기억합니다. 그 과정에서 당신은 한때 우리가 모두 같은 배에 타고 있다고 저에게 말씀했습니다(또는 편지를 썼습니다). 제가 당신에게 답변했는지 또는 우리 유대인(이때는 1933년 이전임)이 선장인 히틀러와 함께 같은 배에 타지 않으리라고 스스로 생각했는지 지금으로서는 기억하지 못합니다. 그것은 역시 잘못됐습니다. 당신은 그 상황에서 더 오래 배에 타고 있지 않았고 또는 탔더라도 죄수로만 타고 있었을 것이기 때문입니다. 자유의 조건에서 모든 개인은 자신이 독일인 또는 유대인 또는 다른 존재가 될 것인가를 결정할 수 있어야 합니다. 국적과 국가가 같지 않은 미국과 같은 탈민족적 a-national 공화국에서 이것은 대략 사회적·문화적 의미를 지닐 뿐이지 정치적 의미를 지니지 않는 문제가 됩니다. (예컨대, 이곳의 이른바 반유대주의는 순전히 사회적이며, 유대인과 같은 호텔을 사용하겠다고 상상하지 않으려는 사람도 유대인인 자기 동료 시민이 선거권을 가지고 있지 않다면 놀라고 분노할 것입니다. 그것은 바뀔 수 있지만, 현재로선 그게 현재 상황입니다.) 유럽의 국민국가 체계에서 이 문제는 전적으로 더 복잡합니다. 그러나 오 하느님, 한 독일인이 자신은 오히려 이탈리아인이라고 말하거나 반대로 그러하고 그런 식으로 행동하더라도 좋고 말고요.

독일계 유대인은 이제는 독일인이기를 원하지 않습니다. 그것은 확실히 우리에게 불리하게 작용할 수 없지만 물론 약간 이상해 보입니다. 그들은 그런 몸짓을 통해 자신들이 독일에 대한 정치적 책임의 어떤 몫을 짊어질 의도를 갖지 않는다는 점을 실제로 말하고 싶을 것입니다. 그리고 그들은 그 점에서는 옳습니다. 그것만이 핵심입니다. 제가 비록 팔레스타인에 갈 의도가 여전히 없고 상황이 그곳에서 잘 진행되지 않는다는 사실을 거의 전적으로 확신하더라도, 우리가 신문을 펼쳤을 때 살펴보는 첫 번째 일이 팔레스타인에서 진행되는 상황을 읽으리라는 점은 오늘날 저와 다른 많은 사람의 경우 당연한 문제가 되고 있습니다.

제가 보고 싶은 것과 오늘 성취될 수 없는 것은 모든 사람이 자신의 정치적 권리와 책임을 행사하고 싶은 곳과 자신이 가장 편안함을 느낄 문화적 전통을 자유로이 선택할 수 있는 상황의 그런 변화일 것입니다. 그래서 이곳과 유럽에서 계보학적 탐구의 종말이 결국 있을 것입니다.

현재 이런 모든 문제의 함의를 과장하지 않는 것이 저에게 가장 중요해 보입니다. 우리는 이것이 아마도 홍수라는 것을 달리 계속 망각할 것이며, 우리는 어디에도 너무 항구적으로 정착하지 않고, 즉 어느 국가에 실제로 의존하지 않으려고 최선을 다할 것이기 때문이며, 국가는 하룻밤 사이에 폭도와 맹목적인 파멸의 도구로 변할 수 있기 때문입니다.

남편과 저 역시 유대인 문제에 관해 때때로 대화합니다. 제가 그를 방해하지 않고 그대로 두면, 그는 항상 제가 말하는 동화同化로 어려운 상황을 잘 빠져나갑니다. 그리고 저는 전적으로 사적인 영역에서 아무개 부부는 왜 확실히 독일인임에도 독일인이 아닌지 알 수 없다는 점을 완전히 인정합니다.

헬레네 비에루조프스키는 저와 함께 길고 긴 저녁 시간을 보낸 이후 당신에게 편지를 썼습니다. 당신은 좋은 편지로 그녀를 매우 기쁘게 했지요. 저 역시 기쁩니다. 그녀가 어떤 결정을 내리든, 그와 같은 편지는 빵 자체와 같이 그녀에게 본질적이었기 때문입니다. 그녀는 결코 이 나라에 적응하지 못하고 이곳에서 기분이 좋지 않을 것입니다. 그렇지만 그녀가 과거에 독일과 훨씬 더 많은 것을 동일시했기에, 복귀하는 것은 그녀에게 다소간 상당히 어렵습니다. 그녀가 정치적으로 완전히 순진하기에, 그곳에서 일어난 것에 대한 그녀의 반응은 대부분 더 강렬합니다.

저도 당신이 행정 업무에서 벗어나기를 바라지만, 당신이 바젤에 있다는 게 얼마나 좋으며,[241] 당신이 그렇게 많이 성취할 수 있다는 게 얼마나 좋은지요. 바젤 강의 원고를 출판할 것인가요?[242] 제네바 연설문은 『논평』에 게

---

[241] 편지 56의 각주 219를 참조할 것.

재됐습니다. 이 연설문이『책임 문제』와 같은 시기에 나오도록 출판사가 이것을 가을에 출간했으면 좋겠습니다.

이곳의 사정은 좋습니다. 휴가입니다. 저는 실제로 이번에 휴가가 필요합니다.

저의 따뜻한 마음을 담습니다. 그리고 그러한 '의혹'과 선을 그으세요.

여느 때와 같이
한나 올림

편지 60   야스퍼스가 아렌트에게

론 계곡의 크랑, 1947년 7월 20일

친애하고 존경하는 한나!

당신의 편지가 스위스에 있는 우리에게 도착했소. 당신의 휴가가 얼마나 큰 기쁨인지 편지에 나타나는구려! 나는 당신이 정상적인 일상 업무에 얼마나 매여 있는가를 정말 비로소 알았소. 그리고 나는 당신과 같이 재능 있는 사람이 창조적인 작업을 수행할 시간과 자유가 있기를 얼마나 바라며, 요구할 수 있기를 바라오. 당신은 진정으로 할 말이 있고 종종 독창적인 안목과 같은 것을 가지고 있기 때문이오. 이제 당신은 적어도 몇 주의 시간을 갖는다오. 나는 당신이 이렇게 자유롭게 즐거운 환경에서 남편과 행복한 시간을 공유하며 자신의 중요한 작업에 진전이 있기를 바라오.

나는 이곳 바젤대학교에서의 객원 강의로 큰 '성공'을 했다오. 베를린에서 보낸 서류가 늦게 도착했기 때문에, 나는 약속한 날짜보다 일주일 늦게 이곳에 도착했소. 학기는 거의 끝나고 있소. 학생들은 이미 떠나고 있소.

---

242 야스퍼스는 바젤에서『철학적 신앙』(뮌헨, 1948)에 실린 내용을 주제로 강의를 진행했다. 다섯 번째 주제인「철학과 비철학(Philosophie und Unphilosophie)」강의는 이루어지지 못했다.

총장과 나를 초청한 재단의 대변인은 10월에 오라고 제안했소. 그들은 현재 강의실을 채우는 것으로 압박을 받는 것 같다오. 그들은 지금 이곳에서 우리의 휴가[243] 비용을 지급할 것이오. 따라서 연기된 강의는 10월에 성공적으로 진행될 수 있었다오. 나는 **지금** 아주 무례하게 강의를 하겠다고 주장했소. 하이델베르크대학교의 학기로 10월에 다시 방문하지 못할 것이오(두 번째 휴가를 얻을 수 없기 때문이오). 강의실은 확보되었고, 나는 강의를 하는 동안 앉을 수 있는 것에 만족했소. 그러나 나는 첫날 강의실을 중앙 강당으로 옮겨야 했소. 걱정했다오. 그곳에서 앉아 강의할 가능성을 찾지 못했기 때문이오. 500명이 참석했소. 매일 더 많은 학생이 참석했소. 강의가 끝날 무렵에 나는 뒷문과 역시 거기 서 있는 학생들 사이를 통과해야 내 자리로 갈 수 있었다오. 당신이 알듯이, 이것은 나를 기쁘게 했지만(그렇지 않으면 나는 그것에 대해 당신에게 말하지 않았을 것인데), 기쁨은 곧 사라진다오. 그것은 모두 쇼일 뿐이오. 누구나 쇼에서 꼭두각시이며 우선 일을 진지하게 고려할 때만 수행할 수 있다오. 그런 다음 나는 한나 아렌트에 대해 생각하고 세계에 "노아들"은 소수라고 생각했으며, 당신이 나와 마음이 맞는 일이 내가 쉽게 처리할 수 있는 이런 모든 성공보다 더 중요하다고 느꼈소.

강의 주제는 「철학적 신앙」이었소. 아마도 나는 6편의 강의 원고를 인쇄할 것이며 이후 이것들을 당신에게 보낼 것이오. 나는 신학자들이 "충격을 받았다"라고 들었소. 그런 생각을 한다는 것은 나쁘지, 설상가상으로 더 나쁘다오. (이런 종류의 일은 현재 독일에서 훨씬 더 심하다오. 나치의 사고방식은 교회들에도 퍼졌다오. 나는 최근 개신교 회중의 대표자 선출을 위한 안내문을 받았소. 누구나 투표권을 가지려면 하느님이 아니라 그리스도에 대한 믿음의 새로운 고백서를 제출해야 한다오!) 실존주의자들은 나를 일종의 구식 신학자로 생각한다오. 토론 끝에 모임이 있었소. 소수의 사람이 말했소. 나의 '동료'인 하인리히 바르트[244](신학자의 동생[245]이며 그

---

[243] 크랑에서의 휴가는 예외였고, 바젤대학교 강의의 사례금에 첨가되었다.

자신이 바젤대학교 철학과 정교수)가 나에게 철학사에서 편안함을 느끼는 곳을 질문하고 나를 피히테와 비유했다오! 나는 지극히 요령 있게 대응했지만, 피히테의 천재성에도 불구하고 그를 특징화할 만한 인물로 묘사했다고 생각했소. 다른 세 사람이 언급했고 내가 대응한 이후, 침묵이 시작되었소. 나 자신의 질문으로 그들을 격려하려는 시도는 허사였다오. 나는 "그들을 죽도록 설득한" 것 같은 불행한 느낌이 들었소. 이후에 나는 강의에 참여했고 최근 출판된 저서 1부를 나에게 보낸 객원 강사로부터 편지 한 통을 받았소.[246] 그는 25년 전에 '제자'로서 나에게 감사함을 표시했다오. 초월은 그의 경우 아무 의미를 갖지 않는다오. 실존은 자유 등과 같다오. 정확히 실존은 초월이 **없기** 때문이오. 그는 말하지 않았소. 그는 그게 두드러지다고 느꼈을 것이기 때문이오. 그래서 실질적인 토론은 있지 않았소. 나는 존경하는 몇 분의 적극적인 반응에 기뻤다오. 그렇지 않았다면, 그것은 쇼였을 뿐이었소. 4월에 또 다른 초청이 있소! 우리는 그 가능성에 매우 기뻐하고 있소.

우리는 이곳 낙원에서 살고 있소. 아내는 체중이 는다는 두려움으로 이미 식사를 줄이고 있소. 론 계곡에서 1,500미터 위에 있는 아름다운 정경과 그 주변의 높은 산들, 계속 이동하는 구름, 매일 햇빛 드는 날들이오. 사람들은 매시간 지구의 생명과 접촉하며 산다오. 우리는 시골 전체의 모습을 볼 수 있는 방이 있고, 발코니가 있어서 항상 신선한 공기를 마시고 있소. 그리고 우리는 이번만은 진정으로 단둘이 있소. 비현실적으로 보이지만 완

---

[244] 하인리히 바르트(Heinrich Barth, 1890~1965)는 스위스 철학자였다. 야스퍼스는 이후에 바젤대학교의 동료가 되었다.
[245] 카를 바르트(Karl Barth, 1886~1968)는 개신교 신학자로서 변증법적 신학의 주요 대변자였다. 그는 1921~1935년 독일에서 다양한 교수직을 맡았고 1935년 바젤대학교의 철학과 교수가 되었다. 그는 야스퍼스와 냉소적인 거리를 유지하는 관계였다.
[246] 아마도 철학자이며 심리학자인 한스 쿤츠(Hans Kunz, 1904~1982)의 저서 2권, 『상상의 인류학적 의미(Die anthropologische Bedeutung der Phantaise)』는 1946년 바젤에서 출간되었다.

전한 현재의 실재인 마법의 주문! 아내는 산책길을 탐색하고 있고, 내가 할 수 있는 일은 함께 걷는 일이오. 나는 강의 원고를 편집하고, 이것들을 출판할 준비를 다소간 하였다오. 강의 내용은 전체적으로 다소 추상적이오. 4월에 나는 훨씬 더 구체적인 주제, 즉 세계 역사 전체에 대한 견해를 잠정적으로 발표했다오.

이제야 당신의 친절한 편지에 대해 언급하오. 나는 실제로 당신의 '의혹'을 아주 심각하게 받아들이지 않았소. 감사하오. 의혹은 사라졌구려. 이것은 나에게 아주 민감한 부분이오. 『책임 문제』는 실제로 중요한 개인적 뿌리를 지니고 있다오. 무엇보다도 나는 과거에 그랬던 것처럼 다시 행동하리라는 점을 알고 있기 때문이오. 매우 겸손할 만한 충분한 이유가 있소. 나는 당신과 내 처남이 그냥 나를 '걱정하고' 있다는 점을 의식했소. 나 자신이 두렵구려. 물론 정치에서는 기회주의적이어야 하오. 그러나 나는 이런 의미의 정치에 전혀 참여하지 않고 그럴 재능도 갖고 있지 않소. 대학 정치의 편협한 한계 내에서도 얼마나 무능한가를 계속 배우고 있소. 이 한계 내에서 약삭빠른 사람들은 나보다 우위에 있고 의도적이지는 않더라도 본능적으로 나를 이용한다오.

나는 '민족'이란 주제에 대한 당신의 견해, 그리고 정치적 책임과 그 결과 국가를 선택할 자유에 대한 당신의 견해에 공감한다고 생각하오. 그러나 누구나 선택할 수 없지만 '수용해야' 하는 무엇인가가 있다오. 가장 훌륭하고 정당한 세계 질서는 그것을 제거하지 못할 것이오. 그리고 그것은 나에게 결점이 아닌 것 같고, 때론 아주 고통스러우나 오히려 좋은 것이오. 누군가 당신은 독일계 유대인이고 나는 독일인이라고 말한다면, 이런 말은 물론 정당한 말이고 모든 것은 그들의 해석에 달려 있소. 지금 나는 독일인임이 무엇을 의미하는가에 대해 진심으로 계속 고민하고 있다오. 1933년까지 이것은 나에게 전혀 문젯거리가 아니었소. 하지만 적어도 지금은 내가 하이델베르크보다 스위스에서 더 강렬하게 편안함을 느낀다는 사실은 있소. 말하자면, 온 세계가 일제히 '당신은 독일인'이라고 비명을 지른다오. 조만간 그것에 대한 나의 반응을 제시하고 싶구려.

유대인이 어떤 존재인가는 독일인이 어떤 존재인가보다 나에게 더 명료해 보인다오. 성서 종교와 하느님과의 약속 이념은 유대인에게 중요하오. 이런 게 없다면 유대인은 유대인이 아닌 것 같이 보인다오. 그러나 유대인은 이것들을 간직하면서 자신을 모든 정치와 팔레스타인과 무관하게 하는 존재라오. 내가 보기에 팔레스타인은 유대인 존재의 문제에 굉장히 중요한 민족적 사유의 시대에 잠정적인 문제인 것 같소. 그러나 팔레스타인은 실체로서 정치적으로 불확실할 뿐만 아니라(그리고 결국에 정치적으로 불확실하지 않은 것) 유대인 존재의 본질에 중대한 잠재적 위험이오. 즉 팔레스타인은 유대 민족을 '국민' 수준으로 떨어뜨릴 위험이 있으며, 그래서 유대 민족을 사건의 정신적 발전에 중요하지 않게 만들 것이오.

'동화同化'는 나에게 근본적인 쟁점이란 인상을 주지 않는다오. 그러나 사적 영역에서 이것에 대한 반대는 없어야 하오. 당신 자신과 내 아내는 스스로 행위를 통해서 그 문제를 해결했소. 동화를 **강요하는** 것이 똑같이 무의미할 것이오. 그러나 내 생각에 동화를 두려워하는 게 이해되오. 세계에서 자신들을 유대인으로서 의식하는 유대인이 이제 없다면, 귀중한 것은 상실될 것이기 때문이오. 그러나 이와 관련하여 무엇이든 계획하거나 이에 대해 설교하는 것은 나에게 불가능하다는 인상을 준다오.

팔레스타인 문제 전반이 정신적·지적 의미에서 완전한 동화가 아닌가는 하나의 의문이오. 유대인은 남겠지만 단지 여러 민족 가운데 한 민족으로, 그리고 그곳에서 매우 작으며 중요하지 않은 민족으로 존재할 것이오. 그 경우에 승화, 즉 '선민'의 온갖 마지막 흔적은 사라질 것인가? 그것은 여전히 명목상 유대인인 사람들의 껍데기 속에 유대교를 잃는 형국이 될 것이오. 그러나 이것도 두려움일 뿐이오. 여기에서 어떤 요구도 있어서는 안 되오.

물론 당신이 대홍수를 다시 상기하는 게 얼마나 옳은가. 이것은 우리의 귀감이 되어야 하오. 그러나 무엇인가 대홍수에서 나온다오. 삶은 지속하오. 그리고 우리는 적어도 우리를 인도할 별, 즉 세계 질서 이념과 같은 것을 발견해야 하오. 이 이념은 초월에 영향을 받으며 조직의 단조로움, 모든 경우를 위한 합리적인 법칙으로 이어지지 않으며 추정된 낙원의 탈역사성으로 이어지지는 않는다오. 유대인이 없었다면, 나는 이 길을 따른 여행을 상상할 수 없었을 것이오. 이 길은 역사적인 길이고, 따라서 역사에 인접한 길이오. 그러니 유대 민족이 팔레스타인에서 자신들의 길을 잃을 수 있다는 게 나의 우려라오. 아마도 해결책은 팔레스타인에 가는 게 아니라 팔레스타인을 욕구하는 것이오. 그 임무는 그들이 민족으로 남아 그 이상으로 만족하지 않는 한, 세계 모든 민족 사이에서 그들과 함께 그리고 그들에 맞서며 사는 것이오. 이것은 아마도 항상 '멀리서' 미치는 성서 종교에 특유한 영향력의 새로운 형태일 것이오. 그리고 긴장과 자극, 임무의 무한한 미완성 상태라오.

아, 당신만이 여기에 앉아 있다면, 우리는 대화를 할 수 있다오! 그렇다 하더라도 나는 다시 당신에게 실망을 안겨 주어야 할 것이오. 나는 한 시간 동안만 좋은 상태이고 이후는 누워있어야 하오. 피곤해지네요. 그저께 베르코르[247]는 출판사의 업무 관리자와 함께 여기에 왔소. 그는 가능한 한 내 저작 대부분, 아마도 모두의 번역판을 출간하고자 심야총서(Edition de Minuit; 深夜叢書)를 좋아할 것이오. 이것은 아직은 진행될 수 없소. 베르코르와 그의 직원은 나를 위해 베를린으로부터 면허권을 취득할 수 있소. 그들은 이 나라의 최고 당국과 관계가 있기 때문이오. 나는 의심이 든다오. 그러나 물론 나는 내 저작의 번역을 간절히 원하오. 우리는 잠정적으로 모든 것을 정리했다오. 나는 이 과정에서 베르코르를 알게 되었고, 그를 바로 매우 좋아하

---

[247] 장 브륄러의 익명 베르코르(1902년 출생)는 프랑스 작가이고 레지스탕스 출판사인 심야총서의 공동 창립자이다. 이 출판사는 전후 아방가르드 작품을 출판했다.

게 되었소. 깔끔하고 인간적이며 영혼이 있는 눈매였다오. 이런 친절·분별·무조건성은 누구나 종종 프랑스인에게서 발견되며, 그런 다음 아주 아름답게 결합된 형태도 발견되는 것이오.

당신이 독일에 있는 나에게 편지를 보낼 때, 번역과 그런 문제를 언급하지 않는 것이 더 좋겠소. **모든** 편지는 검열되오. 질문을 받는 것조차 나에게는 불쾌할 것이오. 나는 악의적으로 고안된 이런 법률 가운데 어느 하나를 위반했는지 전혀 알지 못하기 때문이오. 심문의 경우에 우리 사이의 문제는 이렇게 보일 것이오. 즉 나는 당신에게 번역권이란 선물을 제공했다. 그 이후에 미국 경찰이 왔다. 나는 장문의 보고서를 작성했고 그 선물을 취소했다. 이러한 취소는 아주 늦게 이루어졌고, 당신은 이미 권리를 행사했다. 게다가, 당신은 취소 요청을 수용하기 거부한다 — 경찰은 나에게 편지를 보냈다 — 나는 당신에게 이 편지 사본을 보냈다 — 그들은 **이전** 나의 행위와 관련하여 **어떠한 후속적 조처를 취하지 않을** 것이다. 그러므로 나는 『책임 문제』 또는 나의 명백한 승인 없이 이루어진 어떤 것에 대해 우려하지 않을 것이오. 당신이 논의할 업무 성격의 어떤 것이 있다면, 우리는 4월까지 이것을 간직해야 할 것이오. 이후 나는 열흘이나 2주 정도라고 하더라도 여기에 다시 있기를 희망하오. 정확한 날짜를 알리기 위해 먼저 하이델베르크에서 당신에게 편지를 보낼 것이오.

좋다고 생각하면, 당신이 현재 집필하고 있는 것을 나에게 알려주기 바라오. 람베르트 슈나이더출판사에서 일은 천천히 진행되고 있소. 기술적인 문제는 여전히 해결되지 않는다오. 기계 수리는 거의 불가능하오. 인쇄소는 작업 부담을 감당하기에는 너무 작다오. 인쇄용지의 부족이 치명적이오.

손으로 쓰는 것을 더욱 어렵게 하고 읽기 어렵게 하는 만년필로 편지를 쓰고 있소. 글자를 해독하는 것이 몹시 거스르지 않기를 바라오.

따뜻한 마음을 담아
카를 야스퍼스

편지 61   아렌트가 야스퍼스에게

1947년 9월 4일

친애하고 존경하는 분께―

　당신이 스위스에서 보낸 다정한 편지는 쾌활하고 아주 많은 문제를 다루고 있기에, 저는 당신과 토론하고 싶습니다(아직 매우 조심스럽게 접근할 수 있습니다). 지금은 이를 제쳐두었습니다. 저는 이것을 지금 다시 읽었고 당신이 이곳의 방에 앉아 있는 듯이 당신의 현존을 강렬하게 느낍니다. 당신이 바젤에서 성공했다는 소식을 듣고 매우 행복합니다(신문 기사를 받았는데, 이것은 매우 정중하게 작성되었군요. 고맙게도). 이와 같은 일은 비록 게임이라고 하더라도 여전히 좋은 일입니다. 당신은 누구와 함께 어떻게 또는 아마도 어떤 게임에서 일종의 복권놀이로 했는지를 알 수 없기 때문입니다. 이 게임에서 결과는 훨씬 후에야 알려질 것입니다. 실제로 추첨 날짜는 역시 우연 문제입니다. 그러나 이런 모든 상황에도 불구하고 당신은 어떻게든 당첨 번호를 뽑을 수 있다고 전적으로 확신할 수 있습니다. 당신은 실제로 틀림없이 확신할 수 있습니다. 정말, 저는 스위스 주민들에 대해 약간 명백히 정당하지 않은 반감을 항상 느꼈지만, 스위스는 아름답습니다. 제가 독일어권 스위스에서 마지막으로 있었던 것은 10년 이상 전이라고 믿습니다. 그때 저는 거리의 사람들이 독일어를 말하고 있다는 사실에 놀랐습니다. (이제 더 이상 그것에 놀라지 않을 것입니다. 브로드웨이와 마음에 드는 허드슨 산책로에서 독일어를 많이 사용합니다.) 저는 프랑스어권 스위스, 제네바에서 많은 시간을 보냈습니다. 오래 전 사망한 어머니 친구[248]는 당시 그곳에서 살았습니다. 제네바는 당시 흉물스러웠고, 온갖 가능한 미신의 국제적 집합 장소였고, 신지학神智學, 크리스천 사이언스 신학, 영혼 윤회설, 기도 치료, 사람들이 원한 모든 것의 국

---

[248] 마르타 문트는 제네바의 국제연맹 국제노동기구에서 근무했다.

제적 집합 장소였습니다.

  당신의 강의 원고는 출판될 것이지요? 저는 기독교에 대한 당신의 주장 가운데 일부를 이해하지 못하며, 그것이 저를 애먹입니다. 그리고『논리학』[249]은 어떻게 되었는지요? 저는 또한 이 부분에서 다음과 같은 점을 시인해야 합니다. 즉 함부르크 출신의 어느 프리츠 박사는 위대한 유럽인들에 관한 에세이를 위해 당신에 관한 논문을 집필하라고 저에게 요청했지만,[250] 저는 동의할 수 없다고 느꼈습니다. (제 생각에, 그것은 좋은 예로서 제가 아주 오랫동안 당신에게 쓰기를 미루었던 이유입니다. 너무 부끄럽습니다.) 제가 이제 철학을 공부해야 한다는 점은 시간문제이고 순수한 두려움입니다. 저는 쇼켄출판사에서 근무하는 것 이외에도 제국주의에 관한 책을 계약했으며, 물론 이미 상당히 지체되어 있습니다. 그러나 이것은 중요하지 않습니다. 중요한 것은 무엇보다도 이러합니다. 즉 제가『논리학』을 전혀 읽지 않았고 당신이 의미하는 "철학적 신앙"을 실제로 모르며, 그리고 제가 가장 겸손한 설명을 시도했다면, 저는 또한 철학하기에 들어가고 이에 따라 저에게만 근본적으로 연관되며 역사적인 설명을 잘할 수 없는 관점의 일반성의 수준으로 들어갔을 것입니다.

  그리고 저는 이것으로 인해 제가 무엇을 집필하고 있는가라는 당신의 질문을 언급합니다. 제목을 달지 않았기에 단지 개략적인 생각만 당신에게 제시할 수 있습니다. 완성된 제1부는 18세기 중반 이후 유대인의 정치사와 사회사입니다. 관점은 전적으로 20세기 중요한 정치 이데올로기로 결정화되는 이것들의 성향으로 제한됩니다. 제가 지금 집필하고 있는 제2부는 제국주의(즉 저의 용어에서는 1880년대 시작되는 순전한 팽창 정책)와 국민국가 붕괴 사이의 연계를 분석하고 있습니다. 모든 일이 잘되면, 연말에 그것을 완결해야 합

---

249 편지 32의 각주 25를 참조할 것.
250 아돌프 프리제는 다음 저작의 공동 저자이다.『현대 유럽의 사상가와 해석가(*Denker und Deuter in heutigne Europa*)』(Oldenburg/Hamburg, 1954). 헤르만 젤트너는 결국 야스퍼스에 관한 논문을 집필했다. 102쪽과 이후 쪽.

니다. 제3부와 결론은 전체주의 국가에 대한 분석에 할애할 것입니다. 저는 이것을 완전히 다시 집필해야 합니다. 최근에 제3부에서 특별히 러시아와 관련된 몇 가지 중요한 부분을 알게 되었기 때문입니다.

유대인과 관련한 사항입니다. 역사적으로, 당신이 언급하고 있는 모든 것은 정확합니다. 그러나 저와 같은 많은 유대인이 아직도 유대인임에도 불구하고 종교적으로 유대교(Judentum; Judaism)와 완전히 무관하다는 사실은 남습니다. 이것은 유대 민족의 소멸로 이어질 수 있습니다. 아무도 그것에 대해 할 수 있는 것은 없습니다. 우리가 할 수 있는 일이라고는 유대인의 지속적인 존재를 불가능하게 하지 않는 정치적 상황을 유발하려고 노력하는 것입니다. 따라서 우리는 조용히 앉아서 무슨 일이 일어나는지 볼 수 있습니다. 팔레스타인에 관한 한, 당신은 전적으로 옳습니다. 이것은 지금까지 시도되었던 동화에서 오직 논리적으로 일관된 노력을 나타냅니다. 그에 비해, 그런 노력이 유럽 문화의 흡수뿐만 아니라 계획에 따라 수행되는 정도로 이런 종류의 다른 모든 것은 한낱 게임이며 그것에 대해서는 중대한 게임도 아니었습니다. 시온주의자들은 이와 관련하여 진지하게 고려될 수 있는 유일한 사람들입니다. 동화의 옹호자가 아닌 그들은 선민 이념을 이제는 믿지 않는 유일한 사람들입니다. 팔레스타인 자체에서 진행되었던 일은 예외적입니다. 즉 식민화뿐만 아니라 새로운 사회 질서를 확립하려는 중대한 시도입니다. 이러한 시도에서는 트로츠키에서 유래하는 이상주의적 요소도 최근에는 점점 더 사라지고 있습니다. 한 민족으로서 유대인에 관한 한, 그렇게 중대한 의미를 지닌 변화는 우리가 소위 민족적 성격의 순수한 변화에 대해 언급할 수 있는 최근 몇 년 동안에 그들 사이에서 발생했습니다. (저는 그게 항구적인지를 말할 수 없습니다.) 팔레스타인뿐만 아니라 시온주의자들에게도 주민의 다수 부분은 전체 민족적 삶의 목표로서 생존을 거부하고 죽을 준비가 되어 있다는 것은 무엇보다도 중요합니다. 이것은 완전히 새롭습니다. 그러나 둘째로 기술하기 어려운 선민 이념에 대해 갖는 역겨움이 있습니다. 우리는 유대인이 그것에 신물이 나 있다고 말할 수 있습니다. 이것은 시온주의와 같이 이데올로기가 아니라 민족의 분위기입니다. 그러나 다른 모든 민족에 대한 기본적인 불신, 즉 더욱더 당연하게 생각되고, 주민의 더 많은 부분에 영향을 미치는 불신은 민족의 분위기 — 이것은 진정 위험합니다 — 와 관련되어 있습니다. 독일에 대한 태도는 결코 (그렇게 무시무시하지 않을) 독일에 제한되어 있지 않고 훨씬 더 일반적인 거부를 초래했습니다. 이것도 새로운 것이 아니지만, 오늘날 모든 사회집단, 예컨대 유대인 사회주의자 집단에서도 발견됩니다. 이런 태도는 지극히 위험하고 파괴적입니다. 이면에 있는 이념의 유사성("우리가 실제로 더 좋은 민족이지만 더 나빠지려고 노력하자"와 같은 약간 모호한 개념을 제외하고)은 없고, 하느님이나 어느 다른 것에 대한 믿음도 없기 때문입니다. 물론 누구나 이것은 대중 히스테리의 잠정적 일화라고 말할 수 있었습니다. 저는 모릅니다. 그렇다 하더라도 적극적인 사항도 많습니다. 당신이 잘 설명했듯이, '멀리서' 민족을 단결시키는 팔레스타인, 자유롭고 자신감 있으며, 우리가 익숙한 것보다는 약간 더 야만적인 미국계 유대인의 진전을 예로 들 수 있습니다. 다양한 민족에게 자유를 제공하고 그러면서 모든 시민을 포함하는 공화국은 실제로 이민도 미래 시민으로 취급합니다.

    저는 8월 초 이후 사무실로 복귀했으며, 다른 사람들이 하듯이 모임에서 품위 있고 근엄하게 보이기 위해 할 수 있는 한 열심히 노력하고 있습니다. 그러나 저는 그것을 완수하지 못할 것입니다. 제가 자신을 완전히 진지하게 대해야 한다면, 삶은 이제는 재미가 없습니다. 유대계 비스마르크인 늙은이 쇼켄은 완전히 억압받는 두 아들과 함께 있습니다. 제가 유머를 쓰지 못하는 게 유감입니다. 그렇다 하더라도 그 일은 훌륭한 해결책입니다. 저는 때때로 작은 일들을 성사시킬 수 있습니다. 우리가 견디기 어려운 뉴욕의 여름 동안 지방에 가 있던 어머니는 내일 돌아오실 것입니다.

    저는 사모님이 아직 회복되지 않았다고 추정합니다. 그래서 여기서 포장해서 간단히 계산할 것입니다. (고민하지 말고 읽지 마세요. 그분을 위해 아껴두세요.) 저는 6월이나 7월에 어떤 것도 보내지 못합니다. 당신은 5월부터 설탕 소포의 수령과 (제가 확인하지 않은) 르페브르[251]에 보내는 소포의 수령을 확인하지 않았습니다. 8월 소포는 1개의 '케어' 소포, 네덜란드 또는 덴마크에서 보내는 정규 소포 1개, 그리고 르페브르 소포 1개입니다. 숫자를 기재하지 않은 콩피세리회사 제품. 9월 소포는 우유 소포와 르페브르에게 보내는 1개의 이중 소포입니다.

따뜻한 마음을 담아
한나 올림

이미 도착한 『성인 아우구스티누스의 사랑 개념』[252]에 대해서 대단히 감사합니다.

편지 62 **아렌트가 야스퍼스 부부에게**

뉴욕, 1948년 1월 25일

친애하고 존경하는 친구분들께—

　두 분은 이 편지를 받을 때쯤이면 분명히 바젤에 발을 이미 디디고 있을 것입니다.[253] 얼마나 멋집니까! 저는 기뻐서 어쩔 줄 모르겠습니다. 스위스는 독일・프랑스・이탈리아 사이의 중간 지점인 것 같으며, 하이델베르크를 떠나는 게 어려워서 두 분이 그곳에 있다는 점은 의문의 여지가 없기 때문입니다. 그러나 세계 역사가 갑자기 우리의 계산을 뒤엎지 않는다면, 두

---

[251] 르페브르를 위한 축약판, 편지 55의 각주 211을 참조할 것.
[252] 편지 10의 각주 17을 참조할 것.
[253] 1947년 12월 야스퍼스는 바젤대학교에서 교수직을 제안받았다. 아렌트는 게르트루트에게서 이 사실을 알았다. 야스퍼스는 1948년 2월 말에 제안을 수락했고, 이들은 1948년 3월 바젤로 이주했다.

분은 그 많은 세월을 보낸 이후 마침내 약간의 평화를 가져야 합니다. 두 분은 (좋은 측면도 있었던) 평화를 포기해야만 했지만, 이제는 다시 평화가 필요할 것입니다. 저는 비자 절차에 대해 즉시 문의했고 3일 이내로 스위스 비자를 받을 수 있다는 사실을 알았습니다. 이것은 매우 고무적인 것처럼 보입니다. 통상 행정상의 구실을 달고 있는 프랑스는 물론 더 어렵지만, 전혀 불가능하지는 않으며, 선박 통행도 가능합니다. 간단히 말하면, 적어도 환상적인 유럽 여행의 모든 조건은 제공됩니다. 제 앞에 놓인 가혹한 현실은 이러합니다. 즉 출판사는 저에게 부담을 주고 있으며, 저는 독일비자 획득이 거의 불가능한 점을 고려하여 쇼켄 부자(父子; Schockens; 복수로만 나타나니, 매우 우습군요)가 저의 긴 여름 휴가에 대해 어떻게 생각하는가를 알기 위해 그들에게 의향을 넌지시 떠보지 않았습니다. 그런 다음 남편이 마음에 걸립니다. 남편은 지금도 그렇고 앞으로도 여행에 진절머리가 난다고 단정적으로 선언했습니다. 저는 어떤 것으로도 남편을 유혹할 수 없으며, 그는 저로부터 두 달의 휴식을 행복하게 이용할 수 있습니다. 당신도 보시다시피, 저는 최선을 다해 이것을 연기하고 있습니다. 강의하기 전에 긴장하듯이, 연기演技는 여행을 위한 진지한 준비인 것 같습니다.

괴테 강의 원고[254]는 매우 아름답고 정확합니다. 발췌 인쇄본에 감사드립니다. 저는 독일어를 알고 있더라도 괴테에 대한 관점을 얻는 데 매우 어려워하는 미국인 친구들에게 이것을 바로 빌려주었습니다. 『논리학』은 아직 도착하지 않았으며, 저는 그것이 출판됐는지 확인도 하지 못했습니다. 지금 헬렌 볼프(쿠르트 볼프[255]의 아내이며 주목할 만한 여성)는 관심과 열의로 『정신병리학』을 읽고 있습니다. 그녀는 이 '위대한 저서'에 대단히 자극을 받았습

---

[254] Karl Jaspers, "Unsere Zukunft und Goethe," *Die Wandlung* 2(1947): 559-578.
[255] 쿠르트 볼프(Kurt Wolff, 1887~1963)는 독일 출판인이며 1942년 뉴욕의 판테온출파사의 공동 설립자다. 1961년 그는 하코트, 브레이스 앤드 월드(이후 하코트 브레이스 요바노비치)와 함께 "헬렌과 쿠르트 볼프 서적"이란 발행자명으로 출판을 시작했다.

니다. 저 자신이 그랬고 — 그녀는 저와 나이가 거의 비슷합니다 — 우리가 이것에 대해 놀랄 정도로 긴 시간 대화했듯이, 그녀는 아직도 반쯤은 어린 애였을 때 『정신병리학』 초판[256]을 읽었습니다.

저 자신에 대해 보고할 것은 많지 않습니다. 저는 오히려 혹사당합니다. 직업에 따르는 이런 글쓰기는 힘들고 종종 짜증이 납니다. 2월에 1~2주 휴가를 내려고 합니다. 벌써 늦잠 자는 것을 기대하고 있습니다.

저는 올해 어떤 소포도 보내지 않았습니다. 아직도 두드러진 유일한 소포들은 22파운드 무게의 콘피세리 소포(11월), 루조 소포(12월), 그리고 안전 소포 교환권입니다. 당분간 소포를 보내지 않지만, 그것에 대해 마음이 전혀 편치 않습니다.

저는 『변화』가 내내 점점 더 좋아지고 있다고 생각하는 바를 당신에게 말씀드리는 것을 잊어버렸습니다. 여기로 오는 모든 잡지 가운데 단연코 최고입니다.

일반적으로 신년을 기원하며, 특별히 2월에 시작되는 당신의 특별한 새해를 기원합니다.[257]

항상 따뜻한 마음을 담아
한나 올림

추신. 제가 집에 없던 때 르페브르가 한번 전화했습니다. 이후 그로부터 다시는 소식은 없습니다. 대단히 난처합니다. 저는 이곳에서 팔레스타인과 관련하여 무엇인가를 써야 하지만, 해야 할 일은 그것에 대해 생각하는 것뿐입니다. 축복받은 기억력을 지닌 헨리에테 멘델스존[258]처럼, 저는 "모든 사람에게 진절머리가 납니다."

---

[256] 베를린, 1913.
[257] 야스퍼스 부부의 2월 생일날.
[258] 헨리에테 멘델스존(Henriette Mendelssohn, 1774 또는 1775~1831)은 독일계 유대인 철학자 모제스 멘델스존(1729~1786)의 가장 어린 딸이었다. 편지 135를 참조할 것.

편지 63   야스퍼스가 아렌트에게

하이델베르크, 1948년 1월 30일

친애하고 존경하는 한나!

　당신의 1월 25일자 편지를 바로 받았소. 아내는 바젤에 있소. 서두르느라고 당신에게 몇 줄의 편지를 보내니 양해하오. 나는 당신의 편지를 읽을 때 항상 영감을 받는구려. 그리고 지금 당신이 우리의 재회를 이미 상상하고 있구려! 경이롭네요! 그게 얼마나 수월해 보이오. 그러나 남편이 동행하지 못한다니 애석하오. 대단히 애석하오! 미국인들이 나를 떠나도록 허용할 것인지 내가 알지 못한다는 사실로 우리의 상황은 지극히 어려워졌소. 내가 여기에 머물러 있어야만 한다는 것은 실제로 일어날 수 있소. 그러나 나의 출발이 매우 바람직하지 못하다고 들었소. 나는 미국인들이 이동의 자유를 제한한다는 게 여전히 더 바람직하지 않다고 믿고 있소. 이제 우리는 몇 주 동안 긴장하며 기다려야 할 수밖에 없소. 바젤로 이주할 다른 모든 준비는 최상의 상태라오. 대학 측은 우리에게 매력적인 작은 집[259]을 마련해 줄 것이오. 당신은 따뜻한 기름 난방을 하는 우리 집을 편안하게 방문할 수 있을 것이오. 내가 1940년 처음 바젤을 방문하라는 초청을 받았을 때 ― 교수직이 없었기에 오로지 나를 구하려고 의도한 제안 ― 교육부와 정보기관은 내가 떠나는 것을 거부했다오.[260] 이제 나는 두 번째 초청을 받았소. 교수직은 여유가 있으며, 그들은 그곳에서 교수직 문제로 나를 원하오.

---

[259] 이 집은 야스퍼스가 평생 사용한 아우스트라세 126번지의 연립주택이었다.
[260] 1941년 1월 바젤의 자유학문재단의 이사회는 대학에서 객원 강의를 담당해 달라고 야스퍼스를 초청했다. 대학이 확실하고 즉각적인 지위를 제공하지 않았지만 1년 봉급을 지급했다. 야스퍼스는 수락했고 바젤에서 2년 동안 강의를 위해서 제국교육부의 허가를 요청했다. 5월 하이델베르크대학교 총장은 그에게 편지를 썼다. "나는 외무부의 소망에 따라 바젤대학교에서 객원 강의를 진행하겠다는 야스퍼스 박사의 요청을 승인할 수 없다." 1년 후에 이사회의 바람은 외무부 차관보 에른스트 폰 바이츠제커에게 간접적으로 전달되었다. 그는 더 이상 객원 강의에 대한 어떠한 반대도 없다는 입장을 야스퍼스에게 알렸다. 동시에 외무부는 야스퍼스 부인이 나라를 떠나지 못하게 하였다. 그러므로 야스퍼스는 초청을 수락할 수 없었다.

그러나 독일, 이곳 하이델베르크에 있는 사람들도 마음에 걸리는 결정으로 나를 원하오. 그들은 지금까지 경험해본 적이 없는 방식으로 나를 얼마나 존중하는가를 나에게 알리고 있소. 교수단과 대학평의회, 심지어 시 평의회와 시장이 그런다오. 떠난다면 해야 하듯이, 나는 여기에 머물더라도 공개적으로 성명을 발표해야 할 것이오. 내용은 두 경우에 똑같을 것이오. 하이델베르크에 대한 나의 사랑은 유럽적인 바젤에 대한 나의 욕구와 더불어 언제나 나를 방문할 수 있는 친구들과 그곳에서 함께하는 삶의 평화로움과 마찬가지로 크다오. 나의 떠남은 판단이나 고백을 의미하지 않네요. 떠나지 않는다면, 나는 민족주의적 마음이 갑자기 나타나고 국가적 영웅주의 행위로 갈채를 받기에 난처한 상황에 놓일 것이오. 그 때문에 하이델베르크에서 나의 지위는 확실히 심각한 손상을 입을 것이오. 처음의 기쁨은 결국에 명료한 지위를 초래할 것이지만, 나를 깊은 그림자 속에 있게 하는 것이오. 나를 우호적으로 생각하는 한 동료의 아내는 발언 내용을 나에게 전달한 친구에게 다음과 같이 말했다오. 즉 그분은 여기에 머물러야 합니다. 대학은 그분을 필요로 합니다. 그분은 그것을 다른 세계에 나타냅니다. 내 친구의 반응은 이러했소. 물론이지요. 그러나 바젤 사람들은 그의 철학을 원한답니다. 이것은 물론 수많은 동료가 내 철학을 포함해 이곳에 나의 현존을 진정 중심으로 욕구한다는 사실을 배제하지는 않는다오. 그리고 나를 가장 고통스럽게 하는 것은 놀라서 눈을 크게 뜬 어린이들과 같이 내 앞에 서서 버림받았다고 느끼는 일부 학생들이오. 그러나 그들은 소수라오.

나는 당신이 내 괴테 강의를 인정하고, 당신 친구 헬렌 볼프가 『정신병리학』을 대단히 좋아한다는 것을 알게 되었소. 정말 기뻤다오. 이것은 때론 내가 좋아하는 책과 같이 느껴지오. 이 책은 젊은 시절 출간한 것이고, 내용은 그렇지 않으나 전망에서 전적으로 철학적이기 때문이오.

일자리가 당신에게 그렇게 과중한 요구를 한다는 게 지독하구려. 여름날 휴가 중에 느끼는 편안함의 행복이 당신의 한 편지에서 들리는 듯하며, 이제 2주의 휴가를 즐긴다는 생각이 다시 당신에게는 큰 기쁨이겠구려. 당신은 늦잠을 잘 수 있기 때문이오. 얼마나 힘든 삶이오! 그리고 휴가 내내 당신은 감당할 만큼 침착하게 행동하며, 쾌활하고 실제로 중요한 것에 활기차 있기에, 나는 편지들을 통해서 이곳까지 빛을 발하며 내 영혼에 온기를 불어넣는 당신의 정신을 느끼오. 아내는 그곳의 상황에 만족스럽지 않소. 팔레스타인에 있는, 아내의 형제들[261]은 용기와 확신으로 가득 찬 편지를 계속 보내고 있다오.

『논리학』의 조판 교정쇄는 얼마 전에 당신에게 보냈소. 교정쇄가 묶여 있다면, 당신은 아마 때때로 읽을 수 있을 것이오. 그러나 나는 당신이 일 때문에 얼마나 과부하 상태인가를 고려하기에 그것을 읽으리라고 전적으로 기대하지 않소. 당신이 그 책을 가지고 있다는 것을 알면 충분하오. 책의 무게 — 2킬로그램 이상은 허용되지 않음 — 때문에 제본된 책을 보내는 게 불가능하오. 나는 몇 권을 확보하면 곧 친구들을 통해서 제대로 된 책 한 권이 당신에게 전달되는지 확인할 것이오. 책은 아직 출판되지 않았소.

아내는 당신이 매우 친절하게도 보내주었던 소포와 관련하여 편지를 보낼 것이오. 내가 기억하는 한, 무거운 콘피세리 소포와 교환권은 도착했소. 나는 루소Luso 소포는 기억하지 못하오. 그러나 아내가 당신에게 정확한 보고서를 보낼 것이오. 그녀는 모든 소포의 수령을 인정하는 편지를 즉시 보낼 것이오.

따뜻한 인사와 함께
카를 야스퍼스

---

[261] 게르트루트의 남동생들인 프리츠, 하인리히, 오토 마이어는 팔레스타인으로 이주했다.

편지 64   아렌트가 야스퍼스에게

1948년 3월 18일

친애하고 존경하는 분께―

저는 바젤과 관련하여 당신으로부터 확고한 무엇인가를 들으려는 희망으로 하루하루 이 편지를 미루고 있습니다. 『논리학』 제1부는 아직 도착하지 않았습니다. 그래서 이곳에 있는 저는 우리가 살아가는 부조리한 상황에 대한 훨씬 중요한 상징인 제2부만을 가지고 있습니다. 저는 히브리어로 쓴 책과 같이 뒤에서 앞으로 읽을 용기가 나지 않습니다. 그 지점에서 저의 버팀은 사실상 외적 상황의 부조리와 화해하지 않으려는 제 결정의 상징입니다. 그러나 당신이 아시듯이, 결국 누구나 포기합니다.

익살스러운 어투를 양해하시기 바랍니다. 당신도 저와 같이 이것으로 확실히 매우 슬플 겁니다. 누구나 이와 같은 일들이 그렇게 먼 거리에서 어떻게 보일지 모를 수 있습니다.

당신의 편지는 정말 한 줄기 빛이었습니다. 당신은 "민족주의적 마음으로 인해 난처하게" 되지 않기 위해서 확실히 모든 일을 할 것이며, 그런 차분하고 자연스러운 평정의 태도로 모든 일을 할 것입니다. 이런 태도는 아직도 그 소명을 들을 수 있는 그런 일부 사람을 평생 이른바 이성에서 황홀케 할 가능성을 항상 가지고 있습니다.

또 당신이 바젤에 가려고 하는 것은 멋진 일입니다. 그 강렬한 욕구를 서서히 시들게 하지 마세요. 상황은 어떻게든 잘 풀릴 것입니다. 저는 누구든 당신의 의지에 반하여 당신을 붙잡을 위험을 감수할 수 있다는 것을 도저히 상상할 수 없습니다.

저는 전혀 중요하지는 않지만, 여전히 당신이 얼마나 그리울지를 나타내는 짧은 소식을 로스만으로부터 들었습니다. 그게 제 마음을 좋게 했습니다. 당신은 편지에서 언급한 그 몇 명의 학생들, 즉 놀라서 눈을 크게 뜬 학생들을 위해 어떻게든 장학금을 마련하여 그들과 함께 독일을 떠나 유럽으로 데리고 갈 수 없는지요? (동프로이센의 사람들이 말하곤 하듯이, 일단 코가 들어가면, 나머지는 따라올 것입니다.)

며칠 내로 저는 집단수용소에 관한 꽤 긴 에세이,[262] 『변화』에 투고하는 에세이를 당신에게 보낼 것입니다. 그러나 당신이 이것을 검토하기 이전에는 슈테른베르거에게 보내지 않을 것입니다. 적절하다고 생각하시면, 이것을 넘길 것입니다. 그렇지 않다면, 그만두겠습니다.

건강을 유지하며 잘 계세요.

여느 때와 같이
한나 올림

편지 65 야스퍼스가 아렌트에게

바젤, 1948년 3월 22일
아우스라세 126

친애하고 존경하는 한나!

우리가 휴대품과 책을 소지하고 가사도우미[263]와 함께 바젤에 있다는 것을 당신에게 알리고자 몇 줄 적어 보내오. 우리는 바젤 지방정부가 제공한 차로 지난 저녁에 여기에 도착했소. 이삿짐 트럭이 오늘 왔다오.[264] 아내는 (나는 아직 보지 못한) 집에서 무질서하게 놓인 물건들 때문에 꼼짝 못하고 갇혀 있소. 나는 훌륭한 호텔 방에 앉아서 매혹적인 봄 정경을 보고 있소. ― 모

---

262 Hannah Arendt, "Konzentrationsläger," *Die Wandlung* 3(1948): 309-330.
263 에르나 베어(Erna Baer, 1921년 출생) ― 이후 비스너(Wiesner) ― 는 1952년까지 아우스트라세에서 집을 관리하였다.
264 바젤로 이주한 사항에 관해서는 다음 자료를 참조할 것. Karl Jaspers, "Von Heidelberg nach Basel," in *Schicksal und Wille: Autobiographische Schriften*, 164-183; Paul Meyer-Gutzwiller, "Karl Jaspers und Basel," in *Basler Stadtbuch*(1970): 149-163.

든 것이 동화와 같구려! — 정돈 상태가 엉망인 방을 정리해야 하는 아내에게는 그렇지 못하오. — 바라건대, 일단 피로를 극복하면, 피로에도 불구하고 이미 느끼는 신선한 자극은 우리를 완전히 사로잡을 것이오. — 이것은 우리 또래의 사람들에게는 오만한 모험인가? 나는 그렇다고 믿고 싶지 않소. 우리 둘이 보기에 이상할 정도로 옳고 자연스러운 것 같소.

그리고 이제 우리는 당신을 다시 볼 것이오!

따뜻한 마음을 담아,
카를 야스퍼스

편지 66 야스퍼스가 아렌트에게

바젤, 1948년 4월 10일

친애하고 존경하는 한나!

오늘은 당신의 친절한 전보(어제 도착),[265] 편지, 그리고 에세이[266]에 바로 감사하고 싶소. 이것들은 모두 나에게 큰 기쁨을 주었소.

당신의 전보는 우리를 격려하고 기쁘게 했소. 영혼이 가끔 다른 사람들 — 우려와 용기 있는 태도로 가득 찬 당신의 편지와 에세이 — 의 쇄도로 공기와 단절된 느낌을 받을 때, 당신의 친근함과 온기는 우리에게 위안이었소. 당신의 에세이는 마치 이런 집단수용소를 진정 처음으로 완전히 언급하고 있는 것 같아서 나에게 깊은 감동을 주었소. 그래, 당신이 살아가는 두려움, 즉 당신 자신이 아니라 인류를 위한 두려움은 당신의 인식을 크게 명확하게 해줄 것이오. 그리고 당신은 이런 사실들을 제쳐둔 채 인정하고 싶지 않고, 이해하지 않으며, 이 사실들이 현실 세계에서 존재한다는 것을 믿지

---

265 바젤로 이주한 상황과 관련하여 추정컨대 1948년 4월 8일자 언급. "축하, 최고의 소망과 행운, 좋은 기회. 한나."
266 편지 64의 각주 262를 참조할 것.

않는 사람들의 위험을 인식하오. 당신은 논리적 결과를 끝까지 생각한다오. 그리고 당신이 들추어내는 것은 사람의 피를 차갑게 만들 수 있다오. 그래, 당신은 사람들에게 충고해야 하오 — 우리는 이런 지식을 통해서만 그런 일들이 "여전히 다시 발생하는 것"을 방지할 수 있소. 나는 당신의 편지를 받던 날에 정신질환 초기 단계에 있는 한 학생의 편지를 받았소. 완전히 의식하고 공포에 질린 상태에서 무기력하게 무너지는 것은 실제로 나타난다오. 그런 일은 젊은 시절부터 나에게 항상 일어나는 것이라오. 즉 그런 일은 매일 나타나는 사실이오. 당신이 이미 배우고, 알고 말하는 것은 비슷하오. 그것은 인류가 무엇이 될 수 있는가에 대한 개별 인간의 두려움이오. 그러나 그것은 **오로지** 비유일 뿐이오. 수동적인 영혼만이 체념하고 "우리 죽은 뒤에 무슨 일이 일어나든 아무 상관없다après nous le déluge"라고 말하기 때문이오. 그러나 당신은 이것이 일어나지 않을 것이라고 굳게 결심하고, 이제 글을 쓰고 구원의 길을 선택한다오.

나는 당신의 에세이를 슈테른베르거에게 바로 넘겼소. 『변화』에 수록된 에세이에는 각주를 달지 않기에, 각주는 기술적인 문제로 제기된다오. 슈테른베르거가 각주를 삭제할 것인지 또는 당신이 이 자료의 일부를 (아마도 삽입구로) 원문에 포함하고 싶은지? 당신은 이 문제를 논의하기 위해 슈테른베르거에게 편지를 보내야 할 것이오. 후자의 해결책은 어색하며 당신 에세이의 강력하고 간명한 구조를 파괴할 위험이 있다오.

바젤에서는 누구도 그러한 '정신질환'을 눈치채지 못하오. 나는 호기심이 많지만, 여기에서 어떻게 대접받을지에 대해 조금도 걱정하지 않소. 요즈음 내 이름은 약간의 파문을 일으키고 있소. 왜? 실패하지 않으면 좋겠구려. 나는 세계 역사 개관으로 시작하여 「세계철학사의 문제」란 주제의 강의를 진행할 것이오. 그러나 몇 마디로 이 기획에 대해 많은 것을 말하기는 어렵다오. 중심 주제는 「우리는 역사로 무엇을 할까?」라오 — 그리고 중국에서 서양에 이르기까지 전체를 다룰 것이오. 즉 인류의 공통된 뿌리라오.

실제로 대단한 요구라오.²⁶⁷ 내가 이것을 잘 해내지 못한다면, 이것은 허튼 소리가 될 것이오. 중간은 없다오.

우리는 시온주의자들과 함께 이룬 초기의 성공에 기뻤다오. 도움을 주기에는 정말 너무 늦었는지? 우리가 팔레스타인에 있는 게르트루트의 형제들로부터 받은 편지는 매우 진지하지만 그런데도 단호하다오. 유감스럽게도, 처남들은 당신처럼 '정치적'이지 않다오. 그곳에는 엄숙함이 퍼져 있소. 투쟁하려는 열광적인 의지라오. 당신의 견해는 이렇다오. 즉 영토분할은 **없고**, 따라서 관망하는 것은 명료하고 좋다. 그러나 이것은 이제 어떻게 실현될 수 있을까? 이제 어떤 과정이든 폭력을 요청하는 것 같소. 그게 세계 어디서든 사용되는 양태인가?

따뜻한 마음을 담아,
카를 야스퍼스

비콘출판사(매사추세츠주 보스턴 비콘거리 25)는 『대학의 이념』을 번역하는 문제와 관련하여 나에게 편지를 보냈구려. 그들은 인세 10%와 선수금 100달러를 제안하였소. 번역권은 당신에 속해 있다오. 나는 당신과 이 번역을 촉진하는 데 중요한 바일 부인²⁶⁸을 비콘출판사에 추천했소. 이제 비로소 나는 이런 문제에 대해 공개적으로 편지를 보낼 수 있소. 독일에서 미국인들은 내가 독일에서 어떠한 번역권도 증여하는 것을 허용하지 않는다오. 지금 우리는 참신하게 시작하고 있기에, 100달러도 환영일 것이오. 나는 편지와 답장을 동봉하오.

출판사는 훨씬 가벼운 목질 섬유 종이로 인쇄한 내 저서²⁶⁹ 한 권을 당신에게 보낼 것이오. 그러나 실례지만 여가에 읽도록 하고, 읽고 싶은 분위기

---

267 1948년 여름학기에 야스퍼스는 「세계철학사의 문제」라는 주제로 일주일에 3시간 강의했다. 그는 이 강의에서 처음으로 추축시대의 이념을 개략적으로 밝힌 것 같다.
268 안나 바일(Anna Weyl). 편지 53을 참조할 것.
269 『진리에 대하여』.

가 들 때 깊이 읽도록 하오. 책이 도착한 순간 이와 같은 책을 곧바로 읽는 것은 **불가능하다오**. 이 책이 당신에게 부담이 된다고 생각하면 나는 고통스러울 것이오.

편지 67   아렌트가 야스퍼스에게

1948년 4월 18일

친애하고 존경하는 분께―

편지를 이제 고정된 새 주소 하나로 보낼 수 있다는 것이 얼마나 멋진가요. 저는 이별을 밝히는 당신에 관한 기사[270]를 (제가 아주 가끔 옥신각신하는, 훌륭하고 오래된 신문『재건(Aufbau)』[271]에서) 보았습니다. 저는 확고한 자신감을 존경했습니다. 당신은 그런 자신감으로 여하튼 속임수 비슷하게 보일 수 있는 것을 모두 거절하고, 항상 거절할 만한 가치가 있는 것에 대해 정확히 말씀하실 수 있습니다. 그리고 당신은 어떤 솜씨로 양쪽을 상냥하게 공격합니다.

마침내 보고할 일부 '업무' 소식이 있어서 역시 기쁩니다. 34달러에 관한 아주 사소한 진술을 제외하고『책임 문제』[272]에 관한 어떠한 언급이 아직도 없습니다. 이 소책자가 너무 늦게 출간된 것 같기에 걱정됩니다. 그리고 다이얼출판사는 이것을 위해 일을 많이 하지 않았습니다. 책이 출간되자, 저

---

[270] 1948년 3월 24일 야스퍼스는 그 당시 상황에서 이주를 위한 누그러뜨리는 정당화와 같이 보일 수 있는 공식 발표를『라인 네케르 신문(Rhein-Necker-Zeitung)』에 게재했다. 일부 내용은 다음과 같다. "나는 평생 연구하였던 대의명분에 눈독을 들이고 결정을 내렸다. 내 임무는 철학이다. 나는 초자연적인 임무에 봉사하는 곳이면 어디서든 연구를 수행하고자 한다. 내가 바젤에 가기 위해 떠나는 것이 고백인 것처럼, 내가 여기에 머무르는 것은 더 이상 고백이 되지 않을 것이다." 이 공식 발표는 다음 자료에 약간 축약되어 출간되었다. *Aufbau* 19, no. 16(April 16, 1948): 15.
[271] *Aufbau; Reconstruction: An American-Jewish Weekly Published in New York*. 이 신문은 독일계 유대인 이민자를 위한 주간지로 1934년 이후 출간되었다. 이 신문은 원래 독일어로 출간되었고 부분적으로 영어로 출간되었다. 1941~1945년 아렌트는 이 신문에 독일어로 40편 이상의 기사를 게재했다.
[272] Karl Jaspers, *The Question of German Guilt*, trans. E. B. Ashton(New York, 1947).

에게 접근했던 출판사의 담당자는 다른 상대자들과 너무 심하게 싸워서 사무실 대신에 변호사와 법정으로 가고 있습니다. 그 결과, 상대자들은 책을 홍보하는 데 거의 관심이 없었고, 저는 그와 관련한 많은 일을 할 위치에 있지 않았습니다. 저는 그들 가운데 누구와도 거래하지 않았기 때문입니다. 판테온출판사(쿠르트 볼프)[273]는 『현대의 정신적 상황』 신판을 출간하기 위해서 영국 출판사와 협력하고 싶어 합니다. 이것은 뛰어난 생각입니다. 제가 한때 당신에게 진술하려고 노력했듯이, 쿠르트 볼프는 또한 『정신병리학』을 출간하고 싶어 했지만, 미국 독자들을 대상으로 하는 축약판을 고려했습니다. 저는 그가 당신에게 직접 편지를 보낼 것으로 추정합니다. 그는 되는 대로 유럽으로 가려고 하며, 확실히 당신을 만나러 올 것입니다.

저는 『논리학』 제2부만이 도착했다고 말하고자 하이델베르크로 반복해 편지를 보냈습니다. 그런 책을 중간에 읽기 시작한다는 것은 아주 끔찍합니다. 남편은 그렇게 했고 대단히 흥미롭게 읽고 있습니다. 저는 아직 그것에 몰두할 수 없었고 어떻게든 여름 휴가 동안 지참하길 바랍니다. 아마도 저에게 보냈지만 소실된 제1부는 결국 확보할 기회가 있을 것입니다.

슈테른베르거는 당신이 제 에세이를 위해 람베르트 슈나이더와 계약을 처리했다는 내용의 편지를 저에게 보냈습니다. 그것에 매우 감동했습니다. 저 역시 오랫동안 말하고 싶었던 무엇인가를 당신에게 말하기 위하여 이것을 언급하고 있습니다. 그것은 이러합니다. 즉 당신은 그런 것들에 매우 능숙하기에 아마도 제가 돈과 관련된 모든 것에 대해 얼마나 치명적으로 멍청한지 상상조차 할 수 없습니다. 그러므로 제가 쿠르트 볼프를 아주 잘 알고 있다고 하더라도 가능하다면 당신 자신이 볼프와 말하는 것은 실제로 더 좋습니다. 그는 매우 명민하고 많은 돈을 갖고 있지 않지만 훌륭하며 평판이 좋은 출판사를 가지고 있습니다. 제가 그것에 대해 생각한다면, 그는

---

[273] 편지 62의 각주 255를 참조할 것.

상처받지 않고 도망칠 수 있는 만큼 저를 잘 이용할 수 있습니다. 이것은 전적으로 그에 대한 불리한 판단으로 의도되지 않았습니다. 그는 우연히도 게임을 즐기지만, 저는 유감스럽게 그렇지 못합니다. 당신이 독일에 있는 동안, 그것은 대단히 중요하지 않았습니다. 그러나 이제 재정적으로 빈약한 제가 여기에서 당신의 대리인이라고 생각하면, 그것은 저에게 정말 끔찍합니다.

제가 이번 여름에 방문할 것이라고 편지를 보낼 수 있었으면 좋겠습니다. 그러나 정치적 상황은 아주 안 좋아 보이기에 전쟁이 진행 중이라고 실제로 믿지 않는 우리도 때론 여전히 좀 두려워합니다. 그러나 저는 마음속으로 생각을 뒤집는다고 하더라고, 여행을 어떻게 할 수 있을지 모르겠습니다. 제국주의에 관한 제 저서의 2/3를 접수한 출판사 발행인은 대단히 만족하며 또한 늦어도 올해 말까지는 원고 전체를 받을 것이라는 점을 전적으로 확신하고 있습니다. 그리고 그는 이것을 기대할 권리가 있습니다. 그는 저에게 매우 점잖게 대했습니다. 저는 여름 내내 제대로 작업을 진행하지 않으면 그 약속을 지킬 수 없습니다.

저는 바젤에서 보낸 당신의 편지 앞부분을 바로 다시 읽었습니다. 이 부분은 놀랍게도 진취력 있게 들립니다. 지금쯤 당신은 분명히 호텔에서 나와 집으로 이동했을 것이며, 사모님이 과로하지 않기를 바랄 것입니다. 저는 두 분의 첫 번째 소식을 듣고자 합니다. 바젤은 참으로 취리히보다 훨씬 더 유럽적입니다. 바젤은 세 나라의 국경에 아름답게 자리 잡고 있지요.

항상 행운을 빌며
한나 올림

편지 68   야스퍼스가 아렌트에게

바젤, 1948년 5월 22일

친애하고 존경하는 한나!

당신의 최근 편지에 감사하오 — 당신이 올해 올 수 없다는 게 얼마나 서운한가를 말하려고 하오(전적으로 이해하오. 당신은 저술 작업을 마쳐야지요. 세계 상황은 우울하오). 나는 볼프가 아직 나에게 제안하지 않았고, 당신이『정신병리학』을 축약하는 게 불가능하다는 점을 내가 그에게 밝혔다고 알리고자 오랫동안 편지를 쓰려고 했소. 당신은 지극히 중요한 일에 전적으로 몰두하고, 그런 일을 하기에 너무 좋구려.

그러나 편지를 쓰게 된 계기는 놀랍게도 비콘출판사가『대학의 이념』과 관련하여 100달러의 선수금을 나에게 보낸 사실 때문이오. 당신은 그 배후의 인물이오. 나는 여전히 그것에 대하여 알지 못하며, 이것이 바일 교수 부인의 번역과 연관되고, **상충하는 합의가 없고 실례지만 당신이 이것에 대해 점검할 수 있기를** 바라오. 나는 이 부분에 대해 확신할 때까지 수표를 현금으로 바꾸거나 출판사에 답장을 보내고 싶지 않다오.

우리는 여기서 진행하고 있다오. 약간의 불운을 겪었지만, 이제 모든 것은 우리 뒤에 있소. 우리 세 사람은 독감에 걸렸소. 가사도우미는 아주 아파서 침대에 누워있어야 했소. 나는 약한 독감에 걸려 열(내가 몇 십 년 동안 겪지 않은 일)이 있음에도 강의했소. 나는 어떤 나쁜 징조도 보이고 싶지 않았고 처음부터 병이 나에게 나쁜 평판을 만들어 주기를 원하지 않았다오. 나는 이것을 잘 견뎠고 누구도 전혀 눈치채지 못했다는 것이 몹시 자랑스럽소. 이제 열은 없어졌지만 약간 피곤하오. — 그때 우리는 많은 기관과 위원회 때문에 민주주의의 곤란한 상황에 직면했다오. 나는 사망할 경우(평생 나를 사로잡았던 일) 아내를 위한 연금에 대해 걱정했소. 모든 것은 제대로 진행됐구려! 더욱이 훌륭했소. 국가 및 재단 기금은 국가퇴직연금제도에서 현금을 지급한다오.²⁷⁴ 그리고 나는 나이가 많기에 이제는 보험료를 낼 필요가 없다오! — 그래서 그들은 나에게 그 집을 평생 임대하는 것(그리고 나에게 유리한 집세)을 그만두기를 원했지만, 우리는 얼마간의 교섭 끝에 나에게 약속된 것을 결국 얻었으며, 평생 그 집에서 쫓겨날 수 없소(이곳 주택난의 입장에서 중요한 부분). — 유일한 문제점은 아내가 나보다 오래 산다면 이사해야 한다는 점이오.²⁷⁵ 어쨌든 아내는 집세를 낼 수 없을 것이며,²⁷⁶ 그 집은 그녀가 필요한 것보다 더 클 것이오.

그래서 지금 나는 이 모든 실제적인 문제를 당신과 연관시켰소. 나는 이 문제에서 모든 힘과 '외교적' 솜씨를 발휘하고 있었소. 물론 러시아인들이 언제 이 아름다운 안보시설을 완전히 없애버릴까 하는 의문은 마음속 깊이 숨어 있소. 그러나 이 의문은 만일의 사태의 다른 전체 영역을 암시하오. 누구나 만일의 사태에 대비할 수 없고 이에 반하여 아무것도 할 수 없소. 우리가 사는 섬의 맥락에서 이 '안보'는 위안의 효과가 있소.

매일 아침 우리 집에 오는 우유 배달원의 트럭은 놀랍소! 그 모든 것의 상징이오.

내 강의와 세미나²⁷⁷는 진행되고 있고, 여기서 진행되는 것처럼 모든 사람이 잘 참여하고 있소. 이번 여름학기 강의가 잘 된다면, 나는 이 강의 원고를 바로 「역사의 기원과 통일」²⁷⁸이란 제목의 책으로 만들 것이오. — 분명히 오히려 주제넘은 기획이오. 여기서는 내 책을 한 권도 살 수 없다오. 세미나에 필요한 철학서는 확보할 수 없소 — 하이델베르크대학교에서 상

---

274   야스퍼스는 전쟁 중에 자신의 재산을 거의 잃었기에, 연금계획에 참여하기 위해 지급할 필요가 없었다.
275   게르트루트는 야스퍼스 사후 아우스트라세 126번지의 집에 계속 살 수 있었다.
276   야스퍼스의 초기 기본 봉급은 매달 1,100프랑이었고, 월세는 300프랑이었다.
277   1948년 여름학기에 야스퍼스는 헤겔 역사철학을 강의하였다.
278   『역사의 기원과 목표』는 일찍이 1949년 두 개의 판(Zürich: Artemis; München: Piper)으로 출간되었다.

황은 더 좋았소. 이곳에서 나는 학생들을 위해 마이너출판사로부터 책 한 부를 확보했고, 세미나를 위해 많은 책을 샀으며 미래의 강의를 위해 책들을 대량 확보했다오.(현재 내 후임자[279]는 이것으로 도움을 받을 것이오.)

바라건대, 피페르출판사가 보내준, 새로 출간한 『논리학』 한 권이 지금쯤 당신에게 도착했을 것이오. 그러나 읽지는 말아요. **몇 년**은 기다릴 수 있소!

이제 주요한 것을 말하지요. 람베르트 슈나이더가 당신의 에세이를 보냈다오. 나는 당신의 헌사를 다시 읽었소. ─ 그리고 나는 그런 기쁨을 이전에 좀처럼 느끼지 못했다오 ─ 당신의 이런 말들, 그리고 당신이 나를 공개적으로 지지한다는 것은 나에게 많은 의미를 가지며 어떤 괴테상,[280] 명예박사 학위[281] 또는 다른 무엇보다도 더 큰 의미를 지니오. 당신이 말한 것들은 오래갈 것이오. 나는 계속 읽었소. 훌륭한 책이오! 나는 독일에 있는 사람들이 이것에 대하여 무슨 말을 할 것인가를 신기하게 보고 있소. 거의 모든 새로운 출판물에 나타나듯이 아마도 아무것도 아닐 것이오.

현재로 충분하고 따뜻한 마음을 전하며,

카를 야스퍼스

편지 69   **아렌트가 야스퍼스에게**

1948년 5월 28일

친애하고 존경하는 분께:

저는 4월과 5월에 보내신 당신의 편지 두 통을 어제 받았습니다. 두 편지

---

279   하이델베르크대학교에서 그의 후임자는 1949년부터 한스-게오르크 가다머였다.
280   야스퍼스는 1947년 프랑크푸르트시의 괴테상을 수상했다.
281   1947년 로잔르대학교는 야스퍼스에게 명예박사 학위를 수여했다.

는 제 마음을 따뜻하게 하고 저를 매우 행복하게 해주는 아주 많은 삶의 환희·믿음·자신감을 물씬 풍깁니다. 당신이 그렇게 쾌활한 사유로 새로운 삶을 시작하고 있다는 게 아주 멋집니다. 저는 우유 배달원의 트럭에 대한 당신의 애정 어린 언급에 감동했지만, 강의를 열성적으로 시작한 당신에 더 감동했습니다. 훌륭한 주제입니다. 저는 당신이 이 주제와 관련하여 집필할 모든 것을 열심히 읽고 있습니다. 그리고 여기에서 단도직입적으로 문제를 제기합니다. (당신의 제네바 연설문의 일부분을 이미 출간한) 『논평』의 편집자[282]는 당신으로부터 다른 무언가를 매우 확보하고 싶다는 점을 당신에게 말해달라고 며칠 전에 저에게 요청했습니다. 저는 어제 그에게 「역사의 기원과 통일」에 대해 말했습니다. 당신은 개별 에세이로 출간될 수 있는 그 일련의 강의에 해당하는 서문을 혹시라도 마련하였는지요? 그는 관심이 많으며, 이곳 전문적인 철학자들과 같이 교육을 받았고 폭넓게 읽었으며 상당한 정치적·인간적 통찰력을 지닌 훌륭한 사람입니다. 그는 당신의 저서 이외에 토마스 만·사르트르·듀이 등의 저서를 출판했습니다. 유대인 집단을 제외하고 모든 사람은 이 잡지를 훌륭하다고 생각합니다. 잡지사는 논문 한 편에 약 150달러(번역할 필요가 없을 때 좀 더 많이 책정)를 지급합니다.

그리고 우리가 출판 문제를 진행하는 동안 비콘출판사의 수표를 현금으로 바꾸세요. 모든 게 완벽하게 정돈되어 있습니다. 계약 조건(10% 저작권)은 번역서로는 매우 좋습니다. 출판사는 이런 경우 3,000~5,000부에 대해 7~8%만 지급합니다. 그래서 저는 즉시 기회를 잡았습니다. 저는 바일 부인에게 편지를 보내면서 비콘출판사의 담당자들과 직접 접촉해 달라고 그녀에게 요청했습니다. 번역자를 선정하고 그에게 경비를 지급하는 등의 문제는 출판사에 달려 있습니다. 저는 이 문제에 개입할 수 없습니다. 이게 좋은 것도 아니고 관례적인 것도 아닐 것입니다. 비콘출판사는 평판이 좋고

---

[282] 엘리어트 코헨(Elliot Cohen, 1899~1059)은 1945년 창간 이후 『논평』의 편집인이었다.

일을 잘 처리합니다. 저는 쿠르트 볼프가 그동안 당신에게 편지를 보냈다고 추정합니다. 그는 저를 부끄럽게 하는 당신의 편지를 저에게 보냈습니다. 그것이 마음에 드신다면, 물론 저는 편집 작업을 진행할 것입니다. 애석하게도, 정신분석가가 아닌 미국인 정신과 의사가 역시 필요할 것입니다. 여기에서 정신분석은 완전한 전염병, 더 정확히 표현하면 광기가 되었습니다. 볼프는 자신이 당신에게 계약 조건을 제안해야 하기 이전에 편집 및 번역 비용이 얼마나 많이 소요되는가에 대한 일반적인 윤곽을 가져야 한다고 저에게 말했습니다. 저는 우리가 비콘출판사와 거래하며 그들의 관대함을 선례로 인용할 수 있어서 기쁩니다. — 저는 다이얼출판사와 체결한 계약서를 당신에게 보내지 않을 것입니다. 이전에 당신에게 보낸 적이 있는 것으로 기억하기 때문입니다.[283] 출판 직전의 설명을 제외하고는 어떤 진술도 없습니다. 저는 여기에 『책임 문제』 네 권을 가지고 있습니다. 이것들을 어떻게 할까요? 이곳 사람들은 독일에서처럼 이런 것들에 대해 거의 듣고 싶어 하지 않게 되었습니다. 러시아는 다른 모든 것을 흐리게 합니다. 그러므로 사람들은 파시즘이 죽었다는 경박한 결론에 이르게 됩니다. 그사이에 파시즘은 우울하게도 1929년 나치의 승리[284]와 유사한 승리를 남아프리카[285]에서 이루었습니다. — 팔레스타인과 관련한 사항은 다음과 같습니다. 저는 지금 이 문제에 전념하고 있기에 단지 이것에 관한 글을 쓸 수 없습니다. 마그네스[286]는 이곳에 있으며 여전히 아랍과 협정을 추구하는 유일

---

[283] 편지 55를 참조할 것.
[284] 1929년 히틀러는 이때 설립된 제국위원회 회원이 되었다. 이 위원회는 국가사회주의노동자당을 정치적 고립에서 벗어나게 했으며 바이마르공화국에서 이 당을 민족주의 세력의 선두에 세웠다. 이 당은 1930년 9월 14일 독일 의회 선거에서 기존 의석 12석을 107석으로 끌어올리는 선풍적인 개가를 이루었다.
[285] 다니엘 프랑스와 말란(Daniel F. Malan, 1874~1959)의 국민당은 남아프리카연방에서 1948년 선거에 승리했다. 말란은 수상으로서 인종분리정책을 도입했다.
[286] 유다 레온 마그네스(Judah Leon Magnes, 1877~1948)는 총리 및 예루살렘 히브리대학교의 초대 총장이었다. 그는 유대인과 아랍인 사이의 이해를 확보하려는 투쟁에서 선구자였다.

한 단체의 지도자입니다. 저는 사업 전반에 대해 대단한 자신감을 갖지 않은 채 의무감으로 대중 연설과 비밀 각서로 가득 찬 어지간한 야단법석으로 저를 끌고 가게 했습니다. 이 모든 것에 의미가 있는지 아니면 제가 당분간 후퇴하는 게 더 현명하지 않은지 아마도 다음 주에 명료해질 것입니다.

1주일 전에 『논리학』은 마침내 완결되어 도착했습니다. 대단히 감사드립니다. 휴가 때 이것을 지참할 것입니다. 저는 물론 이것을 이미 주의 깊게 살폈지만, 당신이 아직 초기의 실존적 입장을 포기하지 않은 채 이것을 뛰어넘었다는 것을 볼 수 있을 뿐입니다. 이것은 대작이며, 이 책을 우연히 여는 곳마다 이것은 똑같이 밝고 선명한 정밀도를 유지한 채 쓰였습니다. (방금 햄릿에 관한 절을 읽었습니다.)[287]

저는 책을 휴대한 채 휴일을 보내기를 기대합니다. 마치 제가 당신을 볼 수 있었던 같습니다(아니, 조금이 아니라).

저는 당신이 논문 「강제수용소」에 동의해서 대단히 다행으로 여깁니다. 이것은 제 책의 한 장이 될 것입니다. 강제수용소가 책에서 꼭 전적으로 중심을 이루지 않지만, 그런데도 독자가 이것을 이해하지 않으면 그밖에 다른 것도 이해하지 못하리라는 점은 명백합니다. ― 당신이 인쇄 형태의 에세이 모음집을 여전히 좋아하신다면, 모든 게 확실히 좋습니다. (물론 저 자신도 "이게 모든 것이며 충분하지 않다"[288]는 것을 알고 있습니다) 당신에게 실망을 안겨 주지 않으려는 한 어린이의 소망을 실현하는 것은 당신과의 유대를 느끼는 제 행복에 혼합되어 있습니다. 당신은 그야말로 역사상 가장 위대한 교육자입니다. 웃지 마세요. 참입니다. 당신은 철학자이기 때문입니다.

여느 때와 같이―
한나 올림

---

[287] *Von der Wahrheit*, 936ff.
[288] 편지 31의 각주 11을 참조할 것.

편지 70 　야스퍼스가 아렌트에게

바젤, 1948년 7월 7일

친애하고 존경하는 한나!

당신이 나를 위해 다루고 있는 업무 문제와 관련하여 몇 자 적는다오. 나는 비콘출판사가 보낸 수표를 현금으로 바꾸었으며 이들에게 감사의 편지를 보낼 것이오.

『논평』[289]에 수록한 에세이와 관련한 사항이오. 내 원고 가운데 짧은 절을 동봉하오. 아내가 나를 위해 이것을 복사했소. 그러나 이 부분이 적절한지, 이 자체로 이해할 수 있는지, 그 표현에서 역시 '어렵지' 않은지 걱정되오. 그래서 나는 이 에세이가 만족스럽지 않더라도 실망하지 않을 것이오. 당신이 결정하고, 그다음은 잡지사의 편집자들이 결정할 것이오.

당신의 편지는 얼마나 멋진지, 얼마나 나를 격려하는지, 늘 그렇듯! 이제 당신은 나를 "역사상 가장 위대한 교육자"로 만드는구려! ― 재미있게, 바로 이 순간 나는 교육학을 위한 교육 시간대를 채워야 하는 임무를 맡았구려. 내 전임자[290]는 교육학, 즉 내가 적합하거나 준비하지 못한 주제를 가르쳤다오. 객원 강사는 이것을 가르치기 위해 임용될 것이오.

따뜻한 마음으로
카를 야스퍼스

---

[289] Karl Jaspers, "Die Achsenzeit der Weltgeschichte," *Der Monat* 1, no. 6(1948~49): 3-9. 『논평』은 랄프 만하임의 번역으로 이 에세이를 게재했다. "The Axial Age of Human History: A Base Unity of Mankind," 6, no. 5(November 1948): 430-435.

[290] 폴 헤벌린(Paul Häberlin, 1870~1960)은 야스퍼스의 전임자로서 철학·심리학·교육학 학과장을 맡았다. 야스퍼스는 심리학과 사회학을 포함하여 철학 교육을 담당하였다.

편지 71 아렌트가 야스퍼스에게

하노버, 뉴햄프셔주, 1948년 7월 16일

친애하고 존경하는 분께—

저는 매일 신문을 펼치면서 당신에 대해 생각하고 신문 지면에 당신 모습이 등장하는 것을 대단히 기뻐합니다. 휴가지에서 당신에게 편지를 쓰고 있지만 방금 도착했기에 휴가에 대해 말할 내용이 많지는 않습니다. 그러나 이번에는 두 달의 휴가를 보내기에 매우 기쁘다고 느낍니다. 저는 겨울 초에 쇼켄출판사를 그만둘 것이며, 팔레스타인[291]에서 발생한 전쟁 때문에 다시 정치에 적극적으로 관심을 갖기 시작했습니다. 이 때문에 당연히 휴가조차도 즐길 수 없습니다. 다음에 더 얘기하지요.

저는 『철학적 신앙』을 곧바로 읽었으며 『논평』에 게재할 당신의 멋진 에세이를 코헨에게 즉시 전달했습니다. 코헨은 아마도 당신에게 편지를 보낼 것입니다. 당신은 실제로 자신의 독자를 다시 세계시민이 되고 싶게 만들거나, 더 정확하게 표현하여 그것을 다시 가능하게 합니다. 이 에세이는 그 참신하고 개방적인 자연스러움으로 굉장히 매력적이며, 여기에서 서양 전체는 빛을 발하고 더는 외접할 수 없는 전경을 밝힙니다. 당신은 명료하고 까탈스럽지 않으며 심오한 이해에서 유대-기독교 신앙을 상대화하고 있습니다. 이런 상대화는 인류 개념의 확고한 기초를 제공하며 그 단어의 가장 좋은 의미로 받아들여집니다. 여기에서 핵심 사항은 이런 화해의 요소입니다. 당신은 이전에 화해의 요소를 발견했을 뿐만 아니라 이제 자신이 행하는 모든 것에 힘을 불어넣습니다.[292] 저는 아직 『진리에 대하여』를 이

---

291 영국이 위임 통치의 종식으로 팔레스타인에서 철수했을 때, 유대인국가위원회는 1948년 5월 14일 팔레스타인의 3/4을 차지한 이스라엘 국가의 존재를 천명하였다. 이웃 아랍 국가들은 이에 대응하여 5월 17일 신생 국가에 있는 유대인 정착촌을 공격했다. 적대 행위는 1949년까지 지속하였다.

292 이것은 야스퍼스의 "추축시대", 기원전 800년에서 200년 사이의 기간을 지칭한다. 이때 인류의

곳에 휴대하지 않았습니다. 남편이 이것을 아직도 읽고 있지만, 저는 남편이 2주 동안 이곳에 합류할 월말에 이것을 갖게 될 것입니다. 그래서 저는 곧 말할 내용이 많을 것입니다.

업무에 관한 사항입니다. 저는 쿠르트 볼프와 아직도 교섭하고 있습니다. 그는 런던 루트리지출판사의 허버트 리드에게 편지를 보냈습니다. 볼프는 자신이 영국 출판사와 함께 모험할 수 있을 때만 『정신병리학』에 대한 기회를 잡을 수 있다고 느꼈기 때문입니다. 또 그는 『철학적 신앙』에 대해 저에게 문의했고, 제 생각에 지금 유럽에 있는 그의 아내는 그것을 읽고 있습니다. 당신은 또한 『진리에 대하여』와 『철학적 신앙』을 비콘출판사에 보냈는가요? 아니라면, 판테온출판사가 그렇게 하도록 노력하세요. 볼프는 항상 모든 것을 가능한 한 값싸게 얻고자 노력하며, 어떤 의미에서 그렇게 해야 합니다. 판테온출판사는 실제로 자본을 갖지 않은 청년 기업입니다. 반면에 비콘출판사는 어떤 일을 할 재정적 수단을 가지고 있는, 보스턴에 있는 오래된 출판사입니다. 저는 이것을 당신에게 기본적으로 말하고 있습니다. 예컨대 쿠르트 볼프는 번역비와 편집비를 저자의 사례비에서 공제하고자 할 것이기 때문입니다. 비콘출판사는 그렇게 하지 않습니다. 그러나 저는 번역비가 애석하게도 관례상 이런 방식으로 처리되고 있다는 점을 지적해야 합니다. 편집비용은 그렇지 않습니다.

당신이 교육학에서 벗어난 것은 좋습니다. 물론 제 말은 그런 뜻이 아니었습니다. 그저 농담 반 진담 반 미국식으로 저 자신을 표현하려고 노력했을 뿐입니다. 그런데도 그것은 사실입니다. 제가 당신의 책과 관련하여 아주 좋아하는 것은 이렇습니다. 즉 일찍이 우리의 개인적인 접촉에서 저에게 가장 지속적인 인상을 준 것은 이제 당신이 쓰고 있는 모든 것에 나타나며 완전히 객관화되고(끔찍한 말이네요!) 있다는 점입니다. 그러나 전문 분야로

---

1 지적 기반은 중국·인도·팔레스타인·그리스에서 성립되었다.

서 교육학은 실제로 존재하지도 않습니다. 이것은 역사의 대체물인 사회학과 유사하다고 여겨집니다.

저는 당신이 강의를 끝내고 휴가 중에 산중 어디엔가 앉아 있다고 추측합니다. 아니면, 제가 지나치게 낙관적인가요?

슈테른베르거는 자신이 자리를 비운 기간에 제가 『변화』의 편집 업무를 맡을 수 있는가에 대해 질의했습니다. 저는 거절했습니다 — 당신이 짐작하는 데 지장이 없을 이유로 그랬습니다. 게다가 저는 아마도 — 아니, 거의 확실하게 — 6개월 동안 여기 있을 수 없었을 것입니다.

두 분에게 따뜻한 마음으로—
한나 올림

편지 72 야스퍼스가 아렌트에게

바젤, 1948년 9월 19일

친애하고 존경하는 한나!

당신이 나로부터 소식을 마지막으로 들은 지 꽤 많은 시간이 지났구려. 오늘 편지를 쓰는 특별한 이유가 있네요. 즉 오브스트 폰 데어 그레벤 박사와 아내 알렉산드라, 슈베린 백작 집안 부인의 방문을 받아달라는 당신의 요청 건이오. 두 사람은 나치 시대에 우리와 매우 가까웠소. 오브스트 박사는 정신과 의사지만 폭넓은 식견을 가진 사람이오. 그들은 미국으로 갈 것이오 — 그들 자신이 조성한 특별히 행복한 상황 때문에 성사된 이주라오. 그들은 이제 독일에서 '민족' 정신 그리고 이에 동조하며 늘 더 심해지는 온갖 불결함에 직면해 그런 상황을 유지할 수 없기 때문이오. 그는 '고결한' 사람은 누구나 완전히 한쪽으로 밀린다고 느끼고 있소. 그래서 이 젊은 사람들은 미국에서 자신들의 삶을 꾸리고 싶어 한다오. 그들은 친구인 예후디 메뉴인 덕택에 바로 자신들의 수입에 의존하지는 않겠지만, 물론 가능한 한 빨리 어떤 종류의 정신 영역과 활동 영역을 노력하여 찾으려고 한다오. 당신이 일자리를 찾는 그를 도울 수 없지만, 나는 두 가지를 생각했소. 첫째, 당신과 같은 사람이 미국에 살고 있다는 것을 안다는 게 폰 데어 그레벤에게는 격려가 될 것이오. 둘째, 내가 보기에 당신은 다음 세대에 속하는 이런 젊은 사람들을 알게 된 것을 기뻐할 수 있을 것 같소. 박사는 약 30세이고, 아내는 21살이오. 우리는 그녀의 어머니(가브리엘레, 폰 슈베린 백작 부인)를 통해 여학생인 그녀를 알았소. 그녀의 어머니는 라이헤나우[293]의 시누였지만 놀랄 정도로 상쾌하게 나치를 경멸했으며 그렇게 행동했다오. 그 딸은 태연하게 행동했소. 그녀는 한때 다음과 같이 질문했다오. 우리가 일본인과 결혼할 수 있다면 왜 유대인과 결혼할 수 없는가요? 그녀는 이 발언으로 인해 마침내 비밀경찰에 체포되었소. 이후 전쟁이 끝나고 그는 구제되었소. 두 사람은 모두 현재의 전후 독일에 대단히 실망했고 독일에 철저히 싫증이 났다오. 그녀의 남편은 몇 년 동안 학생으로서 옥스퍼드대학교에서 공부했고, 이로 인해 현재 가능성이 있소. 아내와 나는 이 괜찮은 사람들을 좋아하오.

제국주의에 관한 당신의 책은 어떻게 되어가고 있나요? — 당신의 휴가는 지금쯤 끝났겠지요. 나는 당신이 쇼켄출판사에서 일자리를 포기하겠다는 편지 내용을 약간 우려하며 읽었소. 당신이 한때 우두머리라고 불렀던 늙은이 '비스마르크'를 더는 참을 수 없다는 것을 알았지요? — 이제 슈테른베르거가 당신을 방문할 것이오. 그래서 그는 내가 보기 전에 당신을 다시 만날 것이오. 물론, 나는 그것을 그에게 유감스럽게 생각하지 않는다오. 그는 당신에게 의존할 수 있는 사람들 가운데 한 사람이오. 비록 내가 때론 그의 지적·문학적 견해에 대해 반대하고 그에게 공평하게 대하기 위해 나

---

[293] 발터 폰 라이헤나우(Walter von Reichenau, 1884~1942)는 독일 야전군 원수로서 동부전선에서 싸웠다. 일찍이 그는 제국 국방부의 육군성 수장으로서 육군 국가사회주의 국가로 통합하는 데 주요한 역할을 했다. 그는 열렬한 인종주의자였다.

자신을 점검해야 하더라도, 그는 대체로 탁월한 작가이며 편집자라오. 그는 하이델베르크의 환희라오. 그는 독립적이며 개방적이고, 세계시민으로서 선의를 지닌 사람이기 때문이오. 그러나 언급해야 하는 것을 대담하게 말하는 그의 총명함과 세심함이 지금까지 그를 이겨냈다오. 나는 지속하기를 바라오. 람베르트 슈나이더는 나에게 『변화』가 상황과 관계없이 존속하리라는 설득력 있는 주장을 했다오.

바젤에서 내가 할 수 있는 것은 계속 좋은 말을 하는 것뿐이오. 우리가 여기에 온 지 6개월이 되었소. 휴일 동안 우리는 도시와 그 주변을 알게 되었소. 이 도시는 작은 낙원이오. 전경과 도시 분위기, 아직도 손상되지 않은 중세 시대의 건물 — 여기는 대단히 파괴적인 전쟁은 없었소. 바젤은 30년 전쟁에도 해를 입지 않았소. 이 도시는 홍수 속에 남아있는 마지막 섬과 같소 — 언젠가 홍수가 실제로 도시를 휩쓸겠지! 그래도 숨을 돌리기 위한 짧은 휴식이 있소.

나는 휴가 기간에 여름학기 강의록, 즉 「역사의 기원과 목표」를 책으로 엮었소. — 늘 그렇듯 내 능력을 넘어서 주제넘은 방식이오. 그러나 누구나 기쁨을 주는 일을 해야 하오. 이제 나는 오랜 휴식을 끝내고 겨울학기 강의 「철학으로의 초대」를 위해 많이 읽고 자료를 수집할 것이오 — 누구나 이 주제 아래 좋아하는 것을 읽을 수 있소.

우리는 4월 말부터 집으로 손님들을 맞았소. 이제 방들은 처음으로 며칠 동안 비었다오. 다음 주에 에른스트 마이어가 일주일 체류 예정으로 다시 올 것이오. 그 이후 몇 주 동안 방문객은 없을 것이오. 겨울에 런던에서 처제[294]가 방문할 것이고, 2월에 올덴부르크에 사는 여동생이 방문할 예정이오. 방문자들을 맞이하는 것은 신나오. 언젠가 당신도 역시 오겠지요 — 세계가 좀 더 오래 뭉친다면.

---

[294] 플로라 마이어(Flor Mayer, 결혼 이전의 성은 볼프, 1891~1965)는 구스타프 마이어의 아내다.

팔레스타인은 여전히 걱정의 원인이오. 며칠 전 우리는 예루살렘의 프렌켈 교수[295](수학자)가 여기에서 언급한 내용을 들었소. 그의 객관적 사고방식이 매우 인상적이었소. 유대인의 입장, 또한 대학의 입장에서 대단한 성과라오. 이 사람의 낙관론은 주목할 만하오. 당신은 그의 강의를 들은 후 모든 게 좋아지리라고 생각할 수 있소. 그는 아랍인을 신뢰하오. 그는 그들의 관계가 아주 좋아질 수 있었다고 생각한다오. 그는 이것을 설명하는 예들을 가지고 있소. 그는 전쟁이 유대인에 대한 영국의 전쟁이었다고 말했소. 군사력은 세계에서 유대인의 위신을 엄청나게 증대시켰다오(누구나 결국에 주목하는 것은 그들이 말할 수 있는 다른 어느 것에도 불구하고 무기의 언어라오!). 나는 이런 종류의 모든 일에 매우 불편함을 느끼오.

따뜻한 마음을 담아
카를 야스퍼스

편지 73　아렌트가 야스퍼스에게

1948년 10월 31일

친애하고 존경하는 분께:

당신이 9월에 보낸 좋은 편지에 오랫동안 답장을 하지 못했습니다. 당신의 친구들은 아직 나타나지 않았습니다. 물론 저는 그들이 우리를 방문한다면 기쁠 것입니다.

슈테른베르거는 이곳에 있다가 이미 다시 떠났습니다. 그는 이전보다 다소간 더 다정하지만, 전혀 바뀌지 않았습니다. 우리는 모두 젊은 시절보다 분명히 더 개방적입니다. 그는 훌륭한 언론인의 눈을 가지고 명료하게 생

---

[295] 아브라함 프렌켈(Abrahm A. Fraenkel, 1891~1965)은 독일 수학자로서 1929년 예루살렘의 히브리대학교로 이동하기 전에 함부르크대학교와 킬대학교에서 가르쳤다.

각하며 아마도 좀 더 현명하고 그 짧은 시간에 놀라울 정도로 이 나라에 대하여 아주 많이 이해합니다. 저는 그가 여기서 가장 행복하게 지냈을 것으로 생각합니다. 저는 실제로 그를 위해 시간을 내지 못했으나 그를 몇 사람과 함께 모이게 했습니다. 그는 미국인들이 감탄스럽게 말하듯이 테네시에서 온 사람처럼 술을 마십니다.

저는 또한 틸리히 그리고 헬렌 비에루조프스키와 오랜 시간 대화를 나누었습니다. 이런 대화를 진행하는데 요지는 없지만, 그런데도 결과는 이러합니다. 저는 당신이 스위스에 있다는 것에 진정 안도합니다. 당신이 분명히 지적했듯이, 정확히 변하지 않은 틸리히는 독일에 대해 매우 어리둥절했고 기뻐했습니다. 대체로 감상벽에서 그렇지요. 헬렌 비에루조프스키는 당신의 집을 방문한 것에 대해 매우 기뻐했습니다. 당신은 그녀가 상당한 자신감을 회복하도록 많이 도와주었기에, 저는 당신에게 매우 감사드립니다. 사정은 이곳에 있는 그녀에게도 여전히 어렵습니다. 그녀를 매우 높게 생각하는 제 좋은 친구가 곧 브루클린대학의 역사학과 학과장이 될 기회가 있습니다. 그러면 아마도 그녀는 마침내 진정한 도움을 받을 수 있을 것입니다.

『논평』[296]에 기고한 당신의 논문은 아름답게 번역되었고, 제가 알기로 이번 달에 출간될 것입니다. 저는 2주 전에 교정쇄를 읽었습니다. 누가 『역사의 기원과 목표』를 출간할 것인가요? 이것을 여기에서 출간하는 게 중요합니다. 저는 당신이 그것에 대해 질문을 받을 것이라는 점에 대해 의심할 여지가 없습니다. 저는 긴 휴가를 끝냈을 때 볼프와 대화를 나눌 수 없었습니다. 그가 매우 아팠기 때문입니다. 그는 이제 서서히 회복하고 있습니다. 저는 『논평』 측이 당신에게 사례비를 이미 지급했기를 바랍니다. 어쨌든 이것에 대해 그들에게 상기시켰습니다.

---

[296] 편지 70의 각주 289를 참조할 것.

저는 두 달의 긴 휴가를 보냈습니다. 이때 제 어머니가 돌아가셨습니다. 어머니는 10년 이상 만나지 못했던 제 의붓자매와 다른 친척들을 만나기 위해 영국에 가셨는데 선상에서 심장마비를 일으켰습니다.

저는 돌아온 이후 지독하게 바빴습니다. 예루살렘 히브리대학교 총장인 마그네스는 제가 휴가를 떠나기 전에 미국 내에 있는 자신의 단체를 위한 정치고문으로 활동하도록 저에게 요청했습니다. 저는 올여름 서신을 통해 훌륭한 분인 마그네스 자신과 매우 긴밀한 공동 작업을 진전시켰습니다. 그는 이번 주에 사망했습니다. 저는 그분이 매우 편찮았다는 것을 알았고, 그분도 역시 그랬습니다. 제가 그분의 제안을 수락한 이유들 가운데 하나는 바로 그것이었습니다. 이제 무슨 일이 일어날지 모르겠습니다. 그분은 단순히 대체될 수 없습니다. 그분은 정의에 대한 순수하고 반쯤은 종교적인 유대인 열정과 더불어 전형적으로 미국인다운 상식과 진실성을 복합적으로 지닌 특이한 인물이었습니다. 그분은 사람들에게 개인적 영향력을 가지고 있었으며, 유대인과 아랍인 사이에 어느 정도 권위를 가졌습니다. 물론 본질적인 정치적 영향력은 아니지만 아무것도 없는 것보다 좋았습니다. 팔레스타인에서 활동하는 그분의 단체는 항상 민족주의적 항적에 빨려 들어갈 위험에 놓여 있으며, 그분은 항상 마지막 순간에 그들을 이 항적으로부터 멀리하게 하는 유일한 사람이었습니다. 저는 그들이 이제 더욱 '현실주의적'이게 되고 결과적으로 자신들의 영향력을 잃고, 마침내 해체되기 전에 타협을 거듭하여 활기 없는 절제심만을 드러낼 것으로 우려합니다. 저는 아주 비관적이었으면 좋겠습니다. 이곳 미국인들과 어딘가에 도달할 수 있는 실질적인 가능성은 있습니다. 특히 우리 측에는 『논평』과 편집자인 엘리어트 코헨이 있기 때문이며, 단체에는 훌륭한 연고를 가지고 있는 매우 부유한 변호사 등이 포함되어 있기 때문입니다. 저는 마그네스의 도움과 전체적인 합의로 지식인과 사회주의자들을 설득하는 과정에 있었습니다. 결국에 모든 것은 팔레스타인 단체를 뭉치게 하는 데 달려 있으며, 저는 이 단체에 대해 조금도 영향력이 없습니다.

쇼켄출판사와 관련해서는 걱정하지 않아도 됩니다. 제가 현재[297] 가지고 있는 일자리는 경제적으로 더 좋습니다. 이외에도 우리는 비록 수수하더라도 남편이 버는 것으로 항상 살 수 있습니다. 저는 전체주의 정부 아래에서 집단수용소의 사회적·정치적·심리적 요소들에 관한 주요 연구계획을 수행하는 몇 단체와 교섭하기 위해 집단수용소를 연구하는 에세이를 지금 준비하고 있습니다. 물론 이것은 그러한 모든 연구계획과 마찬가지로 부분적으로 완전한 공치사, 학구적 옷을 차려입은 공치사입니다. 그러나 저는 그렇다고 하더라도 그것을 잘 해낼 수 있습니다. 제가 해야 할 일은 주요 이념을 제공하고 사람들의 지휘봉을 마음대로 사용하는 것뿐입니다. 연구를 위해 많은 시간을 가질 것입니다.

저는 상당히 많이 집필했습니다. 책의 3/4 분량은 집필을 마쳤습니다. 마지막 1/4을 크게 걱정하며 더 많은 자료를 읽어야 하며, 지금 이 자료를 정리하고 있습니다.

저는 팔레스타인 상황에 대한 당신의 발언과 낙관적 강의에 대해 "매우 불편하게" 느꼈다는 당신의 발언을 다시 읽었습니다. 물론 전쟁은 영국의 전쟁은 아닙니다. 하늘이 알듯이, 그것은 사실상 매우 다르게 보일 것입니다. 영국인들은 근동에서 평화를 유지하는 데 관심이 큽니다(그들은 그 방향에서 아랍에 영향을 미치려고 지속해서 노력합니다. 예컨대, 그들은 어떠한 무기도 제공하지 않습니다. 그러나 유대인에게 보내는 무기 선적은 거의 소련 블록에서 나옵니다.) 그리고 그들은 그곳에서 똑같이 반미정책을 추구하지 않는데 관심이 강합니다. 트루먼 정부의 미국 정책은 당분간 트루먼이 재선되기 원하며 유대인 표와 영향력 획득이 필요하다는 사실에 의해 결정됩니다. 이것은 항상 그렇지는 않을 것입니다. 그리고 그는 정말 불장난하고 있습니다. 이것과 별도로, 어떠한 희

---

[297] 편지 31의 각주 17을 참조할 것.

생도 각오하고 있는 유대인들은 물론 더 훌륭한 군인들입니다. 팔레스타인에서 온 편지들은 모두 이 '감격적인 시간'을 밝힙니다. 우리는 얼마나 많은 시간 동안 이것을 통과해야 할까요? 남편은 낙담하여 다음과 같이 말합니다. "유대인이 다른 모든 국가와 같은 한 국가가 되겠다고 주장한다면, 그들은 왜 제발 독일인과 같이 된다고 주장할까요?" 물론 그것에 약간의 진실은 있습니다.

두 분에게 마음을 담아서
한나 올림

편지 74   **야스퍼스가 아렌트에게**
바젤, 1948년 11월 6일

친애하고 존경하는 아렌트!

당신 어머니께서 돌아가셨군요. 나는 그분에 대해서 전혀 모르오. 단지 당신이 독일에서 어머니를 빼냈고 이후 미국으로 이주시켰으며 함께 살았다는 것만을 알 뿐이오. 물론 나이 든 사람이 죽는 것은 자연의 이치요. 그러나 한 사람의 어머니가 사망했을 때 근본적인 변화가 나타나며, 고통은 엄청나게 충격적이지는 않지만 깊다오. 나는 58살 때 어머니[298]를 여의었소. 어머니의 죽음은 언제나 안전한 곳, 즉 무조건적 긍정을 잃는 것이오.

당신의 책은 대단한 진전을 이루었소. 그러나 아직 완결되지 않았소. 나는 당신이 너무 오래 주저하지 않고 너무 많이 읽지 않아야 한다고 생각하오. 다른 책을 집필하는 게 더 좋을 것이오. 당신이 집필하고 있는 책은 이것을 잉태시킨 내면적 추진력으로 완성되어야 하오. 이 추진력은 영구적으로 지속하지는 않을 것이오. 일정한 기간이 지난 후, 필자는 더 이상 그 책

---

[298]   헨리에테 야스퍼스-탄첸(Henriette Jaspers-Tantzen, 1862~1942).

에 관심을 갖지 않는다오. 그러나 나는 이것이 당신에게 어떤지를 실제로 알 수 없소. 그래서 이것은 모두 무의미한 수다일 것이오!

이번 주『논평』으로부터 150달러를 받았다오. 엄청나오! 여기에서 640프랑은 매우 많은 액수라오. 이 모든 일을 주선한 당신에게 다시 한번 신세를 졌소. 그리고 당신에게 매우 감사하오. 그리고 당신은 번역이 훌륭하다고 늘 편지에 썼다오. 훌륭하오! 그러나 **당신이** 교정쇄를 마감했다오. 이것에도 감사하오.

오늘 나는 뉴욕 철학도서관출판사로부터『철학적 신앙』의 번역과 관련하여 질의를 받았다오. 편지에서 계약 조건을 문의했소. 나는 무엇보다도 당신이 번역본을 **평가해야** 한다고 제안하고 싶소(당신은 한때 이런 일들을 기꺼이 떠맡겠다고 나에게 말했소). 당신이 해야 할 일은 교정하는 게 **아니라** 대표적인 문장을 읽고 인정할 것인지 아닌지를 제시하는 것이오. 그게 괜찮겠는지요? 나는 계약 업무를 추진하려고 하지만 여기서도 당신에게 출판사를 소개하려고 하오. 내가 너무 많은 것을 요구했다면, 당신은 **어떠한 조건도** 인정할 수 있소. 주요한 일은 계획이 수행되어야 한다는 점이오. 철학도서관출판사는 다고베르트 룬즈가 편집한『철학 사전 The Dictionary of Philosophy』, 즉 훌륭한 참고서의 제4판을 출판했다오.[299]

나는 당신이 슈테른베르거와 틸리히, 그리고 팔레스타인과 관련하여 밝힌 편지 내용을 매우 흥미롭게 읽었소. 남편의 견해는 글자 그대로 나의 견해라오. 나는 상호 합의에 대한 기쁨으로 그에게 가장 따뜻한 인사를 보내오.

그리고 좋은 친구인 당신은 우리가 여기 스위스에 있다는 것을 계속 기뻐하오. 그래요. 그것은 놀랍게도 자비로운 운명이오. 결국에 우리는 고향의 근거지를 잃었다오. 사실 이곳의 우리는 영구적인 여행이지만 즐겁게

---

[299] 다고베르트 룬즈(Dagobert Runes, 1802~1982)는 빈대학교에서 박사학위를 받았다. 그는 미국에서 강사·작가·편집자였다. 그는 1940년 철학도서관출판사 편집장이 되었다.

여행하고 있고, 약간의 거리를 유지하며 성찰에 만족할 수 있다오. 우유 배달원의 트럭은 게다가 애초부터 옛 방식의 상징이오.

나는 또한 사실 노년에 여기에서 처음부터 다시 시작하는 게 꽤 좋은 일이라는 점을 발견하고 있소. 특별히 일이 아주 잘 진행되고 있기 때문이오. 나는 '성공했소.' 지난주 강당은 「철학과 과학」[300]이란 주제의 첫 강의에 넘칠 정도로 가득했소. 사람들은 통로에 서 있었고, 일부는 전혀 들어오지 못했소. 바젤에서 완전히 큰 이야깃거리였소. 그때 나는 친근한 작은 도시에 있는 것 같이 느꼈소. 이 도시는 말하자면 이런 약속으로 스스로 획득했던 것을 보기 위해 힘을 발휘했다오. 사람들은 내 고향에서보다도 훨씬 더 겸손했다오. 사람들은 칭찬을 아끼지 않고, 말수가 적으며, 어쩌면 약간의 가난한 영혼에 사로잡힌 것일지도 모른다오. 총장은 지역의 관습과 반대로 이후 나에게 다가와서 "나는 깊이 감명받았습니다"라고 말했다오. 물론, 나는 당신이 이런 작은 이야기를 역시 즐긴다고 알고 있소. 그런 일에 기쁘고 어린아이처럼 순수하게 그들을 즐겁게 하였다오.

내 저서 『역사의 기원과 목표』는 완결되었지만, 아직 출판사에 있지 않소. 내가 기술적인 문제를 약간은 소홀히 했네요. 이 책은 뮌헨에서 곧 출간될 것이며, 아직 독일과의 책 거래가 없기에 취리히에서도 출간될 것이오.

따뜻한 인사와 함께 늘 그러듯이,
카를 야스퍼스

우리 젊은 친구들은 전화로 당신과 접촉하지 못했고 분명히 새로운 나라에 제대로 적응하지 못했기 때문에 당신을 방문하지 못했을 것이오. 그들은 곧 다시 떠나야 했고 지금은 캘리포니아의 예후디 메뉴인의 집에 있다오. 나는 당신이 좀 늦게 그들을 만나게 되길 바라오.

---

[300] Karl Jaspers, "Philosophie und Wissenschaft," *Die Wandlung* 3(1948): 721-733.

편지 75 야스퍼스가 아렌트에게

바젤, 1948년 11월 9일

친애하는 한나!

오늘 나는 철학도서관출판사에 편지 복사본을 보낼 것이오. 내가 당신에게 최소한의 '감독'을 요청하는 게 다시 한번 귀찮게 해도 괜찮기를 바라오. 당신은 어떠한 상황에서도 더는 이 일에 말려들게 놔둬서는 안 되오. 이를 테면 번역본을 완전히 읽거나 설상가상으로 교정쇄를 읽지 마오.

내가 반복하여 망각하고 있는 무엇인가가 물론 나에게 다시 나타나오. 벤 할페른은 『유대인 전선 Jewish Frontier』 1948년 4월호에 나의 저서 『책임 문제』에 대한 서평[301]을 게재했소. 그는 이 잡지와 동봉 편지를 나에게 보냈소. 나는 답장을 하지 않았소. 이 에세이는 선험적 증오로 촉진되고 나에 대한 공격을 담고 있다오. 일부 공격은 터무니없구려. 그러나 종종 일어나는 일이지만, 심지어 증오조차도 때때로 예리한 통찰력을 제공할 수 있다오. 그리고 벤 할페른이 아마도 옳았던 부분은 성찰할 가치가 있소. 그는 내가 『책임 문제』를 집필하면서 실제로 뚜렷한 지적 즐거움을 누리고 있다는 것을 알게 해주었소. 그렇다면 나의 '오만함'에 대한 그의 비난에는 진짜 이유가 있지 않은지? — 당신은 논문에 전적으로 친숙하지 않은지? — 처음에 나는 답장을 원했소. 행할 다른 무엇이 있다면, 나는 그것을 시도할 것이오. 그러나 현실적으로, 그저 침묵을 유지하고 상황을 내버려 두었을 뿐이오.

따뜻한 마음을 담아
카를 야스퍼스

---

[301] Ben Halpern, "Guilty, but Not Answerable," *Jewish Frontier*(April 1948): 41-60.

편지 76   아렌트가 야스퍼스에게

1948년 11월 19일

친애하고 존경하는 분께—

당신이 보내주신 두 통의 편지에 감사합니다. 소유주인 룬즈 씨가 대표하는 철학도서관출판사 측은 어제 전화했으며, 저는 다음 주에 그와 함께 세부적인 문제를 논의할 것입니다. 저는 룬즈가 논의하고 싶은 것을 찾아내기 위해서 쇼켄출판사 시절의 동료이고 현재는 룬즈의 판매원인 사람과 이미 접촉했습니다. 저는 그가 "다소 수상쩍은 신사"[302]라는 평판을 받고 있다는 점을 알고 있습니다.

그런데도 그 사람은 분명히 유능한 사람이고 자신의 책을 위해 뭔가를 합니다. 그는 감히 당신을 기만하지 않을 것입니다. 첫째 그는 기만하지 않을 것이고, 둘째 그는 제가 그의 판매원을 통해서 어느 다른 사람보다도 책 판매망을 유지할 수 있다는 점을 알기 때문입니다. 당신이 번역자에 관한 조항을 계약서 초안에 삽입한 것은 매우 좋습니다. 룬즈는 물론 번역자에게 비용을 아끼려고 하기 때문입니다. 약 2,000부, 아마도 그 이상이 될 초판 전체의 선수금(당신은 그것을 받지 못했을 수도 있습니다)을 요청하는 것이 전혀 어긋나지 않았다고 하더라도, 계약 초안은 다른 측면에서 좋습니다. 저는 그 점에 대해 아직 할 수 있는 게 없는지 알아보겠습니다. 그리고 미국에서는 양장본과 지장본 사이에 어떤 차이도 없습니다. 항상 하나의 판만 있기 때문입니다.

당신이 제 저서에 대해 언급한 점에 대해 감사드립니다. 당신은 물론 옳습니다. 애석한 일은 이것이 제 머릿속에는 항상 한 권의 책이었다는 점입니다. 실제로 적어도 역사적 자료에 관한 한, 이것은 세 권의 책입니다. 즉

---

[302] 이것은 괴테의 『파우스트』 제5막 1034행, "나의 아버지는 수상쩍은 신사"의 인용이다.

반유대주의·제국주의·전체주의로 구성됩니다. 그러나 이것으로 세 권의 책을 만드는 것은 좋지 않았을 것입니다. 유대인은 제1권 출간 이후에 저를 돌로 쳐 죽였을 것이며(제가 가까스로 미룰 수 있었던 운명), 저는 정치적 주장을 발전시킬 수 없었기 때문입니다. 다음 달 다시 집필을 시작합니다. 그동안 러시아 혁명 과정에 대한 더 완벽한 지식을 획득해야만 했습니다.

저는 철학도서관출판사로부터 더 많은 세부 내용을 획득하는 즉시 다시 집필할 것입니다.

그때까지 두 분에게 행운을 빕니다.
한나 올림

추신. 방금 벤 할페른을 기억했습니다. (저는 이것을 억제했습니다.) 저는 그를 잘 알고 실제로 형사법상 우매한 그 논문과 관련하여 그와 대단히 충격적인 말싸움을 벌였습니다. 저는 그를 설득하는 데 실패한 이후 그 논문에 대응하지 않기로 했습니다. 전반적인 상황이 매우 우매하다는 인상을 받았기 때문입니다. 그는 비유대인이 명백히 반유대주의자라고 생각하는 그런 형편 없는 사람들 무리에 가담했습니다. 그는 상황이 얼마나 터무니없는가를 잠시도 지적하지 않은 채 이 이론을 남편에게 매우 상세하게 설명했습니다. 우리는 벤 할페른에게 다음과 같은 사항을 설명하려고 노력했습니다. 즉 논문에서 올바르게 보이는 몇 가지 사항도 당신에게는 정확히 해명될 수 없습니다. 그는 제가 — 혹은 (아직도 더 좋다면) 당신이 — 당연히 대응하기를 희망했습니다. 저는 그에게 당신의 주소를 알려주기를 거부했고 논문이 주요 반응을 초래할 때만 대응하겠다고 말했습니다. 그는 이 문제와 관련한 모든 것을 저에게 보내기로 약속했습니다. 그리고 그는 매우 정직한 젊은이이기 때문에, 저는 그가 저에게 아무것도 숨기지 않으리라는 점을 믿을 수 있습니다. 도착한 것은 할페른이나 저도 이해할 수 없는, 유진 로젠스톡[303](기억하는지요?)이 보낸 좀 더 말도 안 되는 편지였습니다. 그래서 저는 다음과 같이 그에게 "나는 당신에게 그렇게 말했고, 마음의 평안을 유지한 채 휴가를 떠났다"라고 말했습니다. 제가 이것과 관련하여 당신에게 결코 편지를 쓰지 않은 것에 화내지 마세요. 저는 많은 것들과 마찬가지로 너무 복잡한 동기에서 그렇게 했습니다. 우선 저는 결국에 우매한 일로, 특히 당신이 하이델베르크를 떠난 이후 따랐던 온갖 독일인의 공격에 대적해야만 했을 때 당신을 괴롭히고 싶지 않았습니다.[304] 그 이후 할페른을 설득시킬 수 없었던 저 자신에게 화가 났습니다. 당신은 대응하시기 원하는지요? 때론 이와 같은 일에 애쓰는 게 우스울 수 있습니다. 『유대인 전선』 측은 기뻐할 것입니다. 헬퍼른은 편집주간이고, 그린버그는 편집위원장입니다. 여기에서 사람들은 논쟁을 좋아합니다. 그들은 그 장소에 생기를 조금 더 불어넣기 때문입니다. 할페른은 몇 년 전에 제 논문 「조직화된 범죄와 독일의 책임」[305]에 대해 화를 냈습니다. 그린버그는 이 논문을 의뢰하고 출판했습니다.

---

[303] 유진 로젠스톡-헤시(Eugen Rosenstock-Huessy, 1888~1973)는 독일 법사학자이며 사회학자이고, 1934년 미국으로 이주하여 하버드대학교에서 가르쳤다.
[304] 야스퍼스는 1948년 3월 하이델베르크를 떠났을 때 『라인 네케르 신문』에 누그러뜨리는 정당화에 관한 기사를 게재했다. 편지 67의 각주 270을 참조할 것. 독일 언론의 반응은 격렬했다. 그는 "반역"과 "버림"이란 혐의를 받았다. 다른 비난 가운데, 그의 비판자들은 다음과 같이 말했다. 그는 더 좋은 독일의 대표자로서 언급했으며, 이제 스스로 더 좋은 삶을 위해 곤경에 처한 독일을 포기하였다. 그리고 그는 공동 운명을 함께 짊어지자고 동포들에게 호소했지만 이제 스스로 그 운명을 회피하고 있다. 그는 젊은이들에게 미래에 대한 안목을 제공했지만, 이제는 이 안목을 실현할 시간에 그들을 곤경에 빠뜨리고 있다. 야스퍼스는 이러한 비난에 결코 공개적으로 반응하지 않았다.
[305] 편지 32의 각주 24를 참조할 것.

편지 77 야스퍼스가 아렌트에게

바젤, 1948년 11월 23일

친애하고 존경하는 한나!

도움이 되는 — 늘 그러듯 — 당신의 편지에 대한 빠른 업무 답장이오.

나의 계약 조건은 모스 부인의 편지에서 받아들여졌소. 50달러 수표를 동봉했소. 다른 제목을 제시했다오. 사실 몇 개 제목을 제시했는데, 모두 합리적이오. 이것들을 제시한 사람은 나의 책을 읽어야 하고 일부를 이해해야 하오. 『철학의 영구적인 영역』[306]이라는 책 제목을 수락했소.

나는 미국에서 계약서를 작성하지 않지만 이와 같은 편지 교환으로 처리하는 게 관례라고 생각하오. 나는 철학도서관출판사 편지용지에 있는 로즈 모스 부인의 서명이 우리 기준으로 법적 구속력 있는 문서라는 인상을 받았소. 두 개의 서명과 대리인이 지정되어야 하오. 그러나 이런 것은 완전히 형식의 문제라오. "다소 수상쩍은 인사"라는 당신의 언급은 나에게 그런 문제에 대해 생각하게 했소. — 나는 당신이 번역의 질을 판단할 것이라는 점에 기쁘오.

『논평』 측은 흔치 않은 훌륭한 편지와 150달러를 보냈소. 내가 이미 당신에게 이것을 언급했다고 생각하오.

나는 실제로 벤 할페른에게 응답하고 싶지는 않소. 여름에는 답장했지만, 현재는 시간이 거의 없소. 특히 당신이 나에게 언급한 관점에서 볼 때, 이것은 실질적인 쟁점이 아니라 개인적인 문제인 것 같소. — 실질적인 쟁점은 불합리하므로, 이것에 관해 이야기해도 소용없구려.

따뜻한 마음을 담아서
카를 야스퍼스

---

[306] Karl Jaspers, *The Perennial Scope of Philosophy*, trans. Ralph Manheim(New York, 1949). 이것은 『철학적 신앙』의 번역본이다.

편지 78 아렌트가 야스퍼스 부부에게

1948년 12월 4일

친애하는 친구분들께—

"다소 수상쩍은 신사"를 위한 제안서 사본을 동봉합니다.³⁰⁷ 제가 계약이 필요하다고 하자, 그는 전화상으로 놀란 척했습니다. 그러나 그는 계약서 초안을 당신에게 보내라고 저에게 요청했습니다. 저는 그와 함께 (당신이 제안한) 500부에 해당하는 선금과 제가 더욱 적절하다고 생각하는 1,000부에 해당하는 선금 사이의 차이를 이미 논의했습니다. 그가 당신에게 보낸 50달러는 여기에서 관례적인 일종의 선택권입니다.

"다소 수상쩍은 신사"에 관한 사항입니다. 대단히 품위 있지만 견디기 어려울 정도로 무능력한 쇼켄 부자를 경험한 이후, 저는 좀 더 음습한 유형의 사람들과 한번 어울리는 것에 전적으로 찬성합니다. 예컨대, 크루트 볼프는 정확히 천사는 아닙니다.

다시 한번. 저는 지금 급히 서두릅니다.

최선의 소망을 담아
한나 올림

편지 79 아렌트가 야스퍼스에게

뉴욕, 1948년 12월 22일

친애하고 존경하는 분께:

이것은 신년 인사 편지이며, '업무' 문제를 담았습니다. 유감스럽게도, 저는 쿠르트 볼프가 『정신병리학』과 관련하여 영국 출판사로부터 부정적인

---

307 아렌트가 1948년 12월 4일 철학도서관출판사의 룬즈 앞으로 보낸 편지이다.

답변을 받았고 단독으로 출판사에서 영어로 이 책을 출판하는 위험을 감수할 수 없다는 내용을 알려드립니다. 그것은 유감이지만, 철학도서관출판사의 룬즈는 자신이 당신의 모든 저작에 기본적으로 관심이 있고, 우선『철학적 신앙』을 출판하고 싶다고 저에게 언급했습니다.

저는 오늘 철학도서관출판사로부터 계약서를 받았고, 룬즈를 설득하여 좋은 계약 조건을 얻었으며 이것을 서면으로 정리하게 되어 자랑스럽습니다. 당신은 수일 내로 계약서를 받을 것이며 초판 2,500부를 출간한 이후 높은 인세를 지급한다고 동의했고 선금을 두 배로 정했다는 사실을 확인할 것입니다. 당신이 이것들을 부탁하지 않았기 때문에, 그는 이 두 가지 중 어느 것도 할 필요가 없었습니다.

화가이며 의사인 알코플리[308]는 놀랍게도 자신이 당신을 방문했다고 우리에게 말했습니다. 친애하는 친구분들, 두 분은 사진을 받을 것입니다. 남편은 자신의 프로이센-프로테스탄트를 극복할 것이고, 저는 구약성서의 심리적 압박을 극복할 것입니다. 우리는 사진기 섬광 전구 그리고 유사한 고문 도구를 갖춘 이 신사 숙녀들 가운데 한 사람에게 의지할 것입니다. 알코플리는 우리가 그것을 스스로 하지 않는다면 자신이 사진사를 우리 아파트로 보낼 것이라고 말했습니다.

우선 저는『뉴욕 타임스』[309]에서 오려 낸 신문 기사를 당신에게 보낼 것입니다. 이 신문은 또한 제가 요즘 무엇을 하고 지내는지 당신에게 알릴 목적에 도움이 될 것입니다. 현재 약간의 기금을 모으는 것은 임원들에 달려 있습니다. 어쨌든 저는 재단 설립을 지원하고 유대인-아랍인 화해에 관한 소개 책자를 집필함으로써 제 역할을 했습니다. 인쇄되면 곧 한 부를 보내

---

308 알프레드 코플리(Alfred L. Copley, 1910년 출생, 예술가로서 알코플리로 알려짐)는 1917년 뉴욕으로 이주했다. 그는 이곳에서 아렌트 부부의 친구였다.
309 이것은 1948년 12월 18일자『뉴욕 타임스』에 실린 이야기, 유다 마그네스 재단의 설립 이야기다. 사진의 제목은 다음과 같다. "책임자 두 사람, 아렌트 박사와 제임스 마셜이 보고 있는 법인 설립 서류와 함께 있는 대법원장 윌리엄 헤히트."

드리겠습니다.

만사형통입니다. 저는 다시 진지하게 저서를 집필할 것입니다. 출판사는 마감일을 제시했습니다 — 7월 1일입니다. 마감일은 모두 좋은 일입니다. 이것은 저에게 약간의 외적 압박을 가하기 때문입니다. 처음에는 마감일에 주저했고, 출판사는 저에게 매우 사려깊었습니다. 지금 저는 크리스마스를 아주 기쁘게 지내고 있습니다 — 우리는 바이누크카Weihnukkah[310]라 부릅니다. 저는 입양한 조카들을 위해 온갖 종류의 신기한 것들을 구입하고, 오리 구이에 상당한 신경을 쓰고 있습니다.

우리 가정에서 당신의 가정까지 가장 따뜻한 소원이 함께 하기를

여느 때와 같이,
한나 올림

편지 80 **아렌트가 야스퍼스에게**

뉴욕, 1949년 1월 9일

친애하고 존경하는 분께,

저는 아직 이탈리아[311]로부터 어떤 소식도 듣지 못했으며, 지금 스위스에 사시는 당신과 수월하게 연락할 수 있다는 내용의 편지를 다이얼출판사에 보냈습니다. 아마도 당신은 앞에서 언급한[312] 출판사에 독일어판이나 스위스판 한 권[313]을 보내야 할 것입니다.

310　크리스마스와 하누카(Hanukah)의 축약형.
311　다이얼출판사는 1949년 1월 6일자 편지에서 이탈리아 출판사(La Nuova Italia Editrice Firenze)에 『책임 문제』 1부를 보내라고 요청했다. 아렌트는 다이얼출판사의 편지에 자신의 편지(80번)를 직접 타자로 쳤다.
312　라누오바이탈리아출판사. 『책임 문제』의 이탈리어판에 대해서는 편지 81과 편지 81의 각주 315를 참조할 것.
313　이것은 『책임 문제』의 독일어판 2개를 의미할 것이다. 편지 43의 각주 122를 참조할 것.

다이얼출판사와 관련하여 바로 이런 일이 생각났습니다. 즉 당신은 다이얼출판사가 6개월 전에 저에게 보낸 진술에 따라 당신이 마땅히 받아야 할 저작료 수표를 받으셨는지요?

따뜻한 마음을 담아
한나 올림

편지 81   야스퍼스가 아렌트에게

바젤, 1949년 1월 13일

친애하고 존경하는 한나!

　우선 나는 신문에 실린 사진 — 당신과 남편 사진을 잠시 대신하는 사진 — 에 감사하고 싶소. 우리는 상당히 감명을 받아서 보고 또 보았는데, 둘 다 마음이 끌리고 깜짝 놀랐소. 그것은 아마도 당신이 사진기를 보고 있지 않기 때문일 것이오. 우리는 당신을 거의 알아보지 못했구려! 그게 이상하지요. 이런 신문 사진은 — 나는 경험으로 알 수 있소 — 얼굴 모습을 상당히 일그러뜨린다오. 그러나 당신의 얼굴 모습은 '일그러지지' 않았소. 당신은 정말 엄격하고 여유로우며 고귀하고 우월해 보이오. 내가 당신 자신과 당신의 편지를 알지 못했다면, 나는 당신을 조금 두려워하겠으나 이 사람과 이야기하기를 고대했을 것이오.

　그런 다음 나는 룬즈와 계약을 애써서 성사시키는 당신의 수완에도 감사하오. 그게 경이롭구려. 나는 이 계약서를 아직 갖고 있지 않소. 당신이 이것을 갖고 있기에, 이것은 틀림없이 나에게 오는 중일 것이오. 그리고 내가 제안한 것보다 훨씬 좋은 계약 조건의 이러한 개선! 나는 스스로 아주 훌륭한 사업가라고 생각하곤 했소. 이제 당신이 나를 넘어섰구려!

　40달러와 정산 서류가 얼마 전에 다이얼출판사로부터 왔소. 판매량은 분명히 빈약했다오. 그 책[314]이 출판됐을 때, 문제는 더는 현실적인 관심사는 아니었소.

나는 『책임 문제』 이탈리아 번역본이 이미 1년 전에 (나폴리에서)[315] 출간되었다는 내용의 편지를 피렌체의 이탈리아 출판사에 보냈다오.

내가 『정신병리학』이 부에노스아이레스에서 스페인어로 번역되었다고 당신에게 언급했었소?[316] 나는 최근 1,700프랑의 선금을 받았소. 유감스럽게도 선금의 반을 계약 조건에 따라 스프링어출판사에 지급해야 했다오. 오직 후기 저서들을 위해서 나 자신만을 위한 번역권을 보유했소.

당신이 거래하는 출판업자는 마감일을 설정하는 데 있어서 현명하고 훌륭한 사람인 것 같소. 우리는 모두 마감일이 필요하오. 당신은 그것을 한결 더 알 필요가 있소. 당신은 예컨대 나와 같은 사람으로부터 항상 남을 돕는 행위로 관심을 돌릴 수 있기 때문이오. 그것은 물론 매우 좋다오⋯.

나는 유대인과 아랍인에 관한 당신의 책자를 보고 싶구려. 선의를 가진 유대인들이 "아랍인들은 협력하기를 원하지 않는다"라고 말했을 때, 나는 논쟁이 없는 나 자신을 발견하오. 마그네스는 몽상가였소. 그의 뒤에는 거의 아무도 없었소. 나는 어떻게 대응해야 하는지 당신으로부터 배우고 싶소. 나는 지금까지 다음과 같이 단순히 말했다오. "아랍인들이 협력하기를 원하지 않는다면, 무한한 인내심은 그들이 원하는 곳으로 그들을 데려가야 할 것이다. 지리적 환경과 현재 주요 강대국의 이 지역에 대한 명백히 이상한 관심은 아랍 세계의 틀 내에서만 이스라엘에 장기적인 정치적 존재를 허용하기 때문이다. 그렇지 않다면, 이스라엘은 미국의 재원으로 유지되는 순전히 방어적인 근거지로 존재할 것이며, 다른 모든 방어적 근거지와 마찬가지로, 이스라엘은 결국 붕괴할 것이다."

---

314 『독일의 책임 문제(*The Question of German Guilt*)』의 미국판. 이것은 1948년 276부만 팔렸다.
315 Karl Jaspers, *La colpa della Germania: A cura di Renato de Rosa*(Naples, 1947).
316 Karl Jaspers, *Psicopatologia general*, trans. Roberto O. Saubidet and Diego A. Santillán, 2vols. (Buenos Aires, 1950-).

영국의 잔혹한 개입은 현재 대단한 실망을 초래하고 있소. 네덜란드의 성공[317]은 그들에게 충분한 용기를 제공했지요? 영국은 유대인, 압둘라,[318] 그리고 이집트인 사이에 바로 현재 형성되고 있는 합의를 방해하려고 했던 것 같소. 유대인은 분할과 통치의 원리에 따라 권력정치를 분명히 실행하였으며 영국이 아니었다면 분명히 성공했을까요?

나는 바젤대학교에서 최초로 강의한 원고(『변화』[319]에 게재)의 인쇄본을 당신에게 보냈소. 이 인쇄본은 특별한 것이 아니고, 그 상황과 청중(수많은 동료와 시당국 관계자)에 맞도록 다듬어진 것이오.

따뜻한 마음을 담아
카를 야스퍼스

편지 82   야스퍼스가 아렌트에게

바젤, 1949년 1월 25일

친애하는 한나!

어제 이곳에 도착한 계약서와 함께 내가 철학도서관출판사[320]에게 보낸 편지 사본이 동봉되어 있소.[321] 룬즈 씨는 자신의 모습을 전혀 드러내지 않았소. 로즈 모스 부인은 추정컨대 법적 권한을 갖고 있소. 당신이 알겠지만, 그녀가 역시 계약서에 서명했소. 나는 그녀의 서명이 법적 구속력을 가

---

[317] 인도네시아공화국이 1945년 독립을 선언한 이후, 네덜란드 정부는 1948년 12월 '경찰 조치'로 다시 통제하고자 했다.
[318] 압둘라 이븐 후세인(Abdullah ibn Hussein, 1882~1951)은 1946년 이후 요르단 하쉐미트왕국의 왕이었으며, 이스라엘과의 평화 협상을 옹호하다가 암살되었다.
[319] 편지 74의 각주 300을 참조할 것.
[320] 야스퍼스는 1949년 1월 25일자 편지와 관련하여 철학도서관출판사 로즈 모스 부인에게 편지 82를 보냈다.
[321] 이것은 『철학적 신앙』의 미국판 계약서의 몇 개 사본을 지칭한다. 편지 77의 각주 306을 참조할 것.

지고 있다고 추정하오. 이곳 출판사에서는 두 명이 서명하는 게 관례라오. 하나는 사장의 서명이오. 그러나 나는 우리가 이것을 주장할 필요가 있다고 생각하지 않는다오. 어쨌든 이런 식의 서명은 번역이 훌륭하다는 주요 사안을 보장할 수는 없소. 선의는 중요한 것이오. 모스 부인은 자신의 동봉 편지에서 당신이 이 계약서를 확인하고 인정했다고 밝혔다오. 그것은 나에게 충분하오. 앞에서 언급한 내 편지에 포함된 작은 교정[322]은 어떤 상황에서는 아주 중요할 수 있소.

이 모든 것에 대해 진심어린 감사를 다시 표시하오!

카를 야스퍼스

편지 83   야스퍼스가 아렌트에게

바젤, 1949년 1월 26일

친애하고 존경하는 한나!

당신은 동봉한 편지에서 비콘출판사가 『진리에 대하여』[323] 가운데 비극적 지식에 관한 장章을 별도로 출간하고 싶다는 의향을 확인할 것이오. '그래서 가까운 미래에 전체 저작을 출간하는 방법을 대비할 것이오.' 그 마지막 조항에 포함된 우호적인 감정과 좋은 의도는 듣기에 좋으며, 이 책에서 자체로 완결된 장의 부분적인 번역은 나를 지극히 기쁘게 하오. 1945년 이후 나의 물질적 행복에 대한 당신의 배려는 환상적이었소.

바젤에서 우리의 삶은 즐거움의 연속이오. 나는 하이델베르크대학교에서보다 이곳에서 더 열심히 강의하고 있소. 사실 나는 여기에서 스스로 새

---

[322] 출판사가 "훌륭한 번역자의 선정에 책임질" 것이며, 출판본이 판매된 이후 새 출판본을 준비하지 않는다면, 번역권은 저자에게 귀속된다는 규정이다.

[323] Karl Jaspers, *Tragedy Is Not Enough*, trans. Harald A. T. Reiche, Harry T. Moore, and Karl W. Deutsch(Boston, 1952). 저작 전체의 번역은 전혀 이루어지지 않았다.

로운 기반을 만들어야 하오. 이게 나를 괴롭게 하지는 않소. 하지만 너무 이른 질병과 노화로 바젤대학교에 재정적 손실을 줄 수도 있다는 생각은 정말 나를 괴롭히오. 그것은 전혀 말도 안 되오. 나는 용기를 잃지 않고 있소. **그러나** 하이델베르크에서는 달랐소. 그것은 40년 동안 활동으로 획득한 권리라오. 다른 측면에서 볼 때 우리는 이제는 그곳에서 살 필요가 없다는 것을 기뻐하오. 독일에서 온 소식은 좋지 않구려. 멀리 있는 이곳에서 공감은 증대되고, 분노는 가라앉는다오 — 그러나 내가 그런 독일인들 사이에 속하지 않는다는 것을 부인할 수 없소. 이것은 독일에 관한 저서를 더욱 열렬하게 집필하도록 만든다오. 내가 무엇보다도 사랑하고 누구나 세계에서 고향 없이 떠돌 때 아마도 가장 사랑하는 독일인의 성격에 내재한 무엇이 있기 때문이오. 나는 종종 이와 연관하여 당신을 생각하며, 그런 생각은 나를 격려하고 고무시키오. 즉 세계시민과 인간이 되고 그 과정에서 홀로 있지 않다는 것이오. 미국은 정치질서와 자유를 위해서 유일한 희망이오. 철학의 경우 독일인의 성격에 아직도 적어도 **하나의** 희망은 있소. 나는 여기에서 군돌프와 견해를 같이하고, 서양 세계에서 개개인이 밑바닥(즉 심연)을 들여다본 세 민족이 있다오. 유대인·그리스인·독일인이오. 그러나 그것을 이런 식으로 표현하는 것은 확실히 오만하오 — 적어도 그런 오만을 숨기도록 합시다!

따뜻한 마음을 담아
카를 야스퍼스

편지 84　아렌트가 야스퍼스에게

1949년 1월 28일

친애하고 존경하는 분께:

　저는 계약서가 도착했다고 밝힌 당신의 편지를 받고 나서 룬즈 씨가 그렇게 계속 전면에 나서지 않았다는 사실에 역시 놀랐습니다. 그러나 고용인이 계약서에 서명하는 일은 여기서 관례적입니다. 저는 쇼켄출판사에서 어떤 법적 권한도 갖지 않은 채 서명하곤 했습니다. 그리고 계약서는 물론 법적 강제력을 갖습니다. 편집자는 저와 호튼미플린출판사 사이의 계약서에 서명했습니다. 번역자와 관련한 사항의 경우 철학도서관출판사는 합리적이었습니다. 이 출판사는 한 번역자, 듣자 하니 룬즈 씨의 한 친구를 선정했고, 표본으로 이상한 몇 쪽을 저에게 보냈습니다. 이후 이 몇 쪽은 아무런 항의도 없이 『논평』에 게재한 당신의 논문을 번역하였고 여기서 평판이 좋은 같은 번역자 랄프 만하임에게 전달되었습니다. 이제 우리는 두고 볼 수밖에 없습니다. 저는 그가 제안을 수락했는지 알 수 없습니다. 저는 그를 잘 알고 있습니다. 그는 저를 위해 가끔 번역을 담당했습니다. 그는 거의 두 언어를 사용합니다.

우리는 신문의 사진에 대한 당신의 반응에 많이 웃었습니다. 그래요, 얼굴 모습은 물론 일그러졌지만 제가 그때마다 스스로 일그러지게 할 정도로만 그렇고, 약간은 원리에 따릅니다. 오, 누구도 제 이름이 롬펠스틸츠킨이라는 것을 모르니 얼마나 좋은가요.

철학과 과학에 대한 당신의 교수 취임 강의 원고는 매우 좋습니다. 학생들에게, 더 정확히 표현하여 젊은이들에게 이 분야를 소개하는 데 알맞도록 매우 잘 쓰였고 놀랍습니다. 저는 이 원고를 이곳 출판사에서 출판하고 싶습니다. 과학에 대한 찬반 논쟁이 한창 진행되고 있기 때문입니다. 물론 이 논쟁은 미국을 특징짓는 전적으로 실용적인 형태를 취하고 있습니다. 때때로 저는 독일인들에게 정치에 대한 의식을 스며들게 하거나 철학이 무엇에 관한 것인지 조금이라도 알 수 있도록 미국인들에게 전달하는 게 얼마나 어려운지 스스로 자문합니다.

저는 『정신병리학』을 스페인어로 번역한다는 소식을 듣고 매우 기뻤습니다. 이탈리아 사람들과 마찬가지로 스페인 사람들도 마음이 대단히 열려 있고, 남아메리카는 문화적으로 미국보다 유럽에 더 가깝습니다. 철학서들은 그곳에서 수적으로 상당히 많이 발행되고 있으며, 어떤 사람은 브라질이나 아르헨티나의 기차역 가판대에서 칸트의 『순수이성비판』을 구입할 수 있다고 저에게 말했습니다. 뉴욕에서 어떤 언어로든 책을 팔려고 내놓는 것은 주요 성과일 수 있습니다.

저는 제 영혼을 압박하는 어느 다른 것을 여기에서 당신에게 말해야 합니다. 즉 『진리에 대하여』를 아직 읽지 않았습니다. 저는 이것을 주의 깊게 살펴보았지만 이럴 때마다 철학이 몇 달 동안 계속해서 저를 완전히 집어삼킨다는 두려움에 압도되었습니다. 저는 제 책의 마지막 부분에 대해 여전히 고심하고 있는 한 그것에 대해 모험을 할 수 없습니다. 당신이 이것을 이해할 것이라고 압니다. 그리고 이것을 변명으로 생각하지 않고 상황이 어떤지를 당신에게 단지 말할 뿐입니다. —『철학』(한 권[324]에 통합되어 있는 세 권)이 도착했습니다. 대단히 감사합니다. 옛날에 구입한 책 — 아마도 오래 전은 아니지요 — 은 파리에 있습니다. 『세계관 심리학』을 슬쩍 훔쳤습니다. 그래서 곧 당신의 저작을 다시 완비했을 것입니다. 저는 다른 사람의 『니체』 복사본을 가지고 갔습니다. 그러나 이후 대출자는 이것을 도로 가져갔습니다.

여기서 그만 읽으세요. 이제 레빈 박사[325] 부인의 차례입니다. 이것은 당신의 부인과 연관됩니다.

제가 할 수 있는 일이 없는 것 같습니다. 쇼켄출판사는 고려할 가치가 거의 없습니다. 그들은 아마도 업무를 너무 오래 끌어서 우리가 먼저 죽을 것입니다. 유대인출판협회[326]가 아마도 전망이 더 좋을 출판사이지만, 토이블

---

[324] 초판에 대해서는 편지 21의 각주 24를 참조할 것. 한 권으로 된 제2판(베를린/하이델베르크)은 1948년에 출간되었다.
[325] 베라 레빈은 박사이며 역사가이고 당시 바젤대학교에서 일련의 강의를 담당하고 있었다. 1949년 1월 15일자 편지에서 게르트루트 야스퍼스는 (확인될 수 없는) 레빈의 책 번역이 미국에서 출판될 수 있는가를 아렌트에게 문의하였다.

러,³²⁷ 아니 그의 부인³²⁸이 그곳에 연줄이 있습니다. 토이블러는 이곳에서 완전히 알려지지 않았거나 온갖 형태의 어리석은 기획으로, 무엇보다도 극작으로 평판을 망쳤습니다. 그게 문자 그대로의 진실입니다. 제가 희곡을 반대하는 게 아니고, 그가 쓰는 희곡이 재능 있는 열여덟 살짜리에게도 어울리지 않기 때문입니다. 학식에 대한 존경이 상당히 발전하지 못한 미국인들은 그를 일종의 거만한 바보로 생각하는 것 같습니다. 보조금은 어쨌든 얻기 어렵지만, 선금은 자연스럽게 고려해 볼 만하며 그녀에게도 똑같이 도움이 될 수 있습니다. 저는 한 사항에 대해 확신합니다. 즉 어느 출판사도 책의 몇 장章 목록에 기초해 약속하려 하지 않습니다. 취할 최상의 길은 셀마 슈테른-토이블러가 유대인출판협회에 편지를 보낸 다음에, 레빈 박사가 표본이 되는 장을 보내는 게 가치 있는가를 질의하는 것입니다. 애석하게도, 그 모든 것은 시간이 걸립니다. 이것은 모두 부정적인 것 같지만, 저는 당신이 얼마나 도움이 되기를 열망하는지 너무나 잘 이해합니다. 그러나 제가 제안할 수 있는 유일한 조언은 그저 몇 장을 몇 부씩 복사해서 보내는 것입니다.

저는 이 편지가 도착할 때쯤 당신이 다시 혼자 있고 평화롭게 처제의 방문을 고대할 수 있기를 바랍니다. 사람은 나이가 들어감에 따라 정확히 뿌리가 같지 않은 사람과 가깝게 사는 게 더 어려워져 보입니다. 이후 갑자기 모든 말이 당신을 화나게 하고, 누구나 그것에 대해, 즉 심적 불안에 대해 할 수 있는 일은 전혀 없습니다.

이제 마칩니다. 그리고 저는 기분 전환을 위해 저와 당신이 바젤에 있을

---

326 유대인미국출판협회는 유대 민족의 종교·역사·문학에 관한 출판을 촉진하고자 1888년에 설립되었다.
327 유진 토이블러(Eugen Täubler, 1879~1953)는 1924~1933년 하이델베르크대학교 교수였고, 당시 베를린의 유대교연구소의 객원 강사였다. 그는 1941년부터 미국으로 망명했다.
328 젤마 스턴-토이블러. 편지 3의 각주 24를 참조할 것.

때 얼마나 기쁠까에 대해 다시 한번 말합니다.

늘 따뜻한 마음으로
한나 올림

편지 85   야스퍼스가 아렌트에게

바젤, 1949년 2월 3일

친애하고 존경하는 한나!

  나는 태만의 큰 죄를 지었네요. 최초의 강의 「철학과 과학」을 『논평』에 보냈고 그들의 답변을 기다리고 있다는 사실을 당신에게 말하지 않았소(몇 달 전에 워쇼우 씨[329]는 자신들이 『논평』에 기꺼이 내 글을 자주 출판하겠다는 편지를 보냈다오). 이제 당신은 다른 문의를 했는데, 혼란을 초래한 것은 내 탓이오. 나는 당신의 촉구에 따라 『파르티잔 리뷰』가 이 에세이에 대해 문의했다 — 아마도 오늘 당신의 편지로 추정한 바와 같이 — 는 소식을 하이델베르크의 슈테른베르거로부터 들었다오! 나는 다시 편지를 보내 『논평』 측으로부터 대답을 들을 때까지 기다려달라고 『파르티잔 리뷰』 측에 요청했소. 나 자신이 자초한 혼란 때문에 매우 짜증이 나오.

  물론 나는 당신이 『진리에 대하여』를 읽지 않고 있다는 것을 완전히 이해하오. 그리고 당신이 이것을 절대 읽지 않는다면 나도 이해할 것이오. 우리가 책으로 서로를 고통스럽게 한다면 얼마나 끔찍할까요. 그리고 "어쨌든 당신은 그 모든 것을 알고 있기" — 철학적 의미로 — 때문에, 지나치게 두꺼운 책들에 대한 지루한 전문적인 횡설수설은 기껏해야 모호한 시도라오. 우리가 책들에 노력을 많이 기울이고 이 책들이 때때로 누군가에 중요할 수 있다는 흔들리지 않는 믿음으로 산다고 하더라도, 우리는 자신의 저

---

[329] 로버트 워쇼우는 이때 『논평』의 편집장이었다.

서들을 매우 부차적인 산물로 간주해야 하오. 시간의 경과 속에서 ― 누가 알까? ― 당신은 자신에게 유용한 하나 또는 다른 장을 발견할 수 있을 것이오.

베라 레빈은 좋은 사람이오. 그녀의 가능성에 대한 당신의 생각은 명료하오. 우리는 그녀와 이야기할 것이고, 당신은 제안한 과정을 추구하고 싶은지를 확인할 것이오. 나는 언제든 그녀의 지적인 특성에 대한 매우 긍정적인 참고사항을 제공할 준비가 되어 있소. '비전문가'인 나는 역사가로서 그녀의 자격 조건에 대해서 많이 언급할 수는 없구려. 그녀는 독일에서 교육을 받았고 안드레아스330 밑에서 박사학위를 받았으며, 이후(나치 시대 초기) 나와 함께 연구했소. 내가 읽은 그녀의 저작들은 우수하오.

따뜻한 마음을 담아
카를 야스퍼스

편지 86 아렌트가 야스퍼스에게

1949년 2월 15일

친애하고 존경하는 분께:

저는 비콘출판사로부터 좋은 소식을 듣게 되어 매우 기뻤습니다. 그 소식은 실제로 놀랍고, 이번 한 번만은 일이 이렇게 될 줄 알았습니다. 아마도 당신은 그사이에 『논평』으로부터 소식을 들었을 것입니다. 그 에세이는 『논평』이란 잡지에 너무 순수하게 철학적이었던 것 같습니다. 워쇼우는 『파르티잔 리뷰』측이 관심이 있는 것을 알고, 추정컨대 그들이 이 에세이를 현재 활용할 수 있다는 정보를 알려주었습니다. 당신이 약간 더 낮은 수

---

330 빌리 안드레아스(Willy Andreas, 1884~1967)는 1923~1946년 하이델베르크대학교 근대 역사학 담당 교수였다.

입을 얻을 가능성이 있다고 하더라도, 저는 여전히 일이 그런 식으로 진행 되었다는 것에 기본적으로 기쁩니다. 『파르티잔 리뷰』의 독자층, 일차적으로 학생과 젊은 지식인들은 이 경우에 훨씬 더 중요합니다.

당신은 바젤에 대해 아주 참신하고 생생하게, 그리고 하이델베르크에서 얻은 권리에 대해 감동적으로 쓴 편지를 보냈습니다. 당신의 저서가 알려지거나 알려질 수 있는 어디서든 당신이 그런 권리를 가지고 있다는 것을 정말로 생각해 본 적이 없나요? 그것은 전적으로 명백하고 당연한 일이며, 바젤 시민들도 그것을 알고 있습니다. 그리고 독일이 있습니다. 우리는 분명히 이와 관련하여 완전히 일치하기 때문에, 이 주제에 대해 말할 수 있는 더 많은 것은 거의 없습니다. 저는 남편에게 화를 냅니다(저는 유대인들과 함께 그것에 대해 충분히 알고 있습니다). 그러나 동정과 관련하여, 저는 가끔 이것의 많은 부분을 찾는 데 어려움을 겪습니다. 저는 독일에 관한 당신의 저서를 기다리고 있습니다. 당신이 느끼는 그런 오만함에는 그럴만한 이유가 있기 때문입니다. 독일 철학은 최근에 영국 서정시를 충분히 따돌릴 수 있는 깊이를 가지고 있습니다. 니체는 그것을 알지 못했고 다음과 같이 말할 수 없었습니다. "이러한 똑바른 영국 사람들의 평범한 사고방식"[331] (그는 어쨌든 "일류의 사고방식"을 말해야 했습니다.) 그리고 시의 타당성은 전혀 같은 강도로 이루어지지 않습니다.

당신은 제가 『진리에 대하여』를 아직 읽지 않았다는 내용의 편지를 보내 저를 당황하게 하였습니다. 저는 이 책을 펼칠 때마다 이것에 사로잡혔기에, 다시 집중력을 가지고 저 자신의 구체적인 소재로 돌아갈 수 없었습니다. 그런 이유로 저는 한동안 이것을 제쳐놓아야 했습니다.

철학도서관출판사는 저에게 계약서를 보냈습니다. 이것이 적절한지 아

---

[331] Nietzsche, "An die Jünger Darwins," in *Gesammelte Werke*(Musarion), 23 vols. (München, 1920~1929), 20: 130.

닌지는 저에게는 전적으로 명확하지 않습니다. 이 출판사는 제2판을 확보할 필요가 있습니다. 어쨌든, 저는 계약서를 안전하게 보관했습니다. ─ 부언하면, 저는 비콘출판사의 문의 사항과는 아무 관련이 없습니다.

저는 근면하게 글을 쓰고 있으며 보답으로써 당신을 마음으로 계속 방문하고 있습니다. 날씨가 이 대륙조차도 완화된 상황으로 인정될 수 없을 정도로 기이한 방식으로 나타나는 오늘 같은 날은 아니지만, 일은 잘 진행되고 있습니다. 우리는 갑자기 여름 온기를 느끼고 있습니다. 저는 열린 창가에 맨 팔로 앉아 있습니다. 내일은 눈보라로 끝날 것입니다.

두 분에게 최선을 다하며
한나 올림

편지 87   아렌트가 야스퍼스에게

뉴욕, 1949년 3월 11일

친애하고 존경하는 분께:

업무와 관련된 몇 가지 항목을 동봉합니다. 당신도 아시듯이, 『철학적 신앙』의 번역과 관련하여 모든 일이 이제 정돈된 것 같습니다. 철학도서관 출판사는 『논평』측이 섭외했고 저를 위해 번역을 일부 담당한 번역자 랄프 만하임의 선정을 끝냈습니다.

남편 말로는 정말 제 모습을 잘 보여주는 사진 두 장을 동봉합니다. 저는 그를 사진작가에게 끌고 가고 싶었습니다만, 그사이 마지막 순간에 그에게 어떤 일이 생겼습니다. 저는 파리에서 찍은 옛날 사진을 갖고 있지만, 남편의 새로운 사진을 매우 갖고 싶습니다. 이후에 이 사진들을 당신에게 보내 드릴 것입니다.

그러나 이제 중요한 것, 즉 당신의 저작 「숄론」[332]이 나옵니다. 저는 이것이 기쁩니다. 이것은 제가 읽은 당신의 첫 번째 순수한 '정치적인 저작'인 것 같습니다. 이것과 동시에 당신의 철학이 저에게 정치를 얼마나 잘 대비하게 했는가는 저에게 다시 ― 제가 비록 그 당시에는 이것을 완전히 깨닫지 못했다고 하더라도 ― 명료해졌습니다. 아주 오래전에 끌라마르 숲에서 남편은 솔론이 충분히 예시하고 있듯이 정치인의 기질에 대해 저에게 알려 주었으므로, 저는 항상 남편과 함께 유럽 독재 정권의 역사에 관한 강좌를 시작했습니다.

달리 보고할 새로운 것은 없습니다. 이전보다 더 강경한 숄렘[333]은 미국에 있으며, 한스 요나스는 기대됩니다. 광신은 저에게는 명백한 고문의 형태가 되었습니다. 그런데도 옛 친구들은 옛 친구들입니다. 라인하르트[334]는 자신이 시카고에서 "교환하여 받은" 편지를 보냈습니다. 저는 그의 저서들, 즉 『소포클레스』[335]와 새로운 에세이 모음집[336]도 좋아합니다.

늘 그러하듯이
한나 올림

편지 88 **야스퍼스가 아렌트에게**

바젤, 1949년 3월 15일

친애하고 존경하는 한나!

우리는 당신의 사진을 갖게 되어서 얼마나 행복한지요! 사진들은 진정

---

332 Karl Jaspers, "Solon," in *Synopsis: Festgage für Alfred Weber*…, ed. Edgar Salin(Heidelberg, 1948): 177-190.
333 게르하르트 숄렘(Gerhard[Gershom] Scholem, 1897~1982)은 유대 종교사가이며 유대 신비주의에 대해 처음으로 연구를 수행하였고, 1923년 예루살렘으로 이주했다. 그는 1933~1965년 히브리대학교 교수였다. 그는 평화적인 해결을 옹호했다. 그는 아렌트의 친구이며, 만년에 야스퍼스와 알게 되었다.
334 카를 라인하르트(Karl Reinhardt, 1886~1958)는 고전 문헌학자였다.
335 Karl Rheinhardt, *Sophokles*(Frankfurt am Main, 1933).
336 Karl Rheinhardt, *Von Werken und Formen: Vorträge und Aufsätz*(Godesberg, 1948).

당신이며, 즉시 인식할 수 있다오. 똑같이 빛나는 당신의 눈동자, 그러나 젊은 시절 언젠가 직감하지 못했던 고통이 당신의 얼굴에 새겨져 있구려. 나는 편지에서 당신이 끈질기게 견뎌냈다는 것을 오래 전에 알았소. 이것은 분명히 쉽지 않구려. 나는 이 사진에서 그것이 쉽지 않다는 것을 확인할 수 있소. 당신은 아주 풍요로운 존재요.

당신의 온갖 소식에 감사하오. 나는 다시 한번 당신의 친절함을 그저 수용하오. 만하임 씨는 나에게 많은 도움을 주고 있다오. 그리고 분명히 일차적으로 지적인 이유로 그렇소. 나는 이런 종류의 작업이 무엇을 의미하는가를 알고, 번역자인 그와 인연을 갖게 된 것을 기뻐하며, 그에게 감사하오. 기회가 있을 때 이런 나의 입장을 그에게 말해주시오.

철학도서관출판사는 계약서 **3부**를 마련했소. 출판사, 그리고 당신과 내가 각기 한 부씩 보유한다오.

나는 영국 출판사[337]가 이 번역본을 확보할 것으로 생각하오. 만하임 씨는 이것으로 더 높은 수입을 얻을 수 있겠지요!

나는 11월 아르헨티나 철학자학술회의[338] 초청장을 받았는데 처음에는 건강상의 이유로 그리고 마지못해서 사양했소. 세계의 중요한 것을 즐겁게 목격하고자 했기 때문이오. 이후 학술회의 측은 공표해야 할 기고문[339]을 원했다오. 나는 항상 부에노스아이레스에서 출간한 『정신병리학』 번역본뿐만 아니라 가능한 자기 홍보를 염두에 두고 기고문을 보냈소. 토리노대학교의 파레이슨 교수[340]는 연락 업무로 나를 방문했소. 나치 시대 그와 좋은

---

[337] 1950년 영국의 루트리지출판사는 『철학적 신앙』의 미국판과 같은 번역본을 출판하였다. 편지 77의 각주 306을 참조할 것.
[338] 이 학술회의는 아르헨티나에서 개최된 첫 번째 철학자학술회의다. 이 학술회의는 1949년 3월 30일부터 4월 9일까지 멘도사에서 개최되었다.
[339] Karl Jaspers, "Die Situation der Philosophie heute," in Actas del I. Congreso Nacional de Filosofia: Actas 1-3(Buenos Aires, 1950). German text: pt. 2, 922-26; Spanish text: 927-930.
[340] 루이지 파레이슨(Luigi Pareson, 1918년 출생)은 야스퍼스에 관한 책을 출간했다. La filosofia dell'esistenza e Carlo Jaspers(Naples, 1940).

관계를 유지했소. 그런 이유로 나는 이 조정에 대해 아무런 거리낌이 없었소. 학술회의 초대를 겉치레로 거절하는 데 약간 난처했지만, 지금도 정말 아무런 거리낌이 없다오.

당신이 올해 유럽에 올 때 우리를 방문할 것인지요? 아내는 다음과 같이 말한다오. 하나는 다른 무엇보다도 우선순위가 있네요. 그것도 나의 느낌이오. 남편은 당신과 동행하는지요? 당신이 그에 대해 직접 거의 말하지 않는다고 하더라도, 그는 분명히 당신 옆에 있을 것이오. 바라건대, 그가 정말 이곳으로 와서 자신의 사진을 찍으면 좋을 것이오!

따뜻한 마음으로
카를 야스퍼스

나는 「솔론」에 대한 당신의 동의에 매우 행복했소. 남편에게 안부를 전해주오!

편지 89 아렌트가 야스퍼스 부부에게

1949년 4월 18일

친애하고 존경하는 분들께,

저는 계획이 무엇인지 더 잘 알았다면 오래전에 편지를 보냈을 것입니다. 이제 한 달 동안 당신의 친절한 편지에 답장하지 않았다는 사실을 약간의 두려움으로 생각해 봅니다. 물론 제가 갈 수 있을 것인지 또는 언제 갈수 있는지 알지 못한다는 게 설명입니다. 두 상황은 이곳 일자리를 위한 교섭에 달려 있습니다. 전망은 좋습니다. 모든 게 좋아진다면, 저는 파리에서 몇 개월 동안 일하기 위해 어쨌든 유럽을 방문해야 할 것입니다. 그렇다면 당신이 할 일은 언제 방문하는 게 편한지 저에게 알려주시는 것입니다. 제가 확실히 말할 수 있는 것은 이렇습니다. 즉 여름이 끝나기 전, 일러도 8월이나 9월에는 가지 못할 것입니다. 그 이전에는 책 집필을 충분히 마칠 수 없기에, 이때 가지 못하는 것은 더욱 명확합니다. 지난 한 달 동안 다른 일들 — 나중에 구체화할 논문과 연관된 강의, 제가 거절할 수 없는 일들 — 이 거듭 방해가 되었습니다. 제네바는 아마도 약간 제 마음을 끌었습니다. 저는 오랫동안 이 모든 일에서 떨어져 살았기 때문입니다. 제가 실제로 궁금한 유럽의 상황을 두고 하는 말입니다. 그리고 저는 단지 당신의 글을 읽는 게 아니라 당신의 말을 다시 듣고 싶습니다. (이 "단지"는 감상적인 이유로만 여기에 표기합니다.)

『정치평론』측의 구리안은 자신이「솔론」원고를 좋아하지만, 번역자를 알지 못한다는 내용의 편지를 보냈습니다. 게다가『정치평론』측은 아무것도 지급하지 않습니다. 여기에서 학술지는 사례비를 지급하지 않지만, 저는 이게 중요하다고 생각하지 않습니다. 저는 구리안에게 만하임을 추천했지만, 아직 답변을 듣지 못했습니다.

부에노스아이레스와 관련한 사항입니다. 저는 단지 당신의 정보를 위해 신문에서 오려낸 기사를 보냈습니다. 제가 미국인들이 옳다고 생각했기 때문은 아닙니다. 이곳보다 부에노스아이레스에서 철학에 관심이 더 많으며, 전체주의 체제가 아닌 독재 체제 아래에서! 그들이 출판하는 한, 당신이 편지에서 밝혔듯이, 의심은 불필요한 것 같습니다. 제가 곤란하다고 생각한 유일한 일은 제가 이전에 알지 못한 것, 즉 두 명의 과거 독일인(제가 믿기로, 두 유대인)이 미국을 대표한다는 것입니다. 이것은 약간 기이하지만 실제로 중요하지 않습니다. 헬무트 쿤[341]은 그들 가운데 한 사람입니다….

저는 지금『진리에 대하여』제3부에서 허위와 거짓을 밝힌 장들을 읽고 있습니다.[342] 제 저작에서 발전시키고 있는 몇 가지 사유를 위해 이것이 당

---

[341] 헬무트 쿤(Helmut Kuhn, 1899년 출생)은 철학자였다. 그는 유대인이다. 그는 1938~1949년 미국에서 가르쳤고, 이후 에를랑겐대학교에서, 그리고 1952년부터 뮌헨대학교에서 가르쳤다.
[342] 『진리에 대하여』, 475ff.

장 필요합니다. 저에게 가장 중요한 부분은 진리가 허위 없이 가능하지 않다는 점, 그리고 모든 가능한 행태 유형의 철학적 함의에 관한 당신의 대가다운 설명입니다. 당신은 자신이 세계를 알고 싶다고 (부에노스아이레스에 관하여) 언급합니다. 그것은 당신에게 쉽지 않을 것입니다. 당신은 진정 그것을 알고 있습니다. 그리고 저는 그것이 철학사에서 기적이란 인상을 받습니다. 철학자들의 오만은 마치 끝난 것 같습니다. 그것은 당신의 저서들에 잠재되어 있는 것 같지만, 현재까지 그렇게 명백하거나 아주 명백하게 설명되지 않았습니다. 이것은 경이로운 저서입니다(사람들이 여기에 정중하게 덧붙이듯이, 제가 그렇게 말한다면).

행운을 빕니다. 저는 유럽과 방문에 관한 한 약간은 두려움과 희망 사이에 매달려 있습니다. 그러나 할 수 있는 일은 많지 않습니다.

한나 올림

편지 90 | 아렌트가 야스퍼스에게

1949년 6월 3일

친애하고 존경하는 분께:

쿠르티우스 문제[343]에 관한 자료를 보내주신 데 대해 당신께 매우 감사합

---

[343] 야스퍼스가 1947년 괴테상을 수상할 때 「우리의 미래와 괴테(Unsere Zukunft und Goethe)」라는 주제로 연설했다. 편지 62의 각주 254를 참조할 것. 괴테 탄생 200주년인 1947년 이 연설문은 독일에서 소책자로 출판되었다. 1949년 3월 20일 『일요일 세계(Welt am Sonntag)』는 「괴테에 대한 반발」이란 주제와 「비판적 고찰」이란 부제 아래 괴테에 대한 비판적 문장을 연설문에서 발췌하여 게재함으로써 이 소책자에 관심을 불러일으켰다. 본 출신의 로만어학자 에른스트 로베르트 쿠르티우스(Ernst Robert Curtius, 1886~1956)는 이 소책자가 새로운 작업의 일부이며, 야스퍼스가 괴테에 대한 반대 운동을 시작하고 있다고 명백히 주장했다. 쿠르티우스는 『행위(Die Tat)』(1949년 4월 2일)에 「괴테 또는 야스퍼스?」라는 주제의 격렬한 논쟁을 게재했다. 그는 부분적으로 다음과 같이 밝혔다. "야스퍼스는 1945년 이후 자신이 '독일 선생(praeceptor Germanie)'이라는 열띤 경합적 지위를 열망한다는 점을 명료하게 했다. 그는 우리의 집단적 죄책감(또는 집단 책임)을 우리에게 명백하게 했기에 우리가 양심의 가책을 갖고 계속 살 수 있게

니다. 저는 전 세계의 보고서보다 이 자료를 통해서 오늘날 독일에서 가능한 것을 훨씬 더 많이 배웠습니다. 저에게 특징적이라는 인상을 주는 것은 공격 자체 또는 실제로 비할 데 없는 분위기의 비속성 또는 심지어 인용문이 오용되는 방식 ― 학자로서는 참으로 충격적인 ― 도 아닙니다. 대신에 글의 행간에 담겨 있는 것은 심각한 부정직입니다. 그는 괴테 기념 축제로 이곳에 올 것입니다.[344] 이것에 반대하며 할 수 있는 일은 아마도 없습니다. 따라서 이 아름다운 기념 축제 뒤에도 이야기가 있습니다. 몇 가지 측면에서 이것에 관한 전형적인 미국의 이야기입니다. 시카고대학교 총장인 허친스[345]는 이 일을 담당한 명목적인 조직자일 뿐입니다. 이 일의 막후 실세는 독일계 미국인,[346] 최근 이른바 유령 도시를 사들인 이후 괴테를 자신의 사

한다. 우리 시대의 훔볼트와 같은 사람인 그는 독일 대학에 등을 돌릴 때까지 독일 대학을 위한 지침을 제시했다. 미래의 독일어 교사. 이후 그는 개혁가로서 새로운 신앙을 발견했다. 그는 이것을 '성서 종교'라고 부른다. 이것의 핵심은 유대교와 기독교가 거의 같다는 점이다. 그는 괴테를 대상으로 하는 스위스에서의 운동으로 이러한 국가적·교육적 노력을 과시하고 있다. 우리에게 교황이 있다(Habemus papam!)"

오랫동안 쿠르티우스를 알았던 야스퍼스의 경우, 이런 공격은 완전히 경악으로 나타났다. 야스퍼스는 쿠르티우스에게 보낼 공개서한의 초안을 마련했지만, 이것을 출판하지는 않았다. 하이델베르크대학교 교수단체는 1949년 5월 10일 『라인 네케르 신문』에 야스퍼스를 지지하는 공개선언을 게재했다. 그들은 "지적 논쟁의 학문적 수준과 관련하여" 쿠르티우스와 거리를 유지했다. 쿠르티우스는 1949년 5월 19일자 신문을 통해 「야스퍼스를 공격해도 될까?」라는 반박 기사를 게재했다. 그는 1949년 7월 2일자 『디 차이트(Die Zeit)』에 게재한 기고문 「괴테, 야스퍼스, 쿠르티우스」에서 "자신을 대신하여"라는 마지막 말로 이것을 추적했다. 수개월 동안 야스퍼스와 쿠르티우스에 관한 신문 기사의 홍수가 있었다. 많은 작가는 쿠르티우스의 공격적인 논박에 동의하지 않았지만, 야스퍼스의 괴테 비판도 지지하지 않았다. 야스퍼스의 경우 이 사건은 독일 공중의 정신을 확인하는 리트머스 시험지 이상인 것 같았다. 그가 보았듯이, 이런 정신에는 권위에 대한 맹목적인 존중과 민족주의적 본능에 대한 충동이 남아 있었다. 야스퍼스가 아렌트에게 어떤 자료를 보냈고 이것이 결국 편지에 동봉되었는지는 알 수 없다.

[344] 1949년 7월 허버트 후버의 명예회장직 아래, 괴테에 관한 2주의 학술회의가 콜로라도 아스펜에서 개최되었다. 쿠르티우스 이외에 호세 오르테가 와이 가세트, 알베르트 슈바이처, 에른스트 시몬, 슈테판 스펜더 그리고 소른튼 빌더가 참여하였다.

[345] 로버트 허친스(Robert M. Hutchins, 1899~1977)는 1929~1945년 시카고대학교의 최고경영자(총장; president)이었고, 1945~1951년 의례상의 지도자(총장; chancellor)였으며, 1949년 괴테 탄생 200주년 기념 재단 회장이었다.

[346] 월터 팹케(Walter P. Paepke, 1896년 출생)는 미국컨테이너회사 회장이었고 아스펜기업의 회장과 이사였다.

업과 연계시키는 상업적으로 화려한 생각을 가졌던 부동산 중개업자입니다. 그의 유일한 동기는 이 도시 지역을 명소로 만들고자 괴테를 이용하는 것입니다. 그래서 그는 관광객으로부터 많은 돈을 벌 수 있습니다. 모든 일은 실제로 매우 경이롭습니다. 그러나 두 번째 후원자는 별로 유쾌하지 않은 인물입니다. 당신은 하이델베르크 출신의 베르크스트레서[347]를 기억하지요? 그는 정권에 성공적으로 순응한 이후 유대인 조상들을 속속들이 알고 있는 것으로 보였습니다. 그는 이 계획의 배후에 있는 실질적인 원동력입니다. 저는 『논평』과 『파르티잔 리뷰』의 친구들과 대화했습니다. 아마도 그들은 보도報道를 통해 뭔가를 할 수 있습니다.

일반적인 정치적 분위기는 현재 이곳, 특히 대학교와 대학(명문을 제외하고)에서 낙담스럽습니다. 적색공포[348]는 전속력으로 진행되고 있으며, 미국의 지식인들, 특히 급진주의 전력이 있고 오랫동안 반스탈린주의자가 되었던 사람들은 어느 정도 국무부와 보조를 맞추고 있습니다. 그들은 부분적으로 스탈린주의 러시아에 정말 실망했고 노쇠해졌기 때문입니다. 물론 이것은 미국 외교정책이 종종 진정으로 훌륭하지 않다는 것을 의미하지는 않습니다. 의미하는 바는 이러합니다. 즉 이 사람들은 어떤 것이든 참고 견딜 준비가 되어 있고 자신들이 교수들 사이의 의견 차이를 해결할 수 있고 할지도 모르는 도구를 미국 연방수사국FBI에서 찾기 시작했습니다. 그 결과는 대학 동료들이 특히 작은 규모의 주립 대학에서 서로 공개적으로 더는 대화하지 않는다는 점입니다. 그리고 처음에는 워싱턴에서만 공무원들을 지배했던 일반적 두려움은 이제 나라 전체의 지적 삶에 독이 되는 구름처럼

---

[347] 아놀트 베르크스트레서(Arnold Bergsträsser, 1896~1964)는 문화사가이며 사회학자이고, 1928~1937년 하이델베르크대학교 교수였다. 그는 1937년 미국으로 이주했고 1954년부터 프라이부르크대학교에서 정치학을 담당하였다.

[348] 조지프 매카시(Joseph R. McCarthy, 1909~1957)는 위스콘신주 공화당 상원의원이고 국토안보 및 정부 문제 상임소위원회 의장이었고, 1950년대 초에 명예훼손 및 협박에 입각하고 공무원·지식인·군대를 대상으로 한 반공주의 박해의 흐름을 배후에서 추진한 추동력이었다.

놓여 있습니다. 사람들은 마르크스라는 이름을 말하는 게 두려울 뿐만 아니라 모든 하찮은 바보들은 자신들이 지금 마르크스를 무시할 권리와 의무가 있다고 생각합니다. 그리고 몇 년 전에 사람들이 마르크스가 세계의 문제를 모두 해결하지는 않았다고 용감하게 말했던 환경에서 이 모든 일은 일어났습니다. 대학 자체에서는 교수들과 학생들 사이의 전투가 수면 아래에서 진행되고 있습니다. 학생들은 당연히 공산주의에 더 쉽게 영향을 받지만, 반면에 선생들은 더욱더 옹졸하고 '적당하게' 처신하기 때문입니다. 물론 다른 일들이 진행되고 있으며, 제가 여기에서 언급한 것은 많이 받아들여져야 합니다. 이것의 혐오스러운 측면은 이러합니다. 예컨대 누군가 자신이 스탈린주의자 대 반스탈린주의자라는 공식에 일치시킬 수 없는 사르트르와 의견이 맞지 않는다면, 후크[349]와 같은 사람은 사르트르가 "마지못한 스탈린주의자"라고 선언할 것입니다. (저는 사르트르에게 별로 쓸모가 없지만, 그것은 논점을 벗어납니다.)

이 문제로 당신을 따분하게 만들고 싶지 않습니다. 저는 이곳에서 마르크스주의자나 스탈린주의자 또는 다른 존재도 아니었고, 신랄하게 불평했던 소수 젊은 교수들을 어제 만났습니다.

저는 곧 랄프 만하임의 번역을 기대하고 있지만, 개인적으로 그로부터 어떤 것도 듣지 못했습니다.

이제 제 계획 상황에 대해 약간 신속히 언급합니다. 거의 확실하지만, 저는 9월에 유럽에 갈 예정입니다. 새로운 일을 언제 시작할지 아직은 알지 못합니다.[350] 이것은 부분적으로만 제게 달려 있습니다. 8월 1일쯤에 저서 집필을 마칠 것입니다. 이후 영어를 확인하고 대조하며, 각주 등을 확인하는 기술적인 문제에 대한 검토가 이루어집니다. 출판업자는 우호적으로 인

349　시드니 후크(Sidney Hook, 1902~1989)는 미국 철학자·교수·작가였다.
350　유대인문화재건위원회와 관련하여 편지 31의 각주 11을 참조할 것.

내하며 저에게 편지를 보냅니다. 그는 분명히 더 고약한 저자들에 익숙합니다. 저는 유럽 방문 계획 자체를 아직은 파악할 수 없습니다. 제가 독일에 가야 할 가능성도 크며, 이곳 유대인 단체를 대표하는 이번 여행은 단체의 계획에 어울리게 해야 할 가능성도 큽니다. 저는 거절하기에는 너무 유익한 재정적인 이유로 임무를 수락할 것입니다. 아무런 결과를 얻지 못한다면, 저는 완전히 자유롭습니다.

당신이 아마도 지적했듯이, 제 계획은 약간은 잠정적입니다. 친구[351]는 폐암으로 죽어가고 있습니다. 그녀는 충분히 알고 있고 완전히 숙고하며 훌륭하게 버티고 있습니다. 현재 그녀는 여전히 기분 좋게 일하고 있습니다. 제가 떠날 수 있는 - 해야 하는? 하고 싶은? - 바로 그 순간에 그녀의 상태는 급격히 악화할 것입니다. 의사들은 명확한 진단을 내리지 않고 있습니다. 그들은 수술할 수 없습니다. 자 이것을 봐 주세요.

쿠르티우스와 관련해서는 제발 화내지 마세요.

따뜻한 마음을 전하며
한나 올림

편지 91   야스퍼스가 아렌트에게

생 모리츠,[352] 1949년 8월 4일

친애하고 존경하는 한나!

우리 두 사람의 마음을 감동시키는 당신의 편지[353]가 방금 도착했소. 당신이 새 아파트와 가구[354]를 마련하여 갖는 즐거움 - 그게 얼마나 훌륭한

---

351   힐데 프렌켈은 전후에 뉴욕 유니온신학교의 폴 틸리히의 비서였고, 1930~1931년 프랑크푸르트 시절 아렌트의 친구였다. 그녀는 1950년 사망했다.
352   야스퍼스 부부는 생모리츠에 있는 니메별장에서 8월 14일까지 휴가를 보냈다.
353   편지 90 이후, 아렌트가 야스퍼스에게 보낸 편지 가운데 여기에서 언급된 편지 하나는 분실되었다. 야스퍼스가 아렌트에게 보낸 편지는 이것에 선행할 수 있다.

가요! 그게 당신에게는 게임과 같을 것이고, 당신은 아주 오랫동안 견뎌야 했던 궁핍에 불평하지 않는다오. 당신은 기뻐할 줄 아는 능력을 상실하지 않았소. 당신은 치명적인 병에 걸린 친구에 대해 누구든 사랑해야 한다고 편지를 썼다오. 그런 능력은 친구의 심신 상태에 어울린다오. 그녀는 당신의 기쁨에 여전히 참여할 수 있을 것이오. 그러나 당신은 이 여성이 신체적으로 견딜 수 있는가를 여전히 두려워하고 있구려.

이제 당신은 대단한 여행을 준비하고 있고, 우리는 당신의 임무에 대해 처음으로 듣고 있소. 당신은 어려움을 겪게 될 것이오. 어떤 새로운 재능을 계발할 것인지!

우리가 다시 서로 함께 모이는 한, 몇 달 일찍 또는 늦게 만나는 문제는 그리 중요하지 않소. 당신이 해야 할 일은 가능한 한 빨리 우리를 보러 올 시간을 알리는 것이오. 그리고 당신이 알듯이, 우리는 당신이 머물고 싶은 만큼 우리의 손님용 방에 오는 것을 환영하오. 당신이 원한다면, 우리는 집에서 일할 수 있소. 당신은 내가 학기 동안 대화를 위해 힘을 제한했다는 것을 알고 있소. 그러나 우리는 항상 대화를 위해 어느 정도 시간을 맞출 것이오.

당신의 저서는 곧 완결되겠지요. 대사건이오. 나는 며칠 전에 『변화』에 게재된 에세이,[355] 분명히 저서의 한 장을 읽었소. 개념의 폭넓음, 명료성, 이해의 쉬움에서 훌륭하오. 대작이오! 저서 전체가 이와 같다면, 그것은 요즘 단연코 독보적인 저서라오.

당신이 내 출판물을 인정하니, 나는 기뻤소.[356] 나는 당신과 같이 질서와 부정의에 대한 그 괴테의 인용문[357]에 가끔 격분했다오. 이것은 불길한 진

---

[354] 1949년 여름 아렌트와 남편은 가구가 딸린 셋방에서 뉴욕의 첫 번째 아파트로 이사했다. 주소는 모닝사이드 130번지다.
[355] Hannah Arendt, "Parteien und Bewegungen, *Die Wandlung* 4(1949): 459-473.
[356] 추정컨대, 야스퍼스가 1949년 7월 17일 바젤대학교에서 괴테를 기념하여 행한 강의 「괴테와 인간성」이다.
[357] 다음 자료를 참조할 것. "Goethe Menschlichkeit," in Karl Jaspers, *Rechenschaft und Ausblick:*

리를 포함하고 있소 ― 그리고 나는 때때로, 특히 '정의'가 전적으로 명료하지 않을 때 비슷한 감정을 갖게 되었다는 것을 고백해야 하오.

나는 스피노자에 대한 당신의 판단에 혼란스럽구려(또 당신은 독일 교육계에서 촉진된 그 잘못된 스피노자주의에 대해서만 생각하고 있다오). "현실을 반대하는 가장 위험한 형태의 속임수"? ― 우리는 이번 학기에 이에 대해 이야기해야 할 것이오. 당신은 「신학-정치 논문」을 알지요? ― 그리고 그의 마지막 미완의 저작, 「정치적 논고」? 그리고 무엇보다도 얀 드 비트[358]에 관한 그의 입장은? 하느님의 존재를 확신하는 성찰은 확실히 마법적이지 않소? ― 스피노자, 이 순수한 영혼, 이 위대한 현실주의자, 세계시민, 즉 오늘날에도 여전히 존재하지 않는 부류의 시민이 되려고 시도한 첫 번째 인간, 이 현실적인 열정 ― 나는 당신에 반대하여 그를 옹호하고 싶을 뿐만 아니라 결국 인간에 좋은 것이 있다는 보장과 같은 존재를 지닌 소수 인간과 사상가들 가운데 한 사람으로서 그의 찬사를 노래한다오. ― 짐멜[359]은 1917년에 나를 방문했고 스피노자가 누구든 위대하다고 생각한 철학자들 가운데 유일한 철학자라고 언급했다오. 짐멜은 스피노자를 이해하지 **못했고** 완전히 부조리하다고 생각했소. 그는 당신이 생각하는 것과 완전히 다른 것을 생각했소. 스피노자의 내적 균형은 내가 보기에 모범적이오.[360] 나는 누구나 자기기만 없이 하느님을 알았던 사람에 대해 갖는 존경심으로 그를 사랑하오 ― 그리고 여기에서 누구나 합리적인 수준에서 자신들의 본질을 파악했다면 그의 모든 개념과 증거를 유희로서 한쪽에 둘 수 있소. ― 나는 일찍이 1936

Reden und Aufsätz, 2nd ed.(München, 1958): 72. 괴테의 인용문은 「마인츠 포위전(Belagerung von Mainz)」에서 발췌되었다. "이것은 내 성격의 일부였다. 나는 무질서를 참고 견디는 것보다 오히려 부정의를 자행하겠다." *Goethe Werke*, 14 vols.(Hamburg: 1948~60), 10: 391.

[358] 얀 드 비트(Jan de Witt, 1625~1672)는 네덜란드 정치인이며 1653년부터 살해되기 직전까지 실천적 목적 때문에 공화국의 지도자였다.

[359] 게오르크 짐멜(Georg Simmel, 1858~1918)은 독일 철학자이며 사회학자였다.

[360] 이 말은 확실하게 읽히지 않는다. 이것은 '논증적(hinweisend)'이기보다 오히려 '도취된(hinreissend)'일 수 있다.

년 하이델베르크대학교에서 간섭 없이 스피노자[361]를 강의할 수 있었고 학생들로부터 점점 더 많이 박수를 받았소. 이후 한 학생이 휴일에 볼펜뷔텔에서 스피노자의 인물화 사진을 나에게 보냈고, 나는 아직도 그 사진을 방 안에 걸어 놓고 있다오. 그것은 그 당시에 일부 독일 학생의 전망에 대해 나에게 보낸 환영의 표시였소.

따뜻한 마음을 담아
카를 야스퍼스

편지 92 야스퍼스가 아렌트에게

제네바, 1949년 9월 1일

친애하고 존경하는 한나!

　우리에게 생기를 불어넣는 당신의 기분 좋은 편지[362]가 현재 머무는 이곳 우리 호텔 방에 방금 도착했소. 매우 고맙구려!

　당신의 여행은 이제 확실한 것 같네요. 그러나 그때쯤은 겨울이겠지요! 서류를 접수한 당국은 일을 처리하는 데 시간이 아주 많이 걸리오. 이미 영국 또는 미국 시민이 된 우리 친구들은 그 일을 더 잘하오. 우리와 같은 사람은 묶여 있소. 그들은 주머니에 마법의 열쇠를 가지고 있다오.

　번역본을 검토한 당신에게 감사하오. 나는 당신이 판단을 내릴 때 실제로 표본 문장들을 검토하는 것으로 제한하기 바라오. 그러나 당신의 말을 고려할 때, 당신이 그 이상 검토했다는 것이 걱정되오.

　스피노자 — 나는 대부분의 많은 철학자보다 그를 높이 평가하오. 그는 소수의 다른 철학자들과 함께 철학의 성소에 자리를 잡고 있소. 당신은 이

---

[361] 두 학기에 걸쳐 진행된 중세 철학에 대한 강의의 맥락을 고려하였다.
[362] 유고에는 없다.

것을 "마법"이란 용어로 표현하오. "나에게 생소한 것은 내재성이오." 그의 공식적 표현은 많은 경우 나에게도 상관이 있소. 그러나 그는 그 "마법"을 잘 해냈기에 초월성만이 남아있소. 내가 보기에, 그는 가장 심오한 수준에서 제레미아와 의견이 같소. 헤겔은 그를 설명하려고 무우주론Akosmismus[363]이란 신조어를 만들었소. 신만이 그에게 현실적이기 때문이오. 한 예수회원 — 그게 에르네스트 르낭[364]이었지요! — 은 예수 이후 누구도 스피노자만큼 하느님에게 가까이 간 사람이 없다고 말했다오. 당신이 "철학자는 방해받기를 원하지 않는다"라는 문장으로 제한하는 것은 신에 대한 이러한 확신의 실현이며 또한 정화된 이성에서만 현실적일 수 있는 인간의 사랑이오. 이런 침묵에서 단일한 추동력은 스피노자로부터 나타난 것 같다오. 훌륭하게, 당신은 스피노자와 홉스의 차이에 대해 언급하고 있소. 스피노자는 이 모든 것에도 불구하고 수수께끼로 남아있소. 당신은 스피노자가 웃을 수 있었는지 묻는다오. 나는 그의 웃음에 대한 언급이 있는 하나의 사례만을 기억해 내오. 그는 파리를 거미줄에 넣고 두 마리 거미를 추가하여 이들이 서로 싸울 수 있도록 한다오. 그리고 그는 그것을 보고 큰 소리로 웃었소. 해석하는데 매우 생소하고 어렵소. 나는 소년으로서 같은 짓을 했기 때문에, 이것은 나의 심금을 울렸소. 첫째 파리들, 그다음 작은 거미들, 그다음 크기가 거의 같은 큰 거미들. 그러나 나는 웃지 않았소. 무슨 일이 일어날지 몹시 불안했고, 소름끼칠 정도였다오. 그런 다음 한번 본 후에, 그것을 완전히 그만 두었소. 이것은 기본 실재의 확인이오(인디언들은 이것을 "고기의 법칙"이라고 부른다오). 스피노자는 여기에서 공감을 확실히 느끼지 않았소. 그는 자신의 관심과 영혼을 존재의 탐구에 집중했소. 파르메니데스가 했듯이, 스피노자는 이것을 발견하고 평온을 성취했다오. 파르메니데스는 이런

---

363 다른 문장은 다음 자료를 참조할 것. Hegel, *Vorlesungen über die Geschichte der Philosophie*, Samtlich Werke, ed. Glockner, 26 vols.(1927~1940), 19: 373.
364 에르네스트 르낭(Ernest Renan, 1823~1892)은 프랑스 종교학자 · 역사가 · 철학자였다.

'평온'에 도달했다고 알려진 첫 번째 사람이오.

나는 가끔 하이데거와 약간의 편지를 주고받았소.[365] 당신이 우리를 방문할 때 편지들을 당신에게 보여줄 것이오. 그는 존재(Sein; Being)에 대한 성찰에 완전히 몰입해 있소. 그는 이것을 'Seyn'으로 표기한다오. 2년 6개월 전에 그는 '실존'을 실험했고 모든 것을 완전히 왜곡시켰소. 이제 그는 더욱 진지하게 실험하고 있는데, 그것은 나를 무관심하게 하지 않는다오. 나는 그가 사태를 다시 왜곡시키지 않기를 바라오. 그러나 나는 의심이 있소. 불결한 영혼 — 즉 자신의 불결을 자각하지 못하고 그것을 추방하고자 계속 노력하지 않은 채 쓰레기 속에서 계속 생각 없이 사는 영혼 — 을 지닌 어떤 사람, 즉 그런 형태의 부정직 속에서 사는 어떤 사람은 가장 순수한 것을 지각할 수 있는가? 혹은 그는 혁명을 아직 경험할 것인가? — 나는 더 의심스럽고 알지 못하오. 이상하게도, 그는 누구도 오늘날 거의 지적하지 않은 무엇인가에 대한 지식을 가지고 있으며, 사람들에게 자신의 암시로 깊은 인상을 준다오. 그가 마치 언제나 똑같은 것을 원하고 행한 것같이, 형태는 확실히 『존재와 시간』의 자기해석이오.

이곳 제네바에는 거대한 행사가 있소.[366] 그러나 나는 나에게 흥미로운 경험을 포기하지 않을 것이오. 모든 게 과녁에서 벗어나는구려 — 그런데도 선의는 있소. 국제 관례로서 철학. 프랑스의 정신이 압도한다오.

따뜻한 마음을 담아
카를 야스퍼스

---

[365] 다음 자료를 참조할 것. Karl Jaspers, *Notizen zu Martin Heidegger*, ed., H. Saner(München/Zürich, 1978. 전후 서신에 대해서는 서문 17-18쪽을 참조할 것.
[366] 야스퍼스는 1949년 9월 제네바 국제학술회의에 초청을 받았다. 이곳에서 야스퍼스는 새로운 인간주의의 조건과 가능성에 대해 9월 8일 발표하였다. 회의의 주제는 「새로운 인간주의를 위해(Pour un nouvel humanisme)」였다. 다른 발표자들은 르네 그루세, 카를 바르트, 마이디유, 폴 마송-우르셀, 마시메 르로이, 앙리 르페브르, 홀데인, 존 미들턴 머리였다.

편지 93   아렌트가 야스퍼스에게

1949년 9월 29일

친애하고 존경하는 분께:

지금쯤이면 확실히 제네바에서 돌아오셨겠군요. 당신의 편지는 아주 생생하고 활기 있어 보입니다. 지난주 우리는 이미 늦어진 가을 휴가를 위해 서둘러 집을 떠났습니다. 멋진 산책로가 많은 아름답고 수목으로 뒤덮인 두메산골입니다. 다음 주 우리는 모두 뉴욕으로 돌아가야 하지만, 이것도 어디인가요? 이제 저는 일을 더 쉽게 할 것입니다. 책의 집필은 끝났으며(거의 900쪽), 하는 일은 즐겁고 힘들지 않습니다. 바론[367]은 말하자면 우두머리 — 즉 단체의 회장 — 로서 제가 11월 중순에 출발하는 것을 좋아합니다. 저는 그때쯤 독일 입국허가서를 확보할 수 있을지 걱정됩니다. 무국적은 유럽 정부 당국들 때문에 모든 것을 어렵게 만듭니다. 여기에서 그것은 별로 문제가 되지 않으며, 영국은 저에게 즉시 비자를 발급했습니다. 유럽 영사관들의 차이는 정말로 두드러집니다.

스피노자와 관련한 사항입니다. 저는 파리-거미 일화에 감명 받았습니다. 아니, 그는 당신이 했듯이 확실히 무엇인가를 연구하고 싶지 않았으며, 어쩌면 그런 면에서도 신기하지 않았습니다. 제가 보기에, 그는 제한된 방식 — 두 마리 거미가 그렇게 많은 파리와 어떻게 된 것인지 보지는 않고, 이제 그만하지요! — 이 아니라 마치 소우주에 있는 듯이, 마치 소우주를 창조하기라도 한 듯이, 실험을 수행하고 싶었습니다. 당신이 아시듯이, 당신이 말했고 저에게 매우 깊은 인상을 주었지만, 어쩐지 저에게는 그것이 스피노자와 일치하지 않음에도 불구하고, 저는 다시 마법을 가지고

---

[367] 잘로 바론(Salo W. Baron, 1930~1989)은 역사가이며 1930~1963년 컬럼비아대학교 유대연구 교수였다. 그의 연구계획은 1950년 이스라엘 및 유대인 연구소가 되었다. 그는 또한 유대인문화재건위원회 회장이었고『유대사회연구』의 편집자였다.

돌아왔습니다. 짧은 표현들에 대해서는 아니지만 평온함에 대해서는 불신을 느낍니다. 이것들이 다소 감동적이라고 생각합니다. 한 문장으로 진리를 언급하려는 진심 어린 노력이 이것들 이면에 존재합니다. 누구든 결국에 그 이상 필요로 하지 않는 것은 바로 한 문장입니다.

하이데거와 관련한 사항입니다. 인간은 일관되지 않기 때문에, 어쨌든 저는 기쁘지 않았습니다. 당신은 자신의 모든 문장에서 매우 많이 옳습니다. 저는 당신이 말하는 '불결'을 성격의 결핍 ─ 그가 문자 그대로 아무것도 갖고 있지 않고 틀림없이 유난히 나쁜 것을 갖고 있지 않다는 의미로 ─ 이라고 부르고자 합니다. 동시에 하이데거는 심연 속에서 누구도 쉽게 망각할 수 없는 냉정함을 유지하며 살았습니다. 왜곡은 참을 수 없으며, 그가 현재 『존재와 시간』에 대한 해석과 같이 보이는 모든 것을 정리하고 있다는 사실 자체는 모든 것이 다시 왜곡될 것임을 암시합니다. 저는 그의 저작 「인간주의에 대한 서한」[368]을 읽고 있습니다. 역시 매우 의심스럽고 가끔 모호하지만, 여전히 자신의 옛 기준에 부합하는 첫 번째 그의 것입니다. (저는 여기서 그의 횔더린 강의록을 읽었고 니체에 관한 아주 놀랍고 재잘거리는 강의 내용을 읽었습니다.[369]) 토트나우베르크에서 지낸 이런 삶,[370] 문명에 대한 불만, 그리고 'Sein'의 'i'를 'y'로 바꾸어 쓰기는 실제로 그가 다시 네발로 들어갔던 일종의 생쥐 구멍입니다. 그는 자신이 거기서 보아야 하는 유일한 사람이 자신을 흠모하여 찾아온 순례자들이라고 당연히 가정했기 때문입니다. 누구도 소란을 피우기 위해 1,200미터를 오를 것 같지 않습니다. 누군가 그것을 했다면, 하이데거는 거짓말을 할 것이며 아무도 눈앞에서 그를 거짓말

---

[368] Martin Heidegger, "Über den 'Humanismus': Brief an Jean Beaufre," in his *Platons Lehre von Wahrheit*…(Bern, 1947): 53-119.
[369] 하이데거는 이미 횔더린에 관한 몇 편의 연구를 출간했지만, 그의 니체 강의록은 출간되지 않았다. 아렌트는 아마도 사적인 원본을 보았을 것이다.
[370] 흑림에 있는 하이데거의 '별장'.

쟁이라고 부르지 않을 것이라고 잘못 생각할 것입니다. 그는 아마도 이런 식으로 가능한 한 가장 낮은 가격으로 자기 자신을 세상에서 벗어나게 해 줄 수 있으며, 모든 불쾌한 일을 속 시원히 털어놓고 단지 철학을 연구하기만 할 수 있다고 생각했을 것입니다. 그리고 물론 이 모든 복잡하고 유치한 부정직은 그의 철학에 빠르게 스며들었을 것입니다.

저는 사모님으로부터 조카의 죽음에 관한 소식을 듣고 매우 슬펐습니다.[371] 사모님의 남동생인 에른스트는 자신이 당신에 관한 사항들, 신문 기사 모으기를 진행했을 때 아주 훌륭한 내용을 저에게 편지로 보냈기에, 저는 이 죽음이 제가 아는 누군가에게 영향을 준 것같이 느낍니다.

두 분께서 모두 건강하시길 바랍니다. 이제 우리는 글쓰기를 시작할 수 있습니다. 조만간 뵙겠습니다.

한나 올림

편지 94 아렌트가 야스퍼스 부부에게

1949년 11월 22일

친애하는 친구분들께—

모든 것이 마침내 정리되는군요. 저는 방금 스위스 비자를 받았습니다. 대단히 감사하고, 끔찍한 전보로 놀라게 하여 사과드립니다.

저는 모레 비행기를 탈 것이고 첫째 주까지 파리에 머물고, 이후 아마도 독일에서 완전히 2주를 머물러야 할 것입니다. 바론은 여기에서 책임자들의 모임을 계획하고 있으며 그곳에서 저로부터 첫 번째 보고를 원하기 때문입니다. 계획한 10일째 또는 11일째 대신에, 저는 17일째 또는 18일째까

---

[371] 게르트루트는 알브레히트 마이어(Albrecht Mayer, 1916 출생), 에른스트 마이어의 아들이 죽었다고 말한 편지 92에 메모를 첨가했다.

지는 가지 못할 것 같습니다. 그러나 당신이 이후 날짜에 나타난다면 더 좋을 것입니다. 어쨌든 파리에서 전화하겠습니다.

저는 너무 흥분해서 편지를 쓸 수 없습니다.

당신의 친절한 편지에 너무 감사드립니다.[372]

따뜻한 마음을 담아
한나 올림

편지 95　야스퍼스가 블뤼허에게

바젤, 1949년 12월 28일

친애하는 블뤼허 씨!

　나는 당신이 나에게 이 인사를 허락해 주기를 바랍니다.[373] 당신은 사실 현재 여기에 있고, 즉 우리의 친애하는 방문자의 보이지 않은 동행이기 때문입니다. 당신의 한나는 믿을 수 없을 정도로 생기가 있군요. 그녀가 여기에서 일하는 동안 모든 문은 그녀에게 활짝 열려 있기에, 그녀는 자신의 성공이 약간은 묘하다고 생각할 것입니다. 그녀는 이 성공뿐만 아니라 어려웠던 세월, 테러, 경이로운 행운에 대해서도 우리에게 이야기했으며, 그리고 두 분이 어떻게 길을 떠나 자유로운 정신 영역에서 확고하게 편안함을 유지하며, 미래를 위해 사유하고 활동하는가를 이야기했습니다. 아내와 나는 매우 행복합니다. 누구나 한나와 같은 사람으로부터 용기를 얻습니다. 착실함과 신뢰뿐만 아니라 창조적인 작업의 풍부함은 아주 명백합니다. 그런 종류의 현실은 오늘날 있는 유일한 현실입니다.

　우리가 때때로 만나 함께 대화할 수 있다면 좋겠습니다. 당신은 다음 유

372　이것은 게르트루트가 아렌트에게 보낸 두 통의 편지(1949년 11월 1일과 16일)를 지칭한다.
373　야스퍼스는 이방인을 "매우 존경하는 블뤼허 씨"로서 언급해야 한다고 느꼈을 때 "친애하는 블뤼허 씨"에 대한 자신의 이용을 언급하고 있다.

럽 여행에 함께 올 것인지요? 나는 직접 말하기기보다 오히려 간접적으로 더 많이 말하는 한나를 통해서만 당신을 이제 알게 됩니다. 나는 독일인으로서 당신에게 끌립니다. 독일인들은 드물지요. 누구든 자신들을 위해 망루를 유지하며 누구나 발견할 때마다 기뻐합니다.

아내와 나는 당신에게 따뜻한 마음을 전합니다. 그리고 신년에도 행운이 있기를 바랍니다!

카를 야스퍼스[374] 올림

편지 96 **야스퍼스가 아렌트에게**

바젤, 1950년 1월 12일

친애하는 한나!

당신의 방문은 빛을 잃지 않았네요. 당신은 여전히 이 집에 머물고 질문에 답변하고 원기를 북돋우오. 그러나 오늘 답변하지 않은 질문이 있어서 편지를 쓰오.

루틀리지출판사(런던)는 나에게 『역사의 기원과 목표』에 대해 좋은 제안(초판 1,000권에 7.5%, 4,000부까지 10%, 4,000부 이상 15%이고, 선금 50파운드)을 하고 있소. 그러나 출판사 측은 "영어권의 국제법"을 요구하오.

뉴욕의 대리인 막스 페러는 듀엘-슬론-피어스출판사와 비슷한 재정적 전망을 제시하고 있소. 이 출판사의 케네디 씨는 나에게 편지를 보낼 것이오. 그곳의 모든 일은 아직도 아주 초보 단계라오. 그 책은 아직도 읽히고 있소. 나의 다른 책들을 모두 번역하여 출판하자는 다소 거창한 어조로 이야

---

[374] 아렌트는 "이것을 읽으려는 온갖 처절한 시도를 미리 방지하기 위해서" 남편을 위해 사본을 타자로 쳤다. 사본은 오독을 많이 포함하고 있다. 블뤼허는 야스퍼스에게 직접 답장하지 않았지만, 1950년 1월 29일(편지 98의 각주 378 참조) 아렌트에게 편지를 보냈으며, 그녀가 적절하다고 생각한 어떤 것이든 야스퍼스에게 제공하는 것을 아렌트에게 맡겼다.

기하고 있지만, 그들은 우선 읽을 책들을 확보하고 싶어 하오.

어떤 출판사에서나 번역자, 즉 특정한 사람에 대한 언급은 없소.

루틀리지출판사는 모든 면에서 확고한 인상을 주오. 이 출판사는 몇 년 전에 고센총서에 포함된 나의 소책자를 잘못 번역하여 출간했소.[375] 나는 번역가들을 마법으로 불러올 수 없다오. 번역가 선정을 출판사에 맡겨야 하오. 내 의향은 이렇소. 즉 어떤 번역이든 전혀 없는 것보다 낫지만, 특히 덜 철학적이고 더 구체적인 책들의 경우 그렇소.

내가 무엇을 해야 하오? 루틀리지출판사와 함께 한다면, 확실하고 존중할만한 것을 확보할 것 같다오. 나는 미국의 경우를 제외하고 출판사 측이 원하는 것을 그들에게 인정하고 싶소. 출판사가 거부한다면, 나는 하여튼 전 세계 출판권을 출판사에 제공할 것이오.

아마도 영어본도 미국 출판본과 같이 미국에서 판매되겠지요? 영어본은 확실히 값이 더 싸오. 내 생각에 루트리지출판사는 대형 출판사로서 그런 배분에 관심을 가질 뿐만 아니라 그 가능성과 능력을 지녔소.

당신의 선택안을 빨리 알려줄 수 있는지요? 그동안 경험하지 못한 것이 무엇인지요! 우리는 당신을 다시 만날 수 있다는 기대에 매우 기쁘다오.

따뜻한 소망과 함께
카를 야스퍼스

편지 97 **아렌트가 야스퍼스에게**

파리, 1950년 1월 15일

친애하고 존경하는 분께―

두 분에 관한 생각이 저를 어디든 따라다녔습니다. 저는 편지를 쓸 기회

---

[375] Karl Jaspers, *Man in the Modern Age*, trans. Eden and Cedar Paul(London, 1933).

가 없었습니다. 즉 책상에 앉기도 전에 필요한 휴식도 없었습니다. 친구[376]가 저에게 당신의 편지를 가져왔으며, 저는 첫 번째 충동으로 빠르게 답장하겠습니다.

미국과 영국 출판사들은 거의 모두 대서양 양편에서 확고하게 협력 관계를 유지했습니다. 루트리지출판사 담당자들은 영어권 전체의 출판권을 원하는 것 같습니다. (1) 그들은 이제 환율로 인해 미국 측의 상대 출판사로부터 책을 살 수 없으며, (2) 그들은 미국 출판사들이 달리 관례로 스스로 유지하고 있는 캐나다와 관련한 권리를 원하기 때문입니다. 슈엘-슬론-피어스출판사는 매우 우수한 대형 출판사입니다. 출판사는 한 저자의 중요한 저서를 출판하면 그 저자의 다른 책들도 모두 확보하려는 경향이 있습니다. 이런 경향은 일반적이고 쉽게 이해할 수 있으며, 또한 저자의 최대 관심사입니다.

저는 당신께서 미국 출판사의 잠정적 제안을 영국 출판사에 알리는 것이 좋다고 제안합니다. 가장 합당한 해결책은 이 책을 영국에서 출판하고 미국으로 수출하는 것입니다. 이것이 훨씬 저렴하지만, 미국 출판사가 이것을 달리 하는 것은 때때로 미국 출판사의 권위 문제이고 출판사에 재정적으로 더 이익이 됩니다. 제가 보기에 가장 중요한 것은 같은 저작의 두 개 번역서가 없다는 점입니다. 출판사들도 번역을 공동으로 추진해야 합니다. 번역자가 비록 달러로 번역비를 받더라도, 출판사들은 비용을 50대 50으로 분담해야 합니다. 번역 비용을 뉴욕에서 지급한다면, 이제 영국 출판사는 그렇게 많이 지급할 수 없고 번역비의 25%만을 부담할 수 있습니다. 영국에서 모든 것은 비교가 안 될 정도로 저렴하고 종종 더 좋습니다. (저는 이 지혜를 세커-워버그출판사로부터 얻었으며, 런던에서 이 출판사와 광범위하게 대화를 나눴습니다.) 물론 저는 어떠한 영국 번역자들도 알지 못합니다. 고센총서를 제외하면, 누가 영국에서 당신의 책을 번역했을까요? 저작권 계약 조건은 실제 매우

376　구성(舊姓; neé)은 멘델스존이다. 안네 바일(Anne Weil)은 젊은 시절 이후 아렌트의 친구였다.

좋습니다.

 달리 말하면, 당신은 미국의 저작권을 확보하기보다 오히려 루트리지출판사와 듀엘-슬론-피어스출판사를 함께 연계시키려고 노력하는 게 더 좋을 듯합니다. 루트리지출판사가 다른 미국 출판사와 계약으로 연계된다면, 저는 이것을 전혀 어렵게 여기지 않습니다.

 저는 아직도 언제 갈지 정확히 모릅니다. 2월 4~5일이나 11~12일이 될 것입니다. 여러 이유로 2월 15일 이후까지 영국 점령지역에 들어갈 수 없습니다. 이것은 제가 3월 중순까지 집으로 돌아갈 수 없다는 것을 의미할 수 있습니다.

 오늘 저녁에 독일로 떠납니다. 주소는 비스바덴 주립박물관 유대인문화재건위원회입니다. 런던 방문은 대단히 아름답고 흥미진진합니다. 파리 방문은 다시 슬프지만, 이번에는 충격은 없습니다.

 바젤 방문은 잊을 수 없으며 모든 순간 저에게 생생하게 나타납니다.

 두 분께 진심으로 축원하며 에르나[377]에게 경의를 표합니다.

한나 올림

편지 98   야스퍼스가 블뤼허에게

바젤, 1950년 2월 5일

친애하는 블뤼허 씨에게!

 당신이 나의 철학에 관해 아렌트에게 편지로 언급했는데, 한나는 그 편지 사본을 나에게 제공했습니다.[378] 대단히 감사해요. 당신은 가장 심오한

---

[377] 에르나 베어. 편지 65의 각주 263을 참조할 것.
[378] 편지 95의 각주 374를 참조할 것. 아렌트는 파리에 체류한 이후 바젤에서 한번 더 야스퍼스를 방문했다. 추정컨대, 그녀는 야스퍼스에게 다음의 내용을 보였다. 편지 98은 이에 대한 답장이다.
"야스퍼스의 많은 짧은 저작들. 나는 아팠을 때 적어도 니체와 기독교에 관한 강의 원고를 읽을

수준에서 내 의도, 즉 외형상 겸손을 보인 내 저작의 이면에 드러난 중대한 요구를 이해하였습니다. 온갖 함정에도 불구하고 당신이 이해한 대로 이

수 있었다오. 강의 원고는 그리스의 빛처럼 밝고 따뜻하오. 한 사상가의 좋아하는 말이 얼마나 많이 전달되는지. 당신은 내가 '대단하고 잔인한 만족'이란 문구를 반복적으로 사용한 윙어에게 어떻게 주의를 기울였는가를 기억하오? 마찬가지로, 나는 '조명하다'라는 말이 야스퍼스의 혀에서 미끄러져 나올 때마다 다소간 행복하게 미소를 지어야 하오. 나는 그의 포괄적인 저작 『논리학』에 몰두하면 몰두할수록, 이 '고귀한 영혼' - 구식의 낭만적인 문구를 실례하자면 - 이 계몽주의의 숨겨진 심원한 저류, 칸트와 레싱에서 별안간 일어나고, 범신론과 기독교적 재생 모두의 간교한 말장난을 추방하며, 그 저류를 낮의 빛으로 꺼내려는 현실적 자유의 순수한 요소를 어떻게 순수하게 유지할 것인가를 더욱 명료하게 본다오. 이런 식으로 계몽은 조명, 즉 인간으로 되는 인간에 필요한 자기 이해의 과정으로 변형된다오. 이성적 자의식의 기능성은 활기를 띠고, 칸트의 의지의 충실한 관리 아래 존재에 대한 지식 대신에 존재 **속에서** 중대한 정향을 가능케 하며, 아울러 진정 믿음의 여지를 만들어 주고, 즉 창조물을 통해 창조주에게 이르는 끊임없는 길을 믿음으로 보여준다오. 이 길에서 인간 - 실존의 힘으로 그리고 거의 플라톤적 에로스의 의미로 생각되고 '포월'의 양태를 초월적으로 관통하는 합리성의 힘으로 - 은 말하자면 존재로 비상하오. 서양 사상의 본질은 마치 플라톤에서 아우구스티누스·쿠자누스·칸트에 이르는 연속적 변형과 니체의 파열에서 드러나듯 이리저리 오갔던 것 같다오. 이 저작은 갑자기 플라톤 사상의 본질에 다시 매우 가까워졌다오. 사람들은 마치 다음과 같이 말해야 하는 것 같다오. 서양 사상은 이 지점까지 발전했다오. 이 저작은 헤겔과 이상하면서도 아주 명료한 관계를 지닌다오. 이 저작은 물론 서양 사상의 성과를 야스퍼스에서 구현된 진리로 이어지는 이정표를 이용하지 않는다오. 이 저작은 새로운 관점에서 이 성과를 배치하지 않는다오. 칸트는 이 성과를 이용했으며, 니체는 이것을 폭발적이고 작열하는 백열광으로 만들었다오. 대신에 이 저작은 새로운 방식으로 이 요소들을 동원하고, 이성적 자의식의 이런 기능성에서(이것은 '체계적인' 것 이상이기 때문에) 이 요소들을 펼친다오. 그래서 이 저작은 전통에 바로 직접 서 있지만 - 야스퍼스가 옳다는 점에서 - 전통에 대한 형식적인 소개 인사인 논리학이란 제목을 지니지 않지만, 오히려 전통을 도와서 나아가게 하며 원본에서 언급된 제목, 「이성적 자의식의 체계학」을 공개적으로 담는 것은 여전히 정당화되었을 것이오. 나는 포월 양태의 윤곽에 대해 더 많이 말할 수 있다오. 오늘날 내가 행하고 싶은 것은 모두 그가 여기에서 역시 숨겨진 매우 심원한 전통으로부터 어떻게 도출하는가에 주의를 환기하는 것이오. 그가 보여주는 서신은 괴테의 문구에서 기대되었다오. 자연에는 영적인 것에 있는 모든 것, 그리고 그 이상의 것이 있다오. 영적인 것에는 자연에 있는 모든 것, 그 이상의 것이 있다오. 따라서 당신은 역시 『현자 나탄』의 해석에 만족할 것이오. 이것은 레싱 희곡의 실질적 내용에 대한 첫 번째 진정한 발견이오.
나는 더 이상 쓸 수 없다오. 나는 실제로 긴장을 풀어야 한다오. 야스퍼스의 편지는 훌륭하오. 마치 그는 갑자기 이 이방인의 방에 차분하게 들어온 것 같지만 그가 여기에 속한 것 같이 완전히 자연스럽다오. 그의 '소통'의 상징적 행위와 같다오. 내가 바젤에 있는 당신과 함께 그곳에 있다고 그가 느꼈다니 나는 기쁘다오. 만약 그가 이 몇 년 동안 어떻게 항상 우리와 함께 있었는지 알고 있다면, 그는 모든 것에 대한 자신의 판단을 물어보고, 정상적인 문제에서 사건의 과정을 측정하는 기준을 제공했을 것이오. 나는 그 모든 것을 그에게 편지로 쓸 수 없다오. 당신은 내가 개인 대 개인으로 나 자신을 어떻게 직접 거리낌 없이 표현할 수 있고, 어쩌면 바로 그런 이유로 쓰인 말에서 간접적인 표현에 빠진다오. 그러나 이것에서 당신이 좋아하는 것을 그에게 전달하고 무엇보다도 감사함을 전해주시오."

저작을 이해했다면, 나는 만족해요. 그리고 당신과 같이 그 저작을 이해하는 사람과 직접적인 연대를 느끼네요. 그렇다면 그것은 공동의 사업입니다. 나는 다른 사람들이 이미 표명한 것만을 제공합니다.

당신이 책[379]의 제목, 「이성적 자의식의 체계」에 동의하니, 나는 기쁩니다. 이후 출간될 두 권의 책[380]은 이 제목을 정당화할 것입니다. 유감스럽게, 이것은 전혀 완성되지 않았습니다.

우리는 이 첫 교환 편지에서 한나의 도움으로 우리가 시작한 것에 매달릴 것입니다. 그리고 우리는 당신이 한나와 함께 유럽을 여행하고 우리 집에 숙소를 마련할 날을 보고 싶네요.

아내는 내 기쁨을 공유했으며, 우리 모두 안부를 전해요.

카를 야스퍼스

편지 99 **아렌트가 야스퍼스에게**

뉴욕, 1950년 4월 10일

친애하고 존경하는 분께!

제가 귀국하고 몇 주 흘렀군요. 물론 바젤에 관한 긴 이야기로 많은 시간을 보냈답니다. 저는 가까운 과거로의 여행에서 당신을 방문하는 일에 얼마나 많이 집중했는가를 그 바빴던 몇 개월보다 지금 훨씬 더 명료하게 깨닫고 있습니다. 방문은 솔직하게 말할 수 있는 늘 참신한 기쁨, 즉 집에서만 달리 깨닫는 행복이고, (결국, 누구든 스스로 구성한 가정 밖에서) 다시 한번 가능하기에 제 세계의 중요한 요소가 되었습니다.

그러나 오늘 저는 '업무상의' 이유로 편지를 쓰고 있습니다. 허버트 리

---

[379] 『진리에 대하여』, 『논리학』 제1권.
[380] 계획한 책들은 범주론과 방법론에 관한 것이고, 과학이론에 관한 것도 고려되었다.

드³⁸¹에게서 받은 정말 매력적인 편지를 동봉합니다. 이 편지를 당신에게 숨기고 싶지 않습니다. 오히려 성가신 다른 항목에 관한 사항을 알립니다. 장 왈은 파리에 있던 저에게 페쉬케³⁸²와의 편지 교환에 대해 언급했습니다. 장 왈은 이 편지를 당신에게 보이고 싶어 했고, 저는 그에게 그렇게 할 것을 촉구했습니다. 그가 편지들을 당신에게 보낸다면, 당신은 이야기를 알게 됩니다. 즉 장 왈은 약간 반 정도는 정치적이고, 실제로 매우 온건한 견해로 현대 독일 철학과 관련하여 『수성Merkur』에 게재할 논문을 착수하고 싶어 하였으며, 페쉬케는 — 우리는 그것을 좋아하지 않으며, 즉 우리는 그것, 또는 그런 것을 감히 게재할 수 없다고 말하는 대신에 — 제가 보기에 전형적으로 정직하지 못한 방식으로 답장을 보냈습니다. 즉 우리는 이런 사실들을 의식합니다. 장 왈이 저에게 말한 점과 독일 사람들이 보기에 이해할 수 없는 점은 그가 이런 종류의 말을 조금도 소개하지 않은 채 독일에서 다시 출판할 수 없다는 — 출판을 원하지 않는다는 — 점입니다. 당신이 아시듯이, 저는 『수성』에 스스로 게재하고 싶지만, 지금은 잘 모르겠습니다. 그런 문제에서 아주 다르게 처신한 『변화』측은 무슨 일이 있어도 존속했어야 합니다.³⁸³ — 다른 사항을 알립니다. 또 저는 파리에서 당신이 올여름 퐁티니³⁸⁴ 초청을 수락할 수 있는지에 대해 질문을 받았습니다. (당신은 이곳에 대해 모르지요, 그렇지요?) 이곳에서 토론 주제는 「근대성 이념」일 것입니다. 제가 보기에 초청은 결코 해가 되지 않는 것 같기에, 모른다고 말했습니다

---

381 유고에는 없다. 허버트 리드(Herbert Read, 1893~1968)는 영국 비평가·시인·편집자이다.
382 한스 페쉬케(Hans Paeschke, 1911년 출생)는 파리에 있는 독일-프랑스협회의 비서(1932~1934)였으며, 이후 철학과 문학을 연구했다. 1939~1942년 그는 『새 전망』의 편집자였고 1947년부터 『수성』의 편집자였다.
383 『변화』마지막 호는 1949년 12월에 출간되었다.
384 퐁티니 학술회의는 폴 데자르댕(Paul Desjardins, 1859~1940)의 지도로 1905년부터 1940년까지 퐁티니 수도원에서 개최되었다. 토론회는 철학·문학·사회 문제를 다루었고, 명백히 국제학술회의 성격을 지녔다. 1940년 이후 데자르댕의 딸 외르공-데자르댕은 토론회를 로요몽에서, 그리고 이후 세리시-라-살르에서 개최하였다.

(제 생각에 당신은 학기 중간에 있기에 약간은 불가능한 것 같기도 합니다). ― 마지막으로 저는 『논평』 측에 인간주의[385]에 관한 당신의 논문을 비공식적으로 '제안하고' 출간하도록 촉구했습니다. 당신이 원한다면, 그들은 당신과 접촉할 것입니다.

그런데 지금은 그게 다인 것 같습니다. 부활절 연휴 동안 일을 잘 시작했나요?

따뜻한 마음으로
한나 올림

보내주신 불트만의 저서[386]에 대단히 감사합니다. 어제 도착했습니다. 남편이 따뜻한 안부를 전해달라고 합니다.

편지 100 **야스퍼스가 아렌트에게**

바젤, 1950년 4월 20일

친애하는 한나!

바젤에서 귀국한 이후 당신이 보낸 첫 번째 안부 편지 매우 고맙구려. 편지의 모든 행간에 드러나는 진취적 기상. 우리는 모두 이 어지러운 세상에서 그래야 하오. 그리고 나는 이런 우정의 말이 항상 매우 고맙구려. 당신과 밀접하게 접촉하면, 나는 인간에 대한 경멸과 냉혹한 무관심의 망령을 떨쳐버릴 수 있소. 젊은 시절에 우리는 "누구나 무엇이 아직 일어날지 알 수 없다"[387]라는 노래에 감명을 받았고, 개인적 운명에 대해 생각했

---

[385] Karl Jaspers, "Über Bedingungen und Möglichkeiten eines neuen Humanismus," *Die Wandlung* 4(1949): 710-734.
[386] 추정컨대, 루돌프 불트만의 다음 책이다. *Das Urchistentum im Rahmen der antiken Religionen* (Zürich, 1949). 아렌트는 1924~1925년 마르부르크대학교에서 불트만(Bultmann, 1884~1976)으로부터 개신교 신학을 연구했으며 1920년대 이후 그를 알았다.

소. 그 노래는 남아있지만, 담긴 말들은 더 폭넓고 깊은 의미를 지녔소. 이 말들이 그런 식으로 우리에게 감명을 줄 수 있는 순간에 우리는 어쨌든 젊네요.

나는 지난밤 놀라운 꿈을 꾸었소. 우리는 막스 베버의 집에 함께 있었지요. 한나, 당신은 늦게 도착했고 따뜻한 환영을 받았소. 오르막길은 계곡으로 통하였소. 아파트는 베버의 오래된 집이었소. 베버는 세계 여행에서 방금 돌아왔고, 특히 동양의 정치 문서와 예술품을 가지고 돌아왔소. 그는 이들 가운데 일부를 우리에게 주었는데, 당신은 가장 좋은 것을 받았다오. 당신이 나보다 정치에 대해서 더 많이 이해하고 있기 때문이오.

나는 자신의 대작을 위해 현재 교정하고 있는 당신을 상상하오. 당신은 이념형과 관련하여(그리고 다른 것들도) 다시 읽어야 하지 않겠는지요? 그래서 이 오래된 '전체적인' 기본적 역사관과 같은 중요한 것이 당신의 저작에 남아있어야 한다면, 이 마지막 흔적조차 사라질 것인가요? 그러나 그것은 아마도 불필요하오. — 그런데도 오늘날 우리는 모두 헤겔과 마르크스가 형성하고 슈펭글러와 토인비[388]가 아직도 유지하는 지적 분위기에서 그 장엄함이 신에게서 도둑맞은 후에 역사에 부과된 거짓 장엄함의 부스러기에 본능적으로 반응을 보이는 경향이 있소.

'업무'에 관한 당신의 편지에 고맙네요. 리드의 편지는 훌륭한 성격을 반영한다오. 나는 또한 내 책 때문에 그 편지에 만족하오. — 장 왈은 아직 어떤 것도 나에게 보내지 않았다오. 이 일은 나에게 많은 관심을 끈다오. 아

---

[387] 루드비히 우란트의 시 「봄의 믿음(Frühlingsglaube)」 제2연에서 가져온 것이다. "세상은 나날이 아름다워지니/누구도 알 수 없네, 어떻게 바뀔지,/꽃들이 끝없이, 끊임없이 피네." 프란츠 슈베르트가 이 시에 곡을 붙였지만, 아렌트가 슈베르트의 작곡을 염두에 두었는지는 의심스럽다.

[388] 오스발트 슈펭글러(Oswald Spengler, 1880~1936)는 철학자이며 역사가였다. 여기서는 그의 저서 『서양의 몰락』 2권(비엔나/라이프치히, 1919~1922)의 문화 형태론과 연관된다. 아놀드 토인비(Arnold Toynbee, 1889~1975)는 영국의 역사가이며 문화철학자였다. 슈펭글러와 토인비는 자신들의 문화 형태론에 관한 연구에서 다른 문화(슈펭글러는 8가지 유형, 토인비는 23개 유형)가 비슷한 구조를 보이며 결과적으로 문화의 흥망이 구조적으로 결정된다는 가정으로 시작했다.

마도 나는 당신의 이름을 거론하면서 이것에 대해 장 왈에게 문의할 것이오. 페쉬케에 대해서는 **매우** 미안하오. 그가 더 훌륭하다고 생각하였소. 독일에서 잡지 편집인으로서 당신의 진실성을 유지하는 것은 틀림없이 어렵소. - 당신이 알듯이, 나는 퐁티니에 갈 수 없소. 그러나 당신이 바로 거절하지 않은 것은 좋은 일이오.

당신은 아직도 온전한 모습의 친구³⁸⁹를 만났소. 얼마나 끔찍한 시간이 오는지요! 당신은 그녀에게 축복일 것이오. 질병과 임박한 죽음은 끔찍한 고립을 초래하는 경향이 있소. 사람들은 조용히 소통을 멈춘다오. 당신은 그녀와 함께 있을 것이오. 당신이 말하듯이, 이 친구는 자신에 대한 소크라테스의 태도와 같은 것을 가지고 있기 때문이오. "자네들도 … 저마다 다음 기회에 어느 땐가는 그 여행을 떠나게 될 걸세. 그러나 … 운명이 나를 부르네. 욕실로 향해야 할 시간인 것 같으이. … 그래서 여인들에게 주검을 목욕시키는 수고를 하지 않게 하는 게 더 나을 듯하기 때문이오."³⁹⁰

당신은 이 인용문에서 내가 플라톤에 대해 강의하고 싶다는 것을 알 수 있소.³⁹¹ 나는 플라톤을 처음 이해하고 있는 듯이 그의 저작을 읽는 중이오. 그런데 문헌학자들은 만년의 「강의」 그리고 「선에 관하여」³⁹²와 같이 인식할 만한 가치가 있는 것들을 발굴했다오. 모든 것 - 아리스토텔레스가 만든 강의록에도 불구하고 - 이 매개자를 통해서 우리에게 나타나는 원전에 대한 해석에서 지극히 어렵지만, 이 해석은 플라톤에 대한 더 현명한 견해를 이해하는 데 분명히 꼭 필요하오.

18세기부터 내 은밀한 독일 친구인 남편에게 따뜻한 안부를 전해주오.

---

389 힐데 프렌켈(Hilde Fränkel). 편지 90과 91을 참조할 것. 야스퍼스는 아렌트의 편지, 아마도 보존되지 않은 게르트루트의 편지를 인용하는 것 같다.
390 Plato, *Phaedo*, 115a.
391 1950년 여름학기에 야스퍼스는 매주 3시간씩 플라톤에 대해 강의하였다.
392 V. Rose, *Aristotelis qui ferebantur librorum fragmenta*(Leipzig, 1886). Paul Wilpert, "Neue Fragmente aus Περί τάγαθοϋ," *Hermes* 76(1941).

당신의 책에 좋은 진전이 있기를 바라오.

카를 야스퍼스

편지 101 아렌트가 야스퍼스에게
1950년 6월 25일

친애하고 존경하는 분께—

　죽음을 앞둔 소크라테스를 언급한 당신의 친절한 편지 — 이 편지는 이 몇 개월 저에게 위안이었고 제 친구에게도 기쁨을 주었습니다. 그녀는 6월 6일 죽었습니다. 그녀의 죽음은 제가 두려워했던 것보다 모든 면에서 더 자비로웠습니다. 그녀는 많이 고생하지 않았고 심한 고통도 겪지 않았습니다. 그녀의 외관은 최후 순간까지 전적으로 변하지 않은 채 제 모습이었습니다. 우리의 관계는 그녀가 의식을 잃는 순간까지 중단되지 않았습니다. 그녀는 존경스럽지만, 저는 그녀를 실제로 전혀 존경하지 않았다는 점을 고백해야 합니다. 모든 것이 아주 자연스럽고 당연했습니다. 제가 고마워할 정도로 그녀는 마지막까지 저에게 전혀 거짓말을 강요하지 않았습니다. 그녀는 다른 사람들의 삶을 보는 눈으로 마지막 세부 사항까지 모든 것을 처리했습니다. 그래서 소통의 단절은 없었습니다. 그녀는 삶에서 벗어나지 않았기 — 어떤 의미에서 외면할 필요성도 없었고 — 때문이며, 삶이 그녀의 죽음을 외면하게 하지 않았기 때문입니다.

　저는 세계에 익숙해지는 어려운 시간을 다시 가졌습니다. 또한 단지 조금 피곤할 뿐입니다. 우리는 7월 6일 휴가를 떠날 예정이고(주소: 매사추세츠주 플리머스 마노멧 마을 프랑 부인 댁 내. 이걸로 충분합니다), 저는 4주 또는 5주 동안 머무를 수 있기를 바랍니다. 이번에 『진리에 대하여』를 휴대할 예정입니다(제가 가지고 있는 책 — 이것에 대해 감사를 표시했지요? 여기에서 이것을 찾을 수 있어서 너무 좋습니다). 남은 시간 대부분을 교정쇄를 읽는데 사용할 것입니다. 책의 70%

는 인쇄되었습니다. 그건 그렇고 출판사는 대단히 서두릅니다(모든 사람이 마지막까지 어정거리는 이 나라에서 늘 그러하듯이). 출판사는 11월 초까지 책을 시장에 내놓기를 원하기 때문입니다. 저는 몇 주 전에 페쉬케에게 몇 장章을 보냈지만, 그사이에 『수성』이 출판을 중단할 예정이라는 소식을 들었습니다. 그게 진실인지?

저는 당신의 꿈에 고무되어 막스 베버를 많이 읽었습니다. 그것으로 아주 바보스럽게 우쭐했기에 스스로 부끄럽습니다. 베버의 지적 냉철함은 적어도 저에게는 따라가기 어렵습니다. 저에게는 항상 어딘가에 독단적인 무언가가 남아있습니다. (그것은 유대인들이 역사를 쓰려고 감행할 때에 그렇게 됩니다.)

당신은 여전히 플라톤을 읽고 있는지요? 그리고 하이델베르크대학교에서 무엇을 강의할 것인지요?[393] 즉 도대체 그곳에 갈 것인지요? 그것은 이제 명료해야 합니다. 그리고 사모님은? 네덜란드에? 그리고 그녀의 심장은 어떤지요?

영국에서[394] 번역본이 아직 도착하지 않았습니다. 아직은 너무 이른 것 같군요.

저는 처칠의 인용문[395]을 찾는 것에 대해 절망한 이후에 마침내 서류 더미에서 갑자기 나온 이것을 동봉합니다. 저는 이것을 실제로 이해하지 못했습니다.

이곳 도시 사람들은 어제 이후 전쟁에 관해서 이야기하고 있습니다. 우

---

[393] 하이델베르크대학교 학생위원회(일반학생위원회; Asta: Allgemeiner Studentenausschuss)는 객원 강의를 맡아달라고 야스퍼스를 초청했다. 그는 1950년 이 초청을 수락했다.
[394] 『역사의 기원과 목표』 영어판.
[395] 히틀러에 대한 처칠의 인용문을 동봉했다.
"1. 위대한 현대인들에서: '공적 업무나 사회적 관점에서 히틀러를 직접 만난 사람들은 쾌활한 태도와 마음을 누그러뜨리는 미소를 지니며 대단히 유능하고 냉담하며 박식한 기능인이라는 것을 알았다.'
2. 『런던 타임스』 1938년 11월 7일자 언론 보도(원문 그대로 대박해 이틀 전) 12쪽 세로단 2: '나는 항상 다음과 같이 말했다. 즉 대영제국이 전쟁에 패배한다면, 나는 우리가 국가들 사이에서 우리를 올바른 위치로 다시 인도할 히틀러 같은 사람을 발견하기를 희망한다.'"

리는 그것을 믿지 않지만, 누구든 세계 역사, 즉 그렇지 않아도 궤도에서 벗어나는 세계 역사를 포함해 물론 전쟁을 잘 알은 적이 없습니다. 누군가가 저에게 스탈린이 확실히 지금 전쟁을 할 수 없다거나 그것에 관심이 없다고 다시 말할 때마다, 저는 항상 유대인의 조크에 대해 생각해야 합니다. 즉 유대인은 시끄럽게 짖고 있는 개를 두려워합니다. 누군가가 그를 무마하기 위해 다음과 같이 말합니다. 당신은 많이 짖는 개가 물지 않는다는 것을 물론 알고 있습니다. 그는 이 말에 다음과 같이 답변합니다. 물론 나는 알고 있으나 그가 그것을 알고 있다는 것을 알 수 있는가? 그래서 저는 유럽을 여행하기 전보다 물론 더, 그리고 더 구체적으로 두려워합니다. 현실은 실제로 이상한 일입니다.

남편은 잘 지내며 간곡한 안부를 전합니다.

두 분에게 좋음과 사랑이 충만하기 바랍니다.

한나 올림

편지 102 야스퍼스가 아렌트에게

바젤, 1950년 6월 29일

친애하는 한나!

나는 당신과 함께 많이 이야기한다오. 당신이 말한 많은 표현들이 내 정신에 다시 나타나오. 당신은 방문 이후 자신의 가능성에 대해 더 실제적인 감각을 가진다오. 남편과 함께 있다는 것은 영구적인 격려라오. 내가 당신에 대해 생각할 때 다양한 일이 나에게는 일어나오. 당신에게 장문의 편지를 써야 하지만 지금은 할 수 없구려. 대신에 나는 침묵 속에서 완전히 사라지지 않도록 인사 한마디만 보내오.

나는 비록 좋지 못한 책이 혹시 실질적으로 당신의 관심을 끌거나 오류로 당신을 자극할 수 있다고 생각하오. 그렇더라도 이따금 불충분한 책을 당신에게 보낼 수 있을 것이오. 불충분한 책들도 이따금 도움이 되오. 그렇지 않다면 그것을 버려요. 이런 책은 알렉산더 뤼스토프의 『현재의 위치 규정Zur Ortsbestimmung der Gegenwart』 제1권이며,[396] 다른 권들은 아직 출간되지 않았소. 뤼스토프는 여기에서 무엇보다도 제국주의를 다루고 있소. 그는 오히려 평면적인 흑백논리 방식으로 자신의 기본 이념을 제시한다오. 그는 부정확하지 않은 이념, 실제로 중요한 이념(비록 낡은 이념이지만)을 잘못 확장함으로써 이 이념을 과도하게 생각하오. 나는 1903년경 괴팅겐대학교에서 학생(내 나이 때에)으로서 저자[397]를 알았소. 그 시절에 그 학생은 야코프 프리스학파의 추종자,[398] 즉 비속성의 지울 수 없는 오명이었소. 그러나 그는 매우 지적이고 약간의 훌륭한 생각을 지녔소. 그는 여러 해 동안 베를린 산업 부문 단체의 서기장이었소. 그는 많이 알고 철학에 관심을 가졌으며, 고대 세계의 독창적인 궤변과 관련하여 「거짓말쟁이Lügner」[399]라는 주제의 지적이지만 근본적으로 따분한 논문을 썼소. 현재 그는 하이델베르크대학교 정교수이며 베버[400]의 후임자라오. 당신의 책 인쇄는 잘 진행되고 있는지요? 독일어 번역판을 준비하고 있는지? 독일출판사Deutsche Verlagsanstalt는 가능성이 매우 좋을 것이오. 당신이 좋다면, 나는 확실히 관심이 매우 큰 피페르에게 요청할 수 있소. 나는 『수성』이 수용된다는 소문을 들었소. 어쨌든 애석한 일이오! 독일출판사는 다시 원래 소유주들의 수중에 들어갔다오.

우리는 2주 반 정도(7월 15일경) 예정으로 하이델베르크에 갈 계획이오. 나

---

396 Alexander Rüstow, *Ortsbestimmung der Gegenwart: Eine universal-geschichtliche Kulturkritik*, vol. 1, *Ursprung der Herrschaft*(Erlenbach/Zürich, 1950).
397 알렉산더 뤼스토프(1885~1963)는 사회학자이며 신자유주의 경제학자였다.
398 야코프 프리스(Jakob Friedrich Fries, 1773~1843)는 수학자·물리학자·철학자였다. 그는 헤겔을 반대하고 칸트를 활용하면서 실증주의의 한 유형을 발전시켰다. 그는 실증주의에서 자연과학의 법칙에 따라 유기체로서 인간의 역사와 세계를 해석했다. 20세기에 레오나르드 넬슨(Leonard Nelson, 1882~1927)이 그의 학파를 부활시켰다.
399 Alexander Rüstow, *Der Lügner: Theorie, Geschichte, und Auflösung*(Erlangen, 1910).
400 알프레드 베버(Alfred Weber, 1868~1958)는 사회학자이며 야스퍼스의 친구였고 1904년 이후 하이델베르크대학교의 교수였다.

는 학생 자치회의 초청으로 세 차례의 객원 강의를 할 예정이오. 약간의 적대감은 있을 것이오. 나는 대립을 회피하고 싶지 않았소. 약간은 불편하지만 약간은 호기심을 갖고, 도시·정경·과거에 대한 큰 애정과 전투에 대한 간절함을 갖고 그곳에 갈 것이오. 나는「이성」이란 주제로 강의를 할 것이오.[401]

8월 20일 우리는 에르나와 함께 일주일 동안 생모리츠에 머무를 것이오. 에르나는 친절한 친구들[402]이 이용할 수 있도록 우리에게 마련해준 집에서 가사를 담당할 것이오. 그것은 마치 동화와 같소. 미국산 승용차가 가능한 한 안락하게 우리를 그곳으로 데려다줄 것이오. 당신이 우리와 함께 있다면 좋을 것인데! 우리는 친구들을 대동할 수 있소. 우리는 폴 고트샬크가 갈 수 있기를 바라오.

나는『논평』에 니체에 관한 논문[403]을 보냈소. (올해 8월이 니체 서거 50주년이오. 나는 암스테르담의『새 전망』의 요청으로 이 논문을 썼다오. 특별한 것은 없소.) 이 논문은 다분히 분량이 많으며, 아마 다른 이유로도 적합하지 않을 것이오.

두 사람 모두 건강하고 기분도 좋기를 바라오. 당신의 목소리가 세상에 계속 들리도록 해야 하오. 그것은 나에게도 매우 중요한 것 같다오. 우리는 바라건대 사람들이 살면서 얻은 참뜻을 사라지지 않게 해야 하오.

따뜻한 마음을 담아
카를 야스퍼스

---

[401] 강의 내용은 같은 해에 출판되었다. *Vernunft und Widervernunft in unserer Zeit*(München, 1950).
[402] 하이델베르크대학교 물리학자 빌헬름 발츠(Wilhelm Waltz, 1891~1962) 박사와 그의 아내 에리카(로테로 알려짐, 1905년 출생). 그들은 가까운 친구였다.
[403] Karl Jaspers, "Zu Nietzsches Bedeutung in der Geschichte der Philosophie," *Neue Rundschau* 61(1950): 346-358.

편지 103   아렌트가 야스퍼스 부부에게

마노멧, 매사추세츠주, 1950년 7월 11일

친애하는 친구분들께—

   저는 이 편지가 바젤에 있는 두 분에게 도착할지 여전히 걱정됩니다. 제 마음을 그렇게 따뜻하게 했고 실제로 저를 슬픔의 늪에서 끌어냈던 두 분의 편지는 제가 휴가를 떠나기 직전에 도착했습니다. 우리가 현재 도착한 이곳은 안전하고 안정적입니다. 바다·모래 언덕·숲은 제가 성장한 삼비아 반도[404]의 해변과 흡사합니다. 매우 아름답고 호수가 많습니다. 우리는 이곳에서 미국인 친구들, 그리고 온정과 개방성을 지닌 러시아계 유대인의 배경을 지닌 매우 재능있는 젊은 문학사가와 함께 있습니다. 만약 그가 언젠가 유럽에 가서 그때까지 독일어를 조금 배웠어야 한다면, 그의 이름은 알프레드 카진[405]입니다. 그는 제 책의 영어 문장을 다듬느라고 많이 도와주었으며 현재 교정쇄를 검토하면서 여전히 도와주고 있습니다.

   저는 출판사가 뤼스토프의 책을 이미 발송했다고 들었지만, 책은 아직 도착하지 않았습니다. 뉴욕에서 이곳까지 우편 발송은 유럽에서 뉴욕까지의 우편 발송만큼 적어도 시간이 오래 걸립니다. 당신의 설명은 아주 훌륭합니다. 저는 갑자기 방에 있는 당신의 완전한 모습을 눈앞에서 보았습니다. 통상적으로 제가 회상할 때 (가끔 하는) 보는 것은 우선 계단입니다. 우리 세 사람은 계단에 흩어져 서 있습니다. 제가 맨 위에 있고, 두 분은 2층이나 아래쪽에 있습니다. 어쨌든 우리는 이런 식으로 함께 대화합니다. 이 대화는 제가 최근에 꿈꾼 것입니다. 꿈속의 대화는 훌륭한 대화였습니다.

   하이델베르크가 당신에게 얼마나 마음에 들고 맞는지요? 저는 매우 궁금

---

[404] 발트해에 있는 동프로이센 반도.
[405] 알프레드 카진(Alfred Kazin, 1915년 탄생)은 문학비평가이고 다음 책으로 널리 알려진 저자이다. 『토속적 기반(On Native Grounds)』(1942)과 『도시의 산책자(Walker in the City)』(1951).

합니다. ─ 물론 여기에서 일이 많지만 수영하고 산책합니다. 교정쇄 읽기는 끔찍하고 따분합니다. 저는 이전에 당신에게 언급한 제명과 『논리학』에 있는 다른 제명을 썼습니다. 그 제명은 이러합니다. "과거나 미래에 귀속되지 마라. 전적으로 현재에 있다는 것이 중요하다."[406] 이 문장이 마음에 꼭 와닿았기에, 저는 이것을 간직할 자격이 있습니다.

페쉬케는 『수성』이 정말 문을 닫기 직전이라는 내용의 편지를 보냈지만, 이것은 아직 확실하지 않습니다. 독일출판사는 몇 달 전에 분명히 하코트출판사로부터 선택권을 얻었습니다. 저는 이에 대해 어떠한 소식도 듣지 못했습니다. 이곳 대형 출판사의 부서들은 분리되어 있기에, 한 부서는 다른 부서가 수행하는 업무를 알지 못합니다. 그러나 그것은 어떤 식으로든 저에게 의무감을 주지 않습니다. "독일출판사가 원래 소유주의 수중에 다시 들어간다"는 당신의 말씀은 더러운 손을 가진 사람들이 이제 그 출판사를 운영한다는 것을 의미하는지요? 제가 철회하고 대신에 피페르출판사와 시도할까요? 조언해주시기 바랍니다. 누구든 가까이서 사태의 진전을 주의 깊게 관찰하지 않으면, 요즘 독일에서 길을 찾는 것은 정말로 중요한 연구가 필요합니다.

당신 형제와 일이 잘 풀리고 네덜란드 여행도 잘 끝냈다니 기쁘며, 또한 이 모든 일이 순조롭게 진행되고 당신이 안전하게 바젤로 돌아오셨다니 기쁩니다.[407] 유럽에 있는 사람들은 한국 문제에 대해 무어라고 말하고 있나요?[408] 생모리츠는 멋집니다. 아마도 우리는 내년 여름에 뭔가 할 수 있을 것입니다. 모든 것이 돈에 달려 있지요. 제 어머니는 항상 돈과 관련하여

---

[406] Karl Jaspers, *Philosophische Logik*, vol. 1, *Von den Wahrheit*, 2nd ed. (München, 1958): 25.
[407] 게르트루트는 팔레스타인에서 방문한 자신의 막냇동생을 보기 위해 네덜란드에 있었다는 사실을 말하기 위해 편지 102에 짧은 편지를 첨가했다.
[408] 1950년 6월 25일 북한군은 국경을 넘어 남침했으며 전쟁은 1953년까지 지속했고, 한편 중공과 다른 한편 연합군이 참전했다.

다음과 같이 말씀했습니다. "그것은 우리에게 중요하지 않아. 그것은 중요하지 않지." - 남편이 안부를 전합니다. 지금 저는 그가 탁구 치는 소리를 들을 수 있으며, 그의 내면에서 일어나는 야망과 같은 것을 처음으로 보고 있습니다. 그것을 열심히 하는 그를 보는 게 재미있습니다. 그는 이번 겨울 뉴스쿨[409]에서 강의할 예정입니다. 그가 바로 전 지나간 겨울에 진행한 몇 차례의 공개 강의가 상당한 관심을 끈 이후 학교 측은 그에게 가르칠 것을 요청했습니다.

이제 마무리하며, "몸조리 잘하세요[영어 표현으로 take good care of yourself]." 이 말은 독일어(또는 유대어?)로 '잘 지내세요'를 의미합니다. 따뜻한 안부를 받아주세요.

한나 올림

편지 104 **야스퍼스가 아렌트에게**

바젤, 1950년 8월 19일

친애하는 한나!

나는 당신의 휴가 기간에 한마디 인사말도 없이 그렇게 오랫동안 편지를 보내지 않았소. 당신은 이에 대하여 불쾌할 권리가 있을 것이오. 변명의 여지가 없지만, 아마도 나는 하이델베르크대학교 강의가 나에게 주는 (며칠 전부터 계속된) 대단히 큰 압박감을 불러일으킬 수 있소. 7월 13일에 강의록을 집필하기 시작했다오. 이것은 대단한 보답이었소. 친한 친구들, 사랑스러운 도시, 냉담한 동료들, 매우 온정적인 학생들. 강당이 이렇게 꽉 찬 적이 없었소. 서 있을 자리도 없었다오. 장소가 무너질까 봐 바닥에 발 구르는 것을 금지했다오. 대학의 문은 폐쇄되었고, 수백 명의 사람이 발길을 돌렸

---

[409] 뉴욕시 뉴스쿨. 역시 편지 31의 각주 19를 참조할 것.

소. 따라서 이후에 학술 세미나에 대한 25개의 서면 질의가 있었으며, 이들 가운데 일부는 매우 진지한 질문이었소. 독일 학생들! 상대적으로 말하자면, 소수라고 하더라도 여러 명의 훌륭한 학생들이 있구려. 3년 전과 완전히 다른 얼굴들. 개방적이고 가면이나 긴장도 없고, 밝고 아름다운 젊은이들. 감동했소. 그렇다고 하더라도 우리는 바젤로 돌아와서 기뻤소. 나는 세계시민의 분위기가 훨씬 더 활기차다고 생각하오. 무기반성과 '나라 소외Landesfremdheit'가 옳고 자연적이라는 인상을 받았소. 학생들은 역시 바젤에 올 수 있소. 현재 독일 학생들이 이용할 수 있는 외화가 있소. 그들은 자신들이 원한 듯이 나의 책을 읽을 수 있소. 나는 이 독일을 떠나서 다시 돌아오겠다고 열망하지 **않는** 데 죄책감을 느끼지 **않소**. — 자그마한 세부 사항을 말할 것이오. 나는 하이델베르크과학·인문학아카데미 회원이오. 내가 그곳에 있는 동안 그들은 우연히 모임을 열었다오. 그들은 나를 초청하는 것을 **잊었다오**. 내가 그 사람들에게 얼마나 하찮은 존재인지를 보여주는 명백한 증거라오. 그들이 나에게 하찮기보다 내가 그들에게 하찮았다오!

발츠 가족과 함께 지낼 수 있어서 좋았소. 아내는 자신을 보고 기뻐할 뿐만 아니라 거의 한이 없어 보인 기쁨을 표시한 거리의 사람들을 계속 만났소. 아내는 나치 시대에 자신의 곁을 지켰던 아주 많은 사람으로부터 얼마나 사랑을 받았는지 느꼈기에, 사기가 솟구쳤소. 외과 전문의 바우어[410]와 아내[411]와 같은 몇 사람의 온정은 그들을 다수로부터 구별하게 했소(나는 총장인 바우어와 함께 1945년 대학의 재건에 참여했다오). 우리는 그들에게서 친한 연대감을 느꼈지요. 그 외에, 1945년과 1946년은 잊었소.

이제 당신의 편지에 관한 내용이오. 첫째 편지(6월 25일)는 내 편지와 어긋

---

[410] 카를 하인리히 바우어(Karl Heinrich Bauer, 1890~1978)는 외과 의사이고 야스퍼스의 친한 친구이며 1933년 브레스라우대학교 교수가 되었고 1943년 하이델베르크대학교 교수가 되었다. 그는 전후 하이델베르크대학교 총장이었으며, 대학의 재건에 가장 적극적인 인물이었다.

[411] 잉게 바우어(Inge Bauer)이고 구성은 후흐스(Fuchs)다.

났군요. 당신 친구의 죽음. 우리 모두 조용히 죽을 수 있지요. 죽음의 극단에서도 비진리를 통해 자신을 고립시키지 않는 것은 다른 사람들과 순수한 연대를 보인다오. 그러나 상실과 신비는 남는구려. ― 우리의 친애하는 좋은 친구 쉬바르버,[412] 도서관장은 여기서 갑자기 사망했소. 그 역시 완전한 의식 상태에서 가족과 이별을 고했다오. 나는 그것이 생존자들과 그의 연대를 얼마나 많이 강화했는가를 볼 수 있소. 아내와 나는 여기서 그의 죽음으로 많은 것을 잃었소. 내가 여기서 약속한 중요한 문제들은 그에게 빚진 것이오.

1938년 처칠의 인용문 사본들을 보내주어 고맙구려. 이것들과 별도로 대략 같은 사안을 언급하는, 히틀러에게 보낸 공개서한이 있어야 하오.

『수성』은 남은 올해는 안전하오. 나는 나치 시기의 독일출판사에 대해서는 전혀 모르고, 독일출판사가 당신의 원고를 거절하는 경우에만 피페르출판사를 언급했소. 그러나 이럴 가능성은 극히 낮다오.

런던에서 출간하는 내 역사서의 번역에 대해서 이제껏 들어 본 적이 없소. 당신에게도 아직 아무것도 보내지 않은 것을 보니, 나는 문의해야 할 것이오.

전쟁 가능성에 관한 사항이오. 즉 유대인과 정곡을 찌르는, '짖는 개'에 관한 이야기라오. 세계 역사는 현재 크렘린에 있는 몇 사람에 좌우되오. 누구도 그들이 히틀러와 같이 기필코 전쟁을 원하는지 ― 즉 그들은 강탈과 기만의 좌절로 마지막에 지구의 절반으로 만족하게 될지 ― 모른다오. 우리의 역사적 경험에 비추어볼 때, 크렘린 당국이 전쟁이 자체로 과도한 위험을 수반하며 이에 따라 계속 미루겠다고 결정한다면, 그런 전쟁의 결과는 애석하게도 가능성이 없으나 여전히 가능하오. 나는 전쟁이 발생하리라는 확신을 믿고 싶지 않소. 그러나 나는 당신과 같이 전쟁이 언제가 발생할 수 있다는 불편한 감정을 갖고 산다오. 아무튼, 한국의 상황은 좋소. 한국의 상

---

[412] 카를 쉬바르버(Karl Schwarber, 1889~1950)는 1935년 이후 바젤대학교 도서관장이었다.

황이 세계전쟁을 촉발한다면, 세계전쟁은 어쨌든 한국 없이도 곧 일어날 것이오. 하지만 미국인들은 세계질서가 기술(技術; technology)만으로 실현될 수 없다는 점을 파악해야 하오.

당신은 남편 그리고 친구인 알프레드 카진과 함께 아름다운 전경 속에서 상당히 행복한 몇 주를 보내고, 이제 뉴욕으로 돌아왔구려. 당신이 책에 필요한 교정쇄의 윤문을 마쳤기를 바라오. 그래서 책은 겨울에 출간되겠지요. 당신이 언급한 마지막 장과 초기의 발췌 인쇄본에 비추어 볼 때 그게 성공작이라는 것을 기대하오. 물론 누구도 알 수 없기에, 나는 미신을 믿지 않지만, 이 책을 집필할 수 있다는 사실이 이미 자랑스러웠소.

나는 당신이 『논리학』에서 책의 제사를 발췌하고 있다는 점을 매우 기뻐하오. 내가 어떻게든 당신과 함께 소속되어 있다는 것을 보여주는 모든 징표는 나를 격려하오. "용"[413]에 관한 구절은 당신의 주제와 더 직접적인 관련이 있소. 새로운 구절은 철학적이고 비중이 더 높소.

우리는 며칠 내로 생모리츠로 떠날 것이오. 우리 모두 좋은 휴식을 기대하고 있소 ─ 나는 방해받지 않기를 바라오.

그리고 우리는 당신을 생각할 것이오. 가능하다면 … 당신이 내년에 유럽에 올 것으로 생각하오.

아내의 심장 상태는 호전되고, 증상 발현의 빈도는 낮다오. 아내의 전반적인 상태는 1년 전과 같이 좋다오. 아내는 아주 명랑하고 쾌활하기에, 나는 아내를 느긋하게 하고 무리하지 않도록 해야 하오. 아내는 지금 짐을 꾸리고 있소.

우리 부부의 따뜻한 마음을 전하며, 남편에게도 함께

카를 야스퍼스

---

[413] 문장의 추정된 의미는 다음과 같다. "오늘날 인류 앞의 중대한 임무는 용과의 투쟁에서 스스로 용이 되는 것이 아니며 그렇다고 하더라도 용을 억누를 필요가 있는 힘을 상실하는 것도 아니다." 다음 자료를 참조할 것. *Rechenschaft und Ausblick*, 2nd ed., 324.

편지 105 아렌트가 야스퍼스 부부에게

1950년 10월 4일

친애하는 친구분들께―

두 분은 오랜만에 생모리츠에서 돌아왔군요. 짐작건대 학기는 시작되었겠지요. 올여름은 멋있는 휴가 이후 아주 빨리 손가락 사이로 빠져나갔기에, 최근 헬렌 비에루조프스키가 다시 나타났을 때, 제가 마지막으로 편지를 보낸 지 얼마나 되었는가를 생각했습니다.

물론 저는 『진리에 대하여』를 읽느라고 편지를 보내지 못했습니다. 누구나 책에 전적으로 몰입해 있을 때 저자에 대한 사유가 방해될 수 있는 일은 가끔 발생할 수 있습니다. 이제 읽는 일은 다 끝났는데, 우리 사이에 3,000마일 떨어져 있다는 생각은 저에게 슬픈 쓰라림을 불러일으킵니다.

친애하고 존경하는 분, 완전히 거리낌 없이 시작하지요. 이 책은 당신의 저서들 가운데 가장 훌륭하고 실제로 매우 위대한 저서입니다. 이러한 사유 운동(그리고 전체 내용은 실제로 느린 템포[andante] 양식으로 쓰였네요)은 전체 공간과 온전한 다양성을 추론하고 눈앞에 보이듯 그려내고 걸음짐작합니다. 이런 다양성에서 "마주할 때의 지각", 실제로 반응적 지각은 이성으로서 자리 잡았습니다. 이것은 절충주의나 대립의 종합이 아니라 오히려 서로에게 가능한 한 최대로 멀리 떨어진 상태에서 일종의 종합과 화해입니다. 이런 공간의 구성 ― 사유 활동 또는 꾸준하게 사유하는 활동, 어디에나 있는 활동을 통해서만 열리는 ― 과 함께, 각각의 개별적 사유는 사실상 어떤 장소와의 연계, 그리고 박식한 체하기를 상실합니다. 사유는 가장 멀리 떨어져 있는 것으로 가까이 있는 것을 자유롭게 할 것입니다. 정치적으로 말하자면, 이런 사유는 서양 철학의 편협성을 탈피하는 활동입니다. 편협성의 탈피는 다음과 같이 근본적으로 인정할 수 없는 성찰에 저를 빠져들게 합니다. 즉 이 책은 아마도 서양 철학의 마지막 저서, 즉 마지막 말이며, 동시에 세계 철학의 첫 번째 저서, 말하자면 첫 번째 말이 아닌가요?

저는 142쪽에 있는 도표[414]에 관해 자세히 언급하지 않겠습니다. 그런 사항을 파악하는 능력이 부족합니다. 이 때문에 이해하기에 너무 어려운 것에 대해서 항의할까 두렵습니다. 아마도 이 도표는 자신들의 눈으로 더 많이 읽고 생각할 수 있는 사람들에게 좋은 도움이 될 것입니다. 저는 실제로 서론을 싫어하지만 어떠한 서론이나 싫어하지는 않습니다. 서론에 매우 좋은 문제들이 있다고 하더라도, 서론은 다른 양식으로 쓰입니다. 저에게 있어서 이 책은 "하나의 포괄자는 형태로 나뉜다"[415]는 문장이 나올 때까지 실제로 시작되지 않습니다.

저는 『모나트*Monat*』에 게재한 자유에 관한 당신의 에세이[416]를 매우 좋아합니다 — 다시 한번 레싱의 양식, 오히려 레싱의 정신에서 아주 완벽합니다.[417] 그 외에 저는 문화자유회의[418]가 완전히 만족스럽지 않았다고 생각합니다. 저는 이그나치오 실로네[419]의 언급 가운데 일부가 매우 좋으며 감동적이라고 생각했습니다.

『논평』측은 유대인과 독일인에 관한 엘리엇 코헨의 베를린 연설문[420]을 당신에게 보냈고, 독일에서 집필한 저의 보고서 「나치 지배의 여파」[421]를 당신에게 보낼 것입니다. 당신이 그 보고서에 대해 뭐라고 말할지 궁금합니다. 저는 공평하려고 노력했고, 당신은 제가 괴롭다기보다 슬프다는 점을

---

[414] 이것은 포월 양태의 상호 관계에 대한 도식적 표현을 의미한다.
[415] *Von der Wahrheit*, 47.
[416] Karl Jaspers, "Über Gefahren und Chancen der Freiheit," *Der Monat* 2, no. 22-23(1949~1950): 396-406.
[417] 고트홀트 에프라임 레싱(Gotthold Ephraim Lessing, 1729~1781)은 독일 극작가이며 비평가였다.
[418] 1950년 베를린에서 개최한 문화자유회의이다. 편지 142의 각주 11을 참조할 것.
[419] 이그나치오 실로네(Ignazio Silone, 1900~1978)는 반파시스트 이탈리아 작가이다.
[420] Elliot E. Cohen, "What do the Germans propose to do? An Address to the German People," *Commentary* 10(September 1950): 225-228. 이것은 베를린 문화자유위원회에서 코헨의 대화였다.
[421] Hannah Arendt, "The Aftermath of Nazi Rule: Report from Germany," *Commentary* 10(October 1950): 342-353.

볼 수 있기를 바랍니다. 코헨의 연설에 관한 사항입니다. 베를린 사람들은 문화자유회의의 의심쩍은 지침 아래 코헨에게 또는 코헨을 거쳐 토론에 참여하라는 초청장을 유대인에게 발급했습니다. 의제와 관련한 사항입니다. 배상 문제, 쫓겨난 사람들,**422** 과거의 불법행위와 새로운 오해(원문 그대로임!)에 관한 몇 가지 다른 시시한 말. 간단히 말하면, 신사들은 독일 문제에 대해 언급하지 않고 유대인 문제에 대해 말하거나 그들을 불쾌하게 하는 모든 것에 압력을 가하려고 생각합니다. 이곳에 초청을 받은 사람들 가운데 이 문제에 대해 항상 명백한 입장을 지닌 사람은 (아마도 호이스를 제외하고**423**) 단 한 사람도 없습니다. 당신을 언급하지도 않았고, 코곤이나 슈테른베르거 또는 다른 사람도 언급하지 않았습니다. 무엇보다도 정해진 시간은 크리스마스였습니다. 그것은 그저 멍청한 실수였지만, 그 상징적 의미에 대한 명백한 언급은 있었습니다. 간단히 말하면, 몰염치·요령부득·무능의 혼합물이었습니다. 엘리어트 코헨에게 있어서 그것은 꽤 끔찍했습니다. 모든 사람은 제가 당신에게 그렇게 말했다고 자연스럽게 말했기 때문입니다.

헬렌 비에루조프스키는 하이델베르크에서 당신의 경험에 대해 저에게 말했습니다. 물론 그들은 앞서 당신의 글을 읽어야 합니다. 그러나 당신은 할 수 있다면 강의를 정기적으로 해야 합니다. 학생들과 만남은 정말 멋졌고, 저는 강당이 가득 차서 기뻤습니다. 짐작건대, 교수들은 위선이 전적으로 쓸데없다는 점, 그리고 누구든지 꽤 공개적으로 '점잔 빼는 더러운 셔츠를 착용한bekleckerten Hemdenbrüste' 사람들에 의한 정부를 창설할 수 있다는 점을 나치로부터 배우고 기억했던 것 같습니다. 저는 이것이 실수라고 생각합니다. 이것은 자신의 힘에 대한 확신과 이 나약하고 시시한 존재들이 전혀 갖지 않은 권력에 대한 탐욕을 상정하기 때문입니다.

---

422 편지 43의 각주 119를 참조할 것.
423 테오도르 호이스(Theodor Heuss, 1884~1963)는 1949~1959년 독일연방공화국 대통령이었다.

정말이지, 독일 — 어제 저는 당신에게 편지를 써야 한다고 생각했을 때, 라디오를 통해 〈후궁에서의 탈출Einführung aus dem Serail〉을 들었습니다. 그리고 이른바 실제 오늘날의 독일은 전반적으로 기이하고 불결한 환상인 것 같았습니다.

뤼스토프에 관한 사항입니다. 저는 머지않아 출판사에 우호적인 말을 몇 자 적어 편지로 보낼 것입니다. 당신의 추천 또는 비추천은 전적으로 옳습니다. 이런 종류의 추상적인 비교 방법에서 실재인 모든 것이 결국은 파괴되고 사유의 실재도 이와 함께 파괴되는 것은 이상합니다. 모든 게 지루해지는군요. 토인비는 이 방법을 상당히 높은 수준으로 전개하고 있습니다. 결국, 아무것도 남지 않고 도전과 응전 또는 덧붙이기 또는 이것저것입니다. 가장 나쁜 것은 누군가 어떤 범주 체계를 이용하든 간에 모든 것이 '정상적'이라는 점입니다. 요리하는 동안 그렇듯이, 당신은 넣지 않은 것을 꺼낼 수 없기 때문입니다.

우리는 문제가 없습니다. 남편은 뉴스쿨에서 강의를 시작했으며 즐기고 있습니다. 저는 요란한 불평과 함께 저의 저서를 교정하는 작업을 마쳤으며, 그 색인을 다른 사람에게 떠넘겼습니다. 그래서 즐겁게 시간을 보내며 플라톤의 저서, 즉 『정치가』·『법률』·『국가』를 읽고 있습니다. 그리스어 실력은 천천히 되살아납니다. 음악을 많이 듣고 있습니다. 역시 친구들을 만납니다. 코이레[424]는 오늘 아침에 갑자기 전화했습니다. 대단히 기뻤습니다.

저는 허버트 리드로부터 어떤 소식도 듣지 못했습니다. 어쩌면 당신이 다시 문의해야 합니다.

저는 내년 생모리츠 방문에 관해서는 감히 생각하지 못합니다. 당신이 원하신다면, 저는 이번 가을 유럽에 '갈' 수 있었습니다. 그러나 저는 정말

---

[424] 알렉상드르 코이레(Alexandre Koyré, 1892~1964)는 프랑스 철학자이며 전쟁 기간에 미국으로 이주했고 뉴욕의 뉴스쿨에서 학생을 가르쳤다. 편지 353을 참조할 것.

원하지 않습니다. 내년에 더 가고 싶습니다. 남편과 아직 상의하고 있습니다. 곧 남편 사진을 보내드릴 것입니다. 그는 말을 들으려 하지 않고 자신의 작업 계획을 엉망으로 만드는 어떤 것이든 의심합니다.

두 분에게 진심을 전합니다. 에르나에게 안부를 부탁합니다.

한나 올림

편지 106 **아렌트가 야스퍼스 부부에게**

1950년 12월 25일

친애하는 친구분들께—

1년 전 오늘 저는 두 분과 함께 있었지요. 계획한 대로 다음 해에 두 분을 만날 줄 알았다면, 저는 마음이 더 편했을 것입니다. 그러나 그사이에 이른바 세계의 사태는 이 세기에 매우 불쾌하게 특징적인 속도로 진행되었기에, 당신은 늦여름 계획을 세우는 것은 말할 것도 없고 다음 편지를 보낼 수 있을지를 거의 알지 못합니다. 그러나 당신은 물론 알지 못하며, 세계가 불길에 휩싸이지 않는 한, 모든 것은 다소간 다시 제대로 될 수 있을 것입니다.

그래서 평상시보다 오늘 저는 바젤에서 보낸 날들, 아름답고 유난히도 아름다운 밝은 빛, "자매들과 같지만 물론 정확히 서로 같지 않게" 서로 닮은 수많은 시간에 대해 다시 기쁘게 생각하고 있습니다. 남편이 기쁘게도, 저는 당신과 함께 지낸 그 날들을 실제 상기시키며 어린 시절 이후 처음으로 작은 나무를 샀습니다. 그런 까닭에 이게 저에게 더는 당혹스러운 일이 아니라 기쁨을 주고 실질적인 의미를 지닙니다.

저는 여전히 쿠르티우스의 책[425]에 대해 당신에게 신세를 지고 있습니다.

---

[425] 루드비히 쿠르티우스(Ludwig Curtius, 1874~1954)는 고전 고고학자이며, 무엇보다도 1920~1928년 하이델베르크 교수였고 이후 야스퍼스의 가까운 친구였다. 이것은 아마도 다음 저서와 연관

이 책을 과거 세계에서 온 환영 인사말과 같이 읽었습니다. 고트샬크가 당신의 형제들**426**과 친구를 통해 책을 가지고 왔지만, 우리는 그 책을 아직 읽지도 못했습니다. 생각해주셔서 고맙습니다. 저는 11월 말 처음으로 노트르담대학교**427**와 시카고대학교의 강의로 미국 중서부에 있었습니다. 매우 기뻤습니다. 특히 노트르담대학교의 학생들과 저의 목적에 매우 개방적인 교수들에게 역시 기뻤습니다. 구리안은 두려움과 떨림 속에서 저를 초청했습니다. 이 가톨릭계 대학교에서 여성은 이전에 연단에 서 본 적이 없기 때문입니다. 구리안은 살인적인 추위에도 불구하고 문자 그대로 진땀을 흘리고 있었습니다. 이 모습이 저를 매우 간지럽게 하였기에, 습관적인 무대 공포증을 완전히 잊었습니다.

제가 돌아왔을 때, 마르크스와 프로이트**428**에 관한 당신의 탁월한 논문을 확보하고 있던 『모나트』측은 저를 기다리고 있었습니다. 이것을 다시 한번 읽는 과정에서 다음과 같은 점은 저에게 명백해졌습니다. 즉 당신의 철학을 표현한 『진리에 대하여』는 폭군처럼 활동하는 방식으로부터 사유를 얼마나 많이 벗어나게 하며, 사유 형식과 방법으로서 소통은 '변론적advokatorisch' 사유뿐만 아니라 순수한 논리적 사유와 얼마나 많이 대조되는가. (저는 플라톤의 대화편을 읽었으며 철학과 폭정 사이의 친화성이나 합리적 폭정, 결국 이성의 **폭정**에 대해 가지고 있는 철학자들의 편향성에 대해 많이 생각했습니다. 누구나 철학을 통해 인간 자체를 위한 **그 진리**를 발견할 수 있다고 믿는다면, 이런 편향성은 불가피합니다.) 저는 당신의 시야에서 마르크스의 명예를 구하려고 노력하고 싶습니다. 당신이 그에 대해 말하는 것이 옳기 때문이 아닙니다. 그 밖에(그리고 그것뿐만 아니라) 정의에 대한 열정

된다. 『독일과 고대 세계: 인생 회고(*Deutsche und antike Welt: Lebenserinnerungen*)』(Stuttgart, 1950).

426 Ernst Mayer, *Dialektik des Nichtwissens*, with a forward by Karl Jaspers(Basel, 1950).
427 아렌트의 친구 발데마르 구리안은 노트르담대학교 교수였다. 편지 39의 각주 87을 참조할 것.
428 Karl Jaspers, "Marx und Freud," *Der Monat* 3, no. 26(1950~51): 141-150.

이 목덜미를 잡은 혁명가 마르크스가 있습니다. 그리고 이것은 마르크스와 헤겔을 아주 극심하게 떼어놓고, 제가 보기에 전적으로 가시적이지 않으면서도 매우 강력한 방식으로 마르크스와 칸트를 결속시킵니다.

우리가 사는 장소가 다시 급격하게 변한다는 것을 제외하고 달리 새로운 것은 없습니다. 이 나라는 처음으로 불안에 영향을 받습니다. 누구든지 일반적인 분위기를 판단할 수 있는 한, 사태는 매우 좋아 보이지 않습니다. 사람들은 전쟁을 찬성할 수 있지만, 전쟁이 원자폭탄으로 해결될 수 있다고 생각하고(희망하고) 있습니다. 사람들이 그런 생각의 비정상을 결국 깨달을 때 분위기가 어떻게 바뀔지 알기란 어렵습니다. 그러나 아직도 이런 전쟁 분위기는 말도 안 되고 위험합니다. 이런 분위기의 한 징후는 군징집에 응소하지 않은 젊은이의 비율이 특이하게 높다는 점입니다. 모든 시민의 의무적인 신고제도 없는 이곳에서 자신의 이름을 단지 숨기기란 매우 수월합니다. 저는 미국 군대가 지원군이라고 항상 생각했습니다.

이 편지는 오히려 낙담스러운 신년 편지라는 게 걱정입니다. 이제 행운과 안녕을 빕니다!

한나 올림

편지 107 야스퍼스가 아렌트에게

1951년 1월 7일

친애하는 한나!

당신이 다른 사람들뿐만 아니라 친구들에게 얼마나 친절하고 인내하는가! 내가 이를 알지 못했다면, 실망해야 할 것이오. 귀중한 편지 두 통 — 10월 4일과 12월 25일 편지 — 은 이곳 내 앞에 있고 답장을 아직 못 보냈네요! 나는 변명하지 않지만, 당신의 엄청나고 위험한 기질이 이번에는 용서에서 매우 풍요로울 뿐만 아니라 어떠한 거짓 결론도 끌어내지 않는 점을 확신하고, 당신이 얼마나 사랑을 받고, 우리에게 얼마나 다시없이 귀중하며, 오늘날 인간의 상황에 대한 모든 평가에서 당신이 우리의 삶에 얼마나 현존하는가를 알았소. 아마도 우리는 당신을 다시 만날 것이라는 전망을 너무 당연하게 생각하고 있는 것 같구려. 그러나 이제 나는 당신의 편지에 있는 주요 사항에 무작위로 답변할 것이오.

나는 당신의 독일에 관한 보고서, 「나치 지배의 여파」[429]를 좋아했으며 이것에 대해 의구심을 갖지 않소. 이 보고서는 실제로 쓰라림이 아니라 무언의 슬픔이 특징이오. 당신은 현실을 목격하고 해석하면서도 물론 독일인들에 특별한 관심을 보이지 않았소. 이 관심은 당신의 임무가 아니기 때문이오. 이 관심은 나와 더 많이 연관되지만, 나 역시 언젠가 독일의 꿈을 저술할 때까지 그것에 어찌할 바를 모르오. 나는 엘리엇 코헨의 언급[430]을 별로 좋아하지 않았소. 그것은 서로를 다루는, 즉 한 강대국과 다른 강대국 사이의 전술적 거래의 한 형태라오(아아!). 유대인과 독일인 사이 전술적 거래의 한 형태라오. 그런 식으로 말하는 것은 나에겐 무의미하다는 생각이 든다오. 그런 거래는 인간에 대한 애정이 없으며, '의로움'에도 불구하고 유대인임이란 의식에 그토록 뿌리를 두고 있소. 누구도 반대 주장 말고는 그것에 대응하지 않을 것이오. 그곳[431](그리고 가끔 다른 곳) 독일인들의 무뚝뚝함과 뻔뻔스러움은 분명하오. 올바른 대응은 합당한 질문을 제기하면서 그런 일들을 무시하고 벗어나는 것이나 의로운 분노인 것 같구려. 그러나 나는 이런 '평온한' 협상의 분위기가 당혹스러운 일이라고 생각하오. 그것의 '의로움'에 관한 한, 문제는 한낱 시간의 경과(즉 5년)가 현실이 아닌지. 수행된 것과 우연히 발생한 것이란 현실에도 불구하고 상황은 변하오. 누구도 시간을 무시하고 오늘을 마치 여전히 1945년인 양 말할 수 없소. 다수의 독일

---

[429] 편지 105의 각주 421을 참조할 것.
[430] 편지 105의 각주 420을 참조할 것.
[431] 1950년 베를린 문화자유위원회. 편지 142의 각주 11을 참조할 것.

인은 사실 반응하지 않았소. 반응을 보였던 사람들 — 당신은 몇 사람의 이름만 거론했소 — 은 "그 독일인들"을 집단으로 보지 않는다오. 무반응, 즉 스스로 죄책감을 느끼는 것에 대한 거부라는 사실 — 우리에게 심각한 도덕적·지적 결과라는 무시무시한 사실 — 이 존재하는 곳에서, 누구든 계속 반응을 요구할 수 없소. 그것은 도움이 되지 않고 상황을 변경시키지 않는다오. 5천만 명에 속하는 이 독일인들과 타협하고 인간적 수준에서 협상하든지 아니면 이들을 살해할 것인지 결단만이 남아있소. '죄책감'에 관한 논의의 결과로서, 사적 영역은 광범위한 공중에서 가능한 것에 빛을 밝힐 수 있소. 나는 하이데거의 "죄책감 고백"[432] 이후에도 그와 편지를 주고받으면서 억제했소. 그 고백은 순수하지 않았고 진정한 이해를 담고 있지 않았기 때문이오. 그 고백은 불필요하고 중요하지도 않았소. 누구든지 인생의 어디선가 — 시간의 경과 때문에 — 어쩔 수 없이 사태가 시야에서 사라지게 해야 하오(그러나 이것들을 잊지 않는다오). 무한하고 억제되지 않으며 절대로 완성되지 않은 조명의 기쁨은 진정한 친구들만을 결합할 수 있소. 누구든지 하나를 다른 하나로 착각해서는 안 되오. 엘리엇 코헨은 온갖 선의로 혼동했던 것 같다오. 나는 여러 쪽 분량의 답장을 그에게 보냈지만, 이후 그것을 보내지 않았소. 나는 그가 저지른 실수를 똑같이 하고 있다는 것을 깨달았고 우리 사이 그렇게 여전히 불명료한 공통 기반에 대해 실제로 공개적으로 말할 수 없었소. 나는 『책임 문제』에 대한 할페른의 비판[433]을 역시 회상했고 다음과 같이 생각했소. 즉 당신의 의견을 한번 말하고 나서 침묵을 지켜라. 이것은 아마도 이 경우에 취할 최선의 일이오.

『모나트』에 게재한 제국주의에 대한 당신의 논문[434]은 훌륭하오. 나는 당

432　이것은 아마도 하이데거가 야스퍼스에게 보낸 1950년 3월 7일자 편지를 지칭한다. 그는 이 편지에서 1933년 "나는 단지 부끄러웠기 때문에" 하이델베르크와 야스퍼스의 집에 전혀 발을 들여놓지 않았다고 말한다.
433　편지 75와 77을 참조할 것.

신의 저서를 열렬히 기다리고 있다오. 이 영국인들의 정신에 대한 당신의 분석은 나에게 새로운 것을 알려주었고 완전히 설득력 있소. 일들이 결국 그런 방식으로 지속할 수 없었다는 것은 분명하오. 당신은 저서에서 이야기의 다른 측면에 대해 언급하는지요? 즉 만약 우리가 세계 제국을 갖게 된다면(그리고 세계 제국은 기원전 3세기 사르곤 왕[435] 이후 여전히 불가피한 것 같소), 어느 제국도 대영제국만큼 — 모든 독재를 말할 필요도 없고 로마 제국보다 훨씬 더 좋은 — 인간적이고 자비로우며 자유주의적이지 않았소. 영국인들은 자신들을 해방하고 영연방의 자유로운 연합에 대한 질문을 자신들에게 제기할 수 있도록 여러 민족에게 지적인 무기, 최종적으로 물질적인 무기를 제공했기 때문이오. 그러나 이것은 어쩌면 당신의 책과는 전적으로 무관하오.

당신은 『진리에 대하여』를 읽었다오. 그리고 당신은 이것에 대해 말할 아주 아름다운 의견을 갖고 있고, 나는 그것에 충분히 동의할 수 있소. 물론 당신은 내가 성취하려고 하는 것을 아주 잘 파악했네요. 당신은 관대하고 자비로운 눈으로 내가 그 목적에 이르지 못한 것을 간파하고 있소. 나는 물론 당신이 언급한 것을 읽고 행복했소. 당신의 입에서 나오는 찬사는 매우 환영하오. 그러나 제발 결점들을 무시하지 마오.

나는 하이델베르크대학교 강의 원고[436]를 곧 당신에게 보낼 것이오. 당신은 이것들 가운데 첫 번째 원고, 즉 『모나트』에 게재한 자료를 읽었소.[437] 강의 원고는 내 강의를 들은 독일 학생들을 위해 '교육학적으로' 진술한 옛 자료들이라서 새로운 것은 없소. 나는 강의와 연계하여 콜로키움을 가졌고 서면 질문을 요청했소. 첫째 강의와 관련하여 12개 이상의 질문을 받았지

---

[434] Hannah Arendt, "Der imperialistische Charakter: Eine psychologische-soziologisce Studie," *Der Monat* 2, no. 24(September 1950): 509-522.
[435] 아카드의 사르곤(Sargon of Akkad, 기원전 2340~2305)은 메소포타미아의 첫 번째 셈왕조의 건국자였다.
[436] 편지 102의 각주 401을 참조할 것.
[437] 편지 106의 각주 428을 참조할 것.

만, 모든 질문이 정신분석에 관한 것이고 마르크스에 관한 질문은 없었소. 나는 놀랐고 이것을 로스만에게 언급했소. 그는 다음과 같이 매우 단순하게 말했소. 누구도 여기서 마르크스에 대해 감히 언급하지 않습니다. 점령 당국을 고려해 적극적으로 말하지 않고, 러시아인들이 올 것이라서 소극적으로 말하지 않습니다. 나는 로스만의 말에도 불구하고 그것을 믿지 않소. 그것은 아마도 **어떤** 정치적인 **것에도** 관심이 없기 때문이오. 내 하이델베르크대학교 세미나에서 마르크스주의자들과 싸웠던 옛날과 얼마나 다른지!

플라톤과 "이성의 폭정." ― 그렇다오. 당신이 그것을 얼마나 옳게 보는지! 최근 나는 박사학위 심사에서 자기 분야의 한 사람으로서 플라톤을 제시한 박사학위 후보자에게 다음과 같이 질문했소. 즉 1933년 베를린의 발터 데 그루이터출판사가 『플라톤과 히틀러*Plato and Hitler*』[438]라는 책을 출간한 것은 어떤가! ― 그러나 누구든 비플라톤적이지 않은 채 플라톤이 **한때** 범한, 그리고 잠정적으로만 범한 오류를 반복할 수는 없소. 결국, 상황이 심각해졌을 때, 플라톤의 첫 번째 '테러' 행위는 디오니시우스[439]에게 수학을 가르친 것이었소.

내가 보기에 그것도 칸트와 마르크스 사이의 근본적 차이라오. 당신은 마르크스와 칸트를 연결하는 정의正義에 대한 마르크스의 열정을 우호적으로 언급한다오. 당신이 여기 있다면, 우리는 긴 대화를 시작할 수 있을 것이고, 나는 당신의 남편으로부터 지원을 기대했을 것이오. 내가 보기에 근본에서 순수하지 않으며 처음부터 부당한 마르크스의 열정은 그 활력을 인간의 형상을 지니지 않은 부정적인 것, 에제키엘식 유사 예언자의 증오 화신에서 끌어냈소.[440] 예컨대, 이런 정의의 실천은 바이틀링,[441] 라살레[442]

---

[438] Joachim Bannes, *Hitlers Kampf und Platos Staat: Studie über den ideologischen Aufbau der nationalsozialistischen Freiheitsbewegug*(Berlin, 1933).

[439] 시러큐스의 참주 아들 디오니시우스(기원전 367~357년과 347~344년)는 기원전 366년과 361년 궁정에서 플라톤으로부터 교육을 받았다. 플라톤의 「일곱째 편지」를 참조할 것.

와의 논쟁, 그리고 다른 사람들과의 논쟁에서 나타난다오. 여기에서는 칸트 정신의 흔적을 보지 못하오. 엥겔스의 경우 이것은 다르다오. 나는 여기에서 당신의 의견에 동의하오. 당신은 엥겔스가 집필한 『공산당 선언Communist Manifesto』 초안을 읽었는지요?[443] 마르크스의 편집은 인간적인 문장을 모두 들어내고 원본을 선전적으로 더욱 명료하고 엄청 강력하게 만들었소. 나는 그에게서 '악한' 인격 이외에 어느 다른 것도 볼 수 없소. 레닌은 그를 정확하게 이해했소. 독일 사회민주주의자들은 그렇지 못했소. 그러나 당신은 자신의 우호적인 견해를 지지하기 위해서 마르크스의 저작에서 많은 부분을 발견할 수 있을 것이오. 그러나 나는 여기서도 보통 그 분위기가 의심스럽다고 생각하오.

남편은 강의를 시작했구려. 당신은 남편이 첫 강의를 했다는 내용을 편지로 보냈다오. 그것은 여전히 사례인지요? 당신이 약속한 그의 사진은 아직 도착하지 않았소. 나는 아직도 그에 대해서 잘 모르오. 그러나 그를 진정한 동지로 생각하오.

이제 세계 상황에 관한 사항이오. 우리는 당신만큼 아는 게 없네요. 나는 전쟁에 대한 미국 주민들의 성향, 그리고 문제가 기술로 해결될 수 있다고 믿는 우매함을 언급한 당신의 편지를 약간 낙담하며 읽었소. 애치슨[444]은 그런 견해를 유지하는 것 같지는 않다오. 우리가 애치슨과 마셜[445]에 대해

---

[440] 예언자 에제키엘에 대한 야스퍼스의 견해를 이해하기 위해 다음 자료를 참조할 것. Karl Jaspers, "Der Prophet Ezekiel: Eine pathographische Studie"(1947) in his *Aneignung und Polemik: Gesammelte Reden und Aufsätze zur Geschichte der Philosophie*, ed. H. Saner(München, 1968), 13-21.
[441] 빌헬름 바이틀링(Wilhelm Weitling, 1808~1871)은 최초의 독일 공산주의 이론가였다.
[442] 페르디난드 라살레(Ferdinand Lassalle, 1825~1864)는 독일의 마르크스 추종자였고 독일 사회민주당의 창설자였다.
[443] 야스퍼스는 분명히 여기에서 구스타프 마이어의 다음 저서에 의존하고 있다. Gustav Mayer, *Friedrich Engels: Eine Biographie in zwei Bänden*, 2nd ed., 1(Berlin, 1933): 245ff. 284ff.
[444] 에치슨 경(1893~1971)은 1949~1953년 미국 국무장관이었다.
[445] 조지 마셜(George C. Marshall, 1880~1959)은 전쟁 기간 미국 육군참모총장이었고 1947~1949

읽었는데, 이것은 내 자신감을 북돋운다오. 미국은 러시아의 함정에 빠져서는 안 되오. 모든 '증거'는 스탈린이 현재 전쟁을 원할 수 없다는 점을 암시하는 듯하오(그러나 당신과 같은 유대인은 여전히 옳소. 나는 그가 그것을 알고 있는지 알지 못하오). 장기적인 무기 통제 협상이 성공한다면, 우리는 불가능해 보이더라도 장기간 평화를 유지할 수 있소. 어쩌면 그 순간 더 큰 위험은 미국인들이 인내심을 잃는 것이오. 미국인들은 한국에서 철수해야 할 것이며, 최악의 경우 항구적인 전쟁상태에서 한국에 교두보를 유지해야 할 것이오. 미국인들이 중국을 기소하고 중국이 한국의 독립을 인정하고 그들의 차이를 '법적으로' 해결할 때까지 대만을 점령하고 유지하겠다고 선언한다면 사정은 어떻겠는지요? 그러면 그들은 체면을 유지하지만, 지속하는 전쟁에 사로잡히지 않을 것이오. 게다가 인도차이나를 고수하는 것도 거의 불가능할 것이오. 그러나 항구적인 봉쇄 — 영국의 재계 이외에는 아무것도 성가시게 하지 않는 — 는 긴 안목으로 보면 러시아에 대한 모든 세력의 조직화와 더불어 성공할 것이오.

미국인들은 한국에 너무 깊이 파고들면 아테네인들이 시러큐스에서 패배했던 것과 같은 식으로 출혈로 죽을 것이오.[446] 중국인들은 수백만 명을 죽일 수 있을 것이오. 즉 중국의 인구가 여전히 엄청날 것이오. 그들은 되는대로 굶주리고 있소. 중국과의 전쟁은 완전히 미친 짓이오.

이번 여름 남편과 함께 가는 당신의 방문에 희망을 꼭 품고 있네요. 달리 어쩔 수 없구려. 우리는 우리 세계를 구성하는 모든 게 한 달 내에 일소될 수 있다는 의식을 갖고 다시 살아야 하오. 아무튼, 나는 그것이 발생하리라는 것을 완전히 믿을 수 없소. 사태가 어떻게 되든, 사람들이 할 수 있는 일

년 국무장관이었으며, 이 당시(1950~1951년)에는 국방부 장관이었다. 그는 유럽의 복구 노력을 지원하는 마셜 플랜을 제안했다.
[446] 기원전 415~413년 시러큐스를 정복하기 위한 시칠리 원정은 아테네에 파국적인 패배를 안겨주었다.

에는 아무것도 변하지 않는다오.

신년에 따뜻한 인사와 소원을 기원하오. 두 사람 모두 즐겁고 현명하게 유지하며, 결국 모든 사람을 계속 사랑하지요!

카를 야스퍼스

노트르담대학교에서 성공한 강의는 나에게 당연한 일이라는 인상을 주기에, 이것에 대해서는 언급하지 않겠소. 구리안은 당신을 위해 흘린 "진땀"에 찬사를 받아 마땅하오. 아마도 그것은 부러워하는 악마가 요구하는 것이오.

편지 108 **야스퍼스가 아렌트에게**

바젤, 1951년 2월 15일

친애하는 한나!

당신의 책[447]이 방금 도착했네요. 이 책 ― 내가 대단히 고대했던 책 ― 을 읽기 이전에도 당신에게 바로 감사하고 싶으며, 책이 우리 손에 있다는 것을 당신에게 알리오.

멋있는 책으로 출판되었고, 아주 합당한 소매가라오!

당신은 내가 얼마나 자랑스러운지, 아니 당신이 제사題詞[448]를 통해 알린 연대로 내가 얼마나 행복한지를 알고 있소.

내가 그렇게 많은 신뢰를 받을 자격이 없다는 사실에도 불구하고, 나는 당신의 개인 이력에서 당신의 박사학위를 지도한 사람으로 항상 언급되고

---

[447] Hannah Arendt, *The Origins of Totalitarianism* (New York, 1951). 아렌트의 "제국주의 저서"에 관한 모든 이전의 논평은 이 저작과 관련된다.
[448] 편지 103과 편지 103의 각주 406을 참조할 것.

있다는 점을 보면서 즐겁소.

당신과 남편에 따뜻한 마음을 담아
카를 야스퍼스

나는 서문을 즉시 읽었소. 내가 보기에 대작답구려. 우리 시대의 상황과 임무가 그렇게 명료하고 단순하며 생생하게 묘사된 점을 지금까지 본 적이 없소.

그리고 결론을 이미 부분적으로 읽었소. 그 요구가 훌륭하오. 그 요구는 어쨌든 완전히 옳고 필요하오. 그러나 우리는 모든 사람이 인정할 지점에 어떻게 도달할 것인가? 인정받는 것은 단지 요구하는 것보다 분명히 오래 걸릴 것이오.

야훼가 시야에서 너무 멀어지지 않았는지?

편지 109 **아렌트가 야스퍼스에게**

1951년 3월 4일

친애하고 존경하는 분께—

감기가 저를 붙잡고(당신도 아시듯이, "감기가 가게 밖에 도사리고 있다가 문밖으로 나오는 피해자들을 붙잡는다"[449]) 거의 2주 동안 저를 전적으로 기운이 없게 했을 때, 이 편지는 생일 편지였어야 했습니다. 저는 전보를 보내려고 했지만, 두 분이 이 나라에 사는 친척이 많기에 해외 전보로 놀랄 수 있다고 생각했습니다.

저는 그 책이 당신의 생일을 위해 준비되어 있어서 기쁩니다. 이 책은 서점에 아직 없지만, 이번 달 말에 비치될 것입니다. 책의 첫머리에 제사題詞를 써넣지 않았을 때, 저는 무언가가 부족하다는 것을 알았습니다. 이후 제

---

[449] 이것들은 크리스티안 모르겐스테른의 시 「감기」의 처음 두 연이다.

사의 분위기는 제가 마치 당신의 문장을 통해 해방된 것 같이 원래 기획했던 것과는 매우 다른 서론을 쓰도록 고무시켰습니다.

"야훼가 시야에서 너무 멀어지지 않았는지?"라는 당신의 질문은 지금까지 몇 주 동안 그 해답을 제시하지 못한 채 제 마음속에 맴돌고 있습니다. 저는 결론의 장에서 겨우 저 자신의 문의에 하나만을 발견할 수 있었습니다. 저는 개인적 수준에서 하느님에 대한 일종의 (의심할 수 없기에 유치한?) 신뢰(알고 있으며, 따라서 회의와 역설에 대항해야 한다고 생각하는 믿음과는 구별되는 것)로 인생을 살아갔습니다. 그 결과 누구든 행복한 것 이외에 당연히 어느 것도 시작할 수 없습니다. 유대교든 기독교든 모든 전통적 종교는 더 이상 저에게 아무런 가치가 없습니다. 저도 종교가 어디서든 어떤 방식으로든 법과 같이 아주 분명하게 정치적인 것의 기반을 제공할 수 있다고 생각하지 않습니다. 악은 기대된 것보다 훨씬 더 근본적임이 증명되었습니다. 객관적인 관점에서 볼 때, 현대의 범죄는 십계에 규정되어 있지 않습니다. 혹은 그 비슷하게, 서양의 전통은 인간이 범할 수 있는 악한 것이 이기심의 악덕에서 발생한다는 편견으로 시달리고 있습니다. 그러나 우리는 최대의 악 또는 근본적 악이 인간적으로 이해할 수 있는 사악한 동기와 이제는 아무런 관계가 없다는 것을 알고 있습니다. 저는 근본적 악이 실제로 무엇인지를 모르지만, 이것은 다음과 같은 현상과 관계가 있는 것 같습니다. 즉 인간으로서 인간을 쓸모없게 만드는 것(인간으로서 본질을 손상하지 않은 채 인간의 존엄에만 손상을 입히는, 목적의 수단으로 인간을 이용하는 것이 아님)이 아니라 오히려 인간의 자격으로 인간을 쓸모없게 만드는 것이다. 이런 일은 모든 예측 불가능성 — 인간에게 자발성과 같은 것 —을 제거하는 순간에 발생합니다. 그리고 결국 이 모든 것은 인간 개인의 전지전능(단순히 권력에 대한 탐욕이 아님)에 대한 환상에서 — 또는 더 적절하게 표현하면 환상과 함께 — 발생합니다. 인간으로서 개별 인간이 전지전능하다면, 복수의 사람들이 전적으로 존재해야 할 이유 — 일신론에서 하느님을 **유일자**ONE로 삼는 것은 하느님의 전지전능인 것과 같이 — 는 사실 없습니다. 그래서 이와 같은 방식으로 개별 인간의 전지전능은 인간을 쓸모없게 만들 것입니다. (제가 보기에 니체는 이것과 아무런 관계가 없으며, 즉 홉스도 그렇습니다. 힘에의 의지는 항상 더욱 강력해지고 비교의 범주 내에 여전히 존재하기를 원합니다. 비교는 여전히 인간 실존의 한계를 존중하며 최상급의 광기로 나가지 않습니다.)

저는 철학이 이 매우 난처한 처지에서 전혀 순수하지 않다는 점을 어렴풋이 알아챕니다. 물론 히틀러가 플라톤과 어떤 관계가 있다는 의미는 아닙니다. (제가 전체주의 정부의 요소들을 따로 떼어내려고 그렇게 고심하는 한 가지 강렬한 이유는 플라톤에서 시작되어 니체에 이르기까지 서양의 전통이 어떤 그런 의혹에서 벗어나 있다는 것을 보이는 것이었습니다.) 대신에, 서양 철학이 정치적인 것을 구성하는 것이란 명료한 개념을 결코 갖지 못했고 가질 수 없었다는 의미에서 그렇습니다. 서양 철학은 필연적으로 인간 개인을 언급하고 있고 다원성이란 사실을 약간 스칠 정도로 취급합니다. 그러나 저는 이 모든 것을 편지에 담지는 않을 것입니다. 이것에 대해 어느 것도 전적으로 숙고하지 못했습니다.

1월 초 당신의 훌륭한 장문의 편지에 대해서도 지극히 오랜 시간 답장이 없었습니다. 저는 특별히 엘리엇 코헨의 논문에 대한 당신의 탁월한 비판을 확보하게 되어 기쁩니다. 사안이 저를 불안하게 했지만, 저는 어떻게 하는지 정확하게 결코 말할 수 없었기 때문입니다. 이제 모든 것을 설명하는 방식은 방 전체를 다시 따뜻하고 밝게 만듭니다. 당신은 전적으로 옳습니다. 모든 대응은 '반론'이었습니다.

영국 제국주의에 관한 사항입니다. 영국 제국주의에 관한 가장 좋은 점은 이것이 어떻게 청산되었고, 결국 모국의 손상되지 않은 국가 제도가 어떻게 영국 제국주의 정당의 실제적인 의도를 항상 좌절시켰느냐의 문제였습니다. 제가 보기에 영국 제국주의를 로마 제국과 비교하는 것은 어렵습니다. 로마의 통치가 추정하건대 훨씬 더 잔인하고 절제적이지 못했다고 하더라도, 그것은 여전히 순수한 제국이었지 한낱 제국주의는 아니었습니다. 로마 정복자들은 외국 민족에게 로마법을 강요했고 이를 통해서 근대에 처참할 정도로 조악하게 만들어진 정부를 회피했기 때문입니다.

마르크스에 관한 사항입니다. 저는 조언을 얻고자 남편에게 즉시 전화를 했고, 그는 당신의 의견에 전적으로 동의했습니다. 남편은 마르크스가 정의감이 없었지만, 자유의 감각이 있었다고 생각합니다. 저는 반복하여 전반적인 사항을 생각했습니다. (초기 저작인)『목재 절도법에 대한 토론Debatten über das Holzdiebstahlsgesetz』450에 대한 생각이 떠올랐습니다. 여기에서 마르크스는 상품경제를 통한 인간과 자연의 탈자연화를 분석했습니다. 즉 어째서 나무가 필요해서 마주 보고 서 있는 두 사람이 더 이상 아니라 나무 주인과 나무 도둑이며, 어째서 나무는 더 이상 중요하지 않은가요. 이런 두 가지 일은 모두 ― 인간의 탈인간화와 자연의 탈자연화 ― 마르크스가 사회의 추상화에 대해 언급했을 때 언급한 것이고, 이러한 일에 대한 저항은 만년의 마르크스에게도 여전히 살아있는 것 같습니다. 저는 마르크스를 학자로 옹호하려는 의도를 안 갖고 있으며(그가 비록 위대한 학자였지만, 학문은 그가 자신의 이데올로기적 덮개로 파괴한 바로 그런 것입니다) 확실히 철학자가 아니라 저항자와 혁명가로 옹호하려고 합니다.

피페르출판사가 하코트브레이스출판사에 편지를 보냈습니다. 대단히 감사합니다. 독일어판은 저를 기쁘게 할 것이며, 당신이 거래하는 같은 출판사에서 출간되는 것은 특별히 좋을 것입니다. 아마도 무슨 일이 생길 것입니다.

하이데거에 관한 사항입니다. 당신은 하이데거와 편지를 주고받는 과정에서 어색함을 느꼈다는 내용을 편지로 밝혔습니다. 저는 그것에 대해 아쉽습니다. 그의 "죄책감 고백"451의 순수하게 책임 있는 원인은 저였기 때문

450　Karl Marx, "Debatten über das Holzdiebstahlsgesetz"(1842), *Marx Engels Werke*, vols. 1-7(Moscow, 1927~35), 1: 109-147.
451　아렌트는 1950년 2월 프라이부르크에 있는 하이데거를 방문하였다.

입니다. "진정한 이해 없음"이란 당신의 말씀은 맞으며, 저는 그런 이유로 이 말씀이 이번에는 '참되다'고 생각합니다. 설명은 참되지 않았을 것입니다. 하이데거는 실제로 어떤 악령이 자신을 자기 소행으로 몰아넣었는가를 알지 못하며 이것을 발견할 위치에 있지 않습니다. 그는 너무 기뻐서 사태가 시야에서 사라지게 할 수 없었을 것입니다. 저는 그가 그렇게 하는 것을 분명히 막았습니다. 그가 30년 동안 끊어지지 않은 우정을 쌓은 후에야 진정한 친구에게만 쓸 수 있는 것처럼 편지를 썼다는 것은 당신의 말씀이 맞습니다. 그러나 그의 원래 반응이 얼마나 신중하고 얼버무리는지를 잊지 마세요. 보시다시피, 저는 양심의 가책을 느끼고 있습니다.

세계정세는 더 나아 보이지 않습니다. 저는 전쟁이 없을 것 같이 보이는 순간 항상 불안합니다. 저는 우리가 기대하지 않을 때 전쟁이 발생할 것이라는 점을 다소간 확신합니다. (이것은 친구인 쿠르트 블루멘펠트[452]를 기억나게 합니다. 그는 어떤 징후도 없기에 암에 걸렸다고 확신한다고 말하곤 했습니다.) 역사의 비정상적인 과정은 우리 모두를 일종의 심기증 환자로 만듭니다. ─ 저는 광적으로 통합된 유럽에 대한 희망을 고수하며, 한 번의 정확한 조치만으로도 최악의 상황을 회피할 수 있을 것입니다. 어쨌든, 저는 많이 생각하고 있는 다음 방문을 위한 시간이 아직도 있을 것이라고 확신합니다. 저는 남편과 끊임없이 토론하지만, 그의 의견을 바꿀 수 없습니다. 그가 주장하기를, 유럽에 간다면 역시 독일에 가야 할 것이며, 그게 자신이 하고 싶은 마지막 일입니다. 그리고 그의 일반적인 원칙은 이러합니다. 누구든 어쩔 수 없이 여행해야 한다.

저는 미국과 러시아에 관한 카를 바르트의 논문[453]을 입수했습니다. 아마도 당신은 이것을 보셨겠지요. 이것은 유럽 지식인들에게 매우 전형적이며

---

[452] 쿠르트 블루멘펠트(Kurt Blumenfeld, 1884~1963)는 중요한 시온주의자였고 아렌트와 아주 가깝게 지냈다.
[453] 아마도 자료일 것이다. Karl Barth, *Die Kirche zwischen Ost und West*(Zollikon-Zürich, 1949).

(그리고 지식인과 폭민의 구별을 유지하기란 대단히 어렵습니다) 아마도 제가 보고 싶지 않았던 이런 종류의 가장 부정직한 것입니다.

이 편지는 너무 길어졌습니다. 이제 그대로 유지돼야 할 것입니다. 저는 잠깐 방문하러 가고 싶습니다.

여느 때처럼
한나 올림

편지 110   **야스퍼스가 아렌트에게**

바젤, 1951년 3월 11일

친애하는 한나!

3월 4일자 당신의 편지는 정말 기뻤다오! 그래서 바로 지금 말하는 게 좋을 것이오. 모든 단락이 이것을 요구하오. 하느님에 대한 당신의 '어린애 같은' 믿음, 그게 철학이 아닌가요? 어딘가에서 우리는 어린이이고, 그렇지 않다면 우리는 살 수 없었소 — 그리고 한계를 설정하지 않는 모든 성찰은 모든 진실이 기본적으로 발생하는 비지성적인 충동으로 돌아가야 하는데, 우리는 이것에 감사하오.

선생으로서 당신 남편의 성공은 좋네요. 당신에게서 나오기를 원하지 않는 특이한 사람은 자신의 보물을 숨긴다오. 나는 그를 만나서 당신과 함께 그와 이야기하고 싶소. 그리고 이제 당신은 처음으로 그의 사진을 보냈구려. 이제 처음으로 그를 보고 있소.

나는 오래된 원고와 초고를 분류하고 있으므로 오늘 편지를 쓴다오. 일부 세미나 초고(셸링 세미나) 가운데 당신의 세미나 논문과 관련하여 토론을 준비하려고 적어넣은 몇 마디가 있는 종이를 발견했소. 그리고 이 세미나에 관한 당신의 편지.[454] 나는 당신이 이것을 상기하고 싶을 것이기에 이것들을 보낼 것이오. 많은 사람은 이것들을 좋아하지 않는다오. 회상은 그들이 되고 싶지 않은 것 또는 수행하지 못한 것 또는 참았던 것만을 보여줄 것이기 때문이오. 내가 보기에, 당신은 자신을 긍정하고 기억을 간직하고 싶을 것이오. 그래서 나는 기회를 잡을 것이오. — 이외에도, 이것은 별로 해가 없는 것이오. 나는 당신의 편지에서 이것이 1926년에 있었음이 틀림없다는 것을 알았소.

두 사람에게 따뜻한 인사를 보내며!

여느 때처럼,
카를 야스퍼스

당신의 편지에 있는 나의 표시는 그때의 것이오. 지금 어떤 것도 첨가하지 않았소.

편지 111 아렌트가 야스퍼스 부부에게

1951년 5월 14일

친애하는 친구분들께—

저는 너무 오랫동안 편지를 쓰고 싶었습니다. 그럴 정도로 당신의 편지는 거의 둔탁한 소리와 함께 우편함에 들어가거나 떨어져 나오는 것 같았습니다. 제가 편지를 쓰지 않은 이유는 편지를 쓰는 당신의 이유와 같습니다. 저도 유럽 여행 중에 어떤 일이 생겼는지 알고 싶었습니다. 그런데 아직도 모릅니다. 그것은 실제로 우리의 귀화가 빠르거나 느리게 이루어졌는지에 달려 있습니다. 우리가 전쟁의 발발을 심각하게 기대하지 않지만, 여권 없는 여행은 약간 위험해 보이기 시작했기 때문입니다. 그러니 저를 전혀 기대하지 마세요. 제가 확실하게 말씀드릴 수 있는 내용은 사무실 문제

---

454 편지 1의 각주 1을 참조할 것.

때문에 9월보다 일찍 떠날 수 없다는 사실입니다. 남편은 그곳에 가지 않을 것입니다. 그는 여름학교에서 강의하고 있으며, 이후 9월 중순에 시작하는 겨울학기에 앞서, 5~6주 정도의 휴가를 남겨두었습니다. 이것 때문에 그는 여행하기 어렵습니다. 하지만 그는 너무 재미있어서 우리는 그에게 미안할 필요는 없습니다. ("자신의 보물을 숨기는 사람?" 어쨌든 더는 아니지요. 학생들이 그에게 녹음기를 제공했기에, 그의 강의 내용은 이제 현장에서 기록될 수 있습니다. 누구든 해야 할 일은 무언가에 일관된 것 — 예컨대, 쓰지 않는 것과 관련하여 일관성을 유지하는 것 — 이며, 어떤 탈출구는 항상 존재할 것입니다.)

그러나 제가 오랫동안 당신에게 말하려고 했던 것은 이러합니다. 틸리히는 이번 겨울 예일대학교에서 실존철학에 관한 세미나를 개최할 것이며, 야스퍼스에 관한 수업을 완전히 맡아달라고 저에게 요청했습니다. 저는 대단히 기뻤습니다. 현재 컬럼비아대학교는 같은 요청을 했으며 다음 두 차례의 수요일 수업에 할 수 있는 한 많은 지혜를 확산시키고자 그곳에서 최선을 다할 것입니다. 우리 가운데 누구도 그 첫 번째 편지를 쓰는 때에 이것을 꿈도 꾸지 못했습니다(저는 이것에 대단히 감사합니다. 이것은 구체적인 방식으로 아주 많은 기억을 상기시켰으며, 필요한 수정을 가했습니다. 즉 이것은 제가 당시에 얼마나 서툴렀는가에 대한 거의 잊은 기억을 새롭게 해줍니다).

당신이 동생과 처남[455]과 그렇게 좋은 시간을 보낸다니 기쁩니다. 그를 이전에 개인적으로 만난 적이 없지만, 그에게 안부를 전해주십시오. 저는 그의 책[456]을 아직 읽지 않았습니다. 이 책을 대충 보았습니다. 이것은 휴가 기간이나 다른 급한 일이 없는 다른 시간에 두고 가고 싶은 그런 진지하고 중요한 책인 것 같습니다.

한 가지 더 말씀드리지요. 프린스턴대학교의 카우프만[457]은 별로 설명 없

---

[455] 게르트루트는 1951년 5월 6일 자신의 편지에서 에른스트와 엘라 마이어의 방문을 언급했다.
[456] 편지 106의 각주 426을 참조할 것.
[457] 발터 카우프만(Walter A. Kaufmann, 1921년 출생)은 독일 철학자이며 문학사가로서 1939년 미

이 당신은 "영어를 아는지" 물었습니다. 저는 왠지 예나 아니오라고 말하지 않으려고 했으나 오히려 예라고 말했습니다.

저는 최근에 마르크스와 헤겔의 저작을 많이 읽었지만, 다른 기회를 위해 그것을 저장할 것입니다. 피페르출판사로부터 어떤 소식도 듣지 못했습니다. 『모나트』 그리고 아마도 『산악 지대 Hochland』는 방대한 초록을 출판할 것입니다. 저는 『수성』과 운이 없었습니다. 페쉬케의 부정직은 제 신경을 건드렸습니다. 그 부정직은 개인적이지 않고 전형적이기 때문입니다. 그래서 저는 그에게 다소간 괴팍한 편지를 보냈습니다. 그는 이것을 불쾌하게 받아들인 것 같습니다. — 그 책은 제가 기대한 것보다 여기에서 더 많은 주목을 받았습니다. 저는 한 주 동안 표지 여성[458]의 지위로 올라갔고 모든 신문 가판대에서 저 자신을 보아야 했다는 사실을 당신에게 편지로 알렸나요?

남편이 따뜻한 안부를 전합니다. 두 분께 진심으로 안부를 전합니다.

한나 올림

편지 112 **야스퍼스가 아렌트에게**

지금 생모리츠, 1951년 8월 6일

친애하는 한나!

당신과 남편[459]은 모두 5월에 그런 친절한 편지를 보냈는데 아직 답장을 받지 못했지요. 내가 하루하루의 요구를 간신히 따라잡을 수 있을 뿐이기 때문에, 당신은 내가 모든 친구와 친척을 위해 어쩔 수 없이 침묵했다(그리고

국에 왔고, 1947년 프린스턴대학교의 철학 교수가 되었다.
458 『토요일 문학서평(The Saturday Review of Literature)』은 1951년 3월 24일 호는 사진을 이용한 소묘를 표지로 만들었다. 이 잡지는 한스 콘의 『전체주의의 기원』 서평(10~11쪽)을 수록했다.
459 하인리히 블뤼허의 짧막한 편지는 편지 111에 동봉되었다.

출판사에만 편지를 썼지요!)는 점을 강요된 상황으로 받아들이지 않는다면, 변명의 여지는 없네요. 제발, 제발 조금이라도 미루는 것으로 생각하지 마오.

우리는 현재 생모리츠에 있소. — 매혹적으로 아름답고 평화롭구려. 의무도 직무도 마감 시간도 없소. 누구나 꿈을 꾸며 눈을 뜬다오. 이 웅장한 풍경은 새삼스럽게 사람을 감동하게 하고, 이전과 같이 1년을 통하여 영향을 계속 미칠 것이오. 높은 의미의 반응이 반드시 따라야 한다면, 그것은 요구를 발산하오. 그리고 니체의 영혼은 이곳에 살아 있소.[460] 매년 우리는 당신이 우리와 함께 이곳에 있어야 한다고 생각하오. 아마도 우리는 결국 언젠가 그렇게 하겠지요? (두 요구 조건이 우연히 일치한다면. 즉 당신의 여행과 이 집주인의 초청). 아니면 당신은 이곳이 나이가 많고 침착한 사람들에게만 어울린다고 느낄까요?

당신 남편의 강의에 관한 내용을 읽고 기뻤소. 이제 강의는 종이에 기록될 것이오. 물론, 이것은 이상하오. 즉 그는 글을 쓰지 않음으로써 고대 세계에서 그랬듯 구어 형태로 자기 생각을 표현하도록 강요한다오. 그는 처음과 같은 반응을 계속 받을지도 모른다오.

그리고 당신이 미국 대학에서 나의 철학에 대해 언급한다는 게 나에게는 얼마나 큰 기쁨인가요! 고맙구려. 나는 청중 속에 있고 싶소. 나 자신이 과정에 아주 깊이 관여되어 있기에, 나는 실제로 말하고 싶은 것을 이제 자세히 설명하고 있을 뿐이라고 느끼오. 그것은 거의 말도 안 되오. 어쩌면 칸트가 옳았다오. 즉 당신이 정말로 본격적으로 일을 시작할 수 있을 만큼 충분히 멀리 있을 때, 당신은 죽어야 하며, 이것은 다음에 오는 누구에게나 똑같소. 나는 아직도 반복해서 시작할 만큼 아주 주제넘네요. 종말의 그림자는 활력을 빼앗지 않지만, 전체를 유익하되 사소한 것으로 만든다오. 누구든 열의로 균형감을 상실할 때, 그것에 대해 생각하는 것은 도움이 되오.

---

[460] 니체는 1879년부터 오버엥가딘 지역에 머물렀다.

이 모든 일에도 불구하고, 일은 천천히 진행되고 있소.

나는 당신이 책에서 발췌하여 『모나트』[461]에 게재한 한 장을 곧바로 읽었소. 탁월하오! 이 책의 성공이 확실하다고 생각하오. 근대성은 오늘날 더 이상 전혀 당연시되지 않는 '구식의' 진지함과 결합하였소. 나는 이것에 대해 생각할 때 항상 행복하오.

피페르[462]는 몇 주 전에 당신의 책에 관한 편지를 보냈소. 그는 책의 분량에 대해 걱정했소. 그 책의 가격은 최소한 25마르크는 되어야 할 것이오. 독일에서는 비싼 책 가격은 판매에 지장이 있소. 나는 그가 몇 장을 제외한 축약본이 가능할 것인가에 대해 당신에게 요청해야 한다고 편지를 다시 보냈소. 현실적인 의미에서 그것은 가능하지 않다오. 하지만 주요 장들은 없는 것보다 낫다오. 당신은 다르게 느끼겠구려? 책의 2/3 또는 절반 분량으로 말하자면 18마르크는 최고 가격일 것이오. 야만적이지요! 당신은 내가 심지어 그러한 것을 고려한다는 점에 화나겠지요?

내 영어 실력에 대한 당신의 모호한 답변이 고맙네요. 나는 카우프만을 통해서 프린스턴대학교의 초청장을 받았다오. 프린스턴대학교에서 강의 의무 없이 9개월 체류하되, 동료들과 사적인 대화와 책 저술을 조건으로 9,000달러를 지급하거나 단기 체류로 매달 1,000달러를 지급한다오. 애석하게도, 나는 그 제안을 거부해야 했소. 언어 때문은 아니오. 나 또한 아직 성취하고 싶은 일 때문에 체력이 필요하오. 방문은 농담이며, 나는 그것을 좋아하지만 그런 일은 더 이상 나를 위한 것이 아니오.

당신 남편의 친절한 편지에 감사하오. 그가 올해 올 수 없는 이유를 이해하오. 그것이 그렇지 않기를 희망하오. 당신은 올가을 유럽 여행을 할 약간

461　Hannah Arendt, "Totalitäre Propaganda: Ein Kapitel aus Ursprünge des Totalitarismus," Der Monat 3, no. 33(June 1951): 241-258.
462　클라우스 피페르(Klaus Piper, 1911년 출생)는 독일 출판인이다. 전후 그는 야스퍼스의 저서 대부분을 출간했고, 우정은 점진적으로 발전되었다.

의 전망이 있소. 그것은 우리에게 멋질 것이오. 내 생각에, 우리는 대화하는데 심지어 반도 시작하지 못했소 — 당신이 최초의 방문으로 우리를 기쁘게 해주었을 때 인간적인 관점에서 사실 깊이 만족했다오.

따뜻한 마음을 담아
카를 야스퍼스

편지 113 아렌트가 야스퍼스에게

1951년 9월 28일

친애하고 존경하는 분께—

저는 생모리츠에서 보낸 당신의 멋진 편지에 답장하기 위해 지나치게 오래 기다렸습니다. 그러나 이제 저는 짐작건대 12월 시민권을 획득할 것이라는 사실을 보고할 수 있으며(모든 예비 조치는 처리되었습니다)[463] 이후 언젠가 당신의 문간에 도착할 것입니다. — 피페르는 저에게 편지를 보내지 않았으며, 저는 그냥 내버려 두겠습니다. 저는 그 책이 "분량이 너무 많으며 너무 비싸다"고 실제로 믿지 않습니다. 우리는 그것에 관한 이야기를 알고 있습니다.

당신은 "사람들이 본격적으로 시작할 수 있을 만큼 충분한 것"에 대해 아주 잘 썼습니다. — 그것은 저를 아주 행복하게 합니다. 신들은 마음에 드는 사람들을 젊은 나이에 죽게 내버려 둡니다. 이것은 여전히 사실입니다. 말의 본래 의미대로 그럴 뿐 아니라 신들이 보상으로 노년의 위안, 즉 "늙어 삶에 만족함"을 그들에게 기꺼이 주지 않는다는 점에서도 그렇습니다. 신들의 능청맞고 빈정거리는 선물은 이렇습니다. 즉 죽음은 여전히 자신이 파멸시키는 것을 발견해야 하고, 또 젊은 시절의 모습을 고수합니다. 이렇

---

[463] 아렌트는 1951년 12월 11일 미국 시민이 되었다.

듯 유대인 족장들이 앉아서 기다리는 무화과나무의 익은 열매처럼 죽음이 자신들의 입에 매달려 있을 때까지 하였던 방식으로, 우리는 죽음에 이르지 않습니다. 그것은 누구나 살아있는 동안 삶에 관여함으로써 치르는 대가입니다. 따라서 죽음은 우리가 영위했던 삶의 부담이 아니라 삶으로부터 우리를 고립시킵니다.

저는 더 잘 알고 있다고 하더라도 프린스턴대학교에 대해서는 아직도 약간의 작은 조심스러운 희망을 품고 있습니다. 제가 그것을 순수한 장난으로 생각하지 않는다고 하더라도, 당신은 올바르게 선택했습니다. 제 의구심은 일차적으로 기후와 연관됩니다. 미국인들은 그것에 대해 망각하지만, 이 대륙은 인간의 거주지가 결코 아니었습니다. 여름에는 너무 덥고 습하며, 겨울에는 너무 춥고 습합니다. 그러나 비록 우매한 일들이 여기에서 있었다고 하더라도 ― 그리고 정확히 그러기 때문에 ― 이 나라는 이 모든 것에도 불구하고 여전히 믿을 수 없을 정도로 흥미롭습니다. 저는 여기 해안으로 밀려왔습니다. 이것에 영구적으로 감사합니다. 저는 시민권 시험을 위해, 오히려 이것을 기념하여 약간의 미국 헌정사를 배웠습니다. 모든 명확한 어구에 이르기까지 참으로 훌륭합니다. 헌정사 대부분은 아직도 살아 있습니다. 미국인들이 의식적인 수준에서 그것에 대해 거의 모른다고 하더라도, 그것이 당신에게는 분명했을 것입니다. 그것은 그들의 피와 살의 일부입니다. 그래서 저는 당신을 보러 가야 할 것이며 할 수 있는 한 그것에 대해 당신에게 최대한 말씀드리겠습니다.

우리는 뉴욕 근처의 산(즉 차로 4시간 거리)에서 신나는 휴일을 보냈습니다. 저는 약간의 보충 휴가(유대인 휴일) 동안 다시 그곳에 가려고 합니다. 그곳의 풍광을 매우 좋아하게 되었습니다.

몇 주 전에 쉴프[464]로부터 편지를 받았습니다. 그는 당신에 관한 책을 기

---

[464] 폴 쉴프(Paul A. Schilpp)는 독일 딜렌브루크에서 1897년 태어났고 1913년 미국으로 이주했다.

고하라고 저에게 요청했습니다. 그는 당신이 그에게 제 이름을 알렸다고 말했으며, 저는 물론 동의할 것입니다. 그는 주제로서「세계시민으로서 야스퍼스」[465]를 제안했습니다. 처음에는 약간 놀랐지만, 이제 저는 그것을 좋아합니다. 그것이 당신에게 전적으로 옳은지 또는 약간 너무 지나치다는 인상을 주는지 알려주세요.

두 분 모두 잘 지내세요.

따뜻한 마음을 담아
한나 올림

편지 114　야스퍼스가 아렌트에게

바젤, 1952년 1월 12일

친애하는 한나!

당신과 남편이 이제 미국 시민이라는 것을 알게 되어 기쁘구려. 그것은 신나는 일이오. 그것이 여행을 더욱 쉽게 하기 때문만은 아니라오. 우리는 그것으로부터 역시 이익을 얻을 것이오. 당신을 만날 수 있다는 것에 대한 나와 아내의 기쁨은 실제로 대단하오. 내가 당신을 얼마나 가끔 생각하고 그것에서 격려를 찾는지 당신은 알지 못하오.

당신은 나에게 미국에 관한 책을 보냈지요. 나는 아직 이것에 대해 당신에게 감사함을 표시하지 않았으며 아직 이것을 읽을 시간을 갖지 못했소. 그러나 이 책을 보았을 때, 나는 이것을 읽어야 하고 읽고 싶어 한다는 것을 확신했소. — 만약 내가 나의 "세계철학사"[466]에서 미국 철학에 관한 짤막한

　　이 편지를 보낼 당시 그는 노스웨스턴대학교 철학 교수였다. 그는 1939~1981년 살아있는 철학자 도서관을 구상하고 시작한 일련의 책을 출간한 편집자였다.

[465]　Hannah Arendt, "Karl Jaspers: Citizen of the World," in *The Philosophy of Karl Jaspers*, ed. Paul A. Schillp, Library of Living Philosophers, vol. 9(New York, 1957): 539-549.

[466]　야스퍼스는 "세계철학사" 형태로 사상사 전체를 집필하고 싶었다. 그는 마음속에 세 가지 측면, 이후

단락을 숙고하고 싶다면 말이오. 10년 동안 읽지 않은 채 내 서가에 꽂혀 있는 몇 권의 책이 있소. 그러나 이 책들이 마땅한 때에 거기 있다면, 물론 내가 비록 10년 이상 ─ 또는 어느 때보다 덜 ─ 간직하는 것을 더는 기대할 수 없다고 하더라도, 그것은 이 책들을 소유하는 것이 얼마나 좋았는가를 입증하오.

골로 만은 최근 여기 왔었고, 『노이에 차이퉁 Die Neue Zeitung』에 당신의 대단히 훌륭한 저서에 대한 서평[467]을 게재했소. 매우 정중하면서도 매우 비판적인 서평이오. 그는 당신이 "과장한다"라고 주장했소. 그리고 그는 그렇게 말하는 자신의 이유를 제시했소. 그가 번햄[468]과 쾨슬러,[469] 그리고 다른 사람들에 관한 그런 훌륭한 서평을 게재했고, 당신이 비난을 받는다면, 나는 당신이 상처를 받는다고 느꼈기에 비난의 화살을 그에게 돌렸다오. 대략 이러하오. "과장" ─ 물론 그녀는 과장했다. 그녀가 착수한 일은 이념 사이의 관계를 드러내는 것이었다. 그게 일단 이루어지면, 그런 관계가 적용되지 않는 곳을 제시하는 것은 수월하다. 누구라도 그런 관계가 사건의 실제 과정에 얼마나 큰 영향을 미쳤는가를 확인할 수 없다. 한나는 결코 영국 제국주의가 히틀러와 스탈린을 낳았다고 주장하지 않았고, 그들 사이에 어떤 지적 동일성이 있다고 주장하지 않았다. 그러나 인과 관계는 전혀 없

6가지 측면을 염두에 두었다. 이것들 가운데 개인은 그에게 우선순위를 차지하며, 이후에 그는 이런 시각에서 『위대한 철학자』를 집필했다. 그는 이 기획의 제1권을 완성했다. 나머지는 단편으로 남아 있다. 초기 그의 전반적인 개념에 대해서는 다음 자료를 참조할 것. Karl Jaspers, *Weltgeschichte der Philosophie: Einleitung*, edited from the literary remains by H. Saner(München/Zürich, 1982).

[467] Golo Mann, "Vom Totalen Staat," *Die Neue Zeitung*(October 20[?], 1951): 14.

[468] 제임스 번햄(James Burnham, 1905년 출생)은 미국 사회학자이며 언론인이었다. 다음 자료를 참조할 것. Golo Mann, "James Burnham, der Philosoph und der Politiker," *Neue Schweizer Rundschau* 18(April 1951): 719-730.

[469] 아서 쾨슬러(Arthur Koestler, 1905~1983)는 오스트리아에서 태어났고 편집자, 작가, 그리고 독립적인 사상가이다. 다음 자료를 참조할 것. Golo Mann, "Was uns nicht helfen kann: Bemerkungen zu einem neuen Roman von Arthur Koestler," *Neue Schwizer Rundschau* 19(July 1951): 183-187.

다고 하더라도, 최종적으로 전반적인 재앙을 가능하게 만든 현상의 유사성은 여전히 있을 것이다. 그녀는 그런 관계를 인지하고 특별히 생생하게 제시하고 있다.

그다음 나는 다음과 같이 언급했소. 자유가 무엇인지 알고 있는 소수의 사람은 함께 뭉쳐야 한다. 그런 사람은 많지 않다. 존중은 충분하지 않다. 성가신 사람처럼 뭉쳐서 전 세계에서 서로를 본능적으로 지지하는 사기꾼들일 뿐이어야 하는가? 그의 반응은 이러했소. 물론, 나는 성났다는 사실을 인정하며, 내가 서평에서 너무 멀리 가는 것은 수월하다. 나는 어떤 비난과 찬사에서 과도하다.

골로 만과 나는 완전히 동의하지 않았소. 그는 대단한 역사의식을 지닌, 정직하고 호감이 가며 재능있는 사람이라오. 나는 하이델베르크대학교에서 그를 학생 시절 이후 매우 좋아했소. 당신이 그를 알게 된다면 좋을 것이오. 당신은 그것을 할 수 있소. 그는 성마르고 수줍어하며 말이 신랄하며 불운하지만, 항상 온당하다오. 그는 아버지로부터 재능을 물려받았지만, 성격에서는 아버지보다 훨씬 우월하오. 당신의 책에 대한 그의 비우호적인 서평은 그의 관점에서 오류였지만, 여전히 비난받을 만하지는 않소. 초심의 독자가 그의 서평에서 당신의 책이 중요하다는 점을 알 수 있다는 게 중요하오.

나는 단지 작은 것을 말하기 위해 이 편지를 썼다오. 질문하고 말할 많은 것들이 있기에 논의를 시작하고 싶지는 않소. 그리고 그런 이유로 우리는 당신의 방문을 열렬히 고대하고 있소.

따뜻한 마음을 담아, 남편에게도 안부를 전하며
야스퍼스

편지 115　아렌트가 야스퍼스에게

야도,[470] 1952년 1월 25일

친애하고 존경하는 분께―

　당신의 즐거운 편지. 물론 당신이 저를 옹호해주시니 기쁘며, 서평을 읽어보지 못해 미안하군요. (저는 난민[DP]인 한 사람이 보낸 분노에 찬 편지를 통해서만 다음과 같은 사실을 알았습니다. 만약 제가 미국 시민 선서진술서[471]를 그에게 보낸다면, 그는 예컨대 골로 만과 같이 그곳에 있는 저의 모든 '적들'을 근절했을 것입니다. 그 난민은 분명히 어리석었기 때문에, 저는 골로 만이 실제로 어떤 글을 썼는지조차 확신하지 못했습니다.) 우리가 서로 말하고 들어야 할 것이 아주 많은 듯합니다. ― 제가 현재와 같이 며칠 동안 뉴욕의 소용돌이에서 벗어나 있을 때, 그것은 특별히 그렇습니다. 따라서 저는 그것을 시작조차 할 수 없습니다. 그래서 저는 타자기에서 밀려나오듯이 무엇이든 바로 대응할 것입니다.

　저는 언젠가 골로 만을 아주 잠깐 만났고 그의 얼굴 표정을 좋아했지만, 그의 수줍음에 압도되고 당황했습니다. 이제 저는 그를 만나고 싶으며, 그가 제 책에 대해 약이 올랐기 때문에, 만남은 확실히 좋을 것입니다.

　"과장" ― 물론입니다. 당신이 말씀하듯이, "이념 사이의 관계"는 다른 어떤 방식으로든 거의 표현될 수 없습니다. 그런데 이런 관계는 실제로 과장도 아닙니다. 이것들은 해부의 산물입니다. 과장하는 것은 사유의 본질입니다. 몽테스키외가 공화정이 미덕의 원리에 기반을 두고 있다고 주장했을 때, 그 역시 '과장했습니다.' 이외에도, 현실은 우리 세기에 모든 것을 극단으로 몰고 갔기에, 우리는 현실이 '과장된다'는 것을 과장하지 않은 채 말할

---

[470]　야도는 뉴욕의 새러토가 스프링스에 있는 예술가와 작가들의 거주 지역이다. 아렌트는 알프레드 카진의 추천으로 1952년 1월 20~27일 주간의 손님이 되었다.
[471]　이것은 방문자나 이민자가 초래하는 여러 재정적 의무를 포함해 이들을 지원하겠다는, 공식적으로 요구되는 선서진술서이다.

수 있습니다. 어쨌든 익숙한 길을 따라 구르는 것보다 더 좋은 것이 없는 우리의 사유는 그것을 거의 따를 수 없습니다. 가능하다면 그 자체로 적절한 분위기에서 적절한 것을 적어도 말하려고 노력하는 저의 '과장된' 사유 형태는, 당신이 현실과 반대하지 않고 모든 것이 최선의 질서 속에 있다는 가정을 준수하는 다른 역사가들이 같은 주제에 대해 언급한 것과 비교하여 평가한다면, 아주 근본적인 것같이 보일 것입니다.

그는 제가 공유하지 않는 자신의 신보수주의 때문에 어쩌면 화났을 것입니다. 그러나 저는 그가 많은 학자가 그러하듯이 그들의 분야에 손을 대고 적절하게 존중하며 그들을 인용하지 않고 회의에 참석하지 않으며 교수라는 위엄을 열망하지도 않는 국외자에게 분노하지 않았기를 희망합니다. 그런 종류의 분노에 투쟁하는 수단이 아주 공평하지 않다고 하더라도, 그런 종류의 분노는 보통 투쟁하기 수월합니다. 저는 누구든 왜 여성이라는 단점을 단지 감내해야 하고 장점을 조금도 활용하지 않으려 하는지 알지 못합니다.

제가 하버드대학교 초청장을 받았다고 편지로 알렸나요? 저는 과민과 매력이란 혼합 감정을 가지며 초청을 수락할 것입니다. 대학 측은 다음 가을 전체주의에 관한 학술회의를 조직하고 있습니다. 이 학술회의는 아마도 흥미로운 것을 형성할 수 없겠지만, 저는 이번에는 참석할 것입니다.

저는 아주 즐거운 마음으로 바젤 여행을 기다리고 있습니다. 그리고 방문을 행복하게 예상하는 동안(그리고 행복한 기대의 시간을 갖고) 칸트와 셸링, 『인간의 자유*Menschliche Freiheit*』[472]를 읽고 있습니다. 저는 하이델베르크대학교의 첫 학기에 당신의 셸링 세미나[473]를 수강하고 연구 보고서를 제출하고자 이 책을 처음으로 읽었습니다.

---

[472]   F. W. J. von Schelling, *Philosophische Untersuchungen über das Wesen der menschlichen Freiheit und die damit zusammenhängenden Gegenstände*(Stuttgart, 1809).

[473]   편지 1, 편지 1의 각주 1, 그리고 편지 110을 참조할 것.

실제적인 모든 문제에 대해 부인에게 편지를 보낼 것입니다.
행운을 기대하며, 곧 뵐 때까지!

한나 올림

편지 116 **야스퍼스가 아렌트에게**

바젤, 1952년 1월 29일

친애하는 한나!

  당신의 방문을 기대하며 이곳에 큰 기쁨이 감돌고 있소. 오늘 나는 골로 만의 서평[474]을 빨리 보내려고 하오. 독일에서 이것을 보냈기에 밑줄이 쳐져 있소. 그렇지 않으면 나는 이 신문을 결코 보지 못했을 것이오. 당신이 골로 만에 대해 언급한 것은 아주 옳소. 내 생각에, 한 가지만 옳지 않네요. 그는 학구적인 사람이 아니며 교수로서 경쟁력이 없다오. 그의 수줍음은 어려운 유산의 징후이며, 더구나 그는 유명인의 아들이오. 내 생각에, 그는 참 솔직 담백한 방식으로 그것에서 벗어났다오.

따뜻한 마음을 담아
야스퍼스

편지 117 **아렌트가 야스퍼스 부부에게**

1952년 2월 18일

친애하는 친구분들께―

  이 편지는 시간이 조금 앞서긴 하지만 생일 축하 편지입니다. 저는 지금은 편지를 쓸 수 없어 가장 훌륭한 축원만 보낼 수 있습니다.

---

[474] 편지 114의 각주 467을 참조할 것.

에르나에 관한 사항입니다. 제가 아는 한, 그녀는 확고한 직업을 가지고 있다면 이민 비자를 받을 수 없습니다.[475] 이것은 불합리해 보이지만 그렇지 않습니다. 이것은 더 이상 쓸모가 없습니다. 더 이른 시기에 그 목적은 사람들이 이민을 위장한 노예노동의 수입을 막는 것이었습니다. 이 법은 아직도 유효하며, 제가 보기에 그녀는 이것을 추가로 문의해야 합니다. 저는 몇 친구와 대화를 나누었지만 물론 어떤 확고한 언질을 얻지 못했습니다. 그들은 하인이 있어서 그들을 놓아줄 이유가 없거나, 아니면 그들은 잘 기다릴 수 없습니다. 에르나가 여기에 오면, 저는 그녀에게 좋은 추천을 해줄 수 있습니다. 그녀가 어쨌든 지녀야 할 것은 신원 보증입니다. 그녀는 이후 일하게 될 사람들로부터 그 신원 보증을 얻을 수 없습니다. 여기서는 누구도 그것을 하려고 하지 않습니다. 그것은 그 가정에 머무를 법적 권리를 에르나에게 제공하는 것이기 때문입니다. 저는 에르나에게 신원 보증을 제공할 수 있지만, 차라리 그것에 대해 미리 당신과 상의하고 싶습니다.

저는 3월 21일 이곳을 떠나 27일 파리에 있을 것입니다. 그곳에서 며칠 체류할 것입니다. 그러나 이것은 중요하지 않습니다. 저는 팔레스타인으로 가기 전에 어쨌든 4월에 다소 오랜 시간 파리에 있을 것입니다. 저는 당신의 선호에 맞게 계획을 짤 수 있으며, 당신이 쓰는 편지를 기다려 보겠습니다. 이곳의 사정이 바뀐다면 — 그리고 저는 단체[476]를 위해 여행하고 있기에, 그것은 항상 가능합니다 — 즉시 당신에게 알리겠습니다. 제가 1주일 일정으로 간다면 그게 좋을지, 아니면 그것은 너무 긴지요? 제발, 당신에게 가장 좋은 것을 솔직히 알려주세요. 정말 어떤 상황이든 이해할 것입니다. 저는 바젤을 거쳐 파리에서 독일로 가고, 이후 다시 파리를 거쳐 팔레스타

---

[475] 게르트루트는 1952년 1월 30일자 편지에서 야스퍼스 부부의 가사도우미인 에르나 베어가 미국으로의 이민을 원한다고 아렌트에게 말했다.

[476] 유대인문화재건위원회. 편지 31의 각주 17을 참조할 것.

인으로, 그리고 5월 말에 되돌아갈 때 스위스를 경유하려고 생각했습니다. 그리스에서 적어도 1주일을 보내고 싶습니다. 그리고 아마도 이것을 즐길 것입니다.

골로 만의 서평을 보내주셔서 고맙습니다. 우리가 대화할 때 그것에 대해 더 많이 이야기하지요. (제가 무심하게 그렇게 쓸 수 있다는 것이 얼마나 좋은지요.) 제가 그렇게 신나고 행복하지 않았다면, 이 편지가 아주 시시하지는 않을 것입니다.

여느 때처럼
한나 올림

편지 118 야스퍼스가 아렌트에게

바젤, 1952년 3월 5일

친애하는 한나!

당신이 출발하기 전에 간단한 한 마디. 아내와 나는 매일 당신의 방문이 얼마나 기쁜지 서로 이야기하오. 당신이 일주일 머물 수 있다는 것은 신나요. 일이 잘 풀리면, 이스라엘에서 귀국 여행에 다시 볼 수 있겠구려.

인내하자! 우리는 온갖 종류의 일을 함께 번갈아 언급할 것이오.

남편에게 안부를 전해주시오. 그가 오지 않는 것은 역시 유감스러운 일이오. 그러나 나는 그를 만날 기회가 있기를 희망하오.

따뜻한 마음을 담아
야스퍼스

편지 119 │ 아렌트가 야스퍼스에게

1952년 3월 16일

친애하고 존경하는 분께―

다시 편지를 쓰시니 얼마나 좋은 일인가요. 바젤에 대한 상념은 모든 일에 확고한 기반을 제공합니다. 이 기반이 없었다면, 저는 이번 세계 여행에서 상실감을 느꼈을 것입니다. 물론 저는 왕복 여행에 다시 갈 것입니다.

이제 제안에 관한 내용입니다. 저는 팔레스타인에 있는 가족[477]으로부터 가능한 한 빨리 와달라는 전보를 받았습니다. 그래서 가능하다면, 일찍 그곳에 가고 싶습니다. ― 이것은 팔레스타인 그리고 다음에는 그리스를 의미할 것입니다. 이 경우에 저는 파리 체류를 최소한으로 줄이고(하여튼 그곳으로 돌아올 것입니다), 3월 31일 월요일 당신을 방문하여 일요일 아침까지 머물 것입니다. 그게 좋다면, 주말에 머물기 위해 5월 3일 금요일 바젤에 체류할 왕복 여행을 예약할 것입니다. 그게 당신에게 적당하지 않다면, 파리에 있을 때 즉시 알려주세요. 그러면 우리는 원래 계획을 진행할 것이며, 저는 4월 3일 목요일에 갈 것입니다. 당신이 제 친구의 주소로 편지를 보내시면(미국 특송 대신에), 그게 최선일 것입니다. 주소는 안네 바일 부인, 1번가 르네 사뮤엘, 클라마르/센느입니다. 27일 파리에 있을 예정입니다. 만약 제가 당신으로부터 어떤 소식도 듣지 못하면, 저는 월요일 바젤에 갈 것입니다. 그날은 내일부터 2주일 이후입니다. ― 저는 파리에 있을 때 이런 어떤 일이 일어나고 있다고 믿지 않습니다. 저는 당신에게 이러저러한 말을 어떻게 할 것인지, 당신이 아마도 이러저러한 말을 할 것인지 항상 혼자 생각하고 있습니다. 목록은 매우 구체적으로 미국의 국내 정치로 시작하여 플라톤으로 끝납니다. 당신은 여름에 무엇을 강의할 것인가요? 당신의 강의를 다시

---

[477] 이 사람은 1910년생인 아렌트의 사촌인 퀴르스트이며, 그의 부인은 1911년생인 카테, 구성은 레빈이다.

듣고 싶군요.

두 분에게 안부를 전하며
한나 올림

편지 120 **아렌트가 야스퍼스 부부에게**

파리, 1952년 4월 8일

친애하는 친구분들께—

　당신의 편지에 감사드리고, 아울러 초청에도 감사드립니다.[478] 저는 그사이에 하인리히에게 확인해 보았고, 이런 "평생에 한 번"인 이런 기회를 놓쳐서는 안 된다고 답장했습니다. 그래서 만약 당신이 정말로 그것이 어떤 식으로든 자신에게 너무 과하지 않을 것이라고 확신한다면, 저는 8월 1일경에 적어도 일주일 동안 수월하게 갈 수 있다고 생각합니다. 이제 저는 당신의 호의를 요청합니다. 이번에는 제가 당신과 함께 가계비를 분담하게 해주세요. 그것은 공평할 뿐이며, 당신도 알다시피 저는 그것을 잘 할 수 있습니다.

　제가 항상 주의를 요하는 '방해하는 예기치 못한 상황 sauf imprévu'을 첨가하더라도, 제 계획은 결국 합당하게 확정된 것 같습니다. 저는 25일부터 27일까지 루가노에 있을 것이고, 이후 왕복 여행으로 취리히에 잠시 머물 것입니다. 그래도 괜찮으시다면, 저는 5월 28일 수요일 오후 바젤에 들를 수 있으나 아쉽게도 목요일 아침까지 잠시 머물 수 있습니다(그런데 당신은 역시 학기 강의를 하고 있군요). 일을 따라잡을 수 있는 충분한 시간. 우리는 생모리츠 방문을 위해 다른 모든 것을 연기해야 할 것입니다. (너무 훌륭해서 사실 같지 않지요.)

478　이것은 3월 게르트루트가 아렌트에게 보낸 두 통의 편지를 의미한다.

저는 뮌헨에서 어디에 머물지를 아직은 모릅니다. 뮌헨에 있는 아메리칸 익스프레스에 한 통화를 해주세요. 토요일 이곳에서 떠나 아마도 13일 화요일 뮌헨에 있을 것입니다.

따뜻한 마음을 담아, 여느 때와 같이
한나 올림

편지 121 아렌트가 야스퍼스 부부에게

1952년 4월 10일

친애하는 친구분들께 —

안녕하세요. 감사합니다. 그리고 제가 드디어 파리 야곱 44번가 당글레테르호텔에 도착했다는 소식입니다. 하인리히가 정기적으로 편지를 썼다고 맹세하고(사람들은 누구를 더 믿나요? 우체국 아니면 남편?) 또 저에게 불가사의한 일이 일어났다고 평가한 이곳에서 그의 전보를 찾았습니다. 제가 추정하기에, 그것은 제가 구겐하임 재단 연구비[479] — 골로 만이 받았던 연구비 — 를 받았다는 것을 의미합니다. 제 말이 맞다면 — 그리고 그럴 것 같습니다 — 그것은 매우 좋으며 제가 이번 가을부터 1~2년 동안 돈을 버는 것에 대해 걱정하지 않아도 된다는 것을 의미합니다.

친구[480]는 기차에서 저를 만났습니다. 이제 저는 카진의 다정하고 젊은 미국인 여자 친구와 함께 카진을 기다리고 있습니다. 우리가 구겐하임 재단의 연구비를 약간 축하할 것이라고 가정해 봅니다.

이제 저는 안뜰을 내다보는 창문에서 볼 수 있는 프랑스의 모습을 당신에게 말할 수 있습니다. 예컨대, 지붕을 수리하기 위해 다락방의 통풍문 밖

---

479 아렌트는 1952~1953년 구겐하임 재단 연구원이었다.
480 안네 바일(Anne Weil). 편지 97의 각주 376을 참조할 것.

으로 우산을 내밀고 있는 남자. 그와 같은 일은 파리에서만 나타납니다.

따뜻한 마음을 담아
한나 올림

슈무엘,[481] 그리고 에르나[482]에게도 안부 부탁합니다.

편지 122 **야스퍼스가 아렌트에게**

바젤, 1952년 4월 12일

친애하는 한나!

구겐하임 재단은 정말 훌륭하오! 당신은 방해받지 않은 일을 할 기회를 얻게 될 것이오. 2년간의 휴가라오. 새로운 저서 — 철학사[483]의 '정점'에서 — 는 분명히 이 시대의 산물일 것이지만, 남편인 하인리히와 함께 일하며 생각할 수 있는 자유가 더 낫소.

나는 아직도 정신이 더 신선하고 새롭게 영감을 받은 것처럼, 그리고 영혼이 더 강력해진 것처럼 느껴지는구려. 아내와 나는 매일 당신과 함께 하는 날들을 이야기하오. 노아의 방주에 있는 이 두 사람은 다시 서로를 보았소.[484] 편지 쓰기보다 보고 말하는 것이 얼마나 더 좋은가. 시시각각 현재에서 앞뒤로 왔다 갔다 하는 것이오. 그래야만 누구든 상대방이 어떤지, 그리고 자신 속에 무엇이 준비되어 있었는지를 진정 알 수 있다오.

---

[481] 슈무엘 마이어(Schmuel Mayer), 프리츠 마이어의 아들이며 게르트루트의 조카다.
[482] 1952년 2월 21일 게르트루트는 아렌트에게 편지를 보냈다. "가사도우미의 교체는 당신을 괴롭히지 않을 것입니다. 새로 들어온 '에르나'는 함께 지낼 귀여운 사람입니다." 이 사람은 1920년생인 에르나 뫼를리이며 이때부터 게르트루트가 사망할 때까지(1974년 5월) 야스퍼스의 가정일을 담당했다. 그녀와 야스퍼스 부부 사이 친근한 유대가 이루어졌다.
[483] 아렌트는 이 계획을 이후 포기했다.
[484] 아렌트의 저서『여섯 에세이(*Sechs Essays*)』의 서문을 구성한「야스퍼스에 대한 헌사」에서 언급한 내용이다(10쪽).

게르트루트는 지난밤 부르크하르트의 책을 나에게 읽어주었소. 부르크하르트는 자신이 두 번 다시 이런 삶을 살고 싶지 않다고 말했소. 나는 얼마나 다르게 느끼는가. 이런 긍정은 결코 나를 전적으로 떠나지 않았소 — 이것은 당신과 나에게 계속 인정될 수 있소.

나는 잔느[485]에게 당신이 오는 것을 알려달라고 그녀에게 편지를 보냈소.

따뜻한 마음을 담아
야스퍼스

편지 123 | 아렌트가 야스퍼스에게

파리, 1952년 4월 17일

친애하고 존경하는 분께—

저는 당신의 편지를 받고 행복합니다. 제 삶과 생각은 아직도 바젤에서 나눈 우리의 대화에 완전히 사로잡혀 있습니다. 저는 이전 파리에서 전혀 보지 못한 그런 봄에 산책하며 정신적으로 대화를 계속하는 것이 좋습니다. 파리는 꽃으로 가득 찬 꿈의 세계와 같습니다.

구겐하임 재단의 연구비 — 저는 그사이에 공식적인 확약을 받았습니다 — 는 커다란 위안입니다. 연구비는 많은 액수는 아니지만, 더 많이 필요하지 않습니다. 하인리히가 버는 것과 더불어 그것으로 충분합니다. 우리는 저축을 축낼 필요가 없지만, 더 많이 저축하지는 않을 것입니다.

잔느 헤르쉬와 저는 첫 순간부터 즉시 마음이 맞았습니다. 우리는 이후 두 번째 만났습니다. 그녀는 자신의 친구, 즉 제가 열렬히 만나려고 했던 폴란드 난민, 즉 미워시[486]와 함께 저를 모이에 했습니다. 아마도 저는 이후

---

[485] 잔느 헤르쉬(1910년 출생)는 야스퍼스의 제자이며, 야스퍼스 부부의 친구였다. 1956년 그녀는 제네바대학교에서 체계적인 철학 교수가 되었다.

[486] 체스와프 미워시(Czeslaw Milosz, 1911년 출생)는 당시 파리에서 살고 있었다. 그는 이후 미국

에 그녀에 대해 더 많이 당신에게 말할 것입니다. 어쨌든, 그녀는 저를 약간 공격하고 심지어 더욱 철저히 질책합니다. 그래서 우리는 모두 알 정도로 잘 지냅니다. 그녀는 여기에서 높이 평가받으며, 정말 기질이 대단히 좋습니다. 놀랍게도, 그녀는 얼마나 젊은지. 저는 실제 나이든 숙녀와 같이 느껴집니다.

저는 프랑스와 본디[487]를 만났고 잔느 헤르쉬·미워시·본디로부터 문화자유회의가 완전히 다른 것이고 미국보다 이곳에서 더 훌륭하다는 인상을 받았습니다. 이것은 저에게 위안이었습니다. 그들을 만나서 다시 함께 이야기할 것입니다.

저는 『변명과 전망 Rechenschaft und Ausblick』[488]에서 「나의 철학에 대하여」 부분을 방금 읽었습니다(그리고 이것이 제가 편지를 쓰는 실질적인 이유입니다). 이것은 누구라도 원할 수 있는 가장 훌륭한 요약본입니다. 저는 이것에 압도되었습니다. 당신은 이것을 꼭 번역하라고 쉴프에게 말하지 않나요? 제가 보기에, 이것은 선집 가운데 한 권의 서문으로 훌륭하게 어울립니다.[489] 아니면 당신은 그것을 위해 새로운 글을 쓰는 것이 대단히 필요하다고 느끼는지요?

두 분에게 따뜻한 마음을 전하며
한나 올림

으로 이주했다. 1953년 야스퍼스는 그의 저서 『사로잡힌 마음(Verführtes Denken)』 서문을 썼다. 이 서문은 미국판 The Captive Mind(1953)에 포함되어 있지 않다.
[487] 프랑스와 봉디(François Bondy, 1915년 출생)는 스위스 언론인이며 수필가이다.
[488] Karl Jaspers, "Über meine Philosophie," in Rechenschaft und Ausblick, 1st ed. (München, 1951): 333-365.
[489] 편지 113의 각주 465를 참조할 것.

편지 124   야스퍼스가 아렌트에게

바젤, 1952년 4월 20일

친애하는 한나!

당신이 잔느 헤르쉬와 아주 잘 지낸다니 기쁘구려. 나는 그렇지 않을 거라고는 생각하지 못했소.

구겐하임 재단의 연구비는 승인되었구려. 그리고 당신이 저축에 대한 편지를 보냈을 때, 당신은 확고한 재정적 기반이 있는 것으로 보인다오.

당신은 문화자유회의의 사람들에 대해 이후 더 많이 나에게 이야기를 해주오. 그래서 이것은 결국 가치 있는 중요한 것이오.

1940년 나의 자화상에 관한 당신의 글은 매우 친절했다오. 그러나 나는 부분적으로 약간 반복하지만 쉴프를 위해 새로운 글을 써야 할 것이오. 아직은 그럴 기분이 아니오. 철학사로부터 나의 관심을 돌리는 어떤 것은 나에게 귀찮은 것이기 때문이오.

강의는 내일부터 시작하오.[490] 나는 항상 무대 공포증이 있소. 그러나 통상적으로 말해야 한다는 의무감은 대개 나의 작업에 자극제가 된다오.

우리는 방금 텔아비브에서 온 방문객, 즉 베를린 출신의 나이든 의사를 맞이했소. 상황에 대한 그의 분위기·추론·평가는 훌륭한 프로이센 관료의 그것이었소. 기이했다오. 아랍인들은 이스라엘의 숨통을 끊고 있소. 그러므로 그들은 평화를 이루도록 '강요당해야' 한다오. 새로운 전쟁은 영토를 정복하지 않는 유일한 길이지만, 평화조약을 가져올 충분한 강제력을 보유하고 있소 ― 아마도 그 목표는 위협 수단을 통해서만 평화적으로 성취될 수 있소. 사람들은 매일 국경선 어디에선가 살해되고 있소. 전쟁 기간보다 휴전 이후 더 많은 유대인이 죽었다오. 이 사람은 분명히 존경할 만한

---

[490] 야스퍼스는 1952년 여름학기에 「철학의 기본 문제」라는 주제로 매주 3시간 강의했다.

사람이고 품위 있고 개방적이고 도움이 되기에 기이할 뿐만 아니라 그가 나에게는 가장 훌륭한 프로이센 유형의 사람이지만 우연히도 유대인이기에 기이하오.

우리는 가끔 당신에 대해 생각하고 당신의 존재에 감사하오.

따뜻한 마음을 담아
야스퍼스

편지 125   아렌트가 야스퍼스에게

파리, 1952년 4월 28일

친애하고 존경하는 분께,

당신의 편지에 감사합니다. 저는 재정적 기반이 실제보다 좀 더 건전한 것같이 편지를 썼습니다. 여기에서 말할 것이 좀 있지만, 저는 말하고 싶지는 않습니다. 당신은 텔아비브에서 온 방문객에 대해 말씀하셨는데, 유감스럽게도 그것은 저에게 너무나 친숙합니다. 저 자신에게 다음과 같이 계속 말합니다. 즉 독일인들에 관한 판단에 조심하자. 우리는 그들과 같다.

파리에 살고 있는 조 프랑크는 어제 자신이 예일대학교에 현대 철학 총서를 제안했다고 저에게 말했습니다. 그는 당신의 저작 가운데『실존과 이성 Existenz und Vernunft』[491](네덜란드 강의)을 제안했습니다. 프랑크는 저에게 현실적인 실체를 지닌 훌륭한 분이라는 인상을 줍니다. 저는 당신이 예일대학교로부터 무엇인가를 들었을 즈음에 언급할 것입니다. 그들은 관심이 있는 것 같습니다.

제 계획이 좀 더 확고해 보이기 시작했습니다. 저는 5월 마지막 주에 루가노와 취리히에 가야 할 것 같습니다. 이는 예기치 못한 상황입니다. 날짜

---

[491] Karl Jaspers, *Vernunft und Existenz* (Groningen, 1935).

를 전적으로 확신하지 못합니다. 그럼 잠깐 시간을 내주시겠는지요? 브로흐 유고[492]의 출판사가 루가노에서 그 계획을 논의하자고 저를 초청했기 때문에, 저는 그곳에 가려고 합니다.

6월 말에 멘체스터대학교 초청장을 받았다고 편지로 알렸는지요?

저는 잔느 헤르쉬를 다시 만났고 반드시 그녀를 한 번 더 볼 것입니다.

저는 분명히 5월 10일까지 이곳에 있을 것입니다. 독일에 도착하면 당신께 제 주소를 보낼 것입니다.

두 분께서 건강하시길 바랍니다.

한나 올림

편지 126 　야스퍼스가 아렌트에게

바젤, 1952년 5월 3일

친애하는 한나!

당신은 여기서 언제든지 환영이오. 기대와 반대로 갈등이 일어난다면, 우리는 어떤 종류의 준비를 할 수 있소 ― 당신과 함께라면 완전한 솔직함이 가능하기 때문이오.

"아이들"[493]이 5월 20일 올덴부르크에서 올 것이며, 내일 오기로 한 동생[494]과 함께 며칠 후에 쥐라산맥에 갈 것이오.

그러니 당신이 방문하기 편할 때를 알면 곧 우리에게 꼭 편지를 보내시오.

492　아렌트는 헤르만 브로흐의 『전집(*Gesammelte Werke*)』 출간과 관련하여 유고작 두 권의 편집을 담당했다. *Dichten und Erkennen*(Essays, vol. 1), *Erkennen und Handeln*(Essays, vol. 2)(Zürich, 1955). 그녀는 또한 제1권의 서문(5-42쪽)을 썼다.

493　야스퍼스의 조카와 그의 아내: 에노 두겐트(Enno E. Dugend, 1919~1980), 음악가: 헤르타 두겐트-뮌히(Herta M. Dugend-Münch, 1913년 출생).

494　에르나 두겐트-야스퍼스. 편지 32의 각주 22를 참조할 것.

나는 당신이 우리에게 말해야 할 것을 기대하오.

따뜻한 인사를 담아
야스퍼스

편지 127 **아렌트가 야스퍼스에게**

게오르크하우젠, 1952년 7월 7일

친애하고 존경하는 분께—

제가 런던에서 허버트 리드와 대화했다는 것을 당신에게 간단히 알리려고 합니다. 그는 『역사의 기원과 목표』를 곧 출간하려고 계획하고 있습니다. 저는 번역자 마이클 블라크와 장시간 대화했습니다. 그는 『철학적 신앙』을 세밀하게 연구했기에 영어 번역에서 통일된 용어를 유지할 수 있습니다. 무엇보다도, 그는 작업을 바로 완료하여 원고를 저에게 보냈습니다. 저는 8월 이전에 그것을 충분히 검토할 수 없을까 우려합니다. 우리는 모두 당신에 대해 한두 가지 의문을 가지고 있습니다. 우리는 생모리츠에서 그것에 대해 논의할 수 있습니다.

저는 이번에는 영국에 관한 내용을 편지로 쓸 수 없습니다. 당신에게 말하기 위해 그것을 모두 저장할 것입니다. 여기에서 반은 휴식하고 반은 마감에 대비하여 일부 저술을 끝낼 것입니다. 매우 아름다운 바로크식 성곽과 호텔, 매우 편안하고 즐겁습니다.

저는 파리에서 잔느 헤르쉬와 접촉하려고 했지만, 그녀는 기대하는 주소를 남기지 않은 채 호텔을 떠났습니다. 아마도 그들은 저에게 주소를 알리고 싶지 않았을 것입니다. 어쨌든, 그녀는 아마도 파리에 있지 않는 것 같습니다.

다음 일요일 저는 이곳 쾰른에 있는 작은 단체에서 강연할 것이며, 이후 다음 주에 하이델베르크에서 모임을 갖습니다 — 다소간 아주 생소합니다.

저는 20일경 1주일 예정으로 베를린으로 가려고 합니다. 라스키가 강의를 예약하고자 하며, 저는 베를린을 보고 싶었습니다. 그 순간 어떠한 위험도 전혀 없는 것같이 보이지 않았습니다. 독일인들은 아직 조약에 조인하지 않았기 때문입니다.[495] 그 이후 저는 독일에서 해야 할 일이 있으며, 7월 30일이나 8월 1일에 당신을 만날 것으로 기대합니다. 7월 마지막 며칠 동안 가장 좋은 주소는 프랑크푸르트, 아메리칸 익스프레스 호텔, 타우누스 안 라게 9번지입니다.

두 분이 모두 더위를 얼마나 견뎌내고 있는지 약간 걱정됩니다. 파리의 더위는 아주 잔인합니다. 아마도 바젤은 더 좋은 편이겠지요.

모두 건강하시고, 당신의 처남과 형제(에른스트 마이어)에게 제 안부를 전해 주세요.

한나 올림

편지 128 **야스퍼스가 아렌트에게**

바젤, 1952년 7월 9일

친애하는 한나!

게오르크하우젠에서 7월 7일 보낸 당신의 편지가 도착했소. 대단히 고맙네요. 이제 당신은 그 역사서로 더 많은 작업을 하겠구려. 나는 생모리츠에서 도와줄 수 있을 것이오. 나는 당신이 단지 읽지 않은 채로 두어도 될 정도로 아주 좋은 예문들을 읽기 바라오.

나는 몇 시간 전에 마지막 강의를 마쳤소. 이제 할 일이 없고 생모리츠와 그곳에서 함께 할 시간을 고대하오. 게르트루트가 이미 당신에게 편지를

---

[495] 프랑스, 이탈리아, 벨기에, 네덜란드, 룩셈부르크 그리고 독일연방공화국은 유럽방위공동체(EDC)를 형성하는 조약을 체결했다. 이 조약은 전혀 비준되지 않았다.

보냈소. 주소는 빌라 니메트, 생모리츠(엥가딘)라오. 집은 스베르트에서 생모리츠 마을로 이어지는 도로 위에 있으며, 마을에서 멀리 떨어진 곳에 있지 않다오. 당신이 기차역에서 말이 끄는 택시나 승용차든 택시를 타는 게 가장 좋을 것이오. 집 이름인 니메트는 스위스 사람과 결혼한 아랍 또는 아비시니아 여인의 이름이라오. 내가 그 이야기를 당신에게 할 것이오.

이 편지는 하이델베르크에 있는 당신에게 도착할 것이오. 물론, 그게 이상하지요. 나는 청중이 많기를 희망하오. 그곳에는 아직도 좋은 분들이 많다오. 그리고 도시는 여전히 멋지고, 독일에서 가장 아름다운 곳이오.

당신이 더위에 대해 질문했는데, 아내는 더위를 별로 참지 못한다오. 나는 일할 필요가 없다면 잘 견디오. 누구든 따뜻한 오랜 시간 동안에는 나른해지고 그럴 자격이 있소. 그러나 오늘은 아름답게 기온이 내려가고 있소.

베를린 — 나는 당신의 베를린 여행 생각을 좋아하지 않네요. 오늘 (자유법률가동맹의) 한 법률가가 도시 밖으로 납치되었다는 소식을 읽었소. 추격자들은 차를 잡지 못했소. 국경에서 러시아인들은 새로 설치한 문을 이미 올렸으며, 납치범들의 차가 서베를린에서 빠져나갔다오. 그 남자는 길가에서 바로 차 안으로 끌려갔소. 그러나 라스키는 당신이 간다면 기뻐할 것이오. 내 안부를 전해주시오. 우리는 오랫동안 그의 소식을 듣지 못했다오.

따뜻한 마음을 담아
야스퍼스

편지 129　**야스퍼스가 블뤼허에게**

바젤, 1952년 7월 21일

친애하는 블뤼허 씨!

우리가 만난 적이 없지만, 그런데도 당신은 우리 집에 있는 아렌트와 함께 여기 있는 듯합니다.[496] 이전에 당신은 단지 남편이었지만, 이제 한나는 가끔 하인리히라고 부릅니다. 그녀는 당신에 대해 직접 거의 말하지 않을 것이지만, 당신은 그녀와 함께 있습니다. 그리고 그녀는 나에게 몇 가지를 언급했습니다. 즉 당신의 강의·연구 양태·삶에 관한 사실적인 세부 사항입니다. 내가 (세계 역사에서 중요한) 4명의 주요 인물에 대해 강의하기를 원한다고 그녀에게 말했을 때, 그녀는 기뻐하며 하인리히와 '똑같네'라고 소리쳤습니다. 강의 이면에 있는 기본 이념은 이름은 같지 않더라도 우리 모두에게 비슷한 것 같습니다. 당신은 소크라테스·석가모니·공자·예수와 함께 아브라함과 모세를 논의하고 있습니다. 나는 과거에 하느님의 성서 이념과 연계해서만 두 사람에 대해 언급했습니다. 아마도 당신은 또한 특별 취급을 위해 그들을 올바르게 선정했군요. 나는 그것에 대해 더 많이 성찰할 것입니다. 당신이 아브라함의 현실을 기정사실로 인정한 점을 기뻐합니다. 그와 같은 누군가는 아마도 만들어질 수 없었습니다.

내가 보기에, 한나는 최근 몇 년 사이에 진전을 이루었습니다. 그녀의 대단한 격노는 거의 사라집니다. 그녀는 더욱 정당해지고 자신에게 매우 생소한 것에 대해 관대합니다. 그녀는 독일에 대해 더 큰 냉담함을 보입니다. 나는 그렇게까지 발전하지 못했으며, 그래서 화해할 수 없을 '위치'로 경화되지 않았지만, 공동의 기반에서 서로 이야기하는 능력 — 나에게 매우 활기를 북돋우며 — 즉 우리 사이의 바람직한 긴장은 때론 있습니다. 나는 그녀를 통해서 현존하는 실재의 맥락에서 작가와 문필가가 오늘날 살아야 하는 방식, 그것의 가공스러운 측면을 더 잘 이해할 수 있습니다. 그녀는 이 가공스러운 측면을 결코 못 본 체하지 않고 놀라운 방식과 애정 어린 눈으로 이를 이해하고 연구 대상으로 삼습니다.

아내와 나는 한나의 유럽 체류를 연장하는 데 아주 전적으로 동의한 당신에게 매우 감사합니다. 우리는 우리의 분위기와 환상에 부합하게 일하고

---

496 5월 말 아렌트의 바젤 방문.

휴식하고 대화하며 생모리츠에서 함께 행복한 시간을 희망하고 있습니다.

나는 근대 역사에서 높은 도로와 낮은 도로라는 아렌트의 구별에 감명을 받았습니다. 그녀의 책은 낮은 도로를 추적했으며, 따라서 마르크스에 관한 말을 추적하지 않았습니다. 새 책은 높은 도로로 그림을 완결할 것입니다. 그녀는 정신에 대한 존경심 때문에 자신의 책에서 분석하는 현실에서 일어난 참상에 대한 부분적인 책임을 위대한 사상가들에게 돌리지 않았습니다. 그녀가 우리에게 열어준 견해는 넓으며 인상적입니다. 나는 그녀가 말하는 모든 것에 동의하지는 않습니다. 내 생각에, 분노와 폭력, 증오로 가득한 독재적 성격을 지닌 마르크스의 생각과 성격은 거의 과대평가될 수 없는 영향력을 행사할 뿐만 아니라 발생한 것에 대한 책임을 지고 있습니다. 나로서는 지금까지 증오만을 지닌 이러한 사람을 만날 수 없었습니다 (내가 루터와 피히테를 만난 것과 같이). 나는 제한된 현실 영역이지만 믿을 수 없는 영향력에 대한 마르크스의 독특한 통찰력과 예리한 통찰력을 증오합니다. 그는 자신의 정의에 대한 의지, 애초부터 힘에의 의지이고 복수에 대한 욕구였던 의지를 충족시키기 위해 자신의 통찰력과 지성을 이용합니다. 마르크스는 자신의 증오와 사랑을 얼음 위에 올려놓고 외면하며 자기비판을 통해 최대의 진리를 얻는데 이들을 서로 반목시키기 위해 이들을 인지 기관으로 사용하지 않습니다. 대신에 마르크스는 자기 증오의 희생자가 되어 정의라는 이름으로 이것을 따라 가증스러운 환영으로 들어갑니다. 그래서 나는 그에게서 철학의 왜곡과 확연하고 치명적인 부조리를 목격합니다. 나는 마르크스에 대한 견해를 교정할 준비가 되어 있습니다. 어쨌든, 마르크스는 아직도 지식인들과 비교할 때 떳떳한 인간, 즉 "훌륭한 시민"입니다. 한나는 지식인들에 대한 자신의 높은 존경과 인간적 관용을 부인하지 않습니다. 나는 정신과 의사의 역할을 하게 되는 경우에만 그런 관용을 느낄 수 있습니다.

나는 우리가 이곳 바젤에서 만날 수 있을 만큼 삶이 지속하기를 바랍니다. 내 생각에 당신을 유럽에서 멀리하게 하는 혐오는 조만간 사라질 것입니다 — 그리고 당신은 아직도 여행하기에 충분할 만큼 젊습니다.

안부와 소망을 담아

야스퍼스

편지 130   야스퍼스가 아렌트에게

바젤, 1952년 7월 24일

친애하는 한나!

우리는 26일 생모리츠에 도착할 예정이오. 당신이 7월 30일부터 우리와 함께 하는 것을 환영하오 — 고도 때문에 적응하느라고 기본적으로 며칠 빈둥거리며 지내면서 완전히 휴식을 취하는 우리를 보게 될 것이오. 우리는 당신과 만남을 대단히 고대하오. 이전에 당신이 도착하려고 할 때 했듯이, 편지가 시간 내에 우리에게 도착하지 않으면 전보로 알려주오.

말로의 책[497]에 대단히 감사하오. 원본은 매력적이고, 사진은 멋있구려. 중요한 통찰력과 화려한 논평은 연상적인 대화와 섞여 있소. 나는 더 읽고 싶구려. 이것은 특히 예술에 대한 기본적인 관점에서 보람이 있다오. 이 책에는 위대한 요소가 있다오.

로스만은 하이델베르크에서 두드러지게 강렬한 당신의 강의[498]와 토론 기간 당신의 대단한 몸가짐에 대해 상세히 보고했소. 나는 그 소식을 들어 행복했네요. 베를린에 대한 걱정은 그만두었소. 당신이 만약 공적으로 대화를 하지 않고 비행기가 비상착륙을 할 필요가 없다면, 어떤 일이 일어날

---

[497] André Malraux, *Psychologie der Kunst: Das imaginäre Museum* (Baden-Baden, 1949)
[498] 아렌트의 강의 「이데올로기와 테러」는 이후 『야스퍼스 기념논문집(*Festschrift für Karl Jaspers*)』에 게재되었다. 편지 141의 각주 2를 참조할 것.

위험은 거의 없소. 당신이 그곳에서 알려졌고 공적인 적 1호인 점은 의심할 수 없소. 누가 당신과 같이 무대 뒤에서 진행되었던 것을 그렇게 명료하게 지금까지 보았는가요? 옛날의 공산주의자들, 그렇게 치명적이지는 않네요. 그들은 여전히 체제에 연계되어 있었기 때문이오. 참으로 다르고 자유로운 세계의 시각에서 당신이 말하는 방식 — 당신이 현재 미국 여권을 가지고 있다고 하더라도, 그들은 확실히 그 평온한 안목에서 당신을 용서하지 않을 것이오.

곧 볼 때까지! 따뜻한 인사를 전하며
야스퍼스

편지 131   아렌트가 야스퍼스 부부에게

프랑크푸르트, 1952년 7월 26일

친애하는 친구분들께—

저에 대해 그렇게 관심을 표현하시는 당신의 친절한 편지에 감사합니다. 어쨌든 저는 베를린에 가지 않았습니다. 가고 싶은데 안 되었으며, 저는 그것을 아마도 제가 그곳으로 가지 말아야 한다는 징후로 간주했습니다. 그리고 이 시점에서 추가적인 심적 압박과 긴장을 받고 싶지 않습니다.

뵐 때 하이델베르크에 관해 이야기할 것입니다. 그곳에 당신이 없기에, 도시는 텅 비어 있고 중심이 없습니다. 그것은 그야말로 사실입니다. 그 외에는 일부 즐겁고 일부 불쾌한 것이 있습니다. 나중에 이를 설명하지요. 뤼스토프는 실제로 제가 기대했던 것보다 덜 흥미롭지만 역시 매우 친절했습니다.

이것은 생모리츠에 있는 당신에게 충격을 주었습니다. 저는 당신께서 이미 어느 정도 휴식을 취했길 바랍니다. 네덜란드[499]에서 수술은 지금쯤 끝났겠지요. 모든 일이 잘되었기를 바라며, 당신은 편하게 숨을 쉴 수 있지요.

저는 날짜를 세며 당신을 만나게 되는 것에 너무 흥분됩니다. 제가 당신으로부터 그 외의 어떤 것도 듣지 못하는데 당신이 여전히 괜찮다면, 저는 31일 목요일 저녁 6시 30분경에 생모리츠에 도착할 것이며 당신을 바로 뵙고자 택시를 탈 것입니다. 저는 발츠 박사 부인을 만났습니다.

저와 접촉하기를 원한다면, 머무는 곳은 동물원 근처의 에덴호텔, 발트슈미트거리 61/62a입니다.

따뜻한 안부와 함께
한나 올림

편지 132   **블뤼허가 야스퍼스에게**

뉴욕, 1952년 8월 5일

친애하고 존경하는 야스퍼스 교수님께,

　제가 어떤 의미에서 당신과 함께 있었다고 느낀다는 말씀은 저를 깊이 기쁘게 합니다. 어쨌든 지금 제가 볼 수 있는 한, 실제로 당신과 함께하는 그런 기회는 저를 다시 유럽으로 불러들일 수 있는 유일한 요인이 될 것입니다.

　저는 어렵기는 하지만 한나와 함께 하는 더 많은 시간을 당신에게 허용하고 당신과 함께 더 많은 시간을 한나에게 허용하기 위해 그녀를 좀 더 길게 기꺼이 기다릴 것입니다.[500] 대단히 먼 거리에 있는 제 시각에서 볼 때, 당신과 사모님, 그리고 한나 아렌트의 만남(말과 개념이 아주 잘 조응할 때 그게 얼마나 좋은지)은 저에게 선택적 친화력 가운데 보기 드문 가족 축하 행사라는 인상을 주며, 니체가 한때 갔고 여러분보다 먼저 갔던 그런 높은 산에 있다는

---

[499] 에른스트 마이어는 수술을 받아야 했다.
[500] 이것은 생모리츠에 있던 야스퍼스 부부에 대한 아렌트의 8월 방문을 지칭한다.

것은 얼마나 적절한가요.⁵⁰¹

물론, 저는 모범적인 인간 형상에 관해 이야기할 계획입니다. 그러나 아렌트는 당신에게 이 계획을 보고하는 과정에서 분명히 실수를 범했을 것입니다. 저는 그들 중에 모세나 바울을 고려하지 않기 때문입니다. 그들은 위대한 정치가들이고, 그 범주에서 저는 솔론에게 훨씬 더 끌립니다. 당신은 솔론에 관한 짧은 논문에서 진정한 그리스 기념비를 솔론에게 기증했습니다.⁵⁰² 온화하고 매우 매력적인 그의 힘은 그리스 무덤의 부조에 있는 죽은 자의 영원한 모습처럼 조용하고 단순하게 묘사되고 있습니다. 석가모니가 아시아적 방식에서 예수와 공통점을 많이 가지고 있지만, 저는 석가모니에 대해서는 실제로 확신하지 못합니다. 저는 공자의 자리에 노자를 세우는 경향이 있습니다. 노자를 더 가까이서 연구할수록, 그는 더욱더 소크라테스로 보입니다. 당연히 예수와 소크라테스도 그렇습니다. 아브라함은 저에게는 전적으로 독특합니다. 그가 역사적 관점에서 인류의 아버지로 추정되는 것은 저에게는 그렇게 중요하지 않습니다. 아브라함은 오히려 인간적으로 가능한 존재와 가능한 인간의 아버지인 것 같습니다. 그는 이 인간 실존 덕택에 유일한 하느님, 달리 말하면 가능한 하느님을 발견했고, 당신은 그를 위해 초월의 끝없는 의식을 확립하려고 노력하고 있습니다. 저는 가능한 하느님이란 이 개념을 발견했고 이후 아브라함을 발견했으며, 그런데도 그 덕택에 개념을 가졌습니다.

저는 이곳 철학 입문 강의에서 당신의 책⁵⁰³을 이용했으며 오랫동안 아렌트에게 말했던 내용을 확인했습니다. 이것은 당신이 이곳 미국의 젊은이에게 대단히 중요할 수 있는 것입니다. 과학과 철학에 대한 당신의 범례적 구별은 여기서 일용한 양식과 같이 긴급하게 필요합니다. 미국인들은 전문

501　편지 112의 각주 460을 참조할 것.
502　편지 87의 각주 332를 참조할 것.
503　Karl Jaspers, *Einführung in die Philosophie: Zwölf Radiovorträge*(Zürich, 1950).

능력에 대한 확실한 견해를 가지고 있으며, 당신에게서 철학자와 과학자의 말을 모두 듣고 있다고 느낍니다. 미국인들은 이곳의 어떤 사람이 양자의 순수성에 관심이 있을 때 안도의 한숨을 내쉬며, 자신들이 유사과학적이고 유사형이상학적인 이데올로기와 철학이란 탁하고 근대주의적인 아무 가치 없는 것을 구별하고 무시할 수 있는 기준을 획득한 것에 기뻐합니다. 그들은 자신들이 말의 가장 좋은 의미로 자유주의적 사상가의 앞에 있다고 느끼며, 당신에 대한 신뢰를 재빠르게 발전시킵니다. 저와 독일인들을 항상 분리하는 것은 그들 누구도 약간의 예외는 있지만, 자유에 여전히 진지하게 관심이 있다는 것입니다. 그리고 당신이 이렇게 말하는 저를 양해한다면, 이것도 저와 독일인들을 분리하는 것입니다. 그리고 바로 그런 이유로 당신은 미국에서 좋은 효과를 낼 수 있는 독일인입니다.

제 요청에도 불구하고, 한나는 당신이 역사철학에 관한 연구계획을 어떻게 진전시키고 있는가에 대해 언급하는 편지를 저에게 보내지 않았습니다. 당신은 아마도 자신의 주요 저서 제2권에 집중하기 위해 다른 모든 일을 제쳐놓고 있는 것 같습니다.[504] 저는 뉴스쿨을 위해 이곳에서 '대륙을 잇는 이해'를 위한 주요 연계계획, 지금 미국에 매우 중요한 문제를 천천히 발전시키고 있습니다. 이런 관점에서 저는 기본적인 쟁점에 대해 아시아와 대화를 예상하는 당신의 주도적인 활동[505]을 계속 언급합니다. 저는 미국과 유럽 사이 이런 종류의 가능한 대화에 관심이 있지만, 당신의 중요한 주도적인 활동은 대륙을 잇는 이해의 문제를 고려하는 데 있어서 저에게 필수적인 것 같습니다. 저는 이미 이곳을 방문하거나 그곳의 당신을 방문할 누군가를 보내자고 제안했습니다. 우리는 이 계획을 재정적으로 지원할 부유한 사람들을 납득시킬 수 없지만, 그들에게 끈질기게 말할 것입니다.

---

[504] 『논리학』의 제2권이 되었을 범주이론. 편지 98의 각주 380을 참조할 것.
[505] 야스퍼스의 추축시대(기원전 800~200년) 이념. 이 기간에 첫 번째 위대한 종교·철학·문학이 동시에 같은 독창성을 유지하며 아시아와 서양에서 출현했다.

저는 새로운 교육계획을 수행하기 위해 이곳의 소규모 엘리트 대학[506]에 고용되었습니다. 저는 당신에게 경의를 표시하여 제가 소통 교육이라고 부르는 중요한 것을 통해 여기에서 혁신적인 교육과 그 파국적 결과를 공격할 계획을 세우고 있습니다. 이 교육계획을 위해서 제 생각에 당신의 철학의 참된 주요한 근원, 즉 소통이론에 많이 의존할 것입니다. 제가 때때로 보기에 당신은 마치 교육학 자체를 진정한 형이상학적 관련성으로 높이는 데 성공한 것처럼 보입니다. 우리는 자신들의 삶의 문제라는 관점에서 최종적 질문의 대단한 중요성을 새내기 학생들에게 우선 제시하고 이어서 학생들을 자신들의 각 연구분야에 유기적으로 인도할 계획입니다. 저는 이제는 실현하기 어려운 대학교육체계를 체계적인 소통 행위로 대체하고 학생들을 지속적인 자기 정향 습관으로 인도하려고 할 것입니다. 당신은 이 영역의 저작이 이 노력을 하는 저에게 얼마나 귀중한가를 충분히 상상할 수 있습니다.

당신과 사모님의 좋은 휴식을 바랍니다. 저 역시 한나와 함께 이곳의 산속에서 휴가를 즐기고자 가방을 다시 싸기 시작했습니다. 이 순간 그녀는 당신과 함께 있을 것이며, 두 분은 모두 우리가 그렇게 긴급하게 필요한 대륙간 대화에 열심히 연구하고 있습니다.

따뜻한 마음을 담아
하인리히 블뤼허 올림

아렌트가 아직도 거기 있다면, 그녀가 바드대학에서 어떠한 의무도 없을 것이라고 제발 말해주세요. 그들은 저의 조건에 모두 동의했습니다. 그녀는 집에서 평화롭게 머물 수 있습니다.

---

[506] 뉴욕 허드슨강 인근에 있는 아난데일 소재 바드대학.

편지 133   아렌트가 야스퍼스 부부에게

1952년 8월 23일

친애하는 친구분들께―

모든 것을 환영하고 감사한다는 말 한마디 드립니다. 그것은 여전히 저에게 너무나 놀랍도록 뚜렷하고 생생해서 그것을 정확하게 잘 그리고 몇 번이고 되풀이하여 말할 수 있습니다.

그리고 당신의 따뜻하고 훌륭한 편지에 감사드립니다.[507] 하인리히가 팔렌빌에서 답장을 보낼 것입니다.[508] 저는 결국 대학에 관한 당신의 책을 두 권 갖고 있습니다.[509] 두 권의 책은 원래 있어야 할 것이었습니다. 셸링과 피히테에 관한 책은 이미 제 가방에 있습니다. 저는 내일 떠날 것입니다. 어리석게도, 우선 버펄로로 가야 합니다.

저는 잘못을 바로 고백하는 편지를 급하게 쓰고 있습니다. 제가 어떻게 모든 것을 함께 포장할 수 있었는지는 신비입니다.[510] 그것들은 제가 생모리츠로 떠나기 전에 여행 가방에 넣었던 서류에서 방금 나왔습니다.

저는 그곳에서 아주 멋진 날씨가 계속되었으면 좋겠습니다. 항상 그 일을 회상합니다. 취리히에서 당신에게 편지를 쓰고 싶었지만, 그것에 도달할 수 없었습니다. 살로메의 『회고Rückblick』를 읽었습니다.[511] 그녀는 니체 문제[512]에 대해 이렇게 말했습니다. 1880년대 초반 상호 친구는 레 및 살로메의 사전 승인을 받은 후 자신들과 니체 사이의 모임과 화해를 이루고 싶

---

[507] 이것은 아마도 편지 129를 의미한다. 1952년 8월 5일 이에 대한 하인리히 블뤼허의 답장이 있다. 그러나 이것이 블뤼허의 반응이 지연되었다면 보존되지 않은 편지를 지칭할 수 있다.
[508] 아렌트와 남편은 뉴욕시 북부 켓츠킬 산맥에 있는 마을에서 여름휴가를 종종 보냈다.
[509] 아마도 두 가지 형태의 저서이다. Die Idee der Universität(Berlin, 1923; Berlin/Heidelberg, 1946).
[510] 아렌트는 생모리츠에서 출발 즈음에 야스퍼스의 책이나 원고를 실수로 소포에 쌌다.
[511] Lebensrückblick(Zürich/Wiesbaden, 1951). 루 안드레아스 살로메(Lou Andreas-Salomé, 1861~1937)는 작가이며, 니체·릴케·프로이트의 친구였다.
[512] 폴 레(Paul Rée, 1849~1901)는 물리학자이고 심리학자로서 니체 및 살로메의 친구였다.

었다. 니체의 대응은 이랬습니다. "아니야. 아무도 내가 그 문제에서 하였던 일을 용서할 수 없다오." 그래서 저는 당신이 전적으로 옳다고 생각했습니다. 품위는 자신의 "재앙"[513] 앞에서도 유지되었습니다.

두 분 건강을 유지하세요. 따뜻한 마음과 감사를 담아서

한나 올림

편지 134 **야스퍼스가 아렌트에게**

바젤, 1952년 8월 23일

친애하는 한나!

나는 당신의 저서 『라헬 파른하겐 Rahel Varnhagen』[514]을 곧바로 대단히 관심 있게 읽었소. 의심할 여지가 없네요. 이 책은 강력하고 중요하오. 책의 상당 부분은 탁월하오. 이것은 예외적인 풍부함을 많이 담고 있다오.

내가 보기에, 외적인 결점은 반복의 과잉이오. 책 전체는 이미 존재하는 극적인 구조를 위해서 강화될 수 있었소. 모든 전기적 사실에 열거하는 세부적인 연대기 도표의 결여는 나에게 또 다른 그런 결점이란 인상을 주오. 독자는 적응을 위해 또 다른 자료로 이동하기를 원하지 않소. 이 정보에 대한 개요는 당신이 특정 단락에서 언급하는 모든 것이 라헬의 인생에서 실제로 언제 어디에서 발생했는가를 독자에게 알 수 있게 해줄 것이오.

원고에 제목의 쪽이 빠진 게 우연인지요? 이 책은 단지 부분적으로 라헬의 전기라오. 당신은 대체로 시간 순서를 고수하지만, 일련의 에세이가 예리한 분석과 건전한 판단과 함께 전체 현상을 논의하는 그런 방식을 고수했소. 표현은 완전히 객관적이오. 독자는 작가에 대해 생각할 의무가 없지

---

513 이 구절은 분명히 생모리츠에서 개최된 학술회의로 거슬러 올라간다.
514 아렌트의 라헬 파른하겐 저서의 원고. 편지 3의 각주 7을 참조할 것.

요. 이 저작은 여전히 당신이 스스로 유대인 실존의 기본 문제들을 다루고 있는 것 같네요. 당신은 이 저작에서 라헬의 현실을 스스로 명료성과 해방을 획득하는 데 도움을 주는 지침으로 이용하고 있소. 그렇기에, 이 저작은 이제 자체의 객관적 존재를 지니는 이러한 분석을 가능하게 하오. 왜냐하면 그것은 마치 라헬이 라헬로서 당신의 관심이나 사랑을 일깨우지 않은 것으로 보이거나, 아니면 마치 이 저작이 라헬을 완전히 다른 무엇인가를 다루려는 출발점으로 보였기 때문이오. **라헬 자신의 모습**은 나타나지 않고, 말하자면 이 개인을 수단으로 선정하는 사건의 모습만 나타난다오. 나는 당신이 오늘날 라헬을 더 공정하게 처리할 수 있을 것 같다고 생각하오. 주요 이유를 들면, 당신은 그녀를 유대인 문제의 맥락에서가 아니라 오히려 인간으로서 라헬 자신의 의도와 현실을 따라가면서 그녀를 보려고 할 것이오. 유대인 문제는 인간의 삶에서 큰 역할을 했지만, 결코 유일한 문제는 아니었소.

그러므로 내가 보기에 당신이 '계몽된' 사유에서 인용한 모든 것은 부정적인 범례(돔[515]과 프리드랜더[516])로 설명되며 경멸적인 표현으로 이어지는 것 같소. 그러나 라헬을 떠받쳤던 것은 '계몽주의'의 위대함 — 레싱을 그 자신으로 만들고 최종적으로 괴테를 그렇게 만든 것의 위대함 — 이었소. 그리고 그것은 심지어 더 많이 변질된 형태이기는 하지만 역시 파른하겐[517]의 역할이었소. 나는 당신이 '계몽주의'를 나타내는 방식이 이것을 하찮게 보이게 할 뿐만 아니라 왜곡시키고 있는지 궁금하오. 당신은 "인류의 교화"에 대한 견해에 기반을 둔 채 레싱의 '이성'을 역사적 기반으로 두고, 멘델스존

---

[515] 크리스티안 빌헬름 돔(Christian Wilhelm Dohm, 1751~1820)은 정치작가이며 프로이센 정부 관료였고 유대인 해방의 선구자였다.
[516] 다비드 프리드랜더(David Friedländer, 1750~1834)는 사업가이고 작가였으며, 유대인 해방의 또 다른 선구자였다.
[517] 카를 아우구스트 파른 폰 엔제(Karl August Varnhagen von Ense, 1785~1858)는 외교관이고 작가였으며, 라헬 파른하겐의 남편이었다.

을 상대로 이것을 설정했소. 레싱에게도 이성 자체의 기원은 — 고맙게도 — 역사를 넘어서며, 역사에 대한 그의 사유는 역사를 넘어서고 있소. 신격화된 역사를 통한 미래의 마력은 여전히 아직 없었소. 멘델스존은 분명히 레싱보다 더 단호하고 자기만족적이며, 조야하고 독단적이오. 그가 레싱과 비교할 수 없다고 하더라도, 그들을 친구로 연결하는 충동은 그들 모두에게 공통적이며 부정할 수 없는 진실이오.

다른 사항에 관한 언급이오. 라헬에 대한 당신의 견해는 내가 느끼기에 사랑이 없소. 단지 분리된 쪽에서만 라헬의 영혼의 깊이가 분명해진다오. 즉 당신은 겐츠[518]와의 연계 가능성에 대한 멋진 환상을 전개하고, 그리고 파울린 비젤[519]과의 인연에 대해 언급하는구려. 아마도 폰 데어 마르비츠[520]와 그녀의 결별에 관한 해석에서도 그 깊이는 분명해진다오. 당신은 이 여성을 다음과 같이 근사하게 묘사하고 있구려. — 그녀는 가정과 고향도 없고, 세계도 없으며 사랑에 뿌리를 두고 있지 않은 채 떨고 피를 흘리며, 아주 정직하고, 끊임없이 성찰하고, 이해하고, 오해하며, 그런 오해를 벗어버리며, 계속 자신의 길을 잃고, 자신을 놓치며, 자신을 재창조해야 하며 그것과 관련하여 자신과 다른 사람을 기만하지 않고, 거짓이 진실로 나타나는 신비스러운 그 영역에 도달한다. — 당신은 이 인물이 자신의 핵심, 즉 인간 자신으로서 말하도록 내버려 두지 않는구려. 그녀는 본성이 유대인이 아니지만, 유대인으로서 세계를 경험했으며 이로 인해 가장 극단적인 일, 즉 유대인에게만 나타난 일을 경험했소. 당신은 라헬이 자신을 잃지 않고 자신에게 여전히 충실하다고 전달한다오. 그러나 이것은 당신이 묘사한 구조에서는 명백하지 않소. 한편, 당신은 라헬이 분열된 경험에서 자신을

---

[518] 프리드리히 폰 겐츠(Friedrich von Gentz, 1764~1832)는 프로이센 정부 관리이고 언론인이었으며, 메테르니히의 가까운 동료였다.
[519] 파울린 비젤, 구성은 체자르(Pauline Wiesel, née Cesar, 1777~1848)는 라헬 파른하겐의 친구였다.
[520] 알렉산더 폰 마르비츠(Alexander von der Marwitz, 1787~1814)는 라헬 파른하겐의 친구였다.

흩뜨리도록 내버려 두었소. 다른 한편, 당신은 유대인이라는 핑계로 모든 것을 강요하네요. 당신은 독자에게 그 모든 것의 감정적 영향을 느끼게 하지만, 그 모든 혼란 속에서 라헬의 총명함이 나타나서 그 완전한 빛을 발하도록 놔두지 않소. 당신은 마치 누구나 아마도 어떤 지점에서 라헬 전체("어린애다움" — "혐오스러울 정도로 처신함" — "그녀가 참여할 수 있다는 사실에 황홀한 기쁨으로 어리석고 재치가 없음" 등)를 보았다고 느끼는지 판단해서는 안 되는 방식으로 고립된 행위를 반복해 판단하고 있소. 도덕적 판단과 마찬가지로, 당신이 라헬과 관련하여 할 수 없는 바로 그 일은 개별적 사실들, 즉 말·의견·행위의 전환을 분리하고 이것들을 추상적으로 보는 것이오. 라헬은 이리저리 몸부림치고, 깊은 곳에서 벗어나서, 자신을 잊고, 환상에 의해 지시되는 방식으로 기본적인 인간적 질문에 접근하지만, 진리의 알맹이를 담고 있는 질문에 접근한다오. (예컨대, 당신은 왜 전쟁에 대한 여성들의 반발이란 그녀의 환상에 담긴 평화주의적인 충동에 그렇게 분노하는가요? 백치들이 이후 그런 생각을 한 것은 라헬이 원래 그때 현실에 적응하지 못하고 이것에 대해 완전히 진지하지 않은 한 사람의 순진한 마음에 자극을 받아 잠시 생각해낸 것을 부정하지는 않는다오.) 당신이 모든 사람을 인정해야 하듯이, 괴테도 오류를 범하듯이, 당신은 라헬의 오류를 인정해야 하오. 그리고 당신은 진리의 더 어두운 측면과 같이 개인의 위상의 맥락에서 그런 오류를 인식해야 하오. 그리고 라헬과 같은 '예외'의 경우에, 정치와 사랑은 이것을 우리에게 더 많이 요구한다오.

당신의 저서에서 형태를 갖추기 시작했지만, 사회학적·심리학적 고려에서 빠진 것(어쨌든 생략되지 않았지만 높은 수준에서 통합되어야 하는 것)은 라헬의 무조건적인 측면(예컨대, 핀켄슈타인[521]과의 사랑. 그런 사랑은 평생 단 한 번이며, 두 번 다시 일어날 수 없다), 개인적 영향력의 특성, 통찰력 전체, 사물에 대한 은밀한 지식,

---

[521] 카를 폰 핀켄슈타인 공작(Karl Count von Finckenstein, 1772~1811)은 프로이센 외교관이고 라헬 파른하겐의 약혼자였다.

시간 속의 무시간적인 것이라오. 유대인임은 이 모든 것에는 오로지 외적인 위장이고 출발점이오.

당신의 저서는 누구에게나 다음과 같은 점을 느끼게 하오. 즉 한 사람이 유대인이라면, 그는 정말로 자신의 삶을 충분히 살 수 없소. 유대인이 더 이상 선조들의 믿음에 확고하게 뿌리를 내리지 않는 한, 그런 삶은 분명 무한히 어렵소. 그러나 스피노자가 최종적으로 우리에게 보였듯이, 그런 삶은 이루어질 수 있소. 즉 유대교 회당 및 율법에 대한 믿음의 거부, 기독교 신자가 되기를 거부함, '영원의 관점 아래에서sub quadam specie aeternitatis' 그리고 '지성 사랑amor intellectualis'에서, 인류와 자신에 대한 사랑과 친절 속에서 모든 사물을 보며 하느님과 함께하는 삶이오. 이 책에서 당신은 로빈슨 크루소의 경멸적인 기치 아래 그 가능성을 거부하지만, 노아의 기치 아래 오늘 그 가능성을 인정하네요. 라헬은 스피노자는 아니지만, 스피노자가 성취한 것을 향해 나아가며 영원한 불안 속에서 살았고, 완전히 공식화된 통찰력의 명료함에는 도달하지 못했다고 하더라도 스피노자보다 더 풍요하고 활기 있는 삶을 영위했소. 닻을 내리지 않은 그녀의 영혼은 철학이 인정한 평화 없이도 충만한 심원함 속에 살았소.

몇 가지 오류는 쉽게 교정될 수 있소. 예컨대, '아르님 부부'[522]의 반유대주의. 베니타는 자기 남편의 수치스러운 견해에도 불구하고 유대인 문제에 관해 지금까지 쓴 글 가운데 가장 훌륭한 저작을 출간했소.[523] 그녀는 결코 반유대주의적이지 않았다오. 훔볼트[524]에 대한 당신의 언급은 나에게 거의 터무니없다는 인상을 준다오.

---

522   아힘 폰 아르님(Achim von Arnim, 1781~1831)과 베니타 폰 아르님(Bettina von Arnim, 1785~1859).
523   추정하건대 다음 저작이다. "Die Klosterbeere: Zum Andenken an die Frankfurter Judengasse," in Bettina von Arnim, *Werke und Briefe*, ed. Gustav Konrad, 3(Darmstadt, 1963): 263ff.
524   빌헬름 훔볼트(Wilhelm von Humboldt, 1767~1835)는 학자이고 프로이센 정치인이었다. 편지 246을 참조할 것.

하인리히가 당신의 삶에 들어오기 이전에 당신은 이 책을 집필했소. 아마도 당신은 라헬에 관한 연구로 라헬의 삶과 조금도 닮지 않은 자신의 삶의 새로운 방향을 위해 마음과 눈을 뜰 수 있었을 것이오. 그러나 현재 내 생각에, 당신은 설명에서 라헬의 유대인성을 한 요소로 축소할 수 있고 그녀의 영혼의 위대성을 전면에 서게 할 수 있었소. 기독교 세계가 유대인에게 강요한 것, 그리고 이로부터 발생한 유대인의 실망·오류·왜곡은 축소되지 않을 것이오. 이것이 언제나 라헬에게 최대로 중요했다는 점은 부정되지 않아야 하오. 당신의 책은 딜타이[525]가 전형적으로 파악하기 어려운 방식으로 적당한 거리를 유지하고 있다는 점을 강조한다오. 그는 다음과 같이 글로 표현하였소. 즉 "누구든지 라헬이 자신의 개인 서신에서 유대인 여성이라는 운명을 경험하고, 즉 자신이 버림받은 사람이라고 느낄 때의 고통에 경악한다."[526] (그런데, 딜타이 자신은 이후 자신의 딸이 유대인 미쉬[527]와 결혼하고자 원하였을 때 "경악했다." 루요 브렌타노[528]는 그때 딜타이와 자신의 격렬한 논쟁에 대해 언급했소. 논쟁의 결말은 딜타이가 굴복했다는 것이었소.) 그러나 이것이 주된 초점이 되어서는 안 되오. 라헬이 계몽주의로 해방된 인간이라는 점이 중요하오. 라헬은 자신에게 잘 풀리지 않은 개인의 길을 여행하여 막다른 골목에 이르렀지만, 역시 하나의 진정한 길에 머물렀소. 그것은 그녀의 실패에도 불구하고 지속한다오.

이제 출판 문제에 관한 사항이오. 그런 중요한 저작은 출판권에는 아무런 의혹이 없소. 내가 당신에게 이것을 출판하라고 촉구하지 못하게 하는 것은 나의 소망이오. 즉 당신은 공공의 눈에는 유대인 문제의 최고 권위자

---

[525] 빌헬름 딜타이(Wilhelm Dilthey, 1833~1911). 그는 심리학자로서 "영혼의 역사 과정"에 기반을 둔 이해이론의 창시자였다. 그는 철학자로서 인문학의 인식론 창립자였다.
[526] Wilhelm Dilthey, *Leben Schleiermachers*, 2nd ed., ed. Hermann Mulert, 1(Berlin/Leipzig, 1922): 228.
[527] 게오르크 미쉬(Georg Misch, 1878~1965)는 철학자이며 딜타이학파의 옹호자였다.
[528] 루조 브렌타노(Lujo Brentano, 1844~1931)는 경제학자였다.

여야 하고 출판물은 시간을 두고 유지될 수 있어야 한다는 점이오. 당신이 라헬과 계몽주의에 그렇게 불공평하지 않아야 한다는 점은 또한 나의 소망이오. 마지막으로 무엇보다도 중요하지만, 그 참되고 심원한 '유대인성'은 역사성을 의식하지 않고 그 효과에 있어서 매우 독특하게 역사적이기에 유대인이라고 불리지 않고 라헬에서 유대인성을 더 분명히 해야 하오. 그것은 항상 모호한 효과가 있기 때문이오. 어쨌든, 내가 보기에 당신은 출판하기 전에 책을 개작하고, 압축하여 형상화하고, 문장을 다듬으며, 아마도 세부적인 연대기·전기 목록을 첨가해야 할 것이오. 당신이 이것을 출판하고 싶다면, 나는 친절하게 지원하는 좋은 이유를 밝히며(피페르출판사가 당신에 관심이 높다는 관점에서 추천이 비록 불필요하겠지만) 피페르출판사에 기꺼이 추천할 것이오.

물론 나는 피페르출판사가 이를 채택할지 알 수는 없소. 출판사의 관점에서 볼 때, 이와 같은 주제 — 내면적 행위와 세심한 판단 문제 — 가 현재 독일에서 많은 독자의 관심을 끌 것인지는 궁금하오. 현재 상태의 책이 반유대주의의 보고寶庫라는 점은 판매에 해를 끼치지도 도움을 주지도 않을 것이오. 내가 보기에, 람베르트 슈나이더출판사가 출간한 당신의 에세이 모음집은 현대 세계에 훨씬 더 흥미로운 것이오. 피페르출판사가 이것을 출판했다면 아마도 큰 성공을 거뒀을 것이오. 람베르트 슈나이더는 책 홍보(즉 판촉 활동)에는 소질이 없소. 나는 이런 이유로 당신의 에세이 모음집의 슈나이더출판사 출판을 매우 후회하오. 그러나 우리는 모두 그의 출판사에서 출판했을 때 그것을 알 수 없소. 그 점에 있어서 그의 실패는 시야에서 거의 사라지고 있는 나의 저서 『책임 문제』에 원인이 있다오.

나의 양면적인 태도가 당신에게는 약간 실망스러울 것이오. 나는 아무런 거리낌 없이 출판에 동의한다고 확신했지만 나 자신의 망설임에 놀라오. 이 책은 어떤 경우에도 출판되지 않은 채로 있어서는 안 되오. 책에는 훌륭하고 참되며 완전히 이해되는 것 — 라헬에 관한 이전의 연구에서 전혀 조명되지 않은 자료 — 이 아주 많기에, 이 책을 반드시 출간해야 하오. 내 희망은 당신의 성향과 상황이 당신을 자극하는 그런 시기에 전체 저작을 개작하는 것이오. 이게 가능하지 않다면, 최상의 기준이란 관점에서 그림자 — 당신 자신이 아니라 현재 상태의 저작에 실제로 충격을 줄 그림자 — 가 당신에게 떨어질 위험에도 이 책을 현 상태로 출간해야 하오.

우리는 이제 한 주 동안 다시 집에 있소. 아내는 대단히 안도하오. 에른스트가 결국 더 호전되고 있기 때문이오. 나는 역시 다음 겨울학기 강의 과정[529]이 될 역사에 관한 제3장을 집필하고 있소. 당신은 몇 달 동안 유럽에서의 힘든 활동에서 벗어나 휴식을 취하며 산속에 있구려.

두 분에게 안부를 전하며, 아내의 따뜻한 안부를 당신에게 전하며.

야스퍼스

편지 135 아렌트가 야스퍼스에게

팔렌빌, 1952년 9월 7일

친애하고 존경하는 분께 —

당신의 훌륭한 장문의 편지를 잘 보았습니다. 이번에는 경이로운 철저함, 이해할 수 있는 참을성, 빠른 답장이군요. 저는 답장을 바로 원하지 않았습니다. 첫 반응을 불신하는 법을 배웠기 때문입니다. 그러나 즉시 대응했다면, 저는 아마도 똑같은 답변으로 대응했을 것입니다.

저는 전혀 놀라지 않았습니다. 당신의 반대를 기대했습니다. 현재로선 오랫동안 저와 거리가 있었던 책을 더 면밀하게 회상했다면, 저는 당신의 세부적인 반응이 무엇일지 알기까지는 아니라 하더라도 최소한 짐작할 수 있었을 것입니다. 당신은 옳습니다. 이 책은 마지막 장을 제외하고 1933년

---

[529] 야스퍼스는 1952~1953 겨울학기에 「위대한 철학자」라는 주제의 강의를 매주 3시간 강의하였다.

아니 1932년에 완성되었습니다. 저는 1938년 여름에 짜증을 내며 이 책을 완성했습니다. 하인리히와 베냐민이 이 책에 대해 계속 저를 성가시게 하였기 때문입니다.

제가 당신의 편지에 대응해 여기에서 말해야 하는 것과 무관하게, 우리의 합의는 여전히 유효합니다. 즉 저는 책을 출간하지 않을 것입니다. 당신은 제가 출판하겠다는 결정을 당신에게 말했거나 당신의 반응에 전적으로 좌우되지 않으리라는 점을 상기합니다. (이 책의 출판사를 물색하는 것은 다른 문제입니다.)

제 견해에 따르면, 책에서 언급하는 사항들 가운데 다수는 1933년 이전 (아마도 1938년 후반까지도) 공개적으로 언급됐어야 합니다. 이 문제들은 어쨌든 언급될 수 있었고, 아무런 해를 끼치지 않았을 뿐만 아니라 심지어 어떤 이익을 가져다 줄지도 모릅니다. 제 생각에도, 아마 이제는 뒤따르지 않을 이 세대의 독일계 유대인들이 죽은 언젠가, 이러한 사항들을 다시 언급하는 것이 가능합니다. 그러나 현재로선 언급하지 않는 게 어쩌면 가장 좋을 것입니다. 저는 반유대주의자들을 전혀 두려워하지 않습니다. 그들은 어쨌든 모든 것을 자신들의 목적에 맞게 만들며, 여전히 저보다는 디즈레일리나 라테나우[530]를 더 잘 이용할 수 있습니다. 그러나 저는 선의를 지닌 사람들이 이런 사항들과 유대인 절멸 사이, 실제 존재하지 않는, 연계성을 찾을까 우려합니다. 이 모든 것이 유대인에 대한 사회적 증오를 조성할 수 있었고 그랬으며, 다른 한편 이게 조성되자 반유대주의의 특별히 독일적인 형성을 조장했습니다. 진짜 전체주의 현상 — 이전에는 진짜 정치적 반유대주의 — 은 이 모든 것과 거의 어떤 관계도 없었습니다. 그리고 이것은 제가 이 책을 집필했을 때는 알지 못한 것입니다. 동화에 대한 시온주의적 비판의

---

[530] 발터 라테나우(Walter Rathenau, 1867~1922)는 독일 산업주의자·언론인·정치인이었으며 1921년 재건장관이었고, 1922년 제국 외무장관이었다. 그는 암살되었다.

시각에서 이 책을 집필했습니다. 저는 이 시각을 저 자신의 견해로 채택했고 오늘날에도 여전히 이 시각이 기본적으로 정당하다고 생각합니다. 그러나 그런 비판은 그 시각이 비판하고 있는 것만큼 정치적으로 조야했습니다. 개인적으로, 이 책은 여러 측면에서 저에게 생소합니다. 아마도 그런 이유로, 이 책이 현재 저에게는 특별히 생소합니다. 물론 제가 거의 어려움 없이 겪었던 유대인 경험의 측면이 아니라 특히 분위기, 성찰 양태에서 생소하다고 느낍니다. 저는 배경 덕택에 단지 조야했습니다. 이른바 유대인 문제가 지루하다는 것을 알았습니다. 이 분야에 제 눈을 뜨게 해준 사람은 당시 가까운 친구가 되었고 지금도 그런 쿠르트 블루멘펠트였습니다. 그는 이것을 할 수 있었습니다. 그는 저 자신과 마찬가지로 순진하게 동화되었고 배경으로 편견을 갖지 않았던, 제가 만났던 소수 유대인 가운데 한 사람입니다. 그는 역시 하인리히에 대해 알았고 이후 편견으로부터 해방되어 그와 아주 친해진 소수 유대인 가운데 제가 알고 있는 한 사람입니다. 당신이 그를 모른다니 유감입니다. 그는 지금 미숙한 노인이고 매우 아픕니다. 그는 다음과 같이 말하곤 했습니다. 즉 나는 괴테의 은총으로 시온주의자다. 아니, 시온주의는 독일이 유대인에게 준 선물이다.

당신은 이렇게 말했습니다. 이 책은 "어떤 사람이 유대인이면, 그는 실제로 자신의 삶을 완전히 영위할 수 없다는 점을 느끼게 할 수 있다." 이런 말을 한 당신은 전적으로 옳습니다. 그리고 이 말은 물론 핵심입니다. 저는 오늘날에도 유대인은 사회적 동화와 정치적 해방의 조건 아래에서 "생존할" 수 없었다고 믿습니다. 라헬의 삶은 저에게 그 증거인 것 같습니다. 정확히 말해서 그녀는 아무것도 아끼지 않고 부정직한 흔적도 없이 스스로 모든 것을 시험했기 때문입니다. 그녀와 관련하여 항상 저의 호기심을 돋우는 것은 "우산이 없는 누군가에 쏟아지는 비와 같이" 그녀를 세게 때리는 삶의 현상이었습니다. 그런 이유로, 그녀의 삶은 그렇게 명료하게 모든 것을 설명하고 있는 듯합니다. 그리고 그것도 그녀를 그렇게 견딜 수 없게 만들었습니다.

   당신이 저에게 이의를 제기한 라헬에 대한 묘사는 모든 본질적인 측면에서 아우구스트 파른하겐이 제시한 묘사입니다. 그 밖에, 파른하겐 문서보관소가 여전히 존재한 동안(서고는 사라졌으며, 저는 독일 전체를 통해 이것을 추적했습니다[531]), 누구도 이 묘사가 전적으로 거짓임을 증명할 수 있었습니다. 아우구스트 파른하겐은 이것을 이중으로 조작했습니다 ― 그는 라헬의 완전히 견딜 수 없는 측면과 동시에 완전히 매력적인 측면을 제거했습니다. 두 측면은 라헬과 아우구스트 파른하겐의 서간집 6권[532]에서 여전히 볼 수 있습니다. 이 서간집은 파른하겐 사후 교정 없이 출간되었습니다. 이 조작과 관련하여 나쁜 것은 이렇습니다. 즉 조작은 기본적으로 라헬 자신이 조작하고 싶었던 방식으로 이루어졌습니다. 조작에 관한 한, 제가 직접 자료를 갖고 있지 않은 상태에서 라헬 서간집 3권 『그녀의 친구들을 위한 추억의 책 Ein Buch des Andenkens für ihre Freunde』[533]의 관련 사항을 언급하자면 다음과 같습니다. 1. 수령자의 이름을 항상 바꿉니다 ― 레베카 프리드랜더[534]는 부인 등으로 불립니다. 2. 유대인 문제를 언급하는 단락들을 항상 생략합니다. 그래서 라헬은 친근한 비유대인 친구들의 큰 무리에 둘러싸여 있으며, 유대인 문제가 그녀의 삶에서 비교적 작은 역할을 한다는 인상이 실제로 생깁니다. 3. '좋은 사회'에 속하지 않는 특정한 사람(파울린 비젤과 같이)이나 라헬과의 관계가 좋은, 사회의 기준에 맞지 않는 특정한 사람(겐츠와 같이)은 완전히 배제되거나, 그들과 관련되는 실제로 중요한 것은 모두 제거됩니

---

[531] 거의 완전히 손상되지 않고 목록으로 분류되어 있는 파른하겐 문서보관소는 폴란드 크라쿠프의 야기엘로니언키도서관에 있다. 다음 자료를 참조할 것. Deborah Hertz, "The Varnhagen Collection Is in Krakau," *The American Archivist* 44, no. 3(Summer 1981).
[532] *Correspondence between Varnhagen and Rahel*, ed. Ludmilla Assing-Grimelli, 6 vols.(Leipzig, 1874~1875).
[533] *Rahel: Ein Buch des Andenkens für ihre Freunde*, 3 vols.(Berlin, 1834).
[534] 레베카 프리드랜더(Rebekka Friedländer, 1782년 출생)는 모제스 프리드랜더의 아내로서 레기나 프로베르크(Regina Frohberg)라는 이름을 쓴 성공적인 소설가였다.

다. 4. 라헬을 훌륭하게 성찰하는 다른 사람과의 관계는 사실 훨씬 더 중요하게 묘사됩니다(예컨대, 카롤린 폰 훔볼트와의 관계[535]).

계몽주의에 관한 한, 저는 아마도 저 자신을 명확하게 표현하지 못했을 것입니다. 라헬과 연관된 계몽주의에만 초점을 맞추었습니다. 이것은 제가 그녀를 자신의 동화를 발휘해야 했던(즉 다른 사람들이 나중에 단지 자신들의 마음속에 있는 것을 의식적으로 행하려고 했던) 유대인 여성으로 생각한다는 의미를 지닙니다. 그런 특별 조건에서 계몽주의는 대단히 모호한 역할을 했습니다. 저는 이런 역사적 맥락에서 어떤 긍정적 사례들이 없기에 '부정적' 사례로 그 역할을 설명합니다. 멘델스존과 프리드랜더는 주요 인물이었지만, 레싱은 그렇지 않습니다. 그리고 저는 당신과 달리 멘델스존이 단지 무미건조하고 기회주의적이라고 생각합니다. 스피노자는 라헬 자신에게 없듯이, 멘델스존에게도 없는 듯했습니다. 스피노자는 위대한 철학자였으며 그와 같이 독특했습니다. 스피노자는 자신이 유대인이었다는 사실에 무관심했습니다 — 적어도 모든 근본적인 측면에서 무관심했습니다. 그는 자신의 혈통으로부터 멀어졌습니다. 그는 자기 시대에도 아직 유대인 문제에 직면하지 않았습니다. 모든 게 개인사였습니다. 그가 유대인이었고 그 자격으로 사회 밖에 있었다는 점은 그에게는 한 번의 기회였을 뿐입니다. 멘델스존과 라헬의 일차적 목표는 누구도 그들을 반대할 수 없는 사회에 참여하는 것이었습니다. 사회 밖에서 자신의 장소를 다시 찾을 수 있었던 첫 번째 사람은 하이네였습니다. 그는 스피노자가 철학자였던 것처럼 시인이었고 혁명가이기도 했기 때문입니다.

이것은 저를 중요한 질문으로 이끕니다. 당신은 다소간 단절되지 않은 유대교 전통과 같은 것을 상정합니다. 라헬은 그 전통 속에서 스피노자와

---

[535] 카롤린 폰 훔볼트(Caroline von Humboldt, 1766~1829)는 빌헬름 폰 훔볼트의 아내였다. 편지 134의 각주 524를 참조할 것.

멘델스존이 확보했던 것과 같은 방식으로 자신의 장소를 확보하려고 했습니다. 그러나 멘델스존은 유대교에서 한 장소를 확보한 세 사람 가운데 유일한 사람이며, 그것은 여기에서 별로 중요하지 않은 이유 때문입니다. 그는 히브리어로 성경을 독일어로 번역했습니다. 즉 그는 유대인에게 독일어를 가르쳤습니다. 그는 또한 '독일의 학자층'에서 유대교의 대변자로서 역할을 했으며, 심지어 미라보[536]의 눈에는 유대인이 어쩔 수 없이 야만인은 아니라는 것을 보여주는 범례가 되었습니다. 멘델스존은 철학자로서(?) 유대교에서 전혀 중요하지 않습니다. 그리고 우리가 유대 전통에서만 사유한다면, 오늘날 전적으로 잊혔을 것이며, 이단자로서도 기억되지 않을 것입니다. (저는 "스피노자가 유대인이 아니었기"에 스피노자 책을 출판하도록 쇼켄출판사에 말할 수 없었습니다.)

유대교는 한편 정통파 외부에 또는 다른 한편 이디시어를 말하고 민속을 생산하는 유대 민족 외부에 존재하지 않습니다. 전통이란 의미의 삶에서 어떤 유대인 실체를 의식하지 못하며, 어떤 사회적 이유로 그리고 사회 내에서 파벌을 구성한다는 것을 알기 때문에 '유대인 유형'과 같은 것을 생산한, 유대 배경을 지닌 사람들이 또한 있습니다. 이 유형은 우리가 유대교를 역사적으로 또는 순수한 내용으로 이해하고 있는 것과 어떤 관계도 없습니다. 여기에는 긍정적인 것이 많습니다. 저는 이 모든 것을 파리아 특성, 즉 라헬이 말한 "삶의 진정한 현실" — "사랑, 나무, 어린이들, 음악" — 로 분류합니다. 이런 유형에는 불의에 대한 예외적인 자각이 있으며, 대단한 너그러움과 편견의 부족이 있습니다. '정신의 삶'에 대한 존중이 있습니다. 물론 아주 모호하지만 그런데도 명백히 현존합니다. 이런 모든 것 중 마지막 하나만이 본래의 특별한 유대인 실체와 연계를 지니고 있음을 보여줄 수 있

---

[536] 꽁트 드 미라보(Comte de Mirabeau, 1749~1791)는 프랑스 혁명지도자이고 연설가였으며 1789년 삼부회 의원이었고 1791년 국민의회 의장이었다.

습니다. 사람들이 사는 방식에서 단지 가장 오랫동안 지속하는 유대인 요소는 가족 충실성입니다. 그러나 이것은 지적 특성이 아니라 오히려 사회학적 또는 정치적 현상입니다. 소극적인 '유대인' 특성은 이런 의미의 유대교와 아무 관계가 없으며, 모든 것은 파르브뉘 이야기에서 유래합니다. 라헬은 '흥미롭습니다.' 그녀는 전적으로 소박하며 편견 없이 파리아와 파르브뉘 사이에 서 있습니다. 유대인 역사가 디아스포라 국가의 유대 민족의 역사인 한, 이것은 샤베타이 츠비 운동으로 끝납니다.[537] 시온주의는 새로운 장의 시작, 즉 아마도 지난 세기말 이후 미국으로의 대량 이주의 전조입니다. 아마도 유대교의 다른 부활이 역시 있을 것입니다(저는 그렇게 생각하지 않습니다).

당신은 라헬에 대해 "훈계한다"고 저를 질책합니다. 저는 훈계하기에 빠질 수도 있지만 그렇게 하지 않아야 합니다. 저는 그녀가 자신과 논쟁했고 자신에게 유용했고 자신이 다소간 정당하다고 수용한 범주 내에서 항상 논쟁했던 방식으로 그녀와 계속 논쟁하는 것을 하려고 하였습니다. 달리 말하면, 저는 파리아의 기준을 계속 적용함으로써 파르브뉘를 평가하고 억제하려고 노력했습니다. 저는 그녀가 아마도 이것을 의식하지 못했다고 하더라도 이것이 그녀 자신의 진행 방식이라고 느꼈기 때문입니다.

외적 형식에 관한 사항입니다. 제목을 적어 놓은 지면의 누락은 분명히 실수입니다. 하인리히는 제본되어 찾아내기 쉬운 원본을 보냈습니다. 제목은 단순하게 '라헬 파른하겐: 전기Rahel Varnhagen: Eine Biographie'로 붙일 예정이었습니다. 원고들 가운데 하나에 연대기표가 있어야 합니다. 그러나 아마도 그것은 다른 많은 기록과 함께 사라졌을 것입니다. 반복합니다 — 틀림없이. 저는 출판에 대비하고자 책을 전혀 자세히 검토하지 않았으며 오

---

[537] 샤베타이 체비(Sabbatai Zevi, 1626~1679)는 이후 이슬람으로 개종한 메시아적 유대인 이단자였다. 그는 자신을 메시아로 선언했고 동유럽 유대인 사이에서 많은 추종자를 지녔다. 그의 영향력은 18세기까지 느껴졌다.

타가 있는지 확인조차 하지 않았습니다. 이 전체 기획은 이런 자기 보호적인 (저는 기대하지 않음!) 편지의 부적절한 길이에도 불구하고 실제로 1933년 이후에는 아니지만, 오랫동안 저에게는 매우 중요하지 않았습니다. 제가 당신의 편지에 도움을 받아 처음으로 인식했듯이, 제 이유는 그리 많지 않습니다. 저는 전체 주제 자체를 이제 다르게 보기 때문이지만(제가 본질적인 요소가 아니라 책을 다시 읽는다면 몇 가지 요점을 다르게 볼 수 있습니다), 오히려 저는 이른바 이 전반적인 문제가 아주 중요하지 않거나 적어도 더는 저에게 중요하지 않다고 생각하기 때문입니다. 제가 여전히 관련이 있다고 생각하는 간단한 역사적 통찰력 중 어떤 것이든 더 짧은 형태로 포함되어 있으며, 전체주의에 관한 책의 제1부에는 '심리학'이 모두 없습니다. 그리고 저는 이 책에서 그 문제를 그냥 내버려 두는 것에 만족합니다.

이곳은 좋습니다. 아름답고 청명한 초가을입니다. 하인리히는 매우 피곤했지만, 오늘은 잘 쉬고 있습니다. 그는 지난주 바드대학에서 강의를 시작했고 매우 기뻐하며 돌아왔습니다. 이곳에서 그리 멀지 않기에, 그는 버스나 택시로 그곳에 쉽게 갈 수 있으며 월말까지 그곳에 머물 것입니다. 그는 자신이 하고 싶은 것과 자신의 주제를 상세하게 어떻게 다룰지에 대해 당신에게 편지를 보낼 것입니다. 「교육학적 계획의 경계」[538]는 어제 도착했습니다. 대단히 감사합니다. 하인리히가 그것을 가지고 있기에, 저는 아직 읽지 못했습니다.

저는 다시 집에 있어서 실제로 매우 행복합니다. 빈정거림 없이 그렇게 말합니다. 저는 구겐하임 재단의 인사를 만나서 사무실의 모든 게 정돈되어 있음을 알기 위해 지난주 며칠만 뉴욕에 있었습니다. 그때 키케로[539]에

---

[538] Karl Jaspers, "Von den Grenzen pädagogischen Planens," *Basler Schulblatt* 13, no. 4(1952): 72-77.
[539] 이 인용은 야스퍼스가 쓰지 않았다. 이것은 아마도 그로부터 빌려온 책을 의미할 수 있다. Marcus Tullius Cicero, *Vom Gemeinwesen*, Latin and German, introduced and newly translated by Karl Büchner(Zürich, 1952).

관한 당신의 저서를 읽고 있었고 또한 루소를 읽었습니다. 저는 실제로 일을 하고 있습니다. 그런데 피페르는 편지를 보내지 않았습니다. 그러나 저는 쾨젤로부터 문의를 받았습니다. 저는 아직 렌취와 계약서에 서명하지 않았습니다. 그래서 그것에 대해 좀 더 생각할 수 있습니다. 그들이 제1부를 포함하여 독일에서 책을 출간하자고 제안하면, 저는 지금이라도 책의 배열 상태를 바꿀 수도 있습니다.

당신의 처남 에른스트 마이어가 현재 쾌유 중이라는 소식을 들으니 참 좋습니다. 사모님에게도 안부를 전해주십시오. 제가 독일계 유대인에 대해 나쁘게 말하면, 그녀는 화를 내지 않을 것입니다. 더 중요하지만, 그녀는 이것으로 상처를 입지 않아야 합니다. 당신도 아시듯이, 이러저러한 측면에서 저는 당신을 염려하는 것 못지않게, 그녀를 많이 염려합니다.

저는 라테나우에 관한 블루멘펠트의 짧은 에세이를 동봉합니다.[540] 블루멘펠트가 그것을 저에게 보냈습니다. 우연히도 이것은 당신의 편지와 함께 도착했습니다. 당신은 이 에세이를 빨리 읽을 수 있습니다. 여기에는 훌륭한 몇 가지 의견이 있습니다. 그는 지금까지 종이에 기록할 수 있었던 것보다 훨씬 더 대단한 사람입니다. 아마도 당신은 그게 무슨 의미인지 알 것입니다.

당신의 학기는 곧 끝나겠지요. 건강하세요. 영국 번역자의 편지를 동봉합니다.[541]

따뜻하고 다정한 인사와 함께
한나 올림

---

540   Kurt Blumenfeld, "Walther Rathenau," typescript.
541   아마도 마이클 블록의 이 편지는 유고에 없다.

편지 136 게르트루트가 아렌트에게

1952년 10월 16일

친애하는 한나,

나는 오랫동안 마음이 불편했네요. 나는 하이델베르크를 방문했고, 어떤 일이든 그런 경우에 사람들과 이야기하는 것보다 더 좋다는 것을 알았지요.

내가 귀경한 직후 동생 에른스트가 10월 10일 사망했어요.[542] 우리는 그가 완전히 회복되어, 봄이 되면 여기에서 강의와 세미나를 담당하고, 연구하고 대화를 나누며 다시 만날 수 있기를 희망했어요.

카를은 단지 이 한 친구만 있어요. 45년 동안이에요.

에른스트의 사망은 나에게 매우 심한 충격이었지요. 나의 올케[543]는 나와 매우 친근했기 때문에, 내가 그녀를 위해 할 수 있는 일이 많아요. 카를이 나에게 매우 도움이 될 책무예요.

당신은 누구든 형제자매와 가질 수 있는 깊은 인연에 친숙하지 않지요.

따뜻한 인사와 함께
게르트루트

쟌느 헤르쉐는 여기에서 하루 있었어요. 그녀는 내 동생을 알고 사랑했으며 에른스트와 그의 아내가 국제회의[544]에 초대받은 것을 보았어요. 에른스트는 발표자였지요. 그 모임은 히틀러 집권 이후 멋있는 재회였어요. 쟌느는 최상의 상태로 일에 열중하고 있어요. 우리는 그녀를 만나게 되어 기쁘네요.

---

[542] 『의료 정보(Ärztlich Mitteilung)』(20호, 1952년 12월 20일)에 수록한 추도사에 따르면, 에른스트 마이어는 10월 9일 사망했다.
[543] 엘라 마이어(Ella Mayer, 1887~1965).
[544] 1946년 제네바 국제회의. 편지 44를 참조할 것.

편지 137 | 아렌트가 게르트루트에게

1952년 11월 1일

친애하는 친구분께—

저는 당신의 슬픈 소식이 도착한 이후 매일 편지를 쓰려고 생각하고 있었지만, 조용한 시간을 갖지 못했습니다. 당신은 제가 두 분과 두 분의 슬픔을 얼마나 많이 생각하고 있는지 알고 있습니다. 저는 방에 있는 책상 뒤에 앉아 창밖을 내다보는 당신을 보고 있습니다. 저는 이제 당신이 애도의 평화이지만, 결국 약간의 평온을 유지한다고 생각합니다. 당신의 말씀이 맞습니다. 저는 형제나 자매도 없었지만, 생존하기 위해 얼마나 많은 힘이 필요한지, 즉 잘 견뎌내고 버티기 위해 두 배의 힘이 필요하다는 것을 알고 있습니다.

저는 뉴욕에 돌아온 이후로 제대로 정착하여 언제나 일을 시작할 수 없었습니다. 그래서 제대로 쉬지 못했습니다. 우선 아파트를 개조해야 했으며, 그다음 뉴욕 생활은 저를 짓누르기 시작했습니다. 어쨌든 빠져나와야 했지만, 아직 어떻게 할지 모릅니다. 저는 많은 사람을 좋아합니다. 그것이 바로 뉴욕 생활을 어렵게 하는 것입니다 — 하노 발츠[545]는 며칠 동안 이곳에서 우리와 함께 있었습니다. 멋진 젊은이이지만 그의 어머니 부류에서는 전혀 아닙니다. 그는 젊음의 인내심으로 하루에 열두 시간씩 뛰어다녔습니다. 저는 그에게 소란을 피우지 않습니다. 그가 그것을 잘못 받아들이지 않기를 바랍니다. 여기에서 누구든지 유럽에서는 아직도 당연하게 인정되는 몇 가지 관례를 포기합니다.

아마도 오늘 저녁 당신에 대해 많은 이야기가 있을 것입니다. 스테판 안드레스가 올 것입니다. 그리고 방금 길에서 우연히 만났을 때 자신의 바젤 방문을 저에게 말했던 크리스텔레,[546] 제가 전혀 만나지 못했지만, 물론 약

---

[545] 한스(하노) 발츠(Hans[Hannol Waltz, 1930~1983)는 로테와 빌헬름 발츠의 아들(편지 102의 각주 402 참조)이며 내과 의사였다.

간 불끈하는 레니 비에루조프스키547가 올 것입니다. 그리고 소설을 쓰며 많이 알려졌고 잠시 우리와 함께 머무르면서 독어 단어 하나도 모르는 미국인 친구 메리 매카시548도 올 것입니다. 시간이 지나면 알게 될 것입니다 Qui vivra, verra. 저는 요리를 할 것입니다. 노력의 성공 여부는 전적으로 제게 실제 달려 있습니다.

하인리히는 좋은 상태이지만 실제로 매우 바쁩니다. 어느 것도 문제는 없습니다. 그는 자신의 종교 강의를 매우 열심히 하고 있지만, 작년보다 나아졌습니다. 저는 그것에 대해 행복합니다. 이번에 우리는 전 과정을 녹음하고 있으며, 또한 그 모든 내용을 학생에게 정서하도록 하였습니다. 이것은 정규적으로 참여할 충분한 시간을 갖게 된 첫 번째 기회입니다.

11시 5분. 이때 전화가 울렸고, 이후 혼돈은 내려앉았습니다. 게다가 선거와 관련한 광범위한 불안감이 찾아왔습니다. 스티븐슨의 선거운동은 끝까지 훌륭했으며, 누군가가 한 번이라도 분별 있는 말을 하는 것 외에는 아무것도 하지 않으려고 노력한 것은 어느 정도 위안이었습니다.549 아이젠하워는 위험한 백치이며, 그들이 승리한 연합 — 후겐베르크와 같은 태프트,550 즉 대자본가와 힌덴부르크551와 같은 아이젠하워의 결합은 우둔한 군인들과 … 와 같은 조지프 매카시 또는 리처드 닉슨의 결합 — 은 그다지 고무적이지

---

546 스테판 안드레스(Stefan Andres, 1906~1970)는 독일 작가였다. 크리스텔러(Kristeller)를 위해서는 편지 34의 각주 54를 참조할 것.
547 "레니(Leni)"는 헬레네의 귀여운 별명이다.
548 메리 매카시(Mary McCarthy, 1912~1989)는 논픽션을 썼으며 아렌트의 가까운 친구가 되었다.
549 아들라이 스티븐슨(Adlai Stevenson, 1900~1965)은 공화당 후보였으며 이번 선거와 1956년 선거에서 아이젠하워(Dwight D. Eisenhower)에게 패배했다.
550 로버트 태프트(Robert A. Taft, 1889~1953)는 1948년과 1952년 오하이오주 상원의원이며 공화당 대통령 후보가 되고자 노력했으나 성공하지 못했다. 알프레드 후겐베르크(Alfred Hugenberg, 1865~1951)는 독일 기업가, 언론계 및 영화계의 거물이며, 보수주의적 독일 의회 의원이었으며, 나치당에 가입하지 않았으나 제국의 경제농업장관으로서 히틀러 정부를 수립하는 과정에 참여했다.
551 폴 폰 힌덴부르크(Paul von Hindenburg, 1847~1934)는 독일 야전군 사령관이었고, 1925~1934년 제국 대통령이었다.

않았습니다. 당신도 아시듯이, 저는 기분이 언짢습니다. 우리는 20년 만에 처음으로 투표를 했으며, 할 수 있는 일이란 이게 마지막이 아니길 바라는 것입니다.

이만 줄이겠습니다. 친애하는 게르트루트. 두 분이 어떠신지 편지로 알려주세요. 저는 피페르출판사로부터 좋은 소식을 받았습니다.

두 분이 항상 건강하시기 바랍니다. 여느 때와 같이.

한나 올림

추신. 교수님께 보에글린[552]의 저서 『신정치학 *The New Science of Politics*』[553]을 받았는지 여쭈어주세요. 이 책은 막스 베버에 관한 확장된 연구를 포함하고 있습니다. 그는 자주 인용됩니다. 갖고 있지 않으시다면, 제가 곧 보내드릴 것입니다. 저는 이 책이 잘못된 행로에 있지만 그런데도 중요하다고 생각합니다. 막스 베버 이후 현실적인 문제들에 대한 첫 번째 근본적인 논의입니다.

편지 138 **야스퍼스가 아렌트에게**

바젤, 1952년 12월 29일

친애하는 한나!

누구든지 완벽한 답변을 쓰려는 의도를 가질 때, 결과는 누구든지 전혀 글을 쓰지 않는 것일 수 있소. 그래서 당신의 라헬 저서에 대한 나의 발언에 대응하는 당신의 편지, 즉 진지하게 관심을 가질 만한 편지는 나에게 매

---

[552] 에릭 보에글린(Erich Voegelin, 1901년 출생)은 독일 정치학자·역사철학자·종교학자로서 여러 미국 대학에서 교수로 활동했다.
[553] Eric Voegelin, *The New Science of Politics*(Chicago, 1952).

우 감동을 주었네요. 무엇보다도, 나는 당신이 편지와 함께 보낸 블루멘펠트의 에세이에 자극을 받았소. 나의 강렬한 충동은 라헬보다 독일계 유대인 문제에 대하여 무엇인가를 말하는 것이었소. 이 과정에서 그것이 필요했다면, 나는 당신과 블루멘펠트에 대응해 독일계 유대인으로서 살았던 아주 많은 사람을 옹호하고 싶었소. 당신의 책 가운데 많은 부분은 당신의 말 ― 기쁘게도 ― 즉 라헬은 "견딜 수 없다"는 주장과 모순되오. 당연히, 그녀는 "견딜 수 없는" 측면을 지니고 있고, 당신은 내가 현대 세계의 일부 유대인과 함께 느꼈던 것보다 더욱 강렬하게 그것을 느꼈소. 누구든지 그것을 다시 라헬에게 투영해야 하는지요? ― 그러나 이것은 나를 지금 내 능력 밖의 토론으로 이끌 것이오. 나는 다시 한번 서로 보기를 희망하오. 이것에 대해서 당신과 함께 길게 대화를 나누려고 하오. 결국에 어떻게 되는지는 이러하오. 물론 남편이 말하듯이, 비록 내가 당신 및 많은 다른 독일인과 함께 "독일인이 아니라고", 즉 정치적 의미에서는 독일인이 아니라고 (내가 여권에 따라 독일인이라고 하더라도, 그것은 나에게 기쁨을 주지 않는다오) 하더라도, 나는 당신을 독일인이라고 주장하는 것을 전혀 멈추지 않을 것이오(물론 당신은 그것을 알고 있소).

내가 편지를 쓰지 않은 데는 그만한 이유가 있었소. 에른스트 마이어의 사망 직후 나는 오래된 고충(우리가 여기서 계속 감추었던 심각한 출혈)으로 중병에 걸렸소. 5주 이후 나는 나 자신이 아니라 의사의 기대와 달리 다시 좋아졌다오. 이전에 느꼈던 것보다 거의 더 좋다고 느꼈소. 그러나 한동안 글을 쓰고 말하고 읽을 수 있었구려. 이제 뒤처진 일을 보충할 것이 많다오. 내일은 스스로 설정한 목표를 전제할 때 시간을 까먹었소. 내가 다른 것들을 많이 소홀히 하지 않았다면, 사실 괜찮았을 것이오.

바로 그런 이유로, 나는 당신의 남편에게도 인내를 요청해야 하오. 그의 훌륭한 장문의 편지에 매우 감동했네요.[554] 나는 그의 흥미로운 프로젝트를 가장 흥미롭게 따라갈 것이오. 이것은 아직 나에게는 명료하지는 않다오.

그러나 당신 남편의 열정은 좋은 무엇인가 진행하고 있다는 것을 누구에게나 직접 확신시킨다오.

크리스마스 휴가는 나에게 멋지게도 평화롭구려. 우리는 방문객이 없다는 것을 강조했소. 아내는 성찰과 충분한 수면을 위해 휴식과 시간이 필요했소. 일들은 현재 잘 되고 있다오. 현기증·허약함·두통의 공격은 궁극적으로 해가 없소. 그녀의 영혼은 젊은 시절과 같이 생생하오. 그녀가 올여름 겪었던 어려운 시간은 끝났소. (이런 우울증과 짜증의 시기는 그녀의 삶을 통해 재발했다오. 이런 일에 대한 자각과 경험은 그녀가 이것들을 대부분 통제하는 데 도움이 되었지만, 그녀는 여전히 이것으로 고통을 받는다오.) 에른스트 마이어의 죽음은 물론 나보다는 아내에게 삶에 그림자를 드리웠소. 그것은 기대되오.

나는 당신을 생각할 때 열심히 활동하는 당신을 상상하오. "높은 도로 위에서" 당신은 갑자기 발견하고 연결고리를 찾고 이런 지적 수준에서 활동하는 데 기쁨을 갖는다오. 나로서는 당신이 결국 마르크스가 전체주의를 향한 길을 대비한 것의 지적 책임이 있는 창시자라는 것을 발견하리라는 희망을 품는다오. 무관용, 실제로 테러는 마르크스의 개인적인 성격에서 증명되오. 그로부터 레닌까지 단절되지 않는 연속성이 있소. 문제는 레닌과 스탈린 사이의 간격이 당신이 기대한 만큼 크다는 점이오. 나는 당신이 이것과 관련하여 옳다고 생각하지만, 마르크스주의가 사라진 이곳에서도 마르크스의 성격에는 모든 마르크스주의와 마르크스의 사상 이전의 분위기와 동기가 남아있소. 그는 아마도 그런 이념을 간직한 성격과 마찬가지로 자신의 이념에 중요하지 않지만, 루터와 같이 운명의 인물이었소. 귀재는 존재하지 않지만, 그와 같은 사람에는 그것들과 같은 것이 있소. 우리는 그것들을 제거하기 위해 가능한 한 그것들을 인식해야 하오. 그러나 가장 중요하지만 우리는 할 수 있는 한 그것들을 많이 반대해야 하오.

554　블뤼허가 1952년 11월 16일 야스퍼스에게 보낸 편지.

새해에 두 사람에게 아내와 함께 따뜻한 안부와 진심을 담아

야스퍼스

편지 139 아렌트가 야스퍼스에게

1952년 12월 29일

친애하고 존경하는 분께―

　우리는 오랫동안 두 분으로부터 어떤 소식도 듣지 못했습니다. 그런데 로테 발츠는 우연하게도 당신이 아팠다고 편지를 보냈습니다. 저는 당신이 병이 다 나아서 다시 강의한다는 그녀의 추신이 맞기를 바랍니다. 매우 불편했는지요? 당신의 통상적인 기관지염이 발생했는지요? 이제는 어떤지요? 매우 피곤한가요? 당신의 일상적인 업무에서 많이 벗어났는지요?

　이것은 편지가 아니라, 새해 인사만 하고 모든 행운을 빕니다. 모든 일이 여기서는 잘 진행되고 있습니다. 저는 실제로 일에 몰두하며 가까운 미래에 일자리를 가질 필요가 없어 매우 기쁩니다. 하인리히는 실제로 약간 과로했고 지금도 그렇습니다. 뉴스쿨과 바드대학의 일이 겹쳤습니다. 그러나 그는 이럭저럭 해내고 있습니다. 저는 그가 일주일에 3일만 집에 있고 뉴스쿨에서 강의를 진행할 다음 학기를 약간 걱정합니다.

　이제 우리는 휴가를 반쯤 보내고 있고 많은 사람을 만나고 있습니다. 정치적으로 상황은 가능한 한 암울합니다. 저는 이것에 대해 글을 쓰고 싶지 않습니다. 저는 오랜 침묵 이후 하이데거로부터 소식을 들었습니다.[555] 그는 당신의 편지[556]에 대해 언급하면서 자신이 어떻게 대응하는가를 모르며

---

[555] 1950년 2월 초에 아렌트가 하이데거를 방문한 이후, 1933년에 끊긴 서신은 재개되었다. 여기에서 언급된 편지의 날짜는 1952년 12월 15일이다.

[556] 야스퍼스가 하이데거에게 보낸 1952년 7월 24일자 편지.

여전히 당신과 대화를 원한다는 내용의 편지를 보냈습니다.
　친애하고 존경하는 분, 몸조심하세요!

따뜻한 인사를 드리며
한나 올림

제3부

편지 140-219
1953~1957년
야스퍼스의 칠순 ~ 인공위성 최초 발사

야스퍼스의 칠순(1953) 기념논문집 『야스퍼스의 철학』 출간(1957년); 철학적 자서전, 기고문(22편), 야스퍼스 답변 / 스승과 제자의 우정; 「세계시민으로서 야스퍼스」 / 노트르담대학교 강의 「철학과 정치」(1954) / 매카시즘과 그 여파 / 시카고대학교 강의와 『인간의 조건』 집필 / 네덜란드 방문 / 헝가리 혁명과 소련군 진압, 평의회 체계의 와해 / 수에즈운하 사건(1956) / 『위대한 철학자들』 제1권 출간 / 『원자폭탄과 인류의 미래』 집필 / 『라헬 파른하겐: 한 유대인 여성의 삶』 출간 / 화이트헤트의 『자연 개념』에 대한 아렌트의 관심 / 독일 물리학자들의 괴팅겐 선언 / 수소폭탄과 약소국의 관계 / 『판단력비판』 세미나 / 인공위성 스푸트니크호 발사(1957)

편지 140 아렌트가 야스퍼스에게

뉴욕, 1953년 2월 19일

친애하고 존경하는 분께—

저는 혼자 상상하고 있습니다. 그날은 월요일이고, 저는 아주 소중하고 친숙한 당신의 집에 있으며, 당신과 단둘이 몇 분 동안 있으면서 쓰인 말로는 우매하고 젠체하는 양 보이는 것을 구어로 당신에게 자유롭게 말하고 있습니다.

저는 70년간 당신의 삶과 보답의 충분한 요인일 당신의 존재에 감사하고 싶습니다. 하이델베르크에서 보낸 젊은 시절에 대해 당신께 감사하고 싶습니다. 이때 당신은 스승이었습니다. 제가 지금까지 그렇게 인식할 수 있는 유일한 분입니다. 그리고 누구든 자유 속에서 교육을 받을 수 있다는 것을 보면서 발견한 행복과 안도감에 감사하고 싶습니다. 저는 세계와 독일이, 이것들이 무엇이든 간에, 당신이 사는 세계이고 당신을 잉태한 나라인 것을 이후에도 잊어본 적이 없습니다.

저는 당신의 우정에 감사하고 싶습니다. 당신은 그것이 저에게 무엇을 의미하는지 압니다. 이 우정은 그렇게 큰 선물입니다. 정확하게 당신의 존재라는 단순한 사실은 충분할 것이기 때문입니다.

저는 소원을 보내는 게 재미있습니다. 저는 당신에게 바라는 모든 것을 또한 저를 위해 소망하기 때문입니다. 당신이 여전히 건강하게 장수하시길 바라며(저는 당신의 여든 번째 생일에 꼭 올 것입니다!), 그래서 당신이 서두르지 않고 원하는 모든 것을 완료하고 끝까지 장수하실 수 있도록 충분한 힘을 지니기 바랍니다. 그리고 제가 당신을 존경하는 만큼, 세계가 당신을 존경하기를 희망합니다. 모든 사람이 격식을 제쳐두고 자신들의 삶을 당신의 관점에서 살펴보는 것은 좋을 듯하기 때문입니다. 따라서 당신을 존경하는 세상 사람들 일부는 당신이 들어갈 때 방으로 들어오는 빛을 나눌 것입니다.

저는 오늘 당신의 지난번 편지에 대해 응답하고 싶지 않지만, 당신이 말씀하는 의미로 항상 독일인이 되겠다고 약속할 수 있을 것 같습니다. 즉 어느 것도 부정하지 않을 것입니다. 저는 당신과 하인리히의 독일, 제가 자란 전통이나 생각하는 언어, 가장 사랑하는 시들이 쓰인 언어를 부정하지 않겠다고 약속할 수 있을 것 같습니다. 저는 유대인이나 미국인의 과거에 대해 거짓 주장을 하지 않을 것입니다.

하인리히는 바드대학에 있고 아마도 내일이나 다음날 몇 줄 적은 편지를 보낼 것입니다. 그는 당신에게 세잔느의 수채화[1]를 보냈고, 저는 — 모든 의식에 일상적인 내용을 도입하기 위해 — 넥타이 몇 개를 보냈습니다. 저는 소포가 일찍이 도착하기를 소망하며, 당신은 세관과는 문제가 없을 것입니다.

사모님께 제 따뜻한 안부를 전해주세요. 오늘은 사모님에게 멋지고 근사

---

[1] *Cézanne: 10 Water Colors*(New York, 1947).

한 날이며, 저는 거기 가서 설거지 같은 걸 도와줄 수 있었으면 좋겠습니다.

저로서는 존경과 감사와 우정으로
한나 올림

편지 141 **야스퍼스가 아렌트에게**

바젤, 1953년 4월 3일

친애하는 한나!

내가 당신에게 얼마나 감사해야 하는지! 당신의 친절한 편지, 기념논문집에 실은 훌륭한 기고문 「이데올로기와 테러」[2] — 그리고 생일 축하와 (내가 누워있는 동안에 즐길 수 있는) 아름다운 세잔느 수채화를 보내준 당신 남편, 내 조카 에노 두켄트가 조립한 독서용 책꽂이에도 감사하오 — 그리고 마지막으로 넥타이를 보내준 당신에게 감사하오. 나는 당신에게 편지를 쓰는 오늘 보내준 넥타이 하나를 매고 있다오. 당신과 미국이 내 목에 이 넥타이를 매면 나를 묶을 위험이 있나요? 이것이 내가 기꺼이 감수할 위험이오. 덧붙이자면, 넥타이들은 최상의 품질이오. 나는 이것들이 정말 기쁘며, 당신이 존중하는 사치스러운 경향에 다시 한번 기쁨을 느낀다오. 물론 이것은 내 본성의 일부는 전혀 아니오.

당신의 에세이는 다시 아주 잘 완성되어 있어서 나는 이것을 읽은 이후 완전히 세련되고 참되다고 생각했소. 당신은 책의 기본 이념, 아니 하나의 기본 이념을 가장 쉽게 이해할 수 있는 형식에 포함했다오. 나는 이것을 기념논문집에 가지고 있어 행복하오. 이 기념논문집의 목적은 나를 기리는 것이고, 나는 (말하지 않겠지만 약간의 예외는 있으며) 이제 이것을 순수하게 좋아하

---

[2] Hannah Arendt, "Ideologie und Terror," in *Offener Horizont: Festschrift für Karl Jaspers* (München, 1953).

오. 당신이 전체로서 이것에 어떻게 반응하는지 궁금하오.

이제는 당신이 알듯이, 나는 당신의 글을 읽거나 말을 들을 때, 즉시 당신과 이야기할 것을 촉구하오. 즉 토론하고 싶소. 나는 머릿속에 떠오르는 것들을 따르는 것처럼 항상 지적인 산물에 존재하는 힘을 딱 꼬집어서 말할 수 있소. 우리는 만약에 순수하게 객관적으로 있고자 한다면 우리를 사로잡는 '악령'을 잡는 데 어려움을 겪을 것이오. 그래서 이제 내가 당신의 에세이를 읽은 이후, 당신은 나의 관심을 들을 것이오. 나는 당신이 이런 종류의 토론을 즐기고 그 토론에 나와 마음이 맞는다는 것을 안다오. 나는 당신이 이 새로운 요소를 보지 않는지 궁금하오.[3] 당신은 사실 이 요소를 보고 역사상 근본적으로 동일하게 남아있는 모든 것에 대항하는, 즉 연속성에 대항하는 위치를 취하라고 자신에게 촉구하는 과장된 형태로 아름답게 이 요소를 발전시킨다오. 당신은 정말이지 어떤 비유도 두려워하오. 이 비유가 새로운 충동을 희미하게 하기 때문이오. 당신의 에세이에서 형태를 취하기 시작하는 것은 완전히 새로운 힘을 불러일으키는 사건들의 총체에 내재하는 신비스러운 역사가 있다는 감각이오. 이런 힘은 자신을 선행했고 자체로 성격상 절대적인 모든 것을 용해하고 있다오. 당신도 그것에 반대하여 또한 하나의 좋은 기회, 계속 재탄생하는 인간 실존 자체를 보며, 이것을 간단히 감동적으로 암시하오.

내가 다음과 같은 방식으로 당신의 통찰력에 적응했다면, 당신은 어떻게 생각할 것이오. 당신은 실제로 본질상 몽테스키외의 유형들을 따르지 않고 단순히 이것들과 일렬로 나란히 놓을 수 없는 이 유형의 규칙을 설득력 있게 묘사했다오. 우선, 여기에서 나는 다음과 같이 질문하려고 하오. 현실 세계에서 이 유형에 부합하지 않는 모든 것들은 무엇이오? 이 특별한 순간에 대단히 많은 것들이 있는 듯하오. 둘째, 이 유형에 의해 지배되는 대신

---

[3] "Ideologie und Terror," 231.

에 어쩌면 이 유형을 지배하는 게 무엇이오? 다음 질문은 이러하오. 무엇이 이런 유형을 가능하게 했는가요? 당신의 저서는 이 질문에 중요한 질문을 많이 제공하오. 그러나 이 질문에서 나오는 모든 통찰력은 막스 베버가 (원형적으로 볼 때) 캘빈 윤리의 산물로서 자본주의 정신에 관한 힘들고 설득력 있는 연구[4]를 완성한 이후 밝힌 다음과 같은 문장에 의해 제한되오. 즉 "내 생각에, 이 요인이 역할을 한다는 점은 입증되었다. 물론 이 요인이 얼마나 큰 역할을 했는지는 입증될 수 없다. 나는 그 역할이 크다고 생각한다." 달리 말하면, 당신은 연구의 한 흐름을 열었지만, 전반적인 인간 현실 내에서 완전하게 전체주의 양태의 현실을 탐구하지 않았소. 이것은 성취할 수 없는 목표, 즉 부조리한 목표이기 때문이오. 우리는 만약 이런 한계를 상기시키지 않는다면 역사철학의 새로운 악령에 희생될 위험에 직면할 것이오.

일단 새로운 현상이 밝혀지면, 우리는 역사에서 그것과 유사한 것을 추론할 수 있을 것이오. 이것은 확실히 쉽지 않을 것이며, 우리는 이것의 어려움을 확실히 과소평가하지 않아야 하오. 그리고 무슨 일이 있어도, 우리는 이 새로운 현상 — 당신이 파악하고 있는 것처럼 전체적으로 — 이 지금 또는 영구적으로 현실이 될 것인지 의심할지도 모른다오.

내가 이 편지를 받아쓰게 했다고 화내지 마오. 거의 400통의 인쇄된 감사 편지를 발송했소. 개인적으로 친구들에게 감사하고 싶지만 계속할 수 없다오. 일상의 삶, 업무, 글쓰기는 나의 제한된 힘을 소진하오. 그래서 아예 없는 것보다 적어도 이런 종류의 편지는 쓰는 것이 나에게는 더 좋은 것 같소.

남편에게 안부를 전해주오. 두 사람의 행복과 당신 저작의 성공을 진심으로 바라오.

그래서 당신은 내 80회 생일에 올 것이오! 우리가 과신하네요. 나는 당신

---

[4] Max Weber, "Die protestantische Ethik und der Geist des Kapitalismus," in his *Gesammelte Aufsätze zur Religionssoziologie* 1(Tübingen, 1920): 17ff. 야스퍼스가 언급하는 방법론적 성찰을 위해 82-83쪽을 참조할 것.

과 함께 있다오. 그것은 우리가 모두 매일 우리에게 어떤 상황이 있는지 아는 것을 막지 못한다오. 아내는 따뜻한 소원을 보내며 나와 동참한다오.

야스퍼스

편지 142   아렌트가 야스퍼스에게

뉴욕, 1953년 5월 13일

친애하고 존경하는 분께―

저는 몇 달 동안 편지를 쓰고 싶었습니다. 당신의 편지에 감사하고 아아! 미워시를 위한 서문이 아주 늦게 도착했다는 사실을 당신에게 알리고 싶었습니다.[5] 제가 당신의 명예[6]에 대해 얼마나 기뻐했는지 말하는 것은 멋진 ― 엄청난 충격을 받았고 대단히 인상적인 ― 일이기 때문입니다(그러나 크노프출판사[7]는 이것을 위한 다른 용도를 찾을 것입니다. 컬럼비아대학교의 그리스 연구 교수이며 독일어에 매우 능통한 하다스[8]와 저는 이것을 공역하였습니다). 그렇다 하더라도 저는 편지를 쓰지 못했습니다. 제가 당신에게 보고해야 하는 것이 매일 우리를 너무 무겁게 짓누르고 있는데, 이것은 무엇이든 하고 싶은 모든 욕망을 빼앗아 가기 때문입니다.

당신은 아마도 신문들을 통해 많이 알고 있을 것입니다. 당신은 신문들을 통해 해체가 얼마나 많이 진행되었고 얼마나 맹렬한 속도로 발생하는가를 알 수 있는지요? 그리고 현재까지 어떠한 저항도 거의 없습니다. 모든 게 태양 아래 버터와 같이 차츰 사라집니다. 정부 조직의 해체와 합법적 권

---

5   야스퍼스는 미워시 책의 서문을 썼다. 편지 123의 각주 486을 참조할 것.
6   야스퍼스는 70회 생일에 즈음하여 하이델베르크대학교의 명예박사 학위를 받았고, 독일 신경학자 및 정신과 의사학회 명예회원이며 빈의 심리치료일반의학회의 명예회원이었다.
7   Alfred A. Knopf, New York publisher of Milosz's *The Captive Mind*.
8   모세 하다스(Moses Hadas, 1900~1966)는 1944~1966년 컬럼비아대학교 라틴어와 그리스어 교수였다.

력을 지니지 않더라도 실질적인 권력을 보유하는 일종의 유사類似 정부의 의식적인 설립은 물론 매우 중요합니다. 그리고 유사 정부의 설립은 공무원보다 훨씬 더 많은 것을 필요로 합니다. 오락산업은 전반적으로 영향을 받았고, 학교·대학·대학교들은 더 적은 정도로 영향을 받았습니다. 사회의 특정 부분을 유사 정부와 분리하여 고려하는 것은 불가능합니다. 의회 조사위원회[9]가 지저분한 일에 참견하지 않는 곳에서도, 지극히 효과적인 자기검열은 나타나기 때문입니다. 예컨대, 신문이나 잡지의 편집자 또는 기업 경영인이나 대학의 교수들은 '정화Säuberung'를 조용히 수행할 것입니다. (어느 교수도 "의심받지 않는 충성심"을 언급하지 않는 학생에게 추천서를 더는 써주지 않을 것입니다. 교수가 이 충성심을 언급하지 않는다면, 그 추천서는 무용합니다. 젊은 사람은 일자리가 필요하지요!) 모든 사람은 이런 자기검열에서 실제로 자신을 검열합니다. 자기검열은 모두 어떤 강제력, 어떤 테러의 적용 없이 기능합니다. 기본적으로 아무것도 전혀 일어나지 않습니다 — 그렇다 하더라도 모든 일은 사회 속으로 점점 더 깊이 파고듭니다.

전체주의 방법(정부의 방법이 아니라 당내에서 사용된 방법)을 실행에 옮기는 '전후 전향한 공산주의자들ex-communist'의 역할은 매우 중요합니다. 누구나 다른 사람이 이미 당과 관계를 정말 단절했거나 마치 단절한 것처럼 행동하고 있을 뿐인지 명백히 알 수 없습니다. 따라서 모든 사람 — 여기에는 훌륭한 사람도 실제로 포함됩니다! — 은 다음과 같은 입장을 원칙으로 수용합니다. 즉 그러한 단절의 유일한 증거는 문제의 인물이 15년이나 20년 전에 자신이 보거나 만난 사람의 이름을 제시하는 것입니다. (통상 젊은 나이에 또는 파시즘에 대한 분노에 찬 반대에서 또는 스페인 내란을 둘러싼 흥분 상태에서) 언젠가 아주 순진하게 당에 동조했고 이후 오랫동안 이것을 모두 망각한 사람들은 모두

---

[9] 조지프 매카시가 1953년 초 의장이 되었던 상원 국토안보상임조사소위원회(편지 90의 각주 348 참조); 상원 국가안보소위원회; 하원 비미활동위원회.

이 원칙에 따라 공개해야만 합니다. 특히 지식인들이 두드러지게 이런 부류의 사람에 많이 속합니다. 그래서 진짜 전후 전향한 공산주의자들의 원래 적은 숫자는 계속 증대되고 있습니다. 이곳 선거운동에서 주요한 역할을 담당한 챔버스의 책[10]은 이런 점에서 중요합니다. 전기 연구는 선조 혈통의 추적이 독일에서 담당했던 역할과 아주 비슷하게 여기에서 역할을 합니다. (그러나 여기에서 반유대주의의 흔적이나 다른 형태의 인종적 영향력은 없습니다. 반대로, 유대인은 단순히 지식인들의 주요 비율을 구성하고 있기에 전체 대중에 두드러진 역할을 담당하고 있습니다.) 전후 전향한 공산주의자들이 현재 보여주는 큰 위험은 그들이 경찰 수법을 일상적인 사회적 삶에 도입하고 있다는 점입니다. 그들은 예외 없이 인적 사항을 알리기에 사실 이 사건 이후에는 경찰 정보원이 됩니다. 이런 식으로 정보원 체계는 사회에 통합되고 있습니다. 저는 그것이 어떻게 작동하는지 자세히 설명하겠습니다. 그들이 빠지는 함정은 다음과 같이 구성됩니다. 즉 위원회 회원의 한 사람이 그가 현재 또는 이전에 공산주의자였는지 질문합니다. 그가 누구도 자신에게 불리한 증언을 강요당하지 않는다고 밝힌 수정조항 제5조를 받아들이지 않은 채 이 질문에 답변한다면, 그는 선서 아래 모든 추가 질문에 대답해야 합니다. 그가 만약 답변하지 않으면, 그는 의회 모독죄로 소환되어 투옥형에 직면할 것입니다. 모든 일이 다음과 같이 비웃음거리가 되었습니다. 1. 증언을 거부하는 사람은 누구나 자신에게 가장 큰 해를 끼칩니다. 그는 법의 눈에는 아니더라도 사회의 눈에는 유죄로 보이며 자신의 직업과 지위 등이 영향을 받을 수 있기 때문입니다. 수정조항 제5조를 받아들이지 않는 누구든 즉시 해고하는 일은 모든 학교 및 대학, 심지어 사립학교에서 표준적인 관례입니다! 2. 사람들이 증언을 거부할 때 — 즉 그들이 실제로 거부한 몇 가지 사례에서 — 그

---

10 Whittaker Chambers, *Witness*(New York, 1952). 이 책에 대한 아렌트의 논의는 다음 자료를 참조할 것. "The Ex-communist," *Commonweal* 57(March 20, 1953): 595-599.

들은 그렇게 했습니다. 그것은 위증 또는 법원 모독의 혐의를 받지 않은 채 추가 증언을 거부하는 유일한 방법이었기 때문입니다. 달리 말하면, 수정조항 제5조의 원래 의도는 그 머리 위에 있었습니다. 이 수정조항은 더 이상 자체의 이익을 보호하지 않고 대신에 일종의 자기고소입니다. 그리고 이것은 기만적으로 사용됩니다. 관련 증인은 원래 의도되었던 것과 다른 목적으로 이것을 이용하고 사용해야 합니다. 수정조항 제5조를 받아들이지 않는 사람은 누구든(그리고 이것을 받아들이는 것은 물론 작가인 사람들에게 매우 어렵습니다. 모든 사람은 그들이 10년이나 20년 전에 생각한 것을 알기 때문입니다) 고발해야 합니다. 그렇지 않으면 감옥에 갑니다. 주목할 만한 일은 아무도 아직 감옥에 가지 않았다는 사실입니다. 몇몇 사람은 거짓말로 위원회의 손가락 사이를 빠져나갔습니다. 거짓말에 대한 최소 형량은 6개월입니다.

실제로 처참한 결과는 무법이 계속 확산하고 있다는 것입니다. 진행되고 있는 모든 게 법 밖에서 발생하고 있습니다. 무엇보다도 공산당이 법으로 금지되지 않는다는 사실입니다. 이것은 처참하며 그 자체로 일종의 함정입니다. (공산당의 금지를 옹호하는 사람은 누구나 "반민주적"이라는 소리를 들을 것입니다.) 공산당은 금지되지 않지만, 공산당에 소속된 사람은 누구든 일자리를 얻을 수 없을 것이고 모독당할 것입니다. 이것을 이해한 사람은 뉴욕의 헌터대학 총장 조지 슈스터뿐입니다. 정당이 금지되면, 이에 대한 더 이상의 애매한 표현은 없을 것입니다. 당에 소속된 누구도 이제 법을 위반하지 않을 것입니다. 그러나 그가 과거에 한 일은 — 법이 소급되지 않는다면 — 누구의 일도 아닐 것입니다. 그리고 소급 적용의 몇 가지 매력적인 사례가 있습니다. 법 자체가 아니라 행정에서 그랬습니다.

골프 치는 대통령을 필두로 한 행정부 자체는 당신이 틀림없이 신문에서 수집한 것만큼 무기력합니다. 이 정부는 대기업을 더 크게 만드는 것이 유일한 관심사인 대기업의 행정부입니다. 이것은 필연적으로 경기 침체를 의미하지 않지만, 아마도 소규모 독립 기업의 청산을 의미합니다. 이것은 대단히 중요한 부분입니다. 이곳의 경제 발전과 관련하여 실제로 건전한 일은 전시생산의 압박 아래 정부가 높은 비용에도 불구하고 중소기업과 계약을 체결했다는 점이었습니다. 이런 계약은 완전히 끝났으며, 기업결합(트러스트)의 힘은 매일 증대됩니다. 여기에서 위험은 거대 콘체른의 세력 증대가 아니라(이 세력은 노동조합의 실질적인 위력을 통해서 그리고 모든 거대 회사가 궁극적으로 정부 계약에 의존한다는 사실을 통해서 아주 효과적으로 통제되고 균형을 유지함) 오히려 평범한 **독립적인** 사람들이 정치적 요인으로 사라지고 있다는 점입니다. 달리 말하면, 이 행정부는 나날이 이 사회를 그렇지 않아도 유감스러운 것, 즉 직업인 사회로 만들고 있습니다. 이렇게 함으로써 이 행정부는 매카시의 손에 직접 놀아나고 있습니다. 사회에서 저항의 전반적인 결핍에 대한 책임은 이 직업인들의 책임으로 돌릴 수 있기 때문입니다. 그런데도 모든 사람은 번영에서 무한한 기회를 가지며 시시각각으로 부유해지기 때문에 성공해야 합니다. 이곳에서 번영은 실업이 독일에서 담당했던 역할을 똑같이 담당합니다. 엎어치나 메치나 그게 그거지요.

현재 '전후 전향한' 공산주의자들은 해체 과정에 불행한 역할을 합니다. 저는 그들의 역할이 결국에 줄어들 것으로 생각합니다. 좋은 옛날의 미국 모르쇠주의가 그들의 자리를 차지할 것입니다. 이것은 현재 출현하고 있는 미국주의 이데올로기와 관련될 수 있는 것이기 때문입니다. 이것은 이미 꽤 명백합니다. (브루클린대학의 총장, 즉 중대한 직책에 있으면서도 이곳 사람들의 말로 "반동가"로 도시 전체에 잘 알려진 백치는 공개 토론에서 저에게 자신이 아이오와주에서 태어나 성장했기에 옳은 것을 알려고 더 이상 생각하거나 읽을 필요가 없다고 말했습니다. 이후 그는 시드니 후크와 함께 — 흥미로운 결합 — 플라톤을 인용하는 것이 미국적이지 않고 틸리히와 같이 게르만인으로 고통 받았다고 저에게 말했습니다이 인용문은 원문에 나온 내용 그대로임!!.) 훨씬 지적인 사람들 가운데 일부는 이 모든 것과의 관계를 끊기 시작했습니다. 신도 알고 있듯이, 이 나라에서 문화나 자유를 위해 전혀 아무 일도 하지 않았고 이러한 유형의 수집 지점이 되었던 문화자유회의[11]가 여기에서 더 이상 활동적이지 않은 점도 증상을 보입니다. 그러나 우울한 일은 상황이 다르게 보였던 몇 년 전에 이 단체에 가입했던, 전혀 적지 않은 숫자의 실제로 훌륭한 사람들이 상당한 숙고에도 불구하고 이 단체를 떠나거나 이 단체가 조사위원회의 방법에 대해 저항을 공표하는 것을 동의할 수 없었다는 점입니다. 그것은 같은 것이 될 것입니다. 그런 동의는 단체에서 분열을 초래할 것이기 때문입니다. 그들은 개개인으로서 흥미를 잃고 시야에서 사라질 것입니다. 그러나 이 나라에서 여론의 위력은 크기 때문에, 비록 공개적인 발언이 끔찍한 결과를 전혀 초래하지 않으리라는 점은 당분간 분명하지만, 아무도 아무것도 하지 않습니다! (저는 거짓된 상을 그린다는 인상을 피하고자 다음 말을 덧붙입니다. 후크는 8주 전에 의회조사위원회가 대학의 자유를 보존하는 유일한 길이라고 말한 장본인입니다! 그는 며칠 전에 가장 강력한 관점에서 위원회와 관계를 끊었습니다. 『뉴욕 타임스』에 공개서한을 실었습니다.)

보시다시피, 저는 우리가 아주 친숙한 현상을 주시하고 있다고 느낍니다. 전적으로 다른 형식과 전적으로 다른 상황에서 자연스럽게 느낍니다 — 오히려 전혀 그렇게 자연스럽지는 않습니다. 저는 1930년대 중서부에서 옹졸한 독재자였고 파시스트로 널리 알려진 후이 롱[12]의 인용문을 계속 상기했습니다. 그는 파시스트였다는 혐의에 대응하여 다음과 같이 말했습니다. 즉 "당신들은 틀렸다. 나는 파시스트가 아니다. 나는 지역의 장이다. 파시즘이 만약 이 나라에 온다면, 그것은 민주주의를 가장하고 올 것이며, 주정부가 아니라 의회에서 시작할 것이다." '흥미로운' 일은 특히 여론이 조직

---

11 1950년 6월 21개 국가의 학자·작가·예술가 118명은 베를린에서 문화자유회의를 설립했다. 그들은 관련 있는 문제들을 토의하고 제1조 "정신의 자유가 불가양도의 권리 가운데 하나라는 자명한 진리"에서 천명한 성명서를 만장일치로 채택했다. 파리에 위치한 국제사무국이 설립되고, 위원회는 여러 국가에서 형성되었다. 미국자유문화회의의 의장은 교육자인 조지 S. 카운츠였다. 부회장에는 유전학자 허먼 J. 멀러와 역사가 아서 슐레진저가 포함되었고 어빙 크리스톨은 집행위원장이었다. 제임스 번햄과 시드니 후크는 집행위원회 위원이었다.

12 후이 롱(Huey P. Long, 1893~1935)은 1928~1931년 루이지애나 주지사였고, 1931~1935년 미국 상원의원이었다.

화되지 않은 채로 남아있을 수 있으며, '운동'이 필요하지 않으며, 모든 것이 거의 반드시 진행된다는 사실입니다. 예컨대, 서부의 거의 모든 주는 연방의회의 모범을 따랐고 자체의 조사위원회를 구성했습니다. 그리고 더 많은 것이 있습니다. 모든 일은 폭력 없이 압력을 통해서만 진행됩니다. 현재의 과정이 계속 추구되더라도, 집단수용소는 가능성이 매우 낮습니다. 이른바 정신과 의사와 사회노동자들의 역할이 훨씬 더 위험합니다. 그들은 모두 심리 훈련을 받고 고객에게 물질적 지원이 아닌 '심리적인 지침'을 제공합니다. (물질적 지원은 법으로 규정됩니다. 누구든 그에 대한 권리를 갖습니다. 그러나 이런 권리를 이용하는 사람들은 심리적 지침을 수용해야 합니다!! 달리 말하면, 재정적 지원이 필요한 누구에게나 이미 의무적인 심리 분석이 있습니다. 이것은 현재의 전반적인 번영 때문에 당분간 중요하지 않습니다.) 한국전쟁의 포로들이 몇 주 전에 본국으로 귀환하기로 되어 있었을 때, 군은 공산주의에 '감염되었던' 어떤 포로라도 가장 먼저 해야 할 일이 그들을 정신 병원에 보내는 것이다!라는 성명을 모든 신문에 공표하였습니다. 저는 이것이 실제로 이루어졌다고 믿지 않습니다. 그러나 그런 사유는 전형적으로 미국적입니다. 또 다른 '흥미로운' 일은 특히 집행부가 거의 독재 권력을 가진 나라에서 집행부(행정부)와 입법부(의회) 관계의 기묘한 반전입니다. 의회는 여론을 대변합니다. 그리고 신만이 그것이 실제로 무엇인가를 알고 있습니다.

저는 훨씬 완벽한 상을 당신에게 제공하기 위해서 주요 재단이 대학에 기여하는 역할에 대해 당신에게 말해야 할 것입니다. 포드 재단은 어떤 상황에서도 세금이 부과될 수익을 축적하기 위해 내버려 둘 수 없는 기금을 어떻게 없앨 것인가에 대해 끊임없이 공황 상태에 빠져 있습니다. 재단의 수백만 달러는 이미 진행되는 발전을 촉진했습니다. 개별 독립적인 학자들이 대학에 소속되어 있다고 하더라도, 그들에 대한 지원은 문제가 되지 않습니다. 재단들은 그렇게 적은 액수를 지급하여 자체의 기금을 결코 모두 써버릴 수 없었기 때문입니다. 그래서 모든 것은 조직화된 연구에 투입되며, 보조 기관들은 대학들, 즉 자유로운 학문 연구를 빈털터리로 만듭니다. 자유로운 학문 연구는 당신에게 친숙한 유형의 사람들을 고려하지만, 이곳의 조직화된 연구는 숫자가 대단히 많기에 이전보다 더 위험하게 됩니다. 무자격자와 무지한 사람들은 자신들을 위해 책을 읽는 일을 하도록 대학생들을 고용합니다. 전반적인 업무는 공백에서 작동하며 아무런 결과도 산출하지 못합니다. 이것은 흥미롭습니다. 지식인 프롤레타리아는 이러한 수단을 통해서 권력의 지위를 획득하거나 이전에 권력이 없었던 지위에서 권력의 지위를 만들 수 있기 때문입니다. 이것은 모두 록펠러 재단에 명백하게 드러났지만, 그런 막대한 재원이 재단에 없기에 결코 그럴 정도는 아니었습니다. 누구든 문화를 위해 그렇게 많은 돈을 사용할 수 없습니다. 누구든 돈으로 문화를 익사시킵니다. 제가 지난 정치학대회에서 함께 즐길 기회가 있었던 이 새로운 세대는 대학에서 '사기'를 약화시키고 있습니다. 그리고 재단들은 어쨌든 '자유롭지' 않습니다. 저는 신뢰할 만한 출처를 통해서 조지프 매카시가 재단이 민권 연구를 위해 15만 달러를 제공하겠다는 결정을 고수한다면 포드 자동차의 판매를 방해할 방법을 찾을 것이라고 포드 재단에 알렸다는 내용을 들었습니다. (일부 사람이 갑자기 예기치 않게 모이고 어떤 단호한 저항을 하겠다고 결심하지 않는다면, 아무것도 저절로 그것에서 나오지 않습니다. 그것은 항상 가능성입니다.)

지금 여기서는 거의 모든 것이 가능합니다. 무엇보다도 언론의 자유와 출판의 자유가 사실상 금지되지 않기 때문입니다. 누구든 출판할 수 없는 것도 아닙니다. 그와는 반대입니다. 당분간, 우리는 조금도 고립되지 않고, 어쩌면 그 어느 때보다도 덜 그럴지도 모릅니다. 저는 폭민 전체에 총을 쐈으며, 이것으로 전혀 고통 받지 않았습니다. 아마도 제 친구들 소수, 매우 훌륭한 언론인들은 일반적인 관점에서 경건한 체하는 항의(이런 종류의 항의가 여기에서는 흔하지만 아무 의미가 없는)에 만족하지 않을 잡지[13]를 창간할 수 있지만, 이 나라에서 실제로 진행되는 것을 상세하게 보도할 것입니다. 이 상황에서 전형적인 것은 이렇습니다. 즉 누구든지 자신의 '의견'을 명백히 표현할 수 있지만, 편집자들은 원칙적으로 정확한 사실과 보고서의 출판을 거부할 것입니다. 그래서 모든 일이 반쯤은 어둠에서 발생합니다. 그리고 그것은 사람들이 사실만을 신뢰하고 사실을 통해서만 확신하는 나라에서 발생합니다.

당신이 제가 과장하고 있다고 생각할 것이라는 두려움에도 불구하고, 저는 이 모든 것을 상세하게 말하고자 합니다. 당신이 알고 있는 것은 저에게 중요한 것 같기 때문입니다. 우리가 모두 느끼듯이, 저는 어떠한 거리낌 없이 미국을 옹호하는 것이 단지 몇 년 전과 같이 더 이상은 가능하지 않다고 느낍니다. 이것은 우리가 반미주의에 대한 유럽의 합창에 가담할 수 있다는 것을 의미하지 않습니다. 위험은 명백하고 현존합니다. 아무도 이 모든 것에 무엇이 일어날지 모릅니다. 매카시가 1956년에 대통령이 되지 않는다면, 일이 다시 잘 풀릴 좋은 기회입니다. 그러나 우리는 현재 여기에서 가능한 것을 보고 있습니다. 아마도 당신은 지난해 문화자유회의에 대해 언급한 내용을 기억할 것입니다. 저는 유럽에서 이 단체의 활동에 대해 별로 알지 못하지만, 당신이 이곳에서 여전히 아주 저명하다는 점은 저를 약간 귀찮게 합니다. 아마도 유럽에서의 상황은 다르겠지요. 당신이 아시듯이, 문화자유회의는 … 편집자로서 스펜더 및 이곳 책임자인 크리스톨[14]과 함께 런던에서 새로운 잡지를 출간하려고 합니다. 크리스톨은 저에게 이 잡지가 일종의 영국판 『모나트』일 것이라고 말했습니다. 누구든지 물론 이 잡지를 위해 일할 수 없지만 때때로 이것에 게재할 수 있습니다. 그것은 중요하지 않을 것입니다. 저를 괴롭히는 것은 어떤 형태의 조직적인 연계입니다.

---

13 메리 매카시는 아렌트, 니콜라 치아르몬테, 드와이트 맥도널드, 리처드 로베르, 아서 슐레진저 등과 함께 『비평가(Critic)』라는 잡지를 창간하려고 노력했다. 계획은 기금 부족으로 좌절되었다.
14 어빙 크리스톨(Irving Kristol, 1920년 출생)은 사회과학자이며 1947~1952년 『논평』의 편집장이었고, 1953~1958년 『만남(Encounter)』의 공동 편집자였다. 문화자유회의가 후원하는 잡지들은 영어판 『만남』, 독어판 『모나트』, 그리고 프랑스어판 『증거(Preuves)』였다.

일이 우리에게 개인적으로는 잘 진행되고 있습니다. 하인리히는 강의를 즐거워하며, 철학이 바드대학에서 갑자기 인기가 있다는 사실도 즐거워합니다. 물론 교수진이나 그의 철학 동료들은 아닙니다. 그러나 당신은 그것에 대해 알고 있고, 이것은 항상 같은 옛이야기입니다. 그는 금요일에서 일요일까지만 집에 있습니다. 그래서 저는 생과부 역할을 하고 있지만, 그것을 별로 좋아하지 않습니다. 저는 보상으로 만족스럽게 작업을 하며 많은 일을 하고 있습니다. 우리가 개인적으로 우울한 것은 괘념하지 마십시오. 완전히 그 반대입니다. 우리의 좋은 친한 트루먼이 말하곤 했듯이, 우리는 그것이 그렇게 좋은 적이 없었습니다.

저는 프린스턴대학교 강의[15]를 준비하고 있고 하버드대학교에서 한 차례 강의[16]를 준비하고 있습니다. 프린스턴대학교에서 정치철학의 전통에 있는 마르크스에 대해 말할 것입니다. 저는 마르크스의 저작을 읽으면 읽을수록 당신이 옳았다는 것을 더 많이 알게 됩니다. 마르크스는 자유나 정의에 관심이 없습니다. (그리고 그는 게다가 골칫거리입니다.) 그런데도 몇 가지 일반적인 문제에 대해 말하기 위한 훌륭한 도약판입니다. 저는 이번 봄에 뉴스쿨에서 조금 가르치며 이를 즐겼습니다. 정부 형태에 관한 강의였습니다.

당신의 친절한 편지에 전혀 응답하지 않은 저에게 화내지 마세요. 이 모든 다른 것들은 오랫동안 제 마음속에 있으며, 이제 이 편지는 아주 끔찍하게 길어졌습니다. 그리고 현재 저는 어디에나 나타나는 '새로운'과 '시작' 사이의 이런 연계성을 검토할 것이며, 이것을 검토했다면 너무 길게 언급했을 것입니다. 저는 당신에게 (『힘에의 의지』에 나오는) 니체의 언급을 상기시켜도 될까요? "학습의 진전은 '알려진 것'을 알려지지 않은 것으로 더욱더 분해한다. 그러나 이것은 정반대의 일을 하려고 하며, 알려지지 않은 것을 다

---

15   편지 148의 각주 54를 참조할 것.
16   편지 145의 각주 31을 참조할 것.

시 알려진 것으로 거슬러 올라가려는 본능을 출발점으로 삼는다."[17] 저는 '이해'의 어려움에 관한 짧은 에세이를 집필했습니다. 이것은 아마도 이번 여름 『파르티잔 리뷰』에 게재될 것입니다.[18] 이후 이것을 보내드릴 것입니다. 당신이 이것을 즉시 읽어야 한다는 기대는 없습니다!!!

학기는 어떤지요? 무엇을 강의하고 있는지요? 제가 강의에 들르는 게 어떤지요? 올여름 계획은 어떤지요? 생모리츠에 계실 것인지요?

우리는 7월과 8월에 떠나려고 계획하고 있습니다. 우선 늘 그렇듯이 이곳 산중, 실제로 계곡에 있는 우리의 작은 은신처이고, 그다음은 해안가에 있을 것입니다. 그때 다시 편지를 보내겠습니다.

만약 상황이 지금 그대로 유지되고 우리가 그것을 감당할 수 있다면, 우리는 먼 미래를 위해 1955년에 유럽에 갈 계획입니다. 하인리히는 이탈리아로 여행하고 싶어 합니다. 그런 생각은 꿈과 같습니다!

두 분 건강하시기 바랍니다.

여느 때와 같이
한나 올림

추신. 저는 블루멘펠트가 몇 주 동안 독일에 있다고 말하는 것을 잊었습니다. 그는 스위스로 가서 당신에게 전화할 수 있을 것입니다. 저는 당신이 그를 볼 수 있을지 전혀 확신하지 못했습니다. 주저하지 말고 '아니오'라고 말해야 합니다. 이분은 저의 오랜 친구인 줄리 브라운-포겔슈타인(하인리히 브라운의 미망인,[19] 제국의회의 의원, 오토 브라운 유고의 편집자[20])을 찾아갑니다. 그녀는 대단히 재능있는 예술사가이며 고고학자입니다. 당신은 그녀가 무엇이 잘

17　Nietzsche, *Der Wille zur Macht*, no. 608.
18　Hannah Arendt, "Understanding and Politics," *Partisan Review* 20, no. 4(August 1953): 377-392.
19　하인리히 브라운(Heinrich Brown, 1854~1927)은 사회민주당 정치인이고 작가였다.
20　*Aus nachgelassenen Schriften eines Frühvollendeten*(Stuttgart, 1919). 오토 브라운(1897~1918)은 하인리히와 릴리 브라운의 아들이었다. 줄리 브라운-포겔슈타인은 하인리히 브라운의 세 번째 부인이었다.

못되었는지 바로 알 수 있을 것입니다. 당신은 기꺼이 '아니오'라고 말할 수 있습니다!! 저는 그녀에게 당신의 주소를 알려줄 수 없었습니다. 그녀는 저에게 잘해주었으며, 저로서는 다소 유보적이지만 우리는 친구입니다. 다른 한편, 저는 블루멘펠트와 평생 많이 논쟁했고 가끔 헤어졌지만, 그는 아무런 거리낌 없는 제 친구입니다.

편지 143   야스퍼스가 아렌트에게

바젤, 1953년 5월 22일

친애하는 한나!

이상한 일이오. 최근에 나는 아렌트가 왜 편지를 전혀 보내지 않았는지 여러 차례 의아했다오. 미국에서는 많은 일이 벌어지고 있는지. 약간 놀랍소. 당신은 항상 이전에 심각한 일이 일어났을 때 나에게 알려주었지요. 그런데 당신의 편지가 딱 알맞을 때 도착했네요. 당신의 편지에 매우 감사하오.

여기 신문의 보도는 아이젠하워가 왜 이 모든 것을 참아내는지, 왜 매카시를 단호하게 반대하지 않는지 궁금할 정도라오. 사람들이 아이젠하워가 의회를 무서워한다고 넌지시 말하지만, 그들은 그가 단호한 조치를 취할 때까지 상황이 무르익어야 한다고 생각할 수도 있소. 어쨌든 우리는 여기에서 낙관적으로 고려되고 있는 황량한 그림을 보게 되오.

당신은 통상적인 통찰력으로 상황을 상세하게 설명해요. 나는 당신이 상황을 정확하게 보고 있다는 점을 확신하오. 누구나 위험의 정도를 명료하게 판단할 수는 없다오. 그러나 당신이 알듯이, 상당수의 미국인이 비겁하고 우매한 방식으로 행동하고 있을 때, 위험의 정도는 대단할 것이오. 그들은 이전에 그런 적이 없었지요. 우리에게 영향을 미치는 세계 역사는 미국인들이 오랫동안 취한 과정에 좌우되오.

우리는 여전히 미국에서 어떤 일이 일어나기를 바랄 수 있소. 당신은 적지 않은 암시를 하고 상황을 이해하는 사람을 언급하오. 당신이 사실적인 보도와 명료한 판단으로 문제나 오해를 해결하는 데 도움이 될 잡지의 편집에 참여한다니 훌륭하오. 당신이 그곳에서 자유롭게 말하고 출판하며 유산과 전통 덕택에 주로 선의를 가진 아주 많은 사람과 함께 말할 수 있다는 것은 당신에게 중대한 기회를 제공할 것이오. 그와 같은 상황에서 필요한 것은 번뜩임이오. 따라서 아주 많은 사람은 아마도 빛을 볼 것이며 당신의 모범을 따를 것이오. 그들이 물결 변화의 명백한 징후를 본다면, 그들은 특히 그렇게 하는 데 어떤 중대한 모험을 하지 않을 것이기에 용기를 다시 획득할 것이오.

나는 당신이 어떻게 1931년에 정확하게 예언했고 내가 어떻게 당신을 믿지 않았는가를 기억하고 있소. 나는 우리 동료 시민 다수가 합리적이고 인간적 — 그들이 될 수 있듯이 — 이라고 생각했소. 그러나 그들은 권력 조작자의 계략과 기정사실에 대한 자신들의 두려움에 전적으로 무방비 상태였고 굴복했다오. 그런 일은 미국에서 일어날 수 있었지만, 우리의 경우보다 확실히 덜 황당무계할 것이오. 그런 일은 위대하고 명예로운 인간 모험에 얼마나 비참하고 비열한 결말이 될 것인가! 당신은 분명히 독일에 있던 그때보다 이제 더 희망에 차 있소. 당신은 무엇인가를 할 수 있을 것이오. 언론계는 이곳보다 그곳에서 다른 기능을 수행한다오. 잡지의 편집을 서두르오. 지금은 분명히 그것을 할 때요. 독일 이민자들은 많은 기회에 미국에 큰 봉사를 했소. 독일계 미국인 — 젱어[21]나 그와 유사한 이름 — 은 18세기 언론의 자유를 위해 투쟁한 사람이 아니었나요? 이 유동적 상황, 즉 국가의

---

[21] 존 피터 젱어(John Peter Zenger, 1697~1746)는 1710년 팔레스타인에서 미국으로 이주했고, 1733년 야당 신문 『뉴욕주간지(New York Weekly Journal)』를 창간했다. 그는 선동할 목적의 명예훼손 혐의로 재판에서 무죄 판결을 받았다. 이 결정은 미국에서 언론의 자유를 위한 최초의 승리로 간주된다.

실체가 녹아내리는 상황에 있다는 것은 분명히 흥미롭구려. 그러나 이 녹아내리는 상황은 냉정한 명료함 때문에 언제든지 멈추고 되돌릴 수 있다오. 남편은 당신의 동요를 얼마나 많이 공유하는지. 나는 두 사람을 모두 현실적인 지적 힘으로 본다오. 두 사람은 이 거대한 실존의 게임에서 도가 지나치고 잘난 체하는 어리석음에 대해서 침착한 믿음의 목소리로 말하고 현재를 시시각각 즐길 수 있기 때문에 더욱 그렇다오.

당신은 내가 문화자유회의의 명예 회장단[22]의 일원이라는 점에 대해 걱정하오. 나도 그렇소. 문제는 내가 그 직책을 사임해야 하는가를 설명할 충분히 많은 명백한 이유가 없다는 점이오. 니버[23]는 최근 고 존 듀이의 명예 회장직을 맡았다오. 나는 여기 유럽의 학술지에서 완성된 활동에 대한 보고서와 함께 문화자유회의의 확실한 소요에 대해 읽었소. 현재까지 나는 실제로 '잘못된' 어떤 것이 아니라 일종의 정신적 침체와 느슨함을 통해서만 충격을 받았다오. 당신의 보고서는 내가 이 무리에서 쾨슬러의 성공 이후 오랫동안 느꼈던 것을 분명히 보여주는구려. 즉 그것은 문화자유회의가 일반적으로 전체주의 방법의 원리가 아니라 일차적으로 러시아에 반대하는 것이오. 나는 당신으로부터 자극을 받아서 미국 내의 현재 상황, 즉 오늘날 사유하는 모든 사람의 개인적 명분이 되었던 상황을 고려하는 설명을

---

22 명예회장직을 맡은 다른 사람들은 베네데토 크로체, 존 듀이(두 사람은 이때 사망), 살바도르 데 마다리아가, 자크 마리탱, 라인홀트 니버, 버트런드 러셀이었다. 야스퍼스는 문화자유회의의 어떤 행사에도 참여한 적이 없지만, 베를린 창립 회의와 1951년 봄베이 회의를 포함한 모임에 메시지를 보냈다. 독일 위원회의 회원은 아니었다. 다른 위원은 빌리 브란트, 알렉산더 미첼리히(편지 365의 각주 204 참조)와 카를로 슈미트(편지 381의 각주 271 참조)가 포함되었다. 1952년 함부르크에서 개최된 회의에서 그는 명예위원회에 선임되었지만 6월 12일 편지에서 이번에는 개막 연설을 보내는 것을 거부했다. "나는 문화자유회의가 미국에서 매카시의 행위를 공개적이고 열정적으로 반대하지 않은 것이 오랫동안 심각한 결여라는 것을 알았다. … 비우호적인 관찰자들은 문화자유회의가 자유를 위해 모든 형태의 전체주의적 위협에 맞서 싸우는 게 아니라 러시아에 반대하여 서구를 위해 투쟁한다고 말할 수 있었다." 그는 이런 의견을 가지고 있었기에 결국에는 문화자유회의와 관계를 완전히 단절했다.
23 라인홀트 니버(Reinhold Niebur, 1892~1971)는 개신교 신학자이며 뉴욕 연합신학대학교 교수였다.

발견해야 한다오. 누구든 그 때문에 자기 입장을 미국에서 바르게 대변할 수 없다면 이 세계회의에 소속될 수 없다는 점을 명시해야 할 것이오. 하지만 일은 반드시 해결돼야 할 것이오. 나는 추가적인 정보와 당신의 조언에 감사할 것이오. 업무는 짜증스럽구려. 업무는 자신의 중요성을 아주 심각하게 받아들이도록 강요하기 때문이며, 나는 공개적으로 무엇인가에 가담하면 인연을 끊고 싶지 않기 때문이오.

당신이 미워시를 위한 서문에 만족한다니 기쁘오. 다시 한번 감사함을 표시하오. 당신은 항상 마음대로 이용할 수 있는 듯이 번역하는군요. 나는 잔느 헤르쉬의 요청으로 서문을 썼다오. 그녀는 내가 그것을 거부하기 어려워하는 점을 알았다오. 나는 처음에 망설였지만 이후 작품에 감동했고 즐겼소. 당신의 통찰력 덕택에 훌륭하게 대비했음에도 불구하고, 읽기는 여전히 나에게 새로운 경험이었소. 미워시가 아주 구체적으로 심리학을 이용해 글을 썼기 때문이오. 자신이 관여했으면서도 벗어나야 하고 벗어날 수 있는 사람들만이 심리학을 발전시킬 수 있다오.

나는 바드대학에서 남편이 성공했다는 소식을 듣게 되어 기쁘오. 철학을 연구하는 그의 동료들이 기뻐하는 것보다 철학이 대중화된다는 것이 훨씬 더 중요하다오. 나는 장래에 그의 활동에 대해 더 많이 듣고 싶소.

물론 나는 무슨 일이 있더라도 쿠르트 블루멘펠트를 만나고 싶소. 그가 바젤에 들어올 때를 일찍 나에게 알릴 수 있다면 좋을 것이오. 토요일과 일요일은 나에게 항상 가장 좋은 시간이오. 나는 줄리 브라운-포겔슈타인 없이도 만날 수 있다오. 우리 노인들은 모든 방문의 가능성을 매우 신중하게 저울질하오. 우리 둘 다 정말 불평할 수 없지만, 아내는 특히 대화에서 현기증이 나고 자주 지치기 쉽다오. 그녀는 항상 대화에 적극적으로 참여하기 때문이오. 그리고 언제나 그렇듯이, 나는 나 자신을 어린이 장갑으로 대해야 하오. 그러나 상황이 유리해지면, 나는 브라운 부인과도 대화하고 싶구려. 나는 당신과 함께 그 결정을 일단 보류할 것이오. 학기는 지금까지 잘 끝냈소. 나는 「과학과 철학」이란 주제의 강의를 할 것이며, 「악의 문제」라는 주제의 세미나를 진행할 것이오. 또한 세 차례 강의할 것이오. 첫째는 스위스 목사들을 위한 강의[24]로 이미 끝났고, 둘째는 「철학자로서 리오나르도」[25]라는 주제로 다음 주로 계획된 예술사학과에서 진행할 강의이며, 셋째는 2주 이내로 「의사의 이념」[26]이란 주제로 스위스 내과 의사들을 위한 강의라오. 당신이 알듯이, 나는 아직도 주제넘다오. 그러나 내 힘을 현명하게 조절하고 위생적으로 조심해야만 그것을 할 수 있소.

나는 당신이 사실 1955년 유럽을 방문하고 그때 우리가 다시 만나기를 바라오. 당신의 남편이 이탈리아에 가기를 원하며, 당신이 그와 함께 꿈을 공유한다는 것은 멋지구려. 아내와 내가 당신과 남편에게 따뜻한 인사와 소망을 보내오.

야스퍼스

어제와 오늘 신문은 매카시에 대한 보고서들[27]을 다시 게재했다오. 웩슬러 사건[28](『뉴욕 포스트』), 수많은 항의, 특히 더 이상 증언하고 싶지 않은 뉴욕 언론인[29]의 항의(그러나 당신이 썼듯이, 의회에 대한 모독 때문에 거의 거부하지 못할 항의).

---

24   1953년 스위스 신학자의 날에 진행한 강연이다. Karl Jaspers, "Wahrheit und Unheil der Bultmannschen Entmythologogisierung," in *Schweizerishce theologische Umschau* 23, no. 3-4(1953): 74-106.
25   야스퍼스가 바젤대학교 예술사학과를 위해 진행한 강의이다. Karl Jaspers, *Lionardo als Philosoph* (Bern, 1953).
26   야스퍼스가 1953년 외과의사의 날을 기념하고자 마련한 강의이다. Karl Jaspers, "Die Idee des Arztes," in *Schweizerische Arztezeitung* 34, no. 27(1953): 253-257.
27   *National-Zeitung*(Basel), May 21 and 22.
28   그 당시 『뉴욕 포스트(*New York Post*)』의 편집장인 제임스 웩슬러(James A. Wechsler)는 20년 전에 컬럼비아대학교의 청년공산주의동맹에 소속되어 있었다. 상원의원인 매카시는 웩슬러를 위원회에 소환했고 『뉴욕 포스트』를 공산주의 정신으로 운영한다고 비난했다. 매카시는 아마 유럽의 미국문화정보국 도서관에 있던, 웩슬러가 집필했다고 하는 책을 인용함으로써 자기 입장을 지지했다. 그러나 책의 제목은 청문회에서 전혀 거론되지 않았다. 웩슬러는 매카시에 대항하는 가장 용기 있는 투사들 가운데 한 사람이었다.
29   야스퍼스는 이 문장에서 다음 논문을 이용한다. Manfred George, "McCarthy bedroht Amerikas

상상할 수 없는 우매함이 미국에서 확고히 자리를 잡고 있음이 틀림없다오. 우리는 그것에 익숙하기에, 그것이 두렵소.

편지 144   야스퍼스가 아렌트에게

바젤, 1953년 7월 5일

친애하는 한나!

나는 등기 우편으로 당신의 뉴욕집 주소로 라헬 원고를 반송하되 이 편지와 같은 시간에 발송할 것이오. 아주 오랫동안 지체한 것을 양해하여 주오. 내 견해로 이 책은 아주 중요하기에 당신이 이것을 개작하지 않더라도 출판되어야 하는 점을 다시 한번 언급하오. 그 순간이 먼 미래라고 하더라도, 아무튼 당신은 때때로 이것을 출판하도록 대비해야 하오. 나는 당신의 원고를 다시 최종적으로 점검할 경우 일부 중요한 수정 사항을 찾을 수 있으며, 내가 보기에 바람직하다는 것을 반복해 말하고 싶소. 그것은 어려울 것이오. 그 책은 당신의 삶에서 한 국면, 즉 당신이 과거에 있던 그것들을 반박할 이유가 없다고 하더라도 당신에게 더는 현존하지 않는 성향과 감정에서 나타나기 때문이오.

오늘은 이렇게 간단히 알린다오. 두 사람에 따뜻한 인사를 보내며.

야스퍼스

Pressefreiheit," *National-Zeitung*, no. 227(May 22). 이 논문은 뉴욕의 신문들이 매카시에 대해 제기했던 몇 가지 비판을 언급했지만, 언급된 유일한 언론인은 웩슬러였다.

편지 145   아렌트가 야스퍼스에게

뉴욕 팔렌빌, 1953년 7월 13일

친애하고 존경하는 분께—

저는 상황이 어떻게 전개되는가를 관망하고 싶었기에 당신의 편지에 대한 답장을 조금 미루었습니다. 그러나 당신의 불트만 관련 에세이[30]에 얼마나 신이 났었는지 우선 알리겠습니다. 아주 이상하게도, 이 에세이는 제가 종교와 정치에 관한 논문[31]을 마치고 하버드대학교에 발송했을 때 마침 도착했습니다. 다음 주 그곳에서 개최되는 학술회의에서 이 논문을 발표할 것입니다.

이제 불트만에 관해 말하지요. 당신의 에세이는 제가 벌써 보았던 토론을 위한 첫 번째 중대한 기반을 제공하는 듯합니다. 당신이 아시듯이, 저는 불트만으로부터 많은 것을 배웠으며 그에게 많은 신세를 졌습니다. 그 신세를 잊고 싶지 않습니다. 제가 보기에, 당신은 그를 인물로서 정당하게 대하지 않는 것 같습니다. 저는 단지 그분을 좋아하기 때문에 아마도 편견이 있습니다. 저는 당신이 언급하는 그의 정직이 당신의 상상보다 훨씬 더 확고하게 뿌리를 내리고 있다고 생각합니다. 그렇다면 그가 직면한 객관적인 어려움도 더 크며, 종교나 믿음의 대변자로서가 아니라 다른 기관과 마찬가지로 결점이 있는 한 기관의 대변자로서 그에게는 더 나쁩니다. 그러나 그것은 중요하지 않습니다. 그는 아마도 응답할 것이며, 저는 당신이 대화를 열었기를 바랍니다.

핵심 요지는 이것인 것 같습니다. 즉 이성의 기본 능력으로서 신화의 정당화, 정통파와 자유주의자들이 같이 공유하는, 신화와 마력을 혼동하는

---

[30]   편지 143의 각주 24를 참조할 것. 인용문의 출처는 다음과 같다. Karl Jaspers and Rudolf Bultmann, *Die Frage der Entmythologisierung*(München, 1954).
[31]   Hannah Arendt, "Religion and Politics," *Confluence*(September 1953): 105-126.

것에 대한 거부입니다 — 당신은 "명백함과 유용성의 유물론"[32]으로 점차 사라지는 것에 대해 언급합니다. 다른 것은 불트만에게만 나타나지 않는, "하느님의 구원 사건"으로서 그리스도와 반대되는 예수의 설교에 대한 뚜렷한 무시이며, 또한 그리스도교를 급진화한 바울 신학으로 한정하는 것입니다. 비슷한 것이 두 경우, 즉 기능적인 것에 대한 배타적 관심과 현실적 '실체'의 배제에 명백한 것 같습니다. 따라서 예수는 너는 이것이나 저것을 해야 하거나 하지 않아야 한다고 말하는 '설교자'가 아니라 지구상에 하느님의 구원 활동 내의 기능에만 관심이 있습니다. 요약하자면, 믿음은 스스로 소통하고, 이해되기를 원하고, 그래서 자신을 이해하기를 원합니다.

제가 당신과 이야기하고 싶은 일부 다른 요지가 있습니다(현재, 우리 사이 지리적 거리는 장애 요인이고 여전히 그렇습니다). 그 요지들 가운데 신학이 있습니다. 신학은 학문인 것 같습니다. 달리 말하면, 이것은 철학과 근본적으로 다릅니다. 동물들의 실재가 동물학을 위한 것이듯이, 신학은 하느님의 계시적 실존과 행위가 명백한 실재라는 점을 상정하기 때문입니다. (아우구스티누스는 아직 신학자가 아니었습니다.) "자유주의적 관점에서 계시에 대한 믿음이 없지만,"[33] 당신의 공식적인 표현에서 신학자는 "신성의 신비를 **인식하는**" 사람입니다. 이런 이유로, 신학과 철학은 하나가 될 수 없습니다. 신학은 믿음의 철학이 아닙니다. (이것은 신학자로 있기를 원하는 현대 신학자들이 직면하는 문제들 가운데 하나입니다. 이들은 어떤 의미에서 믿지만, 자기 학문의 확고한 기반을 가지려면 신학자가 믿어야 하는 방식으로 믿지 않습니다.)

당신은 이런 모든 노력이 어떻게 "모험심 자체를 신자들에게 의심스럽게 보이도록 만드는가"[34]를 정확하고 매우 확실하게 보여줍니다. 제가 보기에, 그것은 데카르트의 회의에서 믿음으로 도약한 파스칼과 키르케고르 이후

---

32 Jaspers and Bultmann, *Die Frage*, 20.
33 *Ibid.*, 41.
34 *Ibid.*, 40.

에 참이었습니다. (이것은 키르케고르의 짧은 에세이 「모든 것을 의심해야 한다[De omnibus dubitandum est]」에 매우 명백합니다.)

당신은 키르케고르의 입장이 정확하다면 그것이 성서 종교의 종말일 것이라고 말합니다. 신학자들에게 어려운 일은 근대 과학이 과학의 개별적 결과가 아니더라도 원리 문제로서 모든 것을 의심한다는 것, 그리고 학자로서 신학자들이 자신들의 연구 분야를 박탈하지 않은 채 이런 근대 과학의 발전에 참여할 수 없다는 것입니다. 이제 그들은 회의를 믿음으로 옮기고 있습니다. 믿음에서 회의는 완전히 아무것도 추구할 수 없습니다. 그것의 유일한 가능한 결과는 키르케고르의 부조리거나 명백한 미신이기 때문입니다.

달리 말하면, 불트만이 직면한 어려운 상황 — 그리고 그와 함께 근대 신학 전체 — 은 한편 교회 제도가 근대의 모든 공적 제도와 함께 정치적인 것의 모호한 성격을 공유하고 있으며, 다른 한편 근대 과학의 발전이 신학이 과학이고 과학으로 존재하는 것을 불가능하게 했다는 점입니다. 이런 어려운 상황들 가운데 어느 것도 종교와 믿음에 직접 영향을 주지 않았지만, 종교와 믿음은 이러한 어려운 상황이 초래한 문제에 간접적으로 들어왔습니다.

기본적으로, 당신은 불트만이 성서를 마치 철학서인 것같이 읽고 해석했다고 그를 비판하고 있습니다. 혹은 당신이 결론에서 철학과 신학이 다시 하나가 될 수 있다고 말할 때, 그것이 실제로 의미하는 것은 철학이 신학을 다시 그 날개 밑으로 가져가는 것입니다. 어쨌든, 신학은 학문이 되지 못하며, 그렇다고 하더라도 그것은 정확히 수 세기 동안 그래왔습니다. 따라서 그 자리를 차지하는 것은 한편 문헌학, 다른 한편 철학입니다. 학문적 의미에서 훌륭한 현대 신학자들은 이미 예외 없이 문헌학자들입니다. 불트만은 참으로 위대한 학자입니다. 제가 보기에, 그가 정직에 대한 완전히 정당한 요구를 충족시킨다면, 그는 자신의 피부에서 벗어나야 합니다. (당신은 제 편견이 어떤 것인가를 알고 있습니다.)

당신은 제가 현재 매우 아름다운 나라에서 당신에게 편지를 쓰고 있다고 언급할 것입니다. 저는 작년과 생모리츠를 기억하고 있습니다. 당신은 다시 그곳에 가겠지요. 학기는 어땠는지요? 저는 악의 문제에 대해 더 많이 듣고자 합니다.

하인리히는 바드대학에서 맡은 자기 일 때문에 좀 피곤하지만, 그 일이 어떻게 진행되었는지에 매우 기뻐합니다. 그는 자기 계획으로 75%의 교수진과 90%의 학생으로부터 지지를 얻었습니다. (그런 일은 바드대학에서 본 적이 없습니다. 그러므로 학생들이 무엇이든 비판하는 것은 오랫동안 확립된 전통입니다.) 그리고 그는 심지어 임명 등을 결정하는 핵심 교수위원회에 선출됐습니다. 그가 그곳에 재직했던 매우 짧은 시간이란 점을 고려할 때, 그것 역시 놀랍습니다.

저는 정치에 관해 쓰고 싶지 않습니다. 상황은 너무 음울합니다. 당신은 콘 및 샤인[35]과의 익살극에 대해 들어보았을 것입니다. 당신은 등장인물 로젠크란츠와 길덴스턴을 묘사한 셰익스피어의 작품을 읽으면서 그것을 가장 잘 이해할 수 있습니다. 이곳과 모든 곳에서 핵심적인 주장은 우리가 직업인 사회에서 살고 있다는 점입니다. 우리는 매일 그 모든 것을 아주 명료하게 목격하고 있습니다. 우리는 아직도 우리 잡지가 순조롭게 진척될지 알지 못합니다. 우리는 5만 달러를 확보하고 있지만, 이 돈은 여기서는 너무 적습니다. 그 두 배는 필요합니다. 누구든 자신이 좋아하는 무엇이든 출판할 수 있습니다. 문화자유회의에 관한 한, 후크 씨와 카운츠 씨[36](저는 카운츠가 알콜 중독자라고 생각하고 완전한 바보로 알고 있습니다)는 다시 초라하게 행동했습니다. 아인슈타인은 지식인들에게 문화자유회의를 경멸하는 위험을 무릅쓰고 증언을 거부하라고 촉구했습니다.[37] 정치적으로 그것만이 옳은 일입

---

[35] 로이 콘(Roy M. Cohn, 1927~1986)은 매카시의 상임조사소위원회의 자문위원이었다. 데이비드 샤인(G. David Shine, 1927년 출생)은 소위원회의 자문위원이었다. 1953년 그들은 미국의 해외 도서관의 공산주의 전복을 확인하기 위해 유럽으로 보내졌다.

[36] 조지 카운츠(George S. Counts, 1889~1974)는 1927~1956년 컬럼비아대학교 사범대학 교육학 교수였다. 편지 142의 각주 11을 참조할 것.

니다. 즉 실천적 수준에서 그것을 어렵게 하는 원인은 법률적 의미가 아니라 직업의 상실입니다. 아무리 그렇더라도, 앞에서 언급한 두 신사는 문화자유회의를 대신하여 편지를 쓰고 『뉴욕 타임스』에 즉시 편지를 보냈습니다. 그들은 이 편지에서 아인슈타인의 제안을 잘못 판단하고 무책임하다고 말했습니다.[38] — 다른 맥락에서 때때로의 비난을 제외하고 매카시를 상대로 어떤 것도 출판할 필요가 없다고 생각한 이후에 그랬습니다. 형용사 '무책임한'과 관련하여 흥미로운 일은 이렇습니다. 이 표현은 그들이 매카시를 묘사할 때 유일하게 사용한 것입니다. 그러므로 매카시와 아인슈타인은 똑같이 무책임합니다. 저는 아인슈타인의 정치적 발언을 크게 생각해 본 적이 없지만, 이번에는 그가 옳습니다. 그가 비록 틀렸더라도, 그는 이런 구성원으로부터 공격을 받을 수 없습니다. 이 사람들은 그렇게 많은 잘못에 직면해 침묵을 지키기에, 이들이 조금만 더 지나쳐도 아무런 차이가 없을 것입니다. 그러나 이번에는 그들이 순식간에 자리를 잡았습니다. 매카시는 아인슈타인이 나쁜 미국인이거나 전혀 미국인이 아니거나 그런 존재라고 동시에 공표했습니다. 저는 이 모든 것을 넘겨주고 있습니다. 당신에게 이 곳의 최근 사정을 알려주고 싶기 때문입니다. 같은 이유로 저는 작년부터 저에게 보낸 그들의 출판물을 모두 가지고 있습니다. 차마 입에 담을 수 없

---

37 『뉴욕 타임스』는 1953년 6월 12일 「증언을 거부하고자」 아인슈타인은 회의에 소환된 지식인들에게 조언한다」라는 제목의 기사를 실었다. 알베르트 아인슈타인이 1953년 5월 16일 윌리엄 프라우엔글라스에게 보낸 편지는 이 기사에서 인용되었다. 브루클린고등학교 교사인 프라우엔글라스는 비미활동위원회에서 심문을 받은 이후 "동매주의자들의 새로운 공격을 저지하기 위해 미국 교사들과 대규모 공중의 의지를 강화하는" 공개적인 성명을 제기하도록 아인슈타인에게 요청했다. 아인슈타인은 앞에서 인용한 편지에서 다음과 같이 응답했다. 즉 "의회조사위원회에 소환된 모든 지식인은 증언을 거부해야 하며 감옥과 경제적 파멸에 대비해야, 간단히 말해 나라의 복지를 위해 자신의 개인적 복지를 희생시켜야 한다." 이 편지의 공개는 전 세계적인 관심을 끌었다.
38 아인슈타인에 대한 공격은 문화자유회의 미국위원회의 성명서로 배포되었다. 이 성명서는 또한 문화자유회의 미국위원회 회원의 이름뿐만 아니라 국제위원회의 이름이 포함된 공식적인 편지로 인쇄되어, 날짜 미상의 소식으로 발송되었으며, 이로 인해 유럽의 회원들이 이 성명서에 동의한다는 가능한 오해를 초래하였다.

을 정도로 한심합니다.

 이미 도착한 『라헬 파른하겐』에 감사드립니다. 저는 지금 이것을 볼 수도 없고, 하물며 출판을 위해 아무것도 준비하지 않습니다. 그녀는 너무 오랫동안 낮의 빛을 보지 못해서 몇십 년이 지나도 아무런 차이가 없을 것입니다. 아마도 제 인생의 다른 시기에 이것에 더 끌리게 될 것입니다.

여느 때와 같이
한나 올림

편지 146 **야스퍼스가 아렌트에게**

바젤, 1953년 8월 25일

친애하는 한나!

 7월 13일자 당신의 편지에 매우 감사하오. 편지는 생모리츠에 있는 우리에게 도착했다오. 작년 생모리츠에서 함께 했던 시간에 대한 기억이 가끔 되살아났지만, 오늘까지도 답장을 보내지 못하여 미안하오. 발츠 부인은 다시 그곳에 있었소. 그래서 나는 이제 당신에게 편지를 쓰고 있소. 용서할 수 없는 태만!

 내가 편지를 쓰는 이유는 며칠 전에 쉴프로부터 당신의 기고문[39]을 받았기 때문이오. 대단히 기쁘게 이 기고문을 읽었고 이것이 상상했던 것보다 훨씬 더 좋다는 것을 알았소. 나는 다만 고귀한 방식으로 내 생각을 알리는 과정에서 당신의 생각으로 나를 은혜롭게 한다는 것만 빼면 전혀 반대하지 않네요. 그러므로 나는 현재의 내 모습보다 더 멋진 모습으로 나온다오. 이 에세이가 쉴프의 책에 실리게 되어 기쁘오. 현재까지 22편의 논문이 있다

---

39 편지 113의 각주 465를 참조할 것. 다음은 독일어 번역본이다. Hannah Arendt, "Karl Jaspers: Bürger der Welt," in *Karl Jaspers*, ed., P. A. Schilpp(Stuttgart, 1957): 532-543.

오. 나는 지금 이것들을 한 번에 읽고 이것들에 응답해야 하오.⁴⁰ 그건 쉽지 않구려. 당신이 여기 있다면, 나는 당신과 함께 장시간 이 문제를 논의했을 것이오. 이렇게 많은 사람 — 모두 매우 지적이면서도 뚜렷이 다른 사람들 — 이 어떻게 내 저작을 마주하고 처음에는 완전히 다른 지적인 방면에서 나오는 소리의 혼동인 것 같지만 나중에는 결국에 통합된 모습으로 함께 나오는가를 확인하는 것은 흥미롭다오. 많은 기고문에도 불구하고, 나는 보고하고 싶었던 일부를 빠뜨리고 있다고 느끼며, 또한 나에게 쓸모없다는 인상을 주는 것을 많이 확인하오. 그러나 나는 대체로 만족하고 자극을 받았네요 — 다소간 불쾌했다면, 나는 세미나 때처럼이라고 말했을 것이오. 나에게 완전한 기쁨을 준 당신의 에세이와 같은 몇 편의 에세이가 있다오.

나는 생모리츠에서 철학 교육 과정 이력을 썼다오.⁴¹ 당신이 이것도 읽었으면 좋겠는데, 시간이 없구려. 문제는 내가 올바른 접근법을 택했느냐 하는 것이오. 내가 쓴 글은 인생에서 일부 개개인의 사유가 내 생각에 직접 관계가 있는 정도로 개인적인 만남에서 생긴 것이오. 루드비히 쿠르티우스와 알프레드 베버는 전혀 나타나지 않지만, 리케르트,⁴² 하이데거,⁴³ 에른스트 마이어는 나타나며, 막스 베버는 반복하여 나타난다오. 나도 당신에 관해 쓸 수 있게 허락한 몇 마디에 대해 당신의 판단을 듣고 싶소. 그러나 그것은 할 수 없구려. 쉴프가 9월에 원고를 받으러 직접 나에게 올 것이기 때문이오.

당신은 불트만에 대해 썼구려. 나는 응답에 대응할 기회가 있다면 불트만의 성격을 좀 더 긍정적으로 생각할 것이오. 당신은 그것과 관련하여 전

---

40 쉴프가 편집한 책의 마지막 부분에서 야스퍼스는 이 책에 수록된 24편의 논문에 모두 응답했다.
41 「철학적 자서전」은 쉴프가 편집한 책에서 제1장으로 배치되었다.
42 하인리히 리케르트(Heinrich Rickert, 1863~1936)는 철학자이며 남서독일학파의 주요 대변인이었고 하이델베르크대학교에서 야스퍼스의 동료이며 대척자였다.
43 하이데거에 관한 장은 야스퍼스 생애 중에 「야스퍼스 자서전」의 인쇄본에 전혀 수록되지 않았다. 이것은 『철학적 자서전』의 수정 증보 제2판 92-111쪽에 처음 수록되었다.

적으로 옳소. 학문으로서 신학에 대한 당신의 정의는 지나치게 단순하오. 나는 이것이 학문에 적절하지 않다는 점을 우려하오. 아우구스티누스가 신학자가 아니라는 주장에는 매우 동의하오. 그러나 누가 첫 번째 신학자였는지?

나는 남편이 바드대학에서 대단히 성공했다는 소식을 들어 행복했다오. 나는 1년 전[44] 그의 장문의 편지에서 그가 진행하고 있는 것에 대한 모호한 생각만을 가지고 있다오. 그것이 어떤 구체적인 형태를 띠고 있는가를 상상할 수 없구려. 그것이 진행되고 있다는 점은 분명하구려. 나는 계속 성공하기를 바라오.

당신이 후크와 카운츠가 아인슈타인과 관련하여 『뉴욕 타임스』에 보낸 편지에 관해 쓰는 것은 끔찍하오. 당신은 그 편지 복사본을 지니고 있는지? 나는 아마도 이것을 여기 유럽 문화자유회의에서 일을 조금 자극하고 그다음에 무슨 일이 전개되는지 보는 데 이것을 사용할 수 있을 것 같소.

두 사람에게 따뜻한 안부를 전하며 또한 아내의 안부를 전하오.

야스퍼스

편지 147 **야스퍼스가 아렌트에게**

바젤, 1953년 9월 15일

친애하는 한나!

쉴프가 지난주 나를 방문했다오. 우리는 그가 출판을 준비하고 있는 책의 전반적인 상황을 논의했소. 이제 23편의 논문이 있다오. 내 자서전은 완성되었다오(쉴프는 이것을 읽고 기뻐했소 — 그는 소년답게 순진하고 낯짝이 두꺼운 사람이오.) 나는 비판자들에 대한 답변으로 매일 글을 쓰고 있소. 에세이들을 모두

---

[44] 1952년 11월 16일자 편지.

읽었소 — 이제 당신은 물론 내가 글을 쓰는 이유가 무엇인가에 대해 의아할 것이며, 내가 다른 요청을 제안할 것으로 기대할 것이오. 그러나 그게 당신에게 조금이라도 불편하다면, 제발 주저하지 말고 거절하구려.

쉴프는 자신이 내 자서전과 답변을 영어로 번역할 것이오. 자서전은 타자 용지로 140쪽 분량이오. 나는 답변이 훨씬 짧지 않을까 걱정하오. 번역이 완성되었을 때, 나는 당신이 그 번역문을 검토할 것이지 질문하오. 이것은 물론 당신에게 다시 귀찮은 부담이오. 번역이 탐탁지 않으면, 당신은 다른 번역자를 참여시켜야 한다고 빨리 결정할 수 있소. (당신은 아마도 프리츠 카우프만[45]을 제안할 수 있다오.) 또는 번역이 허용 가능하다면, 당신의 관점에서 약간의 수정만 필요할 것이오. 이것은 정치적이든 개인적이든 어떤 이유에서든 한 구절이나 다른 구절을 생략하는 것이 적절하다고 생각할 수 있다는 점에서 나에게 추가적인 이점이 있을 것이오. 이런 성격의 변화는 물론 쉴프 없이 우리 사이에서만 합의될 수 있소. 나는 하이데거와 관련한 장이 당신의 비판적인 시선을 받게 되기를 간절히 바라오. 쉴프는 이번 겨울 어느 때까지, 처음에는 이것, 다음에는 다른 것, 아마도 1월 전까지는 번역을 마치지 못할 것이오. 당신이 번역할 의향이 있고 번역하고 싶다면 — 그 마지막 조건은 전적으로 본질적이라오 — 편지를 보내구려. 나는 쉴프에게 말을 전달할 것이오.

얼마 전에 당신의 휴가지 주소로 몇 줄 적은 편지를 보냈소. 당신이 이제 집으로 돌아왔다고 추정하오.

따뜻한 안부를 당신과 남편에게 보내며, 아내의 안부도 전하오.

야스퍼스

---

[45] 프리츠 카우프만(Fritz Kaufmann, 1891~1958)은 브라이스가우에 있는 프라이부르크대학교에서 유대인 객원 강사였으며 1933년 그 지위에서 면직되었다. 그는 버펄로대학교에서 교수가 되었고 은퇴 후에 취리히로 이주했다.

편지 148 아렌트가 야스퍼스에게

1953년 9월 21일

친애하고 존경하는 분께—

물론 대단히 기쁩니다! 특별히 하이데거와 관련한 장을 보고 싶습니다. 제가 달리 프리츠 카우프만을 많이 생각하지 않더라도, 그는 확실히 탁월한 번역자일 것입니다. 제가 알지 못하는 쉴프는 아주 당연하게 저를 계속 재촉하며 원고를 제출하라고 생각나게 하였습니다. 그런데 이상하게도 그는 그것을 받은 것조차 알리지 않았습니다.

저는 당신의 휴가 편지에 대한 감사의 마음을 전하는 데 조금 늦었습니다.[46] 저는 당신과 다시 이야기를 아주 많이 나누고 싶으며, 특히 이런 순간에는 사람들은 빈약한 대체 편지가 무엇인가를 느낍니다. 쉴프 책은 얼마나 걸릴까요? 그리고 기고한 사람들은 모두 누구인가요? 당신이 에세이들 가운데 일부가 쓸모없다는 것을 안다면, 그것들을 제외하는 것은 가능하지 않은지요? 좋은 자료는 과도한 짐으로 가려질 수 있습니다. 그러나 쉴프는 아마도 그것에 동의하지 않을 것입니다.

여기에서 새로운 일은 일어나지 않았습니다. 아인슈타인에 대한 문화자유회의 거부 내용을 보내드립니다.[47] 제가 아인슈타인 편지를 지니지 않은 것은 유감입니다.[48]

당신은 레나토 데 로사[49]가 여기에 나타났다는 것을 분명히 알지요. 처음에 그는 유별나게 '불행했습니다.' 이제 일은 약간 호전된 것 같습니다. 저

---

[46] 편지 146.
[47] 편지 145의 각주 38에서 인용된 문화자유회의 미국위원회에서 공개한 날짜 미상의 소식.
[48] 편지 145의 각주 37을 참조할 것.
[49] 레나토 데 로사(Renato de Rosa, 1921년 출생)는 나폴리와 하이델베르크에서 역사와 철학을 연구했고 1945년 이후 하이델베르크에서 의학을 연구하였다. 그는 의사 자격을 지녔다. 그는 1940~1941년 겨울부터 야스퍼스 부부의 가까운 친구였다.

는 그를 위해 최선을 다했고 그에게 매우 매력적이고 아름다운 미국 친구[50]를 소개했습니다. 우리는 여러 해 좋은 우정을 유지하는 동안 그에게 독일어를 가르쳤습니다. 저는 그를 좋아하지만 제가 그에게 공감하는 나폴리에서의 그의 문제[51]가 독일이나 미국에서 좋은 해결책을 찾지 못할 것을 두려워합니다.

저는 지난 몇 달 동안 이곳에서 출판한 몇 편의 에세이[52]를 개별 표지 아래 당신에게 보낼 것입니다. 어떤 의무감도 느끼지 않고, 시간이 나는 대로 그것들을 읽으세요. 이들 가운데 하나는 논문집에 실은 제 기고문의 영어판(증보판)입니다.[53]

하인리히는 이미 학기를 시작했고, 저는 다시 생과부 생활을 하고 있습니다. 우리는 모두 좋습니다. 멋진 휴가를 보냈습니다. 저는 프린스턴대학교에서 강의를 준비하고 있습니다. 이 강의는 10월에 시작하여 이후 이곳 뉴욕대학교에서 두 번 더 진행될 것입니다.[54]

두 분 모두에게 따뜻한 인사를 전합니다.

한나 올림

---

50 로즈 페이텔슨(Rose Feitelson, 1914년 출생)은 1941년 아렌트와 하인리히가 미국에 도착한 이후 그들의 친구가 되었다. 그녀는 작가이며 미국 유대인위원회의 편집자였다. 편지 226을 참조할 것.

51 의학 연구를 마친 후(야스퍼스는 그러는 동안 바젤로 이사했다) 아렌트에게 언급했듯이 가장 현실적인 형태로 시내에서 '이해심리학'을 연구하기 위해 나폴리로 돌아가고 싶었다. 그러나 그는 독일 자격증을 이탈리아에서 인정하지 않았기에 독일에 체류했다.

52 아렌트가 어떤 에세이를 보냈는지는 확인할 수 없다. 각주 53에서 언급된 에세이와 별도로, 「종교와 정치」(편지 145의 각주 31 참조)는 확실히 이것들에 포함된다.

53 Hannah Arendt, "Ideology and Terror: A Novel Form of Government," *The Review of Politics* 15, no. 3(July 1953): 303-327. 독일어 축약본을 위해서는 편지 141의 각주 2를 참조할 것.

54 아렌트는 프린스턴대학교 크리스티안 가우스 세미나에서 「카를 마르크스와 정치사상의 전통」이란 주제로 강의했다. 이 강의와 뉴욕대학교에서 강의한 내용은 그의 저서 『인간의 조건』(1958)에 포함되어 있다. 편지 169의 각주 122를 참조할 것.

편지 149   야스퍼스가 아렌트에게

바젤, 1953년 9월 25일

친애하는 아렌트!

　당신의 편지와 흔쾌한 지원 의향에 매우 감사하오. 나는 쉴프가 먼저 번역을 마치면 내 독일어 원본과 함께 그것을 당신에게 보내라고 지금 쉴프 씨에게 편지를 쓸 것이오. 쉴프는 실제로 이상한 친구라오. 나는 그를 알게 될 며칠의 시간이 있었소. 그는 제1차 세계대전 이전에 선교사가 되기 위해 소년 때 이주했다오. 그는 미국에서 신학을 연구했고, 감리교 목사였으며, 이제 철학 교수라오. 그의 기질은 젊은이다운 열정, 자유주의적 소박성, 무신경과 좋지 못한 몸가짐을 혼합적으로 보인다오. 이 모든 것에도 불구하고, 그는 나에게 점잖은 사람이라는 인상을 주었소. 그가 당신의 원고를 받은 사실조차 인정하지 않았다는 점은 불미스러우나 늘 하는 그의 방식이오. 나는 이것을 그에게 통보했소.

　내가 보기에, 이렇게 두꺼운 책들(평균 900쪽이고, 내 책은 1,000쪽을 초과하지 않음)을 출판하려는 그의 노고는 칭찬할 만하오. 그가 이것에 대해 공개적으로 말했다고 하더라도, 작업의 종료는 나에게 전혀 확실하지 않소. 나는 모든 사항을 조사하고 싶지 않소. 어쨌든, 그는 엄청난 양의 관련 작업으로 자신에게 적절하게 보상할 수 있는 어떤 것도 아직 벌지 못했소. 어떤 기고자들도 사례비를 받지 않는다오. 그는 최근 전집의 판매에 훨씬 더 만족감을 느낀다오. 능력 있는 광고 부서를 가진 출판사가 이것을 인수했기 때문이오. 독일어판 출간과 관련한 콜하머와 그의 계약은 사례금을 규정하고 있소. 그는 원본 계약서를 기꺼이 보여주었소. 나는 또한 기고자들과 함께 그 사례금의 반을 받아야 한다고 생각했소. 그런데 그는 나에게 모든 어려움을 설명해 주었다오. 나는 당신에게 이를 자세히 얘기하지 않을 것이오. 대체로, 나는 이런 책들의 출판과 관련되는 실제적인 노력의 입장에서 누구든 사례금에 대한 어떤 요구도 포기해야 한다는 결론에 도달했다오. 만약 누군가가 이 책들을 통해 조금이라도 이득을 본다면, 그것은 출판사일 수 있소. 미국에서는 이런 기고를 무상으로 제공하는 것이 관례인 것 같지만, 바로 여기에서는 뭔가 옳지 않은 것이 있다오. — 나는 독일어판에 대해 당신에게 편지를 쓴 적이 없다고 믿고 있소. 아인슈타인 책은 첫 번째이면 좋겠소.[55] 내 책이 언제 출간될지는 아직 확정되지 않았다오. 상대적으로 말하면, 내 책의 출간은 좀 더 수월할 것이오. 일부 논문은 이미 독일어로 이용 가능하며, 그래서 번역 비용은 더 적을 것이기 때문이오. 그러나 그 모든 것이 실현되기 전에 상당한 시간이 걸릴 것이오.

당신은 기고자들이 누구이며 책을 어떻게 구성하는가에 대해 질문했지요. 미국의 기고자들은 콜린스, 얼, 쿠르트 호프만이며, 또한 이민자 미국인들은 마나세, 월터 카우프만, 프리츠 카우프만, 르페브르, 골로 만, 헬무트 레더라오. 독일의 기고자들은 라첼, 티센, 콜레, 요하네스 파이퍼, 에두아르트 바움가르텐, 게르하르트 크나우스라오. 바젤에서는 쿤츠, 제네바에서는 쟌느 헤르쉬라오. 이스라엘에서는 율리우스 레벤슈타인이오. 코펜하겐에서는 홀름이 참여한다오. 더블린에서는 헤니그이고, 남아프리카에서는 리히티히겔트가 참여하오.[56] 언급된 주제들은 기본 개념, 과학과의 관계, 포월, 한계상황, 소통, 좌절, 악이라오. 그리고 막스 베버 및 성서와 나의 관계, 키르케고르에 대한 나의 견해라오. 정신병리학·심리학·인간학 (실존에 대한 나의 조명은 인간학으로 한정된다오)에 관한 주제라오. 역사와의 관계, 전통의 의미, 자유, 종교적 믿음과의 관계, 예술과 문학에 관한 주제라오. — 이것은 틀림없이 당신에게 거대한 스튜라는 인상을 줄 것이오. 오늘 집필에 방금 끝맺음한 내 반응은 적어도 일종의 분류와 배열을 시도하고 있

55　*Albert Einstein als Philosoph und Naturforscher*, ed. Paul A. Schilpp, Philosophen des 20. Jahrhunderts series(Stuttgart, n.d.)
56　폴 리쾨르와 장 왈의 이름은 이 명단에서 빠지고 있다.

소. 나는 이 반응이 어느 정도 실질적인 기쁨을 주었다고 인정하오. 나는 세미나 토론에서 하듯이 이 작업을 추진하는 데 열중했다오. 누구나 쉽게 모든 것을 '자만심이야!'라고 말할 수 있소. 그러나 누구든 더 많은 독자층에 도달하고 싶다면 그것을 참아야 하오. 내가 전적으로 오류를 범하지 않는다면, 이와 같은 책은 이 철학 전반이 생소하고 비미국적이라고 하더라도 미국의 여기저기에 있는 소수의 사람을 주목하게 할 수 있소. 나는 본토박이 미국인들이 쓴 논평에서 그것을 볼 수 있소. 이들의 논평은 형식에서 훌륭하지만, 주제에 대해 전혀 이해하지 못하고 있다오.

아인슈타인에 반대하는 발언에 감사하오.[57] 나는 이에 대해 좀 더 생각해보아야겠소.

나는 당신의 출판물을 매우 기대하오. 프린스턴대학교에서 강의가 잘 되길 바라오.

레나토에 관한 당신의 짧은 언급은 놀랄 정도로 예리하오. 나는 마음의 눈으로 그가 당신의 아파트에 앉아 있는 것을 볼 수 있소. 그를 대단히 비판했던 아내와 나는 이 오랜 세월 동안 그를 무척이나 좋아했다오.

아내와 함께 당신 남편의 일에 따뜻한 인사와 행운을 비오.

야스퍼스

나는 소파에 누워서 간단히 받아쓸 수 있기에, 이제 편지를 빠르게 쓸 수 있소. 나는 속기를 잘 아는 조교[58]가 있다오. 그 대신에 내 편지는 규율이 없고 다소간 형태가 없구려. 양해 바라오! 전혀 그렇지 않다는 것보다는 나은 것 같소.

자서전에서 하이데거에 관한 부분은 모두 빼버릴 것이오. 여기에서 전기

---

57 편지 145의 각주 38을 참조할 것.
58 게르하르트 후버(Gerhard Huber, 1923년 출생)는 1952~1956년 야스퍼스의 조교였고, 1956년부터 취리히 연방공과대학교의 철학 및 교육학 교수였다.

적으로만 말할 수 없을 뿐만 아니라 실체에 대해 비판적으로 토론해야 할 것 같구려. 현재 이것을 할 수 없구려. 시간이 없소. 나는 우선 하이데거의 저작 전체를 읽어야 할 것이오. 그래서 당분간 침묵을 지킬 것이오.

편지 150 | 아렌트가 야스퍼스에게

뉴욕, 1953년 11월 15일

친애하고 존경하는 분께―

저는 오랫동안 당신의 좋고 긴 편지에 답장하지 못했습니다. 프린스턴대학교 강의에 몰두했기에 다른 일에 주목하고 싶지 않았기 때문입니다. 그런 일은 제가 그럴 때 경험하는 완전히 비이성적인 극심한 두려움과 관련이 있습니다. 그리고 그런 두려움은 제가 성공할 때 이상하게도 더욱 심해지지만, 청중에 도달하지 못한다는 것을 일단 깨달으면 전적으로 사라집니다. 이후 완전히 평온하고 합리적으로 됩니다. 그러나 반대의 경우에 … 현재 저는 이곳 뉴욕에 있는 뉴욕대학교에서 두 차례 더 강의하고, 11월 초에 하버드대학교에서 한 차례 강의하며, 이후에는 그만둘 것입니다.

저는 프린스턴대학교 강의가 관습적 의미의 성공이라고 말할 수 있을 것 같습니다. 저는 정치영역에서 실제 진행되는 것을 보이려고 노력했고, 하나의 모델로서 정부 형태에 대한 정의定義를 사용하면서 설명한 개념의 전통적 정의가 어느 정도 부적절한가를 보이려고 노력했습니다. 모두 매우 잠정적이지만, 저는 어쨌든 약간의 진전이 있었습니다. ― 저를 맹렬하게 비판한 월터 카우프만[59]을 알게 되었습니다 ― 이것은 그의 완벽한 권리였습니다. 당신은 그에 대해 어떻게 생각하는지요? 제 생각을 확신할 수 없습

---

59 편지 111의 각주 457을 참조할 것.

니다. 그는 그곳에서 별로 좋아하지 않습니다(제발 이것을 완전히 마음에 담아 두세요!). 그는 마지막 말을 하는데 매우 열심인 토론 방식, 즉 독일인과 독일계 유대인의 토론 방식을 가지고 있기 때문입니다. 그는 매우 재능 있지만, 한계가 있고 심원하지 않으며, 무엇보다도 너무 야심적이라는 인상을 저에게 줍니다.

쉴프는 저에게 장문의 편지를 보냈습니다. 그의 편지는 틀림없이 분실되었습니다. 이곳의 우편제도 상태를 고려할 때, 그럴 가능성이 큽니다. 현재 저는 전기傳記와 기고자들에 대한 당신의 반응이 궁금합니다. 출판 기획의 업무적 측면은 순조로운 것 같습니다. 그는 돈을 벌고자 이 기획을 추진하고 있지 않습니다. 돈벌이는 그가 이 기획을 수행하는 이유가 전혀 될 수 없습니다. 여기서는 일이 이렇게 진행됩니다. 즉 누구든 대학에서 성공하기 위해, 즉 조교수에서 정교수로 승진하기 위해서 출판해야 합니다. 이러한 출판의 의무는 백일몽과 같이 이곳의 모든 사람을 압박합니다. 대학의 학술지는 심지어 저자도 믿지 않는 허튼소리로 가득 차 있지만, 이것은 그의 성공에 필요합니다. 이런 학술지들은 동전 한 푼도 지급하지 않으며, 이들 논문 가운데 일부만이 읽힙니다. 한 가지 방법은 편집자가 되어 다른 사람들이 직접 책을 쓰는 대신에 당신을 위해 쓰도록 하는 것입니다. 따라서 사람들은 저자로서 카드 색인 목록에 나타나는 것입니다. 그 책은 편집자의 이름 아래 기록됩니다 — 사람들은 단지 사항색인으로만 나타나며, 우리 기고자들은 전혀 나타나지 않습니다. 이것은 일반적인 관행이기에 사기는 아닙니다. 물론 전체 총서의 편집자가 되는 것은 더 좋습니다. 사람들은 책을 한 권씩 출판하지만 한 권도 집필하지 않습니다. 이런 학문 분위기에서 살며 이러한 일에 익숙한 기고자들은 사례금도 받지 않습니다. (이 모든 것은 제가 의도한 것보다 훨씬 더 풍자적인 것 같습니다. 사정은 이러합니다. 만약 이것이 세계나 정돈되지 않은 대학 세계의 유일한 일이었다면, 이것은 여전히 모든 가능한 세계에서 가장 좋은 세계일 것입니다.) 저는 독일어판에 대해 전혀 모릅니다. 제가 이윽고 알았다면, 저는 독일어로 집필하고 쉴프 씨에게 번역하게 했을 것입니다. 미국인들의 아둔함. 물론 그 아둔함은 이런 공식적 분위기에서 다른 어느 곳보다도 더 큽니다. 저는 다른 기고자들을 모릅니다. 제 생각에, 쿠르트 호프만[60]은 독일인입니다. 저는 그가 누구인가를 알고 있다고 생각하지만 확실하지는 않습니다.

저는 편지로 레나토에 관한 내용을 쓰고 싶었지만 이제 늦은 저녁이며, 제가 말하고자 하는 것을 더 이상 기억할 수 없습니다. 어쨌든, 우리는 그를 점점 더 좋아하게 됩니다. 그리고 저는 어쨌든 사모님이 그에게 너무 비판적이지 않기를 간청합니다. "고모 게르트루트"는 그의 삶에서 주요한 인물이기 때문입니다. 그가 수많은 이유로 존경할 수 있는 여성들에게 보낼 수 있는 최대의 찬사는 그들이 그를 "고모 게르트루트"로 기억하고 있다는 점입니다. 이 젊은 사람은 명예가 무엇인가를 알고 있으며, 이것은 제가 알고 있는 사람들 다수를 위해 말할 수 있는 것보다 상당히 더 큽니다.

오늘 저는 정치에 관해 쓰고 싶지 않습니다. 당신은 우리가 여기에서 경험하는 것과 마찬가지로 사실을 확실히 알 것이며, 아마도 우리가 경험하는 것보다 더 잘 알 것입니다. 민주당이 정신을 차리고 본질적인 문제가 현재 선거나 다음 선거에서 경제 관계나 계급 관계가 아니라는 것을 이해할 가능성이 있습니다. 그것이 발생할 가능성은 크지 않으나 어느 정도 있습니다. 불행하게도, 모든 사람 중에서 스티븐슨은 이 점에 있어서 절망적으로 둔감합니다. 제가 오해하지 않았다면, 여기에서는 투표자들이 모든 것을 결정할 것입니다. 누구도 투표자가 투표소에서 어떻게 투표할 것인가를 사전에 말할 수 없습니다. 모든 갤럽 여론조사에도 불구하고 그렇습니다. 정확히 모든 사람이 너무 겁을 먹어서 아무도 더 이상 감히 공개적으로 말할 수 없기에, 많은 사람이 투표소에서 반대 방향으로 가는 것은 가능합니

---

[60] 쿠르트 호프만(Kurt Hofman, 1922년 빈에서 출생)은 1949~1953년 미국 국무부에서 근무했다. 그는 이후 언론인이며 뮌헨대학교에서 미국 문학 및 역사 담당 강사였으며, 바이에른 방송국 부장이었다. 야스퍼스는 1945년 이후 그를 알았다.

다 — 그리고 여기에서 투표는 비밀입니다! 우리는 관망해야 할 것입니다.

저는 소파에서 편지 쓰는 당신을 돌보는 조교가 있어서 기쁩니다. 그것은 그렇게 큰 도움이 되는군요. 당신이 손으로 직접 편지를 써야 한다고 생각하지 마세요. 늙어감의 가장 큰 이점 가운데 하나는 누구나 안락할 전통적인 권리를 최종적으로 획득한다는 점입니다. 저는 젊은이들을 다뤄야 할 때마다 이런 권리를 이미 이용하기 시작했으며, 그들에게 나의 백발을 의식하게 하는데 대단히 기쁩니다. 당신이 안락함에서 그렇게 할 수 있다면, 두 분이 어떠한지 곧 저에게 알려주세요! 저는 이 편지가 우리 모두 좋다는 것을 당신에게 명백히 밝혀주기를 바랍니다. 하인리히는 매우 바쁘고 항상 좀 더 과로하지만, 이것이 지금까지 그를 괴롭히지는 않습니다. 그는 재미있습니다. 그가 뉴스쿨에서 두 시간 강의와 세미나를 포기한다면, 그는 일을 더 쉽게 할 수 있을 것입니다. 그런데 그는 그것을 원하지 않습니다.

우리 모두의 안부를 전하며
한나 올림

편지 151 **야스퍼스가 아렌트에게**

바젤, 1953년 11월 27일

친애하는 한나!

11월 15일자 편지에 매우 감사하오. 나는 당신에게서 소식을 듣지 못해 걱정하여 편지를 막 쓰려고 했소. 이제 당신이 프린스턴대학교의 강의에 성공했고, 연구하고 진전을 보이며 즐기고 있다는 소식을 들으니 기쁘오. 당신의 발췌 인쇄본[61]도 어제 도착했다오. 그들 가운데 일부를 읽었소. 나는 광신에 대한 당신의 우려를 느낄 때마다 항상 당신과 함께 갈 것이오.

---

61 편지 148의 각주 52와 53을 참조할 것.

그러나 아직 아무 말도 할 수 없구려. 우선은 이 에세이들을 읽는 것을 미루어야 하오. 강의 준비[62]와 글쓰기는 나를 완전히 사로잡고 있다오. 나는 세심한 예방 정비로 계속 작동하는 기계와 같이 나 자신을 취급하고 있소. 그것은 작동하고 있다오. 아내가 현기증과 다른 노년의 쇠약으로 어려움을 겪고 내가 통상 불편거리가 있다고 하더라도, 누구나 아내와 내가 건강이 좋다고 말할 수 있었다오. 그러나 아내의 영혼은 그 어느 **때보다도** 생기가 넘치오.

나는 쉴프가 따라붙은 미국의 학문적 진보 체계에 대한 당신의 유쾌한 묘사를 읽는 것이 즐겁구려. 결국, 당신은 나도 공유하는 의견, 이런 종류의 계획이 의미 있고 우리가 그 저자 덕택에 보답의 빚을 지고 있다는 의견에 동의하는 것 같소.

월터 카우프만은 바젤에 있는 이곳의 우리를 한번 방문했소. 이후 나는 또한 니체에 관한 그의 저서[63]에서 언급된 일부 단락과 나의 니체 해석[64]과 반대되는 그의 에세이 — 쉴프의 저작에 포함된 — 를 정확히 알고 있소. 나는 「답변」 뒷부분에서 카우프만과 바움가르텐[65]을 언급하면서 카우프만을 완전히 진지하게 고려하지 않았다오. 나는 거의 전적으로 유머와 가볍고 아이러니한 감각도 갖고 있지 않기 때문에, 내 반응의 예리함은 약간 기분을 상하게 할까 걱정되오. 당신은 추정하건대 이 원본을 볼 기회를 가질 것이며, 자신에게 과도하게 혹독하다는 인상을 주는 무엇이든 삭제할 수 있소. 사람들은 이 두 경량급을 그들이 마땅히 받아야 할 것보다 더 중요하게 허용해서는 안 되오. 월터 카우프만은 놀라운 기억력을 가지고 있으며

---

62   1953~1954년 겨울학기에 「위대한 철학자 제2부」라는 주제로 매주 3시간씩 강의를 했다.
63   Walter Kaumann, *Nietzsche: Philosoper, Psychologist, Antichrist*(Princeton, NJ, 1950).
64   Walter Kaumann, "Jaspers' Bezieung zu Nietzsche," in *Karl Jaspers*, 400-429.
65   에두아르트 바움가르텐(Eduard Baumgarten, 1898년 출생)은 철학자이며 사회학자이고 전후에 슈투트가르트 · 만하임 · 프라이부르크에서 사회학을 강의하였다. 그는 1920년대 초반부터 야스퍼스와 논쟁적인 우정을 유지했다.

무엇이든 읽었다오. 그에 대한 당신의 묘사는 그에 대한 나의 견해와 완벽히 부합되오. 비판서 이전 칸트의 저작은 그를 위대한 철학자로 만들었소. 그 시기에 칸트는 유럽인이고 계몽된 사람이었기 때문이오. 『순수이성비판』 이후 칸트는 독일의 옆길을 배회하기 시작했소. 그것은 카우프만이 철학에 대해 얼마나 적게 이해하고 있는가를 보여준다오. 그의 경우 나는 물론 독일인이었고 계몽주의에 한 발만 걸치고 있는 비유럽인이고, 그래서 대단히 의심스러운 인물이라오. 그 어떤 것도 그가 나에게 프린스턴대학교에 오라는 친절한 초대를 방해하지 않았소.[66] 나는 이제 그가 그것을 다시 할지 의심하오.

아내와 나는 당신과 남편이 레나토를 좋아한다는 말을 듣고 매우 기뻤소. 당신은 레나토가 명예가 무엇인가를 알고 있다고 말했지요. 이때 당신은 정곡을 찔렀소. 그에 대한 내 아내의 비판은 그에 대한 아내의 애착을 표현한 것일 뿐이오. 레나토는 얼마 전에 여기에 다시 왔소. 그는 이번에 고모 게르트루트에 기뻐 날뛰었다오. 게르트루트는 전혀 비판하지 않고 그의 모든 문제에 관심만을 보였기 때문이오. 그는 쉽지 않다오. 그와 같은 사람은 정상적인 독일인에서 시기와 질투를 불러일으키며, 그에게 참혹한 실질적 결과를 초래한다오. 그는 사회적으로 정상적인 삶을 살 준비가 전혀 되어 있지 않소. 그는 고대 그리스에서 바로 온 것 같소. 그는 이교도인 만큼 인간적이고 어떤 바보 같은 사소한 일에도 목숨을 팔기를 거부한다오. 그래서 그는 의미 없이 모험가가 되었소. 그의 재능은 대단하기에, 시험과 같은 외적 장애는 그에게는 어린이의 유희라오. 그는 온갖 명민함, 지속적인 활동, 지속적인 탐색과 걱정에도 불구하고 기본적으로 게으르다오. 그는 어떤 실질적인 성취에 필요한 집요함이 없소. 반대로, 그것은 비공감적인 특성은 아니오. 그러나 그것이 결국 그에게 어떤 대가를 치르게 될지 보는 것은 고통스럽소.

---

66 편지 111과 112를 참조할 것.

당신의 남편은 무리하게 일해서는 안 되오. 그런 면에서 그는 레나토의 정반대인 듯하오. 그는 너무 많은 일을 하면 지적인 가치를 지닌 모든 것이 나오는 성찰적 평온을 상실할 것이오. 미국에서 그것은 확실히 이곳에서보다 훨씬 더 큰 위험이라오. 빠른 일의 속도가 사람을 지치게 한다오. ― 당신은 정치에 대해 짧게 언급할 뿐이오. 유감스럽게도, 나는 스티븐슨에 관한 당신의 글, 즉 그가 차기 선거의 중심적인 주제에 관한 한 "절망적으로 둔감하다"는 내용을 이해하지 못했소. 나는 신문과 잡지를 충실하게 읽음에도 불구하고 아직도 미국에 대해 충분히 이해하지 못한다오. 당신은 선거의 중요 쟁점을 언급하고 있소. 그렇소. 그게 다라오. 그리고 우리는 이후 유리한 역사적 전제와 그 이면의 합리적 전통을 전제할 때 이 국민 다수가 감각적인 과정에 여전히 있기로 선택하리라는 것을 알 것이오. 그렇지 않다면, 결과는 상상할 수 없을 것이오. 상상력은 그들을 거의 이해하지 못한다오. 스티븐슨이 인기투표의 거의 절반을 얻었다는 사실은 유망한 징후라오. 당신이 세계 역사의 맥을 손으로 짚으며 그 모든 것의 한복판에 있다는 것은 얼마나 멋지오. 우리는 여기 바젤에서 마치 극장의 개인 관람석에서 보는 것처럼 세계 역사를 보고 있소. 나는 노년에 여기 앉아 있는 것에 완전히 만족하며 달리 그것을 원하지 않소. 그러나 우리는 참여자가 아니라 개인 관람석에 있는 구경꾼이라는 것을 잊지 말아야 하오.

남편에게 안부를 전해주오. 그의 일이 잘되기를 바란다오. 당신의 시간이 당신만의 시간이 되었으니 이제 무엇을 할 것이오? "높은 길"을 계속 분석할 것이오? 또 아내로부터 따뜻한 인사를 전하오.

야스퍼스

이제 당신의 허락을 받았으니, 나는 소파에서 안락하게 당신과 이야기를 나눌 수 있다오.

편지 152 　아렌트가 야스퍼스에게

뉴욕, 1953년 12월 31일

친애하고 존경하는 분께—

　카우프만과 레나토에 관한 당신의 편지는 저에게 많은 도움이 되었습니다. 항상 집에 온 것 같습니다 — 당신과 함께 어딘가에서 그것을 발견합니다. 이해하는 기준, 명료하며 수다와 관례와 놀랄 정도로 무관한 기준은 여전히 있습니다. 당신은 카우프만과 함께 저에게 실질적인 도움을 보여주었습니다. 저는 그를 어떻게 판단해야 하는지 완전히 몰랐습니다. 그가 언급한 것은 분위기에서 단호하고 독단적이며 지극히 불쾌했습니다. 저는 분명히 그를 화나게 했고, 그것으로 고통을 받지 않아야 한다고 느꼈습니다. 그는 저에게 자신의 에세이에 대해 언급했습니다. 당신의 이름이 프린스턴대학교의 토론에서 언급되었고, 저는 당신이 칸트의 정치적 입장을 더 많이 전달해야 한다고 말했기 때문입니다. 카우프만은 자신도 당신을 "칸트주의자"로 인식했다는 사실을 매우 자랑했습니다. 한 가지 오해가 있습니다. 카우프만이 아니라 프린스턴대학교 측이 당신을 초청했습니다 — 프린스턴대학교는 이 나라에서 무엇보다 우월감에 젖어 있는 대학교입니다. 카우프만은 여기에서 조교수일 뿐입니다. 그와는 반대로, 카우프만이 당신을 알고 편지를 쓸 수 있었다는 사실은 그의 자랑거리였습니다. 그들은 비공식적으로 누군가를 느낄 수 있도록 일을 그런 식으로 처리하도록 그대로 둡니다. 이게 다입니다! 이곳에서 당신의 존함은 잘 알려져 있습니다. 당신은 중요한 인물로 간주됩니다. 이것은 당신의 영어책 판매와는 아무 상관이 없습니다. 대학도서관은 책들을 모두 보유하고 있으며, 학생들은 당신의 책을 읽습니다. 그런데 하인리히는 『비극론 *Tragedy Is Not Enough*』[67]을 학생들

67　편지 83의 각주 323을 참조할 것.

에게 필수 도서 목록으로 삼았습니다.

하인리히는 지난 주말 이후 이제 두 달 동안 쉽니다. 그는 벌써 학기를 마치고 회복되었습니다. 이런 과로는 당분간 그를 괴롭히지 않을 것입니다. 그러나 누구든 여전히 조심해야 합니다. 그는 1월에 55살이 됩니다. 저는 두 강의를 담당했던 하버드대학교에서 돌아온 이후 아무것도 하지 않습니다. 그리고 내년 이전에는 아무것도 할 의도가 없습니다. 저는 어떤 것도 보고 싶지 않습니다. 하버드대학교 강의 가운데 하나는 사실상의 재앙이었습니다. 제가 수년 동안 화나게 했던 사회학자들은 마침내 격분하여 나와 싸움질했습니다. 정말 재미있었습니다. 저는 훌륭한 싸움에서 큰 기쁨을 얻었습니다. 이제 휴일은 많은 사람과 집안일로 우리에게 다가옵니다. 우리는 성대한 섣달 그믐날 송년회를 하고 있습니다. 그것은 도움 없이 쉽지 않지만, 우리는 해낼 것입니다. 따라서 우리는 적어도 모든 의무를 포기할 것입니다.

당신은 물론 아이젠하워가 어떻게 매카시 문제에서 다시 양보했는가를 보게 될 것입니다. 그건 예상했던 일이었습니다. 그러나 아이젠하워에 반대하여 자신의 외교정책을 지지하는 전보를 통해서 '대중'에 호소하려는 매카시의 시도 — 일종의 국민투표! — 는 실패했습니다. 이 정도 규모의 주민에서 숫자가 너무 적은 전보는 의미가 없었으며, 이들 가운데 1/3은 매카시에 반대했습니다. 선거가 우리의 유일한 희망이며 우리가 선거에 모든 희망을 걸어야 한다는 것은 결국 좋지 않은 징조입니다. 정부 자체 내에서 사법부(저는 이런 것에 해당하는 독일어를 지금은 모릅니다)가 기능하지 못했고, 모든 일이 이제 의회에서 이론적으로 대표되는 주민들의 의견에 달려 있다는 점은 명백해집니다. 이것은 공화국의 존립이 다수에 좌우된다는 것을 의미합니다. 건국 선조들은 헌법을 제정했을 때 다수를 매우 현명하게 배제하고 싶었습니다. 민주주의의 기본 틀과 한계를 규정해야 하는 공화국은 민주주의 때문에 내부로부터 해체되고 있습니다. 아니면 이렇게 말할 수도 있습니다. 즉 사회는 공화국을 압도하고 있습니다. 이 과정은 진행 중이며, 매카시가 패배하더라도 이 과정이 중단될 수 있는지는 매우 의심스럽습니다. 그러나 그의 패배는 중요하며, 필수 조건입니다. 그러면 적어도 누구든 공화국을 위해 다시 싸울 수 있을 것입니다. 지식인들 사이에서 이 문제를 둘러싼 혼동은 엄청납니다. 그 책임은 사회학자들과 심리학자들에게 있습니다. 모든 것은 이들의 개념적 늪에 좌초되고 가라앉았기 때문입니다. 그들은 물론 대중사회의 징후일 뿐이지만 독립적인 역할도 합니다.

비제[68]가 미국에 와서 오히려 얼굴을 붉히며 저와 접촉했다고 당신에게 편지를 보냈는지요? 저는 매우 우호적인 답장을 그에게 보냈고 2월 초에 이곳에서 그를 만날 것입니다. 그는 변하지 않았습니다. 그리고 그는 아직도 저를 두려워합니다. 매우 우습지요.

레나토는 사모님을 '존경할' 뿐만 아니라 사랑합니다. 그것은 전혀 다른 일이지요. 레나토가 사모님의 사랑을 받고 있다고 느끼는 한, 사모님의 비판은 그에게 전혀 상처를 주지 않을 것입니다. 그와 반대로, 레나토와 관련하여 좋은 일은 그가 실제로 중요한 것을 아주 명료하게 알고 있다는 점입니다 — 쟌느 헤르쉬에게 안부를 전해주세요. 저는 작년에 그녀를 다시 보고 싶었으나 파리에서 그녀를 찾아낼 수 없었습니다.

새해 복 많이 받으세요. 저는 두 분을 매우 보고 싶습니다.

한나로부터

편지 153 **야스퍼스가 아렌트에게**

바젤, 1954년 2월 7일

친애하는 한나!

게르트루트가 이 크리스마스 편지용지를 나에게 주었소. 공식적인 편지

---

[68] 베노 폰 비제. 편지 5의 각주 9를 참조할 것.

와 항공우편에 아주 적합하다오. 당신은 그런 멋진 크리스마스 편지와 신년 연하장을 우리에게 보냈네요. 이제 우리의 편지를 보내는 것이 너무 늦었네요. 그래도 말할 게 있다오. 항상 당신 두 사람과 함께 하려는 소망, 그리고 훌륭하고 고귀한 영혼과 쾌활한 성품을 지닌 당신이 결코 전면에 드러내지 않으려는 걱정거리를 말하려오. ― 그것은 항상 타당했기 때문이오. 우리가 연하장을 보내지 않았다고 화내지 마시오. 변명의 여지는 없구려. 그러나 우리는 모두 일로 쇠약해졌고 지금도 그렇다오. 유감스럽게도, 최근 출판된 작은 논문 몇 편을 당신에게 보내지 못했소. 나는 그런 모든 문제로 시간을 보낸다오. 우리는 문제가 없소. 게르트루트는 노인성 장애와 노년 문제, 이에 따른 현기증이 있다오. 그러나 그녀는 기분이 좋으며, 우리는 매일 '필레몬과 바우키아'*처럼 행복하다오.

이제 나는 당신이 좋아하지 않을 주제를 제기하고 싶지만, 당신이 항상 과거에 했듯이 부디 이 소원을 내게 은혜로 갚아 주시오. 나는 1,000달러를 당신에게 보내고 싶소. 내가 이후에야 알았듯이, 당신은 자신이 재정적으로 부유하지 않았을 때 하이델베르크에 있는 우리에게 식품을 보내기 위해 희생했소. 그 희생은 특별하고 잊을 수 없는 친절 행위이기에, 현재 평화 시기에(얼마나 더 오래인가!) 당신의 경비에 기껏 부분적인 보상으로 보탬이 될 한낱 현금 지급으로 당신의 관대함을 인정하는 것은 전적으로 부적절한 것 같소. 약소한 보답일 뿐이오. 내가 오래전에 이 일을 하지 않았지만, 서재에 있는 수많은 귀중한 책을 당신에게 넘겨주는 것에 국한했던 ― 그리고 나의 양심을 누그러뜨렸으며 ― 이유(나는 이후 이 생각을 버렸소)는 우리의 재정적 상황이 1948년에는 열악했고 얼마 동안 그랬던 것이오. 우리는 여기 바젤에서 빚을 지고 시작했으며 그저 천천히 저축할 수 있었다오. 이제 우리는 가능한 질병의 재정적 측면에 대해 걱정을 떨쳐버릴 수 있을 만큼 저축

---

* 옮긴이_ 농부로 변장한 제우스와 헤르메스를 친절하게 대접한 티아나 지역의 유일한 노부부.

했소. 나는 법에 어긋나게 여전히 교수직을 유지하고 있고 월급을 받고 있다오.[69] 후견인 회장이 나에게 통보했듯이, 나는 기한을 지키지 않고ad calendas graecas, 즉 건강이 교수 의무를 적절히 수행하도록 허용하는 한 그렇게 계속할 수 있소. 우리는 친척들을 위해 도움을 주고 있음에도 불구하고 우리 자신을 위해 충분한 돈을 가지고 있다오. 나는 그 말을 했을 때 당신이 나를 믿으리라고 알고 있소. 당신은 내가 물질적인 안정을 위해 얼마나 염려했는가를 알기 때문이오. 당신은 자신의 일방적이고 다정한 너그러움으로 인해 옳고 바른 것만을 받아들이지 않음으로써 지금 우리를 고통스럽게 해서는 안 된다오. 그러나 나는 당신의 '온당함'을 의심하지 않소. 그러니 내가 이체를 할 수 있도록 은행 계좌번호를 제발 알려주시오. 당신의 경이로운 너그러움에 동기를 부여한 우리에 대한 같은 애정이 나의 제안에 대한 당신의 저항을 극복하는 데 도움이 되게 하오!

쉴프는 시간을 끌고 있구려. 내가 할 수 있는 일이란 없다오. 그는 조만간 마칠 것이오. 그는 10월 이후 원본을 모두 확보했소. 번역은 시간이 걸리오. 특히 그의 번역이 그러하오.

베를린 학술회의[70]는 어떤 새로운 희망도 불러일으키지 않고 있소. 적어도 서구 열강은 한마음이라는 것이 증명되고 있다오. 유럽방위공동체[71]가 수립되고 독일이 단지 문젯거리를 의미할 자체의 독자적인 군대를 창설하지 않는다면, 나는 매우 기쁠 것이오.

우리 둘이 두 분에게 따뜻한 안부를 전하오.

야스퍼스

---

69 야스퍼스는 71세에 이미 퇴임 나이를 넘겼다.
70 독일의 재통일에 관한 미국·영국·프랑스·러시아의 회의. 해결책은 없었다.
71 편지 127의 각주 495를 참조할 것.

| 편지 154 | 아렌트가 야스퍼스에게

뉴욕, 1954년 2월 19일

친애하고 존경하는 분께―

이 편지는 다른 무엇보다도 두 분을 위한 생신 편지입니다. 매년 이맘때 두 분을 생각할 때마다, 저는 두 분이 생존하니 아주 감사하고 행복하며 실제로 기쁩니다. 그러고는 지난 세월을 회상합니다. 제 생각에, 두 분이 여기에 더 이상 없다면, 기준은 마치 세상에서 사라진 듯할 것이며, 우리는 칸트의 말대로 절망적인 우연에 의해 사방이 둘러싸일 것입니다. 강건하세요. (이디시어에서 다음과 같이 표현합니다. 비유대인으로 강건하라, 그러나 이것은 당신에게 50%만 적용 가능하며, 그 이후에도 전적으로 적합하지 않습니다.) 당신의 행복을 비는 사람들이 이번 생신날을 이미 관례로 만들지 않았다면, 이번 생신은 작년의 경우보다 좀 더 조용해야 합니다. 그러나 저는 당신에게 그것을 바라지 않습니다.

이제 저는 당신의 제안에 응해야 할 것 같고, 가능한 한 합리적으로 그렇게 할 것입니다. 무엇보다도, 과장하시고 있군요! 저는 당신에게 그것에 대한 확실하고 빠른 증거를 제공할 수 있으며, 일단 우리의 역할이 뒤바뀌면 끝이 없다는 게 즐겁습니다. 당신은 관련된 금액을 두 배로 늘렸습니다. (저는 소포 기록부를 더는 갖고 있지 않지만, 이것을 상당히 잘 기억합니다.) 당신은 다른 측면에서 역시 과장하고 있습니다. 전적으로 안전한 실존이란 당신의 시각에서 볼 때 당신에게 그렇게 예외적으로 보인 점은, 빈번한 이민과 이른바 세계사에의 노출이란 제 시각에서 볼 때 단지 당연한 일입니다. 저는 항상 당신의 존재가 보기보다 덜 안전하다고 생각했으며, 그게 바로 제가 퓨즈가 실제로 터졌을 때 상황이 어땠는지 매우 잘 상상할 수 있었던 이유입니다. 우리가 절망적인 부르주아 유형의 사람이 아닌 정도로, 울타리 반대편에 있는 우리는 약간의 연대를 유지하는 데 익숙해져 있습니다. 이것이 없었다면, 우리는 모두 분명히 언제인가 이미 몰락했을 것입니다.

당신은 시대가 부과한 극심한 제약 때문에 이것 ― 하인리히의 제안 ― 을 부엌에서만 제공할 수 있었던 환대의 문제로 간주할 수 없을까요? 그리고 저는 최근 몇 년간을 상기시켜 드려야 하나요? 이때 두 분은 저에게 아주 호화로운 환대, 즉 부엌뿐만 아니라 집 전체와 모든 지역까지 포함한 환대를 보여주었습니다. 우리는 정말 서로에게 그렇게 엄격한 계정을 유지하기를 원하는가요?

저는 얼마나 합리적이고 영미 세계에서 얼마나 많이 배웠는가를 증명하기 위해서 적절한 타협안을 즉석에서 제안하고 싶습니다. 제가 미래 어느 시점에 유럽에 갈 여유가 없을 것이고 이러저러한 단체를 통해 여행할 수 없지만, 당신을 틀림없이 다시 만나야 함을 상정하세요. 그때 저는 당신에게 그렇게 말할 것이며, 당신이 원한다면 우리는 어떻게든 함께 무언가를 해결할 것입니다. 동의하지요?

저는 5월 초에서 3월 초로 예기치 않게 당겨져야 했던 일련의 노트르담 대학교 강의를 준비하고 있기에 급하게 편지를 쓰고 있습니다. 주제는 「철학과 정치」입니다. 서면으로 모든 것을 준비하며 열심히 일하고 있습니다. 그곳 사람들이 이 자료를 인쇄하고 싶어 하기에, 저는 모든 것을 서면으로 열심히 준비하며, 아마도 이것을 인쇄하도록 그들에게 제공할 것이지만, 아직 확신하지 못합니다.

그런데 결국 올해 유럽에 '가야 할' 가능성이 있습니다. 제가 참여하지만 무관심했던 단체[72]는 갑자기 서유럽 전역을 대상으로 도서관과 문서보관소에 있는 히브리 원본과 유대인 문서를 마이크로필름으로 전환하는 작업을 추진할 기회가 있을지도 모릅니다. 한 달쯤 지나면 알게 될 것입니다. 그때 저는 전문가들을 보내기 전에 허용 문제를 협의하기 위해 로마·프랑스·

---

[72] 편지 31의 각주 17을 참조할 것.

오스트리아·독일에 가야 할 것입니다. 가을(9월 또는 10월)에 가고 싶습니다. 그러나 만약 제가 간다면, 빠르면 5월이나 6월에 가야 할 수도 있습니다. 7월과 8월에 여기에 꼭 있고 싶습니다. 하인리히는 그때 휴가를 보내고, 저는 그의 소중한 모습을 거의 보지 못하기 때문입니다. 이 모든 것은 아직 전적으로 불확실하지만, 어쨌든 당신에게 말씀드리고 싶은 생각이 들었습니다.

여느 때처럼
한나 올림

편지 155 **아렌트가 야스퍼스에게**

1954년 5월 9일

친애하고 존경하는 분께―

저는 레오나르도 강의록[73]을 보내주신 당신에게 감사하고 싶습니다. 이를 잊었습니다. 이것이 도착했을 때 바로 여행을 떠나려고 준비하고 있었기 때문입니다. 또 두 분 모두 잘 지내시는지 묻고 싶습니다. 오랫동안 당신의 소식을 듣지 못한 것 같습니다. 그런데 쉴프는 아직 자신의 번역 원고를 저에게 보내지 않았습니다.

당신이 신문에서 읽고 있는 것을 제외하고 여기에서 보고할 내용은 많지 않습니다. 저는 책을 번역하는 중이고 지금 어찌할 바를 모르겠습니다. 렌취가 원했듯이, 유럽출판사가 갑자기 축약본이 아닌 책 전체를 출판하자고 제안했기 때문입니다. 이제 저는 빨리 결정해야 합니다. 이것은 어느 쪽이든 상당히 큰 작업이며 짜증스럽습니다. 작업은 몇 년보다 이제 저의 더 많은 개입이 필요하기 때문입니다. 저는 동시에 독일어와 영어를 쓸 수 없기

---

73 편지 143을 참조할 것.

에, 두 편의 짧은 논문을 제외하고 그들이 여기에서 요청하듯이 강의록, 즉 논문을 제공하기를 거부하였습니다. 논문 하나는 철학학회에서 발표한 근대 역사 개념에 관한 것이고, 다른 하나는 올해 미국정치학회 학술회의에서 발표할 것입니다. 이 논문을 사양하는 것은 어리석었을 것입니다. 그러나 저는 국립문화예술연구소(매우 공식적인 단체)로부터 올해 문학상 가운데 하나[74]를 갑자기 받았다는 것을 당신에게 알립니다. 상금은 1,000달러입니다. 이른바 명예이고, 실제로 매우 우습군요.

유럽 여행은 당분간 연기됩니다. 이에 요구되는 기금은 충분히 들어오지 않았습니다. 이 단체는 우리가 요청한 예산을 확보할 수 있을지 또한 확실하지 않으며, 바론과 저는 우리가 축소된 예산으로 활동하는 것을 거부할지 수락할지를 아직 모릅니다. 저는 여행이 조만간 곧 구체화될 것을 상정하지만, 이번 여름은 불가능합니다. 저는 정말 괜찮습니다. 이 어리석은 번역 작업을 뒤로 미루고 싶습니다.

이 편지는 그저 간단한 안부편지일 뿐입니다. 비서가 여전히 활동한다면, 당신은 아마도 모든 게 잘 되어가고 있다는 근황을 제가 알도록 몇 줄의 편지를 쓰게 할 수 있습니다.

두 분께 최선을 다하며
한나 올림

편지 156   **야스퍼스가 아렌트에게**

바젤, 1954년 5월 14일

친애하는 한나!

내가 너무 오랫동안 편지를 보내지 않았기에, 당신은 충분히 화를 낼 권

---

[74] 아렌트는 『전체주의의 기원』으로 문학예술상을 받았다. 1964년 그녀는 1898년에 창립되어 250명의 회원을 가진 미국문예아카데미의 회원이 되었다.

리가 있을 것이오. 내가 변명으로 제공할 수 있는 것은 완전히 불충분하오. 즉 이 시점에서 거의 변명의 여지가 없는 나의 자의적 업무량, 교수의 일상 업무 — 답장을 구술이 아니라 수기로만 작성해야 할 필요성을 들 수 있다오. 그리고 나의 신뢰는 이러하오. 즉 한나는 나를 알고 있고, 나에 대해 말도 안 되는 소리를 들었다고 해도 그 **허튼소리**가 원래 그랬다는 점을 믿지 않을 것이며, 나의 침묵을 잘못 해석하지 않을 것이다 — 그래서 내일 또는 모레, 나는 마침내 그녀에게 편지를 쓸 것이다. 이런 것은 몇 주 동안 계속된 내 생각이오. 이제 **당신은** 나에게 다시 편지를 보냈고 나의 신뢰를 확인했소. 그러나 그것은 나를 용서할 수는 없다오.

내가 재정 문제에 대한 당신의 결정에 완전히 좋아하지는 않는다오. 그러나 당신과 하인리히의 고상한 태도는 내 마음에 좋구려. 당신은 그 사실에 얼마나 사랑스럽고 귀족적인 해석을 했는가. 즉 "시대의 극심한 제약 때문에 환대는 부엌에!" 당신 남편은 자신이 그 하나를 생각했을 때 참으로 영감을 받았다오. 그리고 무엇보다도 "타협하려는 앵글로-색슨의 준비 태도", 당신의 제안에 진정 앵글로-색슨적인 것은 그 조건 가운데 세 가지가 그 제안의 실행을 매우 믿기 힘들게 한다는 점이오. 그러나 그것은 적어도 역시 하나의 기회라오(비록 당신이 여행할 수 없다는 조건은 내가 그것이 전혀 실현되지 않기를 간절히 바라는 그런 것이기는 하오). 어쨌든, 나는 지금 (보유 자금·경상 비용·세금·적립금에 관한 항목이 있는) 은행 계좌 대장에 새로운 항목, 즉 '한나 4,000프랑'을 추가했소. 이것은 당신의 요청을 기다리오.

논평을 요구하는 것들이 아주 많기에, 나는 동봉한 편지를 받아쓰게 했다오.

당신과 남편에게 따뜻한 안부를 전하며
야스퍼스

오래 전에 당신은 블루멘펠트가 나를 방문할 것이라고 언급했지요. 그는 온 적이 없다오. 내가 그를 아직도 기대해야 하는지? 나는 다른 무엇보다도 라헬에 관해 그와 대화를 나누고 싶구려. 그러나 더 중요하지만, 나는 당신이 많은 신세를 지고 그렇게 아주 높게 평가하는 그를 만나고 싶네요.

당신은 강력한 합리적 힘을 지닌 정통파 유대인, 스피노자에 관해 글을 쓴 레오 스트라우스[75]를 아는가요? 그는 아직도 살아있는가요?

편지 157 **야스퍼스가 아렌트에게**

바젤, 1954년 5월 14일

친애하는 한나!

매우 유감스럽게도, 당신의 유럽 여행이 연기되었구려. 우리는 당신을 만나서 함께 대화하기를 매우 고대하고 있으며, 나는 일부 스위스 철학자들이 셸링 학술회의[76]를 개최할 9월 20일 라가즈에 있을지도 모른다고 생각하고 있었다오. 우리는 이 며칠 동안 셸링과 관련하여 무엇이 언급되었는가를 볼 수 있었고, 당신이 적극적인 역할을 한 그 세미나[77]로 수십 년을 거슬러 올라갈 내 강의[78]를 들을 수 있었소.

당신의 책이 독일어로 축약되지 않은 채 출간된다는 것은 놀라운 소식이오. 물론 이것은 이제 당신에게 불편할 것이오. 그러나 나는 그게 도움이 된다고 생각하오. 그 책은 독일어로 많은 독자를 찾을 수밖에 없다오. 이 책은

---

[75] 레오 스트라우스(Leo Strauss, 1899~1973)는 독일계 유대인 역사가이며 철학자이고, 1938년 미국으로 이주했고, 1938~1949년 뉴욕의 뉴스쿨에서 학생을 가르쳤고, 이후 시카고대학교와 캘리포니아주 클레어몬트 남자대학에서 학생을 가르쳤다. 야스퍼스는 그의 다음 저서를 인용하고 있다. Leo Strauss, *Die Religionskritik Spinozas als Grundlage seiner Bibelwissenschaft*(Leipzig, 1930).
[76] 프리드리히 셸링 서거 100주년(1854년 8월 20일)에 학술회의가 1954년 9월 22~25일 스위스 바가즈에서 개최되었다.
[77] Karl Jaspers, "Schellings Grösse und sein Verhängnis." 이후 이것은 다음 자료에 게재되었다. *Studia Philosophica* 14(Basel, 1954): 12-38.
[78] 편지 1의 각주 1을 참조할 것.

매일 논의되는 이런 현상에 대한 가장 심오한 통찰력을 가지고 있네요.

나는 1,000달러 상금의 문학상, 그리고 이와 연계된 명예에 대단히 기쁘오. 그것이 전적으로 우습지 않고 그저 적절하다고 생각하오. 이런 성격의 더 많은 것들은 당신이 그들을 위해 손을 쓸 필요 없이 당신의 길을 따라와야 하오. 이것이 남편을 얼마나 행복하게 했나요! 당신의 서문에 따르면, 남편이 이 책에 관여한 것은 실질적이었소.

나는 정말 열심히 연구하고 있소. 2년 전에 연구계획의 범위(세계철학사)를 대단히 과소평가했다오. 연구에 점차로 기쁨을 누리고 있소. 그리고 나는 저자들이 따라야 하는 그 행복한 과대망상에서 이것이 대단히 중요하다고 생각하오. 그게 어떻게 발전할지 아직 정확하게 예측할 수 없구려. 당분간, 나는 세 권의 책, 즉 '세계철학사'·'위대한 철학자'·'세계철학사의 임무'를 내다본다오.[79]

내 건강은 불평할 이유가 없소. 그와 반대로, 나 자신의 조건을 전제할 때 합리적으로 기대할 수 있었던 것보다 더 좋게 진행하고 있다오. 아내는 실제로 무릎 통증, 이른바 변형 관절염으로 고통을 겪고 있소. 감사하게도, 그녀는 평지에서 아무 문제없이 걷지만, 계단을 오를 때 때때로 고통이 심하기에 비명을 지른다오. 그것은 그녀의 정서적 특성과 일치하오. 노면전차는 차치하더라도 승용차를 타는 것은 너무 어려워서 불가능에 가깝소. 그러나 그녀는 낙관적이오. 우리는 방문객들이 있고 젊은이들 사이에서 새로운 친분을 쌓고 있다오. 아내 덕분에 이런 행사들은 매우 활기차오. 유감스럽게도, 나는 오히려 촌뜨기라오. 항상 내 연구로 지쳐있기 때문이오.

이곳의 대학은 이전보다 더 조용하오. 파국도 큰 문제도 없다오. 아내와 나는 이런 분위기에서 계속 만족을 느낀다오. 우리는 노년에 이런 평온을 기대하리라고 바랄 이유가 없었소. 이외에도 대학 측은 나뿐만 아니라 아

---

[79] 편지 114의 각주 466을 참조할 것.

내도, 비록 그녀가 나보다 오래 살더라도, 평생 집을 빌릴 수 있다고 결정했다오. 여기에서는 방문객인 우리에 대한 그러한 우정의 표시는 결국 우리에게 매우 기분 좋은 일이오.

우리가 두 분에게 따뜻한 안부를 전하며

야스퍼스

편지 158 아렌트가 야스퍼스에게

팔렌빌, 1954년 7월 24일

친애하고 존경하는 분에게—

3개월이 너무 빨리 지나갔습니다. 그래서 당신이 저로부터 마지막으로 소식을 들은 후 얼마나 지났는가를 이제야 알게 되었습니다. 당신의 친절한 편지에 감사드립니다. 믿으세요, 저의 두려움은 불신에서 나오지 않고 단지 당신과 부인의 건강에 대한 이런 유대인다운 불안, 즉 당신이 아마도 완전히 확인할 수 없는 불안에서 나옵니다. 그 문제는 여기까지 하도록 하지요. 누구든 그것에 대해 할 수 있는 일이란 없습니다. 이성은 큰 도움이 되지 않습니다.

당신의 연구에 대한 쾌활한 전망은 저를 매우 즐겁게 했습니다. 당신의 주제를 고려할 때, 세 권의 책은 저에게 과도하다는 인상을 전혀 주지 않습니다. 어떻게 진행하실 것인가요? 당신은 첫 번째 책을 곧 출간하고 다른 책들은 이후에 출간하나요? 아니면 당신은 세 권이 모두 완결될 때까지 기다리기를 원하는지요? 저는 이번 가을 정치학회에 발표할 '논문' 집필을 방금 마쳤습니다. 논문 제목은 「최근 유럽 철학사상에서 정치에 관한 관심」[80]이며, 저는 이 논문에서 당신의 세계철학사를 신중하게 언급했습니다. 이

---

[80] 이 강의록은 출간되지 않았다.

것은 여기에서 "진행 중인 작업"으로 불립니다. 당신은 제가 그렇게 수행하는데 반대하는 것이 있는지요? 제가 당신을 위해 말하려는 다른 모든 것은 쉴프를 위한 에세이와 관련이 있습니다. 그는 도대체 무엇을 하고 있을까요? 그로부터 더 이상 아무 소식도 듣지 못했습니다. 늘 그렇듯이 우리는 몹시 힘든 뉴욕에서 이곳으로 도피하여 평상시의 방갈로에서 행복하게 자리를 잡았습니다. 우리는 모두 연구하고 있습니다. 하인리히는 뉴스쿨의 새로운 강좌를 준비하고, 저는 독일어판 책을 준비하고 있습니다. 그 일에 다시 몰입하는 것은 이상하며, 연구는 순수한 기술의 수준에서 어떤 호소력을 지닙니다. 저는 당분간 정치철학 연구와 중대되는 원고 더미를 마무리하고 그 모든 것에 대한 약간의 관점을 얻게 되어 매우 즐겁다는 것을 알았습니다.

제가 유럽에 갈 수 없었다는 것은 매우 실망스러우며, 이제 이것을 방해하는 다른 무엇인가가 생겨났습니다. 1년 전에 버클리의 캘리포니아대학교가 저에게 교수직을 제안했으며, 저는 학교 측에 비록 일개 '교수'가 되기를 원하지 않지만 잠정적 합의를 위해 항상 열린 마음을 가지고 있다고 언급했습니다. 여러 차례의 전화(이곳에서 모든 협상은 3,000마일 멀리에서 전화로 이루어지며, 마치 다른 사람이 방에 있는 듯합니다) 이후, 우리는 다음과 같이 동의했습니다. 즉 나는 봄학기에 갈 것이며 마키아벨리에서 마르크스까지 정치이론사를 강의하고, 두 개의 세미나(하나는 신입생, 다른 하나는 고학년)를 담당할 것이다. 학생들이 저를 이해하는 그런 방식으로 수개월 동안 저 자신을 표현해야 하는 것은 매우 유일할 것입니다. 3개월 반이나 4개월의 별거는 특히 현재의 분위기를 전제할 때 매우 고통스럽습니다. 우리와 같은 사람들은 이런 분위기에서 아주 고립되며 그로 인해 이전보다 서로 의존하게 됩니다. 그러나 다른 한편 …

베노 폰 비제가 중서부에서 객원 강의를 위해 갑자기 이곳에 나타났으며, 물론 우리가 서로 화해했다는 사실을 편지로 알리는 것을 잊었습니다.

그는 전혀 변하지 않았습니다. 유쾌하고 즐거우며 호감이 가고 여전히 약간 방종적입니다. 그리고 그는 여전히 저에 대한 오랜 두려움을 가지고 있습니다. 그의 감성 부족과 자조Selbst-ironie는 호감이 갔습니다. 모임은 실제로 좋았습니다. 그는 미국에 대해 매우 열광적이었고 여기에 영원히 올 생각을 하고 있습니다. 그는 추정하건대 약간의 장래성이 있을 것입니다. 이곳 대학들의 독일어과는 완전히 엉망이 되었습니다. 누구도 제1차 세계대전 이후 독일 문학에는 거의 관심을 보이지 않았기 때문입니다. 상황은 변하고 있으며, 대학들은 학과를 다시 보강하기 위해 유능한 사람들을 필사적으로 물색하고 있습니다. 우리는 당신에 대해 많이 이야기했고, 그래서 당신은 적합한 인물입니다.

블루멘펠트는 당신과 연락하지 않았습니다. 그는 베를린에서 바로 이스라엘로 돌아가야 했기 때문입니다. 그는 올해 자신이 스위스로 갈 것이며 그때 연락하겠다는 편지를 바로 보냈습니다. 당신에게 인간의 이념을 제공하는 것에 대한 사항입니다. 많은 논문이 그의 70회 생일에 즈음하여 출간되었고, 그들 가운데 하나에 실린 일화는 저에게 감명을 주었습니다. 그게 그에게 아주 전형적이기 때문입니다. 그는 젊은 시절에 "그러나 자네의 이 대의는 성공할 가망이 없네"라고 반대한 사람을 시온주의자로 만들려고 했습니다. 그러자 블루멘펠트는 다음과 같이 말했습니다. 즉 "누가 제가 성공에 관심이 있다고 말했습니까?" 그런데도 그가 그 단체의 회장이 되고자 했다는 것은 물론 독일에서 일어날 수 있었지요! 당신은 겐츠가 항상 인용하는 카토의 인용문, 즉 성공한 대의는 신을 기쁘게 하지만, 실패한 대의는 카토를 기쁘게 한다Victrix causa diis placuit sed victa Catoni를 알아야 합니다.[81] 그것

---

[81] "성공한 대의는 신을 기쁘게 하지만, 실패한 대의는 카토를 기쁘게 한다." 출처는 다음과 같다. Lucan, *Pharsalia(Bellum civile)*, Ⅰ, line 128. 겐츠의 초기 저작에서 이 문구를 우연히 발견한 아렌트는 특별히 이 인용문을 좋아했으며, 중요한 맥락에서 여러 차례 이용하였다. 즉 1930년대 집필한 『라헬 파른하겐』(1958년, 68쪽), 철학 강의, 『정신의 삶: 사유』(1978년, 216쪽) 마지막 문장, 그리고 「정신의 삶, 제3부 판단」이란 제목이 달린, 서거 당시 타자기에 꽂힌 타자 용지에

은 공화주의 정신입니다.

레오 스트라우스는 저명한 시카고대학교 정치철학 교수입니다. 홉스에 관한 훌륭한 저서[82](스피노자에 관한 저서와 마찬가지로)를 집필했습니다. 현재는 자연법에 관한 다른 저작이 있습니다.[83] 그는 확신적인 정통파 무신론자입니다. 매우 묘합니다. 진정 재능있는 지성입니다. 저는 그를 좋아하지 않습니다. 그는 50대 중반이나 후반임이 틀림없습니다.

유감스럽게, 저는 크뤼거[84]가 그렇게 아프다는 소식을 들었습니다. 당신은 자세한 내용을 알고 있는지요? 물론, 류머티즘성 관절염은 끔찍하고 고통스러운 문제입니다. 할 수 있는 게 아무것도 없나요? 진흙 목욕은 치료법이었습니다. 그것들은 아마도 더 도움이 되지 않았습니다. 그의 마음은 어떨까요?

생모리츠에 다시 갈 것인가요? 우리는 8월 말까지 여기에 머물 것입니다. 주소는 체스넛 론스 하우스/팔렌빌, 뉴욕입니다.

두 분에게 행운이 있기를
아렌트 올림

    기록되어 있다. 그녀는 아마도 이것을 제사로 이용하려고 했을 것이다.
    아렌트는 『정신의 삶: 사유』에서 이 인용문을 대 카토에게 돌렸지만, 이것은 소 카토, 즉 카토 우티첸시스에 관한 것이다. 루카누스는 제10권 케자르와 폼페이 사이의 내란을 기술한 서사에서 카토 우티첸시스를 반케자르 공화주의자와 진정한 로마인다운 인물로서 미화한다. 루카누스의 인용문 이후 아렌트의 『판단』과 관련한 쪽에는 괴테의 『파우스트』 II, 404-407을 인용한다. "내 가는 길에 주술(呪術)을 완전히 제거하고,/ 주문 따위를 완전히 제거할 수 있다면,/ 자연이여, 내가 한 남자로 그대 앞에 설 수 있다면,/ 인간이 되려는 노력에 보람이 있으련만." 논리적 관계는 아마도 루카누스가 신들("주술"과 "주문")을 역사에 대한 이해에서 제거했다는 것이다. 루카누스의 카토는 "단지 한 인간으로서" 시대의 정신과 반대로 자유를 사랑하는 관점을 유지하면서 성공이나 실패를 무시하고 판단하는 자신의 공화주의적 원리에 충실했다.

82 Leo Strauss, *The Political Philosophy of Hobbes: Its Basis and Its Genesis*, trans., From the German manuscript by Elsa M. Sinclair(Oxford, 1936).
83 Leo Strauss, *Natural Right and History*(Chicago, 1953).
84 게르하르트 크뢰거(Gerhard Krüger, 1902~1972)는 독일 철학자였다.

편지 159 야스퍼스가 아렌트에게

바젤, 1954년 8월 29일

친애하는 한나!

쿠르트 블루멘펠트와 그의 아내는 3일 전에 우리와 함께 이곳에 있었소. 아주 훌륭했다오. 대화를 나누는 순간부터 개방적이고 믿음직스러웠지요. 신중할 필요가 없었소. 다른 무엇보다도, 나는 성격 상실이 독일에서 유대인이 동화로 치루는 대가였다는 그의 끔찍한 비난에 반박하려고 노력했지요. 완전히 유대인이며 동시에 전적으로 독일인인 가장 훌륭한 성격을 지닌 사람들이 있었다는 경험은 내 정신에 의심을 남기지 않았다오. 유대계 독일인의 문화는 한 세기 반 동안 물론 역사 속의 모든 것처럼 많은 질병으로 얼룩투성이가 된 고귀한 것이었다오. 나는 가장 절친한 동료들 가운데 하나의 범례이며 다른 많은 유대인의 상징으로서 내 아내와 가장 좋은 친구인 에른스트 마이어 사이의 차이를 인용할 수 있소. 아내는 엄청나게 민감하고, 이미 유대인 여성으로서 한낱 가능성에도 모욕감을 느끼며, 냉혹할 정도로 한결같고, 그러나 전적으로 독일적이고 유대인 실체를 지니며, 부조화의 요소가 존속한 하이네에게 나타나듯 분리할 수 없고 전혀 그렇지 않다오. 그러고는 어린 시절부터 비방에 완전히 무감각하고 유대인으로서 모욕감을 느끼지 못하는 에른스트 마이어가 있소. 그가 소년이었을 때, 학교 친구들이 그의 주머니에 돼지 꼬리를 쑤셔 넣어 다른 방식으로 그를 모욕했는데, 어떤 일도 내 아내에게는 일어나지 않았다오. 그러나 그런 짓을 한 사람들은 그를 괴롭히지 않았소. 그가 살았던 세계가 반유대주의적이었다는 취지로 일반화하는 것은 그에게 전혀 일어나지 않았던 것 같소. 내가 말할 수 있는 한, 두 사람 모두 인격 손상을 입지 않았다오. 그러나 그들 주위의 세계에 대한 태도는 달랐소. 그들은 형제자매 사이의 인연을 뛰어넘는 것처럼 보이는 강렬함으로 서로 사랑했소. 우리 관계의 시작은 괄목할 만했다오. 에른스트가 의학 강좌에서 나를 만났을 때, 북독일의 얼음덩어리인 내가 일상적인 예의로 대답했지만, 그는 끈질기게 나의 교제를 찾았소. 그는 게르트루트에게 "나는 마침내 독일인 학생을 만났다"고 말했소. 게르트루트는 다음과 같이 말했소. "그를 내버려둬. 그는 반유대주의적일 수 있어. 너무 몰아붙이지 마." 에른스트는 자신을 실망하게 하지 않았소. 4주 후에 우리는 친구가 되었지요. 게르트루트가 오랫동안 공동 방문을 반대한 이후 학기 말에 내가 게르트루트를 만났을 때, 우리의 운명은 한 시간 이내에 결정되었다오. 내가 동화를 매도해야 하나요? 내 감정은 정반대의 방향을 가고 있구려. 나는 블루멘펠트와 함께 있을 때 유대인이며 자신의 공식적인 표현에서도 나와 완전히 다른 방식으로 생각하는 독일인을 상대하고 있소. 그러나 우리는 공통의 독일 유산 덕택에 서로를 바로 충분히 이해하오. 그는 당신과 같이 독일인이오. 당신은 독일인이 무엇인가?라고 질문할 것이오. 내가 그것을 모르거나 아니면 대응으로 모든 책을 쓸 수 있을 것이오. 어쨌든, 그것은 우리를 결합시키는 것이오. 그와 같이 호감이 가고 귀중한 러시아계 유대인 ― 블루멘펠트 부인과 같이 ― 은 독일인이 아니오. 물론 당신은 내가 이 독일적 특성을 강조하는 과정에서 이것에 어떤 의미도 부과하지 않는다는 것을 알고 있소. 이것은 의지 문제가 아니라 현실 문제요. 블루멘펠트는 자신이 뉴욕에서 니버와 대화를 나누었다고 나에게 말했다오. 그들은 영어로 말을 시작했지만 이후 대화 중간에는 독일어로 말했다오. 니버는 자신이 함부르크를 방금 떠난 듯이 독일어를 말했다오. 그의 선조들은 1840년대 미국으로 이주했지만, 가족은 대대로 언어를 고수했지요. 니버가 완전히 미국인이기도 하지만, 그는 아마도 역시 내가 바로 독일인으로 느끼게 될 사람이오. 아내와 나는 니버를 대단히 좋아하오. 우리는 물론 당신에 대해 가끔 언급했는데, 당신 덕택에 만나게 되었소. 그는 당신에 상당한 애정과 존경을 표시한다오. 내 생각에 나의 애정과 존경은 더욱 크면서도 완전히 다르오.

블루멘펠트의 눈매는 빛났고 매우 온화했지요. 그러나 그는 뇌졸중으로 인해 어려움을 겪고 있는 것 같소. 그것은 아마도 어떤 느슨함, 민감성이나 과장 경향을 설명할 수 있을 것이오. 그러나 그것은 조금도 중요하지 않았다오. 그의 말과 말하는 방식, 그의 눈빛, 모든 것이 놀라울 정도로 순수하고 정직했소. 두 분을 모두 우리 쪽으로 보내주어 고맙구려.

이제 7월 24일자 당신의 편지에 의당 감사하오. 당신의 휴가는 지금쯤 분명히 끝났겠지요. 나는 오래전에 편지를 보냈어야 했소. 그러나 7월 중반에 (감염으로) 아팠고, 이후 휴가를 떠났다오. 우리는 바젤에 돌아온 지 며칠이 지났고, 다시 건강해졌소.

당신이 버클리캠퍼스에서 교수직을 얻었다니 훌륭하오. 그것을 거부하는 게 당신답네요. 당신의 남편이 아니었다면, 나는 그것을 일종의 자만심으로 생각했을 것이오. 블루멘펠트는 당신이 미래 언젠가 매우 어리석은 일을 할 수도 있다는 자신의 관심사를 표현했소. 그런 게 당신의 젊은 시절에는 그럴 수 있었지만, 그동안 당신이 아주 현실적이고 경험이 풍부하고 현명하기에 자신을 제어하고 미국인을 모욕하지 않을 것이라고 나는 응답했다오. 그리고 나는 당신이 모욕적이지도 않고 침묵하도록 강요받지도 않는 그런 방식으로 글을 쓰고 말할 수 있다고 덧붙였소. 블루멘펠트가 자신의 할 말을 끝낸 이후에, 나는 다시 당신 때문에 약간 긴장했으며, 그래서 당신에게 이 편지를 쓰고 있소. 봄에 버클리캠퍼스에서 진행하는 객원 학기는 당신이 수행할 교육과 이것이 환기시키는 반응 때문에 분명히 당신에게 유익할 것이오. 그러나 그것은 당신의 남편 없이 실제로 힘들 것이오.

당신은 미국의 최근 상황에 대해 글을 쓰고 있구려. 나는 그것을 이해하지 못하오. 미국의 저명한 유대인이 최근 블루멘펠트에게 다음과 같은 편지를 보냈소. 이제 상황이 우리에게도 중요한 일이 되고 있소. 그는 그것을 진지하게 생각하는지? 아니면 당신은 마음속으로 완전히 다른 것을 생각하고 있는지?

당신이 레오 스트라우스와 관련하여 언급한 것은 나의 관심을 끈다오. 현재 무신론자? 그는 초기 저작에서 권위의 정당화를 제공하는 정통파 유대인으로 나타나오. 그의 저서 양식과 분위기는 나에게 공감적이지 않지만, 그가 저술한 것은 매우 유익하오.

당신은 크뤼거에 대해 질문하였지요. 그는 두 차례, 즉 1953년 1월 한번, 그리고 가을에 한번 뇌졸중을 앓았소. 발병 원인은 의학적으로 불명료하지만, 그의 상태는 나쁘며 특히 실어증이 나타난다오. 그의 연구나 강의는 다시 불가능하오. 그는 현재 하이델베르크 요양원에 있으며, 아직 연금을 받지 못했소. 당연하게도, 그곳 사람들은 여전히 가능한 회복에 대한 허구를 간직하고 있소. 나쁜 상황이오. 내 관점에서 볼 때, 그의 은퇴는 독일 철학의 가장 심각한 손실이오. 크뤼거는 가장 품위 있고 속이 꽉 찼고 진지한 사람이오. 독일 대학들에 불운이 드리워져 있는 것 같다오.

아내의 무릎과 류머티즘 증세는 놀라울 정도로 호전되고 있으며, 우리는 이로 인해 매우 행복하오. 그의 심장은 정확히 위협이 되지는 않지만, 기력이 떨어지는 것을 느끼게 한다오. 그녀의 지적 활력과 영혼의 활력은 여전히 유지되오. 우리 모두 매우 행복하다오. 우리는 이번 휴가에 발레주 제네바호* 인근에 있었소. 발츠 부인은 자신의 승용차로 그랑 생베르나르 고개에서 에비앙과 몽펠린산까지 지방 주위로 우리를 안내했소.

9월 말 라가즈에서 셸링 학술회의가 있을 것이오. 나는 강연에 대비하여 연구하고 있다오.

아내와 나는 두 사람에 따뜻한 안부를 전하오.

야스퍼스

당신이 허락했듯이 빨리 받아 적게 했다오! 그러나 없는 것보다 낫구려.

---

* 옮긴이_ 프랑스어; 레만호.

편지 160 아렌트가 야스퍼스에게

1954년 10월 6일

친애하고 존경하는 분께—

 이 편지는 그다지 대단한 편지는 아닐 것입니다. 저는 먼저 불트만 책[85]에 감사하고 이것에 대해 좀 더 자세하게 말하려고 했지만, 왜 그런지 이것에 익숙해지지 않았습니다. 그래서 블루멘펠트와의 만남에 대한 당신의 멋진 편지에 대한 감사를 미루었습니다. 이제 편지를 쓸 것이며 불트만 책에 대한 검토를 좀 미루었습니다. 무엇보다도, 저는 두 분을 너무 그리워하기 시작하여 편지를 쓸 때마다 당신과 함께 있으며 이야기를 할 수 없다는 것에 화가 날 뿐입니다.

 유대인 동화 문제에 관한 사항입니다. 블루멘펠트는 그 사례 — 그리고 제가 정확하게 생각하기에 — 를 개인이 아니라 민족 집단에 대한 자신의 역사적·사회적 경험에 근거하고 있습니다. 당신은 유대계 독일인이라고 말하지만, 사람들은 보통 (잘못인지?) 독일계 유대인이라고 말합니다. 블루멘펠트가 시온주의자로서 상황을 기술할 수 있는 유일한 길은 전 세계에 흩어져 있는 유대 민족의 한 부분을 나타내는 독일계 유대인이 있다고 말하는 것입니다. 그것은 역사적으로, 즉 유대인 역사의 관점에서 옳습니다. 동화에 관한 한, 상황은 정치적·사회적으로 불가능하며, 스스로 — 사라지든 시온주의를 통해서든 — 해결되었을 것입니다. 그러나 상황은 정치적·사회적으로 아주 복잡하기에, 인간적이고 지적으로 생산적인 형태의 명백한 기회를 개인적 수준에서 제공했습니다. 이런 의미에서 독일계 유대인은 참으로 위대한 존재입니다. 당신이 말하는 이야기는 완전히 매력적입니다. 모든 지중해 민족은 이와 똑같은 형태의 오해로 고통을 받으며, 북유럽 사

---

[85] Karl Jaspers and Rudolf Bultmann, *Die Frage der Entmythologisierung*.

람의 겸양을 즉시 거부로 해석합니다. 지중해 민족의 기질을 전제할 때 그들은 그렇게 많은 절제를 상상할 수 없기 때문입니다. 당신의 겸손한 나폴리 친구 레나토 데 로사는 조금도 다르게 반응하지 않았을 것입니다.

블루멘펠트는 13년 동안 뇌졸중을 앓고 있습니다. 그를 아는 모든 사람은 그가 자기 자신의 폐허일 뿐이라고 말합니다. 저는 당신이 폐허를 통해 이를 이미 간파하고 극복했다고 생각했으며, 이를 감당해낸 당신에게 감사합니다. 물론 블루멘펠트는 매우 "독일인답습니다." 그는 "나는 괴테의 은총으로 시온주의자다"라고 말하곤 했습니다. 사모님은 당신보다 더욱 명료하게 알았던 것 같습니다 ― "나는 그녀(제니, 블루멘펠트의 아내)를 조용히 내버려 두었다"는 말씀은 훌륭합니다.[86] ― 이렇듯 제니는 아주 다른 이야기이며 꼭 즐거운 것은 아닙니다.

미국에 관한 내용입니다. 이곳의 상황은 지난 몇 달 동안 상당히 개선되었습니다. 조지프 매카시는 끝난 것 같습니다. 역사가들은 여기에서 발생한 것과 얼마나 많은 귀중한 도자기가 그 과정에 박살났는가를 언젠가 글로 쓰는 데 바쁠 것입니다. 그러나 '저명한 유대인'이 블루멘펠트에게 보낸 편지는 전혀 사실이 아닙니다. 이 야단법석의 특징을 말하자면, 이것은 반유대주의적 왜곡이 전혀 없이 진행되었다는 점이었습니다. 저는 이 야단법석에서 어떤 '운동'이나 명료한 이데올로기도 없으나 사회, 즉 대중사회 자체의 자궁에서 발생하는 전체주의적 요소를 보았습니다.

특히 현재 유대인이 직면한 문제는 이러합니다. 즉 그들은 재앙이 항상 반유대주의적인 모습으로 나타나야 한다고 굳게 확신하고 있다는 점입니다. 그 관점에서 볼 때, 모퉁이에서 신문을 파는 소박한 유대인과 블루멘펠트는 완전히 일치하고 있습니다. 제가 블루멘펠트에게 이런 말을 했다고 가정하지요. 즉 매카시는 자신이 반유대주의자가 아니라는 것을 입증했고,

---

[86] 이것은 게르트루트 야스퍼스가 아렌트에게 보낸 1954년 8월 29일자 편지를 말한다.

미국에는 지금처럼 반유대주의가 거의 적었던 적은 없었다. 그러면 블루멘펠트는 이런 주장을 통해 내가 매카시를 지지하고 있다는 결론을 내립니다.

잡지에 대단히 감사합니다.[87] 사진은 멋있습니다. 제가 본 사진 가운데 가장 멋있습니다.[88]

레니 비에루조프스키는 당신의 상황을 우리에게 약간 언급했습니다. 이 때문에 저는 그곳에 가고 싶었습니다. 그녀를 어떻게 상대할지 알기는 어렵지만, 우연히 만나는 것 역시 불가능합니다. 그녀를 계속 만나는 것은 좋은 일입니다. 그것은 그녀에게 큰 의미가 있습니다.

저는 블루멘펠트로부터 편지를 이미 받았습니다. 열정적이고 행복하군요. 그는 다음과 같이 말하더군요. 즉 그는 당신 집을 "더 나은 사람으로서 떠났으며", 누구든 "…와 같은 사람보다 당신과 함께 유대인의 동화에 대해 더 훌륭하게 말할 수 있었다오." 이런 언급 다음에 제가 조심스럽게 간직할 명단이 보였지만, 여기에는 예루살렘대학교의 교수들이 거의 모두 포함되어 있습니다. ― 그가 저의 '어리석음'에 대해 어떻게 생각하는지 모르지만, 그는 사람을 보는 안목이 있기에 아마도 옳을 것입니다. 게다가 아무도 어리석음에 대해서 할 수 있는 일이 없지만, 누군가 어리석은 짓을 할 때까지 참을성 있게 기다립니다. 누구나 어리석은 실수에도 생존합니다. 어쨌든, 걱정하지 마세요. 염려해주신 데 대해 감사드립니다.

우리는 9월 초까지 뉴욕으로 돌아가지 않습니다. 하인리히는 이미 바드대학으로 복귀했습니다. 그는 매주 목요일 일찍 또는 오후 늦게 집으로 왔다가 월요일 다시 갑니다. 일은 잘 진행되고 있습니다. 저는 정치학회 학술회의를 위해 시카고에 있었고, 지금은 혼자서 상당 시간을 보내면서 끔찍한 작업, 즉 독일어판 저서를 마무리하고 있으며, 하버드대학교와 오버린

---

[87] *Du: Schweizerische Monatsschrift*, no. 9(September 1954). Special Issue: *Die Philosophie im Bilde*.

[88] Claire Roessiger's photo of Jaspers, p. 42.

대학 강의, 그리고 다른 작은 일들을 유지하고 있습니다. 저는 『대외 문제 Foreign Affairs』에 게재한 당신의 논문,[89] 『합류 Confluence』에 게재한 당신의 논문[90]에 대해 글을 쓰고 싶지만, 완전히 동의를 표시하였고 『대외 문제』에 게재한 논문을 특히 읽었다는 사실을 단지 말하고 싶습니다.

저는 '불트만'에 대해 조금 다르게 느낍니다. 몇 가지 점에 동의하지 않습니다. 그러나 당신은 두 번째 논문에서 개인적인 쟁점을 모두 매우 멋지게 고쳐 썼습니다. 저는 대체로 첫 번째 논문보다 두 번째 논문을 좀더 좋아합니다.

다시 편지를 보낼 것이며, 이 편지에서는 횡설수설함을 양해하시기 바랍니다. 두 분께서 잘 있으시고 늘 그렇듯 따뜻한 인사를 받아주세요.

한나 올림

편지 161　야스퍼스가 아렌트에게

바젤, 1954년 11월 27일

친애하는 한나!

나는 아직도 10월 6일자 당신의 친절한 편지에 답장하지 못했소. 또다시 구술 편지를 보내는 것에 대해 양해하오. 그러면 당신은 적어도 안부를 받을 수 있을 것이오.

블루멘펠트는 몇 편의 에세이를 나에게 보냈다오. 언젠가 한번 이것들을 읽고 그에게 답장을 해야 하지만, 답장을 확실히 할 것이오.

---

[89]　Karl Jaspers, "The Political Vacuum in Germany," *Foreign Affairs* 32(1953~1954): 595-607. 이것의 독일어본은 없다.
[90]　Karl Jaspers, "The Fight Against Totalitarianism," *Confluence* 3, no. 3(1954): 251-266. 독일어본은 다음과 같다. "Im Kampf mit dem Totalitarismus," in Karl Jaspers, *Philosophie und Welt*, 76-96. 편지 226의 각주 19를 참조할 것.

미국의 유대인에 대한 당신의 논평은 우리에게는 대단한 위안이었소. 우리는 이 영역에서도 모든 소문보다도 당신의 판단에 더 의지할 수 있소. 대중사회에서 유래하는 전체주의의 생성에 대한 당신의 우려와 관련하여, 이것들은 확실히 매우 정당하오. 당신과 당신의 저작은 그런 생성에 대한 지적 투쟁의 절정에 있네요. 결국, 누구도 이론적 견해에서나 진단에서도 역사 과정을 통제할 수 없다오. 누구도 실제로 조망할 수 없는 대립 세력의 전투에서 자기 자신을 위해 살고 싶은 것은 누구나 알 수 있는 모든 것이오. 우리의 이해와 외적 경험이 오늘날 우리에게 거의 강요하는 관점은 끔찍하오. 지적으로 주요 임무는 그 관점에서 변경할 수 없는 성격을 추방할 수 있는 비판적 입장과 이념을 발전시키는 것이오.

당신이 원할 때 언제나 나의 불트만 비판에 대한 당신의 의구심, 반대 이유, 불만이 무엇인지 나에게 말해주오. 나는 당신의 판단과 관점에 큰 비중을 두고 있소. 당신은 나에게 교정하라고 촉구할 수 있소. 이것을 쓰는 당신은 분명히 약간의 노력을 해야 할 것이오. 나는 이 일에 관한 당신의 입장을 나에게 분명하게 하려는 충동이 당신을 사로잡을 때가 오기를 바라오. 이 소책자는 놀라울 정도로 따뜻한 반응을 얻고 있다오. 초판은 6,000부였고, 재판은 1월로 계획하고 있소.

당신은 이미 많은 강의를 했고, 곧 서부로 향하게 될 것이오. 당신은 강연하고 토론하며, 확실히 사람들을 깨어나게 하고 정치와 자유로운 인간 실존과 같은 중대한 문제에 대해 그들에게 생각하게 할 것이오. 그곳에 있을 당신을 상상하니 즐겁다오. 나는 단지 기증본 두 권만을 받았기에 당신에게 미국에서 출판한 논문 두 편을 보내지 않았다오. 그러나 당신은 이것들을 직접 찾았고 읽었소. 고맙소. 당신이 이것들에 동의하니 기쁘구려. 당신의 훌륭한 책에 대한 찬사를 소홀히 하였소. 이를 회고하면서 나 자신에게 약간 짜증이 나오. 이것을 빠뜨리거나 더 자세히 말했어야 했소.[91] 나는 당신이 그것으로 화를 내지 않기를 바라오.

조만간 피터 발츠[92]가 당신을 방문할 것이오. 당신이 생모리츠에서 그의 어머니를 알았기에, 나는 당신이 그를 만나는 데 관심이 있을 것으로 상상하오. 우리는 그를 좋아하오. 그는 취리히 연방공과대학교[93]에서 시험에 통과하였고, 현재 미국에서 담배 문제를 연구하고 있으며, 소유주 가족에 속하기에 결국에는 스위스 담배회사의 최고 경영진으로 이동할 것이오. 그는 좋은 젊은이오. 그는 현대 생활의 사치에 너무 많은 즐거움을 느낄지 모르지만 더럽혀지지 않았다오. 그는 훌륭한 사랑과 결혼 가능성에 대해 위험할 정도로 비관적인 견해를 가지고 있소. 내 생각에, 그는 자신에게 적합한 방식으로 이 가능성을 실현하려고 했지만, 주저하고 우울해 하며, 불쾌하지 않은 작품과 동화를 쓴다오(이것은 비밀이오. 그는 우리에게 이런 것들을 보여주고, 다른 사람들은 물론 알아서는 안 되기 때문이오). 나는 당신이 이 청년의 마음을 약간 열어줄 수 있다고 상상할 수 있소. 그러나 그것은 적절한 순간에 좌우될 것이며, 당신은 어떤 경우에도 그를 위한 시간이 거의 없을 것이오.

당신과 남편에게 따뜻한 안부를 전하고 행운이 있기를 바라오.

야스퍼스

아내도 안부를 전해달라오. 당신이 언제 유럽 여행을 할지 벌써 알고 있는지요?

---

91 『합류』에 있는 중대한 문장은 다음과 같다. "나의 일반적 승인의 관점에서 볼 때, 조사방법 및 자료에 대한 평가와 관련한 나의 이견은 무시해도 될 정도이다"(256쪽). 야스퍼스는 다음 독일어판에서 이 언급을 이용하였다. *Philosophie und Welt*, 83.

92 피터 발츠(Peter Waltz, 1931년 출생)는 로테와 빌헬름 발츠 부부의 아들(편지 102의 각주 402 참조)이며 화학자였다.

93 취리히 연방공과대학교.

편지 162 아렌트가 야스퍼스에게

버클리 4, 캘리포니아, 1955년 2월 6일

친애하고 존경하는 분께—

당신은 아마도 제가 사라졌다고 생각할 것입니다. 그리고 이 생각은 제가 서양 세계의 맨 끝에 안전하게 도착했다는 의미에서 부분적으로 맞습니다. 말하자면, 동양(중국)은 이제는 동쪽이 아닌 서쪽에 있는 지점입니다. 이곳의 여행은 기대 이상으로 엄청나게 신나고 아름답습니다. 로키산맥이 갑자기 솟아오른 대평원을 가로질러 감탄스럽도록 놀라운 암석층이 있습니다. 강으로 끊어진 경우를 제외하고 끊어지지 않는 평야는 대륙의 경관에서 가장 중요한 특징입니다. (제가 기차로 3일 낮과 3일 밤 여행하는 동안) 눈앞으로 펼쳐진 대륙의 전체 모습은 마치 누구든지 창조의 증인인 것처럼 느끼게 합니다. 그리고 태양이 눈 덮인 황야나 산 위로 뜰 때, 그 모습은 이렇게 보입니다. 즉 "그 순간에 그*는 고통을 불쌍히 여기는 아침노을을 창조했습니다."[94] 저는 오늘 리스본과 같지만 엄청난 규모의 아름다운 도시인 샌프란시스코에 있었습니다. 태평양! 대서양과 비교해 완전히 다르고 더 크며 위험스럽군요. 검은 모래도 있네요.

다른 경우에, 저는 이곳에서 약간 외로이 앉아서 이 모든 것이 어떻게 될지 생각합니다. 수업은 일주일 후에 시작합니다. 캠퍼스는 믿을 수 없을 정도로 풍요롭고 도서관에는 대리석 등이 있습니다. 저는 학생들이 어떤지 아직은 모릅니다. 교수진은 활기가 별로 없습니다. 철학은 의미론에 빠져 있으며, 이것마저도 삼류입니다. 그런데도 대학은 여기에서 좋은 평판을 받고 있습니다.

저는 좋은 보살핌을 받는 교직원 클럽의 숙소에 머물고 있습니다. 모든

---

* 옮긴이_ 하느님.
94 괴테, 「다시 발견하다(Wiederfinden)」, 『서동시집(West-Ostlicher Divan)』 제4연.

것이 매우 편안하지만 사치스럽지는 않습니다. 사치는 학생들과 이사회를 위한 것입니다. 교수진은 제멋대로는 아닙니다. 학생들은 미래의 기증자이며 교수들보다 더 상당히 중요합니다. 이것은 동부에서도 근본적으로 전혀 다르지 않습니다. 그러나 사람들은 그것을 알아채지 못합니다. 저는 여기 학생들이 교수들에 대해 작성하도록 권장하는 설문지를 동봉합니다.[95] 동부에도 비슷한 것이 있지만, 저는 아직 이와 같은 것을 보지 못했습니다. 당신은 이것을 통해 민주주의가 얼마나 쉽게 중우정치로 바뀔 수 있는가를 실제로 볼 수 있습니다.

저는 괴센 총서[96]를 읽은 지 많은 세월이 지나서 당신의 작은 괴센 총서 책을 아주 기쁜 마음으로 다시 읽고 있습니다. 이곳 초급 세미나에서 이 책을 이용할 것입니다. 이 세미나에서 제1차 세계대전으로 시작하여 우리 시대의 기본적인 정치 경험을 다룰 것입니다. 저는 학생들이 이것에 대하여 어떤 말을 할지 궁금합니다!

그 밖에도, 저는 브랜다이스대학교(몇 년 전에 설립되어 잘 운영되는 유대인 대학교)에서 보낸 편지를 이곳에서 받았습니다. 대학 측은 편지에서 당신이 1년 동안 이곳에 머물 의향이 있는지에 대해 저에게 질문했습니다. 여기는 어떤 제안이 항상 특정한 명성을 지니는 프린스턴대학교가 아니기에, 당신이 별도의 편지를 쓰지 않도록 제가 바로 거절할 것입니다. 저는 당신이 괜찮기를 바랍니다.

저는 현재 품위 있는 편지를 쓸 수 없습니다. 우선 정착해야 합니다. 지난 몇 개월은 끔찍했습니다. 저는 제 책의 독일어판을 끝내고 브로흐의 에세이집 두 권[97]을 서둘러 편집하고 여기에서 대비해야 합니다. — 그런데

---

[95] 많은 대학은 강사들의 강의 수준에 대한 학생들의 판단을 결정하기 위해 이런 종류의 설문지를 이용했다.
[96] 편지 19의 각주 19를 참조할 것.
[97] 편지 125의 각주 492를 참조할 것.

피터 발츠는 연락하지 않았습니다. 아마도 그는 여기에 나타날 것입니다. 저는 그의 어머니를 잘 기억합니다. 생모리츠에서 모든 시간이 얼마나 멋있었는지요!

저는 이런 법석에도 불구하고 유럽 여행을 준비하고 있습니다. 하인리히는 다음과 같이 말합니다. 제가 즐길 수 있을 때 세계를 보며 이곳저곳을 돌아다니지 않는다면, 저는 자신(즉 하인리히 자신)과 같아지며 자신이 했던 것과 똑같이 일에 몰두할 것이라는군요. 그래서 전적으로 가능하다면, 저는 역시 올해 유럽에 갈 것입니다. 이제 하인리히는 절대 가지 않으려 합니다. 그래서 우리의 원래 계획은 헛수고가 될 것입니다. 그러나 그의 학기가 시작되는 9월에 저는 결국 비행기를 타고 갈 것입니다. 로마―아테네―예루살렘을 여행하는 큰 계획입니다. 그래서 1년 안에 저는 서양 세계 전체를 여행하게 될 것입니다. 그리고 이 여행은 제 영혼을 다시 안정시킬 것입니다. 세계는 정말 아름답습니다.

모든 것이 너무 멀리 떨어져 있는 것 같으며, 이번 학기는 제가 먼저 넘어야 하는 거대한 산과 같습니다. 그러나 언제 어떻게 방문하는 것이 당신에게 좋을지 지금 묻고 싶습니다. 저는 학기 중에 당신을 방해하지 않도록 본래 목적의 여행 이전에 바젤로 갈 수도 있다고 생각했습니다. 어떻게 생각하시는지요? 그렇다면 저는 취리히로 바로 날아갈 것이며 그곳에서 로마로 갈 것입니다.

저는 쉴프로부터 전갈을 받았습니다. 그는 뉴욕에 있는 저에게 자신의 번역본 일부를 보내고 싶어 했습니다. 저는 그에게 조금 기다려야 할 것이고 그가 번역본을 모두 여기로 보내는 게 좋다고 말해야 했습니다. 저는 떠나기 전에 이것을 할 수 없었으며, 이후 그로부터 다시는 소식을 듣지 못했습니다. 그런데 그 계획도 언젠가 빛을 볼 것입니다.

아마도 당신은 조수와 함께 자유로운 시간을 찾을 수 있을 것이며 저에게 두 분이 어떻게 지내는지 몇 자 적은 편지로 알려주실 수 있을 것입니다. 두 분의 생신이 곧 다가옵니다. 제가 언젠가 두 분 생신에 얼마나 가고 싶은지! 모든 것이 잘 되길 바랍니다.

따뜻한 안부를 전하며
한나 올림

편지 163 야스퍼스가 아렌트에게

바젤, 1955년 2월 18일

친애하는 한나!

  당신의 편지가 아내와 나에게 큰 기쁨을 주었다오. 당신이 여행과 기대 상태를 얼마나 훌륭하게 묘사했는지요. 당신은 여전히 젊은 시절처럼 세계가 참신하고 새롭다는 것을 볼 수 있소. 당신과 우리가 경험한 것은 어쨌든 참으로 놀랍구려. 당신이 로마·그리스·예루살렘에 가고 싶다니 얼마나 좋으며, 하인리히가 당신을 격려하니 얼마나 좋은가요. 우리가 간과한 것은 나중에 만회할 수 없네요. 우리가 당신을 다시 볼 수 있다면 좋을 것이오. 나는 내년 겨울에는 휴가가 승인된다고 가정하고 일주일에 한 번 세미나 같은 콜로키움을 제외하고는 휴가를 낼 계획이오. 그럼 지중해 여행 이전이나 이후에 언제나 환영이오. 9월 칸에 갈 우리 계획은 발츠 박사의 갑작스럽고 심각한 심장 질환 때문에 아직 정해지지 않았다오. 그러나 우리의 모든 계획은 잠정적일 뿐이오. 시간이 더 가까워지면, 우리는 확실한 준비를 할 것이오. 나는 종종 당신과 내면의 대화를 하오. 당신과 공유할 게 많네요. 우리가 함께 앉아 있을 때 활기찬 이야기를 나누었으면 좋겠소.

  나는 지적으로 어느 정도 지명도가 있지만, 아마도 당신이 인간적 관점에서 아무것도 없다고 느낄 버클리캠퍼스의 두 사람을 우연히 안다오. 나는 당신에게 그들을 묘사하고 싶구려. 그들이 모두 이곳 하이델베르크의 분위기를 떠올려 주기 때문이오. — 그들 가운데 한 사람은 올스키요.[98] 그는 최근 우리를 방문했다오. 그는 분명히 철학적인 독창성과 지적으로 중요한 문제에 관계가 있는 방대한 지식을 지닌 일류 연구 학자라오. 동시에, 그의 전망은 아무것도 감동하지 않는 완전한 회의론자의 전망이오. 올스키가 레오나르도에 관해 쓴 것은 거의 경멸적이오. 반면에, 갈릴레오는 위대한 인물이오.[99] 얼마 전에 올스키는 매우 복잡하면서도 정통한 출처에 따르는 결정적인 방법으로 단테[100]에서 "벨트로"[*]의 의미를 명확하게 했다오. 단테가 예언자라고 느끼는 방식에 대해서 더는 의심하지 않는다오. 내가 최근 이 문제와 관련하여 올스키에게 질문했을 때, 그는 다음과 같이 말했소. 즉 "네, 나는 적절한 점성술 자료를 이용함으로써 이 문제에 대한 확정적인 해석을 제안했다고 생각합니다. 적어도 단테에 어떤 신비가 있다면, 이것은 해결됩니다." 그는 이제 마르코 폴로[101]와 다른 전략을 선택했지만, 완전히 새롭고 중요한 것을 다시 발견했다오. 그는 이 연구계획을 진행하면서 중국어를 배웠고 중국 시를 쓸 수 있소. 내가 이에 대해 놀라움을 표현했을 때, 그는 "나는 언어에 재능이 있습니다"라고 말했다오. 또 나는 그가 충성 서약[102]에 서명하기를 거부하고 결과적으로 지위를 상실한 버클리캠퍼스의 교수들에 속한다는 것을 알았소. 이에 대해 질문을 받자, 그는 다음과 같이 말했다오. "나는 그것을 미룰 수 없습니다. 아버지가 아주 많은 재산을 나

---

[98] 레오나르도 올스키(Leonardo Olschki, 1885~1961)는 1908~1932년 하이델베르크대학교에서 가르친 고대 로마 연구자였다.
[99] 다음 자료를 참조할 것. L. Olschki, *Geschichte der neusprachenlichen wissenschaftlichen Literatur*, 3 vols.(Heidelberg, 19191-); 레오나르도에 관해서는 특히 제1권 252-413쪽을 참조하고, 갈릴레오에 관해서는 제3권을 참조할 것
[100] Leonardo Olschki, *Dante "Poeta Veltro"*(Flolence, 1953).
[*] 옮긴이_ veltro; 시의 상징.
[101] 이 정보는 아마도 구두 소통에서 유래했다. 올스키의 저서 『마르코폴로의 아시아(*L'Aisa di Marco Polo*)』는 1957년까지는 출간되지 않았다.
[102] 전쟁 중이나 직후지만 특히 매카시위원회 시기에 다수의 주는 선생들로부터 충성 서약을 요구하는 법을 통과시켰다. 1949년 캘리포니아대학교는 현재 주정부의 요구 조건에 선생이 공산당에 소속되지 않아야 한다는 명백한 선언을 첨가했다. 서약에 서명하기를 거부한 31명의 교수는 해고되었다.

에게 남겼기에, 나는 이것으로 겸손하지만, 매우 품위 있게 살 수 있습니다. 그리고 어쨌든 미국인들은 나에게 많은 돈을 주지 않았습니다." 나는 여러 해 동안 올스키를 알았으며 한계가 있기는 하지만 그에 대해 어느 정도 공감하오. 올스키는 에른스트 로베르트 쿠르티우스[103]가 이전에 맡았던 자리를 물려받았다오. 이때 나는 그가 처신했던 방식을 당신에게 말했는지요? 이 일은 내가 개인적으로 말해야 할 다소간 복잡한 이야기요. 이후, 군돌프와 나는 그의 임명을 강행한 것이 그리 기쁘지 않았다오. 그의 전공 분야에 또 다른 사람을 임명할 때가 되었고, 우리가 그 당시 최고의 낭만주의자인 아우어바흐[104]를 원했을 때, 올스키는 절대적으로 하찮은 사람을 위해 열정적이고 성공적으로 논쟁했기 때문이오. 나는 그에게 무례한 말을 했소 — 나는 가끔 그런 일들을 흘려보내는 것 같구려. 그리고 그는 한동안 나에게 인사를 하지 않았다오. 1933년 그는 상황을 즉시 파악했고, 로마에서 객원 교수직에 초빙되었으며 나중에 하이델베르크대학교로의 복귀를 기대하지 못한다는 점을 베를린에 확인시켰다오. 그래서 그는 로마에서 1년 동안 하이델베르크대학교의 봉급을 받았고 여전히 하이델베르크대학교의 명예교수로서 연금을 다 받고 현재는 미국에서 이 연금을 받고 있소. 그는 결혼했지만 아이는 없소. 그는 이젠 유럽에서도 살고 싶어 하지 않으며 실제로 미국에서도 살고 싶어 하지 않는다오. 그는 다음과 같이 말했다오. "미국인들은 정신을 두려워합니다. 그러나 나는 버클리캠퍼스 도서관만큼 좋은 도서관을 본 적이 없습니다. 미국인들은 책을 수집하고, 내가 더 훌륭하게 연구할 수 있는 곳은 없습니다."

다른 사람은 부코프처[105]라는 사람, 즉 음악학 정교수이고 하이델베르크

---

[103] 독일 문학사가인 쿠르티우스가 1929년 본으로 이동했을 때, 올스키는 하이델베르크대학교에서 쿠르티우스의 후임자가 되었다.
[104] 에리히 아우어바흐(Erich Auerbach, 1892~1955).
[105] 만프레드 부코프처(Manfred Bukofzer, 1910~1955).

대학교 출신 학생이며 나의 고향 올덴부르크의 동향 사람으로서 아흐텐부르크 거리에 있는 훌륭한 의료가계의 집안 출신이오. 그는 일찍이 바젤로 이주하여 박사학위를 받았으며 약혼하였으나 결혼하지 않았다오. 국제협정을 고수하는 스위스는 독일인들을 통치하는 히틀러의 법을 존중했기 때문이오. 그래서 그는 미국으로 이주했고, 이제는 얼굴에 함박웃음을 지으며 농담으로 "히틀러 만세"라고 말하오. 그의 인생 항로는 이보다 더 좋을 수 없었다오. 나는 그가 상당히 성공했다고 이해하오. 그는 함께 대화하는 데 관심이 있지만, 나는 그를 배려하지 않는다는 점을 인정해야 하오. 내가 보기에는 경멸적이고 이기적인 태도가 그에게 유리한 것 같소. 그러나 아마도 나는 틀렸을 수 있소.

당신이 나에게 보낸 질문지는 실제로 주목할 만하오. 나는 많은 사람에게 이것을 보여줄 것이오. 당신은 미국의 정신에 관한 골로 만의 새 책을 아는가요?[106] 아니면, 나에게 알려주오. 그 책을 당신에게 보낼 것이오. 나는 이 책이 당신에게는 새로운 것을 확실히 포함하고 있지 않겠지만 가치 있다고 생각하오. 나는 그의 사유 방식을 매우 좋아하오. 그가 미국의 중국 정책에 대해 말하는 것은 나에게는 훌륭해 보이지만, 그 밖에도 많은 것들이 있다오.

당신은 지금쯤 강의를 하고 있겠지요. 강의로 매우 바쁜 시간을 보낼 것이오. 나는 당신의 다음 보고를 간절히 바라오.

오늘은 나 자신에 관한 사항은 쓰지 않을 것이오. 내가 부지런하긴 한데, 계획은 야심 차고 훨씬 더 많아 보이오. 글쎄, 당신은 시간이 충분하다는 가정에서 하는 말이지만, 노년에도 산다는 것이 더 좋다오. 그리고 책을 집필하는 이런 일은 어쨌든 즐거운 일이오.

---

[106] Golo Mann, *Vom Geist Amerikas: Eine Einführung in amerikanisches Denken und Handeln im zwanzigsten Jahrhundert* (Stuttgart, 1954).

쉴프는 느림뱅이라오. 나는 얼마 전 그를 조금 재촉했다오. 그는 변명을 제시하였지만 명확한 확답을 하지 않았소. 그는 올해 마치기를 희망한다오. 분명히 해야 할 모든 것은 쉴프가 책임지고 있지만, 당신이 교정하고 있는 나의 에세이 두 편을 번역하는 것이오. 그는 가까운 미래에 그것을 끝내지 못할 것이오. 당신이 모든 것을 동시에 원하고 편리한 시간에 그것을 훑어보고 싶어 하는 것은 전적으로 옳소. 내가 '편이'에 대해 언급하는 것은 모두 좋구려. 쉴프가 번역을 맡은 만하임 박사에게 번역비를 지출한다면 얼마나 좋을까요. 당신의 판단에 따르면, 번역은 역시 지금까지 좋다고 입증되었소. 그러나 쉴프는 이 계획에 돈을 투자하고 싶어 하지 않는다오.

내가 경험을 통해 알고 있듯이, 당신은 지금쯤 일에 몰두할 것이오. 그러나 당신에게 여분의 시간이 있다면, 한두 줄 편지를 쓰도록 이것을 이용하시오.

모든 소망을 담아서

야스퍼스

편지 164 아렌트가 야스퍼스 부부에게

1955년 2월 28일

친애하고 존경하는 분들께—

당신들도 아시듯이, 저는 올스키의 집으로 바로 갔습니다. 사막에 있는 오아시스입니다. 당신들은 우리의 생각에 많이 있었습니다.

한나 올림[107]

---

107 그림엽서에 쓰인 안부 인사 밑에 다음 내용이 첨가되어 있다. "조만간 아렌트 부인은 이 특정한 사막에서 이 품종의 낙타를 더 많이 발견할 것입니다. 따뜻한 안부를 전하며, 레오나르도와 카테 올스키로부터."

편지 165　아렌트가 야스퍼스 부부에게

버클리, 1955년 3월 26일

친애하는 친구분들께—

제가 여전히 '지구의 끝'*에서 매우 많은 것을 느끼고 있었을 때 처음으로 두 분의 편지108를 받은 것은 아주 좋았습니다. 저는 여기에서 상황이 실제로 어떤가를 우선 생각하고 싶기에 답장하기 위해 약간 기다렸습니다. (제가 보낸 설문지는 분명히 결국 이용되지 않았습니다. 그것은 큰 서류철에 놓여 있던 우리 아파트에서 갑자기 묘하게도 사라졌습니다. 그것은 물론 설문지의 의미를 전혀 바꾸지 않습니다.)

제가 이곳 상황을 보고하기 전에 언급할 사항입니다. 편지에 쓴 바와 같이, 저는 유럽을 방문하기로 하자마자 문화자유회의로부터 9월 밀라노 국제학술회의109 — 모든 경비 지급! — 초청장을 받았습니다. 당신도 아시듯이, 좋은 관리보다 진정 더 좋은 행운입니다. 저는 9월 6일 이전에 뉴욕을 떠날 수 없어서 12일에 밀라노에 도착해야 합니다. 제가 먼저 방문하든지 (칸을 방문하는 계획이 아마도 실현되지 않으리라는 점은 얼마나 애석하며, 제가 아주 정답게 기억하는 발츠 부인110에게 얼마나 애석한지), 아니면 11월에 방문하는지는 실제로 당신에게 달려 있습니다. 이것을 서두를 필요가 없으며, 당신이 시간을 두고 결정하십시오. 제가 먼저 당신에게 가지 않으면, 저는 바로 비행기를 타고 이탈리아로 갈 것이며, 전혀 알지 못하는 베네치아에서 며칠 머물 것입니다. 그리고 또한 아테네에 있는 철학 교수를 소개하고 싶습니다.111 저는 그

---

*　옮긴이_ 캘리포니아를 뉴욕과 지리적으로 대비시킴.
108　편지 163, 그리고 1955년 2월 15일자 게르트루트의 편지.
109　문화자유회의가 「자유의 미래」라는 주제로 주관한 이 국제학술회의는 1955년 9월 12~17일 밀라노에서 개최되었다. 아렌트는 「20세기 전체주의와 권위주의 정부 형태의 등장과 발전」이란 주제로 발표했다. 국제학술회의 측은 그의 발표문을 당시 학술회의에 제출된 논문 모음집, 『자유의 미래』에 타자 인쇄물(봄베이, 1955, 180-206쪽)로 출간했다.
110　게르트루트는 발츠 박사가 심장 질환으로 어려움을 겪고 있다는 내용의 편지를 아렌트에게 보냈다.
111　요하네스 테오도라코폴로스(Johannes N. Theodorakopoulos)는 하이델베르크대학교에 재직하

곳의 영혼을 모릅니다. 그러나 꼭 그럴 필요는 없지요!

저는 당신의 제안으로 올스키에게 편지를 보낸 이후 곧 그를 알게 되었습니다. 그는 실제로 학자이며 아주 좋은 글을 몇 편 썼습니다. 그리고 저는 그를 다시 볼 것입니다. 그러나 제가 그곳에서 보낸 우편엽서의 내용은 전혀 솔직하지 않았습니다. 레오나르도 올스키, 특별히 그의 부인 카테는 제가 편지 쓰는 것을 원했으며, 저는 이것을 편지 내용으로 담았기 때문입니다.

저는 가끔 그런 일이 있습니다. 이곳이 아름다운 사막, 즉 모든 사막 가운데 가장 아름다운 사막인 것도 어쩐지 사실입니다. 유일한 문제는 올스키 부부가 더는 저에게 오아시스가 될 수 없다는 점입니다. 저는 그 순수한 문화 세계로 돌아갈 수 없습니다. 이 세계는 전혀 순수하지도 않습니다. 올스키 부인은 ― 우편엽서를 보낸 이후지요! ― 자신이 마치 여기 "아프리카인 마을"에 있는 것같이 느꼈다고 말했습니다. 저는 정말 그 말에 격분했습니다. 저는 올스키와 관련하여 같은 종류의 짧은 편지를 부코프처에게 보냈지만, 답장을 받지 못했습니다. 이후 올스키의 집에서 부코프처를 만났습니다. 당신은 그에 대해 옳습니다. 그러나 올스키는 진정한 학자이며, 저는 그를 존경합니다.

오아시스라는 주제에 관한 사항입니다. 제가 발견한 첫 번째 진정한 오아시스는 제 책을 읽었고 영어로 구할 수 있는 당신의 책들을 모두 읽고 있는 샌프란시스코 출신 항만노동자의 모습으로 나타났습니다. 그는 프랑스 도덕주의자들의 태도로 편지를 쓰고 역시 출판합니다. 그는 모든 것, 또한 당신에 관한 모든 것을 알고 싶어 했으며, 우리는 바로 친구가 되었습니다. 그는 왕이 귀한 손님에게 왕국을 보여주는 방식으로 저에게 샌프란시스코를 보여주었습니다. 그는 일주일에 3~4일만 일합니다. 그가 필요로 하는

---

1 던 야스퍼스 밑에서 철학을 연구했다.

것은 그것뿐입니다. 그는 나머지 시간은 읽고 생각하고 쓰고 산책합니다. 그는 이름이 에릭 호퍼[112]로 독일 배경을 가지고 있지만, 독일에 대해 어떠한 지식도 없습니다. 저는 당신에게 호퍼에 대해 말하고 있습니다. 그런 종류의 인간은 단지 이 나라가 제공해야 하는 가장 훌륭한 존재이기 때문입니다. 그리고 제가 동료를 통해 그를 만났다는 사실, 호퍼가 대학에 많은 친구가 있다는 점을 잊지 마세요. 당신은 그를 올스키의 집으로 데려갈 수 없으며, 그것은 올스키에게 불리하게 작용합니다.

저의 두 번째 오아시스는 이곳 클럽에 있는 매우 젊은 하찮은 이웃입니다.[113] 그녀는 아직 박사학위가 없습니다. 그러나 그녀의 방은 플라톤·아리스토텔레스·칸트·헤겔의 책들로 가득 차 있습니다. 그녀는 서부 출신이고 매우 가난한 부모의 자식입니다. 그녀는 총명하고 착하며, 마치 자신이 이웃 마을에서 온 듯이 화장을 한 저에게 친숙합니다.

제 강의와 세미나는 실제로 잘 진행됩니다. 학생들은 어쨌든 만족하고, 저는 다른 학과, 특히 역사학과의 많은 학생을 끌어들이고 있습니다. 그러나 철학자들도 참여하고, 심지어 이론물리학자들도 참여합니다. 애석하게도, 우리 학과 교수들은 특별히 마음이 언짢습니다. 젊은 강사 한 사람을 제외하고 제 동료들에 대한 어떠한 말도 낭비할 가치가 없습니다. 그리고 학생들은 같은 특성을 드러내고 있습니다. 저는 고급 세미나보다 새내기들의 초급 세미나가 훨씬 더 재미있습니다. 그런데 새내기들은 모험하려는 용의가 있으며 때 묻지 않고 총명합니다. 하지만 유감스럽게도, 제 강의는 역시 만원입니다. 이러저러한 이유 때문이지요. 이미 조금 과로했지만, 이게 저에게 아무런 해가 되지 않을 것입니다. 저는 초급 세미나에서 당신의

---

112 에릭 호퍼(Erich Hoffer, 1902~1983)는 사회철학자로서 이후 캘리포니아대학교 버클리캠퍼스에서 강의했다. 그의 첫 저서는 『맹신자들(*The True Believer*)』이다. 그는 1983년 2월 미국에서 가장 높은 시민상인 대통령 자유 훈장을 받았다. 그는 "아니, 나는 부두노동자가 아니오."라고 말함으로써 "당신은 지식인"이라는 발언으로 대응했다.

113 Beverly Woodward. 편지 224를 참조할 것.

『현대의 정신적 상황』 및 『역사의 기원과 목표』를 읽힐 것입니다. 학생들은 우선 처음의 충격을 벗어나면 독서를 상당히 즐길 것이고, 조금만 노력하면 책의 내용을 완벽하게 이해할 수 있다는 사실을 깨달을 것입니다. 그러나 초급 세미나에는 80명의 학생이 참여했기에, 저는 가끔 원형 연기장에 있는 서커스 감독처럼 느껴집니다. 고급 세미나의 주제는 전체주의로 제한됩니다. 그런데 장학금을 받고 이곳에 온 독일 학생들이 몇 명 있습니다. 이들 가운데 한 학생은 매우 훌륭합니다. 그리고 유대인들에게 일반적으로 할당 정원이 있습니다. 일부는 독일계 배경을, 다른 일부는 미국계 배경을 갖고 있습니다. 전체적으로 25명의 수강생이 있으며(이 숫자는 이곳 고급 세미나에는 너무 많습니다), 저는 20명의 수강생으로 고민할 필요는 없습니다.

저는 골로 만의 책을 알지 못합니다. 이것을 매우 읽고 싶지만, 현재는 그렇지 못합니다. 이 정신없는 곳에서 마음의 평화를 얻지 못합니다. 한 가지 사항은 저에게 매우 분명합니다. 줄곧 공적 세계에서 기능하는 것을 거의 견딜 수 없다는 단순한 이유로 가르치는 것을 결국에는 참을 수 없었습니다. 저는 이 세계에서 '어떤 사람'이고 뭇사람의 구경거리가 될 뿐입니다. 이것을 감당할 수 없습니다. 매주 일요일 저는 하인리히에게 전화하며, 우리는 마치 같은 방에 있듯이 대륙 전체를 가로질러 잡담합니다. 좋습니다.

항상 따뜻한 축복을 빌며
한나 올림

편지 166 야스퍼스가 아렌트에게

바젤, 1955년 4월 8일

친애하는 한나!

아내와 나는 당신의 편지를 받고 기뻤다오. 부두노동자와 "마치 이웃 마을에 있는" 소녀에 대한 당신의 묘사는 미국의 가능성을 얼마나 멋지게 기술하고 있는지. 당신이 "아프리카인 마을"이란 표현에 격분한 게 얼마나 옳은가. 편지를 읽었을 때, 당신이 자기 방식대로 살 수 있다는 사실 — 매주 대륙을 가로질러 남편과 대화하고, 틀에 박히지 않은 채 영원한 젊음 속에서 살 수 있듯이 교수로서 활동하고 첫 통찰력의 참신함으로 항상 사물을 보며 — 에 힘이 난다오!

당신이 올스키에 대해 쓴 편지 내용은 내 마음을 안정시켰다오. 우편엽서는 사실 나를 조금 놀라게 했다오. 그들에 대한 당신의 판단은 확실히 정확하오. 우리와 같은 사람들은 우리에게 그렇게 도움이 되는 학문적 성과를 존중하지 않을 수 없소. 그러나 학문은 진정 오아시스가 아니오.

당신은 언제 우리를 방문하려는지를 결정해야 하오. 결국에 우리가 칸에 갈 가능성이 여전히 있기에, 아마도 밀라노 학술회의 이후가 더 좋을 것이오. 내 생각에 우리는 정말 그럴 것 같지 않다오. 대담한 로테는 그것을 희망하고 원한다오. 그러나 나는 그녀가 앞으로 몇 달 동안의 어려움에 대해 다소 자신을 속이고 있을 수 있다는 점이 두렵구려. 그러한 심근 경색은 심각한 문제라오. 그녀는 자리를 지키며 세금 및 가사 문제뿐만 아니라 남편의 조교 겸 진찰 보조원과 업무 자체를 관리하고 있다오. 이때만 남편의 마음은 편안하다오. 남편의 상태에 급진적이고 예상치 못한 개선이 없는 한, 그녀 없이는 아무것도 할 수 없소. 그녀는 며칠 전에 여기 왔었소. 나는 다시 한번 그녀의 강인한 마음뿐만 아니라 다섯 아이와 자기 부모를 돌보려고 미리 준비하는 그녀의 합리성에도 감탄했고, 지금까지 아주 행복했던 삶에 끔찍하게 난입한 상황에 직면하며 유지했던 그녀의 평온한 믿음에도 감탄했소.

비공식적으로, 나는 다음 겨울에 완전한 휴가를 받았소. 아직은 이것을 비밀로 해야 하오. 신청은 공식적으로 진행 중이고, 이것은 꽤 오랜 시간이 걸리기 때문이오.

나는 『모나트』에서 라스키가 라이프치히 도서 전시회에 있었다는 것을 읽었소. 그는 당신의 위대한 저서가 도서 전시회에 눈에 띄게 전시되어 있다는 것을 보았다오. 그는 아주 놀랐다오. 바람직하지 않은 도서는 전시되더라도 어렴풋한 구석에 아무렇게나 꽂혀 있었기 때문이오. 전시자는 분명히 당신 책의 요지를 파악하지 못했는데, 그 책은 현재 동독에서 당당히 전시되고 격찬받고 있다오. 국가가 모든 판매를 통제하기에, 아마도 유용한 결과는 없을 것이오.

오늘은 성급히 편지를 보내오. 따뜻한 인사와 함께 당신과 남편에게 행운을 비오.

야스퍼스

편지 167 아렌트가 야스퍼스에게

1955년 7월 1일

친애하고 존경하는 분께—

제가 지난번 당신에게 편지를 보낸 이후 소용돌이가 본격적으로 시작되었습니다. 저는 이제 1주일 동안 집에 있으며 즐겁습니다. 일주일은 매우 좋았고 어쩐지 아주 재미있었습니다. 그러나 다시는 그런 일을 겪고 싶지는 않네요! 신기하게도, 제가 정말 참을 수 없는 것은 무엇보다도 — 매일 공적인 눈에 드러나는 — 정치적인 측면입니다. 하지만 그 외에는 매우 잘 되었고 앞으로 제가 하고 싶은 일들에 많은 도움이 되었습니다. 저에게는 유별나게 재능 있는 두 학생이 있었습니다. 한 학생은 텍사스주 출신의 남학생으로 구세군 장군의 아들입니다. 다른 학생은 실제로 올스키 부인의 아프리카인 마을 출신이었습니다. 그는 케냐에서 마우마우 봉기를 시작한 종족의 한 구성원입니다.[114] 저는 우리가 대화할 수 있을 때 그에 관해서 이

---

114 1949~1950년 영국의 식민 지배와 백인 통치에 저항한 케냐의 키쿠유족과 다른 종족 사이의 비

야기할 것입니다. 헤르더의 "인류의 새로운 범례"¹¹⁵가 존재한다는 가장 완벽한 증거입니다 — 저는 "이웃 마을의 소녀"(교수회관에 있는 저의 이웃)와 부두 노동자를 제외하고는 어떤 다른 우정도 형성하지 않았습니다.

저는 여기에서 즉시 여행을 조직하기 시작했습니다. 모든 일이 잘 진행되고 11월 초가 여전히 당신에게 괜찮다면, 저는 9월 1일 비행기로 여기에서 밀라노로 갔다가 그곳에서 가본 적이 없는 베네치아로 갈 것입니다. 제가 지금 계획하고 있듯이, 11월 4일 바젤에 갈 것이며, 그곳에서 취리히를 거쳐 프랑크푸르트와 쾰른으로 갈 것입니다. 그게 당신에게 괜찮은지요? 당신의 여행 계획은 어떤지요?

스탈링어의 보고서¹¹⁶에 대해 매우 고맙습니다. 저는 쾨니히스베르크에 관한 이야기를 밝힌 보고서의 첫째 부분 때문에 몹시 괴로웠습니다. 둘째 부분은 놀랍게도 제 세미나에 적합했습니다. 저에게는 독일어를 읽을 수 있는 학생이 몇 명 있었습니다.

틀리지 않는다면, 저는 어딘가에서 『수성』에 다시 게재한 셸링에 관한 당신의 강의록¹¹⁷을 읽었고 이에 완전히 동의했습니다. 그러나 이것은 너무 짧습니다. 당신은 그것으로부터 짧은 책을 만들어야 하는지, 아니면 그것은 당신의 세계철학사에서 발췌된 것인지요?

당신에게 말하고 싶은 다른 것이 있습니다. 저는 그게 당신을 기쁘게 할 것으로 생각하기 때문입니다. 제가 알지 못하는 미국에 있는 불트만의 딸, 렘케 부인은 저에게 갑자기 편지를 보냈습니다. 미대륙에 있는 렘케 부인은 '전체주의와의 투쟁'에 관한 당신의 논문¹¹⁸을 읽고, 이것을 이곳에서 출

밀동맹으로 결성된 결사에 해당하는 영국 용어이다.
115 J. G. Herder, *Sämtliche Werke*, ed., Bernhard Suphan, 33 vols.(Berlin, 1877~1914): 15, 137.
116 Wilhelm Starliner, *Grenzen der Sowjetmacht*(Würzburg, 1955).
117 편지 157의 각주 77을 참조할 것. 인쇄된 강의록은 『수성(*Merkur*)』(1955), 11-34쪽에 게재되었다.
118 편지 160의 각주 90을 참조할 것.

판해야 한다고 생각했기 때문입니다! 처음에 저는 그녀가 무엇을 말하는지 알지 못했지만, 이후 이것이 이미 출간되었다고 편지로 알려주었습니다. 저는 그 모든 것에 흥미를 느꼈습니다.

저는 이 광활하고 아직 완전히 정착되지 않은 대륙, 즉 중국의 풍경화에서나 나오는 것 같은 사막과 그랜드 캐니언, 그리고 서부의 많은 장소를 구경했습니다. 유럽과 아시아의 지리적 구분선이 이 대륙 어딘가를 관통하고 있음은 의심의 여지가 없습니다. 저는 이제 뉴욕을 대륙에 매달리거나 여기에 정박한 배처럼 다르게 봅니다. 누구든 로키산맥을 뒤로했을 때까지 유럽 풍경을 실제로 떠나지 않았습니다.

저는 하인리히가 좋은 상태에 있다는 것을 알았습니다. 이미 덥기는 하지만, 우리는 7월에 여기에 머물 것입니다. 8월에 우리는 팔렌빌로 다시 갈 것입니다.

글을 더 쓸 기분이 아닙니다. 모든 것이 갑자기 너무 가까워졌습니다. 저는 이 편지를 쓸 때 모든 것을 아주 분명하게 볼 수 있습니다. 사모님은 아래층 방에 있고, 당신은 위층의 소파에 앉아 있습니다. 저는 마치 집안 층계의 계단을 셀 수 있는 듯 느낍니다.

두 분에게 따뜻한 안부를 전하며

한나 올림

편지 168   **야스퍼스가 아렌트에게**

바젤, 1955년 7월 15일

친애하는 한나!

나는 아내의 편지[119]를 며칠째 여기에 놔둔 채 잊었네요. 그런데도 나는

---

[119] 게르트루트가 아렌트에게 보낸 1955년 7월 1일자 편지.

당신의 방문을 매우 고대했고 지금도 그렇소. 당신은 우리 집 위층에서 한동안 작업하고 그사이 휴식 시간에 평화롭게 '토론'을 계속할 수 있었던 그런 식으로 일정을 정리한다면 좋을 것이오. 당신의 생모리츠에서의 출발과 당시 나눈 우리의 대화 이후, 당신의 통찰력 있는 저서 『라헬 파른하겐』에 대한 나의 비판적 언급 이후, 그리고 현재 — 이것을 삽입구로만 언급하오 — 세계의 정치적 상황의 명백한 변화를 전제할 때, 나는 우리가 아직도 할 말이 많다는 것을 깨달았다오. 우리가 공유하는 신뢰할 수 있는 연대의 기반에서 볼 때, 마치 훨씬 더 중요하고 고무적일 수 있다는 의견 충돌이 나타난 것처럼 보이오. 나는 그 본질을 포착하지 못했으며, 아마도 그것에 대해 잘못 알고 있는 것 같구려. 우리는 이 문제를 탐구할 약간의 여유로운 시간이 필요할 것이오. 어쨌든, 우리의 다음번 만남은 나에게 진귀한 즐거움일 것이오. 나에게 깊은 영향을 미치는 유일한 대화는 아내와 나누는 대화뿐이오. 선의를 지닌 사람들과 나눈 다른 대화는 한낱 쓸데없는 이야기는 아니나 표면에 많이 남아있소. 이 사람들은 자신을 완전히 드러내지 않으며, 나도 그렇지 않소. 아니면 우리를 방문하고 내가 매우 사랑하는 대체할 수 없을 정도로 귀중한 사람이 몇 명 있다오 — 그러나 아무런 토론도 없다오. — 그런데, 여기서 나 자신을 앞세우고 싶지 않구려. 아마도 나는 너무 늙어서 당신과 이제 싸울 수 없을 것이오. 그렇다면, 우리는 약간 다른 방식으로 시간을 함께 즐길 것이오. 당신은 잃어버린 과거의 추억을 함께 가지고 온다오. 당신은 넓은 세상을 오늘날 그대로 가져온다오. 당신은 늙은 우리 두 사람으로부터 우리가 조용한 세월을 어떻게 보내고 있고 우리가 어떻게 과거를 잊지 않고 듣고 있으며, 무엇보다도 당신은 내가 말로 표현할 수 없고 말로 표현될 수 없는 중요한 것을 가지고 온다오. 그것은 당신이 남편과 함께 이 세상에 저항하면서도 이 세상에서 공동으로 구성한 인간적 현실이오.

두 사람에게 따뜻한 안부를 전하며
야스퍼스

편지 169   아렌트가 야스퍼스에게

8월 20일까지: 팔렌빌, 뉴욕, 1955년 8월 6일
8월 30일까지: 뉴욕
나중에 여행 주소를 보냅니다.

친애하고 존경하는 분께―

멋있는 환영의 편지입니다. 바젤은 언제나 그랬듯이 다시 한번 유럽의 제 고향이 될 것입니다. 그리고 제가 그렇게 많이 여행하려고 계획하는 이번에 이 중심지는 이전보다 더욱 중요해질 것입니다. 당신의 훌륭한 편지는 바로 그렇게 생각하던 중에 도착했습니다. 고맙습니다! 그리고 더위 때문에 제때 답장하지 못했습니다. 당신은 단순히 더위가 어떤지 모르기 때문에, 이게 이상하게 들릴 것입니다. 저는 우리가 전에 경험했던 것을 모두 능가하는 올여름까지는 어느 것도 하지 않았습니다. 오늘은 적어도 아침에는 견딜만합니다. 현재 평상시와 같이 90도*입니다. 일주일 전에 우리는 도시에서 도피했습니다. 이 도시에서 우리는 에어컨이 있는 방, 하인리히의 서재에서 살 수 있었습니다. 그러나 이것은 같은 방에서 살고, 작업하고, 잔다는 것을 의미했습니다. 우리는 여기 방갈로에 있는 게 더 좋습니다. 이곳도 덥지만 견딜 수 없을 정도는 아닙니다.

제가 언제 갈지 아직 전혀 확실하지 않습니다. 즉 며칠 일찍 가는 것은 가능합니다. 그렇다고 무엇이 달라지나요? 저는 다시는 로마를 경유하지 않고 비행기로 이스탄불에서 취리히까지 직항할 것입니다. 여행 중에 로마를 보았을 것입니다. 얼마나 머물지 … 당신은 제가 얼마나 머물기를 바라는지요?

당신은 편지에서 "신뢰할 만한 연대의 기반에서 우리의 갈등"을 밝힙니다 ― 제가 보기에 연대와 갈등은 항상 있었습니다. 또 이것은 약간 기질 문제이며, 당신이 아마도 기꺼이 인정하려는 것 이상입니다. 기반은 항상

---

* 옮긴이_ 섭씨 30도.

같습니다. 그런데 이것이 변하더라도, 우리는 모두 싸우는 것을 즐깁니다. 그러나 제발, "라헬"*에 대해 너무 많이 생각하지 마세요. 저는 이것을 위해 다른 기회를 충분히 제공할 것입니다. "라헬"은 아주 먼 과거로 돌아갑니다. 저는 "라헬"의 집필을 마친 이후 이것을 다시 읽지 않았습니다. 집필 완료는 지금으로부터 약 20년 전의 일입니다. 우리가 다시 한번 논쟁한다면, 저는 당신과 함께하여 정말 기쁩니다. 그리고 저는 셸링에 관한 당신의 저서를 대단히 고대하고 있습니다![120] 우리가 대화할 수 있을 때를 위해 세계 상황의 변화를 언급하겠습니다. 이곳 미국에서 연초 일주일 이내로 발생한 변화는 제가 「공적 의견öffentliche Meinung」이란 주제 아래 알고 있는 가장 흥미롭고 이상한 현상입니다. 토크빌만이 그런 이야기를 조금이라도 눈치채고 있었습니다. 하룻밤 동안 일어나는 이와 같은 변화는 즉시 대륙 전체로 확산합니다. 하인리히와 저는 대륙 전체로 분리된 각각의 기관**에서 나온 똑같은 이야기를 서로 연관시켰습니다. 나라의 분위기는 다시 예전과 같고, 거의 전혀 변하지 않았습니다. 즉 지극히 즐겁고 합리적이었습니다. 한 개인으로서 정말 평범한 바보일 뿐인 아이젠하워도 누구나 바랄 수 있는 만큼 합리적입니다. 나라의 정치적 전통은 다시 확고한 위치를 차지했습니다. 우리는 — 하느님께 감사와 기쁨을 드립니다 — 틀렸습니다.

하인리히가 당신에게 안부를 전합니다. 그는 총장과 몇몇 교직원과의 약간 우매한 회의 때문에 이곳에서 단지 몇 마일 떨어진 바드대학에서 이틀을 보내고자 어제 떠났습니다. 그는 상태가 양호하며 두 기관(즉 대학교)에서 교육의 지속적인 과도한 업무 부담 속에서 잘 버티고 있습니다. — 저는 우울한 일을 하고 있습니다. 출발하기 전에 브로흐의 사후에 남은 에세이집 2권을 편집하고 서론을 담당해야 합니다. 우정을 표시하는 마지막 행

---

* 옮긴이_『라헬 파른하겐』.
[120] Karl Jaspers, *Schelling: Grösse und Verhängnis* (München, 1955).
** 옮긴이_ 즉 대학교.

위입니다. 저는 몇 달 전에도 구리안을 위한 추모 논문을 쓰면서 비슷한 일을 했습니다.[121] 이 논문을 당신에게 보내는 것을 생각하지 않았습니다. 당신은 이것에 관심이 있는지요? 이것은 단순히 초상화일 뿐인데, 아주 성공적이었습니다. 그러나 단지 그를 알았던 사람들을 위한 논문이었습니다.

네, 이번에 저는 넓은 세계를 당신에게 보여주고 싶습니다. 저는 실제로 최근 몇 년 동안 너무 늦게 세계를 진정으로 사랑하기 시작했으며, 이제 그렇게 할 수 있어야 합니다. 저는 보답으로 정치이론에 관한 저서의 제목을 "세계사랑"[122]이라고 붙이고 싶습니다. 4월에 저를 초청한 시카고대학교에서 진행할 일련의 강의로 이번 겨울에 노동에 관한 장들을 집필하고 싶습니다.

이 모든 것은 기다릴 수 있습니다. 기다릴 수 없는 것은 이것입니다. 저는 겨울 코트를 바젤의 주소로 보낼 수 있는지요? (당신은 물론 이것을 결정할 수 없고 그렇지 않을 것입니다. 이 질문은 사모님을 위한 것입니다. 저는 그녀의 훌륭한 편지에 대해 따뜻한 감사를 표시할 것입니다.) 당신은 옷장에 그것을 걸어놓는 것 이외에 다른 어떤 것도 할 필요가 없습니다. 저는 따뜻한 나라에 있기에 11월 이전에 그것이 필요하지 않을 것입니다.

잊은 게 있습니다. 자유 시간에 당신의 집에서 일을 좀 할 수 있다면 좋을 것입니다. 저는 독일에서 몇 차례 강의할 수도 있습니다. 이를 위해 밀라노에서 영어로 준비한 강의록을 독일어로 번역하고 싶습니다.[123] 이것은 전체주의·폭정·권위주의 정부 형태에 관한 내용입니다.

언제나 두 분에게 따뜻한 소원을 빌며
한나 올림

121　Hannah Arendt, "The Personality of Waldemar Gurian," *The Review of Politics*, 17, no. 1(January 1955: 33-42; reprinted in Hannah Arendt, *Men in Dark Times*(New York, 1968): 251-265.
122　이 책은 다음의 제목으로 출간되었다. *The Human Condition*(Chicago, 1958); in German: *Vita Activa oder Vom tätigen Leben*(Stuttgart, 1960).
123　편지 165의 각주 109를 참조할 것.

편지 170 야스퍼스가 아렌트에게

바젤, 1955년 8월 13일

친애하는 한나!

　실무적인 문제로 당신의 좋은 편지에 간단히 성급하게 답장한다오. 11월 4일 이전 며칠간은 환영이오. 우리는 당신의 계획이 확실해지면 편지로 도착하는 날과 적절한 시간을 알려달라고 요청하오.

　우리는 모두 당신이 머물고 싶은 만큼 몇 주 동안 여기에 있는 것을 좋아하오. 11월에는 우리에게 방문자들이 없을 것이오. 당신이 편한 대로 결정하도록 하오. 또는 당신이 원한다면, 문제를 열어두고 당신의 성향에 따라 여기서 결정하시오.

　나는 구리안에 대한 당신의 추모 에세이 「발데마르 구리안의 인격」을 매우 읽고 싶다오. 우리 주소로 겨울 코트를 보내주오. 그러나 우리는 8월 21일부터 9월 4일까지 여기에 없을 것이오. 집이 닫힐 것이오. 에르나는 자기 부모와 함께 있을 것이오. 아마도 당신은 9월 4일 이후에 소포가 도착하게 그것을 보낼 수 있을 것이오. 이곳 세관원들은 너무 까다롭기에 내용물을 명기해주오(그러나 소포는 집으로 배달될 것이므로, 그것이 우리에게 조금도 불편함을 주지 않을 것이오).

　여기에서 당신을 기다리는 4,000프랑이 있다는 것을 잊지 마오.

　나는 당신의 책 제목 「세계사랑」을 좋아하오. 멋진 책 제목이오.

　전체주의 · 폭정 · 권위주의 — 당신의 사유 방식을 전제한다면, 그런 용어는 상당히 중요한 통찰력을 약속한다오. 나는 더 많이 들을 수 있기를 기대하오.

여느 때와 같이, 두 분에게 따뜻한 안부를 전하며
야스퍼스

편지 171   아렌트가 야스퍼스에게

라벤나, 1955년 9월 8일

당신의 편지에 감사의 말씀 몇 마디를 적어 보냅니다. 저는 벌써 일주일째 무턱대고 돌아다니고 있습니다. — 어제까지 베네치아에 있었지요! 내일은 다시 그곳으로 갑니다. 이 모든 것 때문에 말문이 완전히 막혔습니다. 그리고 타자기도 없군요. …

휴가는 어떠신지요? 그리고 어디에 있었는지요?

안부 전하며—
한나 올림

편지 172   야스퍼스가 아렌트에게

바젤, 1955년 9월 11일

친애하는 한나!

라벤나에서 보낸 우편엽서에 감사하오. 얼마 전까지는 버클리와 뉴욕에 몰두했고, 지금은 비잔틴식의 경건에 몰두하는구려! 그러나 그사이에 학술회의는 시작되었다오. 당신의 이야기가 끝에 이르러 나왔기에, 당신은 긴장감을 가지고 살아야 한다오. 나는 그 모든 것에 대해서 듣고 싶구려.

그러나 이제는 다른 것들이오. 나는 유럽출판사가 당신에게 내「서문」[124]을 보내기를 바라오. 출판사는 당신이 나에게 '선택권'을 주었다는 내용의 편지를 보냈소. 나는 출판사 측에 이것에 이의가 없다고 밝히며 다음과 같이 주장했소. 즉 나는 당신이 동의할 수 있도록 (누군가 당신을 칭찬한다면, 당신은 그것을 행할 수 없다오) 하기 위해서가 아니라 어떤 이유로든 문장이나 단락을 삭

---

[124] das "Geleitwort" zu Hannah Arendt, *Elemente und Ursprünge totaler Herrschaft* (Frankfurt am Main, 1955).

제하거나 단순히 전반적인 사항을 거절할 수 있도록 당신에게 원본을 공개하라고 주장했소. 따라서 나는 책의 속표지에서 "카를 야스퍼스의 서문"이란 문구를 삭제했다오. 출판사가 광고 목적 때문에 독일에서 서문을 출판하고 싶다면, 그것은 책 자체에서 신중하게 이루어져야 하오. 그렇게 훌륭한 책의 속표지는 깔끔해야 하오 — 내 관점에서 볼 때, 당신과 공개적으로 관련시킬 수 있어서 매우 기쁘구려 — 그러나 그것은 다른 방식으로 이루어져야 하오. 이 모든 것이 의미하는 바는 이렇다오. 당신이 적합하다고 생각하는 대로 전체 또는 일부를 삭제하오. 나는 당신이 하는 어떤 일에도 화내지 않을 것이오. 이 경우에 내가 원하는 바는 당신을 돕는 것뿐이기 때문이오.

당신의 책을 아주 기쁘게 다시 읽었소. 이 책은 영어판이 출간되던 4년 전에 독일에서 출간되었어야 하오. 이제 당신에 관한 여러 가지 상황은 전혀 일반적으로 알려지지 않았더라도 여기 문학계에 도달했소. 당신의 책에서 중요한 요지는 전혀 이해하기 쉽지 않네요. 책의 모든 부분이 아주 잘 읽히므로, 독자는 자신이 하나의 주요하고 기본적인 이념을 파악했다고 상상한다오. 그러나 이 이념은 간단히 그리고 동시에 이해할 수 있을 정도로 공식화될 수 없소.

남은 여행 기간 내내 즐거운 나날을 바라오!

아내의 따뜻한 안부와 함께
야스퍼스

편지 173 아렌트가 야스퍼스에게

밀라노, 1955년 9월 13일

친애하고 존경하는 분께—

당신이 서문을 쓰고 있으니 저는 기쁩니다. 미리 보고 싶지 않습니다. 일반적인 관점에서만 문제를 제기하는 출판사 측에 다음과 같이 말했습니다. 즉 저는 할 수 있는 다른 것이 없기에, 그분에게 선택권을 제공하려고 하지만 서문이란 생각에는 기본적으로 반대했습니다. 당신에 대한 언급은 없었고, 그런 생각은 전혀 떠오르지 않았습니다. 지금은 훌륭하게 되었으며, 이것은 옳습니다. 제가 독일로 돌아갈 수 있게 해준 분은 당신이었기 때문입니다. 이 일은 또한 우리가 동의할 수 없는 그런 일에서도 우리를 결속시키는 연대이기 때문입니다. 그리고 하이델베르크에서의 과거 때문에 저는 제 길을 걷기 시작했습니다. 감사합니다.

저는 당신을 뵐 때 학술회의에 대해 말씀드리겠습니다. 우리는 저를 몹시 화나게 하는 이곳에서 호화롭게 지내고 있습니다. 지금까지 학술회의는 지루해서 죽을 지경입니다. 오늘은 학술회의를 꾀부리고 쉴 것입니다. 내일은 논문을 발표합니다. 여전히 저 자신을 조금이라도 고무시킬 수 있기를 바랍니다. 그렇지 않으면, 일은 잘되지 않을 것입니다. 유감스럽게도, 여기 있는 거의 모든 사람에 대한 저의 경멸이 얼굴에 너무 명백하게 쓰여 있습니다. 결과적으로, 저는 지나치게 우호적입니다.

어제 미워시를 만났습니다. 그는 명석한 사람입니다. 당신은 미국인들 중 일부를 모릅니다. 전적으로 순진한 드와이트 맥도널드와 같은 사람은 모든 문인을 합친 것보다 훨씬 더 현명합니다. 또 라스키는 일부 다른 사람들보다 더 훌륭합니다. 프랑스인들은 가장 퇴보적입니다.

저는 몇 개월 동안 베네치아의 한 아파트를 빌린 미국인 친구 메리 매카시와 함께 그곳에 체류했습니다. 그것은 말로 다 할 수 없을 정도로 매혹적으로 아름답습니다. 하지만 저는 거의 모든 면에서 뻔뻔스럽게 즐기고 있습니다.

저는 개별 우편으로 당신에게 이곳에서 행한 강의 자료를 보내드립니다. 목요일 블루멘펠트가 바덴바일러로 가는 도중에 머물 제노바로 갈 것입니다.

사모님을 위해 짤막한 안부편지[125]를 동봉합니다.

여느 때처럼,
아렌트 올림

추신. 아테네에 관한 사항입니다. 당신은 저에게 그곳 출신인 예전의 제자[126]를 소개하려고 했습니다. 아직도 원하시는지요? 아닌지요?

편지 174 야스퍼스가 아렌트에게

바젤, 1955년 9월 16일

친애하는 한나―

아내는 보통 친구들이 서로 연락할 수 있는 더 나은 짤막한 표현을 찾으며, 내가 보기에 테오도라코풀로스 부부에게 보내는 적절한 편지를 썼다오. 내가 여기에서 당신과 함께 일을 할 때 단지 몇 줄을 편지에 첨가할 것이오. 테오도라코풀로스는 매우 소박하고 전적으로 품위 있는 사람이며 철학적으로 진지하오. 그는 철학을 진지하게 받아들이오. 내가 알 수 있는 한, 그의 성과는 대단하지 않지만, 그것이 궁극적으로 중요한 것은 아니오. 내 생각에 그는 아테네대학교 교수로서 교육학적으로 훌륭한 일을 할 것이오. 나는 당신이 이런 사람들을 만나려는 것을 기뻐하며, 당신이 설명하려는 것을 기쁘게 들을 것이오.

따뜻한 안부를 전하며
야스퍼스

---

125 게르트루트가 아렌트에게 보낸 1955년 9월 16일자 편지에 손수건을 동봉했다.
126 요하네스 테오도라코풀로스.

편지 175   아렌트가 야스퍼스 부부에게

로마, 1955년 9월 20일

친애하는 친구분들께—

당신의 소개에 감사합니다! 로마는 강렬합니다. 역사적 세계의 장엄함.

블루멘펠트 부부에 관한 내용입니다. 저는 블루멘펠트가 얼마나 많이 변했는지 알지 못합니다. 만약 그렇지 않으면, 저는 그를 당신에게 보내지 않았을 것입니다. 그러나 그는 저에게 이전과 똑같습니다. — 블루멘펠트 부부도 당신이 바덴바일러에 갈 예정이라는 것을 알지 못합니다. 그리고 제가 그들에게 말하지 않은 것이 가장 좋을 것입니다. 당신은 확실히 일을 정리할 수 있을 것이며, 그래서 그곳에서 방해받지 않은 채 있을 것입니다.

밀라노 학술회의에 관한 내용입니다.[127] 지루합니다. 모든 사람[128]이 상투적인 말을 합니다. 당신을 뵐 때 모두 말씀드리겠습니다. 저는 실로네를 좋아했습니다.

저는 모레 다시 이동합니다. 볼펜으로 편지를 쓰고 있습니다 — 타자기 없이 더는 저 자신을 표현할 수 없습니다.

금요일부터는 아테네 아크로폴리스호텔에 묵습니다. 아마도 저는 10월 12일까지 그리스에서 돌아다닐 것입니다.

모든 잘 되길

한나 올림

출판사는 당신의 '멋진 서문'에 관한 편지를 보냈습니다.[129] 그러나 저는

---

127 편지 165의 각주 102를 참조할 것.
128 학술회의 참여자들에는 레이몽 아롱, 시드니 후크, 존 케네스 갈브레이스, 아더 슐레진저, 프리드리히 폰 하이에크, 마네스 쉬페르버, 드 쥬브날, 테오도르 리트가 포함되어 있다. 편지 165의 각주 109에 인용된 책을 참조할 것.
129 편지 172의 각주 124를 참조할 것.

읽기 전에 완성된 책을 기다립니다!

편지 176 **아렌트가 야스퍼스에게**

아테네, 1955년 10월 7일

친애하고 존경하는 분께!

  제가 영원히 길을 잃지 않았다는 걸 알리고자 편지 몇 자 적습니다. 동봉한 것[130]은 애석하게도 좋은 복사물은 아닙니다. 좋은 것은 거의 찾기 어렵습니다. 실제의 비석은 믿을 수 없을 정도로 아름답고 인상적입니다. 먼 곳을 바라보는 죽은 젊은이, 그의 발치에서 애도하는 어린 노예와 작은 개 그리고 노인 — 애도하지 않지만, 그의 전체 모습은 하나의 질문을 구현하고 있습니다!
  이곳의 모든 것은 제가 이전에 알았던 것보다 더 많은 것을 의미합니다. 저는 할 수 없습니다. 도저히 멈출 수 없습니다. 이스라엘 방문을 짧게 줄이고 여기에 일주일 더 머물 것입니다. 어제 펠로폰네소스에서 돌아왔고 델로스와 사방에서 사람들을 부르고 유혹하는 그리스의 다도해로 갈 것입니다. **육지로 형성된** 바다에 대해 생각해보세요. 이것에 직면했을 때, 의미상으로 모순이지만 여기서는 현실입니다. 할 수 있을 때마다, 저는 수영합니다. 수영은 항상 저에게 편안한 느낌을 줍니다.
  저는 펠로폰네소스로 가기 전에 테오도라코풀로스를 만났습니다. 그는 아름답고 매력적인 부인과 함께 저를 다프네 여행에 초대했습니다. 매우 친절하고 멋졌습니다. 대단히 감사합니다!
  덧붙여 말합니다. 밀라노에서 보낸 편지는 급하게 썼습니다. 그러나 당신은 분명히 이해했습니다. 즉 제가 블루멘펠트에 관해 쓴 것은 '객관적'입

---

[130] 유고에는 없다. 이것은 기원전 4세기 부자 묘비("일리소스 유적")를 재현한 것임이 틀림없다.

니다. 제가 알기로, 그는 변하지 않았습니다!

곧 뵙겠습니다. 제가 이미 그것을 말할 수 있으니 얼마나 좋은지요.

당신과 사모님에게 안부를 전하며

한나 올림

편지 177 　야스퍼스가 아렌트에게

바젤, 1955년 10월 12일

친애하는 한나!

밀라노와 아테네에서 보낸 당신의 편지와 멋진 기념물에 감사하오. 당신은 자신이 항상 알고 있던 것을 지금까지 상상했던 것보다 더 아름답다고 생각한다오. 우리는 당신이 몇 자 적은 편지를 읽었을 때 영감을 받았소.

당신의 코트는 도착했고, 당신을 위한 방도 마련되어 있소.

우리는 2주 동안 바덴바일러에 있었다오. 게르트루트는 자신이 알고 있던 사람들(블루멘펠트 부부)을 여기서 우연히 만난다는 사실에 깜짝 놀라 그들을 찾기 위해 그곳에 도착하자마자 달려나갔지요. "우리는 그 귀중한 사람을 경시할 수 없네요 ― 그는 우리가 여기 있었다는 것을 알게 될지도 모르오 …" 나는 초청 손님 명단을 확인했고 그의 이름과 투숙 호텔을 알았소. 그들은 우리와 함께 두 번 방문했다오. 나는 그것을 매우 기쁘게 생각하오. 물론 나는 질병으로 '객관적으로' 변했다는 당신의 견해를 이해했소. 나는 그가 바젤에서 우리와 함께 한 이후 이런 맥락에서 편지했소. 그의 상태는 그 이후 악화하지는 않았다오. 그의 빛나는 눈, 일부 동작, 공식적인 표현 모두 그가 한때 그랬다는 것을 명확히 보여준다오. 그리고 유기적인 기질의 심리적 압박이 때론 그를 약간 무기력하게 보이게 하더라도, 사람들은 아직도 그를 아주 중요하게 생각하오. 그는 당신이 그에게 말했던 자신의 헌신에 대해 분명히 기뻐했다오. 독일에 관한 상황에 대해 말하지요. 프라이부르크와 검은 숲Black Forest은 그의 관심사였소. 그는 젊은 시절을 생생하게 기억했소. 아마도 그는 독일의 현재 상황과 국민을 정확하게 보지 못했을 것이오. 그는 단지 자애롭소. 그는 품위를 당연시하며, 이외에 다른 것들은 거의 그에게 영향을 주지 못하오.

나는 두 번째 날 감기로 기관지염에 걸렸으며, 이로 인해 블루멘펠트를 방문할 수 없었다오. 이제 나는 상황이 좋아지고 있지만, 아직은 일을 할 수 없소 — 당신은 아마도 내가 얼마나 피곤했는지 나의 손글씨에서 알 수 있을 것이오. 매일 호전되고 있소. 당신이 올 때쯤 나는 다시 건강할 것이오.

따뜻한 안부와 또 만나기 바라며
야스퍼스

편지 178 **야스퍼스가 블뤼허에게**

바젤, 1955년 11월 13일

친애하는 블뤼허 씨!

한나는 어제 떠났네요. 멋진 날들이었지요. 세 사람 사이의 이례적인 소통, 이전 소통의 지속과 강화였지요. 이전의 경우와 마찬가지로, 당신도 이번에는 참석했습니다. 한나가 당신에 대해 말한 것은 아닙니다 — 그녀는 그것을 외형상 할 수 없네요. 그러나 그녀는 우리의 질문에 대응하면서 뉴욕과 바드대학에서 당신의 삶과 활동에 대한 아주 구체적인 정보를 전달했기에, 나는 그 모습을 상상했습니다. 그리고 항상 느끼듯이, 나는 그러한 상상을 통해서 항상 당신에게서 — 우리의 삶이 선택했던 여정과 재능에 나타나는 온갖 차이(예컨대, 나는 비참한 기억이 있고, 당신은 환상적인 기억이 있지요)에도 불구하고 — 독립적이며 급진성에도 불구하고 보수주의적인 정신에 대한 당신의 충성심, 18세기 계몽주의의 현실적인 실체에 대한 당신의 선호, 그리고 실제로 중요한 것을 젊은이에게 보여주고자 위대한 인물을 이용하는 당신의 방법에서 놀랍게도 비슷한 영혼을 감지할 수 있습니다. 나는 당신이 언젠가는 한나와 함께 유럽을 방문하리라고 생각합니다. 당신이 지금까지 그렇지 않은 이유는 반쯤만 정당합니다. 안식년이 다가올 때, 그 이유들은 전혀 힘을 갖지 못할 것입니다. 베를린은 물론 당신에게 자유롭거나 (서베를린을 제외하고) 접근이 가능하지 않을 것입니다.

독일은 당신을 기쁘게 하지 않을 것입니다. 내가 보기에, 당신은 이곳에서 탁월한 개개인을 아직도 만날 수 있으며, 유럽은 독일보다 더 많은 것을 제공할 것 같군요. 당신이 언젠가 오겠다고 결정한다면, 그것은 우리에게 멋질 것입니다. 나는 만남이 지극히 만족스럽다고 하더라도 지금까지 만났던 방식이 아니라 개인적으로 당신을 만나고 싶습니다. 나는 우리가 독일인이라는 사실에서 우리에게 중요한 것이 무엇인가를 당신과 함께 확인하고 싶습니다. 이 사실은 우리의 유산이며, 우리는 어떻게든 궁극적으로 이것에 속하지요.

한나는 늘 그렇듯 생기 있고 활발하며 토론에서 진지하고 도움이 되었습니다. 그녀는 우리의 가정에 활기를 불어넣었지요. 우리의 훌륭한 가사도우미인 에르나도 행복했지요. 그녀는 '박사 부인'에 대해 언급할 때마다 여전히 활짝 웃습니다.

나는 한나의 책이 독일에서 주요 사건이 되기를 희망합니다. 그렇지 않다면, 그것은 독일의 과오이지요.

당신에게 안부를 전하며, 내 아내의 따뜻한 안부도 전합니다.

야스퍼스

편지 179 아렌트가 야스퍼스 부부에게

뉴욕, 1955년 12월 29일

친애하는 친구분들께—

신년 연하장이 너무 늦게 도착하지 않을까 걱정되지만, 이곳에서 보낸 처음 날들은 제가 예상했던 것보다 더 불안정했습니다. 모든 사람과 함께 보내는, 누구나 잘 미룰 수 없는 휴일 시간은 상상할 수 있는 것만큼 귀향하기에는 부적절합니다. 그래서 저는 아무것도 할 수 없었고, 이 편지를 쓰는 것조차 잊었습니다.

우리는 당신에 대해 아주 많이 말했으며, 저는 지금 책상에 두 분의 사진을 올려놓았습니다. 당신을 방문한 것이 아직도 현존하며 생생하기 때문입니다. 저는 런던의 출판 문제와 많은 관련이 있었습니다. 저는 아직도 최종적으로 합의하지 못한 책, 즉 피페르출판사에서 출간하려는 소책자[131]를 영국 출판사 — 오랫동안 저에게 중요한 것을 요청했습니다 — 에 제공하기로 우연히 합의했습니다. 이곳의 출판사도 만족합니다. 제가 너무 오랫동안 아무것도 출판하지 않았기에, 그가 이 원본을 번역할 것이지 여부는 그에게 분명히 중요하지 않습니다.

그런데 쉴프가 있습니다. 물건이 저를 기다리고 있어야 했는데 오지 않았습니다. 저는 그것이 휴일 직후 도착하기를 희망합니다. — 버클리캠퍼스에 있는 저의 어린 여학생이 방금 당신의 집 문간에 나타난 것은 저에게는 꽤 놀라운 일이었습니다.[132] 그녀는 실제로 매우 수줍어하는 어린이지만, 당신은 이런 미국인들을 전혀 알 수 없기 때문입니다. 미국인들은 자신들이 원하면 어디든 가는 것에 너무 익숙해 있습니다. 그게 당신에게 너무나 큰 부담이 되지 않았기를 바랍니다. 당신이 그녀를 좋아해서 대단히 안도하며 기쁘기도 합니다. 그녀는 확실히 당신의 조언을 따를 것입니다. 그녀는 정말 괜찮습니다. 저도 당신이 미국 최서부 지역에서 온 사람을 집에서 만났다는 것이 기뻤습니다. 그것은 당신에게 버클리캠퍼스를 회고적으

---

131 "정치학 소책자"와 "정치 입문"(편지 187, 204, 209, 222)이라 불리는 이 연구계획은 완성되지 않았다. 편지 233을 참조할 것.
132 이것은 게르트루트가 아렌트에게 보낸 1955년 12월 19일자 편지이다. 학생은 비벌리 우드워드이다.

로 더 친숙하게 만들 것입니다. 그리고 이런 식으로 항상 다소 주의해야 할 정도로 멀리 떨어져 있는 제 지인들의 무리는 서로 가까워집니다.

우리는 오늘 저녁 연극 맥베스를 보러 갈 것입니다. 이곳에는 소극장에서 셰익스피어를 연기하는 소수의 배우 그룹이 있습니다. 저는 이들만큼 셰익스피어를 아름답게 연기하는 것을 세계 어느 곳에서도 본 적이 없습니다. 또 순수하게 시적이며 서정적인 요소들에 대한 이해도 대단했습니다. 대체로 저는 이 점에서 그것을 매우 잘하고 있습니다. 축음기와 일부 멋있는 음반은 여기에서 저를 기다리고 있었고, 저는 이것을 많이 즐겼습니다. 이것은 저의 삶에 또 다른 전체적인 차원을 추가했습니다. 음악의 힘은 결국 존재하는 것 가운데 가장 위대하기 때문입니다. 저는 축음기를 아직 갖고 싶지는 않았습니다. 우선 한 가지 이유는 그것이 저에게 항상 엄청난 유혹이었기 때문입니다. 그리고 그것이 50회 생일에 이상적인 선물이었다고 생각했기 때문입니다. 그러나 하인리히는 제가 너무 현학적이고 마침내 축음기를 가져야 했고 바로 이것을 즐겨야 한다고 생각했습니다. 그래서 축음기를 갖게 되었습니다. 저는 기술적인 불가사의한 물건인 이 가장 놀라운 것을 대단히 부드럽고 세심하게 다루고 있습니다.

저는 당신의 평화로운 크리스마스에 대해 많이 생각했습니다. 저의 시간 계산이 틀리지 않았다면, 당신은 지금 위층의 서재에 앉아서 함께 책을 읽고 있을 것입니다. 저는 두 분이 저녁에 함께 있을 때 너무나 서로 조화를 이루는 소리 없는 정적, 누군가 방에 들어왔을 때 감지할 수 있으며 배경으로서 항상 존재하는 정적에 대해 많이 생각합니다.

저는 온갖 소망과 생각에서 당신과 함께 있습니다. 좋고 건강하고 생산적인 한 해가 되기를 바랍니다!

한나 올림

편지 180   야스퍼스가 아렌트에게

바젤, 1956년 1월 31일

친애하는 한나!

당신의 방문은 아주 멋지고 활기를 띠게 하며, 자연스럽고 개방적이며, 확고부동하기에, 나는 당신에게 '특별한' 편지를 즉시 쓰려는 충동을 느꼈네요. 나는 하루하루 이것을 연기하면서 적절한 기회를 기다렸지만, 이후 연구에 더 깊이 빠지게 되어 처음에는 조금 더 플라톤을, 그다음에는 아우구스티누스를, 그리고 지금은 칸트를 연구하게 되었소. 그러나 이제 더는 기다릴 필요가 없고, 적절한 순간을 제외하고 당신에게 감사하는 편지를 쓰고 있다오.

우선, 당신이 우리가 발견하도록 남겨놓은 선물에 감사하오. 나에게 바다의 산물을 선물로 주는 당신에게 정말 고맙구려. 다른 어느 것보다도, 즉 풍경(또는 지대)보다도 바다를 좋아하기 때문이오. 당신은 그것을 알았지요, 즉 이런 물건들이 그 출산지를 친절하게 상기시켜 줄 것이라는 점을 알았는가요?

비잔틴 시대의 그림들에 관한 당신의 견해에 대해 밝힌다오. 나는 이질적인 웅장함, 권력의 신성함, 모종의 발톱이 숨겨진 것 같은 경건함(아우구스티누스에서 드러나듯)을 지닌 그림들을 보는 것을 즐기오. 당신이 이 책[133]으로 말하고 있는 의미는 우리가 모든 것 — 그리고 내가 생각하는 만큼 당신이 잘 안다면, 매우 중요한 — 에 대해 알아야 한다는 점이오. 즉 우리는 아름다운 것이 아름답다는 점을 알아야 하며, 당신은 확실히 그것과 관련하여 틀리지 않았소.

그런데 나는 당신의 책에 이미 친숙하더라도 기운을 북돋우기 위해 책의

---

133   아마도 다음 저작일 것이다. André Graber, *La Peinture Byzantine*(Geneva, 1953).

상당 부분을 다시 읽었소. 나는 명료한 안목에서 설득력 있게 발전된 당신의 책이 현재 전체주의에 관한 모든 논의에서 처음으로 우리 정치 세계의 중요한 돌파구를 제시한다는 점을 그 어느 때보다 확신하오. 오늘날 활동하고 있는 정치인은 모두 이 책을 읽고 이해해야 하오. 이 책은 마치 경로상에 있는 모든 것을 퍼뜨리고 먹어치우는 곰팡이병에 대한 진단 및 징후학과 같다오. 그 병의 매개체는 균류처럼 똑똑하오. 매개체는 자신이 본능적으로 필요한 것을 하기 때문이라오. 즉 매개체가 필요한 것을 할 수 있다는 것은 또한 모든 인간적 저항을 극복하는 자체의 기본적인 니힐리즘의 결과라오. 그러므로 매개체는 질병을 전체적으로 이해하지 않은 채 이 질병의 법칙에 복종할 수 있는 재능을 지녔소. 결과는 인간과 곰팡이병 자체의 자기파괴라오. 이 곰팡이병은 자신이 장악한 육체가 죽었을 때 죽는다오. 이제 당신은 존경할 정도로 명료하게 자신의 공포로부터 이 통찰력을 끌어내려고 진행한 이 책과 함께 왔소. 이제 당신을 이해하고 싶은 누구나 이 책의 영향, 다양한 측면, 완전한 연구 대상인 그 결과와 함께 그런 통찰력을 가져야 할 것이오. 당신의 탁월하고 극적인 묘사, 생생한 관찰은 독자(내 생각에 이 책을 적절히 이해하고 있는 로테 발츠)가 짧은 시간에 '소설과 같이' 이 경이로운 책을 읽기 쉽게 하는 것 같지만, 이 책의 그런 특성은 어떤 사람이든 속일 수 있다오.

따라서 중요한 통찰력과 같이, 자기 앞의 이런 지적 성과물을 가지고 있는 독자는 (나는 지금 칸트와 함께 생각하고 있듯이) 저자가 자신이 인식한 것보다 더 영리했다는 점을 생각할 수 있다오. 그것은 마치 저자가 본능적인 자질을 유지하고 있는 것 같소. 그런데 이 본능적 자질은 지적 도구가 아니라 매우 다양한 대상에 새로이 향하는 지속적인 관심을 통해서 전체 자체가 실제로 무엇인지를 알지 못한 채 전체의 기저가 되는 숨겨진 체계를 밝혀준다오. 이것은 임상의 본능적 안목이 방법을 완전히 알지 못한 채 새로운 질병의 모든 요소를 단계로 발견하는 방식과 별로 다르지 않소. 다른 저자가 당신을 따라야 한다면, 당신이 이미 파악한 것을 가르치기 쉽고 단순한 논리적 구조 속으로 끌어들일 사람은 다른 사람들이 볼 수 있게 하는 그런 힘에 참여하기 위해 항상 당신의 근원으로 돌아가야 할 것이오.

그러나 나는 표현하기 어렵다고 생각할 때 더 큰 감사의 빚을 느끼오. 당신을 통해서 누구도 기술할 수 없는 그 이성의 공동체를 확신했네요. 이런 이성은 호르몬과 같이 그 곰팡이병을 가라앉힐 수 있는지요? 누구든 플라톤·칸트·스피노자·레싱이 우리에게 이해시킨 것들과 접촉할 때, 비유는 적용되지 않는다오. 비유에는 우리를 가장 심원한 수준으로 인도할 수 없는 근본적인 법칙을 제외하고 밝힐 수 있는 법칙은 없으며, 개인적 특징에서 현상을 제외하고 설명은 없소. 비유에는 사람들이 힘을 얻을 수 있는 제도나 조직은 없소. 서약은 계약 없이 이루어지오. 그러나 이 중요한 것이 존재할 때, 이것은 아주 구속력이 있기에, 지구상의 우리의 모든 희망은 이것에 의존하오. 처방은 곰팡이병이나 다른 재앙에 대항하는 데 도움이 안 되지만, 우리는 마땅히 많은 치료책에 의지할 수 있소. 그러나 중요한 것은 이 긍정적인 힘이오. 이 힘은 진리로서 말로 표현될 수 없소. 그러나 우리의 지성Verstand이 부정적이고 비관적인 관점에서, 그리고 재앙과 파멸의 파고에서 구원을 받지 않은 채 모든 것을 볼 때, 이 힘은 우리의 신뢰를 북돋운다오. 자연 세계의 아름다움은 우리가 너무 가볍게 평가해서는 안 되는 기호지요. 인류가 파괴되더라도 이것은 남을 것이오 — 그러나 누구를 위해? 이것은 단지 미학적 위안일 뿐이오. 그러나 인간이 이성Vernunft에서 결합하고, 이성을 통해 모든 파멸에 저항하는 힘을 창출하는 그런 사랑에서 결합할 수 있다는 사실은 무기력만을 주시하는 지성에 한계를 설정한다오. 당신은 "온전히 현재에 있는 것"에 관한 나의 말을 책의 제사[134]로 여기는구려. 당신은 내가 그 제사에 얼마나 기뻐하는지 알고 있소. 아마도 나는 우

---

[134] 『전체주의의 기원』의 제사이다. 편지 103과 각주 406을 참조할 것.

리가 희망을 전혀 포기하지 않아야 한다는 것을 그 제사에 덧붙여야 할 것이오. 이 인용문은 모든 가능한 기회를 포착하라고 우리에게 권고하오. 행위가 의미 있어 보이는 곳에서는 행위를 포기하지 말자는 말을 이것에 첨가하지요. 당신은 평생 실천을 통해 파괴가 총체적이지 않은 한 활동·재건·반전이 여전히 수행될 수 있다는 것을 보여주었소. 백 년 안에 인간이 더는 살아있지 않는다면, 아니 개연적이지만 전혀 확실하지 않은, 우리와 연속성이 없는 소수만이 살아있다면, 즉 곰팡이병이 정치적 자기파멸 이후 신체적 자기파멸, 즉 이 마지막 재앙을 가능하게 한다면, 이 대단한 사람들은 여전히 마지막까지 그 의미를 유지했을 것이오. 이 대단한 사람들은 아마도 실제 숫자는 많지만, 침묵을 지키는 이러한 ― 우리의 경우 ― 소수의 사람에 속하며, 현재 세계에서 서로 만나고 인정할 것이오.

철학적으로 사색하는 사람은 누구든 여기 경계에서 외적 현상으로서 시간과 공간에 대해 말할 수 있을 뿐이고, 그런 통찰력에서 나타나는 모든 것(플라톤에서 암시되고, 아우구스티누스에서 이상하게 불가사의하고 왜곡되며, 칸트와 아마도 소수의 인도 철학자들에서 총명하고 명료한 것)에 대해 말할 수 있을 뿐이오.

당신이 삶에서 증명하듯이, 우리가 사는 동안 역할을 한다는 것, 그리고 당신이 하듯이 우리가 할 수 있을 때 말한다는 것은 실천적 결과의 관점에서 정의될 수 있는 의미가 있지 않다오. 나는 이제 행복한 분위기에서 당신과 블뤼허가 어떻게 그곳에서 사유하고 활동하는가를 상상하오. ― 게르트루트와 나는 여기저기 흩어져 사는, 감상적이지 않은 일부 사람들 덕분에 활동적 삶Arbeitsleben에서 더 행복하고, 진정한 사람들의 쾌활함 속에서 살고 있다오. 우리는 그들을 알게 되었소. 그 사람들 가운데 당신들은 우리에게 대체할 수 없는 존재가 되었다오. 우리는 무리를 형성하지 않으며, 누가 무리에 속하는지 아닌지를 인정하고 거부하지 않으며 말하지 않는다오. 그러나 무리가 소규모이기에 우리는 때때로 용기를 잃는구려.

이 편지는 몇 주 전에 마음속에 품었던 그런 분위기의 일부를 담았지만,

나는 그것을 완전히 재포착할 수 없구려.

나는 아직도 당신의 편지 두 통[135]에 감사하고 몇몇 단락과 이에 대한 해석을 보내준 데 감사해야 하오. 나는 오크숏[136]에게 편지를 보냈지만, 답장을 아직 받지 못했소.

당신이 번역을 위해서 피페르출판사의 책을 영국 출판사에 보낸 것은 전적으로 합당했소. 당신은 계약으로 모든 번역권을 보유했기 때문이오.

나는 쉴프로부터 어떤 소식도 듣지 못했네요. 그러나 그 책의 독일어판이 봄에 확정되어 가을에 출간된다는 소식을 슈투트가르트출판사로부터 들었소.

이제 당신에게 더 부탁할 게 있소. 동봉한 크나우스 박사[137]의 편지를 읽고 편할 때 나에게 답장을 보내주시오. 당신이 어디엔가 그로부터 어떤 전망을 확인한다면, 나에게 알려주시오. 당신은 그를 개인적으로 알지 못하기에 직접 그를 거의 보증할 수 없을 것이오. 그는 바젤에서 내 지도로 박사학위를 최우등으로[138] 받았으며 소박한 배경을 지닌 독일인이오. 정확하게 기억한다면, 나는 언젠가 당신에게 다음과 같이 말했소. 즉 그는 독일에서 연구재단이나 가다머[139](교수자격시험)와 관련하여 운이 없었다오. 추정컨대, 그는 나의 '제자'이기 때문이오. 그러나 그는 완전히 독립적이오.

게르트루트와 나는 두 사람 모두 더 큰 노력이 성공하기를 바라오 — 어

---

[135] 유고에는 야스퍼스의 편지 177과 180 사이에 아렌트의 편지 하나만이 있다. "몇 단락과 이것들의 해석을 나에게 보내준"이라는 문구는 소실된 편지와 연관된다.
[136] 이것은 확인되지 않았다.
[137] 게르하르트 크나우스(Gerhard Knauss, 1928년 출생)는 1971년 이후 자르브뤼켄대학교의 철학 교수이다.
[138] 크나우스의 박사학위 논문이다. *Gegenstand und Umgreifendes*, vol. 3 of Philosophische Forschungen, Neue Folge, edited by Jaspers(Basel, 1954).
[139] 한스 게오르크 가다머(Hans-Georg Gadamer, 1900년 출생)는 하이데거와 유사한 철학자이며 일찍이 야스퍼스를 알았다.

쩌면 우리 자신을 위해 한 번 더 재회가 가능할 것이오.

따뜻한 안부를 전하며
야스퍼스

편지 181 블뤼허가 야스퍼스에게

뉴욕, 1956년 2월 14일

친애하는 야스퍼스 선생님께,

   제가 당신의 좋은 편지에 너무 늦게 답장하는 것을 양해해주세요. 한나가 두 분을 방문한 게 너무 생생해서 저는 직접 거기에 있었다는 생각이 들었습니다. 이 방문은 이런 종류의 다음 모임의 일원이 되고 싶은 저의 소망을 더 강하게 하였습니다. 휴가는 제가 기대했던 것만큼 잘 보내지 못했습니다. 저는 부과되었던 일부 치과 치료 및 행정 잡무로 편지를 쓰지 못했습니다. 그런 다음 당신의 저서『셸링』을 읽는 데 전념했습니다.

   이 책과 멋있는 괴테 서간집 판본에 감사합니다.[140] 누구든 당신이『셸링』에서 칸트를 배치하는 분명한 빛 속에서 칸트를 참고하는 동시에 서간집을 조금 읽는 것은 좋습니다. 에리히 프랑크의 에세이들[141]도 특별히 환영받습니다. 이것들은 학생들과 함께 연구하는 과정에서 저에게 큰 도움이 될 수 있습니다.

   저는 아잔타 석굴의 불교 프레스코화의 아름다운 복제품들이 담긴 책을 당신에게 생일 선물로 보냈습니다.[142] 중국 위魏 왕조 시대의 불교 부조가 아마도 파르테논 프리즈에 견줄 수 있는 유일한 것이듯이, 인도 불교의 이

---

[140] 1949년에서 1951년에 출간된 괴테의 서간집 4권의 아르테미스판이다.
[141] Erich Frank, *Wissen, Wollen, Glauben: Gesammelte Aufsätze zur Philosophiegeschichte und Existentialphilosophie*(Zürich/Stuttgart, 1955).
[142] *India: Paintings from Ajanta Caves*, introduction by M. Singh(New York, 1954).

프레스코화들은 미켈란젤로의 프레스코화들과 견줄 수 있습니다. 프레스코화의 아름다움에서 표현된 진실과 항구성은 당신에 대한 저의 생일 소망을 표현하며, 또한『셸링』에 대한 감사의 징표입니다.

누구든 이 책을 읽을 때 얼마나 더 자유롭고 수월하게 숨을 쉬는지요. 당신이 이 책에서 논의하고 있는 것은 밝고 명백한 형태로 드러납니다. 구별은 예리하고 정확하게 그려집니다. 위치가 측량 가능한 방식으로 배치되어 있으며, 당신이 그들 사이에서 차지하는 위치는 명확합니다.

당신의 분석 및 설명 방법은 주제 자체에서, 그리고 그 내적 구조에 대한 이해를 통해서 완벽하게 비롯됩니다. 셸링의 선회 사상의 날카로운 곡선은 아주 생생하게 나타나기에, 이 현저하게 비판적인 책은 셸링을 이해하는 가장 훌륭한 실질적 입문서입니다. 끊임없이 변화하는 셸링의 관점을 가로지르는 이 정확한 단면은 그의 무한히 분열된 사유의 기저를 이루는 지속적인 기본 주제를 명확하게 집중시킵니다. 그리고 마지막으로 — 이것은 당신의 소통 방법의 가치에 봉인과 같습니다 — 셸링에 관한 당신의 책은 야스퍼스 사상의 생생한 입문서가 되고 있습니다.

그것은 또한 당신의 저서『니체』에서도 마찬가지였지만, 당신은 이 저서에서 훨씬 더 명확하고 즉각적으로 그것을 성취했습니다. 저는 그런 이유만으로도 두 저서가 우리 학생들이 읽을 수 있도록 결국에 영어로 이용 가능할 수 있기를 희망합니다. 그러나 이것은 중요한 교육학적 이유로 훨씬 더 중요할 것입니다. 당신이 젊은 시절부터[143] 셸링과 함께 철학을 했다는 진술은 저서에 아주 명료하기에, 이것은 셸링이 아직 살아있는 듯이 그가 어떻게 과거의 위대한 사상가와 함께 철학할 수 있는가를 모든 독자에게 보여줍니다. 저는 훨씬 더 훌륭한 학생들에게 바로 이 경험을 꾸준히 전달하고자 노력합니다. 이제 당신의 저서는 그렇게 하는 과정에서 적어도 저

---

[143] 야스퍼스의『셸링(Schelling)』서문을 참조할 것.

에게 큰 도움이 될 것입니다.

당신이 언급하고자 했듯이 이 저서의 역사적 의미, 또는 제가 언급하고 싶듯이 정치적 의미는 당신이 칸트의 무덤에서 돌을 굴릴 수 있게 해준 지렛대를 발견했었다는 점입니다. 당신은 중대한 문제들에 대해 칸트를 셸링·피히테·헤겔과 체계적으로 대면시킴으로써 칸트와 그의 '추종자들'을 분리하고 칸트가 완전히 명확하게 다시 나타나도록 칸트를 그들에게서 벗어나게 하는 예리한 선을 그었습니다. 독일 관념론은 거의 모든 근대 대중 이데올로기의 혼합물에 흡수된 중요한 요소이기 때문에, 칸트와 이 혼합물의 분리는 이 잘못된 추론을 제거하는 데 중요한 단계입니다.

순수한 철학적 시각에서 문제의 핵심은 "영혼의 자족성을 창조하는 것"에 관한 당신의 논의에 놓여 있는 것 같습니다. 칸트의 이성 개념을 정신 개념으로 변증법적이고 매혹적이게 변형시켰으며, 물론 또 다른 변증법적 재주넘기를 통해서 낭만주의와 자연주의(이것들은 분리될 수 없음) 시대에 질료 개념으로 구성했던 시도는 사람들로부터 개인의 순수성을 유지할 수 있는 유일한 것인 이성을 박탈하고, 사람들을 그런 순수한 개개인으로 변형시키는 가장 잠재적인 도구였습니다. 여기에서 순수한 개개인은 유령처럼 혼자든 사회 대중의 역겨운 덩어리로 뭉쳐지든 이후로 낭만주의적-유물론적 역사 개념에 따라 "역사"라 불리는 그런 목적 없고 탈정치적인 사회의 표류를 꾀했습니다.

그래서 저는 당신의 예전 질문을 다시 생각합니다. 즉 저는 이런 시대에 독일인으로서 자신을 어떻게 인식하는가? 제 대답은 전혀 그렇지 않다는 것입니다. 횔덜린이 한때 언급했듯이, 왕의 시대는 지나갔고, 이제 국민의 시대도 지나갑니다. 프랑스 혁명은 국가(국민국가)의 변형으로 시작했고 사회혁명으로 퇴보했습니다. 국가는 사회혁명에서 침식되기 시작했습니다. 그러나 사회는 혁명에서나 진보에서나 국가만이 국민을 보장할 수 있는 것, 즉 남을 침해하지 않을 권리를 국민에게 보증할 수 없습니다. 국가와 시민만이 우연한 사회적·개인적 인간사의 저류底流에서 작은 물줄기를 끌어올릴 수 있습니다. 이 작은 물줄기는 인간이 문명을 배양할 수 있는 들판에 물을 대기에 마땅히 역사적이라고 불립니다. 그러나 인간사의 우연한 저류는 이해관계에 의해 움직이는, 즉 우리를 심연으로 빨아들이는 큰 소용돌이입니다.[144] 이해관계는 이성의 간지가 아니라 이성의 혼미입니다.

이 사회적 소용돌이는 유럽 역사를 강타했고 범람시켰습니다. 대홍수가 점점 더 심해졌으며, 이 무모한 돌진으로부터 역사적인 것의 결실 있는 흐름을 딴 데로 돌리는 것은 점점 더 불가능해집니다. 진정한 정치적 삶은 더더욱 불가능합니다.

대신에, 유령 같고 고립된 개개인들로 구성된, 몹시 뒤끓는 사회는 역사가 여기에서 직접 이루어지고 있다는 망상으로 어려움을 겪습니다. 마치 미래가 영원성을 잃은 인간들을 위해 여전히 열릴 수 있기라도 한 듯이, 그들은 현재를 건너뜀으로써 과거에서 미래로 직접 이동할 수 있기를 원합니다.

낭만주의-자연주의 시대는 사건들의 강렬한 쇄도로 매력을 발휘합니다. 온갖 강제력은 유령 같은 개개인과 로봇 같은 대중의 초인적이고 악마적인 노력과 함께 폭발적으로 발생합니다. 사태는 단순히 그들의 행로를 선택하도록 허용하지 않고, 오히려 그들이 실제로 그 행로에 빠지게 되고, 소용돌이 속에서 그들의 속도는 고의로 가속화되기에, 마법사의 제자는 이 홍수가 우리를 구원으로 인도하는 역사 과정이라고 생각합니다. 그러나 낭만주의-자연주의 시대는 그저 미친 듯하고 순환적이며 공허한 시대이며, 한낱 '시사 사건'으로 가득 차 있습니다. 바로 그런 까닭에 그 시대의 진로는 이성이 사건을 초래하며, 그래서 역사의 행로에 영향을 미치는 진정한 역사적 사건의 과정보다 더 잘 예측될 수 있었습니다. 괴테·하이네·토크빌·부르크하르트·니체는 그런 관점에서 진정한 예언자들로 입증되었습니다.

---

[144] 에드거 앨런 포의 단편 소설 『소용돌이 속에서(*A Descent into the Maelstrom*)』를 참조할 것.

그릴파르처는 그 사례를 매우 간명하게 언급했습니다. 즉 역사의 행로는 인간성에서 민족성을 거쳐 야수성으로 진행됩니다.[145]

국민이 국민국가를 통제하거나 국민국가가 그들의 이름으로 통치되는 경우에 미국과 영국을 제외하고 민족 없는 국가는 나타나지 않습니다. 대신에 국민국가는 자신이 채택하고 있는 정부 형태와 관계없이 '국민사회 Nationalgesellschaft'의 경쟁적 이익을 위한 한낱 겉치레로 만들어졌습니다. 낭만주의 시대의 지적 민족주의는 국민적 자연주의로 견고하게 구현되어 진정한 국가, 진정한 조국의 형이상학적 의지로서 국민사회의 욕구를 유지하던 수단이었습니다.

그러나 이런 겉치레 국가들은 시민들의 인격을 침해받지 않게 할 수 없었습니다. 그래서 유럽 어디서든 제1차 세계대전은 누구도 전혀 언급하지 않은 조국의 실제적인 위반을 나타냈습니다. 조국을 가장하는 국민사회는 자신들의 후손을 배반했고 그들을 전쟁의 순수한 산업적 도살에 이르게 했습니다.

그때 저를 포함해 유럽의 많은 젊은이는 자신들을 독일인·프랑스인 등으로 인식하고 싶어 하지 않게 되었습니다.

이런 의미에서 조국에 대한 배신은 독일에서 두 번째 인플레이션과 함께, 세 번째 히틀러와 함께 일어났습니다. 미국과 영국을 제외하고 세계 어디서든, 특히 이스라엘의 민족주의를 포함해 식민지적 민족주의 사이에서 영향력을 행사하는 이러한 상황에서, 오랜 순수한 민족 문화가 우리에게 전해진 것은 사회의 탐욕을 위장하는 민족주의적 가면으로만 봉사합니다. 그런 토양에서 풀은 전혀 자라지 않으며, 어디서든 진정한 민족적 가능성을 발견하기 위해 추진되는 어떠한 시도도 바로 민족주의적 사기에 말려듭니다.

---

[145] Franz Grillparzer, *Sämtliche Werke*, 10 vols. 9(Stuttgart, 1872): 34.

미국은 민족국가가 아니고 모든 의미에서 연방국가입니다. 그러나 미국은 영국과 마찬가지로 인격을 침해받지 않을 기본권을 국민에게 보장하는 국가로 충분합니다. 만약 시민이 사회적 대중이 되었고 더는 그런 보호를 욕구하지 않았다면, 두 국가는 파괴될 수 있었습니다. 사회적 대홍수가 이곳과 영연방에서 모두 매일 갈수록 높아지고 있지만, 누구도 진정한 정치적 가치를 위해 여전히 투쟁할 수 있습니다.

저는 대규모 연방국가 아틀란티스가 어떻게 존재할 것인가를 알지 못하지만, 민족적인 것은 모두 그런 미래에 대비해 활동하는 것 같습니다. 니체가 한때 우리가 좋은 유럽인이 되기를 원했듯이, 그런 목표에 대한 기대에서 훌륭한 아틀란티스 시민이 되고 싶은 것은 제가 투쟁할 가치가 있다고 생각하는 유일한 목표입니다.

모든 개개인, '꼬마 요정Geistchen'이 민족주의에서 자신보다 훨씬 높은 무엇을 구현하고 자신을 독일인으로 느끼고, 자신 혼자 느낄 수 있는 것보다 훨씬 더 클 기회를 목격했을 때, 민족주의는 시작되었습니다. 현재 민족주의의 종말을 특징짓는 것은 인간이 되며 동시에 독일인이나 프랑스인, 또는 유대인(어쨌든 이스라엘에서)이 되는 게 불가능해졌다는 점입니다. 이와 반대로, 누구든 이런저런 국적의 대표자로서 조만간 비인간적 괴물이 될 수밖에 없을 것입니다.

그래서 우리는 오늘날 우리 자신으로서만 인간이 되고자 노력해야 합니다. 아울러 인간이 되려고 결심한 친구들의 도움을 받고, 낭만주의적 '위대한 정신'이 아니라 민족의 과거 전체를 구성하는 많은 사람의 도움을 받아야 합니다. 그리고 다른 모든 '국민'과 마찬가지로 자기 국민은 오직 자신의 국가 구성을 통해서만 판단해야 합니다. 즉 '인간의 인격은 어디에서 침해받지 않는가?'라는 질문의 관점에서만 판단해야 합니다. 우리 시대의 형이상학적인 사람들이 자신들과 친구들을 이런 식으로 본다면, 그것은 순수한 역사적 사건의 역사적 환상을 버리고 국가 구성의 미래 가능성에 전념하려는 새로운 진정한 정치를 향한 예비 단계일 수도 있습니다.

제 생각에, 당신의 『셸링』은 이런 종류의 '친구들'을 위한 격려일 것이며, 그들은 모두 당신이 이 저서에서 명백하게 밝힌 대담하고 독창적인 정신이 당신과 함께 오랫동안 있을 생신에 즈음하여 당신에게 바라는 데 저와 동참할 것입니다.

이것들과 많은 개인적인 좋은 소망을 담아서

하인리히 블뤼허 올림

편지 182 **아렌트가 야스퍼스에게**

1956년 2월 17일

친애하고 존경하는 분께―

편지를 쓰게 되어 감사합니다! 이것은 제가 항상 느꼈던 것에 대한 훌륭한 확인이었고 또한 그렇습니다. 당신과 함께 하는 것은 항상 좋았기에, 저는 지금이 그때였던 적이 없다고 저와 당신에게 말하는 것을 회피했습니다. 편지 쓰기는 작업에서 그리고 작업 ― 단지 제 작업만이 아니라 ― 이 저에게 부과하는 외로움에서 저를 북돋우고 있습니다. 당신은 항상 저에게 용기를 주었습니다. 이제 당신이 세심하게 저를 격려하고 있으니, 저는 스스로 지나치게 야심적이고 건방지지 않도록 주의해야 할 것입니다. 그러나 그것이 가장 중요하지는 않습니다. 중요한 일은 직접 소통이며, 이것과 관련하여 가장 중요한 것은 직접성입니다. 당신이 말하는 "곰팡이병" ― 놀랍게도 유사한 것 ― 은 어디에나 있습니다. 이 질병은 곰팡이로 야기되기에 제가 가끔 좋아하는 훌륭하고 분별 있는 사람도 공격합니다. 누구든 곰팡이를 일단 몹시 싫어하면 가장 작고 외형상 해가 없는 것들에서 이것들을 확인합니다. 그리고 이것은 소통을 어렵게 합니다. 당신의 '밝은 방'에서 아주 유익한 것은 공기의 믿음직한 순도입니다.

이제 좋지 않은 소식에 관한 일부 사항입니다. 우선 쉴프에 관한 건입니다. 그는 물론 아직도 다른 쉴프 쇼를 꾀하였습니다. 제가 집에 왔을 때, 원고는 보이지 않았습니다. 대신, 수많은 변명을 담고 있으며 원고는 반쯤 정리되었다고 알리는 내용의 편지가 왔습니다. 어쨌든 그가 그런 편지를 보내야 하나요? 그리고 기타 등등의 내용입니다. 저는 시카고대학교 강의를 마치기 이전 시간을 내기 어렵고* 4월에 원고 전체를 저에게 보내야 한다고 그에게 답장을 써야 합니다 ― 저는 누군가의 자비로운 도움을 알지 못합니다.

저는 사정이 좋지 않으며, 당신에게 저 자신의 쉴프 쇼를 꾀하려고 합니다. 현재 저는 기고문¹⁴⁶의 영어 원고를 독일어로 번역할 수 없습니다. 이것을 도저히 감당할 수 없습니다. 부분적인 이유는 시간이 부족하기 때문입니다. 그렇게 오랜 시간이 흐른 후에 저는 다시 일을 시작하고 영어를 쓰는 데 예상보다 더 오랜 시간이 걸렸습니다. 그러나 지금 제가 독일어로 다시 쓸 여유가 없다는 게 더 중요합니다. 그러니 어떻게 해야 하나요? 저는 당신이나 콜하머에게 원고를 보내고 그것을 잘 해낼 누군가 그곳에서 나타나기를 희망해야 하는지요? 아니면 우리는 4월 말까지 기다려야 하고 그럴 수 있는지요?

우리는 모두 크나우스 씨의 편지에 매우 감동했습니다. 하인리히는 바드대학을 위해서 젊은 철학자를 찾는데 실제로 관심이 매우 많지만, 현재로서는 그럴 가능성이 희박합니다. 그 지위를 위한 재정이 없기 때문입니다. 그러나 그는 이곳 뉴욕의 다양한 동료들에게 편지를 보여주고 어디에도 빈자리가 없는지 보고 싶어 합니다. 사람들이 교수직을 채우기 위해 절대적으로 필사적인 독일에서 이 남자가 일자리를 얻지 못하는 것은 정말 끔찍

---

* 옮긴이_ 시카고대학교 월그린 재단은 제롬 커윈 명의로 1955년 4월 4일자 편지에서 1956년 봄학기 일련의 6강좌를 요청하는 편지를 아렌트에게 보냈다.
146 편지 113의 각주 465와 편지 146의 각주 39를 참조할 것.

합니다. 제가 상당히 좋아하는 것은 그의 정치적 관심과 자신의 설명에 반영된 판단력의 확실성과 개방성이었습니다. 하인리히는 자신이 보이고 싶은 사람을 찾을 것입니다. 그때까지 저는 이곳에서 편지를 간직할 것입니다. 아마도 크나우스 씨는 캘리포니아에서 적임자를 찾을 수 있을 것입니다. 그것은 미국에서 그의 추가적인 경력을 쌓는다는 관점에서 실제로 좋을 것입니다. 다른 한편, 아마도 그는 그곳에서 약간 외롭고 버림받았다고 느낄 것입니다.

저는 하인리히가 『세계관 심리학』[147] 신판을 가지고 바로 서재로 이동했다는 것을 깨달았지만 보내주신 데 대해 감사하는 것을 잊었습니다. 저는 이 책을 아직 주의 깊게 살피지 못했지만 이제 이것이 바드대학으로 떠돌아다니지 않기 때문에 조심해야겠습니다. 학기는 그곳의 경우 내일 시작하지만, 저는 약간 슬픕니다. 우리는 이번 두 달 동안 항상 함께 있었으며, 이게 좋았습니다. 저는 여행 중에 들었던 새로운 음식을 열심히 요리했습니다.

두 분의 생신을 축하합니다. 이곳 사람들의 말대로 행복하세요. 그리고 두 분과 저, 그리고 우리를 위해 행복을 바랍니다.

저는 괴테의 서간집은 많이 읽었으며, 최근 몇 주 사이 막스 베버의 저서를 대단히 많이 읽었습니다. 그리고 매우 기뻤습니다. 저는 당신이 이것을 알아줬으면 좋겠습니다! 『고대 농업사정 Agrarverhältnisse im Atertum』[148]은 훌륭한 저작이며, 『프로테스탄트 윤리와 자본주의 정신』[149]은 믿기 힘든 천재의 작품입니다. 저는 이미 이것을 알았지만 이제야 그가 수용한 모든 것을 파악할 수 있습니다. 이것에 접근하기 시작한 이후의 문헌에는 아무것도 없습

---

147 수정되지 않은 제4판(베를린/괴팅겐/하이델베르크, 1954).
148 Max Weber, "Agrarverhältnisse in Altertum," in his *Gesammelte Aufsätze zur Sozial- und Wirtschaftsgeschichte*(Tübingen, 1924): 1-288.
149 Max Weber, "Die protestantische Ethik und der Geist des Kapitalismus," in his *Gesammelte Aufsätze zur Religionssoziologie*(Tübingen, 1920): 1-206.

니다.

감사와 존경을 표시하며

한나 올림

편지 183   아렌트가 야스퍼스에게

1956년 4월 7일

친애하고 존경하는 분께―

저는 오랫동안 당신의 소식을 듣지 못했으며, 그래서 여느 때와 같이 약간 불안합니다. 생신에 즈음하여 당신께서 하인리히와 저의 편지를 받았다고 상상합니다. 그사이에 저는 5월 1일까지는 번역이 필요하지 않다고 콜하머로부터 들었습니다. 동시에 글을 잘 쓰는 이곳 친구가 에세이를 번역했기에, 결국 모든 것이 잘 될 것입니다.

내일 저는 2주 동안 6차례의 강의를 위해 비행기로 시카고를 갈 것입니다. 강의 원고를 어느 정도 정리했지만, 출판할 준비가 되어 있지 않습니다. 저는 전체 내용을 활동적 삶Vita Activa으로 명명하려고 하며 정치적 의미에서 노동·작업·행위에 주로 초점을 맞출 예정입니다.

「철학적 자서전」과 「답변」¹⁵⁰은 도착했습니다. 저는 호기심으로 독일어 원본을 들여다보았으며, 전부는 아니지만 상당한 관심을 두고 이것을 읽었습니다. 일단 시카고에서 돌아오면 이것을 실제로 점검할 것입니다. 우리의 쉴프 씨는 정부 임무를 띠고 인도로 떠났기에 다시 한번 서두를 필요가 없습니다.

피페르에게 편지를 보냈는데, 마치 제가 무엇인가를 제안하고 제 의견과

---

150   Jaspers' "Philosophische Autobiographie" and "Antwort" in *The Philosophy of Karl Jaspers*, ed., P. A. Schillp. 편지 113의 각주 465와 편지 146의 각주 39를 참조할 것.

전혀 일치하지 않는 소책자를 생각한 듯이 편집자들 가운데 한 사람으로부터 오히려 이상한 답장을 받았습니다. 저는 복귀하여 직접 피페르에게 편지를 보내며 바젤에서 나눈 우리의 대화를 그에게 상기시키도록 노력할 것입니다.

두 분은 어떠신지요? 제 생각에 바젤은 지금 저녁이고, 두 분은 서재에 함께 앉아 있으며, 즉 누워 있고 책을 읽으며 함께 있을 것입니다. 저는 저녁에 당신의 방에 흐르는 침묵과 평온 속에서 진정 함께 있음이 의미하는 바에 그렇게 충격을 받은 적이 거의 없습니다.

두 분에게 진심으로 축하드리며 에르나에게 따뜻한 인사를 전합니다.

한나 올림

편지 184 **야스퍼스가 아렌트에게**

바젤, 1956년 4월 12일

친애하는 한나!

현재 당신은 시카고대학교에서 확신하건대 매우 훌륭한 강의를 진행하며 새로운 경험을 하고 있구려. 그곳에 있는 당신을 생각하니 즐겁네요.

곧 하인리히의 매우 친절한 편지에 답장할 것이오. 내가 오래 지체한 것은 좋지 않구려. 오늘 당신을 위해 짧은 답장을 보내오. 무엇보다도, 브로흐의 에세이집에 게재한 당신의 서론에 감사하오. 이 서론은 생생한 모습을 제공하기에 좋은 것임이 틀림없다오. 나는 이것을 읽으며 매혹되어 끝까지 읽었지만, 이 주제에 점점 더 반감을 갖게 됐소. 그의 '이론'에는 기묘하게 까다로우며 근본적으로 밑바닥이 없어요 — '도움'의 닻을 두루 찾는구려. 불행한 인간이오. 그는 나에게 고통을 주오. — 그리고 나는 권위에 관한 당신의 강의에도 감사하오.[151] 이미 그것의 대부분에 익숙했다오. 나는 그것에 관해 결정을 내리지 못했소. 이미 밝혔듯이, 당신은 일반 개념을 특정한 로마 건국과 분리하오. 이런 분리는 얼핏 보면 정당해 보이지만 그렇다 치더라도 내 생각엔 실현될 수 없소. 아마도 당신이 생각하기에 존재하는 것보다 세상에는 훨씬 더 많은 권위가 있소. 아직도, 권위의 상실과 '건국'의 의미에 대한 당신의 전반적인 견해는 중요하오. 나는 우리가 본질과 접촉할 수 있었고, 그래서 그 안에서 살고 있다고 직접 느끼는 방식으로 존재하기를 바라오. 우리가 찾을 수 있는 모든 권위를 고수하고 점점 더 긍정하는 것은 바람직하오. 당신의 견해는 거의 전적으로 암울하오. 당신이 하이데거와 연관시키는 것(물론 이런 연관은 단지 삽입 어구로 제시되었지만)은 내가 따를 수 없는 이런 사유 양태에서 무엇인가의 징후를 나타내는 것 같구려. 나는 '정확성'과 '진리'에 대한 하이데거의 구별이란 사실이 탁월하다고 생각하오. 그러나 그가 그런 구별에 도달하는 방식은 나에게 기만으로 보인다오. 하이데거[152]는 플라톤의 "이데아"를 일반적인 이데아 이론으로 취급하오. 사람들은 이데아 이론을 플라톤의 탓으로 잘못 돌리는구려. 플라톤은 자신이 "있을 법한 신화"[153]를 설명한 『티마이오스』에서 마지막으로 "이데아"를 사용하였지요. 그는 중요한 대화편에서 이것을 전혀 사용하지 않는다오. 당신은 플라톤이 의도한 것을 이해하기 위해서 『파르메니데스』 제2부를 철저히 검토해야 하오. 동굴의 비유는 플라톤의 훌륭하고 유익한 발명품, 즉 비유가 더는 적용되지 않는 지점까지 사유하기 위한 게임이오. 그리고 당신은 플라톤이 비유에서 공식화에 이르는 것을 발전시킨 『국가』 제6권[154]을 염두에 두어야 하오. 당신은 '진리'를 대신하는 '정확성'의 재앙을

---

151 Hannah Arendt, "Was ist Autorität," *Der Monat* 8, no. 89(Februar 1956): 29-44.
152 Hannah Arendt, "Was ist Autorität," "나는 이 연계에서 「플라톤의 진리에 관한 교육」에서 동굴의 비유에 관한 하이데거의 대단히 훌륭한 해석을 언급하고자 한다. 여기에서 그는 알레테이아(Aletheia)가 오르토테스(Orthotes; 올바름)로, 진리를 정확성으로 바뀌었다는 것을 증명한다."(36쪽)
153 세계의 시작에 관한 티마이오스의 대화.
154 『국가』 제6권.

초래한 세계사적 근거인 플라톤, 플라톤이 성취하지 못한 '노출'로서 진리를 훌륭하다고 생각하는구려. 나는 에세이 사본에서 1942년에[155] 여백에 "약간 우습다"[156]라고 썼소. 아쉽게도, 나는 최근의 인쇄물을 얼마 전에 당신에게 제공하였소. 여백에 기록한 예전의 인쇄물을 잊어서 이것을 찾지 못했소. 우리는 이것에 대해 좋은 대화를 나눌 수 있었소. 간단한 형식의 편지로는 이 대화를 나눌 수 없구려. 당신은 마치 국가와 법에 대한 플라톤의 견해가 프로그램을 구성하며 최초 이미지의 잠정적인 파생물이 아닌 것처럼 이해하는구려. 나는 플라톤에 대한 당신의 독해에서 이 입장을 비슷한 오류로 생각하오. 범형의 모상이 지니는 의미는 플라톤 정치의 전제가 철학 교육이라는 것을 잊지 않아야만 이해될 수 있다오. 이 교육은 플라톤이 감각으로부터 해방되기 위한 제1단계를 구성하기 위해 디오니시우스[157]에게 수학을 가르침으로써 시작한 형태의 교육이오. 우리는 철학자들이 이끄는 최상 국가가 법이 필요하지 않는다는 점을 잊어서는 안 되오(일반 원리가 진정한 형태의 정부 활동을 결코 제한할 수 없지만, 법은 "항상 같은 것을 말하기" 때문이오 – 나는『정치가』에서 이것을 언급하고 있다고 생각하오.)[158] 누구든 플라톤을 어떻게 보는가는 그 자체로 자신의 철학함의 척도라오.

쉴프의 전반적인 업무는 결론에 도달하고 있는 것처럼 보이오. 그는 4월 말 이전에 시카고로 돌아올 것이고 바로 출판을 시작하고 싶어 하는구려. 콜하머와 관련된 사항은 미국판과 독일어판이 동시에 출간될 것으로 보이오. 나는 콜하머를 위해 3년 전에 집필했고 여러 군데 약간 수정했으나 실

---

155 Martin Heidegger, "Platons Lehre von der Wahrheit," in *Geistige Überlieferung* 2(1942): 96-124.
156 야스퍼스가 여백에 쓴 글은 다음과 같다. "하이데거는 플라톤을 '교의'를 지닌 사람과 같이 취급한다. – 젤러와 흡사하다 – 전적으로 비플라톤적인 양태이다. 변증법 없음 – 사유 운동을 순수하게 따르지 않음 – 일종의 환상(nihil) – 무(nihil) – 실존-초월을 대리한다 – 플라톤은 부정확하게 특징화했다. 전반적인 주장은 우습다."
157 플라톤의「일곱째 편지」를 참조할 것.
158 *Politikos*, 293ff.

질적으로 현저하게 수정하지 않은 두 편의 에세이[159]를 다시 한번 통독했소. 우리는 단지 두 판본 사이의 차이를 감수해야 할 것이오. 유일한 문제는 당신이 자신과 관련되고(『비판자들에 대한 답변』에 몇 군데 첨가가 있고, 자서전에 약간의 변경이 있다오) 내 아내와 관련되는(자서전 가운데) 새 판본에 있는 구절을 바꾸고 싶은지의 문제지요. 좋다면, 나는 관련된 쪽들을 당신에게 보낼 것이오. 당신은 이것이 새롭다는 것을 즉시 파악할 것이오. 이것은 수기로 쓰였기 때문이오.

아내는 내가 앓은 '심장 질환'에 대해 걱정하는데, 그녀의 우려는 **전적으로** 부당하지는 않소. 그러나 누구든 살 것인지 아닌지 확실히 알 수 없다면, 즐겁게 살며 자신이 할 수 있는 일을 하는 것은 이치에 맞다오. 이것은 삶을 전혀 위협하지 않았소. 나에게 **즉각적인** 위험은 없을 것이오. 그러나 세상에 아내를 홀로 두고 떠난다는 생각은 나에게 끔찍하오. 당신은 그녀 주위에서 과거의 추억을 함께 그려낼 좋은 친구들 가운데 한 명이 될 것이오. 이것은 나에게 기쁨을 주는 생각이오. ― 그러나 나는 우선 가르치는 것을 계획하고, 강의[160]와 세미나[161]를 준비할 것이오. 그리고 기분이 좋구려. 오늘 이 편지를 새 조교[162]에게 받아 적게 하였소. 후버는 취리히 연방공과대학교의 교수가 되었소.

두 사람에게 따뜻한 안부를 전하오.

나는 하인리히에게 곧 편지를 보낼 것이오. 당신이 내 생일에 보내준 멋있는 아잔타 석굴 사진에도 역시 감사하오.

야스퍼스

---

159 Jaspers' "Philosophiesche Autogbiographie," and "Antwort."
160 야스퍼스는 1956년 여름학기에 「일상의 삶 속에서 철학」이란 주제로 주마다 3시간 강의하였다.
161 Über Kierkegaard.
162 한스요르그 A. 잘모니(Hansjörg A. Salmony, 1920년 출생)는 1956~1960년 바젤대학교 철학과에서 조교였다. 1961년 그는 그곳 철학과 교수로서 바르트의 후임자가 되었다.

당신과 거래하는 피페르의 방식은 아쉬운 점이 많구려. 나는 당신이 적절하게 대응했다고 생각하오. 당신과 편집자는 직접 대면하여 토론했는데, 피페르는 편집자가 그런 토론을 계속하도록 내버려 둘 수 없다오. 그러나 이것은 그의 관점에서 나쁜 의지의 징후가 아니오. 그는 몇 달 동안 자신이 고용한 세 명의 편집자에게 많은 일을 맡기고, 지금은 스스로 여행을 많이 떠나고 있다오. 그래서 중요한 일이 발생하면, 그는 최근 쟌느 헤르쉬에게 했듯이 훌륭한 편지를 보내오. 작년 가을, 그는 아미엘 선집[163]의 서문 때문에 한 편집자에게 나의 일을 맡기게 했구려. 결과는 파국을 초래했소. 이후 그 편집자는 '생산 부서'로 자리를 옮겼네요.

"활동적 삶Vita activa"은 멋있는 제목이오. 노동-작업-행위는 대단한 기대를 불러일으키네요.

편지 185 **아렌트가 야스퍼스에게**

1956년 4월 30일

친애하고 존경하는 분께—

이 편지는 당신의 편지에 대한 실질적인 답장은 아닙니다. 저는 단지 두 원고와 원본을 대조하는 작업을 마치고 내일 아침 쉴프에게 모든 것을 보내겠다는 사실을 당신에게 급히 알리고 싶었습니다. 교정은 교정쇄에서 이루어질 수 있으며, 저는 그 책무를 즉시 해결하는 게 낫다고 생각했습니다. 좋으시다면, 교정쇄가 준비되었을 때 당신을 위해 기꺼이 최종으로 교정하겠습니다.

저는 기대했던 것보다 더 많이 교정했습니다. 물론 제가 바꿀 수 없었던

---

[163] 앙리 프레드릭 아미엘(Henri Frédéric Amiel, 1821~1881)은 스위스 작가이고 철학자였다. 여기서 언급한 선집은 전혀 출간되지 않았다.

것은 전적으로 표현법이었습니다. 문체는 그다지 성공적이지 못하며, 쓸데없이 까다롭고 종종 다듬어지지 않았습니다. 후자의 경우 저는 바꿀 수 있었습니다. 즉 완전한 오류를 교정할 수 있었습니다. 다른 문제를 처리하려면 완전히 재작성하는 게 필요할 것입니다 — 유효한 짧은 시간에 불가능하며, (야스퍼스의 표현을 사용하자면) 적절하지 않습니다.

제가 보기에 모든 것은 훌륭해 보입니다. 당신의 비판자들에 대한 반론은 적어도 철학 분야에서 특별히 훌륭합니다. 당신이 카우프만의 글에 정확히 타격을 가한 것이 기쁩니다.[164] … 저는 바움가르텐[165]에 약간 미안함을 느꼈으며, 이것이 제가 알고 있는 바움가르텐의 글이라는 것을 상정했습니다. 여기에 그 이름을 가진 사람이 있는데, 운명이 비열한 짓을 한 것이지요.[166]

저는 실질적인 문제에서 당신이 말하고 싶은 것을 의미한다고 생각하지 않는 문장을 하나 발견했습니다. 당신은 다음과 같이 썼습니다. 즉 정치인들은 자기 국민이 생각해야 하는 것을 그들에게 말할 것이다 ….[167] 이것은 특히 간단한 형식에서 위험한 공식적 표현입니다. 그러나 이것은 그다지 중요하지 않습니다.

저는 심전도에는 아무 문제가 없었다는 소견을 듣고 매우 안도했습니다.[168] 누구도 전혀 알 수 없는 것을 알았습니다. 그러나 아직도 이것을 많이 아는 것은 더 좋습니다. 그리고 당신이 다시 가르칠 것이라는 사실을 알고 좋았습니다.

철학 학술회의 사항입니다. 저는 초대장을 받았고 답장을 보냈습니다.

---

164 다음 자료를 참조할 것. Jaspers' "Antwort" to Walter Kaufmann in *The Philosophy of Karl Jaspers*, ed., P. A. Schillp, 842ff. 편지 113 각주 464와 465를 참조할 것.
165 다음 자료를 참조할 것. "Antwort" to Eduard Baumgarten in *Ibid.*, 825, 834-835, 847ff.
166 편지 186을 참조할 것.
167 Jaspers' "Antwort" in *The Philosophy of Karl Jaspers*, 753.
168 이것은 게르트루트가 아렌트에게 보낸 1956년 4월 19일 편지에서 언급된 것이다.

아마도! 그러자 주최 측은 저를 의제에 올렸습니다. 문제의 진실은 제가 록펠러 재단에 초대장을 가지고 가서 그들에게 여행 경비를 기꺼이 지원할 것인지 문의했다는 점입니다. 가능성은 매우 희박합니다. 그러나 그들이 경비를 치른다면, 저는 10월 1주일 동안 유럽에 갈 것입니다. 그러면 저는 그때쯤 학기에 강의할 하인리히 없이 혼자 가더라도 즉시 편지로 사실을 알려드리겠습니다.

두 분께 안부를 전하며
한나 올림

편지 186 야스퍼스가 아렌트에게

바젤, 1956년 5월 11일

친애하는 한나!

 우선 당신은 번역을 확인하고 그것들을 약간 수정하는 모든 어려움을 겪었소. 대단히 감사하오.

 나는 특히 당신에게 보낸 답장과 아내와 관련한 짧은 자서전적 논의에서 독일어판의 주요 변경 내용이나 첨가 또는 삭제 부분을 포함하는 몇 쪽을 여기에서 보낼 것이오. 나는 여전히 다른 것들을 보낼 수 있었지만, 신경 쓸 만큼 중요한 것은 하나도 없구려.

 오늘 편지를 급하게 보내오. 곧 하인리히에게 편지를 보내고 싶구려. 내 강의와 세미나는 지금까지 잘 진행되고 있다오.

두 사람에게 따뜻한 안부를 전하며
야스퍼스

 에두아르트 바움가르텐은 당신이 의미하는 미국의 인사는 **아니오**. 그는 프라이부르크대학교에서 교수로 재임하고 있으며 나치 시대 철학자로서 칸트 교수직을 맡았으며, 1945년 늦게까지 쾨니히스베르크를 최후의 사람까지 지키라고 촉구하는 1948년 라디오 연설을 (베를린에서) 했군요. 그는 막스 베버의 먼 친척이고, 이 가문의 설명할 수 없는 매력을 가지고 있으며, 꽤 괜찮은 인물이네요. 그는 어떤 의미에서 버릇없기 ― 그러나 영원히 소년다운 방식으로 ― 때문에, 가끔 가볍게 주의를 받아야 하오.

편지 187 **아렌트가 야스퍼스에게**

1956년 7월 1일

친애하고 존경하는 분께―

저는 록펠러 재단이 어쨌든 철학 학술회의의 참가 비용의 지원 여부를 최종적으로 알릴 것이라고 계속 생각하고 있었기에 당신에게 편지 보내는 일을 하루하루 미루었습니다. 애석하게도, 그럴 것 같지 않습니다. 6월 초 저는 그곳에서 잘 알았던 사람들 가운데 한 분을 만났습니다. 그들은 기꺼이 유럽에서 몇 달 동안 체류할 수 있는 경비를 지원할 것입니다. 우선, 제가 원하는 작은 비용을 지원하는 것은 자신들의 시간이나 노력과 비교할 때 거의 가치가 없기 때문입니다. 둘째, (아마도 더 중요하지만) 이런 제정신이 아닌 의회 조사의 관점에서 볼 때 그들은 자신들이 이곳에서는 분명히 많이 알지 못하는 프랑스 문제를 위해 저를 지원하는 것에 대해 약간 불안해하기 때문입니다. (우리 사이에서 이것은 기쁩니다!) 저의 제안은 유럽에서 5주 체류하는 것(저는 올해 그 이상 머물 수 없습니다)이었고 조사 여행의 경비 전체를 청구하는 것이었습니다. 하지만 이 제안은 효과가 없을 것 같습니다. 그래서 우리는 내년에야 다시 서로 볼 수 있을 것 같습니다. 그게 슬픕니다. 그러나 결정은 실제로 아직 내려지지 않았습니다. 저는 공식적으로 거절 통보를 받지 않았고, 물어보는 것은 좋지 않습니다.

당신의 자서전 및 답변 교정본이 이곳에 도착할 무렵, 저는 교정 내용을 담은 원고를 쉴프에게 이미 보냈습니다. 또한 방금 교정쇄를 그에게 보냈습니다. 쉴프출판사의 교정 요청이 더는 없기를 바랍니다.

당신이 편지에서 제기한 질문에 편지로 대응하기란 어렵습니다. 그러나 브로흐가 제 친구였다는 하나의 차이점이 있더라도, 우리는 브로흐에 대해 빠르게 합의에 도달할 수 있습니다. 저는 최대한 거리를 두고 서론을 썼으며, 제가 여기에서 기술한 것은 정말 저에게 생소합니다. 이것을 할 수 있는 사람은 아무도 없습니다.

우리는 플라톤에 관해 이야기해야 할 것입니다. 제가 권위에 관한 에세이에서 외형적으로 드러냈듯이, 짧은 편지 지면에서 모든 것은 오해를 초래합니다. 제가 보기에, 플라톤은 『국가』에서 이데아 이론이 다른 기원을 지니고 있지만, 이 이론을 정치에 적용하고 싶어 했습니다. 제가 보기에, 하이데거는 플라톤의 이데아 이론을 해석하고 '비판하기' 위해 동굴의 비유를 이용하면서 특별히 기반을 벗어났지만, 동굴의 비유에 관한 설명에서 진리가 은밀하게 정확성으로 바뀌고, 결과적으로 이데아가 기준으로 바뀐다고 언급할 때 옳았습니다. 저는 시러큐스에서 플라톤의 정치적 실험을 다르게 본다는 것도 고백해야 합니다. 어쩔 수 없습니다. 오늘날에도 이것과 관련한 우스운 것들이 여전히 있습니다. 소크라테스 재판 이후에도, 즉 폴리스가 철학자를 재판한 이후에도, 제가 이해하려고 시도하는, 정치와 철학 사이의 갈등은 있었습니다. 플라톤은 말대답했고, 그가 말해야 했던 것은 아주 강력했기에 우리는 이후 이런 언급을 배경으로 이 주제에 관해 언급한 것을 평가했습니다. 소크라테스가 추정하건대 이 주제에 말해야 했던 것은 거의 완전히 무시되었습니다.

아니, 우리는 당분간은 이렇게 놔둬야 할 것입니다. 저는 『활동적 삶』을 집필하는 중이며, 실제로 저에게 더 관심이 있는, 철학과 정치 사이의 이런 관계를 잊어야 합니다. 시카고대학교 강의는 모두 좋습니다. 매우 훌륭한 학생이 몇 명 있고, 그 외에 정상적으로 성공적인 강의였습니다. 저는 이제 집필하는 것을 즐기지만, 이게 제대로 될지 아직은 모릅니다.

당신이 제가 하리라고 예측한 대로, 저는 피페르로부터 합당한 편지를 받았습니다. 우리는 아직 인세에 대해 전적으로 합의하지 않을 것입니다. 그는 8%만을 지급하려고 하고, 저는 10% 이하로 수락하고 싶지 않습니다. 별로 중요하지 않지만, 왜 그가 일반 원칙보다 덜 지급하려는지 모르겠습니다.

당신의 심장은 어떤지요? 강심제를 복용하고 있는지요? 그리고 당신의 강의와 세미나는 어떻게 진행되는지요? 저는 거기에 앉아 있고 싶지만, 록펠러 재단이 자신들의 재원으로 이것을 가능하게 하는 게 매우 수월하리라고 생각했을 때, 저는 이 재단 인사들에 ― 도리에 맞지 않게 ― 실제로 화가 치밉니다. 하인리히에게 일은 잘 진행되고 있습니다. 그는 가르치는 것을 여전히 즐기며, 학생들은 열정적으로 대응하고 있습니다. 현재 마침내 그는 일주일 내내 집에 있으며, 우리는 멋있는 시간을 함께 보내고 있습니다. ― 우리는 8월까지 뉴욕을 벗어나지 않을 것입니다. 여름은 지금까지 매우 좋았습니다. 다음 달 저는 조언을 들으려는 젊은 정치학도들의 세미나에 참석하고자 며칠 동안 하버드대학교에 가야 합니다. 이렇듯 사람들은 누구든 이 유감스러운 상태에 도달하는 것을 막기 위해 노력했음에도 불구하고 늙어서 "명예롭게 백발이 됩니다."

저는 출판사가 당신에게 『전체주의의 기원』에 대한 서평을 보냈는지 모릅니다. 항상 서론을 이야기하면서 매우 우호적입니다. 당신이 그 서평을 받지 않았으나 관심이 있다면, 저는 기꺼이 조만간 이것들을 보낼 것입니다. 알려주세요. 판매는 역시 만족스러운 것 같습니다.

올해 휴가를 어디서 보낼 것인지요? 다시 생모리츠인가요? 아니면 바덴바일러인가요? 아니면 칸인지요? 로테 발츠는 무슨 꿍꿍인지요?

두 분에게 따뜻한 소망을 바라며―
한나 올림

편지 188 야스퍼스가 아렌트에게

바젤, 1956년 7월 7일

친애하는 한나!

  그 일은 나에게 실망이오. 록펠러 재단에는 희망이 거의 없구려. 어떤 사람이 나에게 한때 다음과 같이 말했소. 선의를 지닌 미국인이 "나는 할 수 있는 무엇이든 하겠다"라고 말하자, 그가 표현하지 못한 것은 이렇군요. 즉 "그러나 그것은 이루어질 수 없지." 글쎄, 그것은 결국 그렇게 되지는 않을 것이오. 그러나 아니라면, 나는 하인리히가 내년엔 당신과 오리라고 생각하오. 나는 플라톤 문제, 그리고 철학이 무엇이며 무엇일 수 있고, 무엇이어야 하는가에 관한 논의에서 하인리히의 지원을 희망하오. 당신은 우리가 이것을 지금 이대로 놔둬야 한다고 쓰는구려. 나는 지금 당장 한 쪽이나 몇 쪽을 쓰고 싶지만, 그것을 내버려 둘 것이오. 그렇지 않으면 교수가 항상 마지막 말을 하고 싶어 하는 것이 될 것이오. 우리는 미래의 대화에서 플라톤, 그의 시러큐스에서의 '우스운' 계획, 즉 '정확성'과 '기준', 동굴의 비유로 돌아갈 것이오. 이것은 철학적으로 매우 근본적인 문제이기에 만족스러운 논의를 생산할 수 있을 것이오. 당신은 슬그머니 떠나는 것을 두려워할 필요가 없으니 좋은 일이오. 나의 경우 당신은 모든 것이 인류와 함께 사라지지 않은 확실한 '보증인'에 포함되오. 나는 당신이 하인리히와 함께 그렇게 행복한 몇 주를 보내고 있다는 내용을 읽고 기뻤지요. 두 사람의 삶이 함께 오랫동안 행복하고 생산적일 것이오.

  『활동적 삶』을 집필하는 과정에서 추가적인 좋은 진전이 있기를 바라오. 당신이 10% 대신 8%를 제시한 피페르의 입장을 거부하는 것이 전적으로 옳소. 그러나 다른 모든 사람처럼, 그도 사업가가 되어야 하오. 나도 똑같이 경험했으며 그와 점잖은 '싸움'을 반복했었다오. 그 경우에 약간 짜증이 났으며, 특히 최근처럼 토론이 궤변적으로 변할 때는 더욱 그랬소. 그는 나를 위해 출판사의 "일반적인 비용" 등을 가지고 자신의 복잡한 경영을 계산했지만, 나는 다음과 같이 대응했다오. 내가 이런 수치를 검토하는 것이 불가능하지만, 모든 것이 출판인의 선의, 즉 약간의 위험을 감수하려는 의지에 좌우되는 것 같소. 그리고 인세는 책 판매 이후 지급하기에, 저자의 인세는 그런 위험의 주요 부분이 거의 되지 못하오. 피페르에 관한 사항이오. 판매 **이후** 지급이 처음부터 고려되었기 때문에, 출판사는 선인세를 지급하지 않소. 야스퍼스에 관한 사항이오. 나는 괴셴 문고의 신판 10,000부에 대해 일괄하여 그루이터출판사로부터 3,000마르크를 받았소. 소매 가격은 계약 체결 이후 2.50마르크 증액되었기에, 그루이터출판사는 2,000마르크에서 3,000마르크로 인세를 자발적으로 증액했다오. 피페르에 관한 사항이오. 물론 많다오. 한 권당 30페니히라오. — 나는 기꺼이 당신에게 인세를 선급할 것이오. — 어쨌든 총액은 지급해야 하오 —. 이 부분에서 나는 전반적인 문제를 빠뜨렸다오. 그것을 원래의 문제인 인세 비율로 되돌리는 것이 부끄럽소. — 그러나 이런 건 중요하지 않소. 피페르는 훌륭한 출판인이며 내가 개인적으로 좋아하는 사람이오. 당신이 해야 할 모든 일은 침착하고 우정 어린 방식으로 10%를 주장하는 것이오. — 그래서 나는 결국 플라톤에 관한 것이 아니라 출판 세부 사항에 관한 글을 쓰게 되었소.

나는 서평들을 대단히 보고 싶소. 프랑크푸르트의 출판인은 그것들을 나에게 보내지 않았다오.

나는 강심제를 복용했다오. 이것은 내 심장에 해로운 영향을 끼쳤다오. 심장 질환의 원인과 유형은 매우 다양하오. 그러나 나는 다른 '질환'을 갖고 있지 않소. 강의는 나에게 도움이 되었소. 내가 취침까지 이후 휴식을 취하면 45분의 평온하며 열정적인 노력이 내 신체와 심장에 활기를 북돋우고 좋은 상태를 유지하는 영향을 준다오. 그리고 나는 이런 면에서 단 한 차례의 강의도 빠뜨리지 않은 채 좋은 형태로 강의를 마쳤소.

우리는 휴가에 멀리 가지 않을 것이고 바젤에 머물 것이오. 나는 『위대한 철학자들』 제1권(1,000쪽 분량)의 집필을 마치고 싶다오.

우리 모두 두 사람에게 따뜻한 안부를 전하며

야스퍼스

편지 189   아렌트가 야스퍼스에게

팔렌빌, 1956년 7월 23일

친애하고 존경하는 분께—

　보시다시피, 우리는 이미 익숙하고 애용하는 여름 휴양지에 있습니다. 록펠러 재단에서 방금 전화가 왔는데, 드디어 모든 게 때맞춰 해결되었다고 하더군요. 저는 이미 제가 착각했다는 것을 알았습니다. 지연은 아무 의미가 없습니다. 누군가가 틀림없이 아팠던 것이었습니다. 이제 남은 일은 저에게 경비를 제공할 단체를 찾는 것뿐입니다. 저는 그것에 전혀 관여하지 않았지만, 록펠러 재단은 시카고대학교에 요청했습니다. 시카고대학교는 이 요청을 기꺼이 수용하고 이로 인해 약간의 중요한 것을 얻었습니다. 즉 재단이 내년에 대학 측에 경비를 제공하여 제가 2주 동안 시카고대학교로 가서 고학년 학생들에게 소규모 세미나를 진행하게 되었습니다. 저는 동의하고, 모든 사람이 즐겁습니다.

　저는 매우 즐거우며 그것이 실제로 성사되리라고 기대하지 않았습니다. 그러나 그것이 저로서는 오해였던 것 같습니다. 이런 거대한 단체들은 너무 비협조적이고 관리하기 어려워져서 모든 사람이 그것에 찬성한다고 해도 더는 아무것도 빨리할 수 없습니다.

　저는 방금 프랑스에 편지를 보냈습니다. 10월 11~18일에 해당하는 주를 그곳에서 보낼 것입니다. 그 이전에 저는 인도에서 유럽에 오기로 되어 있는 사촌[169]을 파리에서 어쩌면 만날 것입니다. 언제 방문하는 게 당신에게 편할지요? 저의 유일한 약속은 철학 학술회의이며, 저는 당신에게 맞는 나머지 계획을 세울 수 있습니다. 저는 11월 첫 주까지 유럽에 체류하기를 원하지 않지만, 그 부분에서도 당신에게 맞도록 계획을 물론 수정할 수 있습니다. 언젠가 어떤 식으로든 저는 또한 독일에 갈 것이며, 현재로선 그곳에 어떤 약속도 없습니다.

그래서 제가 '도망칠' 가능성은 조금도 없습니다. 저는 우리의 대화를 열렬히 기대하고 있으며, 편지에서 이 쟁점을 '해결하지' 않아도 되어서 기쁩니다.

우리는 여기에서 멋있는 휴가를 — 수영하고, 산책하며, 산딸기를 따며, 일하며 — 보냅니다. 너무 덥지도 않고 너무 선선하지도 않습니다. 그리고 우리는 대단한 상상력을 얻고 있습니다. 우리는 이곳을 조금 둘러보고 있으며, 이 장소에 너무 애착을 두고 있기에 여기서 작은 집을 살 수도 있습니다.

저는 당신이 떠나지 않을 것 같아 유감입니다. 집에서의 상황이 두 분의 상황처럼 즐겁고 안락하더라도, 그곳은 항상 상쾌합니다. 그러나 저는 다음 사항을 이해합니다. 장소의 변경은 작업에 전혀 유익하지 않습니다. 당신은 분명히 겨울학기에도 강의할 것이지요. 저는 강의와 세미나에 너무 가고 싶습니다.

우리는 8월 말까지 이곳에 머물 것입니다. 주소는 체스넛 론 하우스, 팔렌빌 뉴욕입니다.

곧 뵙지요! 그리고 따뜻한 소원을 빌며,
한나 올림

169　사촌 이름은 니우타고쉬(Niouta Ghosh)이고, 구성은 월부체비치(Wilbouchevich)이다.

편지 190 야스퍼스가 아렌트에게

바젤, 1956년 8월 1일

친애하는 한나!

얼마나 좋은 소식이오. 재단이 항공권 비용을 지급할 때, 장기 여행은 당신에게 문제가 아니라오. 그리고 우리는 당신을 다시 보게 되어 기쁠 것이오.

나는 10월 22일 월요일 강의를 시작해야 하오. 월요일·화요일·수요일에는 강의하고, 금요일에는 세미나를 진행하오. 그러나 강의해야 하는 날에는 다른 어떤 이야기도 할 수 없다는 것은 그 어느 때보다 그렇소. 학기의 주제 — 내가 이 주제를 어떻게 다룰지 아직 모른다는 것은 아니오 — 는 강의에는 철학 입문이고 세미나에는 정치철학이오. 당신이 10월 19일 온다면, 우리는 2일의 자유 시간이 있을 것이오. 또 나는 첫 주에 휴가를 떠나 10월 29일 시작할 가능성을 고려하고 있소(그러나 나는 대학 '규정'의 제약이 정말로 그것을 허용할지 확신할 수 없다오). 만약 내가 그렇게 한다면, 나는 멋진 자유로운 날을 당신과 함께 보낼 수 있을 것이오. 다른 가능성은 당신이 10월 11일 이전 우리를 만나러 와서 이후에 사촌을 만나는 것이오. 그러면 우리는 나에게 신체의 휴식을 많이 취하도록 요구하는 교육 의무로 전혀 방해받지 않을 것이오. 글쎄, 당신은 상황이 어떤지 알 수 있고 선택할 수 있소. 내가 가르치는 날에 완전히 혼자 있을 수 있는 한, 당신이 어떠한 결정을 내리든 나는 괜찮소.

당신은 팔렌빌에서 즐겁게 생활하고 있겠구려. 우리는 그 소식을 들으니 — 대부분 사람이 불평하고 있을 때 — 기쁘오. 그리고 당신은 심지어 '뿌리를 내리고' 있구려. 자신의 재산인 지붕을 머리 위에 두는데 중요한 것이 있다오. 나이가 들거나 병으로 인해 당신의 상황이 바뀌더라도, 두 사람 모두에게 편안함을 유지할 수 있는 무엇인가를 찾을 수 있다면 좋을 것이오. 그런데 누구든 언제나 다시 매각할 수 있지만, 그것이 항상 확실하지는 않소.

나는 『위대한 철학자들』 제1권을 완성하여 10월에 출판사에 보낼 계획으로 이를 집필하고 있소. 이 마지막 단계를 위해서는 집중적인 노력이 필요할 것이오. 그리고 나는 중간에 산발적으로 세 차례의 라디오 강의(원자폭탄[170]과 불멸성[171]이란 주제로 각 20분! — 그런 다음 「공적 삶의 위험」[172]이란 주제로 60분)를 하고 『합류』[173]에 독일 대학에 관한 에세이를 기고하는 꽤 많은 일을 해야 하오. 그런 다음 원칙적으로 지금 준비해야 하는 겨울학기를 어떻게 운영할지 보아야 하오. 업무량에도 불구하고, 아내와 나는 기분이 좋소. 그리고 나는 그 모든 것을 즐긴다오. 나는 서두르는 것 같지 않으며 — 너무 많은 편지를 답장 없이 보내고 있지만 — 끝내지 않은 것에 대해 흥분하지 않소. 그러나 책은 현재 나에게 최고 우선순위를 갖는다오. 나는 때때로 그 이상적인 지도자로서 하인리히를 생각하오.

나의 신체 상태는 그런대로 괜찮소. 게르트루트는 손님들을 맞이하고 있소. 엘라와 에른스트 그리고 엘라의 두 손자, 현재 폴 고트샬크도 있다오.[174] 에르나 뫼를러와 설거지 등을 돕고 있는 또 다른 여성에 감사하며, 일이 순조롭게 진행되고 있고, 이들의 방문은 순전한 기쁨이오. 나는 두 개의 방에 조용하고 방해받지 않는 공간을 가지고 있소. 나는 두 아이(8세와 9세)가 매우 즐거우며, 아이들이 성장과 반응에서 '천재'라는 것을 다시 본다오. 애석하게도, 그들은 보통 천재로 남아있지 않소.

당신 두 사람에게 따뜻한 안부를 전하며, 게르트루트의 안부도 전하오.

야스퍼스

---

170 Karl Jaspers, *Die Atombombe und die Zufunft in des Menschen: Ein Radiovortrag* (München, 1957).
171 Karl Jaspers, "Unsterblichkeit," in N. M. Luyten et al., *Unterblickheit*(Basel, 1957): 31-41.
172 출간되지 않음.
173 출간되지 않음.
174 에리네와 안드레 마이어(Eirene and Andrée Mayer)는 에른스트와 엘라의 손자들이다. 고트샬크는 게르트루트의 사촌이다.

나는 당신에게 친숙한 후기를 수록한 저서 『철학』¹⁷⁵ 신판 한 권을 가지고 있고, 이것을 뉴욕에 있는 당신에게 보냈소.

친애하는 한나! 내가 편지를 쓰고 보니, 당신이 10월 14일 50세가 된다는 생각이 드는구려. 당신은 하인리히와 함께 축하하고 그 이후에야 유럽으로 떠날 것이지요? 아니면 10월 11일 정확히 파리에 도착하는지? 게르투르트와 내가 그 경우에 우리와 함께 축하하기 위해 당신을 초대할 수 없는지? 그것은 우리에게 큰 기쁨을 줄 것이오. 어쨌든, 당신은 우리와 함께하도록 초대받는 것이오. ─
당신의 저서에 대한 서평을 지참하는 것을 잊지 말기 바라오.

따뜻한 안부와 함께
야스퍼스

편지 191 아렌트가 야스퍼스에게

1956년 9월 7일

친애하고 존경하는 분께—

저는 당신의 좋은 편지에 감사하다는 편지를 급하게 쓰고 있습니다. 그래서 당신은 제가 사라졌다고 생각하지 않을 것입니다. 제 생일을 생각하는 당신에게 감명받았습니다! 우매한 일은 제가 언제 갈지 아직 정확히 알 수 없다는 점입니다. 물론 20일 이전에는 갈 예정입니다. 그동안 온갖 종류의 일들이 이곳에서 발생했습니다. 우선, 프랑스에서 개최될 회의, 즉 철학 학술회의는 취소되었습니다. **당의 사상가들**이 참석자의 압도적 다수를 구성하지 않는 그런 방식의 업무 조직화는 불가능했기 때문입니다. 놀라운

---

175 Karl Jaspers, *Philosophie*, 3 vols. (Berlin/Göttingen/Heidelberg, 1956).

일입니다. 그들은 취소 발표에서 공정성을 유지할 능력이 없다고 말하는 것조차 부끄러워하지 않았습니다. 코이레가 저에게 편지를 보냈습니다. 그의 말에서 드러나듯이, 공산주의자가 아닌 다른 프랑스인들은 공산당이 원하는 것을 얻지 못할 경우 감히 가지 못할 정도로 큰 압박을 받았던 것 같습니다. 그 상황을 상상해보세요!

저의 첫 번째 대응은 여행을 연기하는 것이었습니다. 그러나 비용을 부담하는 사람들, 즉 록펠러 재단은 다르게 느낍니다. 저는 올해 말로 미룰 수도 있었지만 그렇게 할 수 없습니다. 11월 말 이곳에서 두 차례의 강의를 진행하기로 합의했고, 이 강의를 취소할 수 없기 때문입니다. 그리고 내년까지 여행을 연기할 수 없습니다. 그래서 저는 원래 계획한 대로 갈 예정입니다.

저는 도서관에서 이른바 자료 조사를 위해 파리·제네바·쾰른·킬에 갈 것입니다. 제가 하고 싶은 첫 번째 일은 암스테르담과 로테르담에서 열리는 렘브란트 전시회에 가는 것입니다. 그러면 당신을 직접 만나러 가는 게 가장 좋을 것입니다. 그때는 10월경입니다. 그러나 저는 우선 며칠 동안 파리에 가지 않아도 될지 아직 확신할 수 없습니다. 그동안 그 날짜가 당신에게 맞지 않는다고 저에게 편지를 보내지 않는다면, 저는 다음 주에 그것을 확실히 알고 나서 확정된 날짜와 함께 즉시 편지를 보낼 것입니다. 일주일 정도 제네바나 파리에 먼저 가는 게 좋겠습니다.

저는 계속 잊어버리는 것을 '고백해야겠습니다.' ('잊는다라는 말을 액면가로 받아들이세요. 그 이면에 작동하는 심리적 요인들은 없습니다.) 얼마 전에 독일계 유대인 역사를 연구하는 이른바 레오벡연구소가 설립되었습니다. 이 연구소는 예루살렘에 근거지를 두고 있지만, 저는 이곳 뉴욕에서 책임을 맡고 있습니다. 연구소 몇몇 회원들은 저의 라헬 파른하겐 전기를 알고 있었고, 그들은 현재 일부 원고를 보유하고 있기에, 이것을 출판하도록 하려고 끊임없이 저를 쫓아다닙니다. 저는 결국에 항복했습니다. 자 이것을 봐주세요! 그러나 저는 이것을 개작했고 서문을 썼으며 라헬의 미출간 편지 일부를 첨부한 부록을 준비했습니다. 번역자가 이제 전체 업무를 담당합니다. 연구소는 아주 어리석게도 영어로만 출판하기 때문입니다. 이 책은 여기에서 내년에 영어로 출간될 것입니다. 이제 저는 독일어로 출간되는 것을 보고 싶으며, 그들이 이것에 어떻게 반응하는지 보기 위해 많은 '무고한' 사람들에게 이 것을 주었습니다. 반응으로 판단할 때, 이 책은 일차적으로 한 여성의 책이고 그렇게 방어할 수 있습니다.

하인리히는 새 학기를 시작하기 위해 방금 떠났습니다. 그는 충분히 휴식을 취했고 학기가 다시 시작된 것을 실제로 매우 기뻐합니다. 여름은 사랑스러웠지만, 우리는 금방이라도 살 수 있는 그 집을 결국에 사지 않게 되었습니다. 우리는 우선 전세로 집을 확보하고 그런 다음 나중에 이것을 사라고 조언을 들었습니다. 전세는 무엇보다도 훨씬 값쌉니다.

하지만 보상이라도 하듯, 하인리히는 차를 살 생각을 하고 있으며(집 사는 것은 제 생각인데), 우리는 모두 아마도 올겨울에 차 운전하는 것을 배울 것입니다. 구식은 과거의 일인 것 같습니다. 아주 안 좋죠, 실제로. ― 이 모든 것으로 판단할 때, 당신은 우리가 백만장자가 되리라고 생각할 수 있습니다. 그것은 얼토당토않은 이야기입니다. 그러나 대학은 현재 절반의 정상 연금을 도입했으니, 우리는 더 이상 저축을 아주 심각하게 생각할 필요가 없습니다.

당신의 사랑스럽고 조용한 집에서 많은 손님과 어린이를 상상하는 게 저에게는 기쁩니다. 예, 어린이들은 멋지지요. 저는 팔레스타인에 사는 어린 조카[176]와 사랑에 빠졌습니다. 그 애는 방금 12살이 되었고 저에게 여전히 매력적인 편지 ― 그녀가 실제로 알지 못하는 독일어로 그리고 표현을 무시하는 철자법으로 ― 를 보냅니다.

---

176 에르나 퓌르스트(Erna Fürst, 1943년 출생)는 아렌트의 사촌 에른스트 퓌르스트의 딸이다.

내일 아침 저는 정치학회 학술회의를 위해 워싱턴으로 갈 것입니다. 이런 일에 앞서 항상 약간 불안해합니다. 이 문제는 강의 문제가 아니라 모든 사람과 기억하지 못하는 저의 신체적 무능력 문제입니다.

그런데 피페르와 저는 합의에 도달했습니다. 결국에 그는 저에게 10% 인세를 인정했습니다. 별난 사람Kauz입니다.

최선을 다하며, 곧 뵙겠습니다! 두 분에게 따뜻한 안부를 전하며

한나 올림

편지 192 **아렌트가 야스퍼스에게**

1956년 9월 15일

친애하고 존경하는 분께—

제가 오늘 하고 싶은 것은 지난주 편지에서 개략적으로 밝힌 합의를 확인하는 것입니다. 모든 것이 아름답게 잘 되어 가는 것 같기 때문입니다. 저는 10월 5일 비행기로 이곳에서 암스테르담으로 갈 것이며, 두 분에게 마음에 든다면 10월 5일 바젤로 갈 수 있습니다. 그러나 당신이 선호한다면, 저는 아주 늦게 갈 것이며 우선 파리로 갈 것입니다. 5일에 간다면 9일경에는 파리에 있고 싶습니다. 제가 늦게 가기를 당신이 원한다면, 저는 당신과 헤어진 후에 제네바로 직접 갈 것입니다.

제가 언급한 바와 같이, 당신에게 가장 어울리는 것은 무엇이든 수월하게 할 수 있습니다. 그러나 제가 사전에 알 수 있다면 좋을 것입니다. 당신을 방문하고자 암스테르담에서 직접 가고자 한다면, 저는 여기에서 바젤이나 취리히로 가는 비행기를 예약할 것입니다. 파리에서 비행기를 탈 가치가 거의 없습니다. 이미 30일로 예약했습니다. 네덜란드에서 가장 좋아하는 미국인 친구 메리 매카시를 만날 것입니다.

워싱턴은 매우 멋지고 자극적이기도 합니다. 현재 여름학기 동안 강의하

고 있는 하버드대학교의 프리드리히[177]는 하이델베르크대학교에서 한 학기 동안 저와 함께 있기로 했습니다. 저는 주저합니다. 제가 여름 석 달 동안만 있겠다면 그곳에 머무르라고 나를 부추기고 있습니다. 저는 당신과 함께 이 문제를 논의해야 합니다. 어쨌든 1958년 여름까지 가능성은 없을 것입니다.

저는 이미 약간 고무되어 있으나 여전히 연구에 깊이 빠져 있기에 그 여행을 제대로 상상할 수 없습니다.

하인리히는 학기 첫 주를 마치고 매우 기쁜 마음으로 집에 왔습니다. 교수진은 그를 만장일치로 대학표준·정책위원회(승진, 새로운 직책, 교과과정 변경 등) 위원장으로 선출했습니다. 그는 이 직위가 업무량에 상당히 부과되더라도 일자리를 갖게 된 것에 기뻐합니다. 이 나라에서 정신의 관대함은 정말 놀랍습니다. 그의 영어 실력은 물론 전혀 완벽하지 않지만, 그는 다른 모든 사람이 지닌 학위도 없습니다. 그들은 신경을 쓰지 않았습니다.

곧 뵙겠습니다. — 따뜻한 안부를 전하며

한나 올림

편지 193   야스퍼스가 아렌트에게

바젤, 1956년 9월 17일

친애하는 한나!

우리는 당신이 온다니 기쁘며, 당신이 도착하는 정확한 시간에 관한 마지막 말을 기다리고 있오. 비록 당신이 우리와 당장 다르게 듣지 않는다면 우리의 합의를 가정할 것이라고 썼다고 하더라도, 당신은 우리로부터 몇

---

[177] 카를 요하임 프리드리히(Carl Joachim Friedrich, 1901년 출생)는 1922년 미국으로 이주했고, 하버드대학교 정부학과 교수였다.

자의 편지를 기대할 것이오. 10월 5일 즈음 어느 다른 날이라고 하더라도, 그날은 우리에게 좋소. 당신은 생일날까지 또는 더 오래 머물겠지, 그렇지 않은지? 시간과 일정 문제는 모두 우리가 아니라 당신이 결정할 일이오. 내 생각에, 당신은 이전에 했던 대로 우리 집에서 작업할 수 있을 것이오. 우리는 식사 시간뿐만 아니라 늦은 아침이나 오후에 서로 볼 수 있을 것이오. 할 얘기가 너무 많다오! 나는 이것을 기대하오. 당신은 손님방에 머물며 거리가 보이는 서재의 책상을 차지할 것이오. 우리와 아주 가까운 에른트스 마이어의 부인 엘라는 정원이 보이는 서재에서 생활하고 잠을 자고 있다오. 그녀는 당신 또는 우리의 대화를 방해하지 않을 것이오. 그녀는 (지난) 10월 피페르에게 보내야 할 책을 정리하는 데 도움을 주고 있소.

나는 당신을 볼 때를 위해 중요한 것을 간직해 둘 것이오.

두 사람 모두에게 우리의 따뜻한 안부를 전하며
야스퍼스

편지 194 **야스퍼스가 아렌트에게**

바젤, 1956년 9월 18일

친애하는 한나!

나는 어제 당신에게 편지를 보냈고, 9월 15일자 당신의 편지를 방금 받았다오. 당신이 10월 5일보다 좀 늦게 오는 것이 편리하다고 편지를 보냈다면, 우리는 당신의 날짜 변경을 이해할 것이오. 우리는 플로라 마이어[178]로부터 오늘 그녀가 우리를 방문하기 위해 런던에서 이곳으로 오고 싶다는 소식을 들었기 때문이오(그녀는 남아프리카에서 아들[179]과 함께 살고 있다오). 그녀의

---

178 편지 72의 각주 294를 참조할 것.
179 필립 마이어는 그 당시 그레이엄스타운에 있는 로드대학교의 사회인간학 교수였다.

방문은 어떤 상황에서도 당신의 방문과 겹치지 않는다오. 동시 방문은 우리에게 지장을 줄 것이오. 그러니 당신에게 이후를 위해 — 파리를 방문한 이후에 — 어떤 날짜를 마음에 두고 있는지 우리에게 편지로 알려주오. 10월 10일 이후 어떤 날도 우리에게는 좋소. 나는 10월 29일 강의를 시작하오 (일주일 휴가를 냈고 이것을 얻는 데 어려움이 없었다오). 당신은 좋아하는 날이나 주를 지정해야 하오. 당신은 자신의 생일을 우리와 함께할 것인지? 당신은 내가 강의할 때 물론 함께 있을 수 있소 — 그런데 유일한 문제는 내가 당신과 이야기할 수 없지만, 그렇지 않은 만큼 좋다는 점이오. 우리는 우선 당신이 도착할 때, 그리고 일정에 관한 최종 사항을 기다릴 것이오. 나는 당신을 만나기를 고대하고 있소.

따뜻한 안부를 전하며
야스퍼스

편지 195 **아렌트가 야스퍼스에게**
1956년 9월 22일

친애하고 존경하는 분께 —

    당신의 두 번째 편지가 방금 도착했습니다. (여행 준비 — 이와 관련하여 가장 좋은 것은 바젤에서 온 편지가 우편함에 있다는 것입니다.) 편지를 다시 쓰게 되니 얼마나 기쁜지요. 피페르가 10월 말까지 당신의 원고를 가지고 있어야 하는 이때 당신은 이런 방문자들을 어떻게 관리할 것인지요? 제가 보기에 방문이 좀 무리일 것 같은데, 당신은 그게 무리인지 그리고 제가 너무 오래 머물 것인지에 대해 — 첫째 어떡하든 그리고 둘째 특히 이번에 — 저에게 제발! 말씀하셔야 합니다.

    어쨌든 우리는 생일을 잊는 것이 최선일 것입니다. 당신만 괜찮다면, 저는 20일 또는 21일경에 갈 것입니다. 즉 우선 파리에서 제네바로 갈 것입니다. 제네바에서 시간을 좀 내야 합니다. 저는 도서관에서 무엇을 발견할지 얼마나 오래 체류해야 할지 모르기 때문입니다. 또한 저는 당신에게 가장 좋은 것은 무엇이든지 할 수 있습니다. 즉 우선 바젤에 갈 수 있습니다. 그때는 15일경을 의미합니다.

우편물은 아마도 더는 여기로 오지 않을 것입니다. 그렇지 않으면 적어도 확실한 것은 아닐 것입니다. 저는 이곳에서 일요일, 즉 30일에 비행기를 탈 것입니다. 우편물은 암스테르담 아메리칸 익스프레스 특급 속달우편으로 저에게 도착할 것입니다. 파리에 호텔 방을 확보하는 대로 당신에게 소식을 보내겠습니다(사촌인 니우타 고쉬가 저를 위해 예약을 할 것입니다).

저를 위한 우편물이 10월 초에 당신의 집에 도착하기 시작할 가능성이 있습니다. 아마도 에르나가 이번에는 사모님에게 별도 업무가 되지 않도록 전달하는 일을 할 수 있습니다. 모든 것을 파리로 보내세요.

두 분에게 따뜻한 안부를 전하며
한나 올림

편지 196 **야스퍼스가 아렌트에게**

바젤, 1956년 9월 27일

친애하는 한나!

이제 날짜는 최종 확정되었구려. 당신이 10월 20일 또는 21일 우리와 함께 할 수 있으니 얼마나 좋은지. 그게 실제로 어떨지 알리는 편지를 부탁하오.

얼마나 머무는가는 당신에게 전적으로 달려 있소. 우리의 일상이 정해지는 방식은 결코 '지나치지' 않을 것이오. 한 가지 일은 내가 10월 29일부터 거의 대화를 할 수 없게 된다는 점이오. 동등한 사람들 사이에 특별히 실제적인 문제에서 개방성만이 있고 '간접적인 소통'은 있을 수 없다오. 그래서 내가 방금 말한 것이오.

나는 온종일 작업을 하고 있소. 그래서 점점 지루해진다오. 남은 것은 편집 작업뿐이기 때문이오. 나는 앞으로 나가고 싶고, 억지로라도 부주의하지 않도록 해야 하오(어쨌든 하고 있다오). 1,000쪽의 인쇄물은 놀라운 양이오. 당신이 왔을 때, 나는 거의 마치고 강의 준비를 시작하면 좋을 것이오.

당신의 우편물을 파리로 보낼 것이오.

좋은 여행, 그리고 좋은 시간이 되길!

아내와 함께 따뜻한 안부를 전하며
야스퍼스

편지 197 아렌트가 야스퍼스에게

파리, 1956년 10월 7일

친애하고 존경하는 분께—

네덜란드로 보내주신 당신의 편지에 감사합니다. 저는 아직 20일 또는 21일을 계획하고 있습니다. 당신의 편지 — 이것은 유럽을 다시 집처럼 느끼게 했습니다. 네덜란드는 매우 아름답습니다. 렘브란트 전시회만은 아닙니다. 나라도 아름답습니다. 저는 이곳에서 미국인 친구와 함께 있었고, 우리는 모두 나라와 국민을 얼마나 많이 좋아했는가에 완전히 놀랐습니다. 네덜란드인들은 매우 확고하고 친절합니다. 우리는 4일 체류하는 동안 암스테르담 · 로테르담 · 헤이그 · 델프트 · 하를렘에 갔습니다.

저는 이곳 여러 도서관에 앉아 있으며 미국에서 발견할 수 없는 아주 많은 것들을 찾고 있습니다. 15일 또는 16일 아침에 제네바로 갈 것이며, 이후 당신이 저를 기대하는 때에 맞춰 즉시 편지를 보낼 것입니다. 저는 도서관에서 도서 목록을 보는 순간 그것을 알게 될 것입니다.

그동안에 무슨 일이 생긴다면, 저는 호텔 칼톤 펠리스 207 하스빠이 가에 머물 것입니다. 제네바에서 어디에 머물지 아직 모르지만 매일 아메리칸 익스프레스에 확실히 들를 것입니다.

곧 그렇게 될 것이라는 게 얼마나 놀라운 일인가요.

두 분에게 따뜻한 안부를 전하며—
한나 올림

편지 198 **야스퍼스가 아렌트에게**

바젤, 1956년 10월 13일

친애하는 한나!

  당신은 자신의 50회 생일을 축하하고 싶지 않다고 말하는구려. 그러나 이제 그 생일이라오. 나는 이날을 생각할 때 감사하고 축하하는 기분이라오. 당신은 내가 세상에서 큰 행운에 포함시키는 그런 사람이오. 당신이 어떠한 삶을 살았는가! 그 삶은 외부에서 침투해 우리를 녹초가 되게 한 공포, 즉 악을 의연함으로 극복한 삶이오. 또 당신의 삶은 고귀한 충동에 뿌리를 둔 놀라운 의지력을 지닌 삶이며, 즉 자신을 위태롭게 하는 유약함, 불안정한 흔들림, 경솔한 언행마저도 자기 존재의 감각 계기에서 변화시킨 의지력을 유지한 삶이오.

  이 의지력은 부분적으로 당신의 신체적 활력에서 유래하오. 건강은 훌륭한 것이고, 아름다움이며 다른 사람에게 많은 기쁨을 주는 능력이오. 그러나 이것들은 당신을 진정 떠받치는 것은 아니오. 이것들은 당신을 위해 사용되었다오. 이제 당신은 약간 염려하며 남성보다 여성에게 더 많은 신체적 변화를 가져오는 10년을 직면할 것이오. 나는 이런 변화가 당신에게 영향을 미치지 않으리라는 것을 확신하오. 당신은 키르케고르가 다음과 같은 주장의 진실을 증명한 그런 여성들 가운데 한 사람이오. 즉 여성들은 나이가 들수록 더 아름다워지며, 모든 주름과 병약함을 통해 빛나는 아름다움을 보이며, 더욱 아름다워진다오. 아름다움은 더 이상 젊은이의 영광인 신체적 자세에 좌우되지 않기 때문이오. 그래서 나이든 여성들의 아름다움은 완전히 다르고 더욱 믿을 수 있으며 더욱 실질적이오.

내가 당신에게 바라는 것은 이렇소. 즉 행복은 당신을 따라오고, 남편은 당신과 함께 건강을 누리며, 외부 상황은 젊었을 때 당신에게 주지 않았으나 현재 나이에 이른 당신에게는 그것을 줄 것이오. 당신 – 수십 년을 지나 보다 조용한 고령화의 길로 들어선 – 은 중요한 모든 것을 스스로 만들 것이오. 이런 나이에 당신의 기질은 변하지 않고, 여느 때처럼 사물의 참된 실체에 반응할 것이오.

아내와 나는 마음속에 당신과 함께 있으며, 당신에게 좋은 일만 있기를 바라오. 지금으로서는 당신이 노년에 들어서는 다음 주까지 잘 지내기 바라며, 노년의 즐거움을 당신에게 권하고 싶다오.

따뜻한 안부와 함께
야스퍼스

방금 아내는 다시 심장 질환으로 누워서 편지를 쓸 수 없고 쓰고 싶어도 못하오. 아내는 당신이 자신을 용서하기를 바라고 자신의 가장 따뜻한 소원을 보낸다오. 당신이 여기에 올 때, 아내는 당신을 위한 생일 선물 – 당신이 구매할 예정인 승용차의 부대 용품 – 에 대해 가졌던 자기 생각을 당신과 함께 논의할 것이오.

편지 199 **아렌트가 야스퍼스에게**

제네바, 1956년 10월 16일

친애하고 존경하는 분께 –

당신이 옳습니다. 저는 생일 축하를 꺼렸습니다. 이후 당신의 편지가 도착했는데, 그게 저도 모르게 축하 인사였습니다. 제가 실제로 바라는 바는 언젠가 당신이 생각하는 저라는 인물이 되는 것입니다.

제가 50회 생일과 관련하여 두려워하는 것은 아마도 부분적으로 당면한 신체적 변화이지만, '위엄'을 갖출 필요성이 더 중요합니다. 세상에서 가장 좋은 의지를 지닌 채, 저는 어떻게 그것을 나타낼지 모르겠습니다. 그리고 사람들은 우스꽝스럽다는 대안을 정확히 원하지 않습니다.

편지와 관련하여 가장 멋있는 것은 제가 우편물을 전혀 기대하지 않았을 때 그것이 일요일 특별 배달로 도착했다는 점입니다.

사모님의 심장 증세가 이제 다시 호전되기를 바랍니다. 만일 무슨 일이 생긴다면, 저는 호텔 데 발랑스(실제 명칭)에 머물 것이며, 전화로 수월하게 연락할 수 있습니다. 가장 좋은 시간은 아침 9시 30분 이전이며, 저녁 7시경입니다. 전화번호는 25 13 80입니다.

저는 여기에서 좋은 시간에 끝낼 것이지만 여전히 일요일까지는 가지 않을 것입니다. 베른에 있는 하인리히의 옛 친구[180] 부인을 만나고 싶기 때문입니다. 그래서 저는 일요일 아침 베른에서 갈 것입니다. 기차는 바젤에 11시 17분에 도착합니다. 일요일까지 머물 수 있습니다. 물론 그게 당신에게 좋을 때만 그렇습니다. 일요일 브뤼셀에 있는 친구 메리 매카시를 만나기 위해 금요일 밤 떠나야 합니다.

저는 여기에서 쟌느 헤르쉬를 만나려고 노력할 것입니다. 그녀는 18일까지 제네바로 돌아올 것입니다. 그게 잘 되기를 바랍니다.

파리에서 며칠 지낸 이후 제네바에서의 상황은 즐거울 정도로 조용하고 매우 평화롭습니다.

두 분에 따뜻한 인사를 드리며
한나 올림

---

[180] 엘리자베스('엘케') 길버트. 그녀는 작가이며 작곡가인 로버트 길버트(1899~1978)의 부인이었다. 로버트 길버트(Robert Gilbert)는 1917년 이후 하인리히의 절친한 친구였다.

편지 200   아렌트가 야스퍼스에게

뮌헨, 1956년 11월 5일

친애하고 존경하는 분께—

    상황은 당신이 두려워했던 것만큼 나빠졌는데, 실제로 훨씬 더 나빠졌습니다. 전후에 형성된 모든 미묘한 질서가 현재 파괴되었기 때문입니다.[181]

    저는 바로 집으로 날아갈 생각으로 혼자 즐거워했지만 당분간 가지 않겠다고 결정했습니다. 최악의 사태가 우리에게 닥치기 이전에, 이 상황은 저에게는 마치 몇 개월, 아마도 몇 년인 듯합니다. 그 상황이 닥친다면, 그 상황은 현재 상황대로 올 것입니다 — 그 상황은 선전포고 없이, 완곡하게 표현되는 적대 행위의 시작도 없이 우리가 미리 이것들에 대해 배우기에는 너무 빨리 일어날 것입니다.

    제 마음이 무겁습니다. 우리는 다시 만날 수 있을까요?

    당신과 사모님 그리고 당신의 집이 10년 동안의 제 삶에서 의미하는 것은 말할 필요도 없습니다. 우리의 우정과 그 '항구성'은 우리의 마음에 간직될 것입니다.

한나 올림

    제가 여행 계획을 재빠르게 변경한다면, 편지를 보낼 것입니다. 그렇지 않으면 토요일까지 킬의 파크 호텔에 있을 것입니다. 그 이후 프랑크푸르트 유럽출판사 괴테 거리 29에 있을 것입니다. 15일 쾰른으로 돌아옵니다. 저는 이곳에서 녹음하기로 되어 있습니다. 17일에는 파리 칼톤 팰리스 호텔 207번 가 라스파이에 있습니다.

---

[181] 이 사건은 반공 봉기를 진압하기 위한 소련 군대의 헝가리 침공과 관련된다.

편지 201 야스퍼스가 아렌트에게

바젤, 1956년 11월 10일

친애하는 한나!

당신의 친절한 말에 고맙구려. 같은 이유와 방법으로 먹구름의 그림자가 우리의 영혼을 짓누르고 있구려.

물론, 재회는 항상 불확실하오. 우리는 모두 여전히 서로에게 말할 내용이 많다고 느끼오. 나는 아직도 좋은 때에만 발전할 수 있는 생각들이 많소. 1958년 방문 계획[182]에 대한 나의 희망은 아무튼 정치적 상황에 관한 한 여전히 높고 완전히 근거가 없는 것은 아니오.

물론 가장 중요한 요인은 우리에게 — 히틀러 시대와 다르게 — 완전히 알려지지 않았다오. 러시아인들은 곧 전쟁을 원할까, 아닌가? 나는 러시아인들이 분명한 결정에 따라 행동하고 어떤 일에도 겸손하지 않을 것이라고 확신하오. 모든 일이 거기에서 확정적이라고 생각되오. 우호적인 행위가 계속되는 이 몇 년 사이에도, 제네바 '정상회담'[183] 당시에도 나는 계속 의심했소. 즉 이 정상회담은 러시아인들이 계속 무장하는 것을 허용하고 동시에 다른 모든 사람을 기만하며 이들끼리 다투게 하는 간교한 위장 전술인가, 아니면 평화를 유지하지만 가능한 경우 주요 대결을 위해 자신들의 지위를 강화하고 추가적인 이점을 얻는 수단으로 그 강제력의 지위를 이용하는 실질적인 장기적인 목표인가? 특별히 농업 인구를 착취함으로써 성취되는 지속적인 군사력 증강, 그리고 대규모 지상군의 존재는 별로 논쟁거리가 되지 않는 사실이오. 러시아인들은 미국인들보다 상대적으로 훨씬 더 많은 예산을 사용하고 있소. 러시아인들은 원자폭탄을 사용하지 않은 채 원할 때마다 현재의 지상군으로 유럽을 점령할 수 있다오. 그러나 약 6개월

---

[182] 이 계획은 1958년보다 일찍 계획할 수 없었던 아렌트의 다음 방문을 의미한다.
[183] 1955년 7월 18~23일 제네바에서 개최된, 독일의 재통일에 관한 4개 강대국 회담.

전에 몽고메리[184]는 서독 국경에 대한 러시아의 공격이 **곧바로 자동으로** 핵전쟁을 촉발할 수 있다고 언급했소. 어리석게도, 미국인들은 고성능 기술로 안보를 확보할 수 있다고 생각하오. 그러나 충돌 회피가 비겁 행위는 아니지만 적어도 자기 기만적인 만족을 따른 것이기 때문에, 전쟁에서 결정적 요인이 위험을 무릅쓰고 희생하려는 전 국민의 병사들의 의지인 점은 항상 진실일 것이오. 국민이 수소폭탄이 무엇인가를 잊는 경향이 있으나, 워싱턴과 모스크바의 주요 인사들은 이것을 **알고** 있기에, 수소폭탄은 전쟁 발발의 큰 장애물이오. 그러나 모스크바가 결국에 원하는 것은 여전히 모호하오.

당신이 매일 약간의 대화를 위해 이곳에 있다면 멋있을 것이오. 우리는 헝가리에 대해서 언급하고 또한 침묵할 것이오. 나는 한 민족이 오늘날에도 할 수 있다는 것을 가능하다고 생각하지 않았을 것이오. 수수방관은 무서운 일이오. 헝가리 원조는 단지 군사적으로 가능하지만, 거의 확실히 세계 전쟁을 초래할 수 있다오. 그 때문에 원조는 일어나지 않을 것이오. 그러나 헝가리인의 이 투쟁은 칸트가 말하려는 것을 담고 있다오. "그것은 잊히지 않을 것이다."[185] 그것은 결과를 남길 것이오.

나는 이스라엘의 정책·행태·대화 방식에 매우 만족하오. 군 지도자 다얀[186]이 내가 알고 있는 장군들 가운데서 관상학적으로 믿을 수 있고 가식 없으며 군국주의적이지 않은 유일한 사람이듯이, 이스라엘의 정책은 역시 솔직하오. "팔레스타인에 조국"을 건설하려는 시온주의적 결정이 실현되었다(내가 이에 대해 당신에게 언급한 그날 저녁 일찍이 1906년 이후 이것에 반대하는 주장이 많

---

184 버나드 L. 몽고메리(Bernard L. Montgomery, 1887~1976)는 그 당시에 참모총장이며 북대서양 조약기구 대표자였고, 전후 알라메인 스코틀랜드 기사에 봉해졌다.
185 Karl Jaspers, *Der Streit der Fakultäten*, 2. Abschnitt, 7.
186 모셰 다얀(Moshe Dayan, 1915~1981)은 이스라엘 장군이며 정치가였고, 1956년 시나이 원정 당시에 이스라엘 참모총장이었다.

았다오)는 점을 고려하고, 영국인들이 행정과 질서, 즉 보호 없이 비상시에 팔레스타인을 완전히 홀로 내버려 두었을 때 국가가 건설되고 결단력과 희생으로 존속했다는 점을 고려하면, 이스라엘의 정책은 정당하오. 이후 국가는 법에 선행하고, 실제로 법을 제정하는 현실의 기반을 형성했소. 따라서 주변의 아랍 세계가 이스라엘을 파괴하고 이스라엘 사람을 모두 살해하는 명백한 목적인 공격을 위한 무기를 받는다면, 국가는 무엇인가를 해야 하오. 누구든 세계 전쟁의 위험을 고려하라고 약소국들에 요구할 수 없소. 특히 약소국들은 자신들이 원하지 않는 세계 전쟁의 원인이 결코 될 수 없기 때문이오. 단지 변명일 뿐이오. 이스라엘에서 일어나고 있는 것은 — 정치 차원을 벗어나 말하자면 — 서양 세계의 자기주장을 위한 징후이고 상징이오. 히틀러가 유대인들에게 한 소행은 어떤 의미에서 (당신이 탁월하게 제시했듯이) 모든 독일인에게 가해질 일이었다오. 서방 국가들이 유대인들에게 일어나도록 내버려 둔 일은 그들 나라에도 일어날 것이오. 연계성은 뚜렷하오.

그러나 발생할 것은 현재 얼마나 불확실한지. 현재 서양 세계에는 진실을 보며 희생 — 작은 희생 — 을 하려는 의지, 예컨대 모든 유럽 국가가 수만 명의 헝가리인을 수용하려는 의지가 있소. 이스라엘에 분노하고 현재의 어려움에 대해 이스라엘을 비난하는 사람들도 — 현실을 지각할 수 없는 이 영구적인 반유대주의 — 있다오. 누구든 이스라엘에 관심을 많이 가져야 하며, 내 아내가 그렇소. 단순히 생존하고 생명을 주장하려는 위대한 투쟁은 대단한 절제와 용의주도함을 유지하며 지속해서 수행되오. 아랍인들은 요르단에 속하는 서안의 영토를 대규모로 — 그들이 1948년에 아주 많이 떠났듯이[187] — 떠나고 있소. 이런데도, 이스라엘은 이 영토와 예루살렘을 점령하고 있지 않소. 이것은 가자 지구, 즉 서부 지역에서도 볼 수 있는

---

[187] 1948년 5월 이스라엘 국가 독립 선언 이후 80만 명 이상이 떠났고, 그들 대부분은 추방되었다.

그러한 자기 통제라오. 영국과 프랑스의 한심한 망설임에 비하면,[188] 이스라엘 사람들은 전쟁을 어떻게 치렀는가. 영국과 프랑스가 이스라엘과 같이 강력하고 전투적이었다면 전반적인 상황을 그런 지경까지 가도록 내버려두지 않을 것이오. 수에즈운하 전체의 점령은 첫날에 약속한 바와 같이 며칠 사이에 실현될 수 있었다오. 현재 상황은 대개 실패로 돌아갔소. 어쨌든 교섭 상황은 군인답고 신중한 행동으로 힘을 얻은 이스라엘 사람들이 이전보다 더 명확하고 강력한 방법으로 자신들의 불평을 세상에 제시할 수 있는 상황이오.

저녁이 되어 매우 피곤하오. 손으로 쓴 편지글을 양해하오.

따뜻한 안부와 함께
야스퍼스

편지 202 아렌트가 야스퍼스에게

1956년 12월 26일

친애하고 존경하는 분께—

저는 여행, 즉 출발과 도착의 온갖 혼란 속에서 오랫동안 편지를 쓰지 못했고, 신년 인사와 함께 너무 늦게 도착하지 않기 위해 서둘러야 할 것을 보고 충격을 받았습니다. 저는 지연시켰습니다. 우리는 정치적 상황에 아주 다르게 반응했고, 저는 실제로 일어날 것을 관망하고 싶었기 때문입니다. 저의 두려움은 다행스럽게도 근거가 없었습니다. 러시아인들은 분명히 제가 감히 바랐던 것보다 훨씬 더 큰 어려움을 겪었습니다. 결국에 전반적인 상황은 그들에게 완전한 재앙으로 판명될지도 모릅니다. 어려운 문제는 국

---

[188] 이집트 대통령 나세르가 1956년 수에즈운하를 국유화하였을 때, 영국과 프랑스는 이집트를 침공했지만, 소련과 미국의 압력으로 철군했고, 국제연합군이 진주하였다.

제노동자협회나 위성국가뿐만 아니라 분명히 러시아 자체 내에서도 불쑥 나타나고 있습니다. 헝가리 혁명은 오랫동안 일어났던 사건 가운데 가장 훌륭한 사건입니다. 제가 보기에 이것은 아직 끝나지 않았으며, 어떻게 끝나는가와 무관하게 자유를 위한 승리입니다. 지난 100년 동안 발생한 자발적 혁명에서 새로운 정부 형태, 즉 평의회 체계가 출현했습니다. 러시아인들이 이 평의회 체계를 더럽혀서 누구도 그것이 정말 무엇인지 더는 알 수 없습니다.

수에즈운하 사건*은 군사적인 차원에서도 제대로 수행되지 않아 더욱 악화할 뿐인 재앙적인 정책인 것 같았습니다. 제가 보기에도 그렇습니다. 이스라엘이 전쟁 물자를 가능한 한 싸게 얻을 수 있었다는 점은 이 나라가 얻을 수 있는 모든 것입니다. 상황은 전혀 변하지 않았습니다. 미국에 가해진 비난 그리고 누구나 자책의 형태로 때때로 듣는 비난은 제가 보기에도 정당화되지 않는 것 같습니다. 미국은 국제연합과 적절한 법 절차에 전념하고 있습니다. 미국도 사전 선전포고 없이 전쟁을 수행하고 지지한다면, 혼돈은 결과적으로 발생할 것입니다. 이 우매한 덜레스 씨[189]가 영국-프랑스 모험 이전에 수에즈 문제를 처리하는 방식은 다른 일입니다. 어쨌든, 결론은 이러합니다. 즉 미국은 유럽에서 조금 물러나고 자신들의 세계정치에 대한 책임을 더 강조하려고 애쓰고 있습니다. 적절한 상황을 전제할 때, 그것은 매우 위험해질 수 있지만 아직은 아닙니다. 저는 명망을 지니고 기본적으로 서구적 관점을 지닌 아시아의 유일한 정치인 네루[190]와의 긴밀한 유대 관계에 대해 만족합니다.

여기에 새로운 것은 없습니다. 번영은 계속해서 진행되고 항상 속도가 빨라집니다. 어중이떠중이 모두 차고에 승용차 두 대나 세 대를 가지고 있

---

* 옮긴이_ 나세르의 국유화.
189 존 포스터 덜레스(John Foster Dulles, 1888~1959)는 그 당시에 미국 국무장관이었다.
190 자와할랄 네루(Jawaharlal Nehru, 1889~1964)는 인도의 초대 수상이었다.

습니다. 그리고 저는 부자에 대해서 말하는 게 아니라 남편이 운전기사이고 부인이 시골 가정의 가사도우미인 흑인 가정을 말하고 있습니다. 저는 그것이 걱정스럽고 어떻게 그것이 좋은 것인지 상상할 수 없습니다. 그러나 이런 것은 어쩌면 제 딴엔 편견이고 현대 경제에 대한 이해의 결핍입니다.

일이 잘 풀리고 있습니다. 하인리히는 휴가를 즐기고 있고, 마침내 이 기간에 일을 끝마치고 있습니다. 이번 겨울 두 달은 실제로 매우 좋습니다. 저는 송년회를 준비하고 있습니다.

당신이 기름으로 난방하는 것이 조금 걱정됩니다. 그러나 저는 실제로 안 좋은 일이 발생하지 않았다고 생각하며, 당신은 추위를 타지 않을 것입니다. 제가 파리를 떠났을 때, 호텔과 모든 공공건물은 아침과 저녁에만 난방했습니다. 어쩌면 상황은 개선됐습니다. 저는 어떤 것도 듣지 못했습니다. 여기에서 사람들은 멀어지는 느낌이며, 사람들이 일상의 현실을 망각하는 위험은 항상 존재합니다.

저는 지난 한 해를 즐겁게 회고합니다. 당신의 위대한 저작 제1권이 완성되었습니다.[191] 그것이 그렇게 오랫동안 계속되기를 바랍니다. 그리고 우리는 다시 곧 서로 대화를 나눌 수 있기를 바랍니다.

신년에도 두 분이 행복하고 건강하기 바라며, 에르나에게도 안부 전해주세요.

여느 때와 같이,
한나 올림

---

[191] *Die grossen Philosophen*.

편지 203   야스퍼스가 아렌트에게

바젤, 1956년 12월 29일

친애하는 한나!

그 중대한 시기에 친절하고 마음이 동요되고 걱정스러운 당신의 편지에 대한 나의 지난번 편지는 프랑크푸르트 유럽출판사의 배려로 보내졌다오. 나는 그사이에 일들이 당신에게 잘 진행되길 바라오. 새해는 어두운 구름 아래 시작되었소. 우리는 우리 모두의 운명을 결정하는 상황의 과정을 고려할 때 평소보다 더 간절히 서로를 바라야 하오.

당신이 알고 있고, 본에 있는 정신 질환을 앓고 있는 내 친구는 그 무렵 "평화는 이전보다 더욱 확실하다"라는 내용의 편지를 나에게 보냈다오. 나는 이것이 폭우 속에서 진료소 정원으로 걸어 들어와 말한 하이델베르크 정신 질환자의 경우와 같은 것인지 궁금했소 — 아니면 이것은 그가 때때로 드러낸 통찰력의 한 예인지?

현재 나에게 가장 위험해 보이는 것은 세상에 지도자가 없다는 사실이오. 트루먼과 스탈린은 적어도 자신들이 원하는 것을 알고 정치적 '논리'를 보여준 사람들이오. 이와 반대로, 아이젠하워는 실제로 '명령'을 기다리는 공무원 또는 장군이며, 러시아 지도자들은 자기들끼리 갈등을 빚고 있다오. 그들의 상황은 언제나 점점 더 절망적으로 되어 가지만, 그들은 여전히 사람들의 착취로 연명하는 온전하고 거대한 군사 조직을 마음대로 사용할 수 있다오. 지도자 없는 통치기구의 혼란한 열정에서 비롯될 수 있는 것(흐루쇼프[192]가 서방 외교관에게 한 말, 즉 "당신들은 우리를 싫어한다 … 우리는 당신들을 모두 매장할 것이오!")이나 장군의 세계역사적 모험주의로부터 예측하는 것은 불가능하오. 어쨌든, 우리는 여전히 지옥의 불 대신에 수소폭탄에 대한 두려움을 가

---

[192]   니키타 흐루쇼프(Nikita Khrushchev, 1894~1971)는 1953년부터 공산당 중앙위원회 제1 서기였으며, 1958년부터 소련 수상이 되었다.

지고 있소.

나는 당신이 잘 알고 있고, 스스로 오랫동안 불만족했던 한 에세이[193]를 개작하고 있소. 이것을 수소폭탄의 그늘에서 정치의식의 표현으로 바꾸고 싶구려. 나는 논평을 위해 당신에게 보내고 싶은 부분을 아직 집필하지 않았다오. 강의는 실제로 학기 중에 내 체력을 대부분 요구하기 때문에, 나의 진행 속도는 느리오. 가끔 나는 당신이 두 권의 정치적 저작을 쓰고 있으며 우리가 아마도 거의 확실하게 견해(칸트에서 유래하는)에서 일치하고 논의 중인 주제에서 서로 보완한다고 혼자 생각하오. 나의 소책자는 일차적으로 '초정치적' 차원을 다루며, 기술적 사실에서부터 불멸성 이념까지 다양한 문제를 다루고 있소. 이 책은 그 차원에서 나오는 기준에 반대하여 오늘날의 구체적인 정치적 사실을 검증할 것이오. 어제 나는 간디에 관해 편지를 썼소. 물론, 당신은 알고 있지요. 나는 두 사람 모두, 내가 범하는 우매함과 실수에 대해 약간 두렵구려. 결국에 나는 이 분야에서 '비전문가'이고, 당신이 '전문가'지요.

이스라엘은 서양 세계의 시금석이 되고 있소. 서양이 이스라엘을 포기한다면, 그것은 유대인 살인을 일어나게 버려둔 히틀러 독일과 같은 운명을 겪을 것이오. 위험은 끔찍하오. 내 생각에 우리는 당분간 이스라엘의 행위 — 가장 훌륭한 서방 국가들과 같이 온건하고 지적이며 용기 있는 — 에 만족할 수 있소. 현재 서방 국가들은 아카바에서 하이파에 이르는 송유관을 설치하고 있으며 아카바 인근에 주둔시키기 위해 아프리카 전역에 군함을 보냈다오. 물론 이 일들은 작은 일이지만, 용기의 표시이기 때문에 중요하오. 사람들은 자신들을 위해 설정된 작업을 성장시키고 있소.

두 사람에게 따뜻한 안부를 전하며
야스퍼스

---

[193] 「원자폭탄과 인류의 미래에 대하여」. 편지 190의 각주 170을 참조할 것. 야스퍼스는 이것을 출발점으로 삼아 같은 제목의 책을 발전시켰다. 편지 206의 각주 207을 참조할 것.

편지 204   아렌트가 야스퍼스에게

1957년 2월 17일

친애하고 존경하는 분께―

콜하머[194]가 책을 보냈을 때, 저는 즉시 편지를 보내고 싶었습니다. 자서전은 지금 아주 아름답게 읽힙니다. 인쇄물이 어떻게 항상 무엇인가를 변화시키는지, 즉 더하거나 줄이는 것인지 기묘합니다. 어쨌든, 저는 피페르가 이것을 즉시 확보해 개별적인 소책자로 출간하기를 매우 바랍니다. 게다가 책에서 중요한 것을 (저보다 더 많이) 읽은 남편은 우리 세기에 그런 순수한 전기가 아직도 있을 수 있다는 사실을 알고 깜짝 놀랐습니다. 이야기는 스티프터[195]를 연상시키는 신비스러운 것에 끌립니다. 정말 멋지군요! 그러나 이 방대한 책에서 신비스러운 것은 숨겨져 있습니다. 이것이 스스로 나타나도록 하지요.

두 분의 생신이 다시 왔습니다.* 저는 내년에 그곳으로 가서 두 분을 축하하는 일을 도울 생각입니다. 세상이 여전히 평화롭다면 ― 아마도 정신적으로 아픈 친구는 어쨌든 좋을 것입니다. 기본적으로, 모든 일은 선전 활동의 잡음보다 더 신뢰할 수 있는, 미국과 러시아 사이의 암묵적 합의에 좌우됩니다. 아마도 약소국이 수소폭탄을 보유할 때까지 현실적인 위험은 역시 실제로 나타나지 않을 것입니다. 약소국이 이런 해결책에 호소할 위험은 더욱 큽니다. 약소국은 더욱 국수주의적이고 무책임하기 때문일 뿐만 아니라, 객관적으로 존재가 위태로운 전쟁은 약소국 사이에서 아주 급격하게 분출될 수 있기 때문이기도 합니다. 그러나 우리가 그 단계에 도달하기까지는 틀림없이 시간이 걸릴 것입니다.

---

194   The German edition of *Karl Jaspers*, ed., P. A. Schilpp. 편지 146의 각주 39를 참조할 것.
195   아달베르트 스티프터(Adalbert Stifter, 1805~1868)는 오스트리아 소설가였다.
*   옮긴이_ 야스퍼스는 1883년 2월 23일 출생했고, 게르트루트는 1879년 2월 26일 출생했다.

물론 누구도 세계를 지도할 수 없기에, 세계는 지도력 부재이며 미래에도 그럴 것입니다. 결과적으로, 모든 문제는 영역에서 점점 더 국제적으로 됩니다(남극에 있는 사람이 감기에 걸리면, 북극에 있는 사람도 감기에 걸립니다). 이것은 국가 지도자를 점점 더 무력하게 만듭니다. 현재 미국의 대외정책은 수치입니다. 여기에서 사우디아라비아의 형편없는 작은 왕[196]에게 일어난 일은 말로 표현할 수 없습니다. 대통령 재직 중에 공항에서 손님을 전혀 영접하지 않은 아이젠하워는 즉시 공항에 나타났습니다. 그렇지 않으면, 변변치 않은 왕은 가지 않겠다고 말했기 때문입니다. 이러한 표현은 유감스럽게도 그들 이면의 현실을 드러내고 있습니다. 그러나 저는 아직도 상황이 이스라엘에 제재를 가할 지점에 도달할 것으로 생각하지 않습니다. 이곳의 대중적인 분위기는 그것에 매우 반대합니다. 이른바 아이젠하워 독트린은 매우 위험합니다. 이것은 본질에서 다음과 같은 의미를 지니기 때문입니다. 즉 우리는 러시아인들이 실제 공격자일 경우에만 개입할 것이지만 당신들이 그곳에서 서로 싸우기 시작한다면 개입하지 않을 것이다. 간단히 말하면, 이것은 침략에 대한 백지 위임장입니다. 영국과 프랑스가 세계에 보여준 바로 이 순간에 양국은 이제 강대국이 아닙니다. 물론 우리는 이전에 이것을 알았지만, 이것은 시험대에 오르지 않았습니다.

당신은 지금쯤 원자폭탄에 관한 소책자를 확실히 마쳤을 것이며, 우리는 모두 매우 호기심이 많고 그것을 보고 싶어 합니다. 당신이 언급한 문건은 도착하지 않았습니다. ― 며칠 전에 저는 발췌 인쇄본을 원하는 누구나 사용료를 직접 지급해야 할 것이라는 소식과 함께 쉴프로부터 교정쇄를 받았습니다. 저는 만약 그가 기고자들에게 책 한 부를 제공하는 게 필요하다고 생각할 것이지 궁금할 것입니다. 이상한 사람입니다.

우리는 모두 잘 지냅니다. 하인리히의 겨울 휴가 ― 두 달입니다! ― 는

---

[196] 사우드 사우드 이븐 압드 알-아시시는 1953~1965년 사우디아라비아 왕이었다.

아아! 다음 주에 끝납니다. 우리는 항상 휴가를 매우 즐깁니다. 뉴스쿨에서 그의 강의는 이미 시작되었으며 많은 학생이 참여합니다. ─ 저는 『활동적 삶』의 마지막 장을 집필하고 있으며 5월경에 마치고 싶습니다. 이후 저는 몇 주 동안 시카고에 가 있어야 하며, 피페르를 위해 … 정치학 소책자를 시작할 것입니다.

우리는 당신의 생일 선물로 중국 그림에 관한 책을 보냈습니다. 이 책은 그림과 모든 도해가 있는 유명한 안내서로서 중국어 원본을 영어로 옮긴 최초의 번역본입니다.[197] 저는 그것을 크리스마스 선물로 하인리히에게 주었고, 우리는 당신이 이 책을 즐길 수 있다고 생각했습니다. 이 책은 대단히 무겁지만, 당신은 독서대를 이용하여 소파에서 대충 훑어볼 수 있을 것입니다.

두 분에게 따뜻한 안부와 건강을 빌며,

한나 올림

추신. … 출판사는 독일 서적상이 회원들을 위해 『전체주의의 기원』 염가판을 출판하겠다는 편지를 저에게 보냈습니다.

편지 205 야스퍼스가 아렌트에게

바젤, 1957년 2월 24일

친애하는 한나!

내 생일에 늦지 않게 도착한 당신의 편지, 그리고 두 사람의 귀중한 선물

---

[197] *The Tao of Painting: A Study of the Ritual Disposition of Chinese Painting, with a translation of the Chieh Tzu Yuan Hua Chuan or Mustard Seed Garden Mannual of Painting 1679~1701*, by Mai-Mai Sze, 2 vols.(New York, 1956).

을 받게 되어 매우 행복하오. 또 당신의 좋은 소식 — 예외적으로 출석률이 좋은 강의, 멋있는 책의 염가판, 가까운 미래에 완성될 『활동적 삶』, 그리고 더 중요하지만 두 사람이 누리는 '행복' — 을 듣게 되어 행복하오.

그리고 정치가 있구려. 우리는 한마음인 것 같소. 11월 이후에도 나는 나치 시대 이후 없었던 방식으로 정치에 영향을 받았다오. 주요 이유는 분명히 우리가 존중할 수 있고, 아마도 존경할 수 있는 중요한 것, 즉 이스라엘의 태도와 정책[198]을 마침내 다시 보고 있다는 점이오. 스위스에서는 처음엔 약간의 주저함이 여기저기에서 나타난 이후, 여론은 분명히 이스라엘을 지지하고 있다오. 이스라엘이 이룬 성과의 '위대성'은 절제 및 지성과 대담성, 즉 자기희생, 그리고 행위로 세계와 견주는 능력의 연합이오. 여기에서 우리는 가치와 항구성을 지닌 국가의 건국 시기에 나타나는 그런 도덕적-정치적 힘이 실현되는 것을 보게 되오. 이스라엘은 우매하지 않게 행동하지만, 자신의 존재를 행위에 걸고 있소. 그리고 세계는 아직도 이것을 보고 들을 수 있소. 11월 이후 이스라엘의 상황은 완전히 바뀌었소. 치명적인 위협, 즉 언제든 공격 가능성에 직면한 이스라엘은 세계가 처음에는 '침략'으로 인식했지만, 이제는 이스라엘의 전면적인 파멸을 추구하는 공격에 대한 저항으로 점점 더 인식되는 행위를 감행하였다오. 치명적인 위협은 사라지지 않았구려. 그런 점에서 기본적인 변화는 없소. 그러나 세계는 서서히 그곳에서 진행되고 있는 것에 대해 더욱 많이 알게 되었다오. 국제연합은 "침략자"[199]라는 용어를 오용함으로써 자체의 체면을 손상했소. 이 용어는 완전히 순간적이고 형식적인 의미에서만 이곳 이스라엘에 적용될 수 있소. 미국 사람들 — 우리는 미국으로부터 멀리 떨어져 있다고 하더라도, 어떤 의미에서 미국의 잠재적인 동료 시민과 같이 느끼고 있소 — 은 다시 한번

---

[198] 이것은 1956년 10월 말에서 11월 초의 시나이 전쟁과 이후 이스라엘의 정책을 지칭한다.
[199] 1954년 10월 18일 "소련의 유엔 결의안 초안 제안서"는 공격자의 특징에 포괄적인 목록을 제시하려고 시도했다.

자신들의 패기를 보이오. 그들은 세계에서 두 번째 광원光源이오. 일찍이 독일에서 힌덴부르크의 선거가 그랬듯이,[200] 아이젠하워의 재선은 참으로 불명예이지만, 미국인들은 그에게 귀를 기울이지 않는다오. 그는 동맥경화성 고집과 조용함에 대한 노망난 욕구와 짜증에 대한 회피적 성향으로 이 몇 년 동안 큰 위험을 나타낸다오. 그는 재임 기간으로만 제약받고 헌법으로 거의 제약받지 않는, 세계에서 가장 강력한 사람이기 때문이오. 나는 미국인들을 믿고 있소. 그들은 갑작스러운 사건에 직면하여 대처할 수 있는 일은 없지만, 장기적으로 거의 독립적인 세력으로 기능하는 자연적인 품위를 보일 것이오. 그리고 나 역시 이스라엘에 희망이 있소. 나의 감정은 이러하오. 즉 이스라엘의 파멸은 인류의 종말을 의미할 것이며, 아마도 인류의 파멸을 초래할 것이오. 내가 보기에 ― 주관적으로 ― 그것이 아주 명백하더라도, 물론 누구도 그와 같은 주장을 실체화할 수 없소.

『원자폭탄과 인류의 미래』는 아직 완성되지 않았다오. 이것은 평범한 책 ― 어느 정도 현대적이고 통합적인 정치의식의 표현 ― 이 될 것이오. 그런 이유로 내가 당신에게 보여주고 싶은 부분을 아직 쓰지 않았소. 이것으로 이어지는 길은 훨씬 더 길어진 경로가 되었소.

강의는 결국 나의 시간을 너무 많이 뺏었구려. 내가 일하는데 유용한 힘은 전혀 크지 않소. 『위대한 철학자들』 제1권은 인쇄되었소(거의 1,000쪽 분량의 인쇄본이 5월에 출간될 예정이오). 내가 보기에 1931년 괴센 문고가 『철학』과 연관되듯이, 이 정치적 저작은 『위대한 철학자들』과 같이 연관되오. 그러나 이것은 약간 과장된 것 같소.

…

물론 나는 당신의 개작한 책 『라헬 파른하겐』에 익숙하지 않구려. 그러나 나는 설령 새로운 판본에서 크게 변경되지 않은 것을 알고 있지만, 아마

---

[200] 힌덴부르크 장군은 1925년 대통령으로 선출되고 1932년 재선되었다.

도 이 책이 다분히 누구도(유대인이든 반유대주의자든, 심지어 나 자신도) 기쁘게 하지 않으리라는 점을 알고 있소(이 점을 제외하면, 나는 이 책에 동의하지 않더라도 당신이 하는 모든 일을 좋아하오). 이 책은 오늘날 독일 독자들 사이에 살아있는 어떤 마음 상태에 전혀 부응하지 못한다오. 그래서 이 책은 불확실한 모험일 것이오. 즉 이 책은 비록 반대를 불러일으키더라도 잠자고 있는 것을 깨울 수 있소. 이 책은 감히 공중을 모욕하고 그렇게 하는 것을 성공시키는 로볼트와 같은 출판인이 필요하오. 그러나 당신의 책은 주제와 높은 문학적 우수성의 관점에서 아주 중요하기에, 피페르는 그런 위험을 감수해야 하오. …

물론 나는 두 사람이 보낸 화려한 선물을 바로 대충 훑어보았소. 아름다운 책이오! 나는 이 책을 화가들의 철학적 사유가 점차 그림의 '요리책'으로 변형된 최근의 저작으로 의식했소. 나는 편집자가 역시 사용한 오스발드 시렌[201]의 책에서 발췌문, 즉 이전 시대의 훨씬 심오한 표현의 번역본을 확보했소. 이것은 서양 세계에서 레오나르도라는 사람에게만 비견되는 최고 수준의 현상이오(뒤러는 다른 범주에 있다오). 즉 예술적 창조 자체의 과정에서 철학하기와 이런 철학에 대한 의식적인 성찰이오. 나는 『세계철학사』[202]의 한 장을 위해 이것에 관심을 가졌소. — 그러나 지금 이것이 어떤 결과를 가져올지 의심스럽구려. 지금까지 편집자의 원고 가운데 일부 내용을 임의로 추출하여 읽었소. 그 주제는 너무 심오해서 형편없는 처리에서도 모습을 잘 드러낸다오.[203] 그러나 우리 저자는 비록 중국인이라고 하더라도 외부에서 그리고 사유의 명료성을 드러내지 않은 채 — 한낱 중국인의 이념만을 쌓아올리면서 — 이에 대해 말하는 것 같소. 텍스트는 임어당의 노자 번역본과 유사하오.[204] 그의 논평은 장자,[205] 즉 명석한 문인을 통해 여과된

---

[201] *The Chinese on the Art of Painting*, translations with comments by Osvald Sirén(Peking, 1936).
[202] 이것은 철학·신화·언어·예술 사이의 상호 작용을 제시하려는 "세계철학사"(편지 114의 각주 466 참조)로 계획된 책을 지칭한다.
[203] Mai-Mai Sze; 편지 204의 각주 197을 참조할 것.

실체에 기반을 두고 있소. 누구든 결과적으로 나타나는 이런 이해로 인해 저자가 노자의 기품을 실제로 인식하고 있는지 의심한다오. 그런 다음 나는 참고문헌을 살펴보고 슬펐다오. 우리 독일인의 저작은 더는 세상에 존재하지 않는다오. 빅토르 폰 스트라우스[206]는 가장 중요하면서도 주해에서는 전혀 인용되지 않은 노자 번역본을 출간했지만, 이것은 목록에 **없구려**. 그러나 영어 및 프랑스어 번역본은 모두 포함되어 있소.

    그러나 이제 충분하오. 내가 당신을 너무 오랫동안 붙들어 두었으며, 끔찍한 친필로 상황을 더욱 악화시켰네요.

    당신의 집필 작업이 잘 되기 바라고 ― 그리고 1958년 2월 당신을 다시 만나기 바라며 ― 하인리히에게도 따뜻한 안부를 전해주오.

야스퍼스

편지 206　아렌트가 야스퍼스에게

뉴욕, 1957년 4월 14일

친애하고 존경하는 분께―

    당신의 멋있는 장문의 편지, 이제 겨우 답장을 할 수 있게 되었습니다. 저는 이스라엘과 유대인에 대해 길게 써야 한다고 느꼈지만 최근 몇 주 동안 그렇게 느끼지 않았습니다. 아마도 직접적인 관심의 근거가 없어졌기 때문일 것입니다. 그러나 당신은 "이스라엘의 파멸이 인류의 종말을 의미할 것이라는 감정"을 표현하지만, 그것은 저에게는 감정으로도 정당화되지

---

[204]　임어당(Lin Yutang, 1895~1976)은 중국의 언어학자다. 다음 책을 편집했다. *Laotse* (Frankfurt am Main/Hamburg, 1955). 노자(기원전 약 604~531)는 전설적인 중국 철학자이며 도교의 창시자였다.
[205]　장자(기원전 369~286?)는 중국의 도교 철학자였다.
[206]　*Lao-tse's Tao te King*, trans., introduced, and commentary by Victor von Strauss(Leipzig, 1870).

않는 것 같습니다. 저는 가끔 이스라엘의 파멸이 유대인의 종말을 의미한다는 감정을 갖지만, 이것이 그런지도 확신하지 못합니다. 우리는 현재 유대인이 유럽에 지니는 의미, 그들의 정치적 의미에 대해 합의하지 않습니다. 이것은 지난 20년 동안 결정적으로 변했습니다. 오늘날, 유대인은 유럽 국가에서 더는 중요하고 필요한 요소가 아닙니다. 유대인은 다시 하나가 될까요? 독일에서 유대인 숫자가 얼마나 빨리 증가하는가는 놀랍다고 하더라도(추정치는 7~8만 명이며, 그 가운데 겨우 4만 명이 통계적으로 기록되어 있습니다), 저는 알지 못하지만 그렇게 생각하지 않습니다. 독일계 유대인 주민이 없다면, 유럽인은 있을 수 없습니다. 적어도 우리가 그 문제를 역사적으로 볼 때는 아닙니다.

우리가 간절히 바라는 『원자폭탄과 인류의 미래』는 어떻게 되어가고 있나요? 당신은 독일 물리학자들의 선언에 대해 어떻게 생각하는지요?[207] 저는 매우 기쁘고 고맙습니다. 마침내 삶의 어떤 징후가 있습니다. 이것은 문제 전체의 매우 중대한 변화로 이어질 수 있었습니다. 이것이 성취하는 중요한 일은 물리학자들이 갑자기 들이닥친 대단히 중요한 역할에 마침내 관심을 촉구하는 것입니다. 그들의 명시적 또는 암묵적 협력 없이, 누구도 이제는 외교정책을 전혀 수행할 수 없습니다.

하인리히는 중국 회화에 관한 책과 관련한 당신의 논평에 매우 기뻐했습니다. 당신의 논평은 이 책에 대한 자신의 견해와 완벽하게 일치하기 때문입니다. 이 논평은 독일의 영향력, 실제로 독일의 목소리가 서양 세계의 지적 삶에서 얼마나 비참할 정도로 사라졌는지에 대해 다시 한번 저에게 깊은 인상을 주었습니다. 홈볼트 · 슐레겔 · 브렌타노와 같은 이름은 여기의

---

[207] 18명의 독일 물리학자가 서명한 1957년 4월 괴팅겐 선언은 독일이 핵무장을 하지 않아야 한다는 것을 권고했다. 그들은 다음과 같이 천명했다. 즉 "어쨌든, 서명자들은 핵무기 개발, 검증 또는 배치에서 어떤 방식으로든 참여하지 않을 것이다." 다음 자료를 참조할 것. Karl Jaspers, *Die Atombombe und die Zukunft des Menschen: Politisches Bewußtsein in unserer Zeit* (München, 1958): 268-277.

젊은이들, 즉 45세 이하의 사람들 사이에서 전혀 알려지지 않았습니다. 이런 이름은 문학적으로 알려지지 않았고, 전혀 듣지도 못했으며, 교육받은 사람들 사이에서도 전혀 알려지지 않았습니다. 저는 화이트헤드의 비교적 오래된 저서, 즉 『자연의 개념 The Concept of Nature』[208]을 방금 읽었습니다. 이 책에서는 칸트에 대해서 단 한마디도 언급하지 않은 채 공간과 시간을 상세하게 논의하였습니다. 그는 셸링을 인용하지만, 또한 작품을 영어로 번역한 러시아 철학자를 통해서 인용합니다. 그것이 제1차 세계대전 이후 이곳의 상황이었습니다. 여기서 교육받았다는 것은 프랑스·러시아·이탈리아 문학 — 대략 이런 순서로 — 을 알고 있음을 의미합니다.

이와 관련하여 방금 생각이 났습니다. 즉『케니언 리뷰』[209]에 게재한 발터 카우프만의 논문「오늘날 독일」(원문의 표기된 내용 그대로임)은 당신의 손에 들어갔나요? 그는 당신이 의사소통능력을 갖추지 못했고 하이데거가 자신을 명료하게 표현할 수 없다고 잘난 체하며 오만하게 공격하고 있습니다. 저는 잠시 화냈으며, 회고해 보니 당신이 쉴프 편집의 책*에 대한 자신의 반응에서 그에게 그렇게 날카로운 어조를 취한 점이 기뻤습니다. 그 사람은 참을 수 없을 정도로(그래서 누구든 어쨌든 흥분하게 되죠) 전형적입니다(그러므로 누구든 그에 대해 흥분하게 되죠).

블루멘펠트는 올해 평화상을 청년알리야에게 수여하기 위한 행사를 진행 중이며, 이 목적을 위해 당신의 서명을 받고 싶다는 편지를 몇 주 전에 저에게 보냈습니다. 제가 이것에 대해 당신에게 편지를 보냈는지요? 저는 그렇게 생각하지 않습니다. 청년알리야는 1933년 독일에서 창립되었고 젊

---

[208] 알프레드 노스 화이트헤드(Alfred North Whitehead, 1861~1947)의 저서 『자연의 개념(The Concept of Nature)』은 1920년에 출간되었다.
[209] Walter Kaufmann, "German Thought Today," The Kenyon Review, 19, no. 1(Winter 1957): 15-30.
* 옮긴이_『카를 야스퍼스의 철학』.

은이들을 팔레스타인으로 보내 그곳에서 교육할 목적으로 미국에서 재정 지원을 하는 단체입니다. 이 단체는 독일계 유대인 청년운동으로 창립되었으며 아주 좋은 일을 했습니다. 저는 파리에서 몇 년 동안 이 단체를 위해 활동했습니다. 블루멘펠트가 당신에게 직접 편지를 보내리라고 생각합니다. 아마도 이스라엘에 있는 비정치 단체에 상을 수여하는 좋은 (정치적) 이유가 있을 것입니다.

 당신은 지금 휴가이겠지만, 학기는 곧 시작될 것입니다. 저는 두 분을 아주 가끔, 함께 있는 두 분을 더 많이 생각합니다. 두 분이 함께 있음은 완전히 살아있는 무엇인가의 본질이 되었기 때문입니다.

언제나처럼 행복하길 바라며
한나 올림

편지 207 **야스퍼스가 아렌트에게**

바젤, 1957년 4월 22일

친애하는 한나!

 당신의 인사에 고맙소. 블루멘펠트는 나에게 편지를 보내지 않았구려. 나는 물론 당신의 추천에 기꺼이 서명할 것이오 — 그 문제에 대해 실제로 아무것도 모르기 때문이오.

 『원자폭탄과 인류의 미래』는 아직 완결되지 않았소. 많이 후회하오. 이 책은 나에게 많은 것을 의미하며 연기되지 않아야 하기 때문이오. 그러나 이것을 연기해야만 했소. 내 교육(아리스토텔레스·토마스·헤겔에 관한 강의, 그리고 니체의 『짜라투스트라는 이렇게 말했다』에 관한 세미나)이 집필의 연기를 요구하며, 나는 아직 은퇴하기를 원하지 않고 그럴 수 없기 때문이오. 7월에 나는 이 책이 크리스마스 이전 가을에 출간될 수 있도록 8월에 완성되기를 희망하면서 바로 책을 완성하는데 전념할 것이오.

독일 물리학자들의 선언? 나는 이 사람들 모두에 대한 불신에도 불구하고(개인적 경험을 토대로) 처음에 이것에 대해 흥분했다오. 마침내 나는 독일의 모든 중요한 물리학자가 자신들이 원자폭탄을 연구하지 않을 것이라고 선언했다고 생각했소. 그들은 (약소국으로서) 독일이 미국에서 불가능하게 범죄적인 것을 감당할 수 있다고 이해한다오. 그리고 나는 어쨌든 '지성'이 국가에 불복종한다고 선언하는 것을 보고 기뻤소. 그런데 곧 완전히 실망했소(나는 아직도 서점에서 직접 주문한 정확한 책을 갖고 있지 않소).

그 이유는 이러하오. 물리학자들은 폭탄을 연구하라고 전혀 요구받지 않았소. 그런 계획도 없다오. ─ 그러므로 전반적인 문제는 순전히 학문적이고, 의미 없구려 ─

그들은 독일의 상황을 많은 약소국의 상황으로 고려하지 않았지만, 자신들의 성명을 세계를 위한 대표적인 성명으로 제안했다오─

그들은 아무도 원자폭탄을 아직 연구하지 않았소 ─ 그들은 히틀러 치하에서 이 문제에 전혀 직면하지 않았다오. 그들은 (이런 실험이 어떻게 될 것인가?) 전혀 실험해 보지 않았소. 그들은 원자폭탄 제조가 매우 어렵고 실제로 불가능한 계획이라고 생각하였기에 시작도 하지 않았소 ─ 노벨상 수상자인 보테[210]는 원자폭탄이 불가능하다고 추정했소.

그들의 행위는 원자폭탄을 연구했고 현재 연구하는 모든 사람에 대한 불신임이오 ─ 원자폭탄을 전혀 연구할 수 없었다는 것(실제로 제조 방법을 전혀 보지 못했기 때문에)과 1945년 이후에 허용되지 않았던 것이 실제 상황이었고 현재도 그러한 상황에 있는 사람들로는 언어도단의 행위라오 ─

또 대체로 전형적인 독일인의 허튼소리요. 그리고 여기에서 전형적인 독일인인 나는 이것에 대해 느끼고 ─ 한나(실례지만, 당신이 좋아하든 싫어하든, 전형적으로 독일인이지만)도 이것에 대해 느끼는 것 같네요. 그런데 이제 모든 것이

---

[210] 독일 물리학자 발터 보테(Walter Bothe, 1891~1957)는 1954년 막스 보른과 함께 노벨상을 받았다.

우스꽝스럽게 보이오. 영리한 수상은 분명히 물리학자들의 적수 이상이었고, 그들은 불복종이 처음에 '유치했던' 곳에서 다시 순종하게 되었기 때문이오.[211]

당신은 무엇을 하고 있는지?『활동적 삶』초판은 곧 완결되겠지요.

피페르는『라헬 파른하겐』에 대해 합리적일 것인가? 물론 나는 당신의 동의 없이 그에게 편지를 보내지 않았소. 슈투트가르트의 콜하머출판사는 아마도 가능할 것인가? 콜하머는 쉴프가 편집한 책에서 발췌한 당신의 글을 '사보社報'에 출판했다오. 그래서 당신은 그곳에 알려졌소. 그들의 출판물은 좋소. 그들은 자체의 인쇄 공장을 가지고 있기에 더 넉넉하오.

아내는 당신 부부에게 따뜻한 안부를 전달하는데 나와 동참하네요.

야스퍼스

편지 208   야스퍼스가 아렌트에게

바젤, 1957년 6월 26일[212]

친애하는 한나!

내가 살인에 대해 게르트루트에게 말했을 때,[213] 그녀의 직접적인 반응은 빙켈만?[214]이었다오. 봄은 그와 마찬가지로 뒤에서 두 번 칼에 심장을 찔려

---

[211] 이 비판은 부분적으로 사실에 대한 불완전한 지식에 기인한다. 이 부분에 대한 이후 자세한 설명은『원자폭탄과 인류의 미래』268-277쪽에 소개되었다. 편지 190의 각주 170, 편지 206의 각주 207을 참조할 것. 독일 원자폭탄의 역사에 대해서는 다음 자료를 참조할 것. Robert Jungk, *Brighter than a Thousand Suns: A Personal History of the Atomic Scientists*, trans., James Cleugh(New York, 1958).

[212] 야스퍼스는 날짜를 기재하지 않았다. 이 편지는 게르트루트가 아렌트에게 보낸 편지에 첨가된 수기의 추신이다.

[213] 1957년 6월 9일 음악가 로베르트 오부시에르(Robert Oboussier, 1920년 출생)는 취리히에서 살해되었다. 야스퍼스 부부가 봄으로 불렀던 그는 에른스트와 엘라 마이어와 역시 강력한 연대를 유지한 절친한 친구였다.

[214] 요한 요아힘 빙켈만(Johann Joachim Winckelmann, 1717~1768)은 과학적 고고학의 창시자였다.

살해되었다오. 살인자는 분명히 군용 칼을 가지고 있었고 칼의 이용법을 알았소. 지금 이야기는 부분적으로 조잡하고 무감각한 것이오. — 나는 시카고대학교에서 당신의 강의와 출판사의 열정에 기쁘구려.[215] — 그러나 게르트루트가 생각하듯이, 당신은 나의 책에 부담을 갖지 않기를 바라오.[216] 당신이 그 책을 읽을 수 있으려면 몇 년이 걸릴 것이오. 하인리히는 칸트의 저작을 곧 읽고 싶어 할 수 있소.

두 사람에게 따뜻한 안부를 전하며

야스퍼스

편지 209 아렌트가 야스퍼스에게

팔렌빌, 1957년 8월 29일

친애하고 존경하는 분께—

저는 『위대한 철학자들』을 읽기 이전에 편지를 보내고 싶지 않았습니다.[217] 이 책은 바로 제가 휴가 중인 완벽한 시간에 도착했습니다 — 즉 몇 주 동안 저는 시카고대학교출판사[218]에 제공할 책의 집필을 마치고 피페르 출판사[219]를 위한 정치 입문을 시작하는 사이에 편지를 보낼 생각을 했습니다. 당신은 제가 이 책을 준비했다고 생각할 수 있습니다. 저는 그렇지 못했습니다. 이 책은 진정한 교과서이며, 저는 그런 책이 있을 수 있다고 전혀 생각할 수 없었습니다. 이런 책은 지금까지 결코 없었습니다. 이 책은 몇 가지 이유로 매력적이지만, 독자에게 철학자와 함께 문제를 논의하며 그의

---

215 이것은 추정컨대 아렌트가 야스퍼스에게 보낸, 소실된 편지를 지칭한다.
216 Karl Jaspers, *Die grosse Philosophie*, vol. 1(München, 1957).
217 편지 208의 각주 216을 참조할 것.
218 *The Human Condition*. 편지 169의 각주 122를 참조할 것.
219 편지 179의 각주 131을 참조할 것.

사상의 흐름과 주장에 대한 찬반에 참여하도록 독자에게 요구하는 표현 양태가 가장 중요합니다. 어떤 의미에서 이 책은 의견·견해·교의를 발전시킨 『세계관 심리학』과 정확하게 정반대되는 책입니다. 이 책은 여기에 전혀 없습니다. 이런 이유로 독자는 항상 가장 치열한 토론 때에 자신을 느낍니다. 이 책은 지금까지 쓰이지 않았던 첫 번째 철학 교과서이며, 이렇듯 비할 데 없는 독창성을 지니고 있습니다. 그리고 그런 이유로 당신이 어디선가 언급하듯이(저는 이곳에 그 책을 갖고 있지 않습니다. 하인리히가 몇 주 전에 뉴욕을 떠나며 그 책을 가지고 갔군요), 이 책은 "무한히 교정 가능합니다." 그리고 저는 무한히 유동적이라고 덧붙여 말하려고 합니다. 당신은 이 작업을 하는 데 성공할 수 있었습니다. 당신은 역사철학으로서 헤겔의 철학사를 아주 결정적으로 거부하고, 철학의 중심적인 관심사가 어느 다른 분야에서도 훨씬 더 그렇지만 항상 같은 것 같이 보이는 개념을 아주 확고하게 고수하기 때문입니다. 저는 이 책을 모두 읽지 못하고 3/4만을 읽었지만, 이 책의 실제적인 중심이 칸트에 대한 멋있는 분석이라는 점을 여전히 확신하고 있습니다. 당신이 천국에 갈 때 — 그리고 대화를 지속하는 우리 모두와 함께, 그러나 이제 모든 시대의 가장 훌륭한 정신과 함께 소크라테스가 묘사한 방식대로 사물이 존재한다면 — 늙은 칸트는 당신을 기리고 포용하기 위해 자리에서 일어날 것입니다. 누구도 그를 당신만큼 이해하지 못합니다.

제가 동의하지 않는 몇 부분이 있습니다. 저는 우리의 대화에 대한 당신의 언급으로 기뻤고, 감동했으며 명예롭습니다. 당신은 이 언급에서 저를 반쯤은 반대자[220]로 인용합니다 — 그러나 저는 특이한 개인적 특성을 끌어들이는 게 그렇게 좋은 생각이라고 확신하지 못합니다. 단지 당신이 아우구스티누스[221]에 대해 너무 많이 알고 있기에, 그것은 당신과 다른 사람들

---

[220] 이것은 추정컨대 『위대한 철학자들』 74쪽과 이후를 지칭한다.
[221] 『위대한 철학자들』 387-390쪽을 참조할 것.

의 경우 기대에 아주 못 미친 아우구스티누스에게 특히 그렇습니다. 당신은 아우구스티누스 자신 외에는 아무에게도 신세 지지 않았습니다. 우리에게 전해져 내려온 플라톤의 시구들[222](별로 좋지 않음)은 우리에게 다음과 같이 의심하게 합니다. 즉 우리가 플라톤에 대해 더 많이 알았더라면, 당신은 그를 더욱 다르게 취급했을 것입니다. 여기에서 칸트는 역시 당신의 출발점이거나, 아니면 당신은 항상 칸트를 마음에 두고 있는 것 같습니다. 칸트에서는 그의 광대한 세계경험은 그의 완벽히 빈곤한 삶의 경험에 의해서만 필적하는 것 같습니다. 이것을 설명하는 것은 그의 개인적 삶이 아닙니다. 그는 쾨니히스베르크 외부에는 전혀 발을 디디지 않은 채 세계를 알았기 때문입니다. 그러나 시인들에게만 있는 것처럼 칸트에게 나타나는 상상력의 힘은 삶에 관한 한 그를 곤경에 빠뜨렸습니다. 그러나 아우구스티누스에 대한 당신의 묘사는 당신의 저서에서 다른 높은 지점이며, 저에게 부당한 판단으로 보이는 것으로도 여전히 축소되지 않습니다. 그러니 결국엔 문제가 되지 않습니다. 따라서 누구든 다음과 같이 말할 수 있습니다. 즉 어떤 사람이 전적으로 판단한 사실은 충분합니다. 심지어 부당한 판단조차도 알렉산더 대왕의 가짜 존경에 비하면 놀랄 만큼 신선합니다. 이 책의 전반적인 분위기는 멋있는 자유의 분위기입니다. 이것은 판단의 자유와 용기의 산물일 뿐만 아니라 질문과 문제에 대한 논의의 산물입니다.

이 책이 도착했을 때, 저는 당신의 저서 『데카르트』[223]를 방금 다시 읽었습니다. 최근까지 데카르트의 책을 정말 읽지 않았기에 최근까지 이 소책자의 대가다운 자질을 이해하지 못했습니다. 당신은 지금과 같이 이것을 어디에 포함할 것인지요? 그리고 당신은 셸링 책을 어떻게 할 것인지요? 현재 저는 점점 더 매혹되어 『판단력비판』을 읽고 있습니다. 『실천이성비판』

---

222 플라톤의 경구를 의미한다.
223 Karl Jaspers, *Descartes und die Philosophie*(Berlin/Leipzig, 1937).

이 아니라 『판단력비판』에 칸트의 현실적인 정치철학이 숨겨져 있습니다. 아주 가끔 업신여겨지는 "공통감각"에 대한 칸트의 칭찬, 판단의 기본 현상으로서 진지하게 고려되는 취미 현상 — 아마도 모든 귀족정에 실제로 존재하는 것 — 이며, 누구든 다른 사람의 관점에서 사유할 수 있는 판단의 핵심인 "확장된 사유 방식"이 바로 그런 것입니다. 의사소통성의 요구입니다. 이런 것들은 청년 칸트가 사회에서 겪은 경험을 포함하며, 노인은 이것을 다시 살아나게 합니다. 저는 칸트의 비판서 가운데 이 책을 가장 좋아하지만, 칸트에 관한 당신의 저작을 읽은 지금처럼 그렇게 강력하게 저에게 말한 적이 없습니다.

저는 당신이 그사이에 『원자폭탄과 인류의 미래』을 통해 무엇을 했는지 매우 궁금합니다. 제기하기 주저하는 질문과 이견이 있습니다. 당신이 이것을 개작하는 과정에 있기 때문입니다. 저는 당신이 대담한 표정과 약간 우월적인 입장에서 "문제를 덮어두어서는 안 된다"[224]는 문장을 제기하기 바랍니다. 그런데 이 문장은 이를 지나쳐 읽기 쉬운 서론에만 있습니다. 이것으로 이미 많은 것을 성취했지만, 전 세계의 성향에 비추어 이것만으로 충분히 성취하기는 어려울 것이기 때문입니다. 러시아의 최근 사태에서 우리에게 충격을 준 것은 이러합니다. 즉 말렌코프[225]는 원자폭탄으로 야기된 위험이 전 세계의 위험이라고 생각했지만, 흐루쇼프는 이게 자본주의 국가들에 위험이라고 생각했습니다. 이것은 거의 간과되었으며, 그렇다고 하더라도 중요한 부분입니다. 저는 러시아 문제에 대한 심포지엄을 진행하는 미국 잡지를 위해 입문 수준의 이론 논문을 집필하려고 합니다.[226] 그리고

---

[224] 이것은 야스퍼스의 라디오 강의 「원자폭탄과 인류의 미래」 서문의 결론 문장이다.
[225] 게오르기 말렌코프(Georgi M. Malenkov, 1902~1988)는 1946~1953년 소련 부수상, 1953~1955년 수상이었다. 이 편지가 작성되었을 때, 그는 수상으로서 교체되고 당중앙위원회에서 축출되었다.
[226] Hannah Arendt, "Totalitarian Imperialism: Reflections on the Hungarian Revolution," *The Journal of Politics* 20, no. 1(February 1958): 5-43.

저는 수년 동안 말하기 꺼렸던 것을 표현하는 데 대해 매우 기쁩니다. 이제 우리는 그 여행이 어디로 향하고 있는지 아주 명료하게 알 수 있으며, 판단을 내릴 수 있는 충분한 정보를 가지고 있습니다. 전망은 유쾌하지 않습니다.

우리는 시골에서 매우 길고 멋진 여름 휴가를 보냈습니다. 올해 6월 말에 뉴욕을 떠났습니다. 내일 찬란한 이 시간은 끝납니다. 하인리히는 뉴욕 인근에 사는 몇 친구를 만나고 싶어서 먼저 출발했습니다. 그가 안부를 전합니다. 그는 자신의 강의에서 『위대한 철학자들』을 즉시 이용하려고 하며, 물론 아직 마치지 않았지만 읽기를 마친 후에 곧 당신에게 편지를 쓸 계획을 추진하고 있습니다. 여느 때와 같이, 제가 이곳을 떠나야 하니 슬픕니다. 이 예측할 수 없는 기후는 저를 위해 일을 더 쉽게 하도록 새로운 빙하기를 초래하라고 결정했습니다. 보통 10월에만 있는 것처럼 갑자기 추워졌습니다.

사모님께 안부를 전해주세요. 저는 봅 오부시에에 대한 그녀의 마지막 편지[227]에 답장하지 않은 채 남겼다는 생각이 방금 들었습니다. 이 편지는 시카고대학교출판사에서 출간할 책을 끝낸 마지막 몇 주 사이에 도착했는데, 그 시간은 보통 짜증나는 기술적인 문제들로 어수선했습니다. 그리고 오해를 풀고 싶다는 생각이 듭니다. 제가 살인과 관련하여 읽었던 『재건』에는 동성연애에 관한 것은 없습니다. 저는 그것을 지어냈거나 추측했거나 다른 세부 사항에 근거하여 그 결론에 도달했습니다.

가을에 강의하지요? 세미나를 진행하지요? 그리고 여름 휴가는 어떤지요? 발츠 가족의 다른 아들은 여기에 나타났습니다. 저는 그들 모두를 절망적으로 혼란스럽게 만들고 있지만, 그것은 전혀 우리의 길을 방해하지 않았습니다. 로테 발츠를 보시면 그녀에게 제 안부를 전해주세요.

---

227 게르트루트의 1957년 6월 26일자 편지.

두 분에게 안부를 전하며, 비판자들이 『위대한 철학자들』에 대해 무슨 말을 하고, 이게 독일 등에서 어떻게 수용되는지를 저에게 알려주세요.

여느 때와 같이, 따뜻한 안부를 전하며
한나 올림

편지 210 | 야스퍼스가 아렌트에게

바젤, 1957년 9월 8일

친애하는 한나!

우리는 당신의 기분 좋은 편지를 찾으려고 로카르노에서 휴가를 보내고 이곳으로 돌아왔소. 나는 당신이 『위대한 철학자들』에 아주 만족했다니 기쁘며, 당신의 지나친 칭찬을 즐기는 즐거움을 허락할 것이오. 내가 오늘 하고 싶은 일은 당신에게 매우 감사하는 것이오. 다음 시간에 자세한 내용을 쓰도록 할 것이오. 당신은 나에게 역시 젊은 시절부터 항구적 통찰력의 근원이었던 『판단력비판』에서 훌륭한 이념을 확인했구려. 당장 당신과 함께 이에 대한 세미나를 하고 싶으며, 오늘날의 젊은이들에게 그 안에 있는 다른 모든 보물과 전 저작의 중요성을 알리고 싶다오.

나는 당신이 러시아에 대해 몇 년 동안 침묵을 지킨 후에 무슨 말을 해야 할지 매우 듣고 싶소. 『원자폭탄과 인류의 미래』의 집필을 마치기 이전 당신의 에세이를 받지 못할까 봐 걱정되오. 러시아의 상황이 어디로 가고 있는지 전혀 명확하게 알지 못하오. 해석의 가능성은 항상 다양하오. 당신은 원자폭탄이 세계에 초래할 위험성을 지적한 말렌코프와 흐루쇼프의 발언을 비교했을 때 몇 달 전 원자폭탄의 결과에 대한 흐루쇼프의 환상적인 발언, 그리고 나중에 "취중에 이루어진" 것으로 취소된 진술을 염두에 두었는지? 실제로 권력을 행사하는 사람은 흐루쇼프인지 주코프[228]인지? 흐루쇼프는 스탈린과 같이 장군들을 상대할 경찰력을 갖고 있지 않다오. 주코프나 다른 군부 인사들은 기이한 계획을 수립할 수 있었소. 러시아 내 내부 투쟁은 끝나지 않았다오.

아내와 나는 당신 부부에게 우리의 따뜻한 안부를 전하오.

야스퍼스

편지 211 **아렌트가 야스퍼스에게**

1957년 9월 16일

친애하고 존경하는 분께—

아닙니다. 제 찬사는 지나치지 않았습니다. 그러나 칸트가 이해했듯이 세계의 세계성의 본질로서 아름다운 것에 대한 세미나의 진행은 재미있을 것입니다. 모든 인간을 위한 것이지요. 그리고 누구나 '논쟁할' 수 없는 것들에 대한 '싸울' 능력을 통해서 오로지 가능해지는, 매우 긴밀하게 연관된 칸트의 인간성 개념에 대한 세미나이지요. 누구나 다른 사람을 결국에 확신시킬 수 없는 때에도, 희망은 "우리 사이에서 합의를 발견하고 있습니다."[229]

제가 막 편지를 쓰려고 할 때, 당신의 편지가 도착했습니다. 당신은 쿠르트 볼프가 현재 유럽에 있다는 사실을 알고 있습니다. 그리고 그가 떠나기 이전에 우리는 『위대한 철학자들』 미국판에 대해 오랜 대화를 나누었습니다. 볼프와 그의 부인은 우리의 좋은 친구이며, 저는 당신이 그와 만나는 것을 좋아하리라고 확신합니다. 현재 그의 출판사는 이 나라에서 가장 훌륭한 출판사이고 또한 가장 성공한 출판사입니다. 그는 더 이상 존재하는 않는 어떤 인물, 즉 출판업계의 지도적 인물입니다. 물론 그는 항상 그랬습

---

[228] 게오르기 주코프(Georgi Zhukov, 1896~1974)는 1955~1957년 소련 원수이며 국방상으로서 1957년 당상임위원회 위원으로 임명되었지만 같은 해에 당과 정부 기능을 상실했다.

[229] Kant, *Kritik der Urteilskraft*, paragraph 56.

니다. 놀라운 것은 그가 여기에 남아있고 그렇게 성공할 수 있었다는 점입니다.

또한 『위대한 철학자들』에 관한 사항입니다. 이 책이 여기서 출판되어 성공할 수 있다면 멋진 일이 될 것입니다. 이것은 철학 교육에서 일종의 혁명을 의미할 수 있습니다. 쿠르트 볼프는 바로 이 독일어책이 어떻게 이곳의 앵글로-색슨 독자에게 가장 훌륭하게 소개될 수 있는가에 대한 저의 의견을 요청했습니다. ─ 그리고 저는 의도적으로 앵글로-색슨을 말합니다. 미국에서 철학은 좋든 나쁘든 영국의 전통에 의해 지배되어 왔기 때문입니다. 저는 지금 수행하고 있는 이런 일을 직접 훨씬 더 많이 경험한 하인리히와 오랜 시간 이 문제를 언급했습니다. 우리는 한 가지 ─ 이게 한 가지를 의미하지는 않지요! ─ 에 동의합니다. 독자가 위대한 철학자들을 더 빨리 접근할 수 있는 방식으로 이 책을 축약할 수 있다면 좋을 것입니다. 「서론」과 「모범적인 사람들」에서 이런 축약은 전체 단락을 생략하여 이루어져서는 안 되고 오히려 책을 출간하도록 속도를 높이는 데 목표를 두어야 합니다. 우리는 아마도 훨씬 더 적은 범위에서 플라톤-아우구스티누스-칸트를 똑같은 분량으로 논의할 수 있을 것입니다. 이 책에서 누구든 이곳 독자에게 별로 의미가 없을 것들, 즉 신칸트주의에 대한 논의를 여기저기서 생략할 수 있습니다. 비록 작은 활자가 언제나 유효하지는 않지만, 일부 절에서 작은 활자의 사용은 축약 과정의 일부 지침을 제공할 수 있습니다. (예컨대, 292쪽 이하를 참조하세요. 독일어판에서 작은 활자로 표시된 플라톤의 신학은 유지되어야 합니다.) 형이상학자들에 관한 다음 절들은 어쨌든 너무 짧아서 현재 상태로 두어야 합니다. 「철학사상의 중대한 창시자들」의 많은 부분은 유지되어야 합니다. 만약 제가 상상한 대로 축약이 이루어지면, 이것은 전체적으로 약 100쪽(20~25%)을 줄이는 효과가 있으며, 축약 부분은 대부분 「서론」과 「모범적인 사람들」에서 나올 것입니다.

이런 제안을 하는 이유는 책의 길이가 아니라 미국과 유럽의 독서 습관

차이입니다. 이곳 사람들은 더 빠른 순서로 일을 처리하는 데 익숙하며, 저는 우리가 책의 성격에서 어떤 변화도 이루지 않은 채 이런 양보를 할 수 있다고 생각합니다. 이것은 일종의 호환이지 단순히 변형은 아닙니다. 책의 분량에 관한 한, 두 권의 책을 출판하는 것이 훨씬 더 좋을 것입니다. 제1권은 「서론」, 「모범적인 사람들」, 그리고 플라톤-아우구스티누스-칸트로 구성하고, 제2권은 「형이상학자들」로 구성합니다. 이 경우 당신이 에크하르트와 쿠자누스에 관한 약속된 절들을 제공하는 것은 중요할 것입니다. 따라서 두 권은 거의 같은 분량으로 구성될 것입니다. 아마도 영어로 두 권에 해당하는 독일어판과 더불어, 후속적인 권들은 쉽게 첨부될 수 있습니다.

당신이 미국판 서문을 새로이 쓸 수 있다면 매우 유리할 것입니다. 모든 필수적인 것이 서론에 있기는 하지만, 미국 독자를 수월하게 하는 몇 가지 요소는 서론에 약간 스칠 정도로 나타납니다. 해야 할 일은 책의 성격과 구조의 개요를 몇 쪽으로 정리하는 일이며, 당신이 진행하는 것보다 더 빨리 일을 시작하는 것입니다. 저는 근본적으로 세 가지 사항을 염두에 두고 있습니다. 1. 이런 형식의 서문은 이전에는 전혀 없었다는 점, 달리 말하여 이것은 의견이나 이념의 역사가 아니라는 점, 오히려 철학자들을 서로 직접 대립시킨다는 점을 언급해야 합니다. 2. "사상가들은 우리가 그들의 역사적 맥락에서 그들을 빼내야만 진정으로 말할 수 있습니다"(45쪽). 그리고 3. 당신은 철학과 예술, 시와 신학 등 사이의 관계와 관련하여 과학과 철학, 분리와 연계 사이의 연계성에 대해 언급하고 있습니다(38쪽). 즉 "과학에 가깝고, 그것에 유익하고 때로는 그것에 생산적이지만, 이것을 넘어 무한하게 뻗칩니다." 여기에서 중요한 일은 한편 처음부터 바로 통상적 대안의 부적합성, 즉 과학에 대해 반감을 품은 철학(독일 관념론이나 근대 실존주의에 구현되었듯이)을 지적하는 것이고, 다른 한편 철학과 과학의 실증주의적 등식화를 지적하는 것입니다. 제가 생각하는 것은 매우 짧고 자명한 것입니다. 이 모든 것은 이후 본문에 나타나기 때문입니다. 당신이 해야 할 일은 독자에게 명백한 정향을 제공하는 것입니다.

당신이 저를 오해하지 않기 바랍니다. 즉 이것은 전적으로 제 의견이며 어떤 식으로든 구속력이 없습니다. 아마도 우리는 이것에 대하여 '싸울' 수도 없고, 하물며 '논쟁할' 수 없습니다. 저는 쿠르트 볼프에게 제 의견이 무엇인지를 알릴 것입니다. 시간이 많지 않기 때문입니다. 저는 다른 상황에서 당신과 그 문제를 우선 토론하고 싶습니다. 그러나 이것이 문제가 되지 않았다는 감정을 갖습니다. 쿠르트 볼프는 진정 저의 친구이며, 당신은 제가 기반에서 완전히 벗어났다고 친구에게 주저하며 말할 필요는 없습니다. 볼프는 저에게 편집 업무를 맡기려고 생각했습니다. 저는 이를 기꺼이 할 것입니다. 그러나 당신이 그것으로 인해 전혀 제약받지 않는다는 점을 제발 기억해주세요. 당신은 분명히 그를 만날 것이며, 이 편지는 우리가 여기에서 함께 논의했던 내용을 간단히 당신에게 알려드리려는 것입니다.

저는 다른 때에 러시아에 관한 내용을 챙겨둘 것입니다. 에세이를 집필하면 즉시, 11월 초에 당신에게 보낼 것입니다.

이번 겨울학기에는 무엇을 강의하는지요? 다음 책의 분량은 어느 정도인지요?

두 분에게 따뜻한 안부를 전하며,
한나 올림

편지 212 야스퍼스가 아렌트에게

바젤, 1957년 9월 24일

친애하는 한나!

나는 소상하게 쓰려고 했던 편지를 아직도 보내지 못했다오. 그런데 영어 번역판과 관련한 훌륭하고 놀라운 새 편지가 이미 도착했네요. 곧바로 답장할 것이오.

당신은 "편집 업무를 기꺼이 맡을" 것이요? 편집 업무는 당신으로서는 다시 한번 예외적이고 감동적인 지원이오. 그리고 당신이 나의 책을 얼마나 소중히 여기는지를 나타내는 표현이오. 나는 당신이 관련된 일을 과소평가하고 있는 것이 두렵지만, 물론 아주 기쁘다오. 분명히, 나는 기꺼이 동의하오. 당신의 감독 아래 검토하고 축약하며 이 책에 대한 당신의 견해를 따르는 것만큼 앵글로-색슨 세계에서 책의 성공 가능성을 높이는 일은 없을 것이오. 당신의 제안은 나에게는 아주 훌륭하오. 이것들을 개별적으로 받아들이오.

1. 미국판 서문은 아무런 문제가 없다오. 당신의 언급은 이미 내 생각을 움직이고 있지만, 나는 실제로 필요할 때까지 이에 대한 집필을 미룰 것이오.

2. 나는 축약을 할 수 없구려. 이미 오랫동안 연구한 이 원본을 다시 취급하는 것을 매우 싫어할 것이오. 심지어 이것을 읽는 것도 견디기 어렵구려. 또 다른 연구계획으로 넘어가기를 매우 열망하오.

3. 당신이 고려하는 축약판에 관한 사항은 다음과 같소. 「서론」에서 많은 부분을 삭제하는 작업은 말이 되오. 이것은 분명히 전형적인 독일식 준비 조치이고 자기 정당화이며, 모든 서론과 같이 업무 진행을 너무 오래 지연시키네요. 그리고 독자들은 당연히 할 수 있는 것을 그냥 건너뛰지 않는다오.

나는 4명의 모범적인 인물에 관한 절들의 내용이 많이 줄어드는 것을 보기가 꺼려지는구려. 당신은 아마도 이 절들의 축약을 재고해야 하오. 이 네 인물은 나에게 중요했다오. 나는 이들이 편견 없는 독자에게 강력한 영향을 미칠 것이라고 — 아마도 어리석지만 — 생각하오. 누구든 이들의 삶을 성찰함으로써 철학사상의 뿌리에 이르오. 그 기반은 나에게 본질적인 것 같구려. 또 이 절들은 일반적으로 인식되었지만 새로운 시각으로 이들을 드러내는 것과 연관되어 있소. 내가 보기에 예수는 서양 세계의 모든 사람에게 특별히 중요한 것 같다오. 나는 신학자들이 우리에게 가르친 것보다

낮고 획득하기 그렇게 쉽지 않은 것을 여기에서 말하고 있다고 생각하오. 그리고 소크라테스는 고대 세계에서 모든 철학의 성인이오. 공자는 나에게 큰 영향을 미쳤다오. 나는 공자가 중국 학자들의 손에서도 겪은 평범한 묘사뿐만 아니라 우리에게도 아주 알차다는 것을 발견했다는 이유로도 공자를 구조하고 싶다오. 석가모니는 가장 생소한 인물이오. 석가모니는 나가르주나Nargarjuna[230]와 연결되어 있어야 하오. 나가르주나는 철학이 있는 한 현대의 상징 논리와 연결되어 있소. 모든 인간 사이 소통의 가능성은 이 네 인물을 통해서 형성되오. 이 절은 별로 길지 않소. 내가 보기에 여기서 너무 많이 줄이는 것은 좋지 않구려. 그러나 이것은 나로서는 결정이 아니라 오히려 이 문제를 다시 생각하라는 당신에게 요청하는 것이오.

4. 줄임은 모든 절에서 확실히 가능하며, 4명의 모범적인 인물에 관한 부분에서도 마찬가지요. 나는 속도에 관한 당신의 말에 전혀 이견을 갖고 있지 않소. 반대로, 나는 이 영역에서 미국 문학도를 존경하오.

작은 활자는 애석하게도 줄일 수 있는 것의 지표로서 간주할 수 없구려. 나는 종종 활자 크기의 차이를 사용하여 각 절을 좀 더 조사할 수 있게 만들었다오. 작은 활자는 사유 덩어리Denkenblock를 독립된 단위로 표시하지만, 이들에 대한 친숙함은 종종 다음에 오는 것을 이해하는 데 필수적이오.

5. 나는 에크하르트와 쿠자누스에 관한 절을 기꺼이 집필할 것이오. 단지 시간문제일 뿐이오. 나는 쿠자누스를 집필하는 데 필요한 충분한 자료(발췌본과 비망록)를 가지고 있으며, 그래서 즉시 시작할 수 있소. 에크하르트에 관한 자료는 부분적으로만 있소. 나는 미국판이 확실하다는 것을 알 때만 이 작업을 시작할 수 있을 것이오. 그런데 내가 피페르에게 제안했듯이, 최근 재판(초판은 6,000부이고, 현재까지 2,400부가 팔렸소)이 있다면 우리는 적어도 쿠자누스를 부가함으로써 책의 분량을 늘릴 수 있다오.

---

[230] 용수는 기원전 2세기 불교 철학자였다. 야스퍼스는 『위대한 철학자들』에서 그의 철학을 기술했다.

6. 피페르는 파버출판사가 이 문제를 고려하고 있으며, 회사의 고문인 엘리엇[231]이 현재 내 책을 읽고 있다는 편지를 나에게 보냈소.

당신은 내가 겨울에 무엇을 가르칠 것인가라고 질문했구려. 나는『위대한 철학자들』제2권을 집필하기 위해 휴가를 보낸다오. 여름에는 데카르트 · 파스칼 · 홉스 · 라이프니츠, 달리 말하면 두 번째 책을 위한 연구 결과를 강의할 계획이오. 원고를 가장 빨리 완성할 수 있는 것은 1958년 10월이라오. 그러나 내 나이에 그게 얼마나 불확실한지! 집필은 운동이고, 이것을 주제넘지 않다고 생각하오.

지금도 여전히『원자폭탄과 인류의 미래』를 집필하고 있다오. 문학적 관점에서 볼 때, 이 책은 요컨대 애석하게도 완전한 철학서라오. 주제를 고려할 때 이것은 불가피한 것 같구려. 조금 전에 나는「이성」이란 제목의 절에서 당신에게 보내려고 했던 부분의 집필을 마쳤소. 그리고 일단 이것들을 복사하고 수정하면 그렇게 할 생각이오. 이것을 빨리 끝내고 싶구려. 아마도 하나의 유형으로서 나에게 유용할 수 있는 처칠, 또는 내가 쓰려고 했던 간디(처칠은 간디를 얼마나 경멸했는지!)를 포함하지 않을 것이오. 나는 제2차 세계대전에 관한 그의 저서 10권을 훑어보았고, 큰 감탄을 느꼈다오. 그러나 이 책은 너무 길어지고 있구려.

나는 몇 주 전에 피페르와 함께 대화를 나누었을 때 당신의『라헬 파른하겐』의 주제 — 당신의 허락도 없이 — 를 언급했소. 그는 이 책이 실제로 전기가 아니며, 책에는 반복이 너무 많고 광범위한 공중에 호소력이 없다고 생각한다오. 당신은 내가 얼마나 분노하는가를 상상할 수 있소. 나는 이 책이 누구나 쓸 수 있는 한낱 삶의 이야기 이상이라고 대답했다오. 이 책은 지속하여 세부적인 내용으로 지원을 받는 괄목할 만한 전기적 조명의 새로운 양태요. 반복은 기본적 성격에 대한 되풀이되는 성찰에 필요하오. 피페

---

[231] 엘리엇(T. S. Elliot, 1888~1965)은 미국 태생 영국 시인이고 비평가이며 극작가였다.

르는 분명히 깜짝 놀랐으나 책을 출판하겠다고 말하지 않았소. 이것은 당신이 아니라 피페르에게 좋지 않다오. 당신은 확실히 출판사를 물색할 것이기 때문이오.

칸트에 대한 당신의 언급은 나에게 합의의 행복한 감정을 항상 불러일으키오. 그리고 나는 이러할 때 당신이 정치와 원자폭탄에 영향이 있는 이성에 관한 장에 포함한 환상을 용인하거나 정말로 승인할 것으로 생각하오.

당신에게 감사하고, 하인리히에게도 따뜻한 안부를 전하며
야스퍼스

아내 역시 따뜻한 안부와 감사의 마음을 전하오.

편지 213 야스퍼스가 아렌트에게

바젤, 1957년 10월 4일

친애하는 한나!

쿠르트 볼프가 어제 이곳에 왔소. 우리는 순식간에 합의에 도달했으며, 나는 그런 합의의 본질이 무엇인가를 이미 당신에게 편지로 알렸다오. 미국판이 현실이 된다면 멋있을 것이오. 나는 오늘 파버출판사가 거절했다는 소식을 방금 피페르로부터 들었소. 이런 거절은 루트리지출판사를 런던에서 유일하게 남아있는 가능성으로 남겨둔다오.

쿠르트 볼프는 『노이에 취리히 차이퉁』 *Neue Zürcher Zeitung*[232]에 게재한 서평을 동봉하여 나에게 보냈소. 이것을 바로 당신에게 보낼 것이오.

따뜻한 안부를 전하며
야스퍼스

---

[232] Richard Reich, "Vom Wesen totaler Herrschaft. Zur deutschen Ausgabe von Hannah Arendt's *The Origins of Totalitarianism*," *Neue Zürcher Zeitung* (September 28, 1957): 6.

편지 214 아렌트가 야스퍼스에게

1957년 11월 4일

친애하고 존경하는 분께—

당신은 우리의 두 새로운 인공위성에 대해 어떻게 생각하세요?[233] 당신은 달여행으로 평화를 이룰 수 있나요? 달은 어떻게 생각할까요? 제가 달이라면, 성을 낼 것입니다.

당신의 상세한 편지에 답장하느라고 오늘까지 지연한 점을 양해하시기 바랍니다. 저는 편지에 담은 모든 것에 완벽하게 동의합니다. 시간이 없었으며, 그래서 「모범적인 인물들」을 다시 검토하지 못했습니다. 당신은 그 점에서 확실히 옳습니다. 쿠르트 볼프가 어제 전화했습니다. 당신은 그사이에 계약서를 틀림없이 받으셨을 겁니다. 독감 때문에 이곳의 모든 일이 지연되었습니다. 저도 이번에는 독감에 걸렸습니다. 이 때문에 러시아에 관한 원고를 마감하는 시간을 지키는 데 어려움을 겪었습니다. 이제 저는 독감과 원고를 모두 처리했으며, 당신에게 보내고자 마련한 사본을 별도로 갖고 있습니다. 에세이는 2월까지 출간되지 않으며, 저는 이에 대한 당신의 반응을 듣고 싶습니다.

피페르는 사실 자신이 『라헬 파른하겐』을 재고했다는 편지를 저에게 보냈습니다. 저는 바로 그가 바젤에 있었다고 생각했습니다. 당신이 그에게 화를 내시다니, 정말 좋습니다. 그러나 저는 피페르를 멀리하고 싶습니다. 단지 그와 운이 없을 뿐입니다. 우리가 그에게 『전체주의의 기원』을 제안했을 때도 같은 이야기였습니다. 그런데 저는 이미 키펜호이어출판사에 라헬 원고를 보냈습니다. 그 출판사는 몇 년 동안 저로부터 무엇인가를 얻으려고 노력했습니다. 그들은 제가 유럽출판사와 계약서에 서명

---

233 소련이 1957년 10월 4일과 11월 3일 궤도에 올린 스푸트니크 제1호와 제2호이다.

한 이후에 바로 『전체주의의 기원』을 저에게 요청했습니다. 피페르는 잔느 헤르쉬의 책을 저에게 보냈습니다.²³⁴ 당신은 그것에 대해 어떻게 생각하는지요? 매우 호의적이며, 사회민주주의에 대한 비판은 실제로 매우 좋습니다. 그러나 —

당신에게 고백해야 할 일이 있습니다. 올여름 저는 유럽출판사를 위해 최근 몇 년 사이 집필한 몇 편의 이론적 에세이를 취합했습니다. 저는 이 에세이를 모두 영어로 집필했으며, 어떤 이에게 대략적인 번역을 하게 한 이후 이것들을 세심하게 개작했습니다. 책 제목은 「현대 정치사상에서 의심스러운 전통의 위상」²³⁵입니다. 수록한 글은 모두 잠정적인 에세이입니다. 이것들은 전적으로 부정적이고 파괴적이며, 긍정적 측면이 거의 분명하게 보이지 않기 때문에, 저는 당신이 이것들을 좋아하지 않을까 걱정됩니다. 그런 다음 하이데거의 인용문이 포함된 권위에 관한 에세이의 훨씬 확장된 원고도 포함되어 있습니다.²³⁶ 이 소책자가 출간되면, 물론 한 권을 당신에게 보낼 예정입니다. 그러나 저는 당신이 『활동적 삶』에 이미 친숙했기를 바랍니다.²³⁷ 당신은 이것을 확실히 더 좋아할 것이지만 이 책은 봄에야 출간됩니다.

저는 당신의 75회 생신에 가기로 확고하게 결정했다고 말씀드렸는지 모르겠습니다. 저는 결국 해낼 수 없을 것이라고 말하는 것이 몹시 불행합니다. 시카고대학교출판사에서 출간할 책은 아주 오래 걸리기에, 저는 2월 이전에는 교정쇄를 기대할 수 없으며, 유럽에 있으면 그 연구과제를 끝낼 수

---

234 Jeanne Hersch, *Die Ideologien und die Wirklichkeit: Versuch einer politischen Orientierung*(Müchen, 1957).
235 Hannah Arendt, *Fragwürdige Traditionsbestände im politiscen Denken der Gegenwart: Vier Essays* (Frankfurt am Main, n. d.)
236 *Ibid.*, 144.
237 『인간의 조건(*The Human Condition*)』(독일어판 『활동적 삶[*Vita activa*]』)은 1958년에 출간됐다. 편지 169의 각주 122를 참조할 것.

없습니다. 계약서는 마감일을 규정하고 있습니다. 저는 인용할 책들이 필요합니다. 교정본 등을 본 이후에 색인을 작성해야 하지만, 이것을 감당할 수 없습니다. 위로 차원이기는 하지만, 저는 내년 여름 뮌헨시 800주년 행사를 위한 초청장 — 아직 확정적이지 않지만 — 을 받았으며,[238] 초여름에 갈 수 있으리라고 확신합니다. 당신의 생신에 그곳에 있지 못하리라는 것이 저를 괴롭히지만, 당신이 이해할 것으로 확신합니다.

급하게 편지를 쓰고 있습니다. 저는 남부 주에서의 상황 때문에 다른 마감일에 몰려 있습니다.[239] 한 가지 사항 더 말씀드립니다. 볼프는 당신의 저서에 관한 작업을 명시한 계약서 제안으로 저를 공격했습니다. 저는 그것을 좋아하지 않지만, 그 문제에 다른 생각을 제시할 시간이 없습니다. 계약이 당신에게 많은 희생이 따른다고 생각하면 변경하세요. 저는 그가 비용을 상정하리라고 생각했고, 아니면 오히려 전혀 생각하지 않았습니다. 업무의 이런 측면에 대해 거의 관심을 가질 수 없기 때문입니다. 이제 저는 그가 무엇을 제안했고 제가 무엇에 동의했는지 기억도 할 수 없습니다. 그가 독감에 걸렸기에, 우리는 만날 수 없습니다. 이후 저는 유행성 감기에 걸렸습니다.

두 분이 건강하고 생산적인 겨울을 지내기 바랍니다. 여느 때와 같이 따뜻한 안부를 전하며

한나 올림

---

[238] 제1차 국제문화비평가회의는 도시 창립 800주년과 연계하여 뮌헨에서 1958년 6월 30일~7월 5일 개최되었다. 아렌트는 참여자였다. 다음 자료를 참조할 것. Hannah Arendt, "Kultur und Politik," in *Untergang oder Übergang: Erster Kuturkritikerkongress in München*(München, 1959): 35-66.

[239] 이 논문은 원래 『논평』에 기고하려고 1957년 말에 집필하였으나 1959년까지 출간되지 않았다. "Reflections on Little Rock," *Dissent*(Winter 1959): 45-56.

편지 215 | 야스퍼스가 아렌트에게

바젤, 1957년 11월 15일

친애하는 한나!

　당신의 원고[240]는 방금 도착했소. 이것을 읽고 싶구려. 당신이 쓰는 글의 첫 번째 쪽은 내가 거의 기대하게 된 숭고한 활력으로 충만하오. 이것을 읽은 후에 편지를 보낼 것이오.

　오늘은 번역에 관한 내용을 언급할 것이오. 어제 쿠르트 볼프의 계약서 초안을 받았소. 나는 모든 주요 요지에 동의하지만, 이런 많은 분량의 인쇄물이 매우 불편하오. 내 계약서가 보통 이용하는 형식을 따르는 짧은 분량의 초안을 보낼 것이오. 비록 그가 영국 출판사를 확실하게 정리하지 않았지만, 나는 이 계획을 추진해 준 그에게 감사하오. 물론 나는 인세의 일부를 당신에게 지급하는 것이 기쁘고 행복하오. 쿠르트 볼프는 당신이 집필 작업을 마친 이후 인세 비율이 확정되어야 한다고 생각한다오. 분명히, 당신은 이런 종류의 모든 작업에 항상 애처롭게 낮은 사례비로 이를 진행하지는 않으며, 이것과 관련하여 관심도 없다오. 하지만 당신은 나보다 더 우리가 해야 할 일을 포기하지 않을 것이오. 볼프와 나는 이미 이곳 바젤에서 이 일에 합의했소.

　나는 볼프의 방문을 매우 즐겼소. 나는 그것에 대해 당신에게 편지를 보내지 않았다고 생각하오. 그는 사례금 액수나 그런 문제에 대해 자세히 말하지 않았소. 그의 초안에서 내가 발견한 것은 이제 훌륭하다는 인상을 주는구려. 그 사람에게는 뭔가 인상적인 점이 있다오. 나는 독일에 있는 우리에게 친숙한 것이었던 이런 그의 스타일이 미국의 에너지와 섞여 있어서 매우 매력 있다는 점을 발견했소. 물론 그는 출판인이고, 그래서 우리가 필

---

[240] The Essay "Totalitarian Imperialism: Reflections on the Hungarian Revolution." 편지 209의 각주 226을 참조할 것.

요로 하는 것보다 아마도 더 영리하고 재정 문제에서 더 신중하오. 그는 달리 생존할 수 없네요. 나는 내 사례와 관련된 위험이란 측면에서 그것이 자연스러울 뿐이라는 것을 알고 있소. 불평할 이유가 없구려. 1920년대의 이야기는 언급되지 않았소. 나는 그를 원망하지 않으며, 아마도 그는 내가 그것에 대해 알지 못한다고 생각한다오. 고테인 부인[241]은 타고르의 작품[242]을 번역했소. 쿠르트 볼프는 원고와 관련하여 결정을 내리지 않은 채 오랫동안 원고를 지니고 있었소. 그러다가 고테인은 뜬금없이 그에게서 다음과 같은 전보를 받았다오. "출판사는 1,000마르크를 한 번 지급하면 모든 권리를 획득합니다." 고테인 부인은 기뻐서 그 제안을 즉시 수락했다오. 2주 후에 신문은 타고르가 노벨 평화상을 받았다는 소식을 보도했소. 쿠르트 볼프는 그것에 대해 많이 알았다오. 막스 베버는 분노했고 개입했소. 쿠르트 볼프는 더 유리한 다른 조건에 합의했다오. 나는 그것이 어떤 것인지 더는 기억하지 못하오. 나는 이것이 우리 사이에 남아있어야 한다고 말할 필요가 없네요.

이제 당신의 계획에 대해 말하지요. 나는 우리 시대의 선도적인 지성 — 이 말을 허용한다면 — 에 속하는 당신이 그런 계획(그런데 당신은 나를 위해 많은 희생을 했네요)에 에너지를 쏟아붓겠다는 게 깜짝 놀라게 하고 거의 이해할 수 없다는 점을 알았소.

나는 최근 편지에서 표현된 당신의 본능과 다음의 편집 원칙이 설득력 있다는 것을 즉시 알았소. 즉 미국 독자들에게 주의를 산만하게 하는 것, 즉 독일인들에게는 흥미로우나 그 자체로는 반드시 흥미롭지 않은 것, 불필요한 것을 줄이지요. 그곳에서 강조되는 효율성에 주목하여 수정하지요. 나의 이야기가 당신이 생각하는 것만큼 좋다면, 최종 작품이 작동된다는

---

[241] 마리 루이제 고테인(Marie Luise Gothein)은 역사가 에버하르트 고테인(1853~1923)의 아내이다. 야스퍼스는 막스 베버 동아리를 통해서 그녀를 알았다.
[242] 라빈드라나트 타고르(Rabindranath Tagore, 1861~1941)는 인도 시인이며 작가다.

조건으로 근본적인 '삭제와 깎아 다듬기'(즉 절차탁마)를 허용하지요.

그러나 나는 일단 당신이 이것을 어떻게 시작할 것인가에 대해 좀 더 많이 성찰하며 다음과 같이 생각했소. 즉 한나는 아마도 수행하기 거의 불가능한 것을 여기서 떠맡았을 것이다(결국, 우리는 그녀가 말들을 어떻게 다루는지 알았다). 그녀는 그 책을 거의 완전히 다시 쓴 것에 해당하고, 결국 노력할 만한 가치가 없고 아마도 완성할 수 없는 작업을 과소평가하고 있다. 이런 종류의 다시 쓰기는 각 철학자에 대한 완전한 작업과 각자가 나타내는 특정한 문제에 완전한 몰입을 요구하기 때문에, 내가 보기에 이것은 너무 큰 과제요. 일을 덜 하는 것은 분명히 너무 긴 구절 ― 나는 그런 어떤 구절을 찾지 못했다오 ― 을 줄이거나 그 자체로 피상적이지 않지만, 당신이 기대하기에 독자들로부터 관심을 끌지 못할 것들을 줄이는 것과 같은 피상적인 변화만을 가져올 것이오. 나는 이 후자의 접근법이 가능하다고 생각하오. 이것은 수정은 아니지만, 당신이 확보한 미국 독서층에 대한 본능적 이해와 자료에 대한 자신의 본능에 기초한 축약이오.

내 생각에 당신은 시험해 보면서 그것이 어떻게 되는지 봐야 하오. 나는 당신이 이 과제를 맡고 싶지 않을 수도 있다고 생각하오. 당신은 첫 번째 편지에서 제안했듯이 완전히 자유롭게 진행한다고 느낄 것이오. 우리는 당신에게 이것을 시험해 보고 상황이 어떻게 되는가를 알 때까지 결정에 도달할 수 없을 것이오.

나는 당신에게 말할 다른 모든 것을 편지로 알리는 것을 다시 중단해야 할 것이오. 이것들을 받아쓰게 하기에는 좋지 않구려. 그러나 나는 한 가지는 말할 수 있소. 즉 아내와 나는 초여름 당신을 다시 만나게 되어 기쁘오. 내 생일은 실제로 중요하지 않소. 어쨌든 5년짜리*는 세면 안 되오. 이것은 혼란일 수 있소. 다른 사람들이 올지도 모르는데, 나는 당신과 단둘이 이야

---

* 옮긴이_ 70세가 아닌 75세를 지칭하는 말.

기하고 싶기 때문이오. 즉 당신은 내가 단둘이 이야기하고 싶은 유일한 사람이오. 우리는 당신의 바젤 방문 날짜가 언제인지 가능한 한 빨리 알 수 있다면 좋을 것이오. 애석하게도, 나는 (4월 22일부터 7월 10일까지) 강의를 진행할 것이오. 강의로 이제는 남은 힘이 별로 없기에, 이게 큰 걸림돌이오. 목요일·토요일·일요일에만 자유롭네요.

따뜻한 안부를 전하며
야스퍼스

편지 216 아렌트가 야스퍼스에게

1957년 11월 18일

친애하고 존경하는 분께―

당신의 편지가 방금 도착했습니다. 저는 당신이 아직 볼프와 계약에 서명하지 않았다는 데 대단히 안도하기에 즉시 답장을 하고자 합니다. 어쨌든 저는 오늘 그와 통화하려고 했습니다. 전반적인 업무가 아주 역겹기에 우선 그것에 대해 생각하지 않기로 결정했습니다. 그가 제안하려는 것은 전적으로 비관례적입니다. 저는 그 제안에 대한 당신의 대응과 무관하게 그것에 동의하지 않을 것입니다. 지불은 제가 생각하는 마지막 일이었습니다. 그러나 편집 작업에 대해 전적으로 사례비를 지급해야 한다면, 출판사는 번역의 경우와 마찬가지로 지불할 의무가 있습니다. 저자와 편집자 사이 '거래'를 해결하는 것은 그들에게 달려 있지 않습니다. 정상적인 사례비와 번역서의 사례비 사이 2.5%의 차이 때문에, 그는 여전히 편집자의 가격으로 계산할 수 있습니다. 7.5%는 여기에서 최저 기준이고 8~8.5%는 종종 번역서에도 지급되기 때문입니다. 책이 몇 권 팔리면 그는 무엇을 제안해야 할까요? 당신은 어느 지점에서 인세의 증가분을 받을까요? 한 사례를 제시하겠습니다. 저는 피페르출판사를 위해 집필하는 독일어 저서에 대해 계약을 체결합니다. 10,000부까지는 10%의 인세를 받을 것입니다. 그것은 출판사가 번역비용을 단지 흡수하리라는 것을 의미합니다. 그런 종류의 책은 5,000부 또는 6,000부 이상 팔리지 않을 것이기 때문입니다. 누구든 그렇게 방대한 책에 대해 그와 같은 조건을 볼프에게 요구할 수 없습니다. 출판 비용이 대단히 높을 것이지만, 그는 실제로 자신의 모습대로 그렇게 초라하게 처신하지 않았습니다. 저는 타고르 이야기를 듣지 못하고 비슷한 이야기를 들었습니다. 저는 그가 나이가 들은 지금 좀 더 존경을 받고 있다고 생각했습니다.

집필 작업에 관한 한, 저는 책의 새 판을 전혀 고려하지 않았습니다. 그것은 또한 불가능하고 무의미합니다. 제가 하려는 것은 줄이고, 칸트에 관한 장에서 형식의 작은 변화를 제안합니다. 여기에서 작업은 매우 어려워지며 그렇지 않으면 번역자는 작업을 엉망으로 만들 것입니다. 제가 이 과제에 끌어들일 수 있는 경험은 영미 독자의 의식뿐만 아니라 두 언어에 관한 지식도 포함하고 있습니다. 저의 제안은 가끔 여기에서 번역자들에 의해 수행되지만, 이 경우에 그것은 저에게 위험스럽다는 인상을 줍니다.

그리고 저는 당신이 '희생'에 대해 어떻게 말할 수 있는가 ─ 우리는 이것에 대해 싸울 것입니다 ─ 를 질문합니다. 이 책은 어떤 일이 있어도 독자를 확보할 것이며, 제가 누군가를 '위해서' 그 일을 한다면, 그 일은 당신을 위한 것이 아니라 제가 알고 도울 수 있는 미국 학생들을 위한 것입니다. 당신은 마음에 걸리며, 저는 그것을 매우 잘 이해할 수 있습니다. 우선 시험을 해보지요. 그러면 우리는 이 계획이 잘 진행될지 아닌지를 판단할 수 있습니다. 볼프는 이 책을 약간 축약하여 두 권으로 출판하고 싶어 합니다. 이런 방식은 저에게 실행 가능한 것 같으며, 그렇다면 이런 방식은 이곳 출판시장에 적절할 것입니다. 제가 틀렸다면, 우리는 이 계획을 포기할 것입니다.

저는 사실 처음으로 저에 대한 당신의 평가가 너무 과한 것 같아서 걱정됩니다. 그러나 이것에 대해 싸우는 것은 의미가 없습니다. 그러나 '개인적'

수준에서 말씀드립니다. 제가 젊었을 때, 당신은 저를 가르친 유일한 분이었습니다. 제가 성인으로서 전후에 당신을 다시 찾았고 우리 사이 우정이 중대되었을 때, 당신은 저에게 삶의 연속성을 보증해 주었습니다. 그리고 오늘 저는 고향을 생각하듯이 바젤에 있는 당신의 집에 대해 생각합니다.

유럽 여행에 관한 사항입니다. 저는 어쨌든 당신의 강의에 참여하고 싶으며 이것을 기대합니다. 강의가 끝난 이후에야, 즉 7월에 '실제로' 갈 수 있도록 역시 일을 정리할 것입니다. 모든 일은 아직도 허공에 떠 있습니다. 저는 뮌헨 800주년 행사에 초대를 받았으며, 원칙상 이것을 수락했습니다. 이후 더는 아무 소리도 듣지 못했습니다. 그 모든 일이 추정한 대로 진행된다면, 그것은 7월 초일 것입니다. 또 저는 5월 말 제네바에서 여러 차례 강의해야 합니다. 모든 일이 잘 풀리면, 5월 말 제네바에서 강의하고, 조금 지나서 여기저기 들러보고, 당신의 강의를 들으러 바젤에 갔다가 7월 말 미국으로 돌아가기로 하고 갈 것입니다.

두 분에게 따뜻한 안부를 전하고 에르나에게 안부를 전해주세요.

한나 올림

편지 217 야스퍼스가 아렌트에게

바젤, 1957년 11월 23일

친애하는 한나―

기분이 좋으면서도 분노가 담긴 당신의 편지가 어제 도착했네요. 간소하고 축약됐으며 내가 인정한 조건이 담긴 쿠르트 볼프의 계약서는 오늘 도착했다오. 그래서 다음과 같이 하나를 제외하고 일은 모두 잘 되었소.

"저자는 출판사가 자신에게 의당 지급하는 수입의 일정 비율을 편집 작업을 담당한 한나 아렌트-블뤼허 부인에게 양도하기로 합의한다. 이 비율은 그녀가 담당하는 일에 근거하여 결정될 것이다."

당신은 나에게 다음과 같이 편지를 보냈소. "저는 그것에 대한 당신의 대응에 무관하게 그것에 동의하지 않을 것입니다." 그리고 당신의 논리는 그것이 저자와 편집자 사이에 이루어지는 문제가 아니었다는 것이었소.

나는 그 마지막 부분에 대해 확실히 당신의 의견에 동의하오. 나는 바젤에 있는 볼프와의 대화에서 편집자에게 적절한 사례비를 제공하기 위해 내 몫을 덜 수용하기로 동의했을 때, 그 문제를 명백히 심사숙고하지 않았다오. 내 생각은 이렇소. **출판사는 이것을 어떻게 할지 알아내야 할 것이다.** 업무 관계는 우리 사이가 아니라 그와 우리 각자 사이에만 있다. 따라서 그것이 나에게 의미하는 것은 이랬다오. **한나는 적절한 사례비를 받아야 한다.** 그러므로 나는 책의 분량과 성격을 고려하여 관례보다 덜 받을 것이다. 그래서 나는 그 문제를 끝까지 그리고 구체적으로 생각할 만큼 정신적으로 경각심이 있었기에 잘못 — 또는 부분적으로 잘못 — 이 있다. 또 나는 볼프의 구체적인 제안을 수락하는 데 잘못이 있다.

그러나 지금도 편집자와 저자 사이에 확립된 법적 관계는 없네요. 사실 그 문제는 내가 동의함으로써 당신의 관대함에 — 부지불식간에 — 상처를 입혔다는 점이오.

그러니 화내지 말고 출판사를 상대하는 데 필수적인 유머로 이 모든 것을 받아들이오. 이 문제에서는 나에 대해서 걱정하지 마오. 당신의 업무 관계는 단지 출판사와 연관되기 때문에, 나에 대해서 걱정하지 말고 그와 함께 그 문제를 해결하오.

나는 한나의 비타협적 태도가 이 일을 그렇게 쉽게 놓치지 않게 하리라고 느끼며, 그래서 당신과 완전히 동의하지 않소. 당신은 '노블레스 오블리주'로 내가 출판사에 약속을 어기거나 이 계약에서 당신에게 결과가 좋지 않게 되는 것에 동의해야 할 위치에 놓이게 됨을 바라지 않을 것이기 때문이오.

나는 일단 계약을 보류할 것이며, 당신이 더는 허락하지 않을(당신은 이것에 동의할 필요가 없다오) 때만 서명할 것이오. 내가 볼프를 너무 오래 기다리게 할 필요가 없도록 신속한 답변을 주면 고맙겠소. 쿠르트 볼프는 당신에게 계약서 전반을 보여줄 수 있지만, 당신은 전반적인 사항에 익숙할 필요는 없소. 당신은 그들과 무관하게 자신의 권리를 주장하는 대신에 즉시 나의 권리를 바로 옹호하기 시작할 것이기 때문이오.

이것은 전적으로 불필요한 호들갑이오. 나는 당신이 속상한 게 속상하며, 매듭을 연결하기보다는 오히려 끊고 싶어 할까 걱정되오.

나는 더 중요한 다른 것들에 관해 쓰고 싶소. 그러나 만약 그것을 끝내려면 『원자폭탄과 인류의 미래』를 집필해야 하기에, 나는 그것을 연기할 것이오. 그것은 항상 나에게 새로운 문제들을 제시하오.

나는 당신의 에세이[243]를 매우 흥미롭게 읽었소. 정말 고맙구려. 이 에세이가 문학적 관점에서 훌륭하다는 점은 말할 필요가 없네요. 당신이 헝가리 '사건'에 대해 언급한 내용과 방식은 훌륭했소. 내가 몇 주 전에 헝가리 혁명에 관한 라스키의 문서 수집본 독일어판 서문[244]을 집필했기에, 이것은 나에게 특별히 의미가 있었다오. 내가 직접 집필한 것보다 당신이 언급한 것을 더 좋아하오. 그러나 우리의 기본적인 견해는 유사하오. 당신은 그 사건*이 시작되었을 때 우리와 함께 있었소. 우리가 당시 어떻게 대응했는가는 우리 각자의 특징이었소. 당신은 기뻐서 소리를 질렀고, 게르트루트는 침울했네요. 그 혁명은 성공하지 못했고 그녀가 볼 수 있는 것은 헝가리인들이 겪어야 할 고통이었기 때문이오. (1944년 7월 20일[245]에 대한 그녀의 즉각적인

---

243 편지 209의 각주 226을 참조할 것.
244 Karl Jaspers, foreword to Melvin Lasky, *Die ungarische Revolution: Die Geschicte des Oktober-Aufstandes Dokumenten, Meldungen, Augenzeugenberichten und dem Echo Weltöffentlichkeit: Ein Weissbuch*(Berlin, 1958).
* 옮긴이_ 즉 헝가리 혁명.
245 클라우스 폰 슈타우펜베르크(Claus von Stauffenberg)가 히틀러를 암살하려고 한 날. 편지 366의 각주 211을 참조할 것.

반응은 비슷했다오. 즉 "사람들은 성공하지 못하면 그와 같은 것을 시도하지 말아야 해요." 그녀가 생각할 수 있었던 것은 모두 결과 — 박해와 살인 — 였기 때문이오.) 그리고 내 입장은 이랬소. 즉 불가능했던 것이 실제로 발생했기 때문에, 나는 놀랐다오. 비록 나는 두 사람에게 '보완적이지만' 상반되는 방향을 취하는 그런 '정서적 따뜻함'이 없었지만, 그것이 성공할 수 있다는 약간의 희망을 가졌다오. 아니면 나의 회상은 부정확한지? — 당신의 에세이에서 나를 기쁘게 하는 한 가지는 당신이 한낱 고집에서 그런 게 아니고 그것의 진실을 위한 당신의 오랜 명백한 테제를 고수했다는 점이오. 즉 총체적 지배의 원리는 그런 지배 아래 사는 모든 사람에게 그것과 일치하는 행위를 하도록 강제한다. 흐루쇼프가 현재 수행하고 — 본능으로든 통찰력으로든 — 있듯이, 그는 그런 행위에 관여한다면 우위를 차지할 것이오. 그 원리는 흐루쇼프를 통해서 재확인되기 때문이오. 그래서 당신은 다음과 같이 질문하오. 즉 경찰력이나 군대가 없다면 권력의 근원은 무엇인가? 당신의 대답은 놀랍네요. 가장 냉혹한 정당 이데올로기를 추종하는 '동료들' 사이에서 광범위하게 은밀한 감시 체계를 새로 만들어내는 것. 나는 아직도 완벽하게 이해하지 못하지만, 당기구를 단결하는 실질적인 권력이 어디에서 오는가와 관련한 수수께끼가 있다는 것을 알고 있소. 어떤 일이 일어날 수 있다는 당신의 견해, 심지어 갑작스럽고 극적인 붕괴도 설득력이 있소. 당신의 주요 저서는 모든 측면에서 그리고 논리적 구조에서 전체주의의 원리를 조명하고 정의하고 있다오. 이 원리는 독재자 없이(또는 독재자라는 인물이 교체될 수 있는 그런 식으로), 그리고 지속해서 추방하고 재구성되는 집단의 독재정 없이 기능할 수 있는가? 정치의 오랜 도구들(마키아벨리)은 오늘날 러시아에서 그 어느 때보다도 확실히 많이 시행되고 있소. 그러나 당신이 옳다면, 이 도구들은 하위적인 역할을 한다오. 마치 원리가 말하자면 살아있기라도 한 듯이, 그리고 그 순간의 독재자를 포함한 모든 사람이 그것의 단순한 기능인이 되기라도 한 듯이, 그것은 기이한 일이오. 나는 통상의 사회학적 측면(질라스의 "새로운 계급"²⁴⁶)을 거부하는 당신의 의견에 동의하오. 그들 모두의 의미 변화가 일어났기 때문이오. 자립적인 권력으로서 러시아의 정부기구가 역할을 한다는 점은 확실히 옳지만, 당신은 그 모든 것을 전통적 이데올로기 형식에서 보이는 것과 완전히 다르게 만드는 핵심을 정확히 지적하고 있네요. 나는 당신이 여기에서 진정 새로운 실재를 드러내고 있다는 점을 확신하더라도 이것을 결코 이해하지 못하오. 개별적인 측면들(전체주의 통치자들이 말려드는 거짓말과 같은 것들)은 다른 저자들에 의해 많이 논의되지만, 당신의 저작에서는 다른 차원을 지니오. 그런데 나는 당신이 이 비밀을 악마화하지도 않고 합리적으로 명료하게 없애지도 않는다는 게 놀랍구려. 오히려, 당신은 합리적으로 인식할 수 있는 사실적인 것을 들어서 이 비밀을 이해하며, 마침내 이 비밀이 인류의 재앙으로 폭발하거나 무로 분해되어 다시 인류를 위한 길을 열어줄 가능성을 고려한다오. 나는 당신의 에세이가 (아마도 여기저기서 독단적인 태도를 보이는) 저서보다 덜 독단적이라는 점을 발견하오. 나는 몇 가지 세부 사항, 예컨대 대량숙청이란 관점에서 중국과 러시아의 차이(중국에서는 6억 명 가운데 '단지' 1,500만 명)에 대해서 당신의 의견을 듣고 싶소. 중국이 농민을 집단화하지 않았다는 빌헬름 스탈리너의 테제²⁴⁷는 명백히 틀렸소. 그 '원리'가 중국에서는 다른 형태를 띠었다는 점은 명백하오. 분명히 상당한 교육을 받은 마오쩌둥²⁴⁸은 옛날 중국 전통을 지니지만 새로운 내용(그 유명한 '대장정' – 광대한 제국 전체의 횡단)으로 말하자면 과거 천년의 위대한 황제들

---

246 밀로반 질라스(Milovan Djilas, 1911년 출생)는 유고슬라비아의 부통령이었다. 그는 1954년 공산당 직을 상실했고 이후 비판적 저작, 특히 『새로운 계급(The New Class)』(1957)으로 인해 몇 년의 감옥형을 받았다. 야스퍼스는 1960년 뮌헨에서 출판된 독일판(Die neue Klasse: Eine Analyse des kommunistischen Systems)을 자신의 서재에 갖고 있었다. 이 편지를 쓸 당시에, 이 책에 대한 그의 지식은 추정컨대 보도와 아렌트의 에세이에 기반을 두었다.
247 편지 167의 각주 116을 참조할 것.
248 중국 공산당 지도자 마오쩌둥(1893~1976)은 1949~1959년 중화인민공화국 주석이었다. 그는 국가 수장으로서 직위를 포기했을 때 당의 지도력을 유지했다. 1957년 그의 시 모음집은 독일에서 아직 출간되지 않았다. 이 시들에 대한 야스퍼스의 지식은 근거를 확인할 수 없다.

과 대화에서 쓰인 시들(독일어 번역에서 매우 인상적인 것 같음)을 썼다오. 마오쩌둥은 유형이 아니라 유일한 사람인 것 같다오. 당신의 '원리'는 여기에서 역시 주요한 요소라오. 그러나 이것으로 충분하오.

당신은 내가 당신을 과대평가하고 있다고 느끼는구려. 이것은 내가 즉시 사과하는 말의 전환이었다오. 우리 누구도 모르오.

나는 당신의 삶에서 나의 역할에 대한 당신의 '개인적' 언급을 읽게 되어 기뻤소. 당신은 이것을 이전에 언급했다오. '원리' — 물론 매우 다른 의미로 — 는 여기서도 작동하나요? 개인적인 것, 사적인 것보다는 '인격적인 것'에서 우리가 이바지하고 존재하는 원리는 물론 기제의 기능이 아니라 우리가 칸트를 따라 이성이라 부르는 것의 구현으로서 원리요? 우리가 역사에서 실체를 성취하도록 도와주는 이성이오?

게르트루트로부터 따뜻한 안부와 함께
야스퍼스

하인리히에게 안부를 전해주시오. 나는 그를 생각할 때 칸트와 그의 긴밀한 유대와 독일이 더 이상 그에게 관심이 없다는 그의 언급을 생각하오. 나는 그의 뜻을 그것으로 해석하오. 그것은 우리의 독일이 아니라 현재 독일의 정치 구조라오.

편지 218 **아렌트가 야스퍼스에게**

뉴욕, 1957년 12월 3일

친애하고 존경하는 분께—

당신의 편지는 실제로 기쁨이었습니다. 당신은 헝가리 혁명에 대한 제 에세이에 정확하게 대응했습니다. 릴케의 시 가운데 한 연이 있습니다. "반응으로 자유로워지고, 재능은 기쁨을 얻는다"[249]에서 '반응'은 반향을 의미합니다. 이 시구는 제가 할 수 있는 것보다 훨씬 간결하게 의도하는 것을 말합니다.

이제 계약 업무에 대해 간단히 설명하겠습니다. 저는 어제 쿠르트 볼프와 원만하고 우호적인 합의에 도달했다고 느낍니다. 그는 당신에게 새로운 계약서 초안을 보낼 것입니다. 저는 이 계약서에 합의했고 당신이 이것에 호의적이기를 바랍니다. 만약 그렇다면, 그렇게 말해주세요. 우리는 상황이 재정적으로 어떻게 될지 최선을 다해 알아내려고 했지만, 그것은 불가능합니다. 볼프는 자신이 책에 어떤 가격을 매길지 모르고 저 역시 이것을 위해 얼마나 많은 작업이 필요한지 모르기 때문입니다. 그것에 대해서는 당장 알아보지요.

하나의 계약서 대신에 두 계약서, 즉 볼프와 당신 사이의 계약서, 저와 볼프 사이의 계약서가 있을 것입니다. 당신이 작성한 계약서는 인세 등급에서 약간의 변화를 포함합니다. 볼프는 더 많은 판매가 불가능하다고 생각하지 않지만, 그것들을 고려하지 않을 것입니다. 그러나 책이 훨씬 더 성공적이라면, 당신은 이전에 규정한 바대로 5,000부에서 10,000부까지 10%의 인세를 받지 않을 것이지만 8.5%로 버텨야 할 것입니다. 물론 그 책이 대성공을 거둔다면, 당신의 인세는 계약서 원본에는 없는 것이지만 15%로 오를 것입니다. 계약서는 저에게 1.5%를 제공합니다.

물론 이것은 제 사례비가 대부분 책의 성공에 좌우될 것이라는 점을 의미합니다. 볼프는 그 위험을 공정하게 확산시키기 위해서 제가 원고를 전달할 때 인세에 대해 환불되지 않는 선금을 지급하는 데 동의했습니다.

저는 이 계획이 얼마나 많은 작업을 수반하는지 모르기 때문에, 사례금에 대한 한계는 제가 원고를 전달한 이후에만 결정될 것입니다. 그것은 일

249　Rainer Maria Rilke, "Briefwechsel in Gedichten mit Erika Mitterer, Derizehnte Antwort," in his *Sämtliche Werke* 2(Frankfurt, 1955-): 318.

정한 한계에 도달한 순간 인세 가운데 제 몫이 다시 당신에게 돌아간다는 것을 계약상으로 볼프와 저 사이에 합의했음을 의미합니다. 이것은 당신의 계약서에 포함되지 않을 것입니다. 검토할 확고한 수치가 없이 이에 대한 공식적인 언급은 매우 복잡해지기 때문입니다.

저는 당신이 이것에 어떻게 대응할지 모릅니다. 합의는 이제 저에게 공정하다는 인상을 줍니다. 저에게 중요했던 것은 볼프가 일부의 위험을 떠맡고 어떤 상황에서도 당신의 인세를 7.5% 이하로 낮추지 않는다는 것이었습니다. 다른 한편, 볼프의 관점에서 볼 때 그 책이 기대했던 것보다 더 잘 팔리더라도 당신의 인세가 보통 때처럼 빠르게 상승하지 않음은 저에게는 정당해 보입니다.

당신은 제가 간과했던 몇 가지 이유로 이런 계약을 좋아하지 않는다면, 그렇게 말하고 만약 그것이 당신이 선호하는 것이라면 이전의 계약서에 서명하세요. 그러면 우리는 하려는 것을 이후에 이해할 것입니다.

볼프는 기뻐했고 제 모든 주장에 개방적이었습니다. 제가 보기에 그는 확고하게 자리 잡은 습관을 버리고 계속해서 사냥감을 몰래 노리지만 더는 사냥감을 노리는 것에 대해 별로 신경을 쓰지 않는 고양이처럼 보였습니다. 아마도 제가 틀릴 수도 있습니다. 곧 다른 사항들을 쓰겠습니다. 오늘 다소 서두르지만, 이 문제를 빨리 처리하고 싶었답니다.

당신의 회고록에 대해 한 마디 말씀드립니다. 이것은 당신이 그렇게 말했을 뿐이었으며, 저 역시 사모님과 저의 반응이 서로 보완적이라는 ─ 같은 동전의 양면과 같이 ─ 감정을 그 당시 가지고 있었습니다. ─ 하인리히가 따뜻한 안부를 전합니다.

두 분께 안부를 전하며

한나 올림

편지 219   야스퍼스가 아렌트에게

바젤, 1957년 12월 19일

친애하는 한나!

　이 계약 업무를 만족스러운 결말로 이끌어 준 당신에게 감사하오. 나는 쿠르트 볼프에게 물었고 그가 당신에게 500달러의 선수금을 지급할 것이라는 소식을 들었다오. 내가 보기에 우리는 그 이상을 요구할 수 없네요. 그가 알고 있듯이, 문제는 '공평하게' 해결되었소. 당신에게 더 많은 돈을 지급할 만큼 충분한 책이 팔릴 것 같지는 않소. 당신의 능숙한 홍정이 나의 몫에서 아무것도 공제되지 않으리라는 점을 다시 한번 확인시켰다오. 그래서 사실 나는 아마도 볼프에게 약간 불만이 있을 것이오. 이제 그는 내 몫에서 빼앗겼어야 할 것을 지급할 것이오. 미래의 가능성에 대한 당신의 성찰 — 가공으로 — 내가 최근 들은 이야기를 연상시킨다오. 한 늙은 독일 교수는 스스로 즉각적이고 매우 가시적인 이점을 얻고자 작센 대지주의 상속 재산 일부를 누군가에게 공증시켰소(그 경우 동독은 존재하지 않게 되었고 오래된 소유권은 회복되었다오!). 다른 점은 당신이 정반대의 일을 했다는 것이오. 즉 당신은 나에게 즉각적인 경제적 이득을 보장하고 나로부터 가상 소득의 아주 작은 공제액을 강탈하는구려. 당신은 이 일을 하였소. 그러니 당신은 또한 그 가상 소득에서 무언가를 갚고 싶어 하지만, 내가 그것을 허용할 수 없다는 점을 발견한 것에 대해서 인정해야 하오. 문제가 해결되고 계약으로 마무리되어 매우 기쁘오. 이외에도 나는 당신의 행위에서 이기적이지 않고 비사업적인 사업 재능을 보는 게 매우 흥미롭소. 당신은 원한다면 또한 사업에서 승자가 될 수 있다오. 그러나 나는 당신이 매우 비사업적인 방식으로 가장 우아한 건축물 아래에서 기초를 무너뜨릴 지점이 어딘가에 항상 나올까 봐 두렵구려.

　당신의 에세이에서 확인한 많은 내용 가운데 특히 한 부분이 나를 사로

잡았소.²⁵⁰ 즉 당신은 지난 몇 백 년 사이 발생한 모든 혁명에서 '평의회'의 등장에 대해 언급했고 이것을 매우 긍정적으로 고찰하는군요. 나는 독일의 노동자·병사평의회의 시기를 상기할 수 있다오.²⁵¹ 놀라웠던 점은 그 짧은 기간에 절대적 질서가 마치 자기 자신에 의한 것처럼 지배했다는 것이었소. 막스 베버는 하이델베르크 노동자·병사평의회의 회원이었으며 어느 날 질문했다오. 나는 누가 여기에서 실제로 통치하는가?를 알고 싶소. 평의회는 종종(항상 아니지만) 영감을 받고 유능한 지도력과 행위를 특징으로 하지만, 정부가 등장하는 순간, 평의회는 그 의미를 상실하오. 상황이 다르다면, 즉 모든 것을 가장 낮은 공통분모로 줄이고 평의회를 폐지하는 대중 선거가 정부를 구성하지 않았다면, "조합국가"는 결과가 아닐지? 무솔리니²⁵² 는 그 개념으로 온갖 못된 짓을 했으며 놀라운 매력을 가졌소. 마치 전문지식과 인품, 그리고 정치적 직업을 소명으로 하는 사람들의 정신이 스티븐슨에 대한 아이젠하워의 승리를 만들어낸 잔인하고 국민투표적인 정신에 승리한 듯이 말이오! 우리를 수월하게 기만하는 중세 시대의 분위기라오. 당신은 평의회를 그렇게 높이 평가하는 데 정확히 무슨 생각을 하는지? ― 그러나 나는 당신의 시간을 뺏고 싶지 않네요. 개인적으로 당신에게 물을 것이오 ― 그리고 나는 쓸 수 있는 다른 것들을 쓰지 않을 것이오. 당신이 바젤에 살고 있다면 우리는 얼마나 많이 대화할지!

하인리히와 함께 즐거운 휴일을 즐기시오! 두 사람에게 따뜻한 안부를 전하오.

게르트루트와 야스퍼스

---

250 편지 209의 각주 226을 참조할 것.
251 1918년과 1919년 사이.
252 야스퍼스는 추정컨대 1927년 파시스트가 통제하는 전국기업평의회가 승인한 노동헌장Carta del lavoro을 인용하고 있다. 출처는 다음과 같다. *Benito Mussolini: Der Geist des Faschismus: Ein Quevellenwerk*, ed. H. Wagenführ(München, 1940). 특히 53쪽을 참조할 것.